→ **Ihre persönliche PIN-Nummer zum Download finden Sie auf der hinteren Umschlagseite.**

Impressum

Infografik: Adolf Buitenhuis (Mitarbeit: Pascal Sobotta und Stefanie Weber, Infotext GbR)
Redaktion: Barbara Bauer, Dorothee d'Aprile, Katharina Döbler, Niels Kadritzke, Stephan Lessenich, Steffen Liebig
Mitarbeit: Elisabeth Franzmann, Simone Hieber, Sabine Jainski, Nicola Liebert, Markus Mender, Barbara Muraca, Christine Schickert, Johanna Sittel, Petra Thorbrietz
Übersetzung: Niels Kadritzke, Stephan Lessenich, Steffen Liebig, Johanna Sittel, Jan Sparsam
Korrektur: Stefan Mahlke

Umschlag, Gestaltung und Herstellung: Adolf Buitenhuis

Produktionsplanung und Vertrieb: Norman Nieß, vertrieb@taz.de

Druck: möller druck, Ahrensfelde

Papier, Umschlag: Circle Gloss Premium white (Recycling 100 % Altstoff)
Paper, Inhalt: Circle matt white FSC (Recycling 100 % Altstoff)

Bestelladresse: tazshop, shop@taz.de, T (030) 25902-138
Das eBook als PDF-Datei finden Sie auf **monde-diplomatique.de**

PRESSE & BUCH IM BAHNHOF Erhältlich in den Bahnhofs- und Flughafenbuchhandlungen in Deutschland

taz.genossenschaft
Die deutsche Ausgabe von Le Monde diplomatique geht auf eine Initiative der taz Genossenschaft im Jahr 1994 zurück.
Mehr über die Genossenschaft erfahren Sie unter: www.taz.de/genossenschaft

ISBN 978-3-937683-57-7

Printed in Germany

ATLAS *der* GLOBALISIERUNG

Weniger wird mehr

a *z*

LE MONDE *diplomatique*

Kolleg | Postwachstumsgesellschaften

Inhalt

Wachstum

Kapitalistische Gesellschaften sind Wachstumsgesellschaften, ihre relative Stabilität erhalten sie durch permanente Bewegung. Damit alles bleibt, wie es ist, oder zumindest nicht schlechter wird, müssen sie wachsen – wer stillsteht, fällt zurück. Aber was genau wächst hier eigentlich? Das Bruttoinlandsprodukt, das Angebot an Joghurtsorten und Smartphones – oder nicht doch eher die soziale Ungleichheit? Und was hat der weltweite Fleischkonsum damit zu tun? Oder die Frage, wie eine Gesellschaft sich um ihre Kinder und Alten kümmert? Der Begriff »Wachstum« umfasst offenbar sehr unterschiedliche Dinge, die dennoch nicht isoliert voneinander betrachtet werden können. Und die Wachstumslogik lässt sich auch nicht so einfach außer Kraft setzen, denn sie ist tief in die gegenwärtigen ökonomischen, politischen und kulturellen Strukturen eingeschrieben. Fast scheinen wir zum Wachstum verdammt. Wenn aber der Kapitalismus Wachstum braucht, dann braucht jede Wachstumskritik auch eine Kapitalismusanalyse.

Versuche in Grün

Die Verfechter eines »grünen Wachstums« wollen das Wirtschaftswachstum möglichst weitgehend vom Verbrauch natürlicher Ressourcen entkoppeln. Ihnen schwebt eine prosperierende Wirtschaft ohne Umweltzerstörung vor. Die Konzepte für ein Umsteuern zu einem »grünen Kapitalismus« gründen allerdings auf Voraussetzungen, die derzeit nicht existieren und auch in naher Zukunft nur schwer vorstellbar sind – wie mehr staatliche Regulierung, starke soziale Bewegungen und eine demokratische Kontrolle der (Finanz-)Märkte. Darüber hinaus fehlen einstweilen die technischen Mittel für ein sauberes Wirtschaftswachstum im Weltmaßstab, und ob sie je erfunden werden, ist ungewiss. Schließlich sorgt die globale Arbeitsteilung dafür, dass zum Beispiel Deutschland heute zwar kohlenstoffärmer produziert als früher, im Gegenzug aber die neuen Werkbänke der Welt, allen voran China, einen rasant steigenden Ausstoß an schädlichen Klimagasen verzeichnen. »Grünes Wachstum« wird also auf absehbare Zeit ein politisch und wissenschaftlich umstrittener Begriff bleiben – die damit verbundenen Perspektiven sind ebenso wichtig wie die dazugehörige Kritik.

Krisen und Konflikte

Obwohl Wirtschaftswachstum weithin den guten Ruf hat, für Wohlstand und sozialen Frieden zu sorgen, funktioniert es keineswegs harmonisch. Im Gegenteil: Konflikte sind strukturell in der Wachstumsgesellschaft angelegt. Staaten konkurrieren untereinander um ihre Wettbewerbsfähigkeit, und viele Produkte sind nur deshalb so billig, weil Arbeiterinnen in China oder Bangladesch sie für Hungerlöhne herstellen; während sich Kunden langlebige Produkte wünschen, lohnt es sich für Unternehmen oftmals, den baldigen Verschleiß gleich mit einzubauen. Und sobald Arbeitskräfte, Rohstoffe, Technologien oder zahlungskräftige Nachfrage fehlen, kommt es zu Arbeitslosigkeit, sozialen Verwerfungen und Armut. Doch auch wenn der Wirtschaftsmotor auf Hochtouren läuft, untergräbt er seine eigenen Existenzbedingungen und erzeugt immer wieder Krisen: angefangen bei den ökologischen Schäden durch den immer riskanter werdenden Abbau fossiler Rohstoffe bis zu den globalen Ungerechtigkeiten, die beispielsweise durch zunehmendes Landgrabbing entstehen. Krisen und Konflikte sind im Wachstumskapitalismus eben nicht die Ausnahmen, sondern der »ganz normale Lauf der Dinge«.

Postwachstum

Dem Wortsinne nach bedeutet Postwachstum schlicht »nach dem Wachstum«. Angesichts des Klimawandels, sozialer Konflikte und knapper Ressourcen droht der Kapitalismus in eine unfreiwillige, krisenhafte und spannungsreiche Schrumpfung abzugleiten. Doch mit Postwachstum ist etwas anderes gemeint als die Dauerkrise unserer Wachstumsgesellschaft: Eine zukunftsfähige Postwachstumsgesellschaft müsste nicht mehr um jeden Preis wachsen, um sich zu stabilisieren. Unternehmen und Volkswirtschaften wären nicht zu Expansion, Akkumulation und Produktionssteigerung verdammt; besonders ressourcenintensive Branchen müssten zurückgebaut werden, um die ökologischen Grenzen nicht vollends zu überlasten, während Bereiche wie Gesundheitsversorgung und Altenpflege weiter ausgebaut werden sollten. Bei der Nahrungsmittelversorgung oder der Definition dessen, was Wohlstand und Gerechtigkeit bedeuten, stünden die konkreten Bedürfnisse im Vordergrund – und nicht Profit, Kaufkraft oder abstrakte Kennziffern wie das BIP. Noch ist der Weg in diese ganz andere Gesellschaft nur in Ansätzen erkennbar. Es überwiegen die großen Fragen und die kleinen Antworten, aber diese sind ebenso vielversprechend wie ernst zu nehmen.

Vorwort

Das Unbehagen am Wachstum

Die globale Wirtschafts- und Finanzkrise hat die allgemeine Wachstumseuphorie kaum erschüttert. Und nicht nur das, die Steigerung des Wirtschaftswachstums gilt in der Krise sogar noch als Patentrezept für deren Lösung. Von Arbeitslosigkeit und Armut über die Verschuldung von Staaten und Privathaushalten bis hin zur Arbeitsteilung zwischen Männern und Frauen sowie der Entwicklung neuer Technologien: Ohne Wachstum lassen sich angeblich keine gesellschaftlichen Fortschritte erzielen. In der Wachstumsfrage herrscht eine erstaunlich große Einigkeit, wie auch bei Wahlen regelmäßig deutlich wird. Während die CDU etwa zur Europawahl 2014 mit »Wachstum braucht Weitblick. Und einen stabilen Euro« warb, plädierte die SPD für »Ein Europa des Wachstums. Nicht des Stillstands«. Ohne Wachstum herrscht Stillstand – eine Horrorvision, die nicht nur die Sozialdemokratie umtreibt.

Das Festhalten breiter Mehrheiten am Wachstum ist durchaus verständlich. Immerhin scheinen wesentliche Einrichtungen unserer Gesellschaft, etwa der Wohlfahrtsstaat mit seinen sozialen Sicherungssystemen, nur unter der Voraussetzung einer wachsenden Wirtschaft zu funktionieren. Staatliche Umverteilung und Sozialpolitik hängen am Tropf des Wachstums, für das auch ein Großteil der Bevölkerung seit langem aus guten Gründen ein Eigeninteresse entwickelt hat. Spätestens die desaströse Lage in Griechenland, dessen Wirtschaftsleistung nach der Krise 2009 um mehr als ein Viertel schrumpfte, hat der Welt vorgeführt, was es heißt, wenn die negative Utopie einer Wachstumsgesellschaft, die nicht mehr wächst, Wirklichkeit wird. Wo alles auf Wachstum ausgelegt ist – sprich: im Kapitalismus mit seinen Verwertungs- und Profitzwängen –, führt ein rückläufiges oder ganz ausbleibendes Wachstum unausweichlich zu ökonomischen Krisen und sozialen Konflikten.

Einerseits. Andererseits wird jedoch zunehmend offensichtlich: Ein bloßes »Weiter so« auf dem Weg des Wachstums wird es nicht mehr lange geben können. Die gesellschaftliche und politische Fixierung auf immer neue Zuwachsraten blockiert mitunter die Erkenntnis, dass 2 Prozent BIP-Wachstum im Jahr 2015 eben nicht das Gleiche ist wie 2 Prozent Wachstum vor einigen Jahrzehnten, als das globale BIP-Volumen noch einen Bruchteil des heutigen ausmachte. In absoluten Größen betrachtet, bestehen zwischen den gleichen prozentualen Steigerungsraten von heute und damals gewaltige Unterschiede. Nur wenn wir uns das vergegenwärtigen, können wir ermessen, welch ungeheure Mengen an Ressourcen verbraucht werden, wie viel Arbeit geleistet wird und wie viel Ausbeutung stattfindet, um den globalen Wachstumsmotor in Gang zu halten.

Die fossilen Rohstoffe gehen zur Neige; das herkömmliche Wirtschaften zerstört die Umwelt; in den frühindustrialisierten Ländern gehen die Wachstumsraten im Mittel seit Jahrzehnten zurück; und weltweit verschärfen sich die Ungleichheiten – von solchen Tatsachen aber hat sich der Kapitalismus freilich noch nie irritieren lassen. Doch auf einem begrenzten Planeten kann es kein unbegrenztes Wachstum geben, von dieser Einsicht geht die Postwachstumsbewegung aus. Die Frage lautet nicht, ob wir uns vom Wachstum verabschieden wollen, sondern wie der Abschied vonstattengehen soll: geplant oder erzwungen, »by design« oder »by desaster«. Ein grundlegender Wandel von Wirtschaft und Gesellschaft ist gefragt. Nur wenn es gelingt, Wohlfahrt und sozialen Fortschritt von den Zwängen der Kapitalakkumulation zu entkoppeln, ist ein selbstbestimmter Verzicht auf Wachstum möglich.

Das Gute Leben jenseits des Wachstums und die Gesellschaftsform, die ein solches Leben ermöglicht, müssen erst noch gefunden werden. Die Voraussetzungen dafür mögen zurzeit nicht besonders günstig erscheinen. Und doch zeigen viele größere und kleinere, lokale und länderübergreifende Initiativen, dass sich etwas bewegt. Mit dem vorliegenden neuen »Atlas der Globalisierung. Weniger wird mehr« wollen *Le Monde diplomatique* und das Jenaer Kolleg Postwachstumsgesellschaften einen Beitrag zu dieser gesellschaftlichen Bewegung leisten.

Wider die globale Unvernunft

Der Kapitalismus bedroht die Demokratie. Es ist höchste Zeit für eine Instandbesetzung der politischen Institutionen

Es gab ein Leben vor dem Wachstum. Es war eine Zeit sozialer Innovationen: Urban Gardening, Volxküchen und Tauschringe waren nur der Anfang. Müll wurde recycelt, Wertstoffe wurden gesammelt, Butterbrotpapier wurde glattgestrichen und mindestens zweimal verwendet. Wir saßen auf Komposttoiletten, verwendeten auch dort Altpapier. Zweimal in der Woche kamen unsere Partner aus der solidarischen Landwirtschaft und brachten frisches Biogemüse bis vor die Haustür; Fleisch gab es einmal die Woche. Carsharing und Couchhopping sparten Ressourcen, auch längere Wege gingen wir zu Fuß. Die Wohnungen waren kleiner und gut wärmegedämmt. Zwölf Parteien teilten sich eine Waschmaschine, defekte Geräte wurden repariert, abgetragene Textilien umgeschneidert, alte Pullover aufgeribbelt. Die Kinder wurden nicht mit Plastikspielzeug überschüttet – dafür spielten sie auf verkehrsberuhigten Straßen. Bei all dem herrschte Zeitwohlstand: Es wurde mehr gelesen, mehr gespielt und gesungen als heute, die heruntergekommenen Schulen wurden in Nachbarschaftshilfe in Schuss gebracht. Wadenwickel ersetzten Aspirin oder Grippepillen. Und wir haben in diesen Jahren sogar noch Flüchtlinge aus vom Krieg verheerten Gegenden aufgenommen.

Das Leben war nicht schlecht – jedenfalls im Rückblick. Nico Paech hätte sein Wohlgefallen daran gehabt. Es war anstrengender, aber geselliger. Vor allem: die übergroße Mehrheit lebte so. Sicher, die Eigentümer von Land oder Produktionsmitteln änderten auch damals nicht ihr Leben. Doch aufs Ganze gesehen waren die meisten Menschen vielleicht sogar zufriedener.

Menschen sind, so heißt die Formel der Soziologie, plastisch. Sie reagieren flexibel auf ihre Umwelt, auch auf Mangel. In Notlagen reduzieren sie Ansprüche, entwickeln fantasievolle Formen der Selbsthilfe. Alles spricht dafür, dass diese menschliche Eigenschaft nicht versiegt. Aber die »alternativen« Ökonomien der Nachkriegszeit waren kein Produkt von intellektueller oder moralischer Überzeugungsarbeit, sondern erzwungen durch die Rahmenbedingungen einer Post-Kollaps-Gesellschaft.

Viele Praktiken der Nachkriegszeit sind von alternativen Aktivisten in den letzten Jahren neu erfunden worden, mit neuen Namen und in vielfältigen Formen – nicht aus Not, sondern aus wissensgestützter Einsicht. Die Pioniere einer haltbaren Lebensweise handeln nicht aus Mangel, sondern weil sie ihr Leben und ihre Überzeugungen in Einklang bringen wollen. Deshalb trägt ihre ökologische Vernunft in vielen Fällen die Male des Wohlstands, vor allem bei den aufgeklärten Schichten mittleren Einkommens: Sie klemmen das Fahrrad in den Heckträger des Mittelklassewagens; kaufen Ökotomaten, die eine lange Reise hinter sich haben; probieren in hippen Markthallen Designerklamotten aus fair gehandelter Baumwolle an; vertrauen der Naturheilkunde – bei der Ayurveda-Kur auf Sri Lanka. Alles okay, doch diese Versuche, das richtige Leben unter den falschen Rahmenbedingungen zu leben, sind naturgemäß in ihren Auswirkungen sehr begrenzt.

Aber viele machen ernst. Sie leben asketisch, reduzieren die Zahl der Quadratmeter, der Fleischrationen und der T-Shirts. Sie engagieren sich für Windenergie, blockieren Hühnerfabriken, gründen Genossenschaften und Reparaturcafés, krempeln die Lehrpläne an Volkswirtschaftsfakultäten um. Ihr ökologischer Fußabdruck ist so klein, wie ihre Ziele groß sind. Alles mehr als okay. Aber ich habe Zweifel, dass von diesen – im globalen Maßstab – winzigen Inseln der Vernunft die notwendigen und vor allem rechtzeitigen Impulse zur Eindämmung der ansteigenden Flut des Wachstums, des Wassers, des Mülls, des Elends ausgehen werden. Die Ansteckungswirkung existenzieller Experimente bleibt subkulturell begrenzt. Bislang liegt ihre Wachstumsrate unter der des BIPs.

Ähnlich ist es mit den Theorien: Die Blaupausen für eine Postwachstumsgesellschaft, für Green Growth, für globale »Commons«, die Manifeste für ein »konviviales Leben«, die Untersuchungen zur »Glücksökonomie – wie die lebensreformerischen Kommunegründungen erinnern sie mich an die Theorien und Pamphlete der frühen, utopischen Sozialisten: lauter richtige und starke Ideen, aber ohne starke organisierte Interessen hinter sich. Vorzeichen und Einübungen in gesamtgesellschaftliche Umwälzungen, aber noch nicht deren Beginn.

Alle historische Empirie spricht dafür, dass ganze Gesellschaften ihre Lebensweise nicht aufgrund von vorausschauender Planung oder moralischer Einsicht verändern, sondern nur unter dem normativen Druck der Rahmenbedingungen. Und solange der nicht stark genug ist, werden auch die Debatten über Postwachstum mehr oder weniger klein und akademisch bleiben. Kein Zweifel: Es gibt einen Bewusstseinswandel, die Entkoppelung von Ressourcenverbrauch und Produktion kommt voran – aber alle Fortschritte zerbröseln an der quantitativen Steigerung des Weltverbrauchs, am Rebound-Effekt. Lokal geht es in vielen Weltgegenden vernünftig zu, global herrscht business as usual.

Aber selbst wenn der nächste Klimagipfel bindende Verpflichtungen beschlösse und die darauf folgenden Anstrengungen, mit Solartechniken, smarten Netzwerken und *technological leaps* bis Mitte des Jahrhunderts erfolgreich wären – nichts spricht dafür, dass dadurch der Wachstumspfad aufgegeben würde. Ölschock, Klimawandel, Währungs-, Finanz- und Schuldenkrisen – keiner dieser Warnschüsse hat den Glauben der Eliten wie der Massen an immerwährendes Wachstums erschüttert. Eher im Gegenteil: Bei den demokratisch gewählten Entscheidern führte die Krise von 2008 ff. zu einem noch unerschütterlicheren Glauben an bedingungsloses Wachstum. Der Globalisierungsrausch hält an: Der deutsche Agrarminister jubelt über die Steigerung der Exporte – von niedersächsischen Schweineteilen nach Afrika und bayerischer Trockenmilch nach China. Um den Renditen auf die Sprünge zu helfen, betreiben die Regierungen der reichen Länder soziale Demontage, auf Kosten von ganzen Generationen ausgeschlossener Jugendlicher.

Die zukunftsentscheidenden Fragen lauten: Wie können – unter Bedingungen schrumpfender Wachstumsraten – Arbeitsplätze, Renten, Bildung, medizinische Versorgung gesichert werden?

Alle Diskussionen über eine Neudefinitionen des Sozialprodukts sind bis heute Selbstbeschäftigung im vorparlamentarischen Raum geblieben – zuletzt hat das Scheitern der Bundestagsenquete »Wachstum, Wohlstand, Lebensqualität« das gezeigt. Die Bekenntnisse aller Parteien, »Wachstum sei nicht alles«, finden ihre Grenze am – vermeintlichen – Zwang, die Besitzstände ihrer Wähler sichern zu müssen. Die über den Wohlstand wie über die Demokratie der Zukunft entscheidenden Fragen aber lauten: Wie können – unter Bedingungen schrumpfender Wachstumsraten – Arbeitsplätze, Renten, Bildung, medizinische Versorgung gesichert werden? Wie können die Ess- und die Mobilitätsgewohnheiten einer ganzen Bevölkerung verändert werden? Wie definiert man angesichts der kommenden Rationalisierungswellen »gute Arbeit«? Derart vertrackte Fragen werden in der alternativen Öffentlichkeit eher am Rande behandelt, die »Visionen« sind zumeist sehr grobmaschig. In der »Qualitätspresse« und im Parlament spielen sie kaum eine Rolle.

Der Preis für das Kleben am Status quo sind die Wahlenthaltungen, die Verachtung der Politiker, die Rufe nach Wirtschaftsnationalismus. Die Mainstream-Eliten tun das als »Modernitätsverweigerung« ab oder verweisen schulterzuckend auf die überlebensnotwendige »globale Konkurrenzfähigkeit«.

Gleichzeitig wächst – neben der politischen Arena – die Zahl der Wissenschaftler und Aktivisten, die von »Postwachstum« reden. Die griffige Formel lässt vergessen, dass es auch eine Zeit vor dem Wachstum gab – und das war die Welt von Krieg und Klassenkampf. Nicht der Sieg der Demokratie am Ende des »Zeitalters der Extreme« war der große Peacemaker, nicht einmal der historische Kompromiss der »sozialen Marktwirtschaft«. Es war die Ausweitung des Massenkonsums von Haushaltsgeräten, Automobilen, Telekommunikation, die in den »goldenen dreißig Jahren« nach 1945 eine Konjunktur erzeugte, deren fiskalischer Fallout den Ausbau des Sozialstaats finanzierte. Der Konsumismus, schrieb Mitte der fünfziger Jahre der Soziologe Helmut Schelsky nicht ohne kulturkritisches Bedauern, werde zur »wirksamsten Überwindung des Klassenzustands und des Klassenbewußtseins« führen. Und so kam es, für eine Weile jedenfalls, zum Ausnahmezustand leicht abnehmender Ungleichheit und moderater Demokratie.

Als Mitte der Sechziger die Profitmargen zu fallen begannen, ging es mit dem Konsumieren erst richtig los. Die Industrialisierung der Landwirtschaft war der entscheidende Faktor dieser letzten Wachstumsblüte: die Einkommensanteile für Lebensmittel schrumpften innerhalb von 50 Jahren von 40 auf unter 15 Prozent. So entstand die Kaufkraft für die werbegetriebene Ausweitung der Konsumsphäre, die Durchkapitalisierung der Freizeit durch die wachsenden Unterhaltungs-, Dienstleistung-, Tourismusindustrien. Aber dieser letzte Akt des Duetts von Kapital und Demokratie war nur noch (wie Wolfgang Streeck es in seinem Buch »Gekaufte Zeit« nachzeichnet) durch die Abfolge von Inflation, Staatsverschuldung, Sozialabbau und Senkung der Lohnquote zu finanzieren. Dabei stieg die Ungleichheit; die Güterfülle auf Pump und die Arbeitslosigkeit schwächten die Kraft der Gewerkschaften; der Überhang an Kapital und die Schuldenlast beförderten die Privatisierung der öffentlichen Infrastrukturen.

Die Unzufriedenheit über den Bruch des Wohlstandsversprechens wächst dramatisch. Doch die Regierenden sehen nur einen Ausweg: die Wiederkehr des Wachstums. Global gesehen hat der Verbrauch von Rohstoffen, Energie und Ökosystemen längst die Tragfähigkeit von Erde und Atmosphäre überschritten. Aber eine Politik des Übergangs zum Postwachstum stößt an politische Grenzen: in China, Indien, Afrika und Lateinamerika würde eine präventive, auch autoritäre Drosselung des Wachstums zur Abwendung ökologischer Desaster am Wohlstandsbegehren der Massen scheitern. Aber auch in den westlichen Demokratien wären die Konsumgewohnheiten aller Schichten nicht ohne schwere politische Verwerfungen zu deckeln. Aller Wahrscheinlichkeit nach wird erst der Druck realer Katastrophen die Politik zur Wende zwingen, und aller Voraussicht nach werden deren Formen dann nicht aus dem Lehrbuch der Demokratie stammen.

Wo die Sollbruchstelle liegt, »der Moment, an dem sich die Wege von Kapitalismus und Demokratie trennen« (Streeck), das wird unter dem offenen Himmel der Geschichte entschieden. Dabei ist eines offenkundig: Eine zukunftsfähige Reorganisation der Wirtschaft würde nicht nur den Reichtum des oberen »1 Prozent«, sondern auch die Einkommen der Mittelschichten einschränken. Große gesellschaftliche Projekte aber sind bei schrumpfendem Konsum demokratisch, wenn überhaupt, nur mit mehr Gleichheit durchsetzbar – Gleichheit der Konsum-, der Gesundheits-, Bildungs- und Berufschancen. Damit aber käme die in den Wachstumsjahrzehnten verdrängte Gerechtigkeitsfrage in neuer Schärfe auf die Tagesordnung. Bevor so etwas im Ernst geschieht, so schließt Streecks Analyse, »bedürfte es zum Mindesten jahrelanger politischer Mobilisierung und dauerhafter Störungen der gegenwärtig sich herausbildenden sozialen Ordnung«.

Es wäre eine Ordnung mit gedoptem Wachstum, noch mehr Ungleichheit – und ohne Demokratie: der oligopolistische Kapitalismus mit »Marktstaaten«, die hinter einer demokratischen Fassade mit polizeilicher Gewalt Störungen verhindern, die Massen mit abgestuften Rationen von Enter- und Politainment ruhigstellen. Gelegentliche Terrorwarnungen stabilisieren dann das Ganze – in seinem Roman »Globalia« hat Jean-Christophe Rufin eine solche Ordnung beschrieben: das gruselige Gegenbild zu einer ebenso gruseligen Ökodiktatur, mit deren Gespenst heute sogar das neuliberale Flügelpersonal der Grünen herumfuchtelt.

Ohne eine kräftige Belebung der parlamentarischen, gewaltengeteilten Demokratie könnte sich Hoffnung auf eine befriedete Welt dann nur noch auf eine quasievolutionäre Entwicklung stützen: auf die Erwartung, dass das Wachstum im globalen Süden langfristig die Geburtenrate fallen lässt. Nach sechs oder sieben Generationen würde ein solcher Entwicklungspfad dann in eine Welt führen, in der 3 Milliarden Menschen der Erde nicht mehr so viel antun könnten. Aber dieser Pfad ginge durch das Fegefeuer der Erderwärmung, kriegerischer Auseinandersetzungen um Rohstoffe und Wasser und Glaubenskriege aller Art; er hätte – wenn auch auf völlig anderer Grundlage – große strukturelle Ähnlichkeit mit der Welt vor dem Wachstum. Die Integrationsmechanismen der vorbürgerlichen Gesellschaften hießen Gewalt und Religion. Es dauerte Jahrhunderte, bis Wissenschaft, Klassenkampf und Revolutionen Demokratieforderungen hervortrieben, bis Technik und Wissenschaft das Leben der Massen leichter und länger werden ließen. Bis heute aber bricht sich die Forderung nach Wirtschaftsdemokratie am Primat des Privateigentums.

Die Einsicht, »dass es so nicht weitergeht«, breitet sich seit den siebziger Jahren aus. Eine andere Welt ist möglich; die materiellen Voraussetzungen für eine neue Stufe der Zivilisation sind gegeben. Aber für viele Postwachstumsdenker liegen die politischen Rahmenbedingungen für den Übergang dorthin – so Harald Welzer – »jenseits des Gegebenen«. Solche Resignation gegenüber den politischen Institutionen aber verstärkt das Ausweichen auf die tausend Arten, »bei uns selbst anzufangen«, und tragfähige Inseln der Zukunftsfähigkeit zu bauen, denn »das geht sofort«.

Gegen die Hoffnung auf einen allmählichen Wandel von unten sprechen nicht nur die sich schließenden Zeitfenster, sondern auch die historische Erfahrung, dass nicht Erkenntnisse oder die noch so progressiven Subkulturen das politische und soziale Gewebe von Gesellschaften dauerhaft verändern, sondern nur die normativen Zwänge, die Notlagen, die Katastrophen, die Kriege.

Als Jimmy Carter 1977 zur Lösung der Energie- und Umweltkrise aufrief, zu einem Bewusstseinswandel und zur Schaffung neuer Institutionen, sagte er, diese Anstrengung sei »the moral equivalent of war, except that we will be uniting our efforts to build and not to destroy«. Er meinte damit das gesellschaftliche Gesamtkunstwerk einer demokratischen Konstruktion normativer Zwänge, die eine große Wende ermöglichen.

Alle Überlegungen zur »Postwachstumsgesellschaft«, alle Pioniertaten könnten Übungen in Vergeblichkeit bleiben, wenn sie nicht mit einer Politisierung der ökologischen Aktivisten und einer Instandbesetzung der politischen Institutionen einhergehen. Denn noch stehen diese, aber ihre Fundamente schwanken und ihre Fassaden sind durchlöchert. Zurzeit scheint das die anstrengendere, langweiligere, langwierigere, gelegentlich gar verachtete Arbeit zu sein – aber es gibt nicht nur einen Peak Oil, einen Peak Soil, einen Peak Water, es gibt auch einen Peak Democracy.

Mathias Greffrath

Wie können die Ess- und die Mobilitätsgewohnheiten einer ganzen Bevölkerung verändert werden? Wie definiert man angesichts der kommenden Rationalisierungswellen »gute Arbeit«?

Ein Rückblick auf den Wachstumsstaat

Nach dem Zweiten Weltkrieg begann in Europa die Ära des Wohlstands

Die europäische Nachkriegsgeschichte ist eine Geschichte des Wachstums: Jahrzehnte der mehr oder weniger kontinuierlich zunehmenden wirtschaftlichen Wertschöpfung bedeuteten für die Menschen in Europa zugleich auch die Erfahrung eines nie dagewesenen, von Jahr zu Jahr steigenden Wohlstands. Dieser Wohlstand des langen Nachkriegsbooms war nicht zuletzt deshalb gesellschaftshistorisch einmalig, weil breite Mehrheiten in den Genuss einer ungeahnten Verbesserung ihrer Lebensverhältnisse kamen. Die Ära der europäischen Wachstumsgesellschaft bedeutete für viele der vielen Millionen Menschen, deren Alltag durch die Abhängigkeiten und Unwägbarkeiten der Lohnarbeiterexistenz geprägt war, einen Quantensprung in ihrer Lebensqualität und den kollektivbiografischen »Abschied von der Proletarität«: Längerfristige Einkommenssicherheit, akzeptable Wohnverhältnisse, erweiterte Bildungschancen und umfassende Gesundheitsversorgung ließen aus Arbeitern Bürger werden und ermöglichten auch den proletarischen Milieus eine zwar immer noch ungleiche Teilhabe am wachsenden Sozialprodukt, die aber mehr als nur basale Bedürfnisse zufriedenstellte.

Dass es so kam und dem so war, ist maßgeblich der Existenz nationaler Wohlfahrtsstaaten in Europa geschuldet. Denn eine florierende Marktwirtschaft allein gewährleistet noch keinen breiten gesellschaftlichen Genuss der Früchte des Wachstums. Die Umverteilung der Wachstumsgewinne auf viele oder jedenfalls deutlich mehr Köpfe – namentlich auf die von Leuten, deren Arbeit die wirtschaftliche Wachstumsmaschine überhaupt erst befeuert und in Gang hält – bedarf der Intervention eines marktexternen Akteurs: des Staats.

Die europäischen Nationalstaaten haben sich im 20. Jahrhundert – und in anderer politischer Verfasstheit auch im staatssozialistischen Osten – zu Wohlfahrtsstaaten entwickelt, zu Staaten also, die sich das Wohlergehen tendenziell der Gesamtbevölkerung zur öffentlichen Aufgabe machen. Durch Arbeitsschutz und Tarifrecht, Sozialversicherungen und soziale Infrastrukturen, Ausbildungsförderung und Familienpolitik und vieles andere mehr hat der Wohlfahrtsstaat dazu beigetragen, dass die Lebenschancen in der Wachstumsgesellschaft gleichmäßiger verteilt wurden. Nicht dass wohlfahrtsstaatliche Eingriffe und Einrichtungen nur den Schlechtestgestellten oder gar allen Leuten gleichermaßen zugutegekommen wären: Gerade am deutschen Beispiel lässt sich ablesen, wie auch die Arbeitgeberseite vom Sozialstaat profitiert (in Form etwa des öffentlichen Bildungswesens), wie viele seiner Programme gerade den Mittelschichten nützen (zum Beispiel bei der Eigenheimförderung), wie geschlechterungerecht seine Leistungen verteilt sind (man denke nur an die Altersrenten) und wie konsequent er sich gegen etwaige Ansprüche nichtdeutscher Staatsbürgerinnen (mit abgesenkten Mindestleistungen für Asylbewerber) abzuschließen weiß. Und dennoch – in Meinungsumfragen erweist sich der Wohlfahrtsstaat immer wieder als eine äußerst beliebte Einrichtung.

Aus gutem Grund, denn der europäische Wohlfahrtsstaat ist im Grunde seines Herzens ein »Wachstumsstaat« – und

Drei Länder, fünf Wohlfahrtsindikatoren

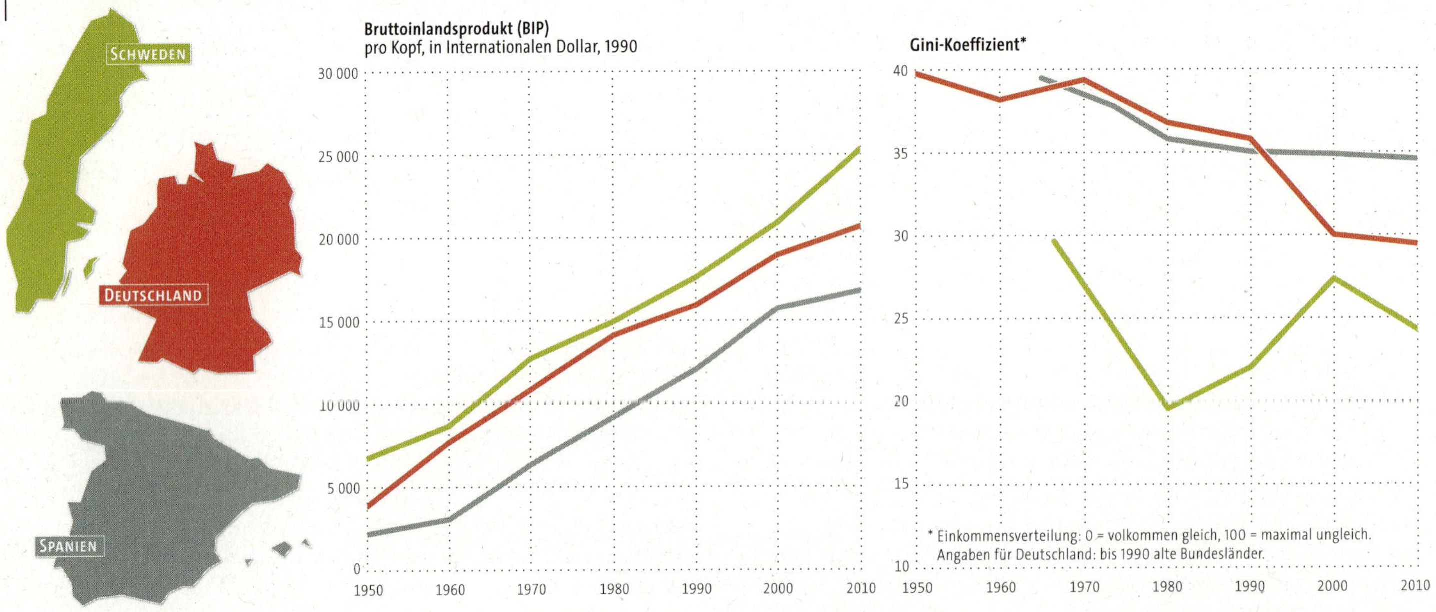

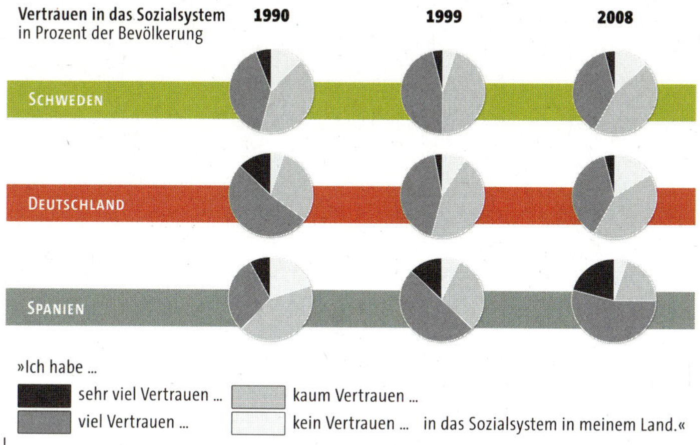

Der gefühlte Sozialstaat

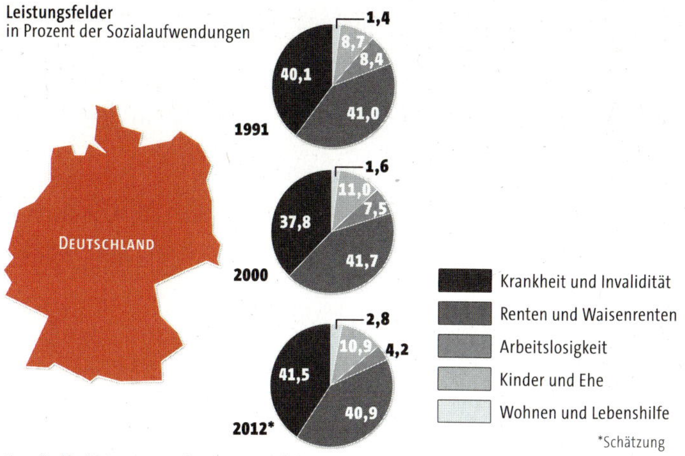

Sozialleistungen in Deutschland

ebendies ist auch die lebensweltliche Erfahrung mehrerer Generationen europäischer Wohlfahrtsstaatsbürgerinnen gewesen. Der Wohlfahrtsstaat übersetzt wirtschaftliches Wachstum in gesellschaftliches Wohlergehen – und ist damit zum Bezugspunkt unterschiedlichster Interessen geworden, denen an seiner Aufrechterhaltung gelegen ist, von weitsichtigen Unternehmern über den durchschnittlichen Mittelschichtshaushalt bis hin zu den Beziehern von Sozialhilfeleistungen. Wer daher die mehr oder weniger segensreichen Effekte des Wohlfahrtsstaats erhalten möchte, der muss – zumindest auf den ersten Blick – zugleich auch an der Fortführung des ihn speisenden (und zugleich von ihm mit ermöglichten) Wachstumsregimes interessiert sein. Wo Wohlfahrt auf Wachstum beruht, da bilden sich wie selbstverständlich breite gesellschaftliche Koalitionen zum Erhalt dieses Funktionszusammenhangs.

Eine Gesellschaft, die sich von Wachstumszwängen emanzipieren wollte, müsste daher auch ihre politischen Strukturen grundsätzlich infrage stellen. Dies freilich nicht im Sinne der hinlänglich bekannten neoliberalen Staatskritik, die radikale soziale Entsicherung gern als individuellen Autonomiegewinn verkauft – und damit gerade diejenigen Gruppen zu treffen sucht, die wohlfahrtsstaatliche Unterstützung am nötigsten haben. Nein, von wohlfahrtsstaatlichen Privilegierungen Abschied nehmen müssten die marktökonomisch Bessergestellten – die vermögensbesitzenden, steuerabschreibenden, Höchstrenten beziehenden Milieus. Eine Postwachstumsgesellschaft wäre eine Gesellschaft der radikalen materiellen Umverteilung, und zwar nicht nur intern, sondern mehr noch nach außen, im globalen Maßstab: nämlich zugunsten all derjenigen Menschen auf der Welt, die jahrzehntelang das wirtschaftliche Wachstum und den Wachstumswohlfahrtsstaat der europäischen Wohlstandsgesellschaften überhaupt erst möglich gemacht haben.

Stephan Lessenich

Bücher &c.

- Andreas Fischer-Lescano, Kolja Möller, *Der Kampf um globale soziale Rechte. Zart wäre das Gröbste*, Berlin (Wagenbach; Lizenzausgabe Bundeszentrale für politische Bildung) 2012.
- Stephan Lessenich, *Theorien des Sozialstaats zur Einführung*, Hamburg (Junius) 2012.
- Werner Rätz, Horst Lüdtke, *Sozialstaat oder: Globale Soziale Rechte?*, Hamburg (VSA) 2009.

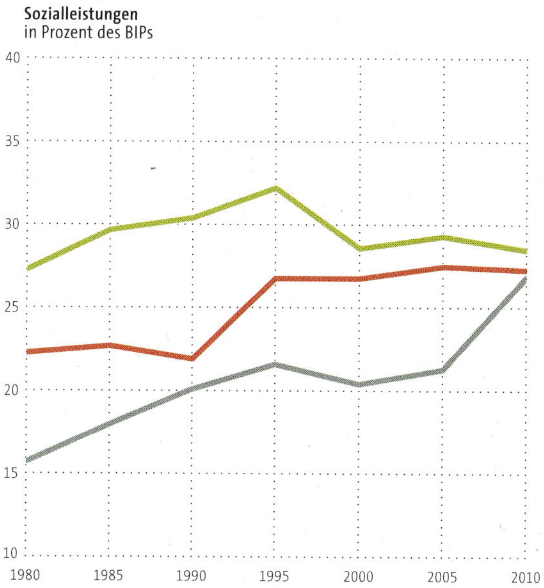

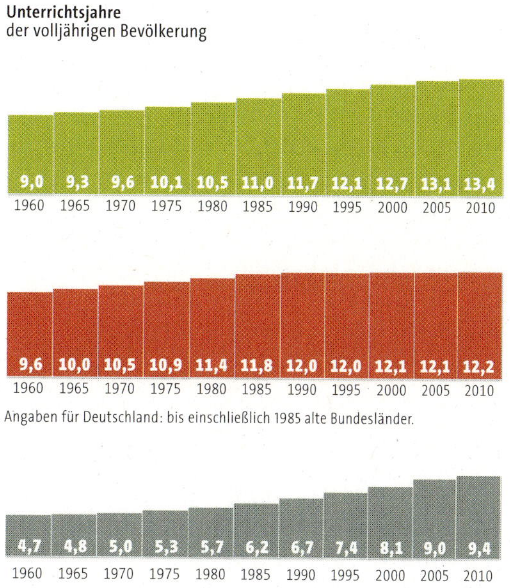

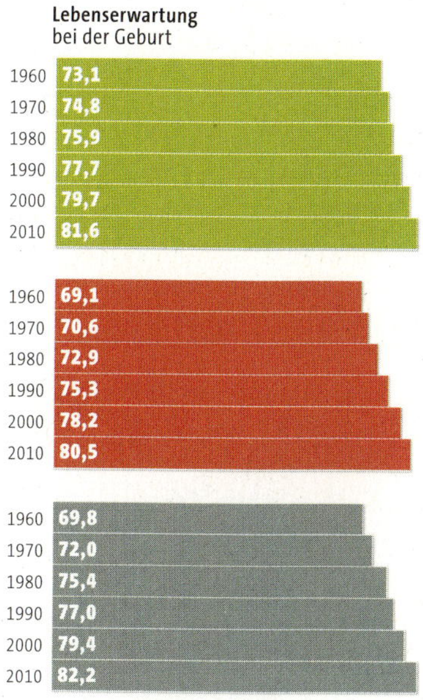

Der Grundwiderspruch des 21. Jahrhunderts

Der globalisierte Kapitalismus ist auf eine stetig wachsende Wirtschaft angewiesen, nun stößt er an natürliche Grenzen

Stetiges Wirtschaftswachstum scheint eine Lösung für viele drängende Probleme der Menschheit zu sein: Es könnte zum Abbau der immensen Schulden beitragen, die die Staaten zur Rettung der Finanzvermögen in der Krise nach 2008 aufgenommen haben. Auf expandierenden Märkten können mehr Waren abgesetzt werden, für deren Produktion neue Arbeitsplätze entstehen würden. Der Kampf gegen Armut und Hunger wäre vielleicht doch noch zu gewinnen und auch die Millenniums-Entwicklungsziele der UNO aus dem Jahr 2000 wären nicht mehr unerreichbar. Wachstum erscheint als so unabdingbar, dass die *Frankfurter Allgemeine Zeitung* in einer Artikelüberschrift am 25. März 2010 bettelte: »Ach, gäbe es doch nur ein kräftiges Wirtschaftswachstum!«

Dieser Wunsch liegt dem Wachstumsbeschleunigungsgesetz zugrunde, das die schwarz-gelbe Bundesregierung Ende 2009 verabschiedet hat. Doch auch das kann keine Wunder bewirken. Entgegen allen Beschwörungen sind die Wachstumsraten der Wirtschaft überall in der Welt rückläufig. In Deutschland wuchs das Bruttoinlandsprodukt (BIP) in den 1950er Jahren um mehr als 8 Prozent pro Jahr. Im darauffolgenden Jahrzehnt halbierten sich die Zuwachsraten auf gut 4 Prozent, um danach auf magere 2,6 Prozent abzusacken. In den 1990er Jahren ging das Wachstum noch einmal um mehr als die Hälfte zurück, nämlich auf 1,2 Prozent, aber selbst die werden im 21. Jahrhundert mit Sicherheit nicht mehr erreicht.

Für die langfristig sinkenden Wachstumsraten gibt es eine Reihe von Gründen. Einige sind trivial. Je höher das BIP, desto höher die absoluten Zuwächse, die nötig sind, um die Wachstumsraten auch nur konstant zu halten: 2 Prozent von 100 sind 2, die gleichen 2 Prozent von 1000 aber sind 20. Angesichts dessen ist Wachstumsbeschleunigung keine realistische Option. Das gilt auch für den Verbrauch von Ressourcen und den Ausstoß von Schadstoffen: Das Wachstum des »Outputs« verlangt einen entsprechend höheren »Input«, und da jede Produktion »Kuppelproduktion« ist, wachsen mit dem gewollten Output auch die unerwünschten Kuppelprodukte, zum Beispiel die Emissionen von Treibhausgasen in die Atmosphäre.

Ein gutes Beispiel bietet die Erschließung der Ölressourcen. Lange Zeit schien eine ständige Steigerung der Ölförderung problemlos möglich, weil durch Exploration immer neue Reserven hinzukamen, der »Input« also keine Schranke der Akkumulation darstellte. Doch unabhängig von der Frage, wann das globale Ölfördermaximum wohl erreicht sein wird (Stichwort »Peak Oil«), gehen die Reserven nach und nach zur Neige. Neue Ölfelder werden nicht mehr oder nur noch in der Tiefsee, im möglicherweise nicht mehr ewigen Eis der polaren Regionen, in den ökologisch fragilen Regenwäldern gefunden. Die Erde ist bereits durchlöchert wie ein Schweizer Käse. Und die Förderung von »nichtkonventionellem« Öl ist teuer und risikoreich. Das beweisen die Milliardenschäden der Havarie der Ölplattform »Deepwater Horizon« im April 2010 vor der Südküste der USA oder die Umweltzerstörungen, die das Aufsprengen tiefer Gesteinsschichten (Fracking) in Kanada, den USA, Venezuela und anderswo anrichtet.

Expansive Kapitalakkumulation mit einem unentwegt wachsenden Sozialprodukt hat also auf einem endlichen Planeten Erde keine Zukunft. Ist aber eine kapitalistische Gesellschaft ohne Wirtschaftswachstum vorstellbar? Nein, wie die Finanzkrisen der jüngsten Vergangenheit zeigen. Umweltkrise oder Wirtschaftskrise – das ist offenbar das Dilemma des Wachstums unter kapitalistischen Bedingungen.

Bäume wachsen nicht in den Himmel. Die Natur kennt zwar Wachstumsgrenzen, aber Regulierungsinstrumente wie Schuldenbremse oder gesetzlich verordnete Wachstumsbeschleunigung sind ausschließlich Menschenwerk. Der Wachstumsimperativ ist alles andere als naturgegeben. Er bestimmt unser Alltagshandeln und daher auch den Kurs von Politik, Unternehmen, internationalen Organisationen. Und zwar letzten Endes, weil auf den Finanzmärkten Renditen und

Deutschlands Wirtschaft: Entwicklung und Einbrüche

Bruttoinlandsprodukt (BIP)
pro Kopf, in tausend Internationalen Dollar, 1990

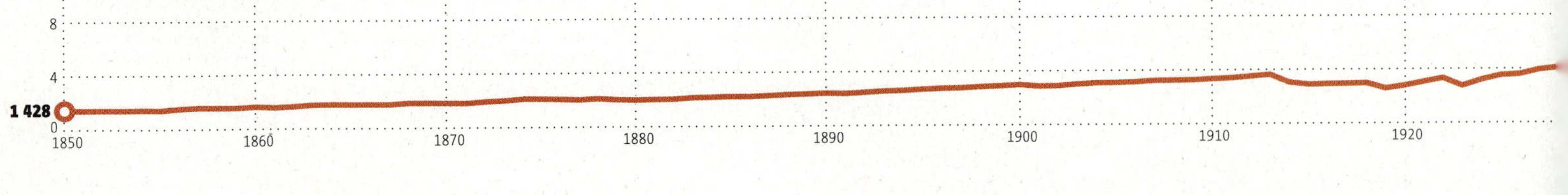

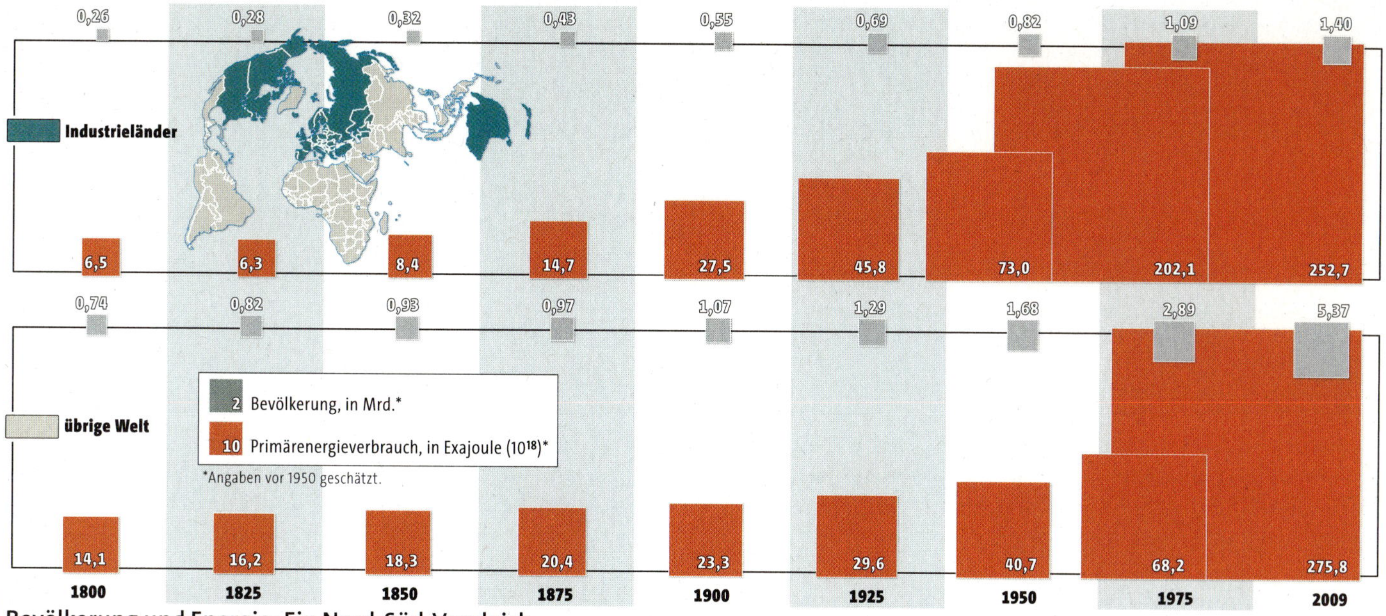

Bevölkerung und Energie: Ein Nord-Süd-Vergleich

Zinsen gefordert werden, die nur aus dem realen Zuwachs der Ökonomie zu befriedigen sind. Also muss die Wirtschaft wachsen. Ohne Wachstum ist die Krise nicht zu vermeiden.

Wachstum ist eine Bedingung für die Stabilität des Systems. Diese ist freilich prekär. Denn Wirtschaften ist immer ein doppelter Prozess: erstens Wertbildung und Verwertung von Kapital und zweitens Transformation von Stoffen und Energie, also Naturverbrauch. Solange das BIP-Wachstum über der Rendite liegt, steht alles zum Besten. Die Profite können als Zuwachs zum Kapital zurückkehren, weshalb man sie im Englischen als »returns to capital« bezeichnet.

Wenn sich die kapitalistische Wachstumsmaschine so programmieren ließe, dass immerzu positive »returns to capital« verbucht werden könnten, wäre ein krisenfreies stetiges Wachstum möglich. Doch erstens ist der Verlauf von Wertbildung und Verwertung zyklisch und krisenhaft. Es kann ja passieren, dass es keine »returns to capital« gibt. Und zweitens muss man, da alles Wirtschaften Stoff- und Energietransformationen einschließt, deren irreversible und kumulative Wirkungen in Rechnung stellen: Die einmal ausgestoßenen Treibhausgase verbleiben in der Atmosphäre und sammeln sich mit der Zeit immer mehr an (auf heute bereits 400 ppm; in vorindustrieller Zeit waren es noch 280 ppm). Die Folge ist bekanntlich ein stetiger Anstieg der globalen Durchschnittstemperatur.

Wegen des Doppelcharakters, den Marx als »Springpunkt« der politischen Ökonomie bezeichnete, bringt der kapitalistische Akkumulationsprozess aus seiner eigenen Dynamik immer wieder zyklische Krisen hervor und stößt infolge der Irreversibilität und kumulativen Wirkung der Stoff- und Energietransformationen an jene Grenzen des Wachstums, von denen spätestens seit Erscheinen des ersten Berichts des Club of Rome im Jahr 1972 die Rede ist.

Wachstum ist an den Grenzen des Umweltraums ein Rezept mit gefährlichen Nebenwirkungen. Können die in Kauf genommen werden, weil schließlich Arbeitsplätze entstehen? Unter kapitalistischen Verhältnissen werden Arbeitskräfte nur eingestellt, wenn mit ihnen Gewinn gemacht werden kann. Die Produkte ihrer Arbeit müssen als Waren auf globalen Märkten konkurrenzfähig sein. Damit sie ausreichend nachgefragt werden, müssen Preis und Qualität stimmen. Soll die Beschäftigung gesteigert werden, müssen immer auch die Arbeitsproduktivität und die Arbeitskosten – das heißt die »Lohnstückkosten« – entsprechend »stimmen«.

Die Produktivitätssteigerung ist ein komplexer und widersprüchlicher Prozess. Er verlangt zum einen technischen Fortschritt und die entsprechende Bildung und Ausbildung der Arbeitskräfte sowie soziale und organisatorische Arrangements, politische Rahmenbedingungen und kulturelle Veränderungen. Der Markt taugt aber nicht, um diese Rahmenbedingungen herzustellen, denn seine Akteure werden von kurzfristigen Profiterwartungen angetrieben und lassen sich nicht von langfristigen Entwicklungsperspektiven leiten. Zum anderen erhöht sich mit der Arbeitsproduktivität in der Regel auch der Kapitaleinsatz je Arbeitskraft (Kapitalintensität).

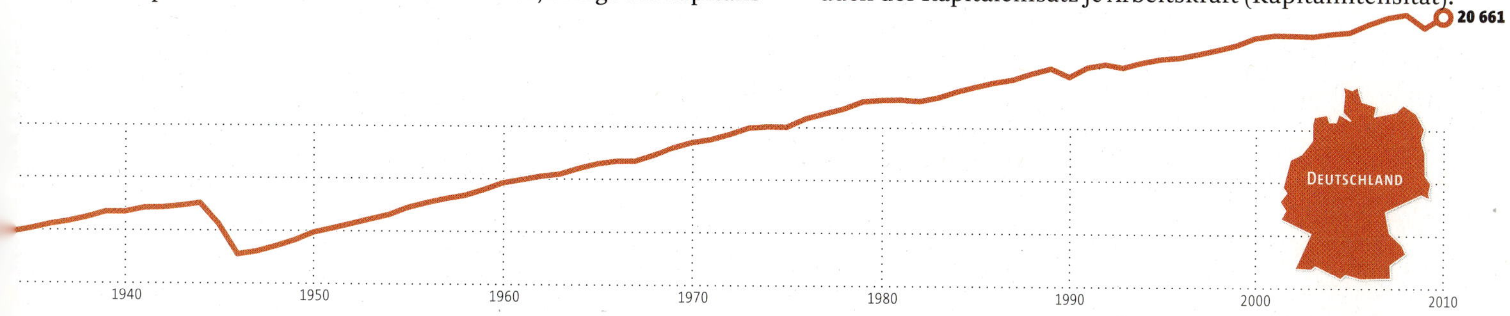

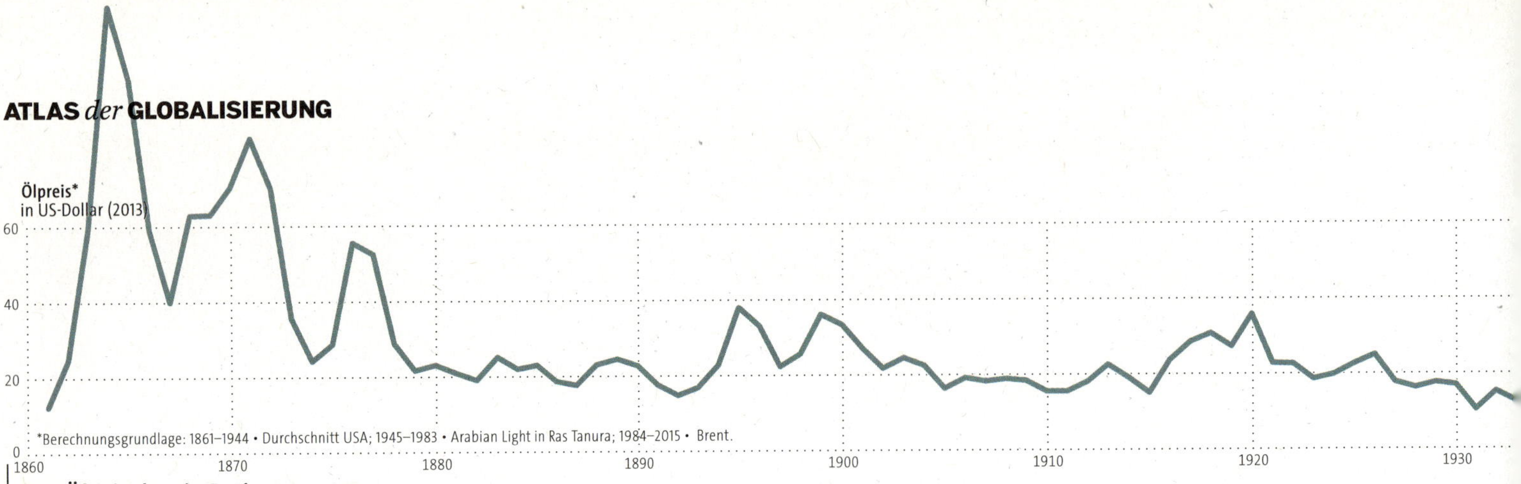

Das Ölzeitalter in Preisen

Zwar wird jede Produktivitätssteigerung ein gewisses Wirtschaftswachstum bewirken, vorausgesetzt, die hergestellten Produkte sind konkurrenzfähig und können auf einem expandierenden Markt abgesetzt werden. Wenn jedoch die steigende Kapitalintensität dazu führt, dass immer mehr Kapital für Produktionsmittel, Vorprodukte und Rohstoffe – in Relation zu den Kapitalauslagen für Arbeitskräfte – aufgebracht werden muss, nimmt die »organische Zusammensetzung des Kapitals« zu, wie Karl Marx es nannte. Das bedeutet aber, dass die Profitrate in der Tendenz sinkt. Dann wird weniger in neue Produktionsanlagen investiert und die Akkumulationsrate sinkt. Liquides Kapital wird – bei liberalisierten Kapitalmärkten – dann eher im Finanzsektor als in der Realwirtschaft investiert.

Die Erhöhung der Produktivität der Arbeit ermöglicht zwar die Steigerung des »Wohlstands der Nationen«, wie Adam Smith sein epochales Werk zu Beginn des modernen Kapitalismus überschrieb. Dieses Versprechen der klassischen politischen Ökonomie wurde sogar gehalten, wenn auch nur für den privilegierten Teil der Menschheit in den Industrieländern. Aber gerade hier trat eine dritte unvermeidliche Begleiterscheinung des Produktivitäts- und Wohlstandszuwachses zutage, sozusagen dessen dunkle Kehrseite: die

CO_2-Ausstoß und Wirtschaftskrisen

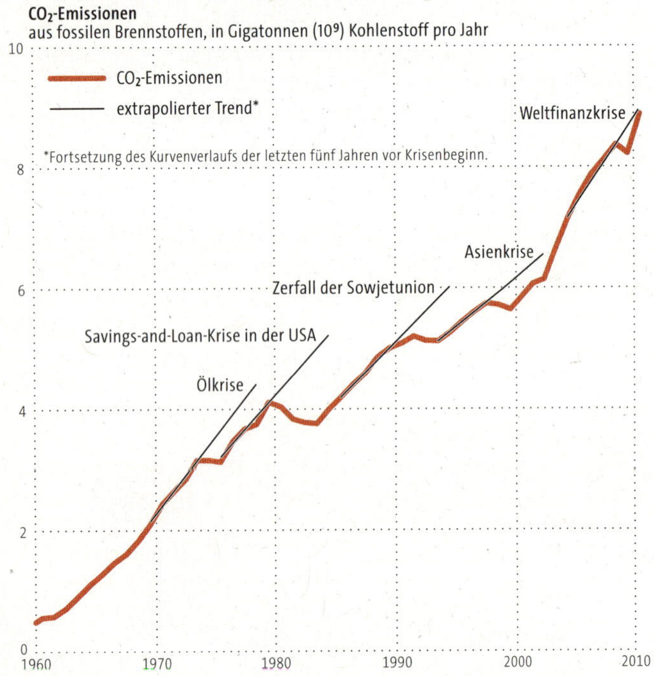

Freisetzung von Arbeitskräften. David Ricardo, ein Klassiker der Politischen Ökonomie, bezeichnete im frühen 19. Jahrhundert die Freigesetzten als »redundant population«. Zu dieser »überflüssigen Bevölkerung« gehören heute nicht nur die offiziell Arbeitslosen, sondern auch die im informellen Sektor und in prekären Arbeitsverhältnissen Beschäftigten sowie alle, die in unsicheren sozialen Verhältnissen leben.

Das auf Produktivitätsfortschritt beruhende wirtschaftliche Wachstum hat also die Folge, dass zum einen ständig mehr produziert wird, als die Kaufkraft absorbieren kann, und dass zum anderen die Zahl der Arbeitskräfte zu groß ist, um allen einen gesicherten, regulären Arbeitsplatz zu vermitteln. Joseph A. Schumpeter hat zu Beginn des 20. Jahrhunderts ironisch darauf hingewiesen, dass im modernen Kapitalismus nicht für den Bedarf von Königinnen, sondern für den von Arbeiterinnen produziert werde. Damit deren Bedarf sich in kaufkräftige Nachfrage verwandelt, brauchen sie entsprechende Einkommen. Die aber werden gekappt, weil niedrige Löhne längst als Standortvorteil gelten und weil das Kapital im Verein mit konservativen Regierungen auf die Senkung der Arbeitskosten setzt.

All dies erklärt, warum wirtschaftliches Wachstum in der langen Geschichte des kapitalistischen Systems noch nie in der Lage war, eine dauerhafte Steigerung der Beschäftigung oder gar Vollbeschäftigung zu sichern. Ausnahmen sind in Westeuropa die Wirtschaftswunderjahre nach 1945 und die Phasen der Aufholjagd einiger Schwellenländer. Die Annahme, dass Wachstum Arbeitsplätze schaffe, ist ein verbreiteter Selbstbetrug, den Marx bereits in seiner Auseinandersetzung mit der »Kompensationstheorie« kritisiert hat: Da die Kapitalisten bezahlte Arbeit einsparen wollen, muss der Freisetzungseffekt größer sein als die Ausweitung der Produktion. Eine vollständige Kompensation der Freisetzung würde den Zweck das Ganzen, nämlich die Senkung der Arbeitskosten, hintertreiben.

Anders als im Kapitalismus des 19. Jahrhunderts wird heute allerdings eine andere »Kompensation« als die Steigerung des Wachstums diskutiert: die Verkürzung der Arbeitszeit. Die Wachstumsrate des BIPs ergibt sich als Summe aus der Veränderung des Arbeitsvolumens und dem Anstieg der Produktivität. Das Arbeitsvolumen beziehungsweise die Beschäftigung wächst also nur dann, wenn das BIP-Wachstum höher liegt als die Produktivitätssteigerung. Wenn hingegen die Produktivität stärker steigt als das Sozialprodukt, sinkt das Arbeitsvolumen und Arbeit wird freigesetzt. So kommt Ricardos Überflussbevölkerung zustande. Eine angemessene Arbeitszeitverkürzung ist dann die einzige Möglichkeit, um das Anwachsen der Arbeitslosig-

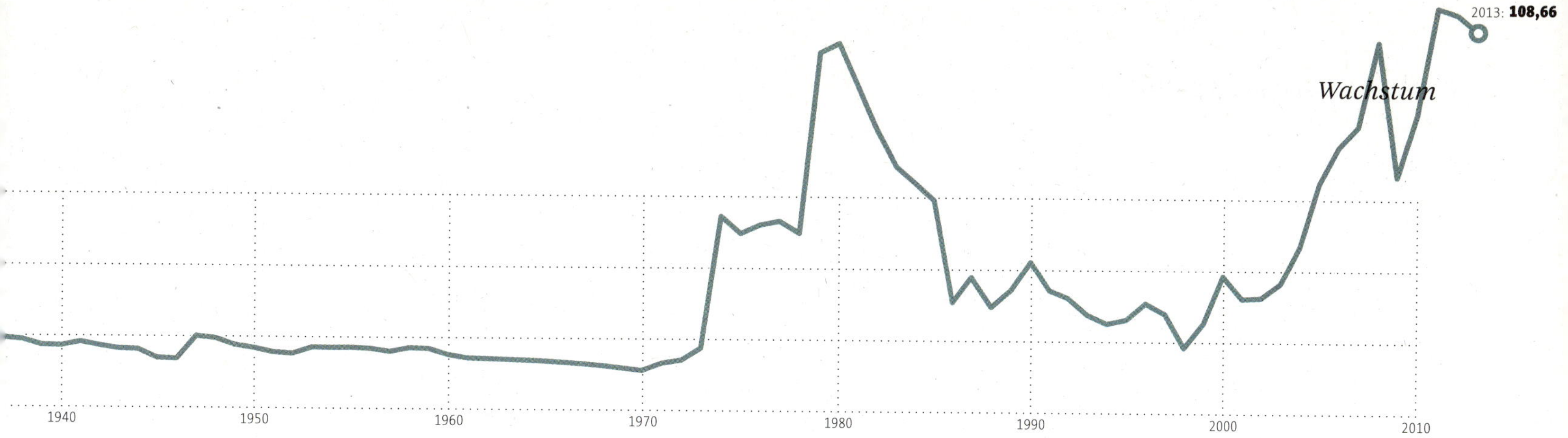

keit und damit der »überflüssigen« Bevölkerung zu vermeiden.

Gelegentlich wird beschwichtigend angemerkt, das Wachstum sei doch nicht unbedingt ein materielles, vielmehr könne es auch virtuell sein, weil in einer postmaterialistischen Dienstleistungsökonomie der Naturverbrauch gering ist. Doch mache man sich keine Illusionen. Die meisten »postmateriellen« Dienstleistungen sind auf erhebliche Materialströme und den dazugehörigen Energieverbrauch angewiesen. Man kann zwar in der Internet-Apotheke ein Medikament per Mausklick bestellen, aber das muss dann doch zum Kunden transportiert werden, was häufig keineswegs auf dem kürzesten Weg erfolgt.

Und grundsätzlich gilt: Auch wenn in Sekundenbruchteilen Milliardenbeträge um die Erde geschickt werden, können sich die virtuell gemachten Spekulationsgewinne nur materialisieren, wenn ein Überschuss in der realen Wirtschaft erzielt wird – also nur durch höchst materielles Wachstum der Wirtschaft. Das bedeutet wegen des Doppelcharakters allen Wirtschaftens zugleich einen wachsenden Material- und Energieverbrauch.

Dies macht den Kern unseres Wachstumsdilemmas aus, deshalb sitzen wir in der Wachstumsfalle. Der Wachstumszwang ist ein Wesenszug des modernen Kapitalismus, zugleich wissen wir aber um die natürlichen Grenzen des Wachstums. Ein politisches Krisenmanagement, das auf Wachstum setzt, schürt Energiekonflikte, verschärft die Klimakrise und gefährdet die Ernährungsgrundlage vieler Menschen. Kein Wachstumsdiskurs kann darüber hinwegtäuschen, dass wir die Grenzen, die uns die Natur setzt, respektieren müssen. Dann ist es aber zwingend notwendig, die Gesellschaft so umzugestalten, dass innerhalb dieser Grenzen das gute Leben für alle Menschen möglich ist. Dann muss man sich auch von der Illusion verabschieden, wir könnten die Probleme der Gegenwart mit einer Wachstumsbeschleunigung bewältigen – und sich stattdessen auf eine Zukunft mit Entwicklung und Fortschritt einstellen, aber ohne Akkumulation von Kapital und ohne ständiges, sprich grenzenloses wirtschaftliches Wachstum.

Elmar Altvater

Bücher &c.

- Adam Smith, *Der Wohlstand der Nationen*, München (dtv) 1999.
- Joseph Schumpeter, *Theorie der wirtschaftlichen Entwicklung. Eine Untersuchung über Unternehmergewinn, Kapital, Kredit, Zins und den Konjunkturzyklus*, Berlin (Duncker & Humblodt) 1997.
- Elmar Altvater, *Marx neu entdecken. Das hellblaue Bändchen zur Einführung in die Kritik der Politischen Ökonomie*, Hamburg (VSA Verlag) 2012.

Energie und ihre Quellen

Primärenergieverbrauch weltweit, in Exajoule (10^{18})

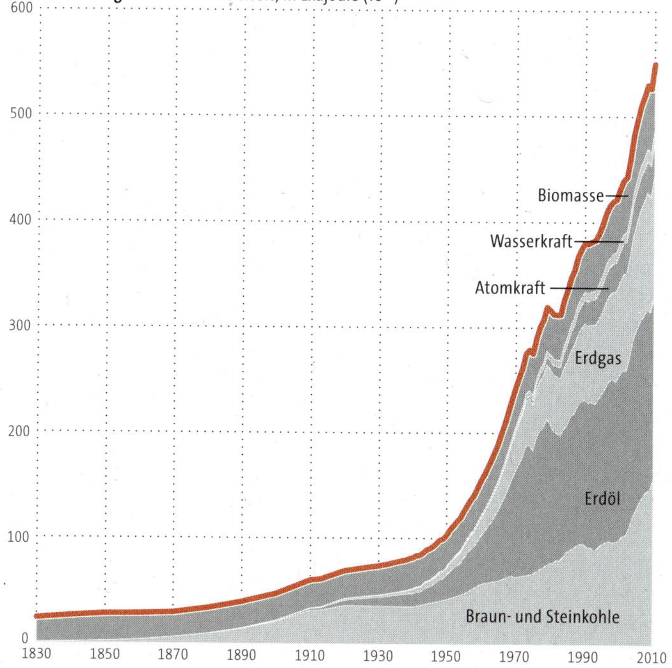

Der Weg zur fossilen Dominanz

Primärenergieerzeugung 1850–2008, weltweit, in Prozent

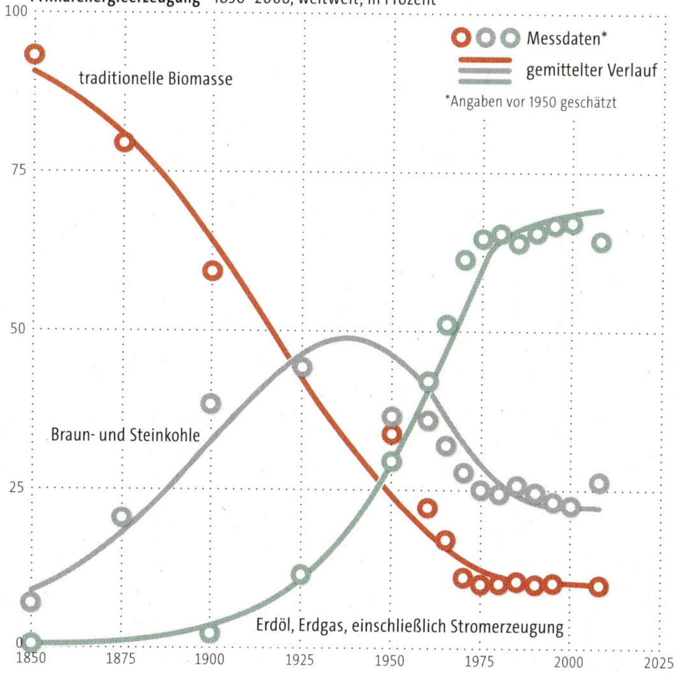

Die Finanzialisierung der Welt

Seit den 1970er Jahren ermöglichte die Politik den Banken, Versicherungen und Fondsmanagern, ihren Einfluss auf die Wirtschaft auszubauen

Der Begriff »Finanzmarktkapitalismus« beschreibt die Strukturveränderungen des Kapitalismus, die mit der Entwicklung eines globalen Kapitalmarkts seit den 1970er Jahren verbunden sind. Mit der Auflösung der Goldbindung des Dollar im Jahr 1971 und der folgenden Einführung flexibler Wechselkurse war das in der Nachkriegszeit geltende Währungssystem faktisch abgeschafft worden. Die Kontrollen des internationalen Kapitalverkehrs wurden schrittweise beseitigt. US-amerikanische und britische Banken, institutionelle Investoren und Kapitalmarktfonds übernahmen bei dem sich entwickelnden globalen Handel mit Devisen, Aktien, Anleihen und Finanzderivaten eine führende Rolle. In der Konkurrenz um die Gunst der Finanzinvestoren senkten Regierungen die Unternehmens- und Vermögenssteuern sowie die Spitzensätze der Einkommensteuer. Darüber hinaus wurden die Geldmarktzinsen erhöht. Die Folge waren zunehmende Defizite der öffentlichen Haushalte, die Ausgabenkürzungen insbesondere bei den Sozialleistungen erzwangen. Die Arbeitslosigkeit nahm zu, und die Gewerkschaften gerieten in die Defensive.

Der Finanzmarktkapitalismus ist immer noch Kapitalismus, insofern sich an dem von Marx beschriebenen Grundprinzip gesellschaftlicher Reproduktion nichts ändert – Geldkapital wird in Produktionsmittel, Arbeitskräfte und andere Waren investiert, um daraus einen Mehrwert zu erzielen. Was sich freilich änderte, war die Machtverteilung zwischen Eigentümern und Unternehmern auf der Kapitalseite.

Schon seit dem 19. Jahrhundert ließ sich eine Tendenz zur Konzentration des Kapitaleigentums in Form der Aktiengesellschaft beobachten, die die Bildung großer Unternehmen und die privatkapitalistische Finanzierung umfangreicher Projekte, wie des Baus der Eisenbahnen, erst ermöglichten. In aller Regel lief sie auf eine Trennung von Eigentum und Kontrolle und eine Delegation der Unternehmerfunktion an angestellte Geschäftsführer oder Manager hinaus. Die Eigentümerfunktion wurde schon früh durch die Banken selbst übernommen.

Zwischen die industriellen Manager und die Kapitaleigentümer schiebt sich heute als dritte Instanz das Fondsmanagement. Allein aufgrund des Umfangs der von ihnen kontrollierten Kapitalien üben die Fonds einen beträchtlichen Einfluss auf die weltweite wirtschaftliche Entwicklung aus, dem sich auch die Regierungen nicht entziehen können. Auch auf Unternehmensebene gewannen die Anteilseigner unter der Devise des »Shareholder-Value« an Einfluss.

Wie hat sich die Herrschaft der Finanzinvestoren auf das wirtschaftliche Wachstum der OECD-Länder seit den 1980er Jahren ausgewirkt? Spektakuläre Wachstumseffekte sind zwar in der Tat festzustellen – allerdings nur im Finanzsektor selbst. Der sogenannte »FIRE«-Bereich (Finanzdienstleistungen, Versicherungen, Immobilien) entwickelte sich in den USA und in Westeuropa zum größten, die Umsätze des produzierenden Gewerbes weit übertreffenden Wirtschaftssektor. Parallel kam es zu einem spektakulären,

Der große Boom

US-Finanzsektor
1850–2008, in Prozent des BIPs

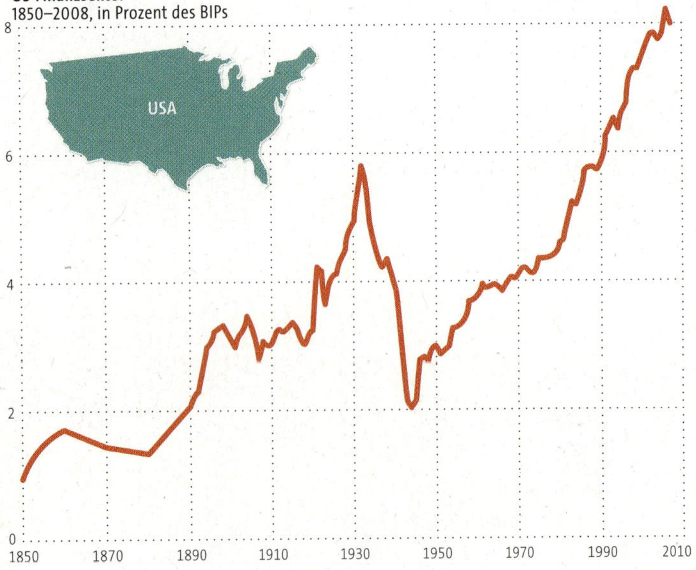

Immer mehr Profit mit weniger Investitionen

Investitions- und Profitrate in den USA, der EU und Japan
1960–2010, in Prozent des Bruttoinlandprodukts (BIP)

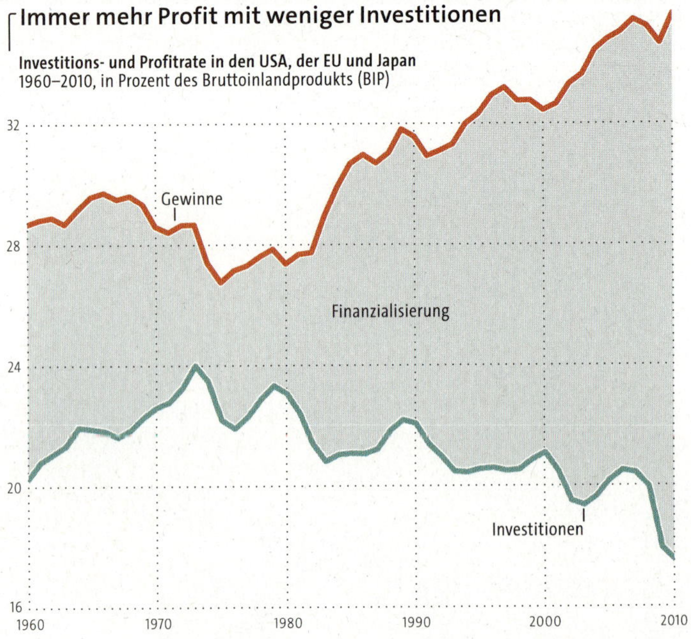

Termingeschäfte
1960–2004, in Prozent der abgeschlossenen Verträge

Termingeschäfte (engl. Futures) wurden ursprünglich vor allem benutzt, um Risiken bei der Landwirtschaft abzufedern. Das funktioniert so: Ein Händler schließt mit einem Bauern lange vor der Ernte einen Vertrag ab, der den Preis, das Lieferdatum und die Menge der Waren im Voraus festlegt. Beide Parteien sichern sich so gegen Preisschwankungen ab, die beispielsweise durch Ernteüberschuss oder Missernten entstehen können. Liegt der Marktpreis der gelieferten Ware zum vereinbarten Termin höher, kann der Händler zudem mit Gewinn weiterverkaufen.
Auf den Finanzmärkten hat sich dieses Modell jedoch verselbstständigt, da Futures mehrfach wieder verkauft werden können, bevor sie fällig werden. Verschiedene Händler spekulieren daher auf steigende (oder fallende) Preise dieser Wertpapiere, ohne am Getreide an sich interessiert zu sein. Dadurch können auf den Weltmärkten die Preise in die Höhe getrieben werden, was in der Vergangenheit bereits zu Hungerrevolten führte.

Wetten auf künftige Preise

das Wachstum des Bruttoinlandsprodukts weit übersteigenden Anwachsen der privaten Finanzvermögen, und mit ihnen auch der privaten und öffentlichen Schulden.

Nach Schätzungen des McKinsey Global Institute sind die privaten Finanzvermögen weltweit von 54 Billionen Dollar im Jahr 1990 auf 212 Billionen Dollar im Jahr 2010 gewachsen; das bedeutet einen Anstieg von 261 auf 356 Prozent des weltweiten Sozialprodukts. Die gegenteilige Entwicklung ist bei der realen Wirtschaftsleistung der OECD-Länder festzustellen: Die jährlichen Wachstumsraten des realen Sozialprodukts, die in der Periode von 1950 bis 1973 noch bei über 3 Prozent gelegen hatten, sanken danach auf 1 bis 2 Prozent mit der Tendenz weiter nach unten.

Die Lücke zwischen dem enormen Wachstum des Finanzsektors und dem schwachen Realwachstum geht auf zwei Hauptursachen zurück: Zum einen führte der Druck der Finanzinvestoren auf die staatliche Finanzpolitik sowie auf die Löhne zu einer Umverteilung der Einkommen zugunsten der Gewinne und Vermögenseinkommen. Der Finanzmarktkapitalismus stärkte nicht die unternehmerischen Kräfte, sondern führte zur Bereicherung der Vermögensbesitzer auf Kosten der Arbeitenden. Zum anderen brachte er immer neue »Finanzinnovationen« (zum Beispiel Derivate, Kreditverbriefungen) hervor, die eine spekulative Aufblähung der Vermögenswerte zur Folge hatten. Die Unhaltbarkeit der völlig überhöhten Vermögensforderungen wurde in der Finanzkrise von 2008 offenkundig. Dank des Einsatzes der elektronischen Notenpresse (das heißt: durch schlichtes »Drucken« von Geld, das heute freilich nicht mehr in Form von Papierdruck, sondern digital erfolgt) und immer neuen »Rettungsaktionen« ist es den Zentralbanken und Nationalstaaten zwar gelungen, einen offenen Zusammenbruch zu verhindern. Aber neue Wachstumsaussichten können diese Maßnahmen nicht eröffnen, und so ist die Zukunft des Finanzmarktkapitalismus ungewiss.

Christoph Deutschmann

Bücher *&c.*

- Jörg Huffschmid, *Politische Ökonomie der Finanzmärkte*, Hamburg (VSA) 2002.
- Helge Peukert, *Die große Finanzmarktkrise. Eine staatswissenschaftlich-finanzsoziologische Untersuchung*, Marburg (Metropolis) 2010.

Die Finanzialisierung der Unternehmen

Unternehmensvermögen*
1961–2011, in Prozent der Nettowertschöpfung

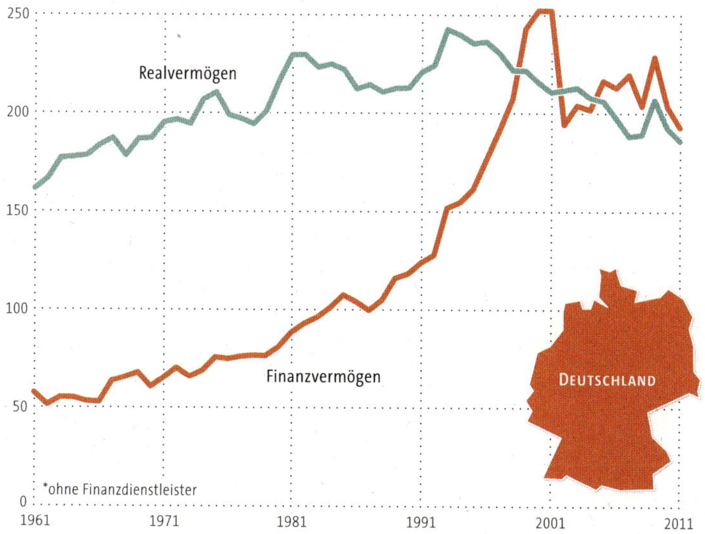

Zwei Jahrzehnte Finanzmarktkapitalismus

Finanzvermögen
1990–2010, weltweit, in Billionen (10¹²) US-Dollar[1]

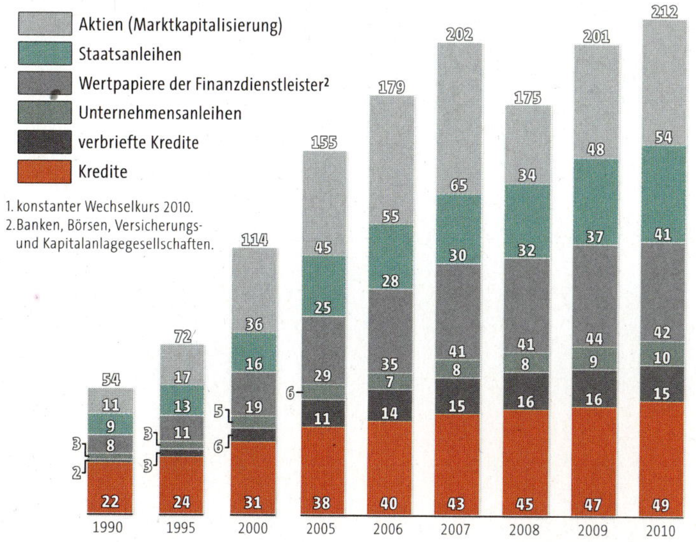

Tiere nutzen

Wie sich die industrielle Produktion von Fleisch, Eiern und Milch weltweit ausbreitet

Bei diesen Zahlen kann man Kopfschmerzen bekommen: 65 Milliarden Landwirbeltiere wurden weltweit im Jahr 2012 geschlachtet und in der einen oder anderen Form von Menschen gegessen, die Milliarden von Meerestieren und die erjagten Tiere nicht eingerechnet. Doch die Obergrenze des Appetits aufs Tier ist noch lange nicht erreicht. 43 Kilogramm Fleisch verspeist der menschliche Erdenbewohner im Schnitt jährlich, wobei der Pro-Kopf-Verbrauch in den Industrieländern bei 79 Kilo und in den Entwicklungsländern bei nur 33 Kilo liegt. Bei der Milch ist die Spanne noch größer: Laut Welternährungsorganisation (FAO Food Outlook 2013) verbrauchen die Menschen in den Industrienationen jedes Jahr durchschnittlich 237 Kilo Milch gegenüber 74 Kilo in den Entwicklungsländern. Und genau diese Differenz macht der Tierhaltungsindustrie Hoffnungen, dass sie künftig noch viel mehr verdienen kann.

Dabei sind weder die immensen Schlachtmengen noch die Massentierhaltung ein Privileg des industrialisierten Westens. Brasilien hat die USA schon 2003 als größter Hühnerfleischexporteur überholt, und der brasilianische Rinderbestand soll sich bis 2018 gegenüber 2009 verdoppeln. Hauptabnehmer des brasilianischen Sojas (vor allem als Futtermittel) wiederum ist nicht etwa die EU, sondern China, das als einziges Land der Welt eine strategische Schweinefleischreserve besitzt (in gefrorener und lebendiger Form) und heute schon fast die Hälfte allen Schweinefleischs weltweit produziert. Außerdem ist China der drittgrößte Milcherzeuger der Welt (hinter den USA und Indien). Hier werden für weiteres Wachstum immer mehr Produktionseinheiten für etliche tausend Milchkühe errichtet. Jeden Monat lässt sich allein das Unternehmen Huishan Dairy etwa 3000 zumeist trächtige Kühe auf dem Seeweg aus Australien liefern.

Die weltweit größte Rinderherde mit 300 Millionen Tieren besitzt Indien, dessen Regierung 1970 die »Operation Flood« startete, um das gesamte Land mit Milch zu versorgen. 2011 beschloss man, die Milchproduktion in den kommenden 15 Jahren nochmals zu verdoppeln – nicht zufällig eröffnete 2011 auch Indiens erste Großanlage mit 2500 Milchkühen. Mit dem Verzehr von Rindfleisch tun sich viele Inder immer noch schwer, doch die Nachfrage nach Hühnchen wächst. Zwei Milliarden Masthühner werden in Indien jährlich geschlachtet, 90 Prozent von ihnen stammen aus Massentierhaltung.

Dass die aufstrebende Mittelklasse der Schwellenländer mit ihren »verwestlichten« Konsumbedürfnissen den Fleisch- und Milchkonsum vorantreibt, ist fast schon ein Allgemeinplatz. Genauso wahr ist aber auch, dass die Agrarindustrien der entwickelten Länder hier Chancen erkennen. Die europäischen Inlandsmärkte sind fast gesättigt, dagegen sind die Schweinefleischexporte nach China inzwischen ein nicht unerheblicher Pfeiler des internationalen Fleischhandels geworden – ganz abgesehen davon, dass es in China auch Abnehmer für die in Europa ungeliebten Schweine- und Hühnerfüße gibt.

Internationale Fastfoodketten wie McDonald's, Pizza Hut und Kentucky Fried Chicken breiten sich in Asien aus, Nestlé und Danone »entwickeln« asiatische Märkte und dafür geeignete Produkte, und Coca-Cola bietet in Indien ein Frucht-Milch-Getränk an.

Fleisch für die Reichen

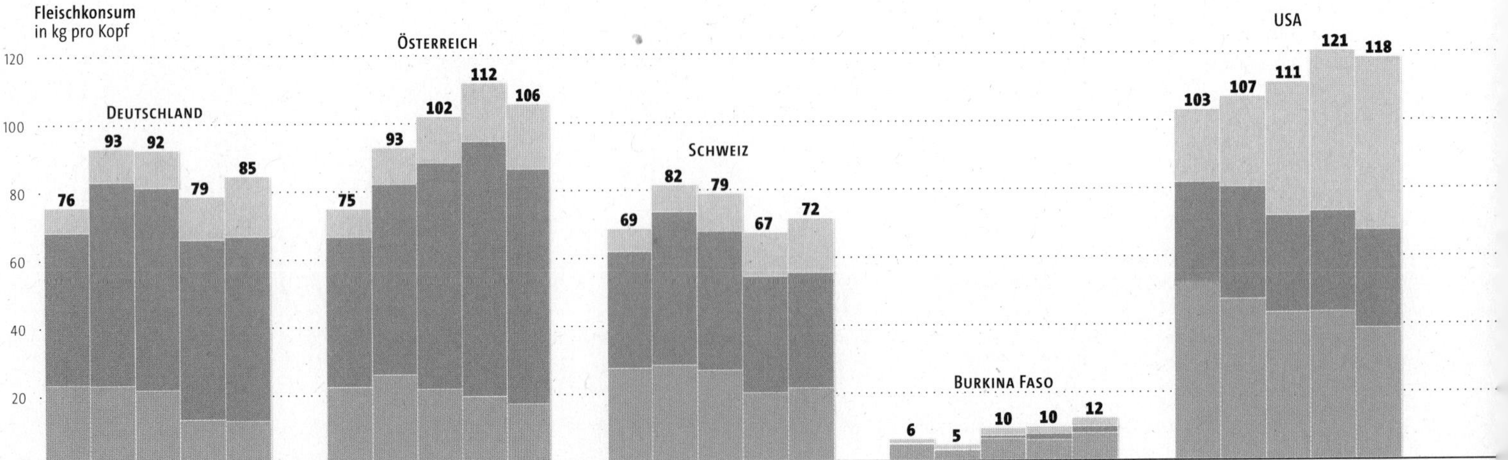

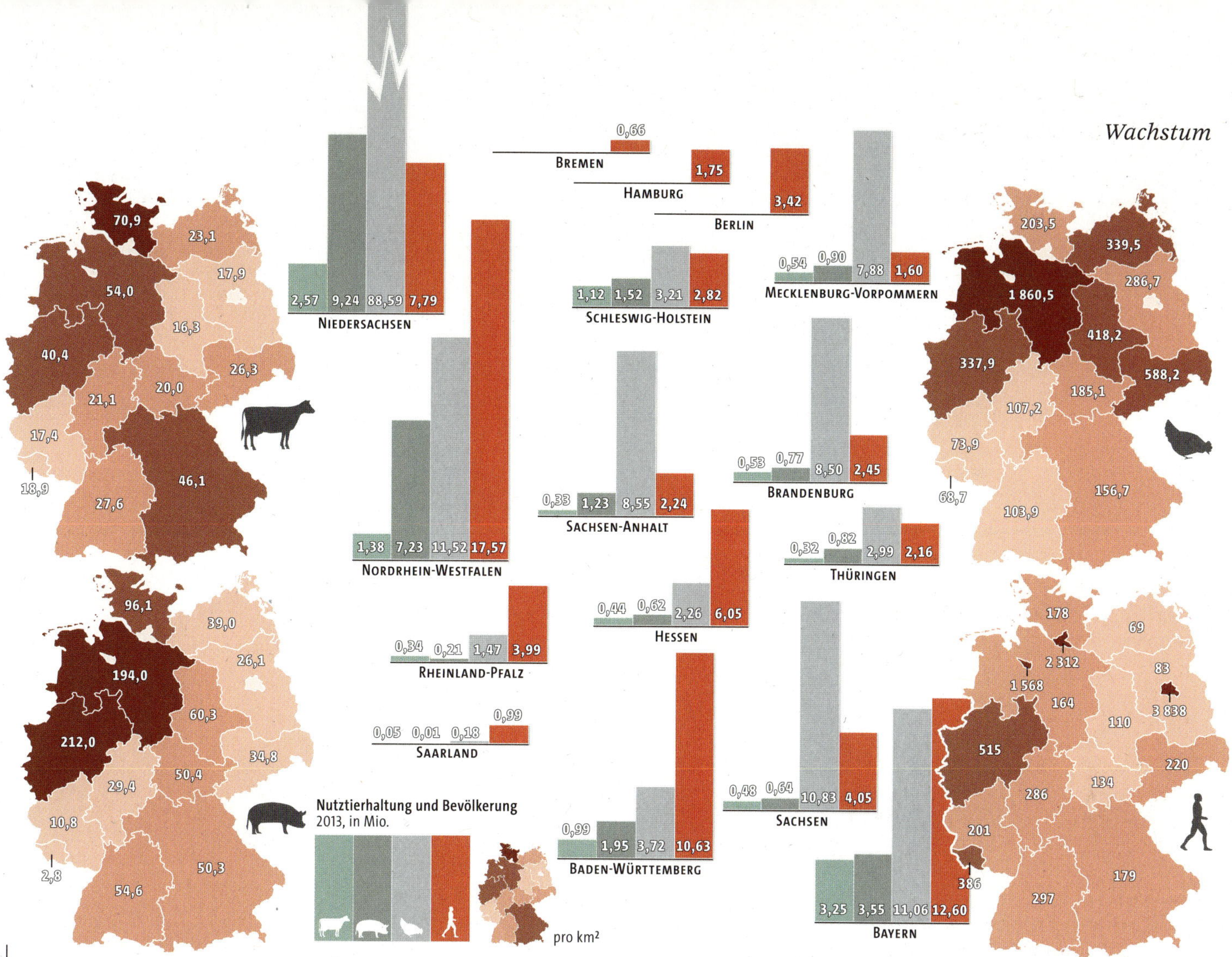

Aus deutschen Landen

Damit Tierprodukte aus Deutschland mit Qualität assoziiert werden, legte das Bundesministerium für Ernährung und Landwirtschaft 2010 ein Exportförderprogramm auf, zu dem Imagekampagnen gehören sowie die Förderung und »Begleitung« von Kongressen und die Unterstützung von Auslandsreisen zur Geschäftsanbahnung.

In Asien entstehen aber nicht nur neue Märkte für Endprodukte, sondern auch für Maschinen, Stalleinrichtungen und Ausbildung. Mit einem eigenen Programm will das Bundesministerium für Bildung und Forschung »einen Beitrag zur Berufsbildung ländlicher Arbeitskräfte in China leisten«. Chinesische Bauern besuchen Deutschland, niedersächsische Bauern reisen nach China. Dort begutachten sie Ställe, geben Ratschläge in Sachen Hygiene, beantworten Fragen zur Einrichtung von Fütterungsanlagen, bringen »Ferkelspielzeug« mit und zeigen, wie man wenige Tage alte Ferkel ohne Betäubung kastriert. Man lehrt also genau jene Massentierhaltungsverfahren, deren gravierende Tier-

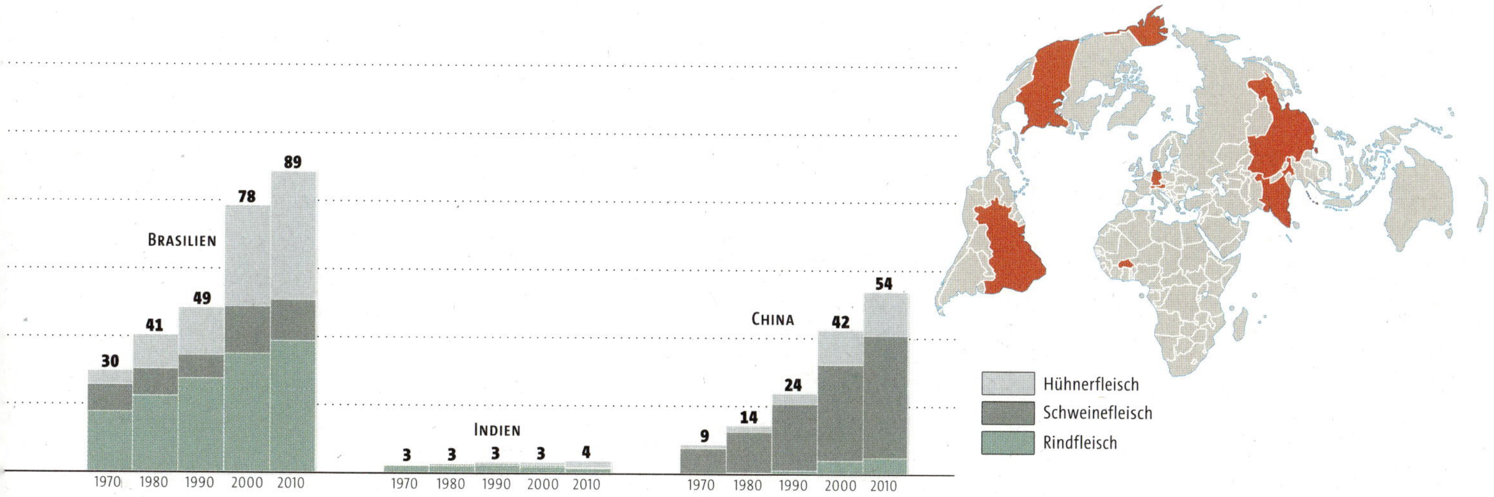

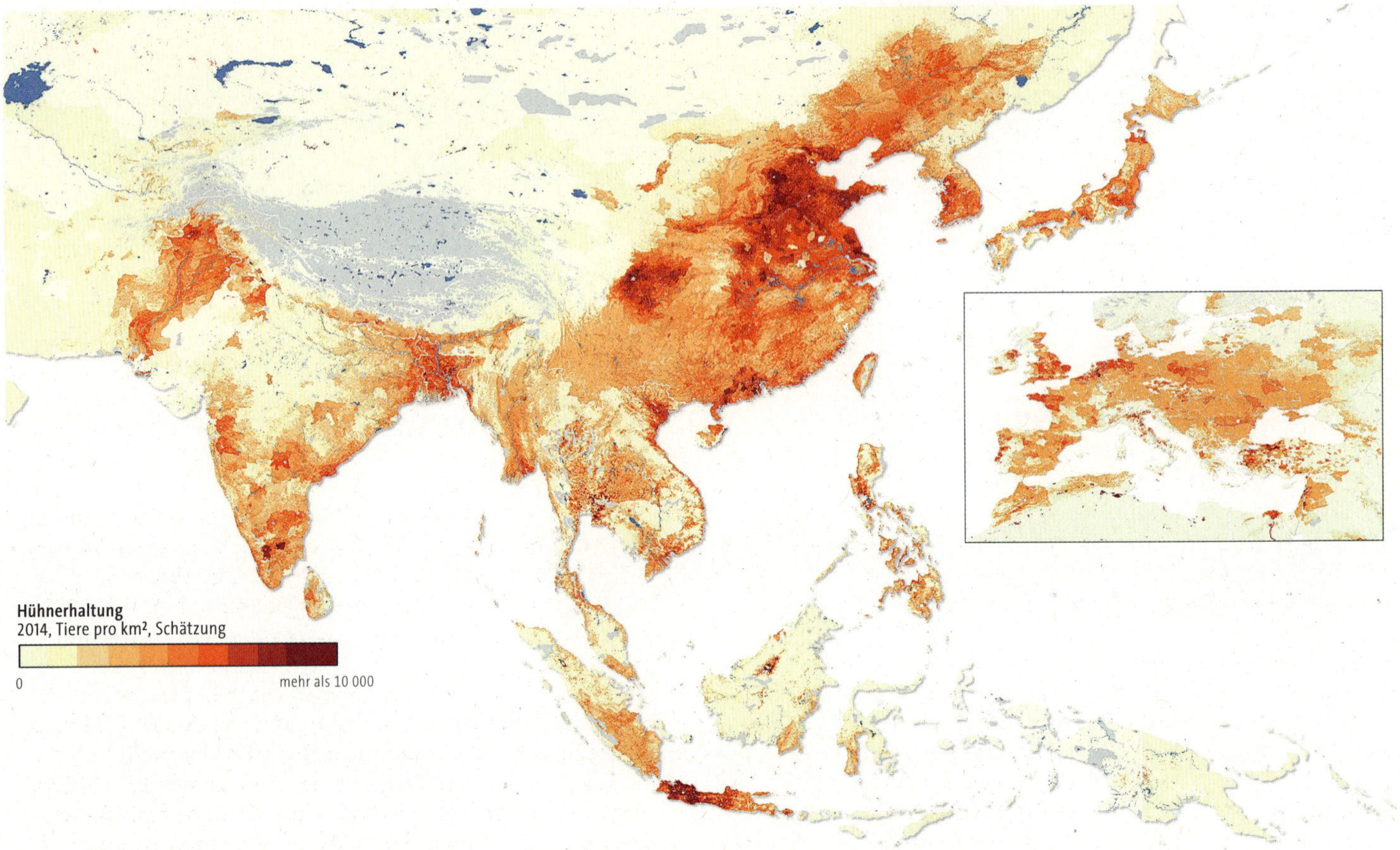

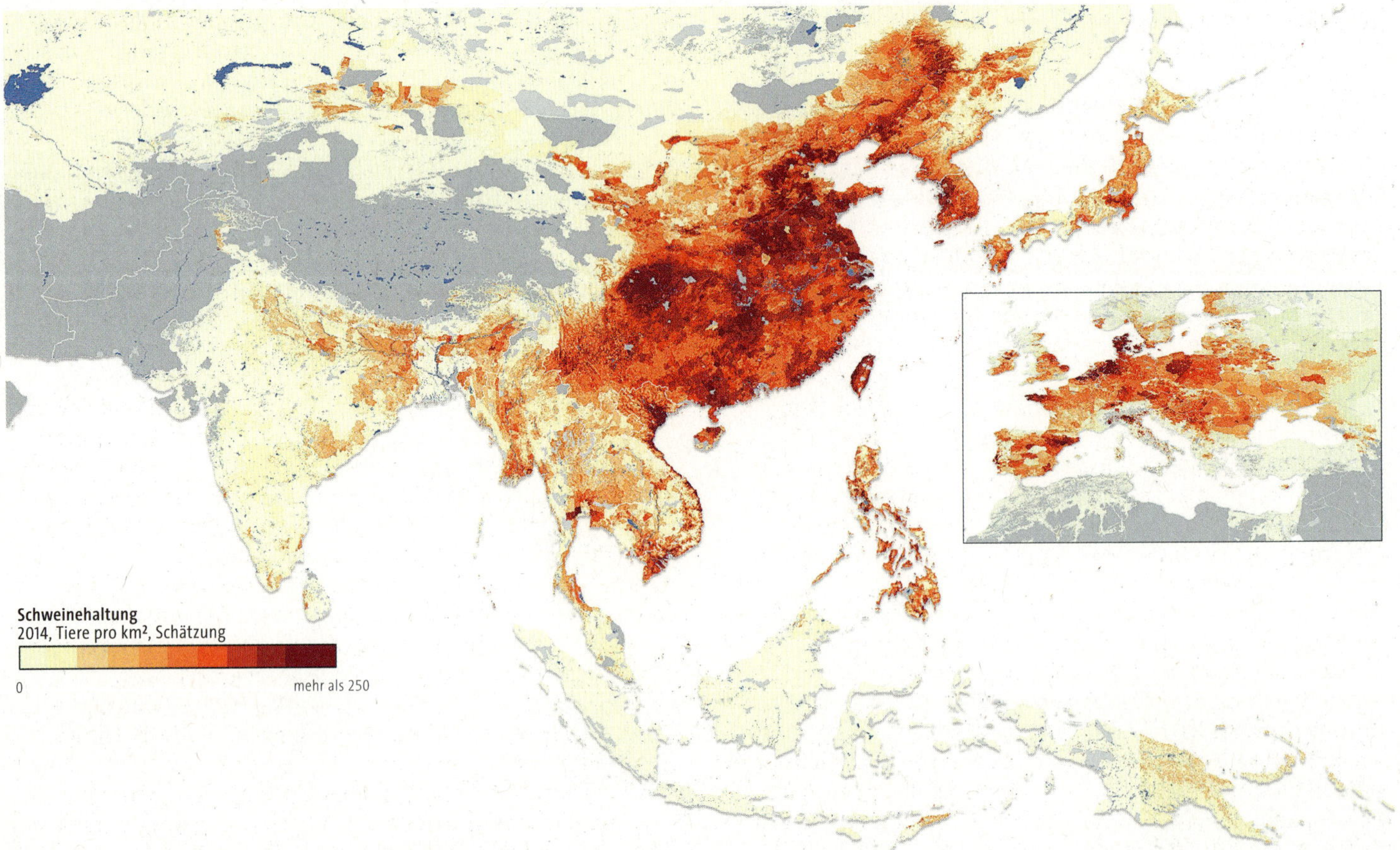

Huhn und Schwein in Asien

schutzprobleme hierzulande immer deutlicher werden. Eine Sprecherin des Ministeriums erklärt dazu: »Für Deutschland bietet diese Situation viele Chancen. Qualitativ hochwertige berufliche Aus- und Weiterbildung wird zunehmend ein Schlüsselfaktor für die Wettbewerbsfähigkeit deutscher Unternehmen auf internationalen Märkten. Gut ausgebildete Fachkräfte bahnen somit den Weg für weitere Exporte der deutschen Industrie.«

Das können Landmaschinen sein oder Geräte, Melkanlagen wie die von Siemens, die inzwischen auch in Indien zum Einsatz kommen, oder Stalleinrichtungen wie die des deutschen Marktführers Big Dutchman. Nicht alle Exporte allerdings erfüllen die hiesigen Tierschutzstandards. Einen kleinen Skandal gab es, als bekannt wurde, dass die Bundesrepublik im Jahr 2012 Hermes-Bürgschaften über 31,6 Millionen Euro für Geflügelhaltungssysteme vergeben hat, die in der EU nicht mehr zugelassen sind.

Eine weitere Chance sieht die deutsche Agrarindustrie im Export von Hochleistungszüchtungen, in der Fachsprache nennt man es »Genetik«. Schließlich werden in Entwicklungs- und Schwellenländern bislang oft noch Nutztiere gehalten, die mit den »Leistungen« moderner Genetiken bei Fleischwachstum, Milchmenge und Eierzahl nicht mithalten können. Diese Lücke will ein bilaterales Kooperationsprojekt des Bundesministeriums für Ernährung und Landwirtschaft nutzen: »Um die chinesische Rinderhaltung weiterzuentwickeln, wollen die chinesischen Partner deutsche Genetik, Technologie und Erfahrungen zur Optimierung der Produktionsverfahren der Milch- und Rindererzeugung wirkungsvoll nutzen. Damit soll die chinesische Rinderhaltung in ihrer Leistungsfähigkeit, Qualität und Ressourceneffizienz verbessert werden.« Unter anderem geht es um die »Bereitstellung von deutscher Rindergenetik«.

Bereitstellung heißt: Verkauf. Zu den Kooperationspartnern zählen mehrere deutsche Anbieter, darunter die Firma Masterrind, die derzeit in Deutschland jährlich 3 Millionen Portionen Sperma »produziert« und teilweise auch ins Ausland verkauft. »In China und Indien steht man noch am Beginn der Zusammenarbeit«, sagt die Firmensprecherin. »Aber es lohnt aufgrund der großen Anzahl an Menschen, die dort leben, und wegen des ansteigenden Milchkonsums, in dieses Projekt Zeit, Geld und Wissen zu investieren.« Meistens geht es darum, in die lokalen Rinderrassen »genetisch höherwertiges« Material einzukreuzen, um die Milchmenge zu steigern; bisweilen kreuzt man aber vorhandene Milchrinder auch mit Fleischrindern, um die Verwertbarkeit (also den Schlachterlös) der Kälber zu steigern, die bei der Milchviehhaltung unvermeidbar anfallen. Mit den Genetiken exportiert Deutschland auch deren Schattenseite: Wegen der hohen Milchmengen leiden die heutigen Milchkühe unter Skelettproblemen, Euterentzündungen und dem Milchfieber.

Vermutlich werden sich mit der Effizienzsteigerung durch die Genetik auch für westliche Pharmafirmen in den Schwellenländern neue Chancen eröffnen. Das Bundesministerium für wirtschaftliche Zusammenarbeit und Entwicklung fördert beispielsweise ein Projekt, das afghanischen Frauen die Hühnerhaltung ermöglichen soll. Die Projektpartner stellten gasbetriebene Brutkästen für die Küken sowie Medizin und Impfstoffe zur Verfügung. Als Startpaket für die Geflügelzucht erhielten die Frauen Hühnerdraht, eine Tränke, Fütterer, Eierbehälter, 100 Kilo Legefutter und 20 Küken. Den Impfstoff bekamen sie anfangs kostenlos, künftig müssen sie diesen jedoch bei Tierärzten kaufen.

Natürlich wäre es eine Illusion, zu glauben, bevor in einer Gegend die Massentierhaltung Einzug hält, hätten die Nutztiere dort ein gutes Leben. Bereits frühe archäologische Funde zeigen Spuren von Misshandlungen, Mangelernährung, Skelettschäden und Stressfolgen, und schon damals starben die dicht gehaltenen Tiere in großer Zahl an Tierseuchen. Im neuzeitlichen Europa wurden Schweine oft in dunklen Koben gehalten, im elisabethanischen England hatten sie so wenig Platz, dass sich nicht umdrehen konnten und immer auf dem Bauch liegen mussten. Dem Wassergeflügel wurden bisweilen die Füße am Boden festgenagelt, damit es schneller an Gewicht zunahm. Die oft idealisierten Nomaden der eurasischen Steppe haben Fettschwanzschafe gezüchtet, um ihnen bei lebendigem Leib Fett herausschneiden zu können. In Neu-Guinea ist es heute noch üblich, Schweinen den vorderen Teil des Rüssels abzuschneiden oder ihnen die Augen auszustechen, damit sie sich nicht selbstständig Futter suchen oder davonlaufen können. Und auch nichtindustrialisierte Schlachtungen waren und sind blutige Gewaltakte. In Indien wird wenig Schwein gegessen, aber diese Schweine müssen von mehreren Leuten fixiert werden, während man ihnen den Kopf abschneidet. Selbst in den indischen Bundesstaaten, in denen Rinder nicht geschlachtet werden dürfen, setzt man ausgemergelte Milchkühe bisweilen aus – oder karrt sie auf offenen Transportern, angebunden, stehend und ohne Wasser in einen anderen Bundesstaat.

Egal wohin man schaut, ob historisch oder geografisch: Menschen muten den Tieren schier Unglaubliches zu. Das entschuldigt nicht die Massentierhaltung, die sich eine ganze Palette eigener Tierqualen ausgedacht und sie zur Perfektion gebracht hat, es zeigt bloß: Der Begriff der Massen- oder Intensivtierhaltung allein ist für eine Beurteilung dessen, was ein Tier erleiden muss, nicht erheblich. Die industrialisierte Tierhaltung erreicht ihre Effizienzsteigerung mit mehreren Einzelschritten, zum Beispiel durch die straffen Zuchtziele, durch rationalisierte und mechanisierte Arbeitsabläufe, durch die schiere Konzentration vieler Tiere auf wenig Fläche und durch importiertes Futter.

Diese Merkmale gehen auf unterschiedliche Weise zulasten der Tiere, und es treten im Zuge einer Intensivierung der Landwirtschaft auch nicht alle zwangsläufig zusammen auf; vielmehr entstehen derzeit in den Schwellenländern viele Mischformen zwischen der regional üblichen und der hochindustrialisierten Tierhaltung. So hat zum Beispiel Indien im 20. Jahrhundert eine kooperative, kleinbäuerliche Milchkuhhaltung staatlich gefördert. Inzwischen werden die Kühe vieler verschiedener Eigentümer oft in großen Anlagen zusammengepfercht, um das Melken und den Milchtransport zu rationalisieren, und in Anbindehaltung und ohne Weidezugang gehalten. Hier sind also Merkmale der kleinbäuerlichen Tierhaltung und der Massentierhaltung gleichzeitig erfüllt.

Überhaupt hat die boomende Tierhaltung in den Schwellenländern von der Massentierhaltung offenbar vor allem das Einpferchen vieler Tiere auf kleinstem Raum übernommen, während man das Futter von anderswo importiert.

Allerdings werden dabei, weil menschliche Arbeitskraft noch billig ist, Haltungsformen ohne die in Industriestaaten typische Automatisierung eingeführt.

In den indischen Legefarmen hat seit den 1980er Jahren die Käfighaltung Einzug gehalten, und Schnabelkürzen ist Standard. Mechanisiert sind diese Großanlagen aber nicht, die Temperatur ist nicht regulierbar, und weiterhin wird von Hand gefüttert, die Eier werden von (Kinder-)Hand eingesammelt – hier sind zwar einige Schritte zur kompletten Industrialisierung noch nicht vollzogen, aber für die Situation des Huhns bedeutet das keine Erleichterung. Auch die »Verbesserungen« im Bereich der Zucht gehen fast immer zulasten der Tiere, zumal die neuen europäischen Zuchtlinien nicht an alle Klimazonen angepasst sind. In China, dessen Milchkühe in Anlagen mit tausenden Tieren auf Betonboden stehen, treten bereits die typischen Klauenerkrankungen und die Euterentzündungen auf. Das Hormon Oxytocin, das in Deutschland unter anderem zur Geburtsbeschleunigung von Sauen eingesetzt wird, spritzt man in Indien auch, um die Tiere zum Milchgeben zu animieren. Oxytocin löst nämlich wehenähnliche Muskelanspannungen und Schmerzen aus, die durch den Milchfluss etwas gelindert werden.

Geschlossene Käfigsysteme, aber ohne Kühlung; Medikamente, aber ohne Beschränkungen; und Zuchtfolgen ohne das Know-how, sie wenigstens zu lindern: In solchen Fällen bekommen die Tiere das Schlechteste aus zwei Welten. Sie sind die Verlierer des steigenden Wohlstands, der bislang mit einem erhöhten Verbrauch von tierischen Produkten einhergeht. Für die Nutztiere kommen neue Belastungen und Qualen zu den bisherigen dazu, und allein die Mengen führen dazu, dass die Zahl der leidenden Individuen um ein Vielfaches wächst.

Was Gedeih und Verderb der Tiere selbst angeht, gibt es keinen großen Unterschied, ob sie nun primär für die Fleisch-, die Eier- oder die Milchproduktion eingesetzt werden. So oder so sind sie in ihrem Leben Einschränkungen und Qualen ausgesetzt, und weit vor Ablauf der natürlichen Lebensspanne stirbt jedes Nutztier gewaltsam von Menschenhand. Wer nicht bloß zusehen will, wie der (erhoffte) Fortschritt der Menschheit mit einem vervielfachten Tierleid einhergeht, wird sich mit der Frage beschäftigen müssen, ob es nicht besser wäre, wenn die Menschheit weniger oder gar keine Tiere mehr zum Verzehr nutzt.

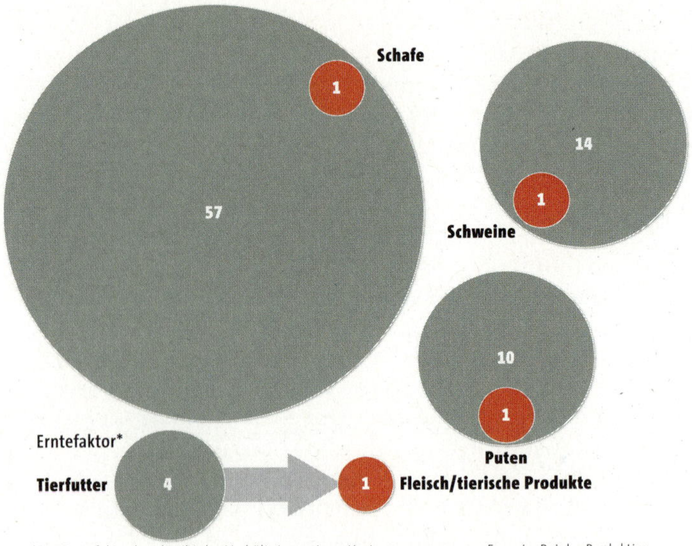

*Der Erntefaktor beschreibt das Verhältnis von investierter zu gewonnener Energie. Bei der Produktion von tierischen Nahrungsmitteln ist er negativ. So wird zum Beispiel für die Herstellung von Hühnerfleisch die vierfache Menge an Futter (gemessen in Kilokalorien) benötigt.

Tierhaltung: viel Input, wenig Output

Kaum spricht man es aus, hagelt es Einwände: Ist das nicht eine sehr westliche Sicht auf die Dinge? Sind Tierrechte, Vegetarismus und Veganismus nicht eine typische Ausgeburt von Überfluss- oder Wohlstandsgesellschaften? Aber diese Frage unterstellt ein Stufenmodell unterschiedlicher und voneinander unabhängiger »Kulturen«, über das sich Kentucky Fried Chicken, Milchkuhgenetik und Danone-Joghurt schon längst hinweggesetzt haben. Und die Spanne, die sich zwischen Ethik und wirtschaftlicher Entwicklung oder zwischen Genuss und Verzicht auftut, erscheint von Europa aus größer, als sie im Rest der Welt tatsächlich ist.

Die Umweltfolgen des Tierkonsums sind in Europa kaum spürbar, wir bekommen auch die Preisschwankungen aufgrund von Dürre, Flut oder gestiegenem Futtermittelbedarf nicht mit – etliche südliche Länder hingegen schon. Sie sind bisher auch immer die Ersten gewesen, aus deren Tierhaltung Vogelgrippen, Schweinepest und andere Zoonosen entsprangen. Und weil so viel Industrialisierung in

In den Schwellenländern steigt der Verbrauch von Milch und Eiern

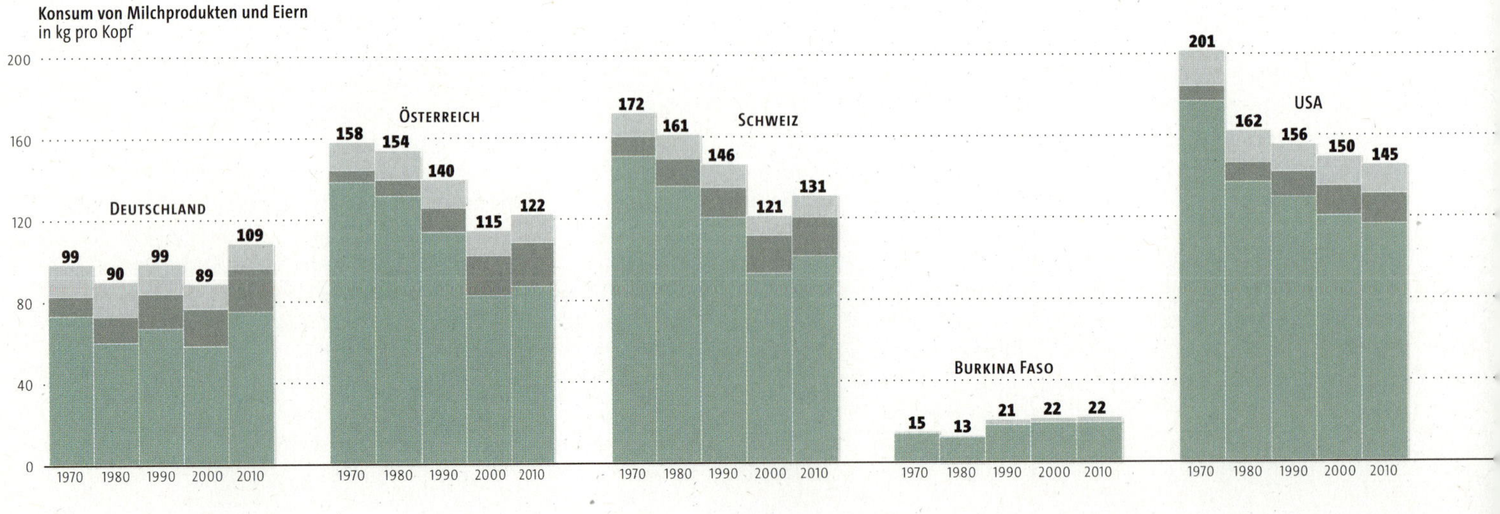

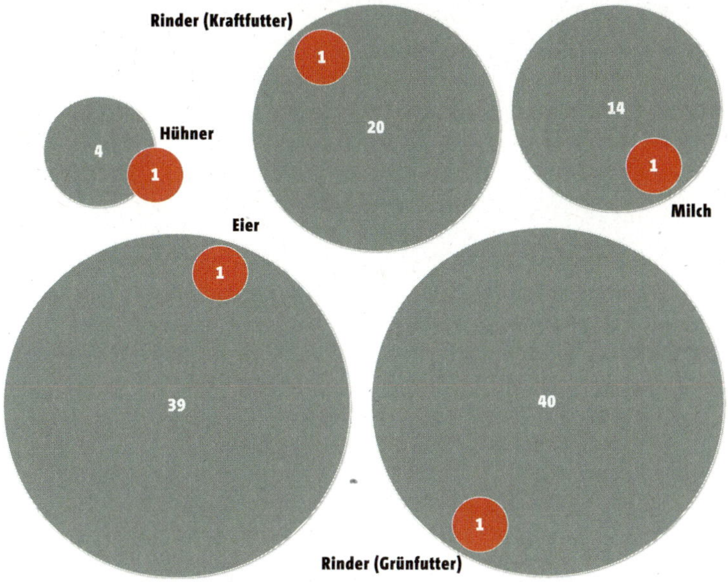

kürzester Zeit »nachgeholt« wird, treffen viele Folgeschäden manche asiatischen Länder mit voller Wucht. In Indien und China werden die nitrat- und keimhaltigen Abwässer der Tierhaltungsanlagen meist ungefiltert in Bäche, Flüsse und Kanäle geleitet. Wasser wird knapp, um nutzbaren Ackerboden findet ein weltweiter Wettkampf statt. In Europa mag es abstrakt und idealistisch klingen, den Verzehr tierischer Produkte »für die Umwelt« oder »für die Weltbevölkerung« zu minimieren, in den Schwellenländern hingegen wird es immer mehr zu einer Frage der Klugheit.

Vor allem aber wäre es selbst wieder eurozentrisch und recht hochmütig, anzunehmen, die Europäer und Nordamerikaner seien die Einzigen, denen die Ideen von Vegetarismus und Veganismus gekommen seien. Bereits vor tausend Jahren schrieb der arabische Freidenker Abu l-'Ala' al-Ma'arri: »Begehre nicht das Fleisch geschlachteter Tiere zu essen, oder die weiße Milch der Mütter, die doch zugedacht ist ihren eigenen Jungen [...] Und betrübe den arglosen Vogel nicht, indem du ihm die Eier nimmst; denn Ungerechtigkeit ist das schlimmste Verbrechen.«

Soweit wir wissen, blieben al-Ma'arris Mahnungen ohne Folgen. Stattdessen wurde der westliche Vegetarismus aber nicht unwesentlich von Ideen aus Südasien befruchtet. In der Renaissance, so schreibt der Evolutionspsychologe Steven Pinker in seinem Buch über die Geschichte der Gewalt, »waren die Europäer neugierig auf die vegetarische Lebensweise geworden, nachdem man aus Indien gehört hatte, dass ganze Nationen ohne Fleisch lebten«. Und auch dass sich die vegetarische Idee im Mutterland des britischen Empire so früh und nachhaltig ausbreiten konnte, verdankt sich der Berührung mit dem Vegetarismus im kolonialisierten Indien.

Die Idee, andere Tierarten zu schonen, kam den Europäern also weder als Einzige noch als Erste. Indien hat Delfinen 2013 Persönlichkeitsrechte zugesprochen. Bolivien hat 2009 den Einsatz von Tieren im Zirkus verboten. In Brasilien haben Tierschützer 2013 vor einem Labor demonstriert, es gestürmt und 200 Hunde daraus befreit. In China werden bisweilen ganze Schlachttransporte mit Hunden und Katzen aufgekauft und als Heimtiere an Privatpersonen vermittelt.

Nachdem das Fleischessen in Indien zunächst zu einem Zeichen des Wohlstands und modernen Lebenswandels wurde, ist bei vielen wohlhabenden Indern jetzt wieder der Vegetarismus angesagt. Und so wie sich in zahlreichen deutschen Bundesländern Bürger gegen die Errichtung von Tierindustrien zusammenschließen, kämpfen in Indien Tierschutzorganisationen gegen die drohende Industrialisierung der Milchwirtschaft. Vielleicht müssen nicht alle Nationen in ihrer weiteren Entwicklung dieselben Fehler machen wie wir mit unserer Massentierhaltung, und vielleicht kommt sogar die Zeit, einzusehen, dass eine Welt ohne die Nutzung, Ausbeutung und Tötung von Tieren humaner ist.

Hilal Sezgin

Bücher &c.

- Hilal Sezgin, *Artgerecht ist nur die Freiheit. Eine Ethik für Tiere oder warum wir umdenken müssen*, München (C.H. Beck) 2014.
- Matthias Rude, *Antispeziesismus. Die Befreiung von Mensch und Tier in der Tierrechtsbewegung und der Linken*, Stuttgart (Schmetterling) 2013.
- David Nibert, *Animal Oppression & Human Violence. Domesecration, Capitalism and Global Conflict*, New York (Columbia University Press) 2013.
- www.fiapo.org/farm.php – Kampagne gegen Massenrinderhaltung von der Federation of Indian Animal Protection Organisations (die Fiapo ist ein Zusammenschluss von Tierschutz- und Tierrechtsorganisationen in Indien).

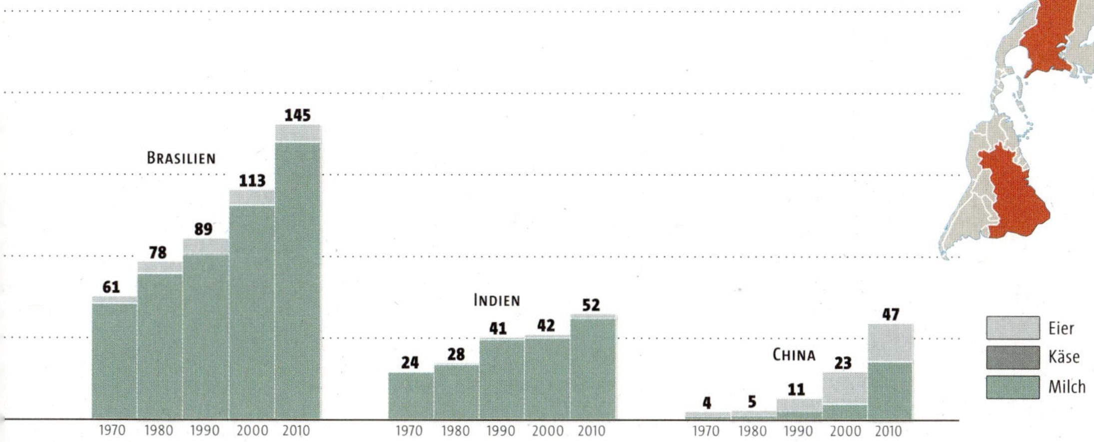

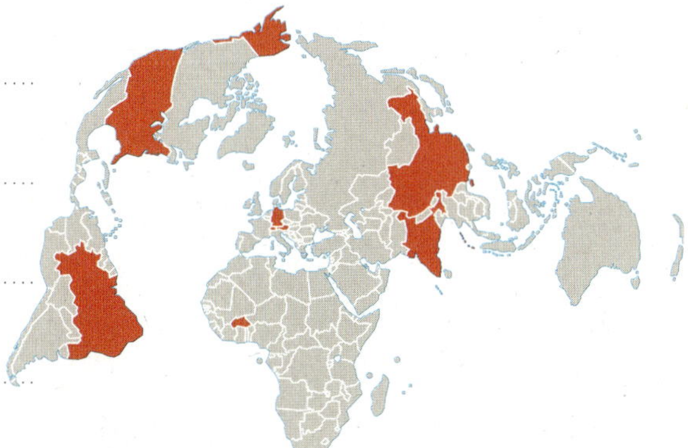

Erziehung zum Konsum

Geld ausgeben ist alles, erst recht in den USA, wo die Mittelklasse immer ärmer wird

Seit den frühen 1980er Jahren hat sich in den USA die ungleiche Verteilung von Einkommen und Vermögen dramatisch verschärft. Damit wurde die Entwicklung eines halben Jahrhunderts zunichtegemacht, die ein Anwachsen der Mittelklasse und einen Rückgang der Armut gebracht hatte. In den fünf Jahrzehnten zwischen der Großen Depression (ab 1929) und dem Beginn der Reaganomics (ab 1981) waren die kapitalistischen Exzesse, die die wirtschaftliche Blüte des legendären »gilded age« Ende des 19. Jahrhunderts gekennzeichnet hatten, eingedämmt worden: durch eine progressive Einkommenssteuer, durch höhere staatliche Sozialausgaben und durch erstarkte Gewerkschaften, die fairere Verhältnisse auf dem Arbeitsmarkt durchsetzen konnten. Diese »soziale« Phase war mit der Reagan-Ära zu Ende. Es begann ein Rückfall, der die Gestalt des Neoliberalismus annehmen sollte. Die gravierendste Langzeitwirkung dieser erzkonservativen Wirtschaftspolitik der 1980er Jahre ist die atemberaubende Zunahme der Ungleichheit.

Noch während der Großen Depression entfielen auf das bestverdienende Zehntel der US-Haushalte rund 45 Prozent der Gesamteinkommen. Von 1942 bis 1982 lag ihr Anteil bei 35 Prozent, um dann bis 2006 auf knapp 50 Prozent anzusteigen. Nachdem die Finanzkrise ab 2007 für einen kleinen Rückschlag sorgte, verdiente 2012 das oberste Einkommenszehntel mit 50,4 Prozent erstmals mehr als die restlichen 90 Prozent der US-Haushalte zusammen. Zugleich verarmt die Mittelklasse. War sie zunächst nur unterproportional am Zuwachs der Gesamteinkommen beteiligt, verdient sie seit einer halben Generation immer weniger. Von 1999 bis 2012 sank das US-Durchschnittseinkommen von 56 000 auf 51 000 Dollar – obwohl die Leute länger und härter gearbeitet haben.

Auch bei den Vermögen wird die Ungleichheit deutlich. Global verfügen die reichsten 2 Prozent der erwachsenen Weltbevölkerung inzwischen über 50 Prozent der weltweiten Vermögenswerte. Diesen sehr wenigen Superreichen stehen auf der anderen Seite Milliarden von Menschen gegenüber, die kaum Chancen auf eine Verbesserung ihrer elenden Lebensverhältnisse haben. Aber ebendiese Ungleichheit belebt die Nachfrage nach Luxusuhren, teuren Schuhen und schicken Autos.

Erstaunlicherweise hält sich die Empörung über diese Entwicklung in Grenzen. Das mag damit zu tun haben, dass ein Großteil der Menschen – schwankend zwischen Vereinsamung und dem Streben, so zu sein wie die Schönen, Reichen und Berühmten – sich ganz auf seine materiellen Bedürfnisse konzentriert.

Besonders attraktiv ist reich werden offenbar für die jüngere Generation. Bei einer Umfrage unter 10- bis 13-Jährigen bekam ich quer durch alle sozialen Schichten den immer gleichen euphorischen Satz zu hören: »Wenn ich groß bin, will ich reich sein.« Dass Kinder nach Reichtum streben, braucht niemanden zu wundern. Schließlich nehmen sie praktisch von Geburt an am Konsumentenleben der Erwachsenen teil. Marktforscher, Werbeleute und Verkaufsstrategen lassen sich einiges einfallen, um die jungen Verbraucher anzusprechen. Schon kleinen Mädchen werden, kaum dass sie laufen gelernt haben, die kostspieligen,

Wachsende Ungleichheit in den USA

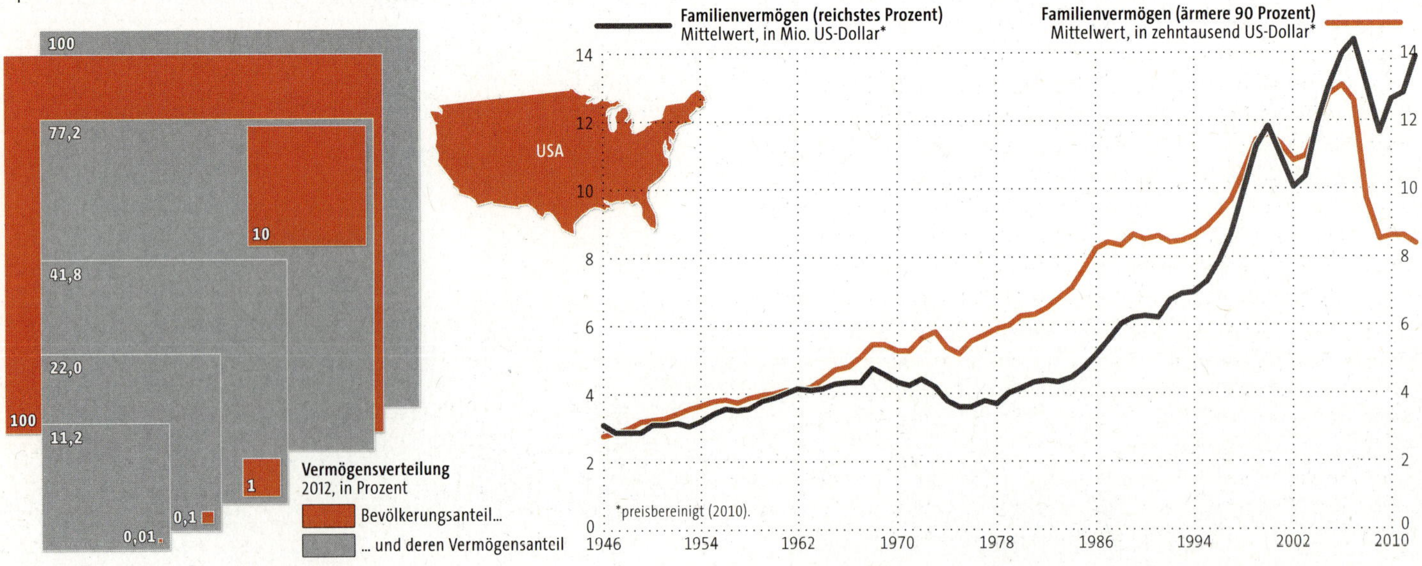

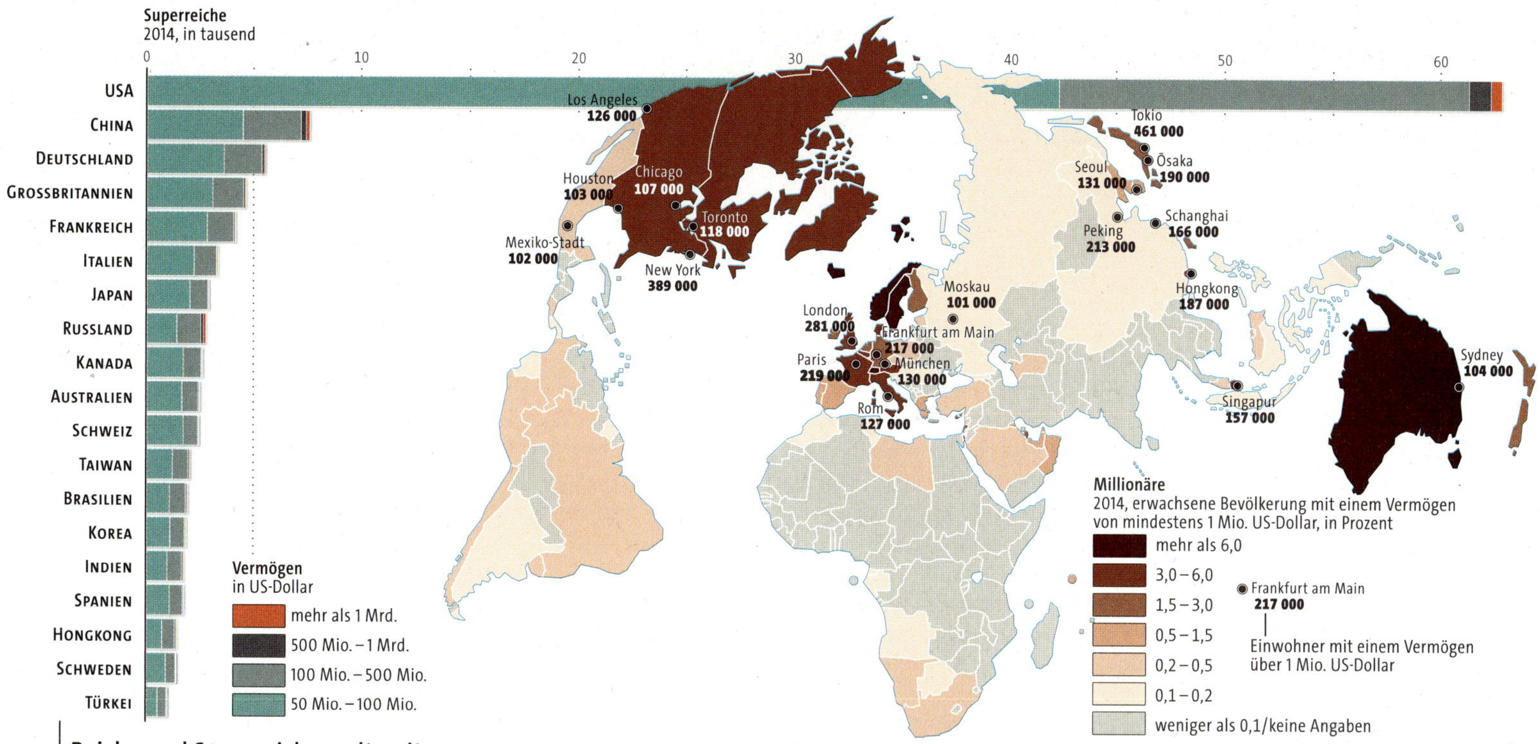

Reiche und Superreiche weltweit

schmerzhaften und zeitraubenden Schönheitsrituale antrainiert, denen sie ihr Leben lang unterworfen bleiben. Die Kinder der Reichen und Privilegierten stehen bereits bei ihrer Einschulung auf Markenjeans und Prada-Taschen, fest im Griff einer Medien- und Kommerzwelt, die ihre Sprache, ihre Wertvorstellungen und ihre soziale Umwelt bestimmt.

Der alltägliche Konsum ist in den USA seit jeher eher Sache der Frauen, sie erledigen den Großteil der Einkäufe und sind dem Diktat der wechselnden Stile und Moden stärker ausgesetzt als Männer. Schönheitsideale üben nach wie vor einen hohen Konformitätsdruck auf Frauen aller Altersgruppen aus. Im legendären »gilded age« strömten sie auch deshalb in die neuen Kaufhäuser, weil sie dem Hausfrauenalltag entkommen wollten. Die heutigen Upperclass-Frauen gehen freiwillig in Boutiquen und Einkaufspaläste und unterwerfen sich dem Konsumzwang. Kein Geld auszugeben ist die große Befreiung, das wusste schon die berühmte US-Feministin Betty Friedan.

Während sich die Reichen ständig neue Sachen zu den abenteuerlichsten Preisen kaufen, dürfen die Durchschnittsamerikaner an einem Konsumboom mitwirken, der auf dem Absatz von Billigwaren beruht. Beispiel Klamotten: Seit Beginn der 1990er Jahre sind die Preise für Bekleidung ständig gesunken, was vor allem den asiatischen Frauen zu verdanken ist, die in Sweatshops schuften. H&M, Primark und Co. kopieren die Trends der großen Designer und bieten in ihren Filialen die neuste Mode zu »Einmal-Tragen-Preisen« an. Solche irrealen Schleuderpreise kommen nur zustande, weil – ähnlich wie bei vielen anderen Konsumartikeln – aufgrund ausbeuterischer Arbeitsbedingungen und der Missachtung einfachster Umweltstandards die Herstellungs- und Transportkosten unverhältnismäßig niedrig gehalten werden können.

Fehlt noch das letzte Stadium: die Entsorgung der Gegenstände, die sich in den Haushalten ansammeln und für die trotz mehr Wohnfläche, Schränken, Abstellräumen und angebauter Garagen kein Platz ist. Deshalb landet das meiste alsbald am Straßenrand, im Müll oder im Altkleidercontainer, von wo die ausrangierten Kleidungsstücke dann die Reise in die armen Länder antreten. Es ist ein dysfunktionaler Kreislauf, an dem die Absurditäten des globalen Kapitalismus zutage treten.

Juliet B. Schor

Bücher *&c.*

- Laurie Penny, *Fleischmarkt. Weibliche Körper im Kapitalismus,* Hamburg (Nautilus) 2012.
- Emile Zola, *Das Paradies der Damen,* München (dtv) 2013.
- »The Bling Ring«, Regie: Sofia Coppola, USA 2013.

Gewinner und Verlierer der großen Krisen

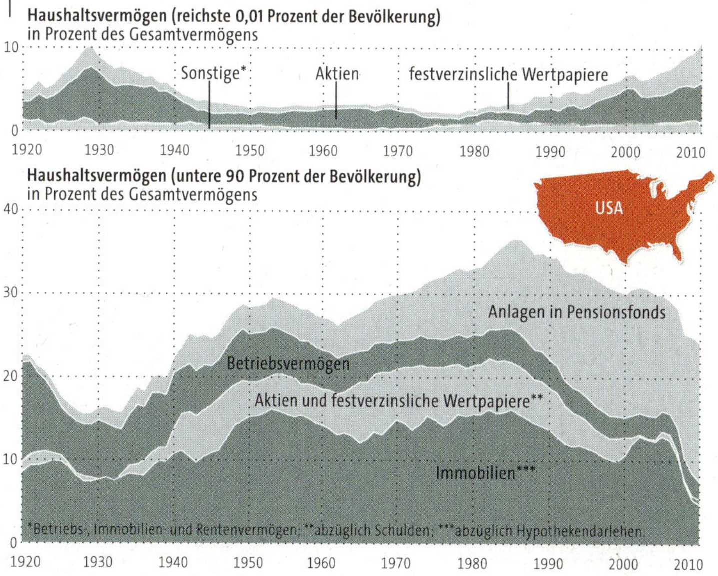

Rang und Namen

Statusgüter sind knapp und begehrt, denn sie zeigen eine hohe Stellung in der Gesellschaft an

Die Aristokratie hat es einst in ihren Schlössern zelebriert: das Leben in luxuriöser Verschwendung, um sich von den gewöhnlichen Sterblichen abzuheben. Und ebenso wie damals wird auch heute in den oberen Rängen der Gesellschaft auf Repräsentation und Distinktion geachtet. Der US-Ökonom Thorstein Veblen charakterisierte Ende der 1950er Jahre die »feinen Leute« durch ihren Statuskonsum, das heißt durch ihr auf öffentliche Wirkung zielendes, Güter verbrauchendes Verhalten.

Mit ihrem demonstrativ verschwenderischen Lebensstil geben die »oberen Zehntausend« das kulturelle Vorbild für die modernen westlichen Gesellschaften ab. Nicht nur werden inzwischen ehemalige Luxus- und Markenwaren massenhaft konsumiert, in den wohlhabenden Mittelschichtgesellschaften verwandeln sich auch immer mehr Gebrauchsgüter in Luxusgüter, die wegen ihres Identifikationswerts gekauft werden.

1959 kam zum Beispiel der britische Mini auf den Markt. Das leichte, kleine Auto kostete damals 500 Pfund, hatte 34 Pferdestärken und verbrauchte 4,5 Liter Benzin auf 100 Kilometer. 2001 übernahm BMW die Traditionsmarke. Heute ist ein Mini ab 20000 Euro aufwärts zu erwerben, hat 200 PS und verbraucht mindestens 7 Liter. Derartige Renommierausführungen gibt es inzwischen in den meisten Produktgruppen. Gartengeräte oder Kaffeemaschinen avancieren schnell zu Kultgegenständen moderner Großstädter, die ihre Kennerschaft unter Beweis stellen, Zugehörigkeit demonstrieren und sich als etwas Besonderes herausstellen wollen.

Bei so viel materiellem Luxus der Mittelschichten versuchen die Eliten ihre obere Position in der Gesellschaft auf andere Weise zu markieren und behaupten. Sie tun dies zunehmend mit dem Besitz sogenannter Positionsgüter. Als solche bezeichnete der britische Sozialwissenschaftler Fred Hirsch die materiellen und immateriellen Güter, die begehrt, knapp und, anders als Statusgüter, nicht willkürlich vermehrbar sind. Weil sie einzigartig und selten sind, weil sie – theoretisch – nicht beliebig hergestellt beziehungsweise gekauft werden können, eignen sie sich, um sozialen Status zu symbolisieren. Positionsgüter sind etwa Grundstücke in begehrten Lagen, Originale von Kunstwerken, kostbare Antiquitäten oder auch angesehene Ämter und Titel.

Ein mittlerweile in Verruf geratenes Positionsgut ist auch der Doktortitel, mit dem sich einst das aufstrebende Bürgertum gegenüber der Aristokratie selbst adelte. Der Besitz solcher Titel und Güter ist – jenseits der materiellen Vorteile, die er bietet – Beleg und Signal einer herausgehobenen Stellung in der Gesellschaft. Heute ist der Doktortitel ein Positionsgut im Wettbewerb der Eliten – mit den erwartbaren Folgen.

Wer entsprechende Positionen oder Ämter bekleiden will, sollte sich, wenn es mit rechten Dingen zugeht, in seinem Feld als kompetent erwiesen haben und am besten auf ein langjähriges gemeinwohlorientiertes Engagement zurückblicken. Auch der Doktortitel kostet bekanntlich viele akademische Mühen. Doch viele erweisen sich inzwischen als Plagiate. Und an den Korruptionsindizes lässt sich der zunehmende Verdrängungswettbewerb um die Positionsgüter ablesen. Fred Hirsch spricht von einem »Rattenrennen« um die Nutzung oder Inbesitznahme exklusiver Güter und Positionen.

Die Wirtschaftswissenschaften erklären diese Verhaltensweisen gern mit dem Menschenbild des »Homo oecono-

Kunst, Konjunktur und Krise

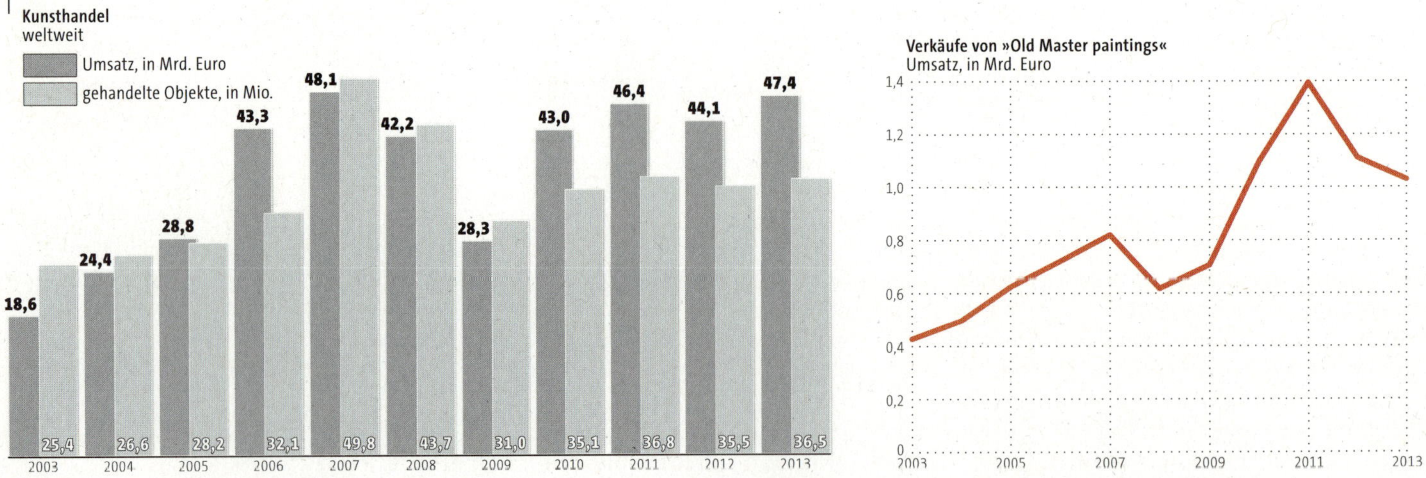

micus«, des abwägenden, auf seinen Vorteil bedachten Subjekts. Anthropologisch gesehen ist das Streben nach sozialem Status und Vorrang angeblich sogar ein Grundzug des menschlichen Verhaltens und ein wesentlicher Antrieb jeder wirtschaftlichen Entwicklung. Denn anders als Konsumnachfragen gelten Bedürfnisse, die auf Überlegenheit über unsere Mitmenschen zielen, als unersättlich. Die Evolutionspsychologie, auf die die Wirtschaftswissenschaft hier zurückgreift, zählt das Statusstreben gar zu den sogenannten Steinzeit-Prägungen, die sich über die Evolutionsgeschichte hinweg adaptiv entwickelt haben und deshalb nur schwer veränderbar sind.

Der Mainstream der Wirtschaftswissenschaften führt den Geltungskonsum und das Rattenrennen nach Positionsgütern nicht auf die spezifisch kapitalistische Wirtschaftsweise zurück, sondern auf das menschliche Streben nach Auszeichnung. Wirtschaftlicher Erfolg, der florierende Luxusgütermarkt sowie der Wettbewerb um die Positionsgüter werden hier mit der egoistischen Natur des Menschen selbst erklärt. Richtig daran ist, dass Positionsgüter kein wirtschaftliches, sondern ein soziales und politisches Problem moderner Wohlstandsgesellschaften sind.

Da Positionsgüter in vielen Fällen auch öffentliche Güter sind, muss der Kampf um sie besser kontrolliert werden. Es muss transparent werden, wie mit wertvollen Gütern umgegangen wird. Bei den seltenen Kunst- und Naturgütern stellen inzwischen – zumindest in den westlichen Industrieländern – gesetzliche Rahmenbedingungen sicher, dass solche Positionsgüter der Allgemeinheit möglichst erhalten und öffentlich zugänglich bleiben. Und bei Titeln und Ämtern gilt es, der schlichten Maxime »Ehre, wem Ehre gebührt« wieder mehr Geltung zu verschaffen. Da wären unter anderem die Universitäten gefordert. Sie haben das Positionsgut Doktortitel zu wenig gehütet.

Michael Hofmann, Lucia Reisch

Bücher &c.

- Fred Hirsch, *Die sozialen Grenzen des Wachstums*, Reinbek (Rowohlt) 1980.
- Thorstein Veblen, Theorie der feinen Leute: eine ökonomische Untersuchung der Institutionen, Frankfurt am Main (Fischer Taschenbuch) 2011.
- Erich Fromm, *Haben oder Sein*, München (dtv) 2014.

Wo die Kunstsammler wohnen

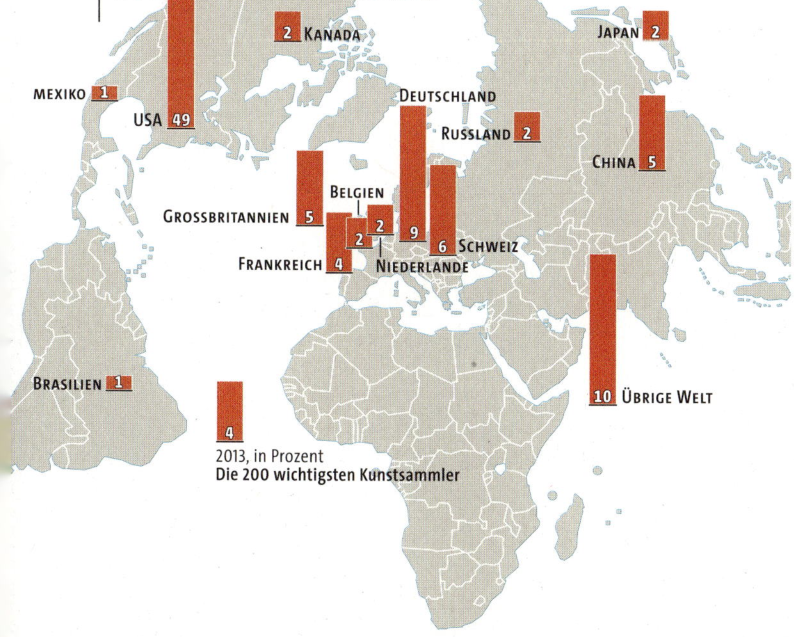

2013, in Prozent
Die 200 wichtigsten Kunstsammler

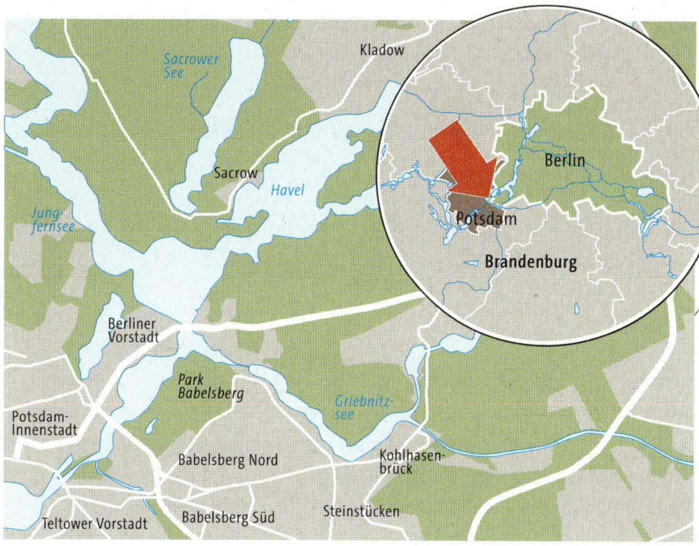

Der Griebnitzsee ist eine längliche Ausbuchtung der Havel mit idyllisch bewaldeten Ufern, südwestlich von Berlin. Auf der Potsdamer Seite – die Grenze zwischen Hauptstadt und Brandenburg verläuft durch die Mitte des Sees – wurden Ende des 19. Jahrhunderts die ersten Villen der Villenkolonie Neubabelsberg gebaut.

Mit dem Bau des »gläsernen Filmateliers«, eines frühen Filmstudios, im Jahr 1912, wurde der Stadtteil Babelsberg zum Zentrum der jungen deutschen Filmindustrie. Viele Filmschaffende ließen sich in den luxuriösen Villen nieder und festigten damit den Ruf des Viertels. In den 1930er Jahren profitierte mancher Filmstar von den »Arisierungsmaßnahmen« des NS-Regimes: Villen und Grundstücke der zur Emigration gezwungenen jüdischen Eigentümer wurden weit unter Wert veräußert; andere Villen wurden von NS-Organisationen beschlagnahmt.

Nach dem Ende des Zweiten Weltkriegs, im Juli 1945, fand im nahegelegenen Schloss Cecilienhof die sogenannte Potsdamer Konferenz statt. Die Hauptteilnehmer, der US-amerikanische Präsident Harry Truman, der britische Premierminister Winston Churchill (er wurde während der Konferenz abgewählt) und der sowjetische Diktator Josef Stalin brachte man kurzzeitig in den leerstehenden Villen der Siedlung unter.

Die ersten Anzeichen des kommenden Kalten Kriegs waren schon zu der Zeit unverkennbar. Von der Teilung Deutschlands war die Villenkolonie dann direkt betroffen: Ab August 1961 trennte die Berliner Mauer die Villen vom Seeufer.

Nach 1989 verschwanden die Zäune und der ehemalige Kolonnenweg der DDR-Grenzschutztruppe wurde zum öffentlichen Uferweg. Diese spontane Entwicklung wurde 2007 von der Potsdamer Stadtverordnetenversammlung mit einem Bebauungsplan formalisiert. Mehrere Grundstücksbesitzer zogen jedoch gegen die Entscheidung vor Gericht. Ihrem Anliegen nach Wiederherstellung des Status quo ante wurde vom Verwaltungsgericht 2009 teilweise stattgegeben. Damit reichten die Privatgrundstücke wieder bis zum Seeufer und begannen die klagenden Grundstücksbesitzer Teile des Uferwegs für die Öffentlichkeit zu sperren. 2015 ist die Lage immer noch unentschieden: Der Rechtsstreit und die Sperrung dauern an.

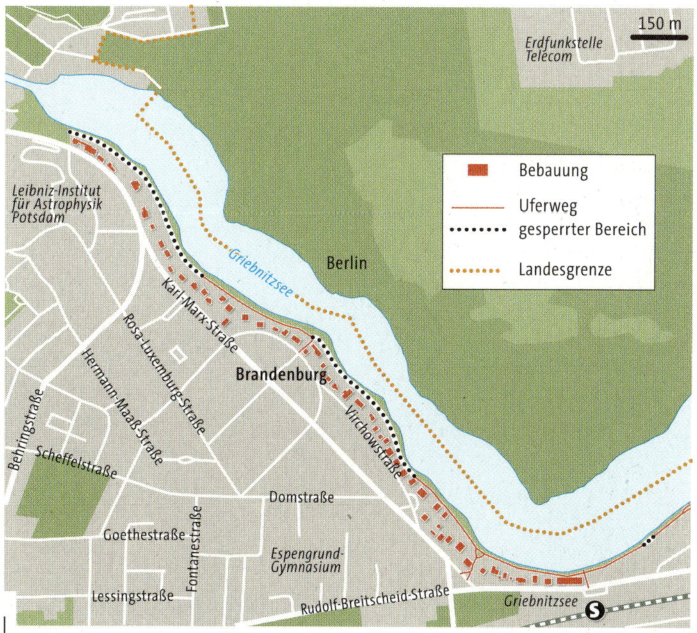

Villenbesitzer und Uferbesetzer

Chinas neue Mittelschichten

Die Menschen orientieren sich am westlichen Lebensstil, mit all seinen zerstörerischen Konsequenzen

Vor dem Thangka werde ich ruhig, friedlich«, schreibt die 40-jährige Chunchun auf sina.com – ein Thangka ist ein nach bestimmten Regeln gemaltes Rollbild für den buddhistischen Hausaltar. »Wenn ich mich der Vollendung des Thangkas nähere, fühle ich die Nähe des Bodhisattva aufsteigen und sie hebt mich ins Glück.« Die Frau aus Schanghai zählt sich stolz zu den »zangpiao«, den modernen Aussteigern, die ihre gut bezahlten Jobs aufgeben, um sich – so das chinesische Wikipedia Baidu Baike – »in die unbeschreiblich schöne Natur Tibets zu verlieben« im Gegensatz zu denen, »die auch in Tibet noch nach Geld trachten«.

Schätzungsweise 300 Menschen werden jedes Jahr in China »zangpiao«. Bei einem Volk von 1,4 Milliarden ist das eine winzige Minderheit. Ihr Anliegen jedoch hat den Charakter einer Sensation – wie das Unternehmen der 26-jährigen Wanderarbeiterin Jia Yanmei, die von Peking aus 15 Tage radelte, um ihre Eltern zum Frühlingsfest 2014 im 2 000 Kilometer entfernten Sichuan zu besuchen.

Das Internetportal QQ erklärte, Jia sei eine moralisch erhabene Person, weil sie moderne Dienstleistungsangebote ablehne; sie wolle weder Geld sparen noch Ruhm ernten, sondern an alle Chinesen appellieren, mehr auf die Umwelt und eine nachhaltige Lebensweise zu achten. Dann postete QQ stündlich Fotos, die zeigten, wie sich die Frau, ausgerüstet mit Pulsmesser und anderen Gerätschaften, südwärts kämpfte. Vier Tage nach Jias Aufbruch gaben Meteorologen die erste Smogwarnung im neuen Jahr durch: Wer kann, soll zu Hause bleiben.

Die Chinesen sind immer mehr angezogen vom westlich-modernen Wohlstand und halten immer weniger an ihren auf Genügsamkeit beruhenden Traditionen fest. Dieselbe Ambivalenz herrscht auch staatlicherseits: Seit dem 17. Parteitag (2007) gehören Begriffe wie »ökologische Zivilisation« und »Nachhaltigkeit« zum offiziellen Programm der KP. China besitzt das modernste Umweltgesetz weltweit: Es umfasst zumindest dem Wortlaut nach präventiven Umweltschutz, Ressourcenschonung und Gesundheitsschutz – und das Land hat die größte Kapazität an Windkraft und Photovoltaik. Gleichzeitig werden Boden, Wasser und Luft mit jedem Tag mehr verpestet.

Um den Bestand der vier häufigsten Fischarten im Jangtse, dem längsten Strom Asiens, zu retten, ließ die Regierung im April 2010 in Yichang, der ersten Großstadt hinter dem Drei-Schluchten-Staudamm, 10 Tonnen Laich aussetzen. Ende 2012 jedoch klagte Cao Wenxuan von der Akademie der Wissenschaften im Magazin *liaowang dongfang* (Ausblick gen Osten): »Der Jangtse ist für die meisten Süßwasserfische zum Grab geworden.« Infolge der geologischen Veränderungen durch den Dammbau und der Verschmutzung durch die Industrie seien 98 Prozent des Fischbestandes eingegangen.

Auf dem 18. Parteitag 2012 wurde wieder eine Politik beschworen, die den Teufelskreis des Wachstums durchbrechen soll: Zwar werde weiterhin ein siebenprozentiges Wachstum angestrebt, um ausreichend Arbeitsplätze zu sichern, doch in Zukunft werde kein Kader mehr aufgrund des Wirtschaftswachstums in seinem Gebiet befördert, sondern nur noch

Lebensstandard und Stadt-Land-Gefälle

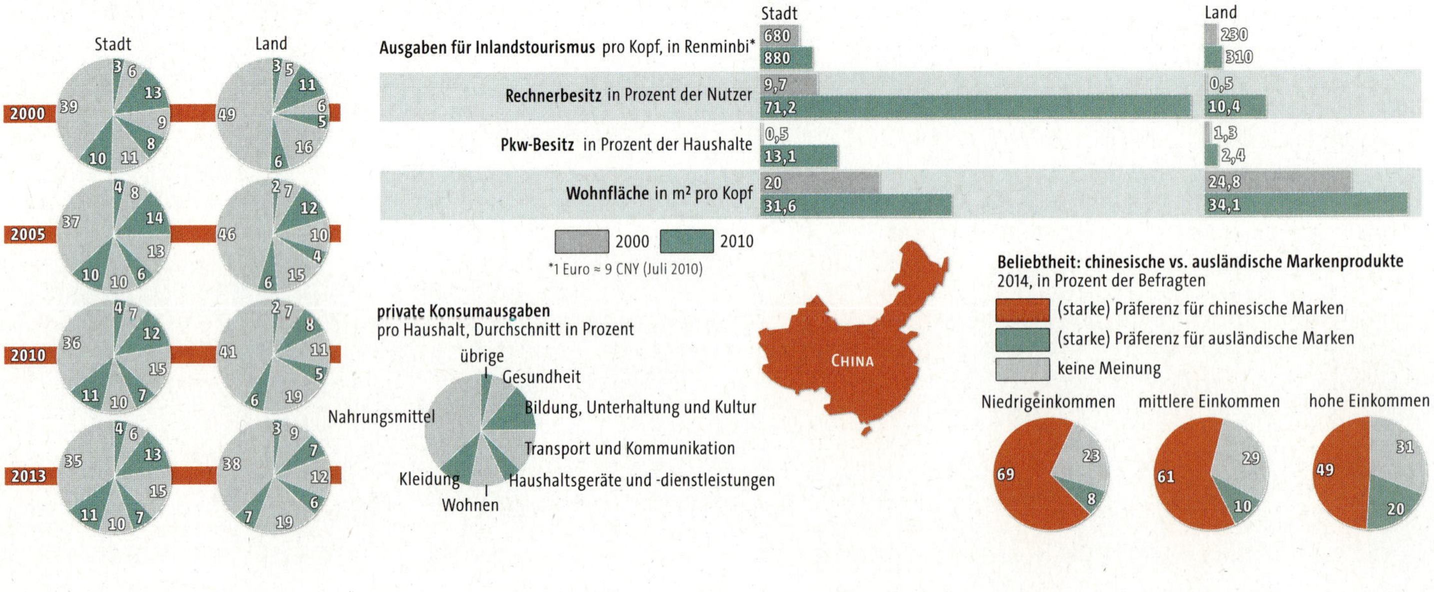

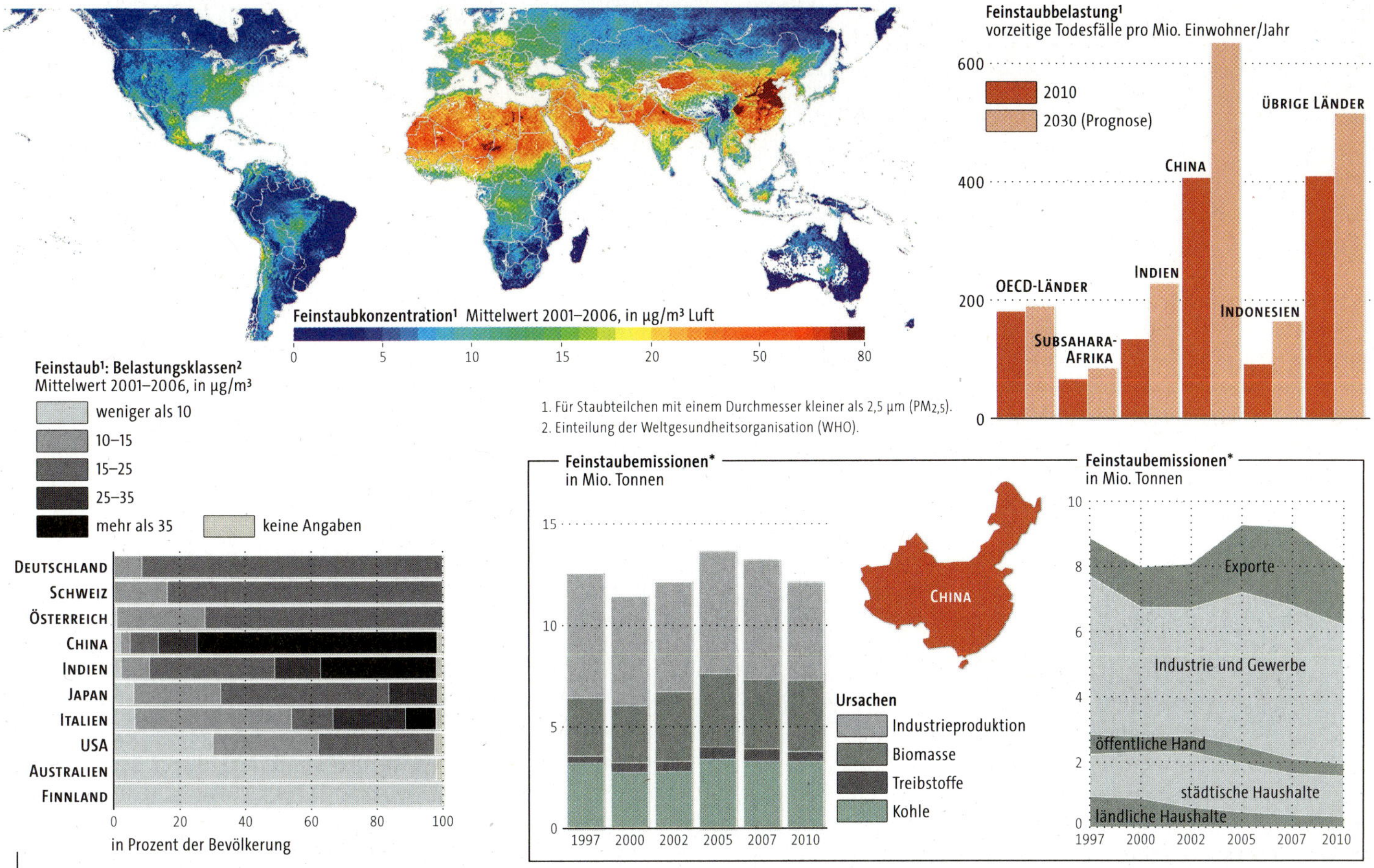

Feinstaub: Verteilung, Ursachen und Folgen

aufgrund einer nachhaltigen Entwicklung. Das Zauberwort heißt »höhere Lebensqualität«. Verschwiegen wird dabei, dass Lebensqualität längst nicht mehr per Parteibeschluss definiert werden kann, sondern von einer Mittelschicht bestimmt wird, der es nun einmal beliebt, Lebensqualität an kommerziell messbaren Größen festzumachen. Dabei bezieht man sich auf US-Standards: Wie viele Quadratmeter bewohnt ein weißer US-Amerikaner? Wie viele Privatflugzeuge haben »die Amis, die so viel verdienen wie wir«? Wie viele Mercedes oder BMWs rasen dort über die Straßen?

Der Wettlauf der urbanen Mittelschicht um diese Sorte Lebensqualität hat weitreichende Folgen: Wenn es gilt, den eigenen Status unter Beweis zu stellen, wird nicht gespart. Und Nachhaltigkeit spielt nur eine Rolle, wenn es darum geht, sich selbst – und vielleicht noch den eigenen Kindern – Vorteile zu sichern. Genau diese Mittelschicht wurde für Chinas KP ab Anfang der 1990er Jahre zur Machtbasis. Seither dient die Politik vor allem denen, die materiellen Fortschritt wollen – schon allein, damit die Mittelschichtler nicht auf dumme Gedanken kommen.

1995 kündigte Chinas Maschinenbauministerium ein Konzept zur Entwicklung von Familienautos an. Daraufhin drängten die besserverdienenden Städter die Verwaltungen, die beliebten Motorräder »aus Umweltschutzgründen« von den Straßen zu verbannen. Dieselbe Sorge um die Umwelt traf ab 2003 auch die Elektrofahrräder: auch sie wurden verboten. Die Umwelt wurde also mit Verbrennungsmotoren »geschont«; je mehr Benzin verbraucht wird, desto besser wird die Umwelt geschützt, so schien die Logik zu lauten. Bis 2006 durften in Peking, Schanghai und Guangzhou auf Ring- und Prachtstraßen keine Autos mit einem Hubraum unter einem Liter fahren. Vielerorts wurden Kleinwagen gar nicht erst zugelassen.

Inzwischen sind viele statusbewusste Mittelschichtler in die Oberschicht aufgestiegen. Für die dazugehörige Lebensqualität sorgen Marketingstrategen des Westens. 2014 gingen über 40 Prozent der weltweit verkauften Luxusgüter an Chinesen. Architekten aus Paris, Berlin oder Melbourne sind trotz aller Warnungen vor einer Immobilienblase magisch angezogen vom Wald glitzernder Wolkenkratzer in den chinesischen Metropolen. Der Absatz deutscher Edelkarossen in China erwies sich als Balsam für die krisengebeutelten Seelen in Mitteleuropa. Doch auf Chinas Straßen werden Mercedes, BMW und Porsche zu Hassobjekten – wegen der Arroganz ihrer Besitzer, der Neureichen und KP-Prinzen, die straflos Menschen überfahren und oft wütende Beschimpfungen als »baoma an« (BMW-Fall) oder »benchi an« (Benz-Fall) auf sich ziehen.

Leute, die ihren Reichtum durch protzige Statussymbole zur Schau stellen, werden »tuhao« genannt. Laut BBC könnte diese häufig benutzte Bezeichnung, die in etwa »grob und reich« bedeutet, bald Eingang ins Oxford English Dictionary finden. Zu Zeiten der maoistischen Revolution war tuhao der Name für die verhassten Großgrundbesitzer, gegen die Chinas Kommunisten die Massen mobilisierten. Um den Machterhalt der KP nicht zu gefährden, ordnete Parteichef Xi Jinping nach dem 18. Parteitag vom November 2012 an, dass kein Funktionär sich mit den tuhao gemeinmachen dürfe – keine luxuriösen Auslandsreisen, keine opulenten Bankette, kein Sonderservice für Parteibonzen.

Anderthalb Jahre später zog Chinas Zentralbank folgende Bilanz: Eine geringere Verschwendung öffentlicher Gelder durch KP-Kader bei Dienstwagennutzungen und Bewirtungen reicht schon, um die Inflation zu drücken. Xis moralischer Rotstift diente vor allem der Nachhaltigkeit des Machtanspruchs seiner Partei – die Betreiber von Luxushotels und Edelrestaurants beklagen indes Umsatzeinbrüche. Viele 5-Sterne-Hotels kämpfen um eine Herabstufung auf 4 Sterne, damit die illustren Gäste wieder ohne Bedenken bei ihnen absteigen können.

Inzwischen ist das Wirtschaftswachstum in China merklich zurückgegangen. Und in der Mittelschicht geht die Sorge um: Was tun, wenn man sich nicht mehr als privilegiert präsentieren kann? Den Wunsch nach Komfort oder Luxus mag eine Wohnung im Barockstil mitten in Peking noch befriedigen. Aber wenn etwas schiefgeht, etwa ein Verwandter festgenommen wird, braucht man schnell eine Zweit- oder Drittwohnung, um alle maßgeblichen Leute bestechen zu können. Und auch sonst gilt: Für alles, vom Kindergartenplatz über den sicheren Job bei »China Oil and Gas« bis hin zum Grundstück für die Familiengruft, braucht man etwas, um Stärke zu beweisen und sich samt Nachkommen vor dem Abstieg zu bewahren.

Für die Oberschicht mag Prunksucht zum Lifestyle gehören, für die vorsichtiger und ängstlicher gewordene Mittelschicht ist die Demonstration einer »besseren Lebensqualität« Teil einer Überlebensstrategie. Denn wer keine Kaufkraft herzeigen kann, gehört nicht mehr zu den wehrhaften Besserverdienenden.

Hinzu kommt, dass in China der Zusammenhalt zwischen den unterschiedlichen Schichten und Milieus immer schwächer wird. Ende 2005 legte eine Nitrobenzol-Vergiftung im Songhua-Fluss in Nordostchina die Trinkwasserversorgung der Millionen-Stadt Harbin für vier Tag lahm. Die Oberschicht flog in Privatjets in den Süden; die Mittelschicht ließ sich teure Mineralwasserflaschen aus Peking anliefern; der Rest, die überwältigende Mehrheit, hatte keine Wahl – und wurde zum Opfer der nichtnachhaltigen Entwicklung.

Die Mittelschicht setzt sich immerhin zur Wehr – exklusiv für sich. Gut situierte Bürger verhindern mit ihren Protesten den Bau von Chemiefabriken in Xiamen an der Ostküste und Shifang im Westen: Die Werke sollen ruhig gebaut werden, aber bitte nicht bei uns.

Als 2003 die Sars-Epidemie Chinas Großstädte in Geisterstädte verwandelte, boomte plötzlich der Automarkt. Die Autokäufer wollten sich in ihrem isolierten Gehäuse gegen die schlechte öffentliche Hygiene abschirmen. Seit Jahren pachten wohlhabende Bürger Ackerland außerhalb der Stadt und bezahlen Bauern dafür, dass sie ihnen schadstoffarmes Gemüse liefern. Allerdings sind die Böden in den Industriegürteln voller Schwermetalle. Neuerdings ziehen vereinzelte Aussteiger aufs Land – etwa nach Dali in der Provinz Yunan, um »blauen Himmel und weiße Wolken zu sehen«, wie am 23. November 2013 in der *New York Times* zu lesen war. Aber, so stellte Radio Free Asia fest, von 10 000 Mittelschichtlern schafft das höchstens einer.

Die Einsicht fällt anscheinend schwer: Die Konflikte und Spannungen werden sich nur lösen lassen, wenn sich die Chinesen – über alle Schichten, Ethnien und Lebensentwürfe hinweg – als Mitglieder eines Gemeinwesens begreifen. Doch das birgt Risiken, in erster Linie politische. Seit Jahren formieren sich in Chinas Großstädten Bürgerbewegungen, die genau diesen Gemeinsinn zum Schutz der Umwelt und der Bürger fordern. Beeindruckende Leute gehören dazu, wie Zhao Lianhai, der Vater von einem der vielen Babys, die 2008 an gepanschtem Milchpulver schwer erkrankt oder gestorben sind. Zhao rief die Chinesen auf, mehr Transparenz nicht nur in der Politik, sondern auch in der Wirtschaft zu fordern. 2010 wurde er zu zweieinhalb Jahren Haft verurteilt. Viele andere, die zunächst als Umweltaktivisten auftraten, wurden drakonisch bestraft und entwickelten sich zu politischen Dissidenten. Der bekannteste ist der Bürgerrechtler und Umweltaktivist Hu Jia, der 2008 den Sacharow-Preis des Europäischen Parlaments erhielt.

Wer in China mit juristischen Mitteln für den Umweltschutz kämpft, kommt nicht weit. Bislang scheiterten die

Individuelle Mobilität in China

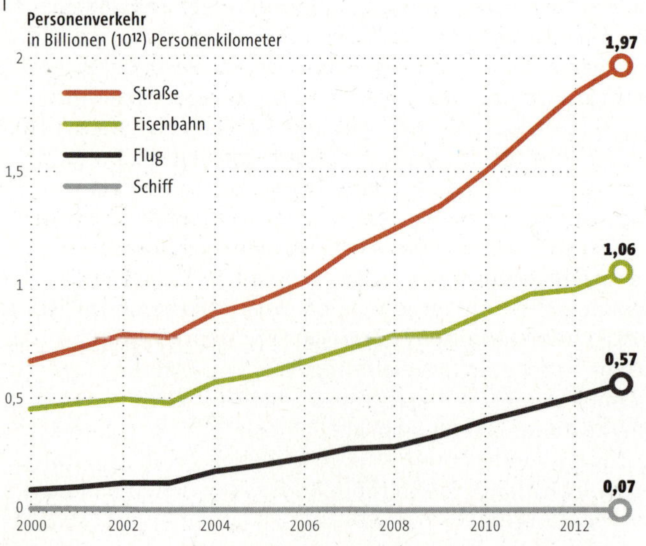

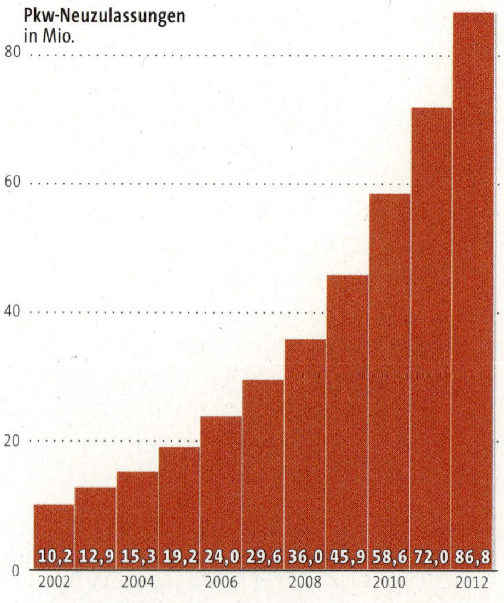

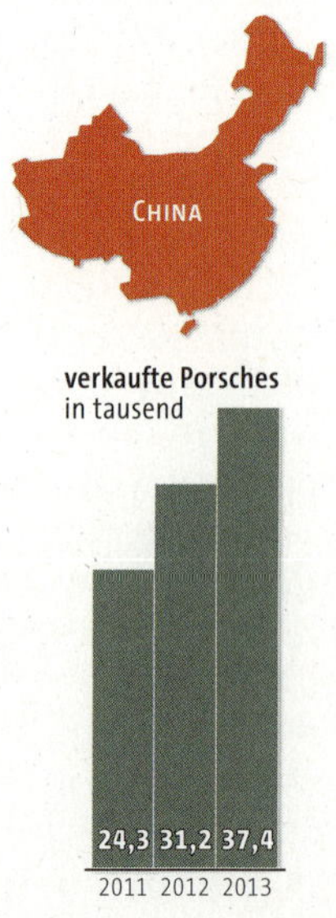

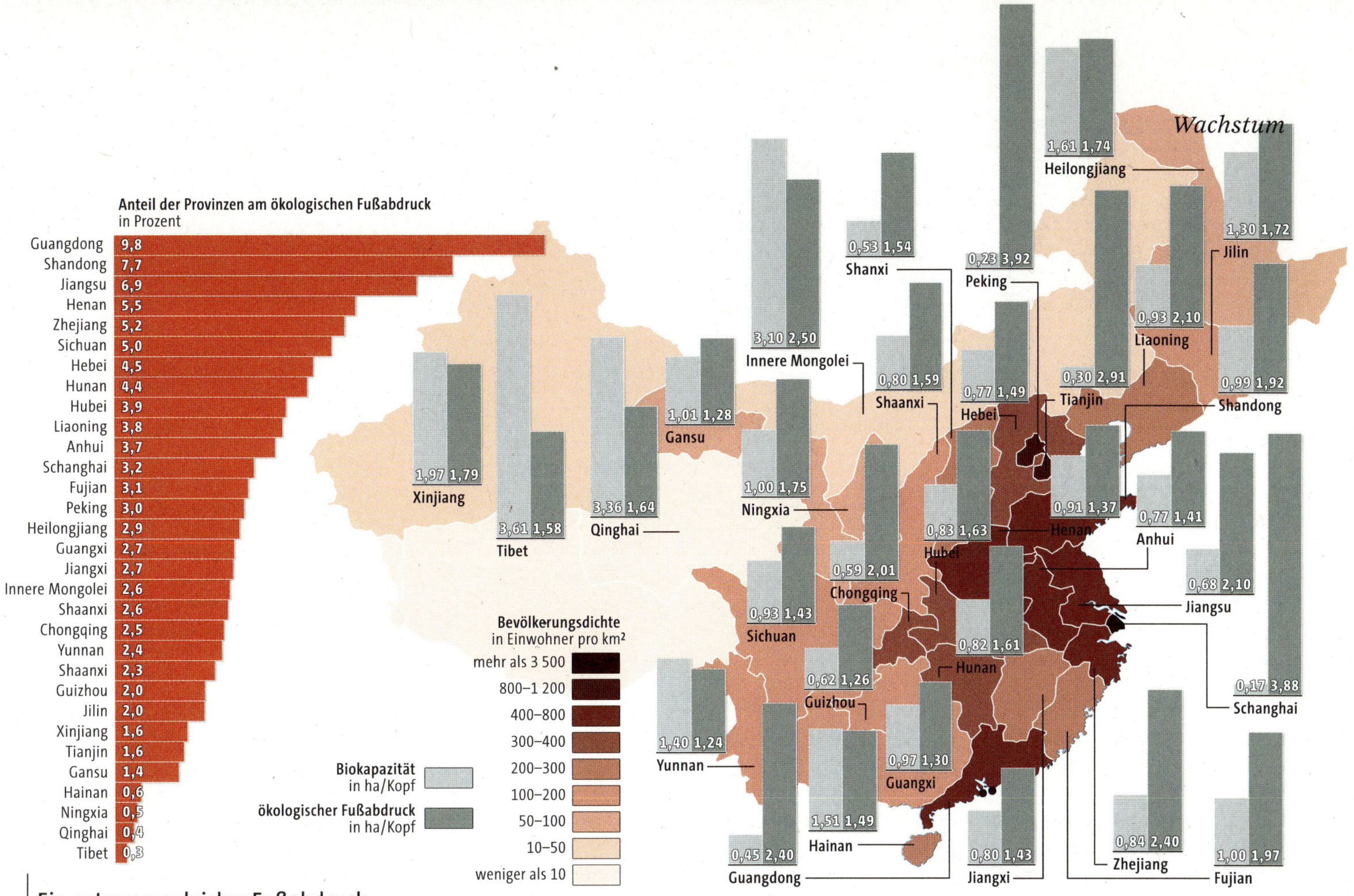

Ein extrem ungleicher Fußabdruck

Versuche mehrerer NGOs, bei Umweltzerstörungen mit Gesundheitsschäden die Verursacher vor Gericht zu bringen. Umweltsünder verklagen kann man nur als Opfer, und der oder die Geschädigte muss selbst den Beweis erbringen, dass die Umweltbelastung den persönlichen Schaden direkt verursacht hat. Die ambivalenten Mittelschichtler sind also auf sich selbst zurückgeworfen. Nachhaltigkeit sucht bis heute nahezu ausschließlich jeder auf eigene Faust und zu seinen eigenen Gunsten, auch wenn nach dem jüngsten Umweltschutzgesetz einzelne NGOs endlich die Erlaubnis haben, doch im Namen der Gemeinschaft Anklage gegen Umweltsünder zu erheben.

Motorisierung im Vergleich

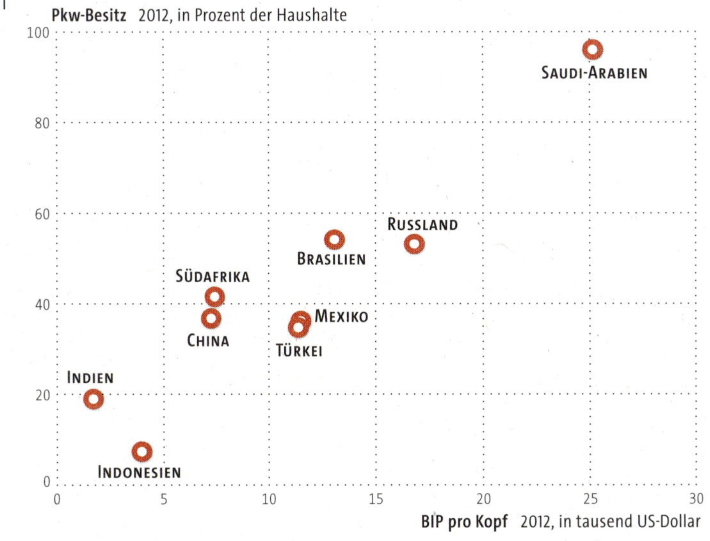

Inzwischen hat die Nomenklatura dem Smog, der vier Fünftel des Landes (einschließlich Lhasa auf dem tibetischen Hochland) bedeckt, den Kampf angesagt, den sie mit zwei bewährten Mitteln gewinnen will: mit Mao und mit Geld. Erstens dürfen sich die Kader ab sofort keine Verschwendung mehr erlauben, wie Mao gefordert hat. Zweitens kündigte die Stadt Peking allein Umweltschutzinvestitionen von mehr als einer Billion Yuan (circa 141 Milliarden Euro) innerhalb der nächsten fünf Jahre an.

Es ist eine Kampfansage, die weder Trost noch Vertrauen stiftet. Westliche Journalisten haben enthüllt, dass fast alle chinesischen Spitzenpolitiker riesige Vermögen in die Karibik verschoben haben, um sich und ihren Familien eine nachhaltig prunkvolle Zukunft zu sichern.

Im Dezember 2013 legte die regierungseigene Akademie der Wissenschaften eine Studie vor, derzufolge nur 4 Prozent der Luftverschmutzung auf den Autoverkehr zurückgehe, während die Verbrennung von Stroh für 26 Prozent verantwortlich sei. So werden die angekündigten Investitionen wohl doch nicht in alternative Verkehrskonzepte fließen. Aus einer Ende 2014 veröffentlichten Statistik geht hervor, dass der Autoverkehr weiter zweistellig zunimmt, während trotz aller Propaganda bis heute nur 2 000 Elektroautos chinesischer Fabrikate auf den Straßen unterwegs sind. Und doch sind angeblich nicht die städtischen Verschwender, sondern die Bauern mit ihrer kargen Lebensweise die Schuldigen.

Shi Ming

Bücher &c.

- Chen Guidi und Wu Chuntao, *Zur Lage der chinesischen Bauern. Eine Reportage*, Frankfurt am Main (Verlag Zweitausendeins) 2006.
- Qiu Xiaolong, *Tödliches Wasser. Oberinspektor Chens sechster Fall*, Wien (Zsolnay Verlag) 2011.
- »Yan Mo – Vor der Flut«, Regie: Li Yi-Fan und Yan Yu, China 2005.

Lateinamerika: Wachstum und Naturausbeutung

Der Export von Rohstoffen ermöglicht eine Bekämpfung der Armut – zu hohen Kosten

Lateinamerikas Ökonomien boomen. Zwischen 2000 und 2010 wuchs das Bruttoinlandsprodukt (BIP) in Süd- und Mittelamerika durchschnittlich um jährlich 5 Prozent. Da sich dieser Trend offenbar fortsetzt, bezeichnen Ökonomen das zweite Jahrzehnt des 21. Jahrhunderts bereits als »lateinamerikanische Dekade« der Weltwirtschaft.

Durch die weltweite Wirtschafts- und Finanzkrise ging zwar auch in Lateinamerika das Wachstum zurück, es liegt aber mit 3 Prozent weiter deutlich über dem globalen Durchschnitt. Erklären lässt sich die robuste Konjunktur mit dem allgemeinen Rohstoffboom, einer zunehmenden Integration der Region in den Weltmarkt sowie einem Anstieg des Binnenkonsums. In Brasilien verdoppelte sich zwischen 2000 und 2010 beispielsweise der Bauxitabbau, im gleichen Zeitraum verdreifachte Bolivien seine Gasförderung. In Kolumbien und Mexiko explodieren seit einigen Jahren die Bergbauinvestitionen, und Argentinien erlebt einen beispiellosen Sojaboom.

Dieses Wachstumsmodell wird oft mit Schlagworten wie »Rohstoffbonanza« beschrieben oder nüchterner als »(Neo-)Extraktivismus« bezeichnet, ein Wirtschaftsmodell, das von der Förderung mineralischer, energetischer, forstlicher und agrarischer Rohstoffe lebt und über die erzielten Exporteinnahmen die Lebensbedingungen der breiten Bevölkerung zu verbessern sucht. Exemplarisch für diesen »neuen« Extraktivismus stehen Länder wie Bolivien, Ecuador, Argentinien oder Venezuela, in denen (Mitte-)Links-Regierungen Unternehmen verstaatlicht und Schürfverträge neu verhandelt haben. Durch die Anhebung von Ausfuhrzöllen und Steuern brachten sie Förderung und Export natürlicher Ressourcen stärker unter ihre Kontrolle. Mit den Mehreinnahmen werden entwicklungs- und sozialpolitische Programme finanziert.

Auch in Ländern mit rechtskonservativen Regierungen setzte sich die extraktivistische Wachstumslogik durch. So ist beispielsweise Kolumbien kein traditionelles Bergbauland, trotzdem entfielen 2012 mehr als die Hälfte der Exporteinnahmen auf Bodenschätze wie Gold oder Kohle. Während 2010 in ganz Lateinamerika mit Rohstoffen und Agrargütern 54 Prozent der Exporteinnahmen erzielt wurden, waren es in der Andenregion zwischen 80 und 90 Prozent. Am deutlichsten hängt Venezuelas Wirtschaft am Öltropf: Fast die gesamten Deviseneinnahmen stammen aus dem Ölexport, und Rohstoffe haben hier im regionalen Vergleich mit über 32 Prozent den höchsten Anteil am BIP (Chile: 19,2; Ecuador: 15; Peru: 16,8 Prozent).

Doch die Kopplung von Wirtschaftswachstum und Rohstoffausbeutung erzeugt widersprüchliche Effekte und damit auch Konflikte – denn so kommen die Extraktionsökonomien aus ihrer alten kolonialen Rolle als Rohstofflieferanten für den globalen Norden nicht heraus. Die Stätten der Naturausbeutung, die Arbeiter in den Bergwerken, auf den Plantagen und Ölfeldern sowie in den angeschlossenen Dienstleistungssektoren geraten mehr und mehr in die Abhängigkeit vom Weltmarkt.

In dieser Situation eine Postwachstumsstrategie zu entwickeln, die gesellschaftlichen Wohlstand von Wachstum

Der globale Kupferboom

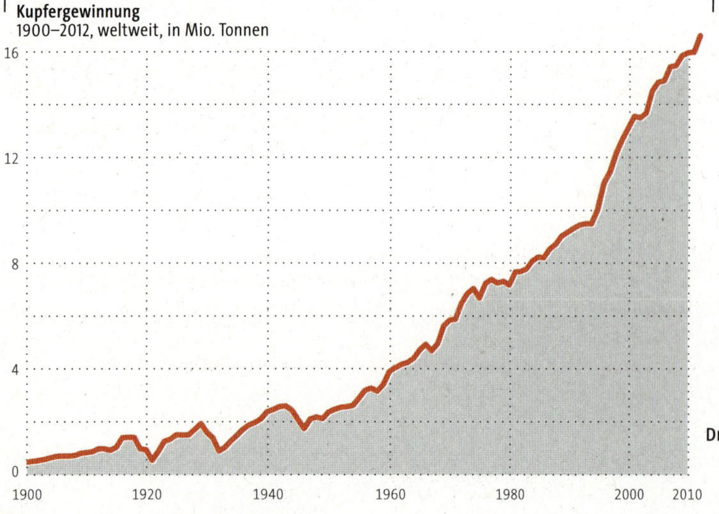

Die wichtigsten Produzenten

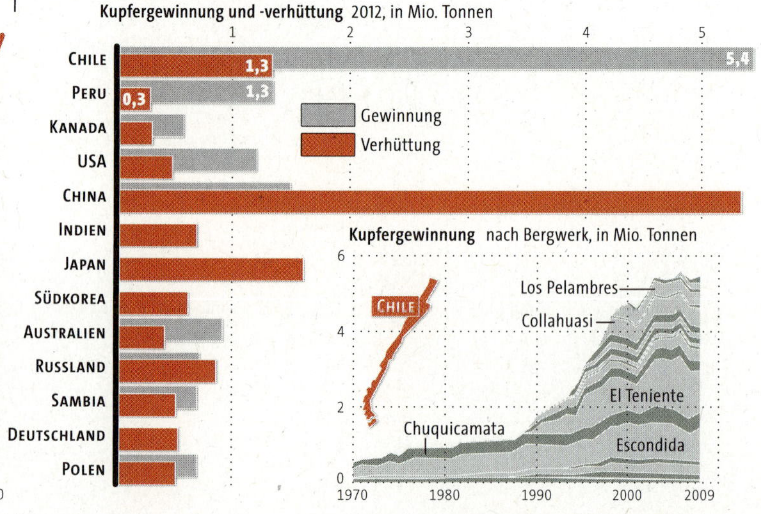

und Rohstoffausbeutung trennt, würde die gegenwärtige wirtschaftliche und gesellschaftliche Entwicklung als ganze infrage stellen. Eine schwierige Aufgabe, bedenkt man die breitenwirksamen Erfolge des (Neo-)Extraktivismus. Denn schließlich haben die rohstoffbasierten Mehreinnahmen den Ländern vor allem sozialpolitisch neue Handlungsspielräume eröffnet. Die Armutszahlen sanken in der gesamten Region bis 2011 auf den niedrigsten Stand seit 20 Jahren; im Durchschnitt leben heute ein Drittel der Bevölkerung (168 Millionen Menschen) in Armut, davon schätzungsweise 12 Prozent (66 Millionen Menschen) unter der absoluten Armutsgrenze. Gleichzeitig ist die soziale Ungleichheit gemessen an der Einkommensverteilung in der Mehrzahl der lateinamerikanischen Länder zwischen 2000 und 2011 zurückgegangen. Ein besonders deutlicher Rückgang wurde in Venezuela, Argentinien, Bolivien und Nicaragua verzeichnet.

Die Widersprüchlichkeit des rohstoffbasierten Wachstumsmodells besteht darin, dass insbesondere die (Mitte-)Links-Regierungen trotz sozialpolitischer Erfolge durch den Ausverkauf der Naturreichtümer gegen die Interessen eines Teils ihrer eigenen politischen Basis handeln. Der gesellschaftliche Widerstand wächst: In Bolivien oder Ecuador kommt es trotz wahlpolitischer Erfolge der aktuellen Regierungen vermehrt zu Protesten gegen den Abbau von Öl und Gas oder den Bau von Straßen in geschützten Gebieten. In den Andenländern, in Mittelamerika und in dem sogenannten Cono Sur (Brasilien, Argentinien, Chile, Uruguay, Paraguay) wenden sich unterschiedliche indigene Organisationen und Kleinbauern gegen die wachsende Zerstörung ihrer ökologischen Lebensgrundlagen und verweisen darauf, dass die Regierungen ihre politischen und sozialen Rechte ignorieren.

Dabei zeigen sich Tendenzen zur Aushöhlung der Demokratie, unabhängig von der politischen Ausrichtung der jeweiligen Regierungen. Wenn es um die Nutzung von Land, Wald und Bodenschätzen geht, werden politische Beteiligungsrechte indigener Bevölkerungsgruppen nicht nur in konservativ regierten Ländern wie Kolumbien missachtet, sondern zunehmend auch in solchen mit (Mitte-)Links-Regierungen. Auch hier bleibt die Demokratie auf Wahlen und den aus ihnen resultierenden Mehrheitswillen beschränkt. Eine weitere Demokratisierung, etwa durch umfassendere Demonstrations- oder Partizipationsrechte der Menschen, die am meisten von rohstoffpolitischen Entscheidungen betroffen sind, zeichnet sich gegenwärtig in keiner der Extraktionsökonomien ab.

Kristina Dietz

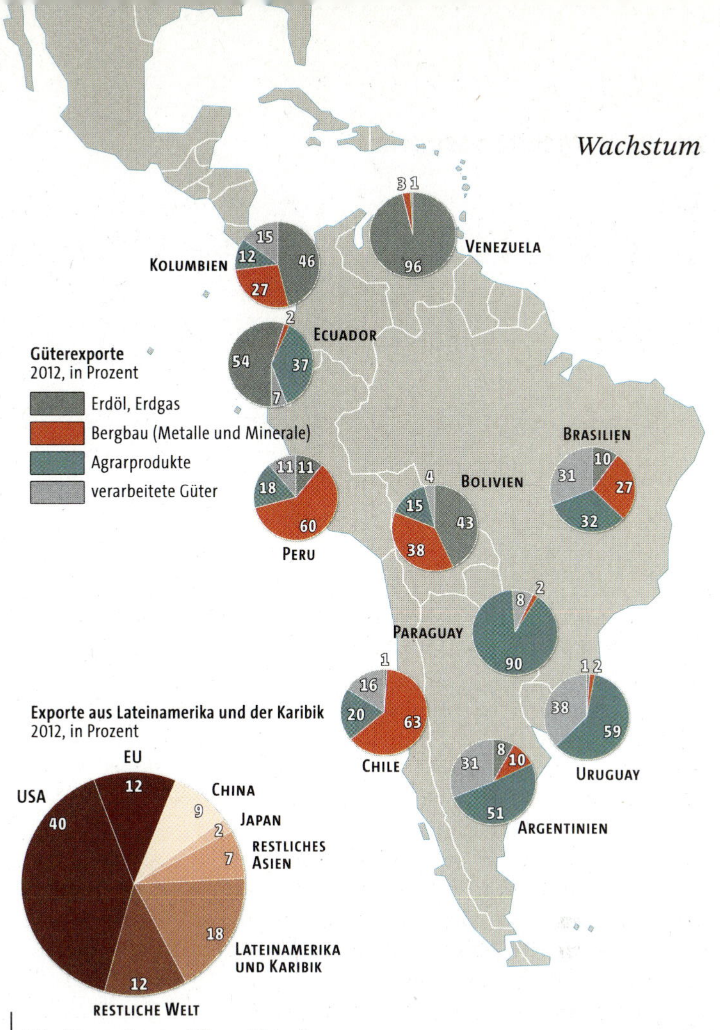

Die Exporte und ihre Abnehmer

Bücher &c.

- FDCL, Rosa-Luxemburg-Stiftung (Hg.), *Der Neue Extraktivismus. Eine Debatte über die Grenzen des Rohstoffmodells in Lateinamerika.* Berlin (FDCL, Rosa-Luxemburg-Stiftung) 2012.
- Hans-Jürgen Burchardt, Kristina Dietz, Rainer Öhlschläger (Hg.), *Umwelt und Entwicklung im 21. Jahrhundert. Impulse und Analysen aus Lateinamerika,* Baden-Baden (Nomos) 2013.
- Forschungs- und Dokumentationszentrum Chile-Lateinamerika e.V. (FDCL), www.fdcl.org/.

Exportnation Chile

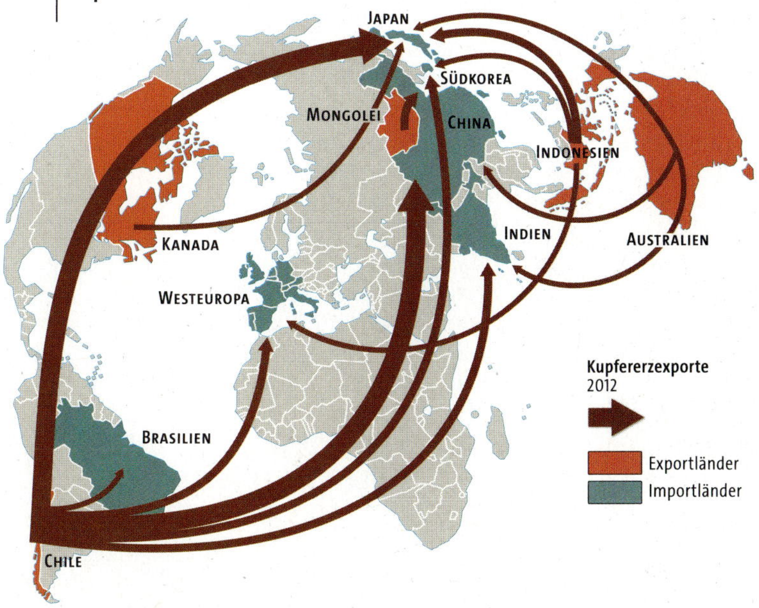

Extraktionsökonomie und Widerstand

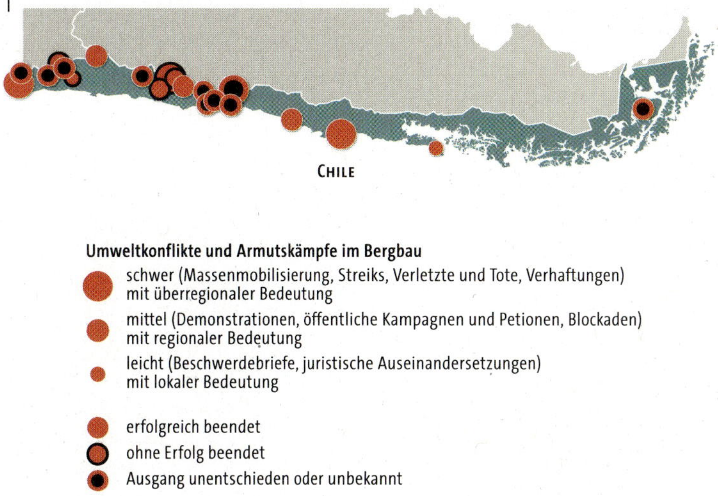

Unentbehrlich, unterbezahlt – und viel zu wenig anerkannt

Was Sorgearbeit ist, wer sie leistet und welche Konflikte entstehen

Sorgearbeit bildet eine zentrale Grundlage menschlichen Lebens und Zusammenlebens. Zu ihr gehört die Betreuung von Kindern ebenso wie die Versorgung pflegebedürftiger Angehöriger. Geleistet wird Care Work entweder zu Hause – oft unterstützt durch mobile Babysitter-, Essens- und Pflegedienste – oder in Einrichtungen wie Kindergärten und Pflegeheimen. Die Bedürfnisse, die Kinder oder Kranke und Gebrechliche haben, sind mehr oder weniger offensichtlich. Doch im Grunde ist Sorgearbeit immerzu erforderlich, und zwar als Sorge nicht nur um andere, sondern auch um sich selbst. Wird für die körperlichen und seelischen Belange einer Person nicht angemessen gesorgt, leidet ihre individuelle Entwicklung ebenso wie ihre Teilhabe an der Gesellschaft. Dies betrifft sowohl die Weichenstellungen in Bildung und Beruf als auch die Chancen auf soziale, kulturelle und politische Beteiligung. Care und Care Work sind also Grundpfeiler aller wirtschaftlichen Entwicklung und eines jeden demokratischen Gemeinwesens.

Da die Sorge für sich und andere von existenzieller Bedeutung für Mensch und Gesellschaft ist, könnte man erwarten, dass Sorgearbeit eine hohe gesellschaftliche Wertschätzung genießt. Doch das ist in den ausdifferenzierten kapitalistischen Gesellschaften grundsätzlich nicht der Fall. Im Gegenteil, wir haben es mit einer verkehrten Welt zu tun. Was allein dem Leben dient, ist nicht annähernd so wichtig und wirkmächtig wie das, was sich gewinnorientiert vermarkten lässt. Dies zeigt sich darin, wie Sorgearbeit gesellschaftlich eingebettet und organisiert ist.

Wirtschaft und Reproduktion sind in kapitalistischen Gesellschaften getrennte Sphären. Dem öffentlichen Leben steht die Privatsphäre gegenüber, in der viele unterschiedliche Sorgeleistungen erbracht werden, ohne je als Arbeit wahrgenommen und anerkannt zu werden. Dabei schaffen diese Leistungen überhaupt erst die Voraussetzungen für ökonomisches Wachstum, etwa wenn die Arbeitskraft der Familienmitglieder tagtäglich regeneriert oder Kinder und damit künftige Arbeitskräfte aufgezogen werden. Was in der Familie nicht erbracht wird, wird teilweise staatlich oder gemeinwirtschaftlich geleistet. In keinem Falle jedoch muss sich die Privatwirtschaft darum kümmern, sie kann auf die Ergebnisse der Sorgearbeit quasi kostenlos zurückgreifen. Mehr noch: Unsere Gesellschaften lassen sich in ihrem Funktionieren vor allem von den Interessen einer profitorientierten Wirtschaft den Takt vorgeben, nicht von den Sorgebedürfnissen der Menschen.

Im Übergang vom 19. zum 20. Jahrhundert entstand, um einen Blick in die Geschichte zu werfen, in Westeuropa das Leitbild der bürgerlichen Familie. In der damaligen Dienstbotengesellschaft verrichteten Frauen aus den unteren Schichten die anfallenden Versorgungsarbeiten in den Haushalten der Herrschenden. Bis in die 1970er Jahre hinein blieb das Modell vom berufstätigen, männlichen Familienernährer auf der einen und von der fürsorglichen Hausfrau und Mutter auf der anderen Seite bestimmend für das Zusammenleben der Geschlechter in den Mittelschichten der Industrieländer. Seit den 1990er Jahren wuchs dann das Bestreben, praktisch alle erwachsenen Gesellschaftsmitglieder in die Arbeitsmärkte zu integrieren.

Die Sorgearbeit fällt freilich immer noch an, und sie bleibt nach wie vor den privaten Haushalten überlassen, während zugleich die sozialstaatlichen Leistungen mehr und mehr abgebaut werden. Seit den 1990er Jahren wird sie in einem historisch neuen Ausmaß weltweit vor allem von Migrantinnen verrichtet. Sie tun dies teils in legalen, oft auch in halblegalen oder illegalen Beschäftigungsverhältnissen, nicht zuletzt weil in vielen reichen Ländern ausgrenzend wirkende Arbeitsmarkt- und Einwanderungsgesetze gelten. Besonders ausgeprägt ist diese Entwicklung in Ländern wie Deutschland und Österreich, wo sogenannte Cash-for-Care-Politiken – siehe beispielsweise das von der deutschen Bundesregierung im August 2013 eingeführte Betreuungsgeld – Anreize schaffen, um die Sorgearbeit weiterhin in den Familien zu belassen. Auch in wirtschaftsliberalen Ländern wie den Vereinigten Staaten und Großbritannien, in denen die meisten Dienstleistungen traditionell über den Markt eingekauft werden, erledigen überwiegend Migrantinnen die Sorgearbeit. Weniger ausgeprägt ist ihr Einsatz in Ländern, die verstärkt öffentliche Dienstleistungen anbieten, wie etwa in den skandinavischen Ländern, aber auch in Frankreich.

Auf diese Weise kam es zum einen zur Umverteilung der Sorgearbeit unter Frauen, während die ungleiche Arbeitsteilung zwischen Frauen und Männern jedoch unangetastet blieb. Zum anderen lösen die reichen Länder des Nordens und Westens ihr Sorgeproblem, indem sie auf die Arbeitskraftressourcen des Südens und Ostens zurückgreifen. So kochen, putzen, betreuen und pflegen in den Haushalten Deutschlands, Österreichs oder der USA vor allem Polinnen, Sloweninnen oder Lateinamerikanerinnen. Es zeigen sich dabei Arbeitskonflikte in den versorgten Haushalten – die Kämpfe der Domestic Workers um ihre Anerkennung haben inzwischen auch die UNO erreicht. Und in den Gesellschaften, aus denen die Arbeitskräfte stammen, bleiben in vielen Fällen Kinder und Jugendliche oder bedürftige Eltern auf sich allein gestellt und unversorgt zurück.

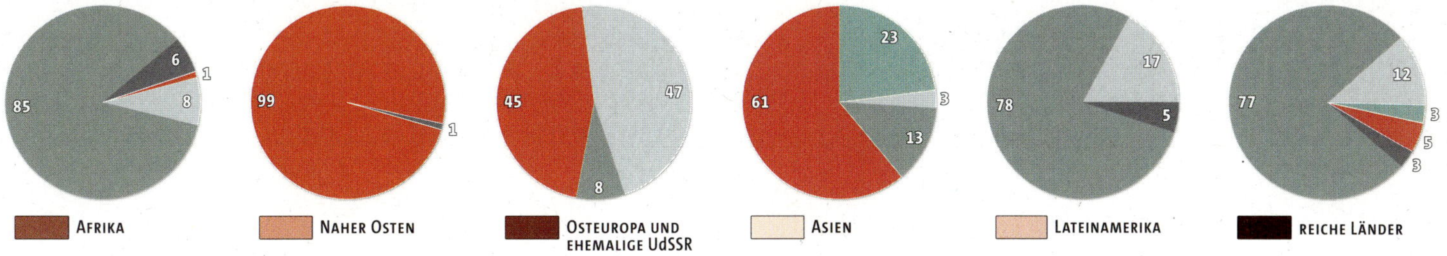

Haushaltsarbeit …

- unterliegt allgemeinem Arbeitsrecht
- unterliegt teilweise allgemeinem Arbeitsrecht und speziellen Bestimmungen
- unterliegt nur untergeordnetem und speziellem Arbeitsrecht
- ist vom nationalen Arbeitsrecht ausgeschlossen
- ist in den Bundesstaaten unterschiedlich geregelt

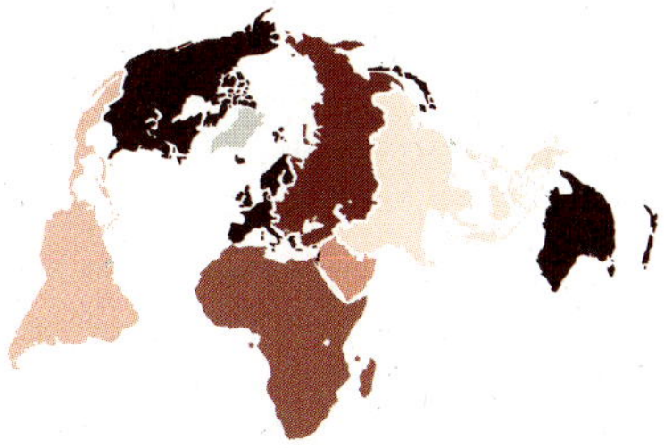

Rechtlose Haushaltsarbeiterinnen …

… und von wo sie kommen

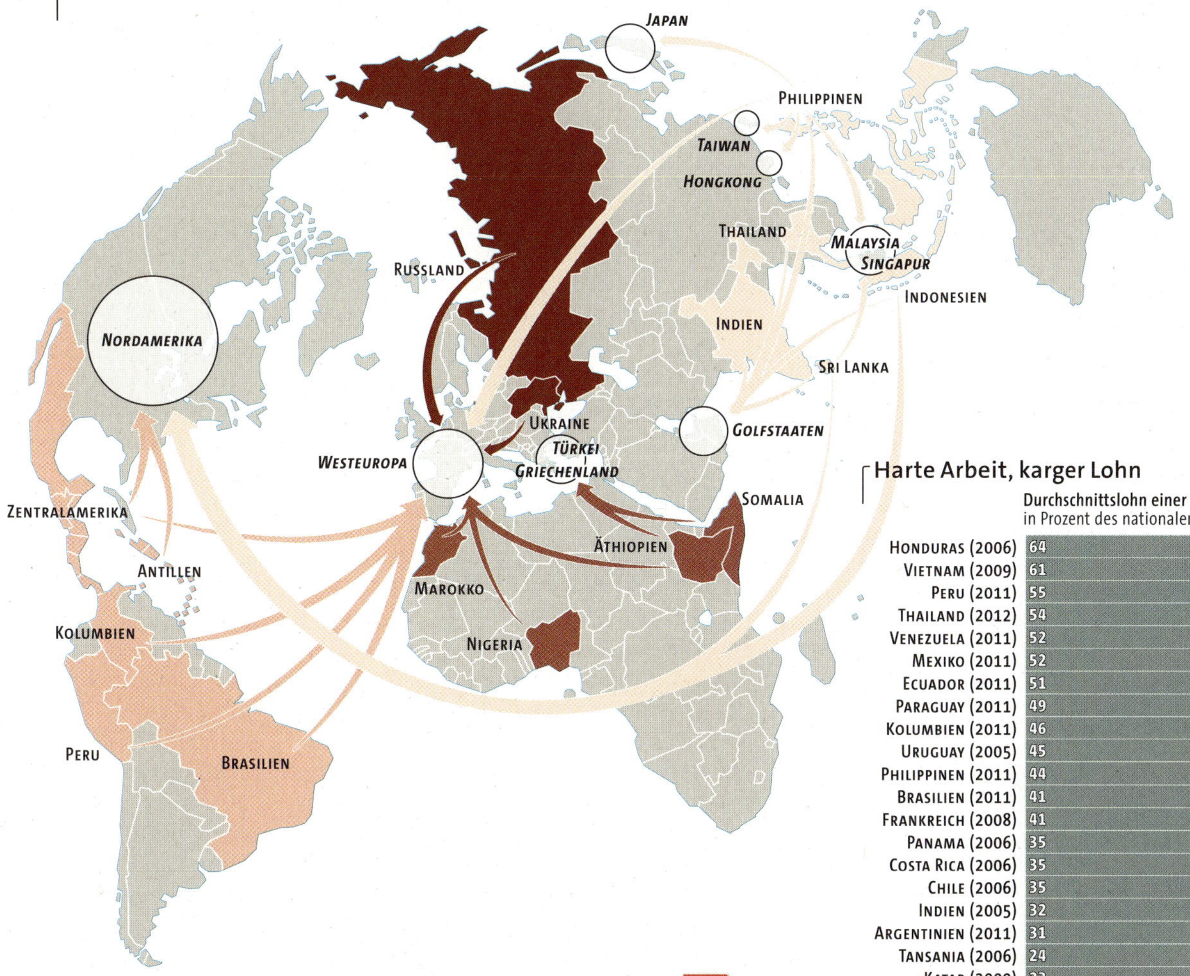

Harte Arbeit, karger Lohn

Durchschnittslohn einer Haushaltsarbeiterin in Prozent des nationalen Durchschnittlohns (neueste Angaben)

Honduras (2006)	64
Vietnam (2009)	61
Peru (2011)	55
Thailand (2012)	54
Venezuela (2011)	52
Mexiko (2011)	52
Ecuador (2011)	51
Paraguay (2011)	49
Kolumbien (2011)	46
Uruguay (2005)	45
Philippinen (2011)	44
Brasilien (2011)	41
Frankreich (2008)	41
Panama (2006)	35
Costa Rica (2006)	35
Chile (2006)	35
Indien (2005)	32
Argentinien (2011)	31
Tansania (2006)	24
Katar (2009)	23
Bahrain (2010)	21
Botswana (2006)	14

Wo Frauen wie viel verdienen

Geschätztes Einkommen von Frauen 2013, Kaufkraftparität in US-Dollar

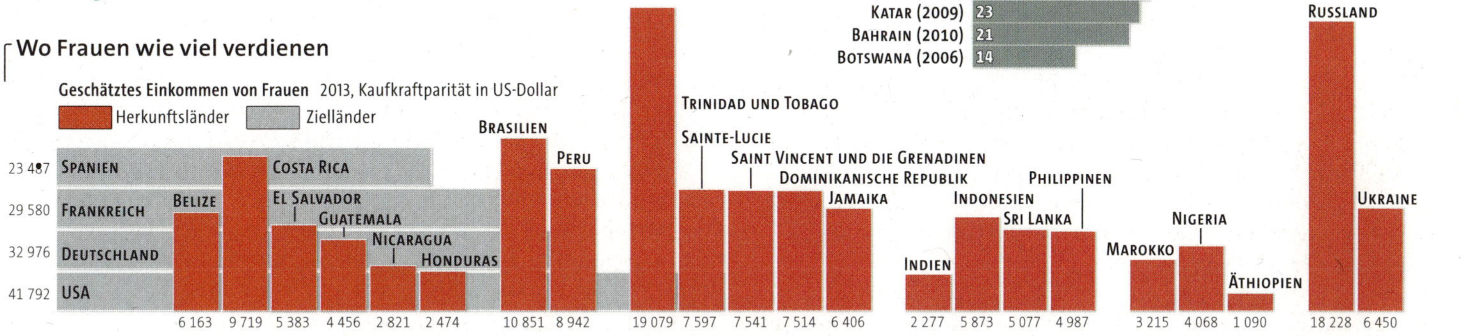

Bruttomonatsverdienst
2013, in Euro

Operationspfleger/in	3 130
Anästhesiepfleger/in	2 990
Stationsleiter/in Krankenpflege	2 910
Psychiatriepfleger/in	2 750
Stationsleiter/in Altenpflege	2 600
Sonstige Pflegeberufe	2 570
Kinderkrankenpfleger/in	2 480
Krankenpfleger/in	2 450
Pflegeberufe insgesamt	**2 410**
Altenpfleger/in	2 180
Altenpflegehelfer/in	1 890
Krankenpflegehelfer/in	1 850

Beruf	Euro
Maschinenbauingenieur/in	4 733
Pharmazeut/in	4 435
Chemielaborant/in	3 163
Sozialpädagog/in*	2 827
Sekretär/in*	2 400
Einzelhandelsverkäufer/in	1 890

*Angaben für 2012.

Ansehen einzelner Berufsgruppen
2013, in Prozent

Feuerwehrmann/frau	94
Kranken-/Altenpfleger/in	89
Ärztin/Arzt	88
Kita-/Kindergartenmitarbeiter/in	84
Soldat/in	63
Politiker/in	20
Versicherungsvertreter/in	12

Ausschließlich geringfügig Beschäftigte
Juni 2013, in Prozent (Anzahl, in Tausend)

Wirtschaftszweig	Frauen	Männer	Anzahl
Land- und Forstwirtschaft, Fischerei	58	42	(66)
Bergbau, Energie, Wasser/Entsorgung	40	60	(22)
Verarbeitendes Gewerbe	62	38	(399)
Baugewerbe	41	59	(187)
Handel und Instandhaltung von Kraftfahrzeuge	69	31	(953)
Verkehr und Lagerei	38	62	(292)
Gastgewerbe	67	33	(565)
Information und Kommunikation	54	46	(118)
Finanz- und Versicherungsdienstleistungen	75	25	(47)
Wirtschaftliche Dienstleistungen	63	37	(903)
Öffentliche Verwaltung/Verteidigung/Sozialversicherung	57	43	(78)
Erziehung und Unterricht	60	40	(177)
Gesundheits- und Sozialwesen	80	20	(465)
sonstige Dienstleistungen, Private Haushalte	76	24	(547)
Insgesamt	65	35	(4 819)

Prestige und Einkommen

Auch die öffentliche Fürsorge hat eine lange Geschichte, deren Anfänge sich bis zum Beginn der Moderne zurückverfolgen lassen. Sie entwickelte sich, nachdem sie bereits im frühen 20. Jahrhundert einen ersten starken Schub erlebt hatte, vor allem in den Jahrzehnten nach dem Zweiten Weltkrieg bis Mitte der 1970er Jahre weiter. In dieser Phase ging wirtschaftliches Wachstum erstmals mit dem Versprechen auf allgemeinen Wohlstand einher, das mit dem Aufbau des betrieblichen Sozialwesens und des Sozialstaats zunächst auch eingelöst wurde. Seither sind – aufgrund des demografischen Wandels, der zunehmenden Erwerbstätigkeit von Frauen und Müttern sowie des Abbaus staatlicher Sozialleistungen – immer mehr Sorgeleistungen vonnöten.

Gegenwärtig zeigt sich die Nachrangigkeit des Sorgens im Kapitalismus in den Beschäftigungsbedingungen des sozialen Sektors. Care Work ist als bezahlte Arbeit vergleichsweise niedrig eingestuft und daher schlecht entlohnt. Sie bietet kaum Aufstiegschancen und ist oft extrem anstrengend. Dabei handelt es sich, von der Kinderbetreuung über die Altenpflege bis hin zu Gesundheitsversorgung und Sozialarbeit, um teils hochqualifizierte Tätigkeiten mit langen Ausbildungszeiten. Hinzu kommt, dass die sorgenden Berufe traditionell als »semiprofessionell« gelten – um Kinder zu hüten oder einem alten Menschen im Alltag zu helfen, braucht man schließlich, so das Vorurteil, keine besonderen Kompetenzen zu haben. Diese mangelnde Anerkennung wird, ähnlich wie bei der unbezahlten Arbeit im Privathaushalt, gern mit rhetorischer Wertschätzung kompensiert: Sorgearbeit als Dienst am Menschen oder als Arbeit, die aus Liebe verrichtet wird. Dies führt in Verbindung mit der hohen Motivation und Qualifikation der meisten Sorgearbeiterinnen dazu, dass ihre Leistung in einem Zuge ver- und entwertet wird. Wenn aber die eigenen Ansprüche und die gesellschaftliche Wertschätzung nicht übereinstimmen, kommt es immer wieder zu Konfliktsituationen. So klagten etwa die streikenden Erzieherinnen und Erzieher in Düsseldorf 2014 über Personalmangel und über die Geringschätzung ihrer Arbeit mit Kindern als »Spielen« genauso wie über zu wenige Fortbildungsmöglichkeiten, gesundheitliche Folgeschäden und zu niedrige Gehälter.

Solche Konflikte werden erst recht verständlich, wenn man die Besonderheiten von Care Work betrachtet: Vom Anspruch und von der Qualität der Leistungen her ist Sorgearbeit eine notwendig ganzheitliche Tätigkeit, schließlich sind körper-

In vielen Hörsälen sind die Frauen schon in der Mehrzahl

Studentinnen an den Hochschulen
in Prozent der Studierenden

Fächergruppe	2000	2013
Veterinärmedizin	80,4	84,1
Sprach- und Kulturwissenschaften	67,2	70,5
Medizin und Gesundheitswissenschaften	53,1	64,8
Kunst und Kunstwissenschaften	62,7	62,8
Agrar-, Forst- und Ernährungswissenschaften	53,7	53,9
Rechts-, Wirtschafts- und Sozialwissenschaften	45,7	51,6
Sport	43,7	38,6
Mathematik und Naturwissenschaften	34,8	36,8
Ingenieurwissenschaften	20,5	21,7

100 Prozent

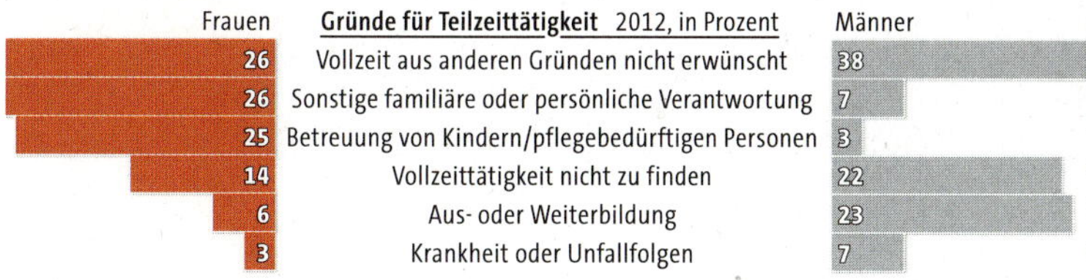

Sozialversicherungspflichtig Beschäftigte
Juni 2013, in Prozent

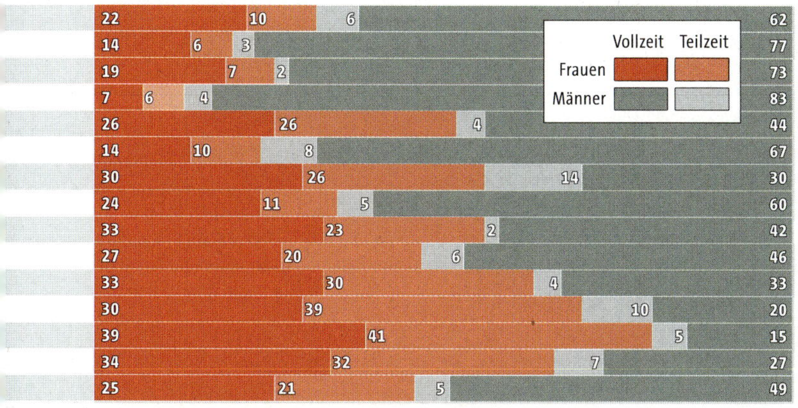

liches und seelisches Wohlergehen der umsorgten Person untrennbar miteinander verbunden. Außerdem wird Sorgearbeit in der Regel in asymmetrischen Beziehungen zwischen den Sorgenden und den zu Versorgenden verrichtet, was im Umgang miteinander eine ganz eigene Art der fürsorglichen Anstrengung erfordert. Aus diesen Gründen eignet sich die Sorgearbeit auch nur bedingt für die marktgängige Umgestaltung. Und doch wird sie seit geraumer Zeit verstärkt nach betriebswirtschaftlichen Kriterien rationalisiert, um die notorisch knappen öffentlichen Kassen bei zugleich wachsendem Bedarf möglichst zu schonen. Zerlegt man Sorgearbeit in einzelne, nach standardisiertem Minutenaufwand vergütete Tätigkeiten, wie etwa in der Altenpflege das Waschen, Umkleiden und Betten, dann beraubt man sie gerade der Fürsorglichkeit, die für ihr Gelingen unerlässlich ist.

Diese Probleme werden sich auch nicht per Roboterisierung lösen lassen. Roboter mögen dank ausgeklügelter Sensorik in der Lage sein, manuelle Tätigkeiten zu verrichten, sie mögen über Sprachprogramme verfügen, die Kommunikation ermöglichen, doch menschliche Anteilnahme können sie nicht zeigen. Wenn man Sorgearbeit hingegen so zeit- und personalintensiv betreibt, wie es eigentlich erforderlich wäre, dann sind allen Strategien zur Kostensenkung enge Grenzen gesetzt. Für den öffentlichen Sektor ist sie damit zunehmend schwer finanzierbar. In die entstehende Lücke stoßen aber längst die sogenannten Care Industries, die den zahlungskräftigen Schichten von der Kinderbetreuung über die Pflege bis hin zur Wellness ihre Dienste anbieten.

Mit der Rationalisierung der Sorgearbeit, sei es bei privatwirtschaftlichen, staatlichen oder gemeinwirtschaftlichen Trägern, entstehen neue Arbeitsteilungen und Konflikte: Strikte Zeitvorgaben geraten zusehends in Konflikt mit berufsethischen Vorstellungen, wie gute Sorge auszusehen hat; die personenbezogene und oft körpernahe Arbeit wird abgewertet und entprofessionalisiert; vergleichsweise billige, migrantische Arbeitskräfte, deren ausländische Berufsabschlüsse nicht als Qualifikation anerkannt sind und die notgedrungen schlechtere Arbeitsbedingungen akzeptieren, werden verstärkt eingestellt. Gleichzeitig werden Maßnahmen zur Qualitätssicherung eingeführt und Managementtechniken gewinnen an Bedeutung. In den Führungspositionen des sozialen Sektors findet eine Akademisierung statt, die Studiengänge zu Sozialarbeits-, Gesundheits- und Pflegewissenschaften werden neu gestaltet, und es gibt anhaltende Diskussionen darum, die Sorgeberufe endlich als Professionen anzuerkennen. Insbesondere die leitenden Tätigkeiten sind auch in diesem Bereich zwischen den Geschlechtern neu umkämpft: Inzwischen steigen auch Männer in Care-Berufe ein und steigen dort schneller auf als Frauen.

Care Work ist derzeit in einer umfassenden und umkämpften Neugestaltung und Umverteilung begriffen. Unter den Bedingungen des modernen wachstumsorientierten Kapitalismus, zumal in Zeiten von Spardiktaten und strikter öffentlicher Haushaltsdisziplin, sind die Spielräume, in denen Menschen für sich und andere angemessen sorgen können, enger geworden. Ob sich Sorgekonflikte dauerhaft vermeiden lassen, wenn sich fast ausschließlich die besser gestellten Gesellschaftsmitglieder von der Sorgearbeit entlasten beziehungsweise sich Sorgeleistungen kaufen können, oder ob sie dadurch erst verstärkt ausbrechen, bleibt eine offene Frage.

Brigitte Aulenbacher

Bücher &c.

- Brigitte Aulenbacher, Maria Dammayr (Hg.), *Für sich und andere sorgen. Krise und Zukunft von Care in der modernen Gesellschaft*, Weinheim und Basel (BeltzJuventa) 2014.
- Eva Nadai, Michael Nollert (Hg.), *Geschlechterverhältnisse im Post-Wohlfahrtsstaat*, Weinheim und Basel (BeltzJuventa) 2015.
- »›... und ein langes Leben!‹ Ist Pflegebedarf ein gesellschaftlicher Notfall? In Würde altern vs. faire Arbeitsbedingungen«, Dokumentarfilm von Anne Frisius, D 2013, www.kiezfilme.de.

So oder so: Pflege ist Aufgabe der Frauen

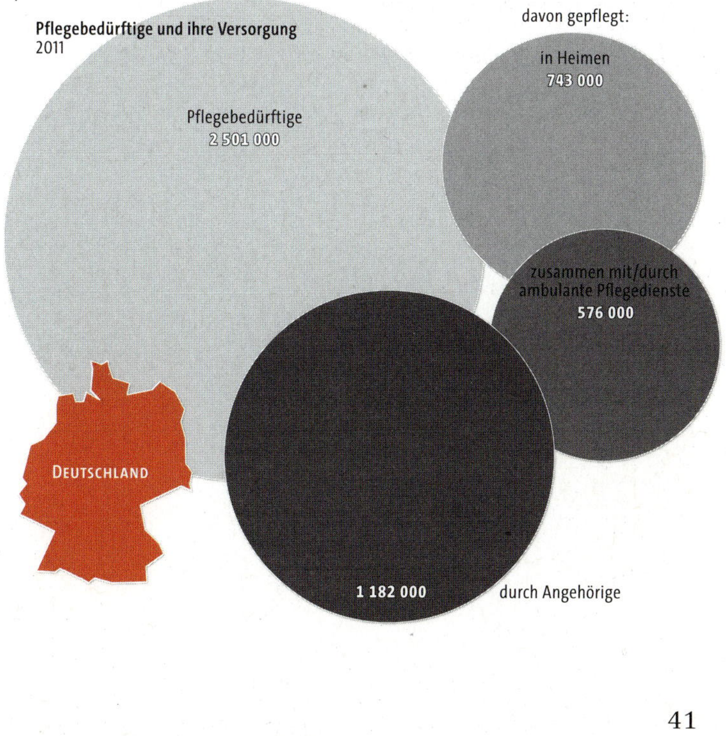

Verdichtete Zeit

Wachstum bedeutet Beschleunigung, aber Entschleunigung ist auch keine Lösung

Moderne, kapitalistische Gesellschaften können nicht anders: Sie müssen wachsen und innovieren, um ihre Basisinstitutionen – die Marktwirtschaft, den Sozialstaat, die parlamentarische Demokratie und sogar den Kunst- und Wissenschaftsbetrieb – zu erhalten und den sozialen Status quo zu sichern. Sie gewinnen Stabilität nur dynamisch: Ohne Steigerung (auch der sogenannten Wettbewerbsfähigkeit) drohen Wirtschafts-, Schulden-, Job- und schließlich Staatskrisen. Wachstum wird so zum Selbstzweck. Denn es dient nicht mehr dem Erreichen neuer Ziele, sondern (vornehmlich) der Bestandssicherung des Gegebenen.

Wachstum und Innovation erscheinen aus der Zeitperspektive zunächst einmal fast immer attraktiv: Schnellere Transportmittel, schnellere Rechner, schnellere Internetverbindungen, bessere Infrastrukturen, effizientere Produktionsinstrumente – sie alle helfen, Zeit zu sparen, so dass auch der Zeitwohlstand wachsen könnte. Dass er das nicht tut, wissen alle – die freigesetzten Zeitressourcen werden durch paralleles und häufig sogar exponentielles Mengenwachstum wieder aufgefressen. Schnellere Transportmittel führen zu weiteren und häufiger zurückgelegten Wegstrecken, die Waschmaschine zu täglichem Wäschewechsel, die E-Mail zu einer Explosion der Zahl der ausgetauschten Nachrichten und so weiter. Weil die Steigerungsraten auf diese Weise fast immer über den Beschleunigungsraten liegen, wachsen in der Geschichte der Moderne Zeiteffizienz und Zeitnot historisch beispiellos parallel an. Allerdings ist es nicht die Technik selbst, die uns zu diesen Steigerungsraten zwingt, sondern das sozioökonomische Arrangement, aus dem sie erwächst, allen voran die Logik kapitalistischen Wirtschaftens.

Tatsächlich lassen sich Wachstum und Beschleunigung aber auch begrifflich nicht entkoppeln: Beschleunigung ist per definitionem Mengenwachstum pro Zeiteinheit. Wenn etwas wächst, beispielsweise die Wirtschaft, dann bedeutet dies, dass in einem bestimmten Zeitraum mehr geschieht oder sich mehr verändert: Es wird in einem Jahr mehr (wie immer sich dieses Mehr konkret ausbuchstabiert) produziert, konsumiert und distribuiert.

Wer also meint, Wachstum sei ohne Beschleunigung zu haben, irrt sich. Wer Wachstum fordert, fordert – wenn auch unbeabsichtigt – Beschleunigung. Weil sich die moderne Gesellschaft also nur dynamisch zu stabilisieren vermag, da sie stetig wachsen, beschleunigen und innovieren muss, ist sie in ihrer Grundstruktur auf Steigerung hin angelegt: Sie steigert die Zahl der produzierten und konsumierten Güter und verringert deren Halbwertszeit, sie vermehrt die Zahl der Kontakte und Vernetzungen, sie multipliziert die Handlungsoptionen für Akteure.

Das aber bedeutet: Die moderne Gesellschaft verschärft unweigerlich und von Jahr zu Jahr ihr Zeitproblem, bis die Zeit zum knappsten aller Rohstoffe geworden ist. Denn Zeit ist der eine, zentrale Faktor, bei dem Steigerung nicht möglich ist: Pro Tag stehen uns 24 Stunden zur Verfügung, pro Jahr 365 Tage – Vermehrung ausgeschlossen. Diese Zeit müssen wir auf immer mehr Güter, Kontakte und Optionen verteilen: Für jedes einzelne Gut, jede einzelne Option und jeden Kontakt steht uns also im Durchschnitt immer weniger Zeit zur Verfügung – in der Herstellung, in der Entscheidung, in der Wahl oder Benutzung. Zeit lässt sich nicht steigern oder vermehren, sie lässt sich nur verdichten: Wir können nur mehr in der Zeit machen, das heißt schneller machen, weil der Wert der Zeit relativ zum einzelnen Waren-, Kontakt- oder Optionswert immer weiter steigt. Eben das erfahren wir als Beschleunigung des Lebenstempos.

Lautet die Lösung also Entschleunigung, raus aus dem Hamsterrad? Mitnichten: Erstens ist es unmöglich, alles so zu lassen, wie es ist, und nur gemächlicher oder gelassener zu handeln. Zeit ist keine Extradimension des sozialen Lebens, so

Wofür wessen Zeit draufgeht

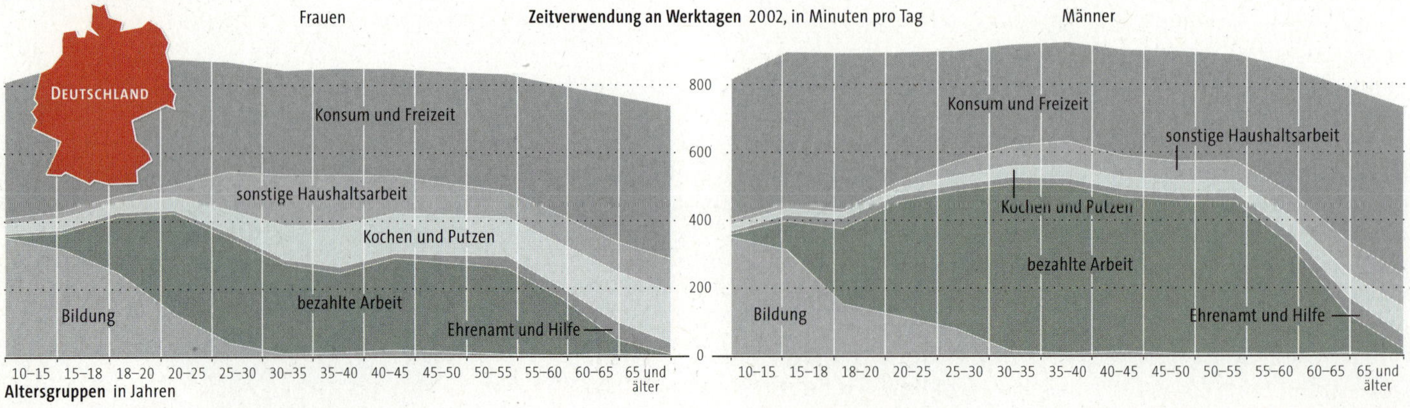

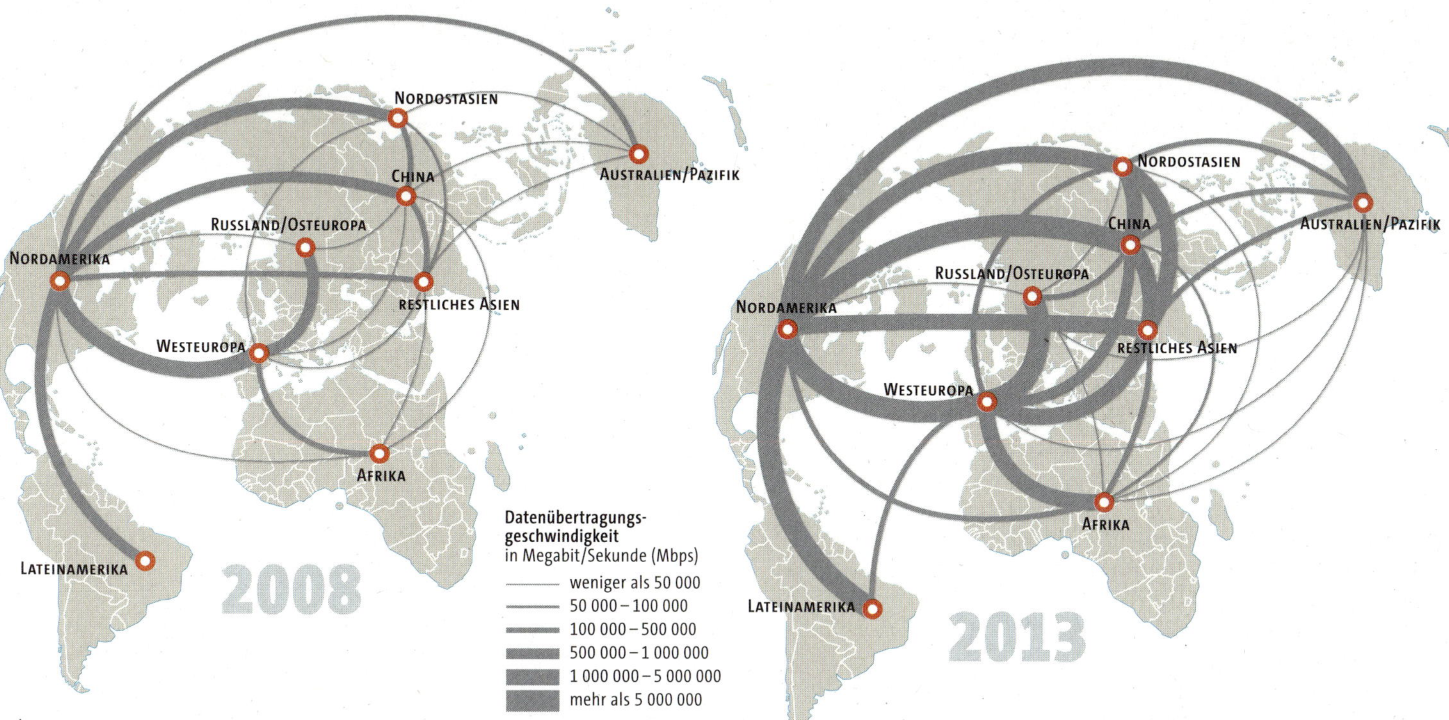

Beschleunigung im Internet

dass es eine Zeitpolitik geben könnte, wie es eine Verkehrspolitik gibt. Sie ist unauflösbar mit allen anderen Handlungsdimensionen verquickt. Wir können unser Zeitproblem nur bearbeiten, wenn wir die Wachstums- und Steigerungslogik in der Wirtschaft und in anderen Gesellschaftsbereichen angehen.

Zweitens: Entschleunigung ist kein Selbstzweck, sie ist nicht um ihrer selbst willen attraktiv. Nichts wäre gewonnen, wenn die Internetverbindungen oder die Rechnerleistungen langsamer würden, wenn die Achterbahn weniger rasant durch die Kurven führe oder der Notarzt später käme. Das aber bedeutet: Beschleunigung ist auch nicht das Problem. Sie wird erst dort kritikwürdig, wo sie das Leben schlechter macht, wo sie beispielsweise zu Entfremdung führt, weil die Subjekte sich die Welt nicht mehr anverwandeln können. Beschleunigung und Zeitknappheit belasten die Qualität unserer Weltbeziehungen: unserer Beziehung zur Natur, zu unserer Arbeit, zu unseren Mitmenschen und zu unserem eigenen Körper. Um zu beurteilen, wo das der Fall ist, kommen wir indessen um eine politische Diskussion und Neubestimmung von Lebensqualität nicht herum. Das Problem der Beschleunigung ist kein technisches und auch kein Luxusproblem. Es macht sich in allen sozialen Schichten bemerkbar, wenn auch nicht überall in der gleichen Weise. Die einen spannt es in ein erbarmungsloses Hamsterrad, die anderen werden zwangsentschleunigt. Klar ist: Es lässt sich nicht durch Steigerung lösen. Je schneller, je effizienter, je innovativer die Gesellschaft wird, umso weniger Zeit haben wir und desto stärker ist unsere Zeit von Entwertung bedroht: unten wie oben in der Sozialstruktur. Das Zeitproblem steht im Zentrum der Wachstumsproblematik.

Hartmut Rosa

Bücher *&c.*

- Jonathan Crary, *24/7. Schlaflos im Spätkapitalismus,* Berlin (Wagenbach) 2014.
- Hartmut Rosa, *Beschleunigung und Entfremdung,* Frankfurt (Suhrkamp) 2013.
- Konzeptwerk Neue Ökonomie (Hg.), *Zeitwohlstand. Wie wir anders arbeiten, nachhaltig wirtschaften und besser leben,* München (oekom) 2013, www.zeitwohlstand.info/wp-content/uploads/2012/07/Zeitwohlstand.pdf.
- Florian Opitz, »Speed«, Buch und Dokumentarfilm, 2012.

Immer schneller, immer weiter

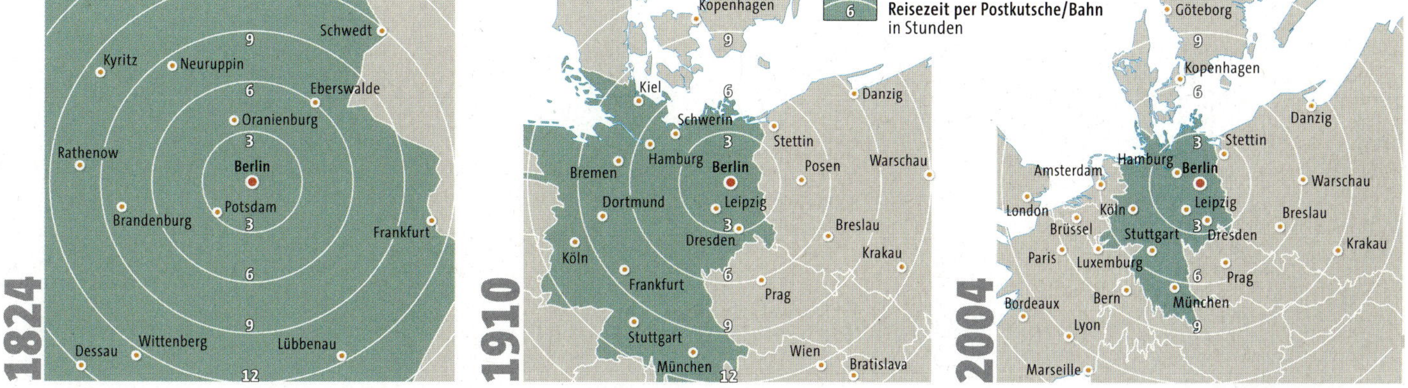

Das Erdzeitalter des Kapitals

Im Kapitalozän haben Geoingenieure das Sagen. Sie wollen die zerstörerischen Folgen des industriellen Wachstums mit der Technik bekämpfen, die die Probleme verursacht hat.

Geowissenschaftler unterscheiden die unbelebte Geosphäre (Atmosphäre, Hydrosphäre, Kryosphäre, Lithosphäre und Pedosphäre) und die belebte Biosphäre, zusammen bilden die beiden die ökologische Sphäre – und damit die natürliche Umwelt des Menschen. Dieser wiederum hat sich seine eigene Anthroposphäre mit Wirtschaft und Gesellschaft, mit Politik und Kultur geschaffen, die in der gesamten Erdgeschichte nur einen verschwindend kurzen Zeitabschnitt ausfüllt.

Vor dem Auftreten des Menschen bestimmten die Geschehnisse der Ökosphäre – Meteoriteneinschläge, Erdbeben, Sturmfluten, Sauriersterben – die Entwicklung der Erde. Das änderte sich seit Adam und Eva und ihrer Vertreibung aus dem Paradies. Seitdem üben die Geschehnisse in der Anthroposphäre einen maßgeblichen Einfluss auf die Erdgeschichte aus. Seit der Heraufkunft der Moderne ist dieser so groß, dass das neue Erdzeitalter auch als Anthropozän bezeichnet wird. Das heißt allerdings nicht, dass die Menschen die Erdsysteme unter ihrer Kontrolle hätten. Im Gegenteil, sie haben mit ihrer Technik in die Geo- und Biosphäre eingegriffen und die globale Ökonomie, die Gesellschaften und die Politik in tiefe Krisen gestürzt.

Ein genauer Zeitpunkt für den Beginn des Anthropozäns lässt sich nicht angeben, aber das neue »Menschenzeitalter« muss irgendwann zwischen der Geburt der europäischen Moderne im »langen 16. Jahrhundert« und der industriell-fossilen Revolution gegen Ende des 18. Jahrhunderts angefangen haben. In diesem relativ kurzen Zeitraum ist die Produktivität der Arbeit und mit ihr der »Wohlstand der Nationen« sprunghaft angestiegen.

Es war das Resultat der Beschleunigung aller Prozesse: in Produktion und Konsumtion, in Kommunikation und Zirkulation, vor allem im Transportwesen. Dadurch wurden Zeit und Raum erheblich verdichtet. In kürzeren Intervallen lassen sich mehr Produkte herstellen, können Dinge und Personen weiter transportiert und Informationen schneller ausgetauscht werden. Dazu bedarf es einer Technik, die neue Materialien effizient und innovativ nutzt und mithilfe starker, nämlich fossiler Antriebskräfte in Bewegung gesetzt wird.

Vor dieser Epoche waren – neben der biotischen Energie von Tieren und Menschen – Wasserkraft und Windenergie sowie das Holz der Wälder in großem Umfang als Energiequelle genutzt worden. Der Übergang von der Nutzung präfossiler Energieträger zur industriell-fossilen Revolution in der zweiten Hälfte des 18. Jahrhunderts war eine umfassende sozialökologische Transformation, deren Anfänge im 15. Jahrhundert liegen und die sich bis in die Gegenwart fortsetzt. Dieser grundlegende Wandel wurde durch »four cheaps« begünstigt: billige Arbeitskraft, billige Nahrungsmittel, billige Energie sowie billige mineralische und agrarische Ressourcen. Im Zuge dieser Entwicklung wurden Landschaften umgepflügt, Ressourcen geplündert, Ökosysteme mit unerhörter Radikalität verändert.

Es sind nicht die Menschen schlechthin, sondern die Menschen in der kapitalistischen Produktionsweise, die derart grandiose Veränderungen aller Erdsysteme bewirkt haben. Zwar haben auch ihre Vorfahren in nicht- und präkapitalistischen Gesellschaften große Veränderungen in Kultur und Agrikultur, in Politik und Wirtschaft zustande gebracht. Doch die räumliche und zeitliche Reichweite dieser Prozesse wurde erst unter kapitalistischen Verhältnissen so über alle menschlichen, gesellschaftlichen und natürlichen Maße hinaus ausgedehnt, dass auch Erdsysteme umgewälzt wurden.

Der moderne Kapitalismus ist infolgedessen mehr als eine Gesellschaftsformation, er ist eine erdsystemische Formation. Er vereinnahmt und verändert die natürliche Umwelt, die Erdsysteme und auf diese Weise auch die menschliche Existenz. Der Kapitalismus ist zum Kapitalozän geworden. Insbesondere seit der »Großen Beschleunigung« in der zweiten Hälfte des 20. Jahrhunderts ist der ökologische wie auch der ökonomische und soziale Fußabdruck des Menschen über alle Maßen angewachsen.

Spätere Erdbewohner werden die Spuren der heutigen Generationen in den Sedimentablagerungen der Erdkruste finden können, wie es der britische Geologe Zalasiewicz beschreibt: »Wenn irgendwann in der Zukunft Aliens auf die Erde kommen und sich durch die Sedimente graben, werden sie über unsere Zeit sagen: Hier geschah etwas, das die Erde radikal verändert hat.« Denn es sind nicht mehr nur die sozialen Gegensätze, sondern auch die sozialökologischen Implikationen der veränderten Erdsysteme, die Klassenkonflikte als globale Umweltkonflikte auslösen, Gesellschaften in Bewegung setzen und das Ausmaß der Einwirkung auf das Erdsystem bestimmen.

Vom Feuerball zum erschöpften Planeten

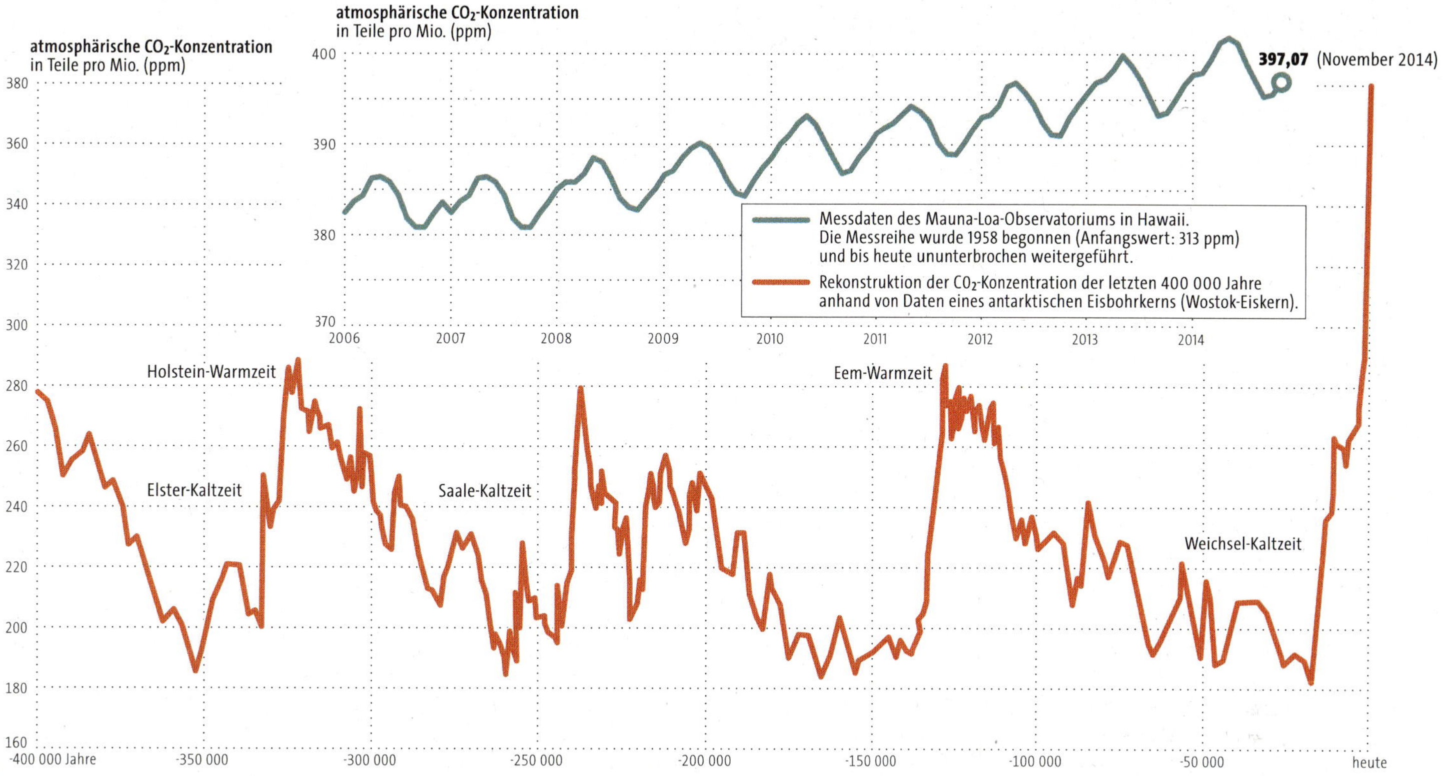

Kohlendioxid in der Erdatmosphäre

Es wäre unsinnig, den Übergang zur sesshaften Landwirtschaft im Zuge der neolithischen Revolution vor etwa 8 000 Jahren als Übergang zu einem Erdzeitalter namens Agrarozän zu bezeichnen. Die systematische Nutzung der Sonnenenergie in der sesshaften Landwirtschaft ließ die Geologie des Planeten Erde weitgehend unberührt.

Ganz anders in der zweiten prometheischen Revolution Jahrtausende später. In der industriellen Revolution wurde die Erde umgewühlt, um fossile Energieträger zu erschließen und nach Rohstoffen für die industrielle Verarbeitung zu suchen. Die durch Produktion und Konsum verursachten Emissionen haben die Sphären des Planeten und insbesondere die Atmosphäre – seine gasförmige Schutzhülle – verändert, messbar am Anstieg der Kohlendioxidmoleküle von vorindustriellen 280 ppm auf inzwischen 400 ppm.

In der industriellen Revolution wurde nicht nur die bestehende Gesellschaftsformation umgewälzt. Es veränderten sich auch die Systeme der Geosphäre, und zwar über lange Zeiträume. Zum Beispiel strahlt der heute eingelagerte Atommüll 100 000 Jahre. Wir müssen die Warnung ernst nehmen, die Menschheit habe bereits »planetary boundaries« überschritten und sei dabei, »ihren« Planeten zugrunde zu richten.

Bei vielen begrenzten Ressourcen ist der Höhepunkt der Förderung (Peak Oil, Peak everything) erreicht oder überschritten. Auch die Tragfähigkeit und Belastbarkeit der Sphären des Planeten mit den Emissionen unserer Produktionsweise sind begrenzt.

Ob wir schon an die Kipppunkte der Erdsysteme gelangt sind, erfahren wir erst, wenn wir den Ereignishorizont erreicht, also den »point of no return« hinter uns haben. Hier zeigt sich ein nicht zu behebender Defekt der europäischen Rationalität des Denkens und Handelns. Sie ist nicht holistisch, auf das Ganze bezogen, sondern lediglich partiell: darauf ausgelegt, Mittel und Zweck ins Verhältnis zu setzen. Bei der Anwendung instrumenteller Rationalität wird alles ausgeblendet, was für die Zweck-Mittel-Relation unerheblich ist oder negative Folgen hätte.

In der westlichen Moderne werden der Natur Ressourcen entnommen, ohne Rücksicht auf die Zusammenhänge, in denen einzelne Substanzen und Elemente vorkommen. Die Natur wird »in Wert gesetzt«, also in einen ökonomischen Kreislauf der Kapitalverwertung integriert. Dem Kapital externe Welten werden mehr und mehr »internalisiert«, indem nützliche Rohstoffe den Erdsphären entrissen werden. Zurück geben wir externalisierten Zivilisationsmüll zur Entsorgung in den Sphären des Planeten, ohne jede Rücksicht auf andere Menschen, andere Lebewesen und organische wie anorganische Naturzusammenhänge, deren systemische Komplexität sich allerdings geltend macht, sobald »Kipppunkte« erreicht sind, an denen sich die Qualität des Systems verändert.

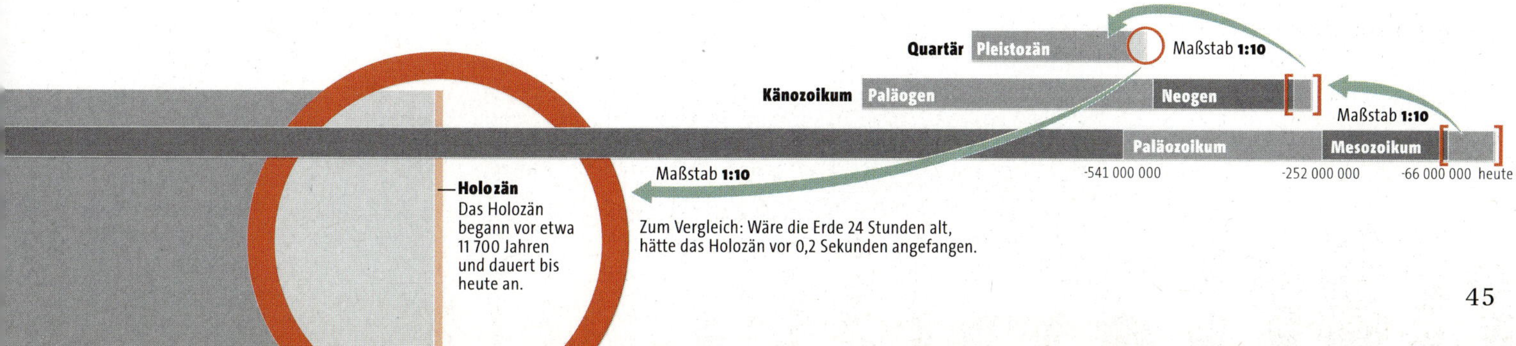

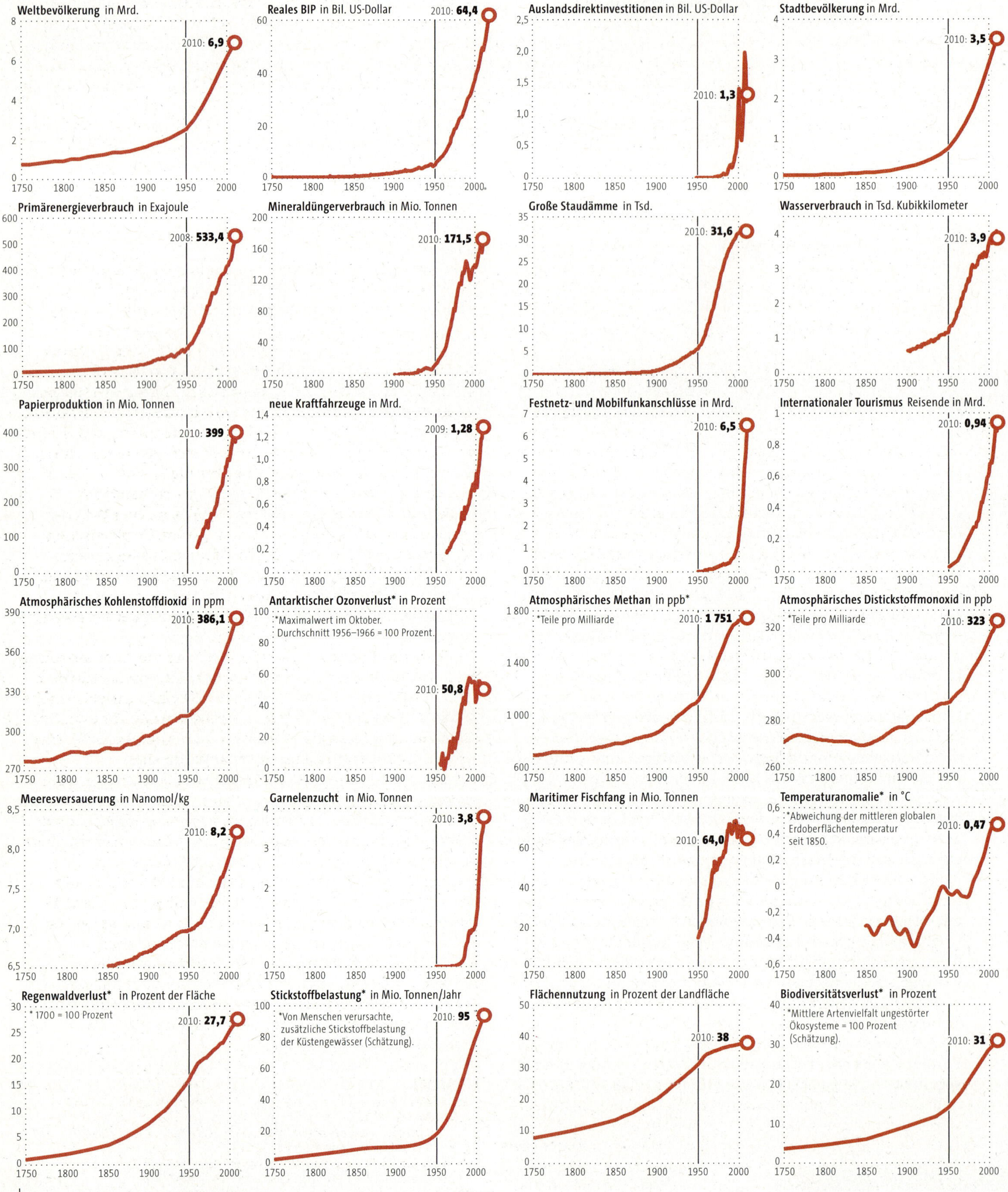

Die große Beschleunigung seit 1950

Friedrich Engels hat das ganz realistisch gesehen: »Schmeicheln wir uns [...] nicht zu sehr mit unsern menschlichen Siegen über die Natur. Für jeden solchen Sieg rächt sie sich an uns [...] so werden wir bei jedem Schritt daran erinnert, daß wir keineswegs die Natur beherrschen, [...] sondern daß wir mit Fleisch und Blut und Hirn ihr angehören und mitten in ihr stehn, und daß unsre ganze Herrschaft über sie darin besteht, im Vorzug vor allen andern Geschöpfen ihre Gesetze erkennen und richtig anwenden zu können.«

Der hier anklingende Optimismus ist uns im Kapitalozän abhandengekommen. Offensichtlich haben wir die Gesetze der Natur nicht richtig angewendet. Die kapitalistische Überformung der Natur produziert einen grundsätzlichen Widerspruch: Indem wir die Natursphäre mehr und mehr internalisieren, sorgen wir zugleich dafür, dass sie als Raum der Externalisierung von Folgen, die sich aus dem rationalen Handeln im Rahmen des kapitalistischen Wirtschaftens ergeben, nicht mehr verfügbar ist.

Bei der »begrenzten Kugelfläche« (Immanuel Kant) des Planeten Erde ist es aber unvermeidlich, dass die externe Natur zum Gegenstand gesellschaftlicher Gestaltung wird. Das begann in kleinem Maßstab bereits mit der Veredelung des Saatguts und der Domestizierung von Tieren und setzte sich fort mit der Nutzung der kinetischen Energie von Fließgewässern oder mit dem Bau von Brücken. Doch erst die kapitalistische Dynamik führte zu Naturveränderungen, die das Potenzial haben, die »planetary boundaries« zu überschreiten. Die gesellschaftliche Gestaltung des Naturverhältnisses erfordert deshalb Eingriffe in planetarischer Größenordnung.

Damit schlägt die Stunde des Geoengineering. Die westliche Zivilisation muss Reparaturkolonnen und Taskforces zusammenstellen und an allen möglichen Fronten einsetzen: im Kampf gegen den Klimawandel, gegen den Verlust der Artenvielfalt und die Verunreinigung von Biotopen; gegen die Unwirtlichkeit der Städte, gegen die Auswirkungen der globalen Wirtschafts- und Finanzkrise oder auch zum systematischen Abfangen von Daten, mit deren Kontrolle das globale Herrschaftssystem stabilisiert werden soll.

An diesem Punkt erweist sich die politische Bedeutung der Unterscheidung von Anthropozän und Kapitalozän. Im Anthropozän sind »die Menschen« in ihren mehr oder weniger entwickelten Gesellschaftsformationen die Dramatis Personae, die ihre Erdgeschichte seit der neolithischen Revolution gestaltet haben. Im Kapitalozän sind die wichtigsten Gestaltungskräfte Großkonzerne, Medienmogule, global operierende Finanzinstitute und Geheimdienste, die reguliert, kontrolliert und gegebenenfalls neutralisiert werden müssen, um die negativen Wirkungen der völlig rationalen Externalisierung auf die Erdsysteme einzudämmen. Das verlangt nach Politik, und zwar auf globaler Ebene, gegen die Sachzwänge des Kapitals.

Im Kapitalozän haben allerdings die Geoingenieure das Sagen, die versuchen, globale Probleme mit genau der Technik zu lösen, die die Probleme verursacht hat. Das zeigt sich am klarsten beim Thema Energie. Die meisten Probleme des Anthropozäns – beziehungsweise Kapitalozäns – sind entstanden, weil die Nutzenergie aus den »Bordmitteln« der Erde gefördert und die Verbrennungsrückstände »an Bord«, nämlich in der Atmosphäre, gespeichert werden, wodurch sich die Strahlenbilanz der Erde (zwischen eintreffender und reflektierter Sonnenstrahlung) verändert hat. Die kapitalistische Modernisierung durch Externalisierung gerät zwangsläufig an einen Endpunkt, der durch die Verfügbarkeit von natürlichen Ressourcen und menschlichen Arbeitskräften sowie durch die Tragfähigkeit der Sphären der Erde definiert ist.

Diese harte Grenze lässt sich nach heutigem Wissensstand auch nicht durch Geoengineering aufweichen. Weder die Beeinflussung der Sonneneinstrahlung (Solar Radiation Management, SRM) noch die CO_2-Abscheidung und -Speicherung (Carbon capture and storage, CCS) sind technisch tatsächlich machbar, geschweige denn politisch und ethisch verantwortbar.

Geoingenieure sind zum holistischen Denken nicht qualifiziert. Zum Beispiel wollen sie die Folgen der ersten Externalisierung, nämlich die Treibhausgasemissionen in die Atmosphäre, mit einer zweiten Externalisierung bekämpfen, indem sie die Sonne verdunkeln, um die solare Wärmeeinstrahlung zu reduzieren. Damit treiben sie die Methode des fossilen Zeitalters, sich vom Energiesystem der Sonne weitgehend abzukoppeln und stattdessen überwiegend (heute zu etwa 80 Prozent) die fossilen Energieträger Kohle, Öl und Gas zur Erzeugung von Arbeitsenergie zu nutzen, durch Verdunkelung der Sonne auf eine absurde Spitze.

Geoengineering ist keine Lösung der Probleme des Kapitalozäns, zumal ein weiteres Problem aus der Welt des globalen Kapitalismus hinzukommt: Bevor die physischen Grenzen erreicht sind, werden die »four cheaps« zur Neige gehen, die für die kapitalistische Dynamik der vergangenen Jahrhunderte so entscheidend waren. Die Ressourcen werden teurer und die Kosten der Entsorgung der Emissionen steigen.

In dieser Situation wird die Erörterung von Alternativen zu einer unabweisbaren Notwendigkeit. Die Alternative zu dem einen »großen Ja« all derer, die an der Produktionsweise nichts ändern wollen und Geoengineering als Rettung aus dem selbst verschuldeten Desaster propagieren, sind viele »kleine Jas«, sprich viele und kleine alternative Projekte.

Die Vorteile liegen auf der Hand: Wenn ein Projekt klein genug ist, gerät es nicht in eine »Pfadabhängigkeit«. Man kann eine andere Richtung einschlagen, wenn sich der Pfad als zu holprig oder irreführend erweist. Man ist auch nicht »too big to fail« und zieht nicht viele andere mit in den selbst produzierten Schlamassel. Dezentral heißt: Man kann auf vielen Wegen nach Rom gelangen. Aber all die Gruppen, die sich auf den Weg machen, werden sich an gemeinsame Leitplanken halten, die sie davor schützen, die »planetary boundaries« zu überschreiten. Und sie können in demokratischer Willensbildung beschließen, sich mit anderen Politikansätzen etwa zur Arbeitszeitverkürzung oder zum garantierten Grundeinkommen zu verbinden.

Elmar Altvater

Bücher ***&c.***

- Diedrich Diederichsen und Anselm Franke (Hg.), *The Whole Earth. Kalifornien und das Verschwinden des Außen*, Berlin (Sternberg Press) 2013.
- Christian Schwägerl, *Menschenzeit. Zerstören oder gestalten? Wie wir heute die Welt von morgen erschaffen*, München (Goldmann) 2010.
- »Tschernobyl: Alles über die größte Atomkatastrophe der Welt«, Regie: Thomas Johnson, Frankreich, 2006.
- Elisabeth Kolbert, *Das sechste Sterben. Wie der Mensch Naturgeschichte schreibt*, Berlin (Suhrkamp) 2015.

Ein neuer Gesellschaftsvertrag für den grünen Kapitalismus

Ökologie und soziale Frage gehören zusammen

In Anlehnung an den New Deal, der die Weltwirtschaft aus der tiefen Depression der 1930er Jahre hinausführte, wird heute vielfach ein Green New Deal zur wirtschaftlichen Belebung vorgeschlagen. Anfang der 2000er Jahre begannen bekanntlich die Wachstumsraten in der »Realwirtschaft« deutlich abzunehmen; die Folge war eine Flucht des Kapitals in langfristig ungedeckte Finanzprodukte. Sichtbar wurde das mit der 2008 ausgebrochenen und seither schwelenden globalen Finanzkrise. Gleichzeitig rücken die Phänomene einer globalen ökologischen Krise zunehmend ins Bewusstsein, insbesondere die absehbare Ressourcen- und Energieknappheit sowie der Klimawandel und die weiter steigenden Treibhausgasemissionen. Mit dem Green New Deal soll gleichzeitig auf die wirtschaftliche und ökologische Krise reagiert werden.

Sein Grundprinzip besteht darin, mit einer erhöhten Nachfrage nach grünen Technologien und Produkten für neues Wachstum zu sorgen. Vor allem in den Schlüsselsektoren Energie, Verkehr, Gebäude und Grundstoffe soll ein historisch beispielloser Innovations- und Investitionsschub angestoßen werden. Wie in dem historischen Vorläufer des New Deal, von US-Präsident Roosevelt in den 1930er Jahren begonnen und nach dem Ende des Zweiten Weltkriegs auf globaler Ebene weiterentwickelt, besteht auch heute wieder die Idee darin, eine Krise der kapitalistischen Ökonomie durch verstärkte Investitionen und regulierende Eingriffe zu lösen. Der Staat soll in ökologische Infrastruktur investieren und die Rahmenbedingungen für einen wachsenden Markt an grünen Produkten und Dienstleistungen schaffen. Als Kernelement gilt die grüne Steuerreform, welche die menschliche Arbeit geringer, den Verbrauch von Ressourcen aber stärker besteuert. Anreize zum grünen Investment sollen zudem durch gezielte Subventionen gegeben werden. Hinzu kommen gesetzliche Vorschriften für den Maximalverbrauch von Energie und Ressourcen (wie etwa die Verschärfung der zulässigen Heizenergieverbräuche pro Quadratmeter Wohnfläche, der CO_2-Emissionen pro Kilometer Fahrleistung et cetera). Als weiteres Steuerungsinstrument wird eine Top-Runner-Regelung vorgeschlagen, nach der alle Hersteller beim Energieverbrauch ihrer Produkte innerhalb von drei Jahren den Standard des Besten ihrer Branche erreicht haben müssen.

Bei dem historischen »New Deal« investierte der Staat in großem Rahmen in Infrastruktur, etwa in Eisenbahnen und Bildung. Er griff regulierend in das Marktgeschehen ein: Forderungen der Arbeiterbewegung nach Schutzrechten, angemessenen Löhnen und sozialer Sicherung wurden institutionell abgesichert, finanziert durch eine Erhöhung der Steuern für Unternehmen und Wohlhabende. So entstand eine Wachstumskoalition zwischen Kapitaleignern und Lohnabhängigen: Von den staatlich initiierten Aufträgen für gesellschaftlich sinnvolle Produkte profitierten beide. Möglich wurde dieser Deal durch einen konjunkturstabilisierenden Eingriff des Staates in die Wirtschaft nach den Ideen von John Maynard Keynes. Rückblickend lässt sich feststellen, dass das kapitalistische Wirtschaftssystem nur durch diesen neuen »Gesellschaftsvertrag« seine strukturellen Probleme der Kapitalverwertung überwinden konnte.

Heute ist entweder der Umweltverbrauch zu hoch oder der Wohlstand zu niedrig

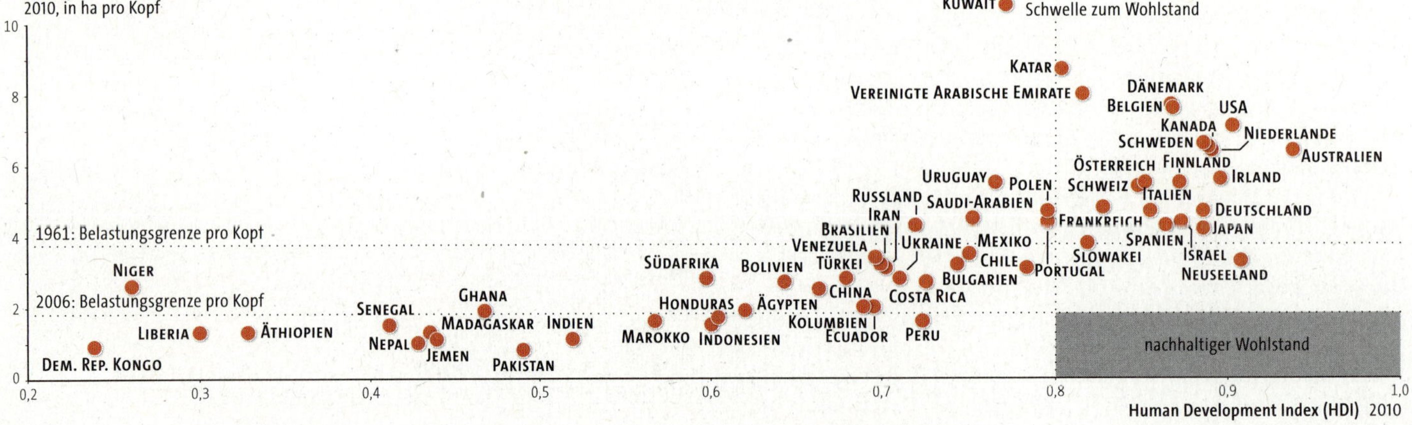

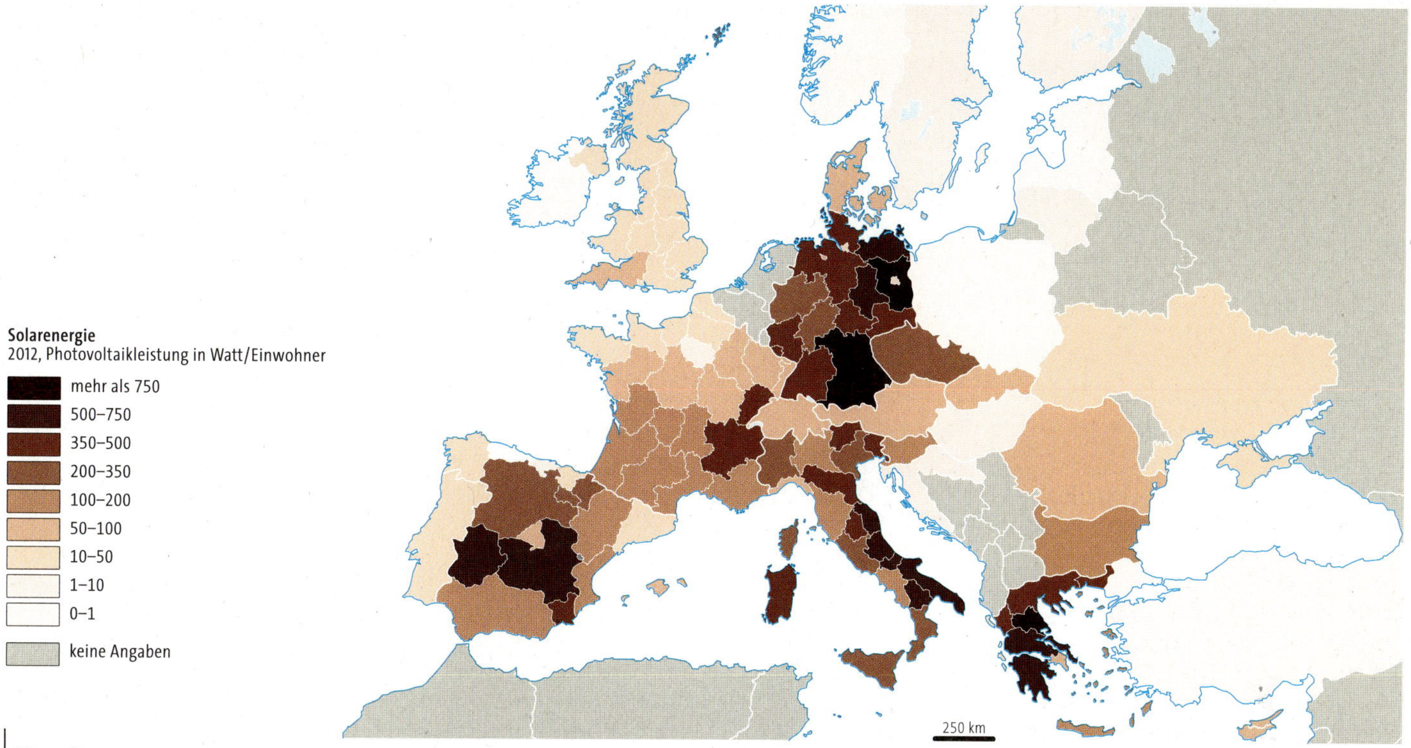

Wer die Sonne nutzt

Mit dem Green New Deal soll dieser welthistorische Vorgang der Transformation der kapitalistischen Wirtschaft aktualisiert werden: War im New Deal die Verbesserung der sozialen Infrastruktur der treibende Faktor, so steht im Zentrum des Green New Deal eine Verbesserung der ökologischen Infrastruktur – ökologischer Fortschritt.

Die Strategie, die grüne Wirtschaftskritik zu einem Jungbrunnen der kriselnden Weltökonomie umzumünzen, entstammt ursprünglich »grünen« Thinktanks sowie den Umweltorganisationen der UN. Aufschwung nahm sie Ende 2008 mit der manifest werdenden globalen Finanzkrise. Investitionen in grüne Technologien wurden nun als Investment mit sicheren Renditen und als Alternative zum unsicheren Spekulieren auf den Finanzmärkten beworben.

Inzwischen stößt diese neue Leitidee wirtschaftlicher Entwicklung in weiten Teilen der Gesellschaft auf Zustimmung. Als »Green New Deal« wird sie zwar explizit nur von den grünen Parteien und ihr nahestehenden NGOs proklamiert. Die Strategie einer wachstumsfördernden »green economy« findet sich aber in den Programmen fast aller politischen Richtungen – bei großen Teilen der Linken bis zu christlich-konservativen Parteien, mit Ausnahme rein wirtschaftsliberaler sowie rechtspopulistischer Gruppierungen. Unterschiede bestehen allenfalls in der Frage der Gewichtung öffentlicher und privater Investitionen.

Zentrale (Zukunfts-)Projekte sollen das »greening« der deutschen Industrie ermöglichen: Ein »intelligentes Stromnetz« (smart grid) mit Hochleistungsübertragungsleitungen speichert und verteilt den im Rahmen der Energiewende unregelmäßig erzeugten Strom aus erneuerbaren Quellen: Angebot und Nachfrage sollen effektiv ausbalanciert werden. Der Durchbruch zur Massenproduktion bei Elektrofahrzeugen

Noch sind Sonne und Wind nur die Spitzen

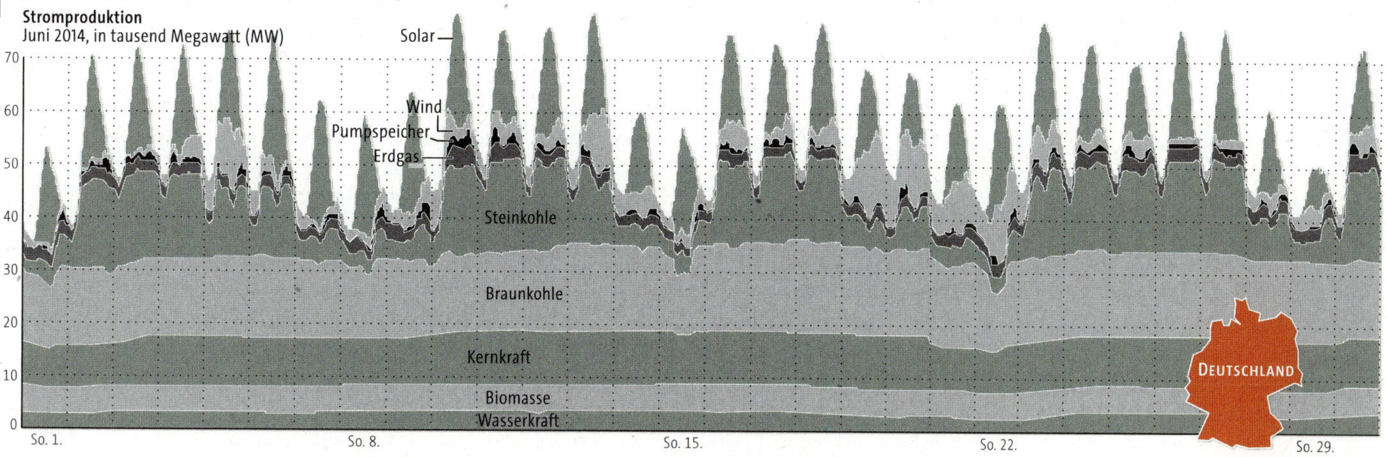

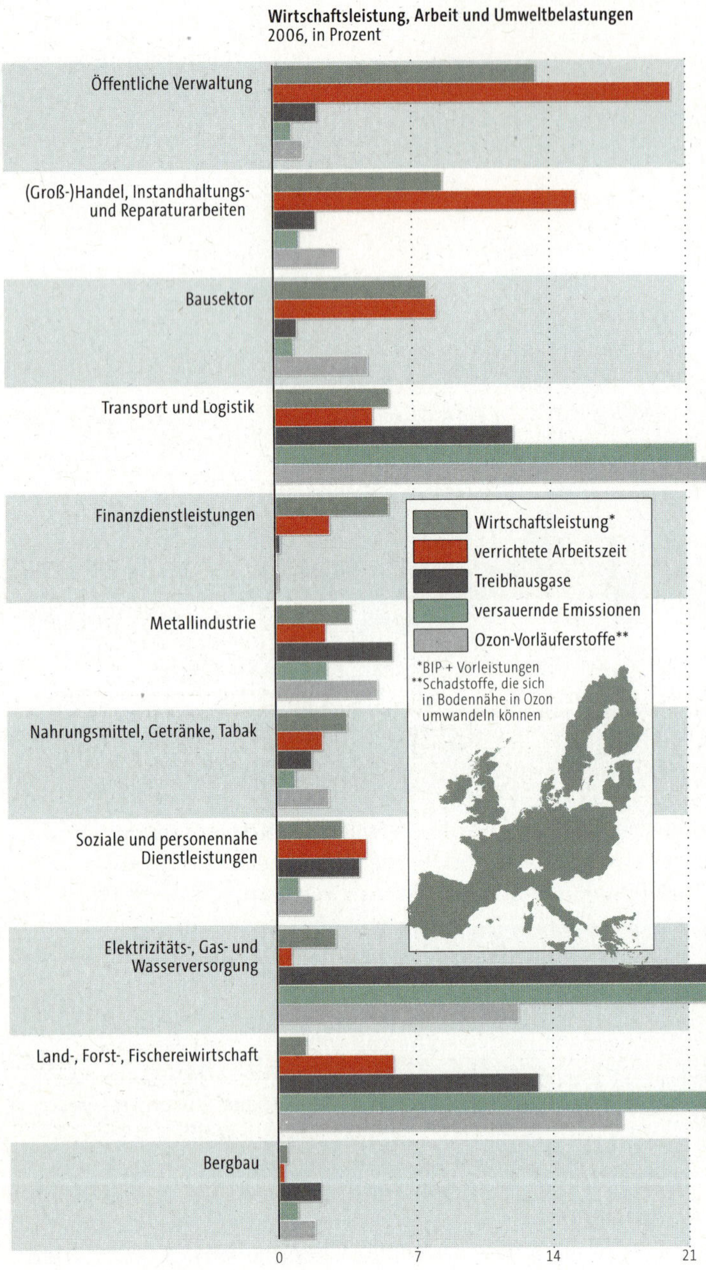

Nutzen und Schaden der Wirtschaft

stabilisiert die Autoindustrie, zudem wird massiv in öffentliche Verkehrssysteme investiert. Die Förderung kompakterer Siedlungsstrukturen macht umweltfreundlichere Fortbewegungsarten wie Radfahren und Laufen attraktiver. In der Grundstoffindustrie, etwa bei Stahl, Aluminium und Papier, wird die »Sekundärproduktion«, das Recycling, vorangebracht. Auch seltene Metalle wie Tantal oder Coltan, bei denen absehbar ein globaler Engpass droht, werden zunehmend über »urban mining« gewonnen. Energetische Gebäudesanierung mit neuen Technologien der Wärmedämmung und -erzeugung sowie der Neubau von Passivhäusern mit solarer Architektur, intelligenten Fassaden et cetera sorgen für kontinuierliche Aufträge der Bauwirtschaft.

Doch das grüne Wachstum soll sich keineswegs auf diese Sektoren beschränken. Sämtliche Herstellungsverfahren und Produkte sind potenzieller Bestandteil eines »grünen Wirtschaftswunders«. Da mit den neuen Technologien weniger Umwelt verbraucht und geschädigt würde, erzeuge, so die Annahme, das neue Wachstum ökologischen Fortschritt. Die dem Green New Deal zugrundeliegende Hoffnung ist also die einer Entkopplung von Wachstum und Umweltverbrauch. Dafür muss die Ressourcenproduktivität – die ökonomische Wertschöpfung pro Quantum Ressourcenentnahme (BIP / t Rohmaterialentnahme) oder pro Quantum Naturbelastung (BIP / ha ökologischem Fußabdruck) – schneller steigen als das Wachstum.

Als volkswirtschaftlicher Vorteil wird zudem angeführt, dass sich die Importabhängigkeit der nördlichen Volkswirtschaften von knapper werdenden Energieressourcen und Rohstoffen verringern würde – ein wichtiger Punkt auch angesichts unsicherer politischer Verhältnisse in den arabischen, afrikanischen und mittelasiatischen Ländern.

Dem Green New Deal liegt außerdem eine Vorstellung sozialen Fortschritts zugrunde. Er ist mehr als eine »green economy« dank technisch-ökologischer Alternativen. Das soziale Angebot, eben der »Deal«, besteht in der Schaffung von neuen Arbeitsplätzen und dem dazugehörigen Empowerment, der Qualifizierung und der Entwicklung des »Humankapitals« der Arbeitnehmer, die aus den Altindustrien herausgedrängt wurden oder werden. Höhere Bildungsausgaben und -chancen – die notwendig werden, weil die neuen grünen Arbeitsplätze weit höhere Qualifikationen als die alten massenindustriellen Fertigungslinien erfordern – sollen die vom Ausschluss Bedrohten wieder in die (Arbeits-)Gesellschaft integrieren.

Die Verteilungsfrage hingegen wird von vielen Protagonisten des Green New Deal als weitgehend gelöst betrachtet – durch den historisch längst vollzogenen New Deal, der Wohlstand für alle brachte. Da es heute keine »richtige« Armut mehr gebe, wird auch die Bepreisung von schädlicher Umweltnutzung (von CO_2-Emissionen, Luft- und Wasserverschmutzung, Rohstoffverbräuchen et cetera) als akzeptable Strategie der ökologischen Steuerung betrachtet: Der dadurch zu erwartende, ja sogar erwünschte Anstieg der Preise für Wohnen, Mobilität und viele andere Konsumgüter wird angesichts der Aufstiegsmöglichkeiten durch grüne Jobs nicht als soziales Problem – als Verschärfung ökonomischer Ungleichheit – gesehen, zumal durch den Innovationsschub bald günstigere umweltschonende Alternativen (gedämmte Wohnungen, verbesserter öffentlicher Verkehr oder effizientere Kühlgeräte) zur Verfügung stehen werden. Allenfalls besonders belastete ärmere Schichten sollen in bestimmten Fällen finanziellen Ausgleich erhalten, etwa für steigende Heizkosten.

Die Praxis des Green New Deal hat längst begonnen: Ein typisches Beispiel ist das Erneuerbare-Energien-Gesetz (EEG) in Deutschland. Es garantiert Betreibern von Anlagen zur Stromerzeugung aus erneuerbaren Quellen den Anschluss ans Netz und eine garantierte Einspeisevergütung. Es reguliert und subventioniert den Markt. Eine breite gesellschaftliche Koalition stützt das EEG nicht nur als ökologischen Fortschritt, sondern als Instrument zur Schaffung von Arbeitsplätzen. Die dadurch entstehenden höheren Strompreise gelten als ein vernachlässigbares Problem (oder als Propaganda der Altindustrie). Inzwischen haben etliche EU-Länder das deutsche EEG in abgewandelter Form übernommen.

Viele Regierungen in Europa haben Fahrpläne für die Forcierung technischer Maßnahmen zum Klimaschutz beschlossen und begründen diese stets auch mit der Schaffung von Arbeitsplätzen. Die Europäische Kommission setzt mit »Energie 2020. Eine Strategie für wettbewerbsfähige, nachhaltige und sichere Energie« auf neue grüne Arbeitsplätze und eine geringere Importabhängigkeit. Auch aus der Wirtschaft kommt von »oben« und »unten« Zustimmung: Zahlreiche Unternehmerverbände ebenso wie Gewerkschaften drängen auf die schnellere Umsetzung »grüner« Förderprogramme und gesetzlicher Regulierungen, etwa für die energetische Gebäudesanierung. Sie hoffen auf neue Gewinnmöglichkeiten beziehungsweise neue Arbeitsplätze. Die Unternehmen wünschen sich zudem Investitionssicherheit durch langfristig angelegte und durch den Green-New-Deal-Konsens politisch stabilisierte Programme ökologischer Regulierungen wie beispielsweise Fahrpläne für sinkende Emissionen. Branchenverbände stellen sich allerdings häufig gegen Regulierungsvorhaben, wenn sie dadurch ihre Marktanteile gefährdet sehen – das zeigt sich etwa beim Widerstand der Autoindustrie gegen CO_2-Grenzwerte für Neuwagen.

Getragen wird der Green New Deal wesentlich von gebildeten und wohlhabenden Bevölkerungsschichten der »neuen Mitte«. Sie legen Wert darauf, dass sich mit den neuen Möglichkeiten für ethisches Investment Ökologie und Ökonomie versöhnen lassen. Prototypisch dafür ist die »Bürgerenergiewende« in Deutschland, bei der sich Bürger vor Ort planerisch und finanziell an Energieprojekten beteiligen können.

Während die vorherrschende Variante des Green New Deal kaum sozialpolitische Komponenten enthält, fließen Forderungen wie Arbeitszeitverkürzung, Mindestlöhne, »gute Arbeit«, erhöhte Grundsicherung und so weiter elementar in Konzepte eines sozialen Green New Deal ein. Gewerkschaftliche und linkssozialdemokratische Vorschläge betonen zudem, erst eine Umverteilung von Arbeit und Einkommen könne den Knoten im Investitionsstau lösen, da dadurch die schwächelnde Binnennachfrage in den exportorientierten Industrieländern angeregt wird. Finanziert werden soll dies durch höhere Steuern für Wohlhabende und Unternehmen. Damit ähneln diese Vorschläge für einen sozialen Green New Deal stark dessen historischem Vorläufer. Auch in Roosevelts New Deal wurden Steuern erhöht, um Investitionen zu finanzieren. Höhere Löhne trugen zur Steigerung der Binnennachfrage bei. Gemeinsam ist dem Green New Deal und seiner sozialen Variante also die Zuversicht, dass Wachstum sowohl die Wirtschafts- als auch die ökologische Krise lösen werde.

Es gibt aber auch wachstums- und konsumkritische Varianten eines sozialen Green New Deal. Diese beinhalten eine Umverteilung, um Statuskonsum zu verringern. Mehr Gleichheit gilt dort als Voraussetzung des guten Lebens. Zudem wird angezweifelt, dass Wachstum und Umweltverbrauch auf Dauer entkoppelt werden können. So werde sich der notwendige Rückbau des fossilen Ressourcenverbrauchs um 80 bis 90 Prozent (bis zum Jahr 2050) kaum mit einer Verdoppelung des Bruttoinlandsprodukts vereinbaren lassen, heißt es in der Studie des Wuppertal-Instituts »Zukunftsfähiges Deutschland in einer globalisierten Welt.« Im Rahmen eines »neuen Gesellschaftsvertrags« müssten die Bürger einen Teil ihrer »Kapital- und Komfortmacht an die Natur und die Schlechtergestellten auf dem Globus« abtreten, so die Forderung. Diese Umverteilung sichere im Gegenzug allen Bürgern ein gedeihliches Leben in einer lebenswerten Umwelt, ohne auf ständiges Wachstum angewiesen zu sein.

Ulrich Schachtschneider

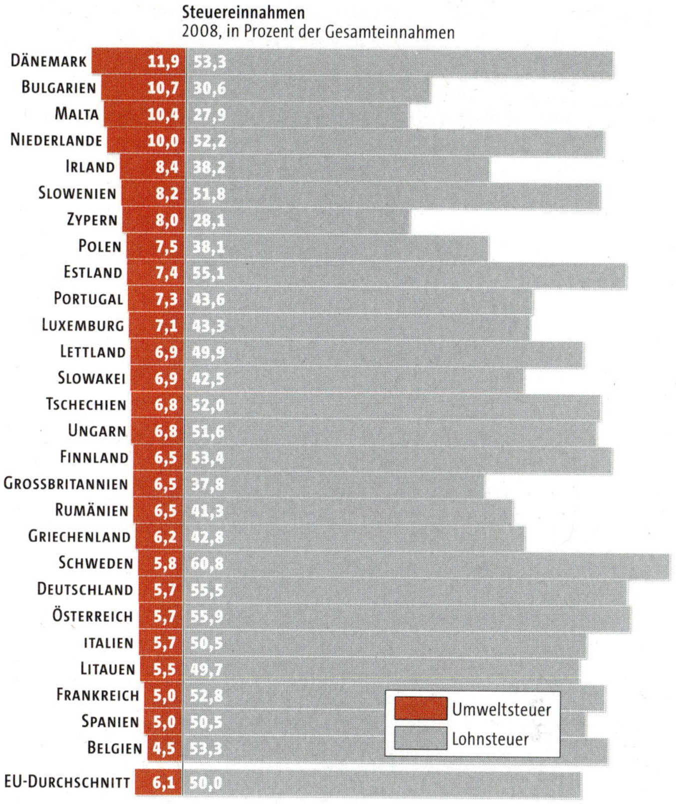

Ungleiche Steuern auf Arbeit und Umweltverbrauch

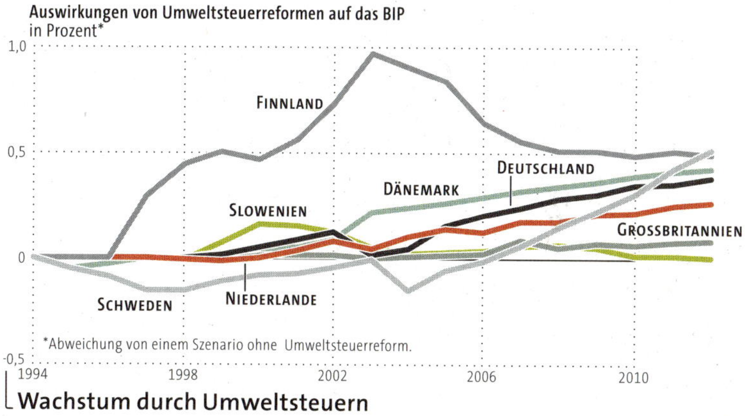

Wachstum durch Umweltsteuern

Bücher &c.

- Mario Candeias, »Szenarien grüner Transformation«, in: Michael Brie, Mario Candeias (Hg.), *Transformation im Kapitalismus und darüber hinaus. Beiträge zur ersten Transformationskonferenz*, RLS Papers, 2012.
- Die Grünen im Europäischen Parlament, *Der grüne New Deal. Klimaschutz, neue Arbeit und sozialer Ausgleich*, 2010.
- http://greennewdeal.eu/de/gruene-wirtschaft/publikationen/2011/der-gruene-new-deal-klimaschutz-neue-arbeit-und-sozialer-ausgleich.html.
- Heinrich-Böll-Stiftung (Hg.), *Auf dem Weg zu einem Green New Deal. Die Klima- und Wirtschaftskrise als transatlantische Herausforderung*, Berlin 2009.

Die Illusion vom sauberen Wachstum

Der Green New Deal verspricht eine grüne industrielle Revolution, an der sozialen Ungleichheit und der Ausbeutung der Natur im globalen Süden will er nichts ändern

Seit im Jahr 2007 die globale Wirtschafts- und Finanzkrise begann, wird wieder mehr von einem Green New Deal gesprochen. Über das Konzept einer ökologischen Wende des Kapitalismus war bereits mehr als 20 Jahre zuvor innerhalb der Grünen und der Sozialdemokratie debattiert worden – allerdings waren die damaligen Vorschläge, anders als die heutigen, dezidiert wachstumskritisch. Den Kern bildete eine progressive Arbeitszeitpolitik, die nicht nur die aufgeklärten Mittelschichten, sondern auch die Gewerkschaften und andere Bevölkerungsteile überzeugen sollte. Diese Position vertritt derzeit nur eine Minderheit.

Die jüngeren Ansätze für einen Green New Deal – oder eine Green Economy – stoßen deshalb bei sozialen Bewegungen, kritischen NGOs und Intellektuellen auf große Skepsis. Zum einen gilt als zweifelhaft, ob sich über die Innovationskraft kapitalistischer Unternehmen und deren Technologien tatsächlich eine »grüne industrielle Revolution« herbeiführen lässt. Schließlich stellt der Green New Deal das Wachstum prinzipiell nicht infrage, im Gegenteil, kapitalistisch getriebenes Wachstum wird explizit befürwortet. Ausgeblendet bleibt, dass die Prioritäten in einer Wachstumsgesellschaft anders gesetzt sind: Profite werden zentralisiert, und in der kapitalistischen Konkurrenz obsiegen meist gerade die Strategien, die nicht nachhaltig sind.

Kritisiert wird außerdem, dass die wachstumsorientierten Konzepte des Green New Deal von einer möglichen Entkopplung zwischen Wirtschaftswachstum und Ressourcenverbrauch ausgehen. Einschlägige Studien zeigen jedoch ein anderes Bild. Eine solche Entkopplung geht, wenn sie denn überhaupt stattfindet, meist mit einer Verlagerung der *dirty industries* in andere Weltregionen einher. Die Ausbeutung der Natur in anderen Teilen der Welt sowie die Leistung billiger Arbeitskräfte sichern die »imperiale Lebensweise« insbesondere der Ober- und Mittelschichten, und mit Abstufungen auch weiterer Bevölkerungsteile, in den reichen Ländern des globalen Nordens ab. Sie haben sich an eine Produktions- und Lebensweise gewöhnt, die über die kapitalistischen Marktmechanismen ganz selbstverständlich und im weltweiten Vergleich überproportional auf Ressourcen und Arbeitskräfte zugreift.

Zweitens setzen die Green-New-Deal-Konzepte darauf, dass die Politik die Bedingungen für den Umbau schafft. In der aktuellen Krise zeigt sich jedoch, wie eng die politischen Spielräume unter neoliberalen Bedingungen sind. Wettbewerbsfähigkeit und Machterhalt der Eliten haben weiterhin Priorität, und die Staaten haben sich, statt ihre Fixierung auf Konkurrenz und Wachstum zu überdenken, zu Vollstreckern des Neoliberalismus gemacht.

Drittens ist das Projekt des Green New Deal so formuliert, dass es die gebildeten, grünennahen, liberal eingestellten Mittelschichten anspricht. Verteilungsfragen werden je nach Ansatz unterschiedlich gewichtet. Allerdings wird als gegeben angenommen, dass grünes Wachstum eine ökologische, soziale und wirtschaftliche Win-win-Situation hervorruft. Übergangen wird dabei, dass die ökologische Modernisierung des Kapitalismus bislang nur selektiv – in einigen Ländern und manchen Branchen – angegangen wird. Politische und ökonomische Machtverhältnisse, die auf gesellschaftlicher Ungerechtigkeit beruhen, werden nicht infrage gestellt.

Viertens bietet der Green New Deal keinerlei Alternative zu einer Moderne, deren Basis die Naturausbeutung ist. Gewiss, die Ausbeutung soll in Zukunft ökologisch sein. Weil aber damit gleichzeitig Geld verdient werden muss, verkommt Natur zum reinen »Naturkapital«, wie sich zum Beispiel am EU-Emissionshandel zeigt. Der bringt zwar gute Erträge, aber die Emissionen sinken nicht, jedenfalls nicht genug. Denn hier soll der Teufel mit dem Beelzebub ausgetrieben werden: Die Instrumentalisierung der Natur – als bloßer Lieferant von Ressourcen – bleibt nicht nur bestehen, sondern wird auf die Spitze getrieben.

Fünftens reden die Verfechter eines Green New Deal gern davon, dass die Menschen in den Schwellenländern Wirtschaftswachstum anstreben. Doch wo genau wächst die Wirtschaft denn, wenn Menschen von ihrem Land vertrieben werden, damit dort Palmöl, Zuckerrohr – unter anderem für vermeintlich saubere Agrartreibstoffe – für den Weltmarkt angebaut werden können? Wenn dort Bergbaukonzerne Gold schürfen für die Vermögenden oder die Tresore der Zentralbanken dieser Welt? Das bringt den Unternehmen zwar satte Gewinne und den Regierungen prozentuale Beteiligungen für die vergebenen Konzessionen – die Naturzerstörung findet

Überall mehr Handys als Klos

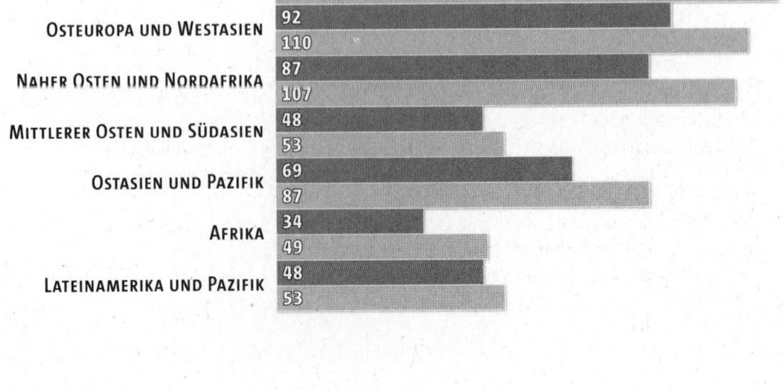

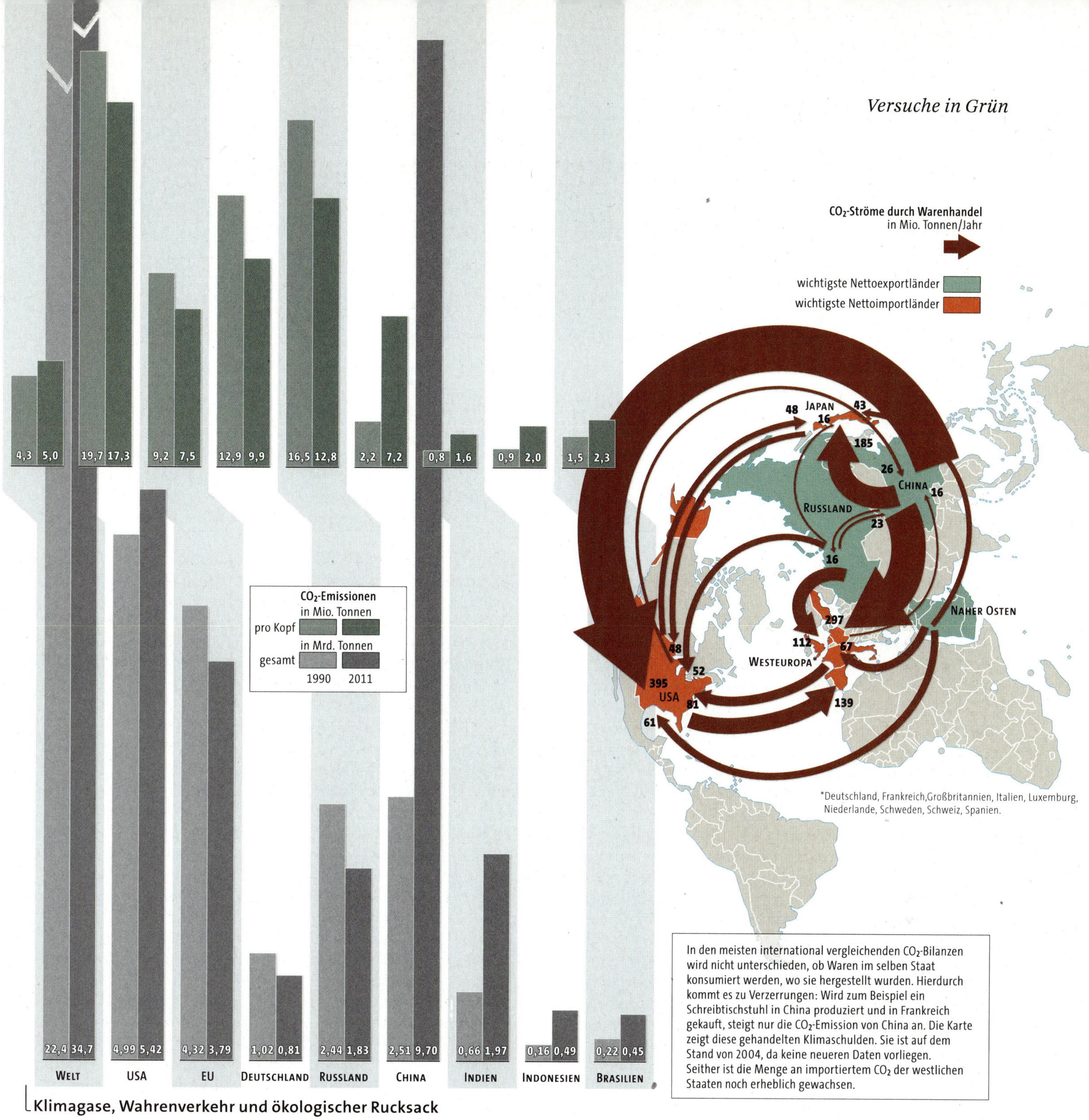

Klimagase, Wahrenverkehr und ökologischer Rucksack

aber in den betroffenen Regionen statt. Das wirft eine Frage auf, die nicht nur für die Schwellen-, sondern auch für die Industrieländer von Interesse ist: Wer bestimmt eigentlich die Richtung, in der sich etwa der europäische oder chinesische Kapitalismus entwickelt? Auch dazu stellen die Strategen des Green New Deal keine Überlegungen an.

Der Green New Deal bleibt also politisch zahm. Er hinterfragt weder die soziale Ungleichheit noch die zerstörerischen Seiten des Kapitalismus. Die herrschenden Eliten sollen nicht verschreckt werden. Hinter diesem Ansatz verbirgt sich allenfalls ein liberales Modernisierungsprojekt, das keine sozialökologische Transformation vorantreibt, die Konfrontation mit den Mächtigen vermeidet und gewohnte Produktions- und Lebensweisen nicht antastet. Die progressiven Elemente, die es im Green New Deal durchaus auch gibt, bleiben angesichts der kapitalistischen Imperative der Profitmaximierung und Ausbeutung der Natur ohne Wirkung.

Ulrich Brand

Bücher &c.

- Ulrich Brand, Bettina Lösch, Benjamin Opratko und Stefan Thimmel (Hg.), *ABC der Alternativen 2.0*, Hamburg (VSA) 2012. Siehe etwa die Stichwörter Buen Vivir, Dekommodifizierung, Klimagerechtigkeit, Nachhaltigkeit, Post-Extraktivismus, sozialökologische Transformation oder Wachstumskritik.
- Ulrich Brand, *Schöne Grüne Welt. Über die Mythen der Green Economy*, Berlin (luxemburg argumente) 2013. Auf Deutsch, Englisch, Französisch erschienen.
- Hans Thie, *Rotes Grün. Pioniere und Prinzipien einer ökologischen Gesellschaft*, Hamburg (VSA) 2013.

Projekt Energiewende

Deutschland war der Vorreiter, heute wird weltweit in den Ausbau der Erneuerbaren investiert – von Uruguay bis China

The Energiewende« schreibt die *New York Times,* wenn sie über deutsche Energiepolitik berichtet. Dass ein deutscher Begriff unübersetzt ins Englische und Amerikanische übernommen wird, kommt nur bei ganz großen, emotionalen Themen vor wie »The Waldsterben« oder »German Angst«. Und die Energiewende ist ohne Zweifel ein großes, ein gewaltiges Thema. Der US-Kapitalismuskritiker Jeremy Riffkin bezeichnet sie sogar als »Beginn der dritten industriellen Revolution«, während hierzulande fast täglich vom »wichtigsten Zukunftsprojekt Deutschlands« gesprochen wird. Auf jeden Fall ist der nach der dreifachen Fukushima-Kernschmelze beschlossene radikale Umbau unseres Energiesystems mit dem Ausstieg aus der Atomkraft und dem weiteren Ausbau der erneuerbaren Energien ein historisch einmaliges Vorhaben. Dass eine solch fundamentale Richtungsänderung auch noch von einer Allparteienkoalition getragen wurde und bis heute in Meinungsumfragen breite Zustimmung erhält, ist ebenso ungewöhnlich.

Eigentlich hatte die Energiewende viel früher begonnen. Im Februar 2000 verabschiedete der Bundestag das inzwischen von 71 Ländern kopierte Erneuerbare-Energien-Gesetz. Damit räumte er Sonne, Wind und Co. Vorfahrt im Stromnetz ein und garantierte eine auskömmliche Vergütung für den eingespeisten Ökostrom. 15 Jahre später liefern die Erneuerbaren 27 Prozent des deutschen Elektrizitätsbedarfs, sie produzieren so viel Strom, wie ganz Schweden verbraucht. Bis 2050 sollen sie mindestens 80 Prozent unserer Stromversorgung sichern. Wer erinnert sich noch an die Zeitungsanzeigen der Stromkonzerne aus den 1990er Jahren? O-Ton: »Energien wie Sonne, Wasser oder Wind können auch langfristig niemals mehr als 4 Prozent unseres Strombedarfs decken.« Die Energiedinos, die hinter diesen Anzeigen standen, produzieren heute Milliardenverluste und kämpfen ums nackte Überleben – viel Masse, wenig Hirn.

Das Vertrauen der Geldgeber wächst

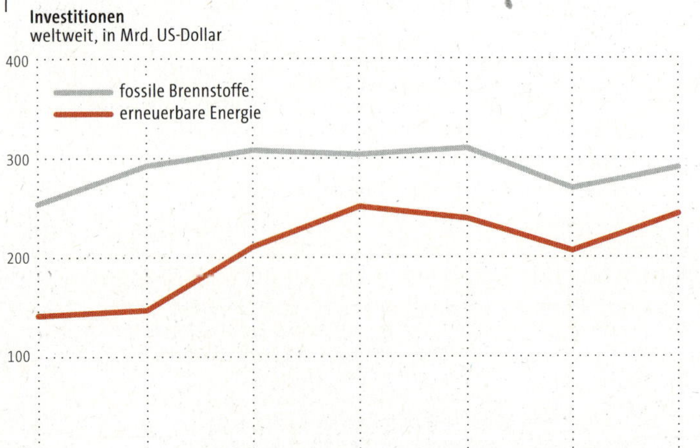

Die deutsche Energiewende hat viel erreicht, aber auch Enttäuschungen produziert. Auf der Habenseite ist sie Trendsetter und internationales Vorzeigeprojekt. Sie hat die jahrzehntelangen verbissenen Kämpfe um die Atom- und Energiepolitik weitgehend befriedet. Sie hat 371 000 Arbeitsplätze geschaffen und eine neue Industrie angeschoben. Sie hat Importe von Uran, Kohle und Gas im Wert von vielen Milliarden Euro durch eine heimische kommunale Wertschöpfung ersetzt, die sich einer Studie des Instituts für ökologische Wirtschaftsforschung zufolge auf schätzungsweise 6,75 Milliarden Euro jährlich beläuft.

Auch der globale Zubau beschleunigt sich: Sonne, Wind und Biomasse haben zuletzt weltweit alle Prognosen übertroffen. Solare Photovoltaik hat in den letzten fünf Jahren ein durchschnittliches Wachstum von 55 Prozent per anno erreicht, 138 Länder haben inzwischen Förderprogramme aufgelegt. China hat 2013 mehr in die Erneuerbaren investiert als ganz Europa zusammen. Und noch ein chinesisches Wunder: Im bevölkerungsreichsten Land der Welt hat die zugebaute Kapazität an Solar und Windkraft erstmals Kohle und Atom überholt.

Wer genauer hinsieht, entdeckt neben China und den anderen üblichen Verdächtigen ganz neue Länder, die ihr Energiesystem umbauen. Nimmt man nicht die installierte Leistung als Maßstab, sondern den Anteil am Bruttoinlandsprodukt, der in die Erneuerbaren fließt, dann liegen plötzlich Länder wie Uruguay, Mauritius, Costa Rica, Südafrika oder Nicaragua an der Spitze. Und ausgerechnet das schwächelnde Japan meldet bei den Erneuerbaren 80 Prozent Wachstum.

Völlig unterschätzt wird, was für eine Initialzündung die Energiewende in den Entwicklungsländern ausgelöst hat. Mit seinen Förderprogrammen hat Deutschland den Massenmarkt für erneuerbare Energien überhaupt erst geschaffen. Der gewaltige, kaum für möglich gehaltene Preissturz vor allem für Solaranlagen wäre ohne diese Vorreiterrolle unmöglich gewesen. Davon profitieren Länder in aller Welt, vor allem aber tausende Schulen, Sozialstationen, Kindergärten und Krankenhäuser in Afrika, Südamerika und der Karibik, die jetzt preiswert die Sonne anzapfen. Laut Felix Matthes, Forschungskoordinator Energie- und Klimapolitik am Öko-Institut, war die Energiewende in unserem Land »das beste Entwicklungshilfeprogramm aller Zeiten«.

Ein anderer oft vergessener Aspekt ist die Demokratisierung der Energieversorgung: Jahrzehntelang haben 200 Groß-

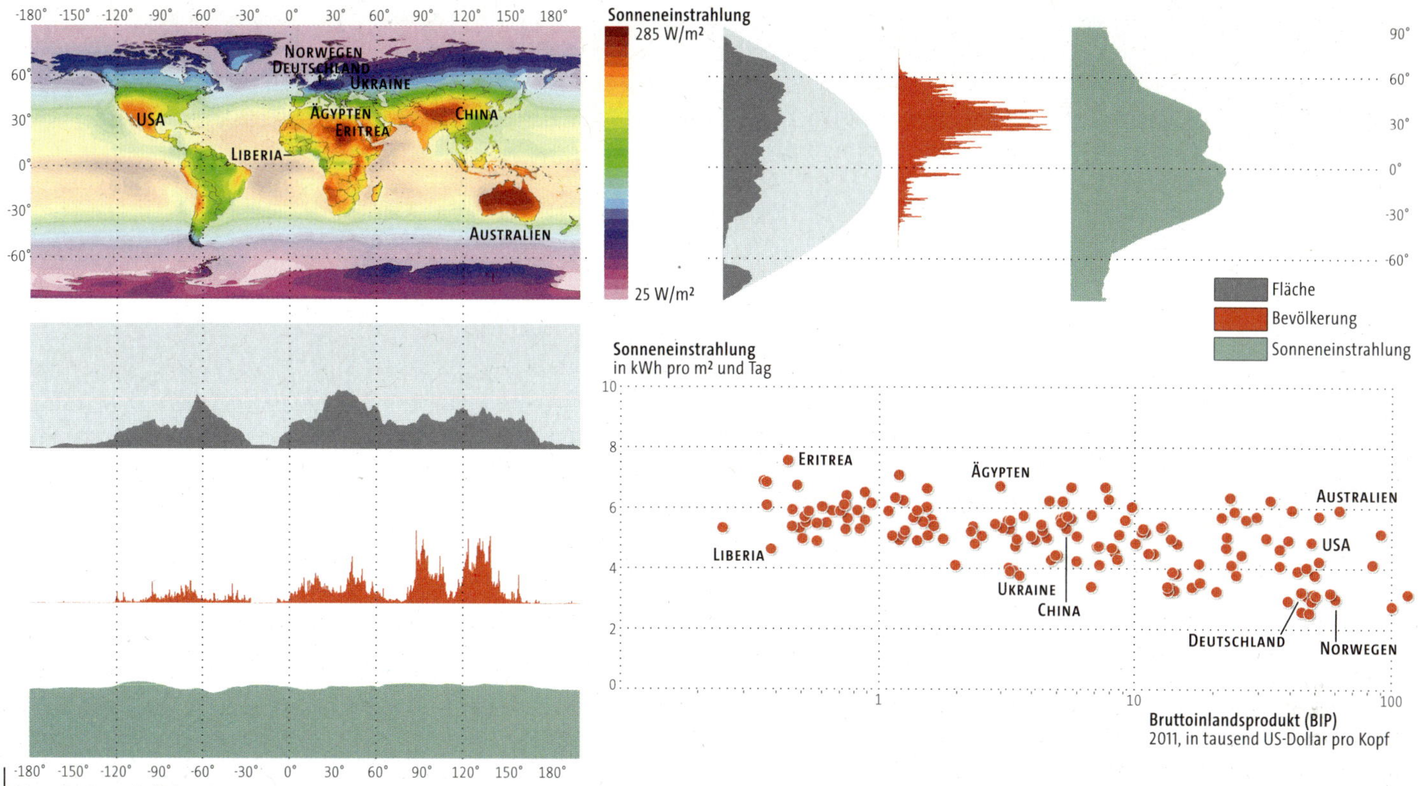

Das Potenzial der Sonne

kraftwerke, die in den Händen weniger Monopolisten lagen, Deutschland mit Strom versorgt. Jetzt gibt es eineinhalb Millionen Stromerzeuger. Verbraucher mutieren zu »Kraftwerksbetreibern«, ein großer Teil von ihnen sind Bauern, Bürger, kleine Energiegenossenschaften, Bürgerwindparks, kommunale Klimabündnisse. Landauf, landab wird Energiewende gemacht, gerade in strukturschwachen Räumen.

So weit, so gut. Auf der Negativseite notieren wir: Der Energieverbrauch der Deutschen ist in den letzten Jahren kaum zurückgegangen. Energieeffizienz und -einsparung, eigentlich eine Königsdisziplin der Energiewende, kommen nur im Schneckentempo voran. Und die Diskussion um die Energiewende verengt sich immer stärker auf die Kostenfrage.

Die ursprünglichen Motive, das Katastrophenpotenzial der Energieerzeugung zu reduzieren, uns von Energieimporten unabhängiger zu machen und die Energieversorgung vor allem enkel-, umwelt- und klimatauglich zu machen, sind in den Hintergrund getreten. Mit der grotesken Überzeichnung der Kosten und teils üblen Polemiken bis hin zu dem Gerede von einer angeblich drohenden »Deindustrialisierung Deutschlands« als Folge hoher Strompreise ist es den Gegnern der Energiewende gelungen, ein Tempolimit beim Ausbau einzuziehen und die Zubaukapazitäten zu deckeln. Dass Energie nur 2,1 Prozent der Kosten deutscher Unternehmen ausmacht, wird kaum zur Kenntnis genommen.

Das größte Debakel der Energiewende ist allerdings die Renaissance der Kohle und die Verdrängung der Gaskraftwerke. Weil der europäische Emissionshandel, der den CO_2-Ausstoß für die schmutzigen Kohlekraftwerke empfindlich verteuern sollte, nicht funktioniert, laufen die Kohlemeiler einfach weiter und verschlechtern die Klimabilanz, während emissionsarme Gaskraftwerke vom Netz genommen werden. Energiewendeland und Kohleland – das passt immer weniger zusammen, doch die Politik tut zu wenig, um die Kohleverstromung einzudämmen.

So bleiben in den nächsten Jahren etliche Baustellen der Energiewende. Mit dem weiteren nationalen und internationalen Ausbau werden die positiven Effekte wohl dominieren. Und für das Klima sind die Erneuerbaren ohnehin der wichtigste Hoffnungsträger.

Manfred Kriener

Bücher &c.

- Gerd Rosenkranz, *Energiewende 2.0 – Aus der Nische zum Mainstream,* Berlin (Heinrich-Böll-Stiftung) 2014.
- REN 21, *Renewables 2014 – Global Status Report.*
- www.unendlich-viel-energie.de.

Der Handel mit CO_2-Zertifikaten funktioniert nicht

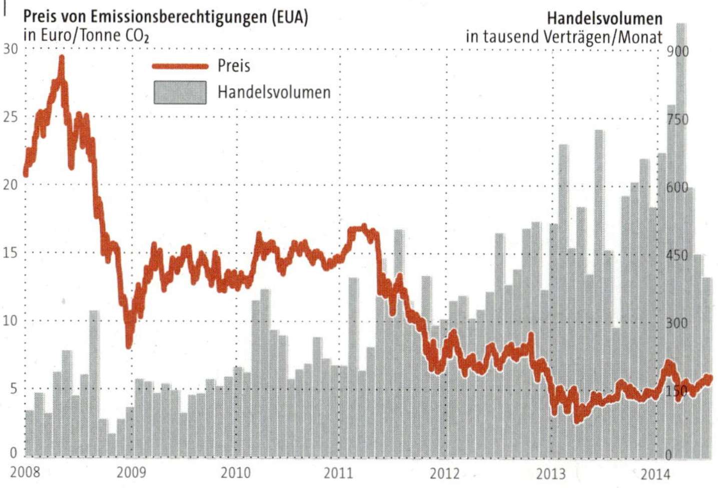

Umweltfreundlich mehr verbrauchen

Wer ein Hybridauto hat, fährt mit gutem Gewissen mehr. Das nennt man den Rebound-Effekt

Manche hoffen, ein »grünes Wachstum« könne unseren materiellen Wohlstand immer weiter mehren und zugleich helfen, wichtige Nachhaltigkeitsziele zu erreichen und die Ökosysteme zu schützen – durch eine »Effizienzrevolution«. Die Idee: Wenn unsere Kraftwerke, Autos, Fernseher und Smartphones viel energieeffizienter laufen, darf das Volkseinkommen durchaus noch weiter wachsen; der Naturverbrauch würde dann vom BIP-Wachstum entkoppelt und in absoluten Zahlen wie auch in der Gesamtbilanz zurückgehen. Doch diese Hoffnung beruht auf einem Irrtum: Effizienzsteigerungen bedeuten eben nicht automatisch Einsparungen. Tatsächlich führen sie zu Rebound-Effekten, die Produktion und Konsum erhöhen.

Jede Effizienzsteigerung löst Wachstumsimpulse aus, sagen die Ökonomen. Folglich hat die enorm gestiegene Arbeitsproduktivität – vom Ochsenpflug zur Hightech-Landwirtschaft – in der Entwicklung der kapitalistischen Industriegesellschaften nicht zu mehr Freizeit geführt, sondern vor allem zu einem Wachstum der Wirtschaft und damit zu neuen Jobs und Bedarfen. Dieser Zusammenhang gilt genauso für die Verbesserung der Energieeffizienz. In den USA und sechs EU-Staaten wurde die Energieeffizienz zwischen 1970 und 1991 um rund 30 Prozent gesteigert – und im gleichen Zeitraum wuchs der Energieverbrauch um 20 Prozent.

Zunächst gibt es finanzielle Rebound-Effekte: Effizientere Technologien sparen häufig Geld ein, das man an anderer Stelle für Konsum oder Investitionen ausgeben kann. Wenn eine Autofahrerin von einem konventionellen Pkw mit einem Spritverbrauch von sechs Liter pro 100 Kilometer auf ein Drei-Liter-Auto umsteigt, zahlt sie fürs Benzin nur noch die Hälfte. Sie kann für das gleiche Geld nun doppelt so weit fahren. Genauso können Unternehmer durch Effizienzersparnisse kostenneutral mehr produzieren, ja, oft müssen sie dies sogar tun, um sich am Markt behaupten zu können. In beiden Fällen hat die Verbesserung der Energieeffizienz keine Einsparung von Energie zur Folge: Selbst wenn das Geld in wenig energieintensive Dienstleistungen investiert wird, etwa in Friseurbesuche oder Volkshochschulkurse, werden immer noch gewisse Rebound-Effekte eintreten. Denn in modernen Gesellschaften, die auf Massenproduktion und -konsum basieren, werden dann die Friseure oder Lehrerinnen mehr konsumieren.

Zweitens gibt es materielle Rebound-Effekte, da schon die Herstellung effizienterer Geräte und Maschinen einen Teil des Einsparpotenzials auffrisst. Um die tatsächliche Energiebilanz eines Elektroautos zu erstellen, reicht es nicht aus, lediglich auf dessen Verbrauch zu schauen. Auch der Energieaufwand für den Aufbau neuer Produktionsstätten und Stromtankstellen wird das Einsparpotenzial jedes einzelnen E-Autos reduzieren. Derzeit entfallen durchschnittlich 20 Prozent des Energieverbrauchs eines Autos auf die Produktion und 80 Prozent auf die Nutzung. Werden mehr Quecksilber oder Leichtbauteile aus Aluminium in hocheffizienten Fahrzeugen eingesetzt, wird der produktionsbedingte Energieverbrauch steigen.

Drittens gibt es psychologische Rebound-Effekte: Effizientere Produkte verändern nämlich nicht nur ihre technischen, sondern auch ihre symbolischen Eigenschaften. Eine Erhebung in Japan hat gezeigt, dass Autofahrer, die sich einen ihrer Meinung nach ökologischen Pkw zugelegt hatten (zum Beispiel ein Hybridauto), ein Jahr nach dessen Kauf gut 1,6-mal mehr

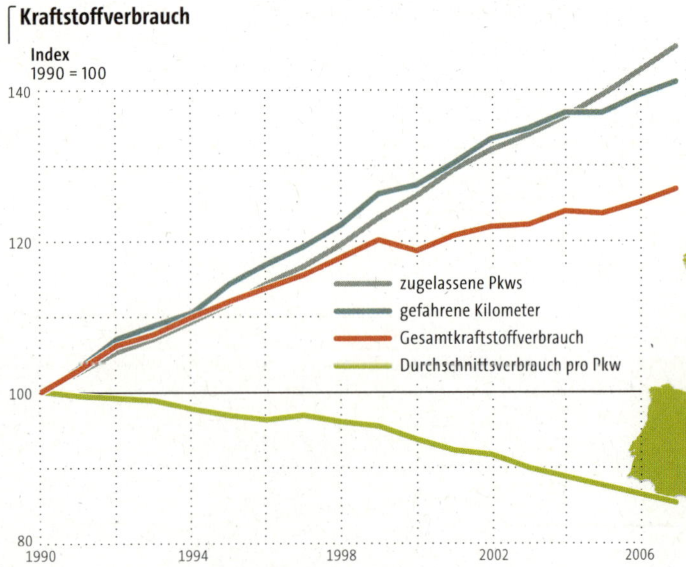

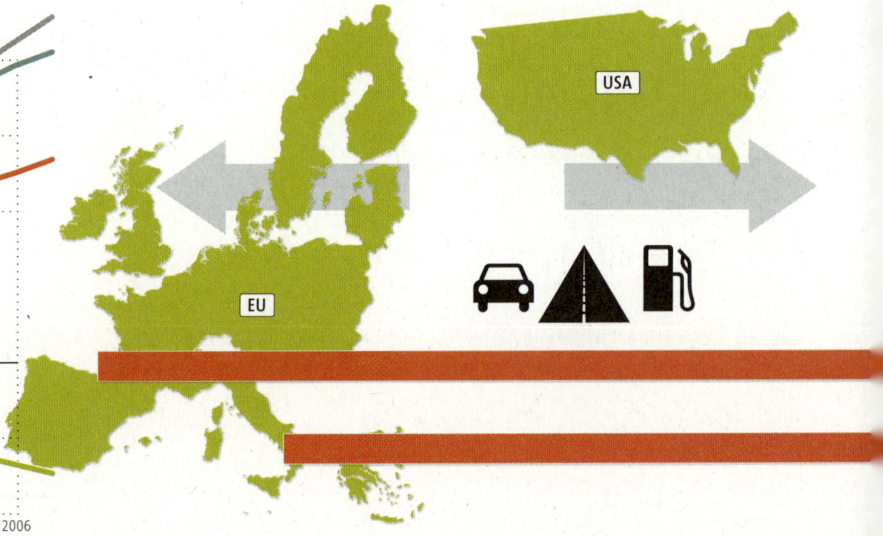

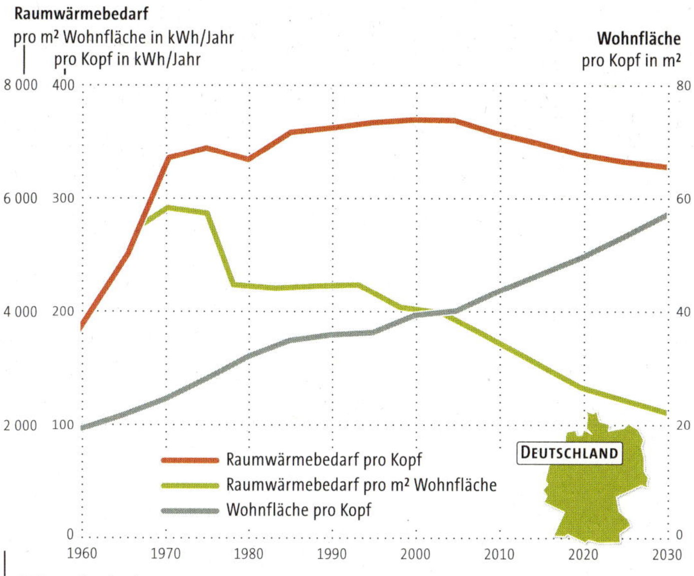

Wärmebedarf

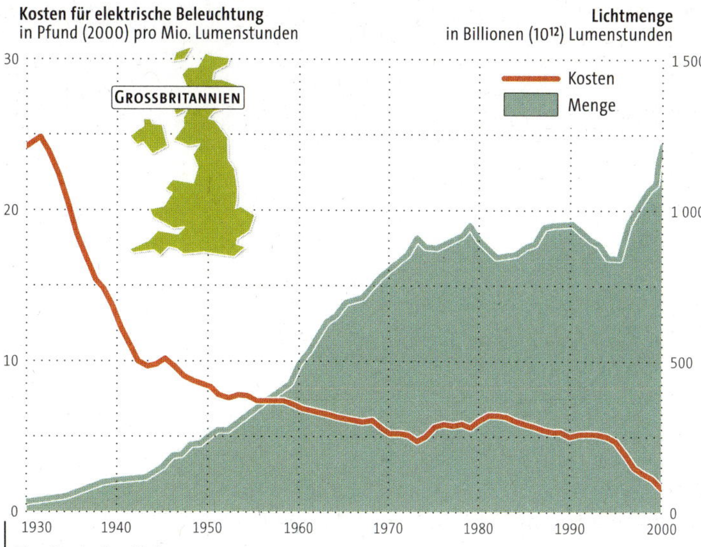

Der Preis des Lichts

Kilometer damit gefahren sind als zuvor mit ihrem herkömmlichen Auto. Andere Studien legen nahe, dass sich manche Verbraucher nach dem Konsum »ethischer« Produkte berechtigt fühlen, an anderer Stelle »unethisch« zu konsumieren.

Schließlich lösen Energieeffizienzsteigerungen in der gesamten Wirtschaft Wachstumsschübe aus. Die Summe aller Rebound-Effekte eines solchen Wachstumsschubs bemisst sich nach dem Verhältnis von Energienachfrage und Output; mit anderen Worten, es hängt davon ab, wie energie- und materialintensiv die zusätzlich hergestellten Güter und Dienstleistungen sind. Der Summe all dieser Rebound-Effekte wird langfristig – das legen etliche Analysen nahe – mindestens 30 bis 50 Prozent des Einsparpotenzials von Effizienzmaßnahmen aufzehren. Technologie- und Innovationsoffensiven werden also allein nicht ausreichen, um in den Industrieländern bis 2050 die Treibhausgasemissionen um 80 bis 90 Prozent zu verringern. Das Konzept des »grünen Wachstums« greift zu kurz.

Deswegen sind aber die technischen und politischen Maßnahmen zur Steigerung der Energie- und Ressourceneffizienz nicht alle schlecht. Im Gegenteil. Natürlich muss es darum gehen, Energie und Materialien möglichst sparsam einzusetzen. Es gibt keinen Grund, statt einer konsequenten Dämmung von Häusern und Wohnungen die Wärme weiterhin aus dem Fenster zu pusten. Aber Rebound-Effekte zeigen, als »unerwünschte Nebenwirkungen« der Effizienzrevolution, die Wachstumsgrenzen des Systems auf. Erst wenn die Wirtschaft aufhört zu wachsen, können Effizienzstrategien einen uneingeschränkt konstruktiven Beitrag zur Nachhaltigkeit leisten.

Tilman Santarius

Bücher *&c.*

- Jesse Jenkins, Ted Nordhaus, Michael Shellenberger, *Energy Emergence. Rebound & Backfire as Emergent Phenomena*, Oakland (Breakthrough Institute) 2011.
- Reinhard Madlener, Blake Alcott, *Herausforderungen für eine technisch-ökonomische Entkoppelung von Naturverbrauch und Wirtschaftswachstum unter besonderer Berücksichtigung der Systematisierung von Rebound-Effekten und Problemverschiebungen*, Berlin 2011.
- Tilman Santarius, *Der Rebound-Effekt. Über die unerwünschten Folgen der erwünschten Energieeffizienz*, Wuppertal 2012. Download: www.santarius.de/967.

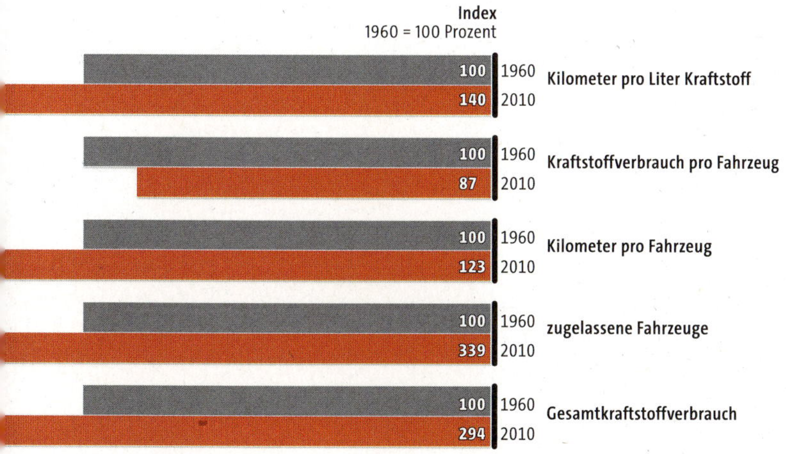

Wachstum macht Effizienzgewinne zunichte

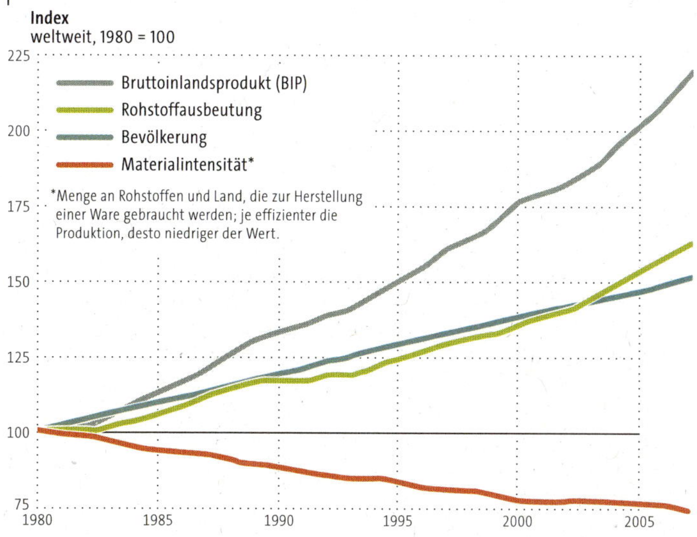

Die ökologischen Vorzüge der Dienstleistungsgesellschaft

Warum Investitionen in Erziehung, Bildung und Gesundheit den Wachstumsdruck verringern

Bis Anfang der 1970er Jahre beherrschten dampfende Schlote das Landschaftsbild des Ruhrgebiets. Heute ist es eine von Bildung und Kultur geprägte Dienstleistungsregion. Diese Entwicklung ist charakteristisch für einen allgemeinen und langfristigen Trend: Von der ursprünglichen Dominanz des Agrarsektors über die Ausweitung des industriellen Sektors hin zur überwiegenden Dienstleistungsproduktion.

In Deutschland wuchs der industrielle Sektor bei kontinuierlichem Rückgang des Agrarbereichs noch bis Ende der 1960er Jahre. Seitdem hat sein Anteil an der Gesamtbeschäftigung wie an der Wertschöpfung deutlich abgenommen. Parallel expandierte der Dienstleistungssektor. Anfang der 1970er Jahre überholte er hinsichtlich Beschäftigung und Wertschöpfung den Industriesektor und liegt heute jeweils bei rund 70 Prozent. Damit leben wir entgegen der vorherrschenden Wahrnehmung bereits seit langem nicht mehr in einer Industrie-, sondern in einer modernen Dienstleistungsgesellschaft mit dem Handel, den öffentlichen Dienstleistungen, Erziehung und Bildung, Gesundheits- und Unternehmensdienstleistungen als Schwergewichten.

Trotz des unübersehbar starken Strukturwandels hinkt Deutschland anderen fortgeschrittenen Ökonomien hinterher. Ursache ist vor allem die starke Exportlastigkeit der deutschen Wirtschaft, die auf einer hohen preislichen (abhängig von Löhnen und anderen Kosten) wie nichtpreislichen (bedingt durch Qualität, Service, Design) Wettbewerbsstärke der hiesigen Industrie beruht. Hinzu kommen die vergleichsweise niedrige Entlohnung und die damit verbundene niedrige Wertschöpfung von privaten und öffentlichen Dienstleistungen in Deutschland. Offizielle Projektionen gehen aber davon aus, dass die Beschäftigung im Dienstleistungssektor weiter steigen wird. Bis 2030 wird ein Anteil von knapp 78 Prozent erwartet – fast so viel wie bereits heute in den USA oder Großbritannien.

Mit der globalen Entwicklung hin zur Dienstleistungsgesellschaft ist aus ökologischer Sicht eine doppelte Chance verbunden, die 2013 auch die Enquetekommission »Wachstum, Wohlstand, Lebensqualität« des Deutschen Bundestags hervorgehoben hat: ein anhaltender Rückgang des umweltbelastenden wirtschaftlichen Wachstums und ein sinkender Verbrauch an Rohstoffen und Energie. Diese Einschätzung resultiert aus dem Wesen von Dienstleistungen: Ihre Produktivität, also die Wertschöpfung pro Stunde, kann nur in vergleichsweise geringem Umfang zunehmen, weil Technik – in den verschiedenen Bereichen vom Unterrichten über das Haarschneiden bis hin zum Pflegen von Menschen – nur begrenzt eingesetzt werden kann. Bei aller Schwierigkeit, die Produktivität von Dienstleistungen zu messen, steht fest, dass sie sich im Durchschnitt viel langsamer entwickelt als im industriellen Bereich.

Deshalb können Dienstleistungsgesellschaften keine Wachstumsgesellschaften alter Prägung mehr sein. Dies bietet auch eine Erklärung, warum in allen entwickelten Ökonomien

Der tertiäre Sektor auf dem Vormarsch

Bruttowertschöpfung
1950–2012, in Prozent

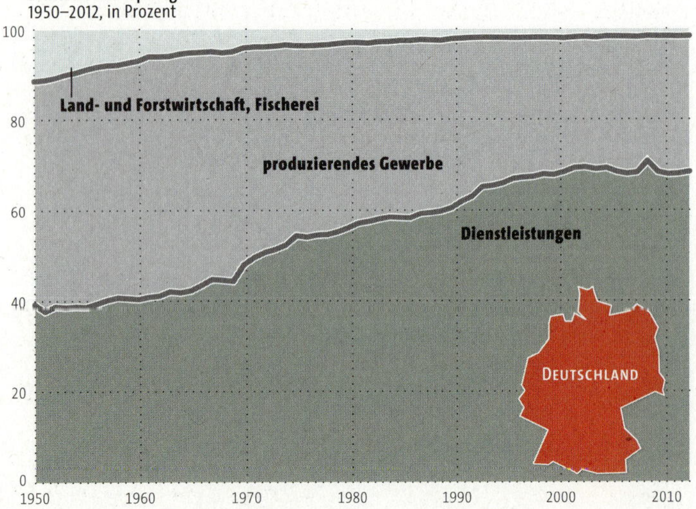

Die Entwicklung der Wachstumsraten

Wachstum des realen Bruttoinlandsprodukts (BIP)
Veränderungen gegenüber Vorjahren, 10-Jahres-Durchschnitte, in Prozent

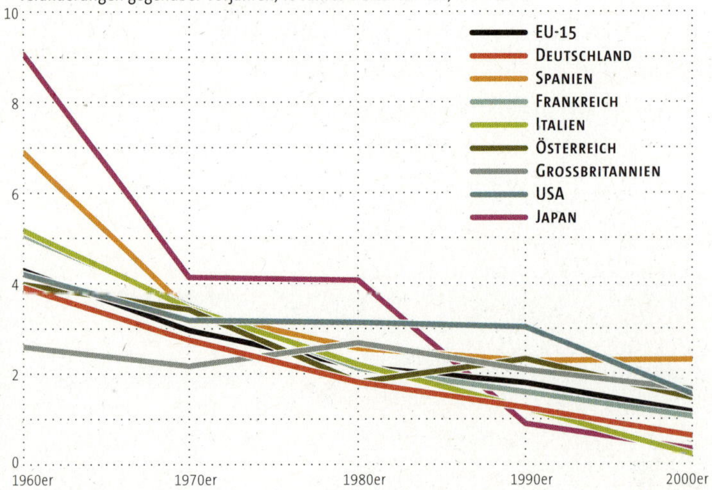

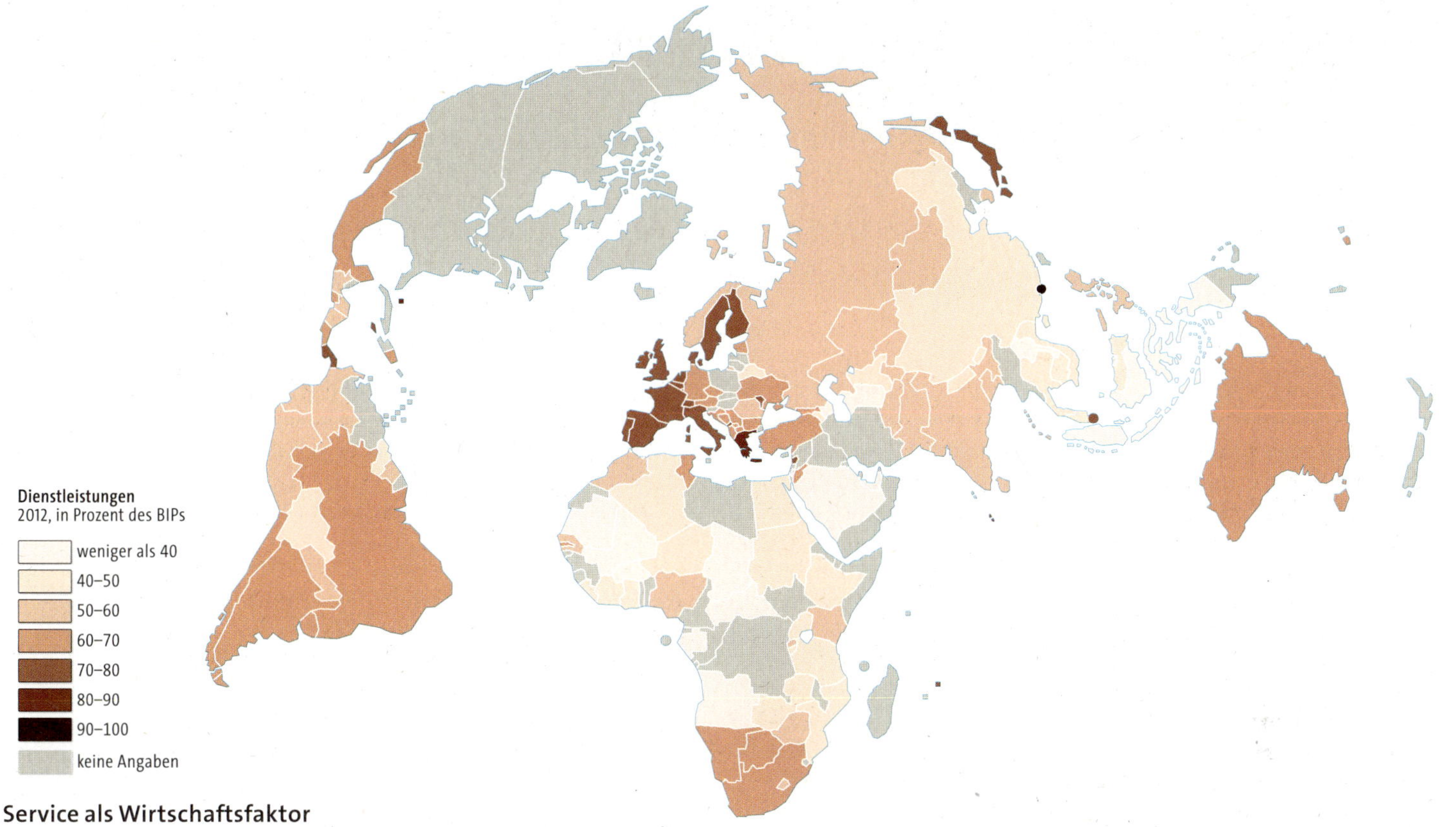

Service als Wirtschaftsfaktor

der Trend zu Dienstleistungsgesellschaften mit rückläufigen Wachstumsraten einhergeht. Schrumpfendes Wachstum wiederum entschärft die Umweltproblematik. Auch ist das Wachstum aus Dienstleistungen vergleichsweise wenig umweltschädlich: Ihr Energieverbrauch ist der geringste von allen Produktionsbereichen. Während 2010 der Primärenergieverbrauch im produzierenden Gewerbe in Deutschland bei durchschnittlich 9,7 Megajoule (MJ) pro Euro Wertschöpfung lag, wird bei Dienstleistungen mit durchschnittlich 2,5 MJ pro Euro Wertschöpfung deutlich weniger Energie verbraucht. Bei öffentlichen und privaten Dienstleistungen waren es sogar nur 1,7 MJ und damit lediglich ein

Energieverbrauch nach Branchen

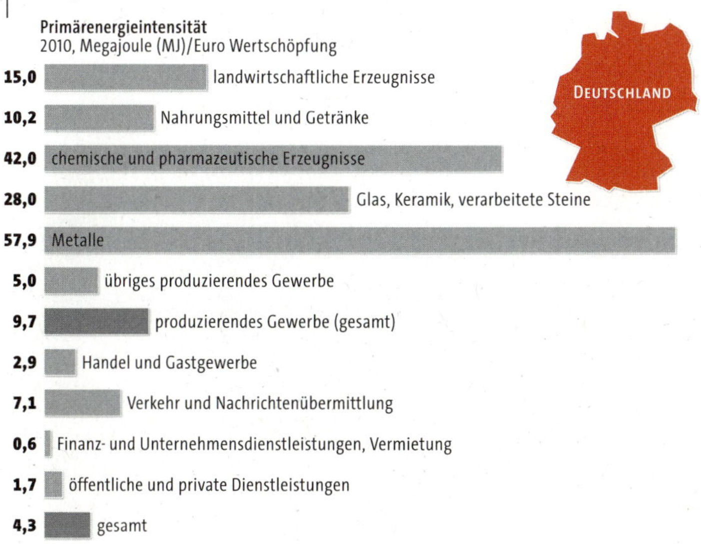

Vierunddreißigstel dessen, was etwa bei der Metallerzeugung und -bearbeitung (57,9 MJ pro Euro Wertschöpfung) an Energie verbraucht wird.

Diese Entlastung von Umwelt und Natur ist eine Chance. Einen Automatismus gibt es jedoch nicht, denn entscheidend bleibt das Verhalten der Menschen. Häufigere Flugreisen oder Fahrten mit dem SUV statt mit öffentlichen Verkehrsmitteln können die positiven Auswirkungen einer fortschreitenden Dienstleistungsgesellschaft auf Energie- und Umweltverbrauch wieder zunichtemachen.

Demgegenüber hätte es einen entgegengesetzten Effekt, wenn sich etwa das Konzept des »nutzen statt besitzen« beziehungsweise der gemeinschaftliche Konsum mit den Prinzipien des »Tauschens«, »Teilens«, »Mietens« und »Verschenkens« durchsetzen würde. Dieser (Werte-)Wandel könnte durch die Politik unterstützt werden – von der Aufnahme entsprechender Bildungsinhalte in die Lehrpläne der Schulen bis hin zur Bereitstellung kostenloser Parkmöglichkeiten für Carsharing-Fahrzeuge in Innenstädten. Die Entwicklung zur Dienstleistungsgesellschaft bietet somit eine große Chance hin zu einer ökologisch nachhaltigen Wirtschaftsweise. Ob und wie schnell diese Realität wird, hängt jedoch von den politischen Rahmenbedingungen und vom Verhalten jedes Einzelnen ab.

Norbert Reuter

Bücher &c.

- Deutscher Bundestag, Enquetekommission »Wachstum, Wohlstand, Lebensqualität. Wege zu nachhaltigem Wirtschaften und gesellschaftlichem Fortschritt in der Sozialen Marktwirtschaft«, Schlussbericht, Berlin (Bundestags-Drucksache 17/13300) 2013.
- Michael Dauderstädt und Jane Dreyer, *Deutschlands Industrie: Wachstumsmotor oder Wachstumsmythos?*, Bonn (WISO direkt/FES) 2012.
- Rainer Henselowsky (Hg.), *Vom Kohlenpott zur Metropole Ruhr*, Essen (Rainruhr) 2007.

Sonne, Wind und Arbeit

In puncto Lohnniveau und Mitbestimmung sind die Erneuerbaren deutlich schlechter als ihr Ruf

In Deutschland wird nach wie vor zu viel Erdöl, Erdgas und Kohle verfeuert, obwohl Erdöl in den letzten 20 Jahren um über 500 Prozent und Erdgas über 320 Prozent teurer wurden. Die erneuerbaren Energien (EE), vor allem Wind und Sonne, sind jedoch bei der Stromerzeugung auf dem Vormarsch. Ihr Anteil liegt bei 25 Prozent, Tendenz steigend. In absehbarer Zeit werden 60 Prozent unseres Stroms dauerhaft aus grüner Energie kommen, die damit zur Regelenergie wird.

Die Kohleverstromung bleibt noch in den nächsten zwei Jahrzehnten eine wichtige Reserve für den europäischen Markt, obwohl Braunkohle bekanntlich den CO_2-Ausstoß erhöht und ihr Abbau die Landschaft zerstört. Die »grüne« Energie hingegen steht angeblich für Zukunft, Fortschritt und saubere Stromerzeugung. Doch das Image bröckelt: Die Arbeitsbedingungen in diesen Branchen sind nämlich, wie Befragungen der Industriegewerkschaft Metall unter den Beschäftigten zeigen, alles andere als fortschrittlich, sauber oder gar vorbildlich. Hier haben die EE-Unternehmen einen enormen Aufholbedarf – sonst drohen für alle schlechte Jobs auf Dauer.

Seit Inkrafttreten des EE-Gesetzes im Jahr 2000 wurden große Kapazitäten aufgebaut, vor allem bei der Photovoltaik in Ostdeutschland und bei der Windenergie in Norddeutschland. Zwischen 2004 und 2012 hat sich die Beschäftigungszahl dieser Industrien mehr als verdoppelt. Inzwischen sind die Blütenträume der Solarbranche wegen der veränderten globalen Wettbewerbssituation (insbesondere der Konkurrenz aus China) und fehlender Innovationen geplatzt. Viele Hersteller von Solaranlagen mussten Kapazitäten abbauen, Betriebe schließen oder verkaufen; so übernahmen etwa chinesische Investoren die insolvente SAG Solarstrom. Seit 2011 sind in Deutschland 69 000 Arbeitsplätze in der Photovoltaikindustrie weggefallen, was eine Halbierung der Beschäftigung bedeutet.

Auch Hersteller von Windkraftanlagen und Projektierer von Windparks haben erhebliche Probleme. In der Windkraft vom Meer sahen die Menschen in Norddeutschland nach der Werftenkrise ihre wirtschaftliche Zukunft – Offshore als Jahrhundertchance. Doch die Hoffnungen haben sich bisher nicht erfüllt: Mangelnde Erfahrung, verbunden mit hohen technischen und finanziellen Risiken, führten beim Energieunternehmen Windreich und den Siag-Nordseewerken zu Insolvenzen; beim Stahlbauer Weserwind gab es monatelang Kurzarbeit, dann Entlassungen. Siemens schrieb mehrere Millionen Euro Investitionen ab. Die Arbeitsbedingungen bei den Windenergieerzeugern sind vergleichsweise schlecht: Der mittlere Bruttolohn (Median) für Vollzeitbeschäftigte liegt mit 2 900 Euro deutlich unter dem Durchschnitt des produzierenden Gewerbes (3 566 Euro im Jahr 2013). Ein Viertel der Beschäftigten erhält weniger als 2 400 Euro monatlich. Rund 61 Prozent müssen regelmäßig länger arbeiten als vertraglich vereinbart, bei 8 Prozent beträgt die Mehrarbeit über zehn Stunden wöchentlich.

In der Photovoltaikindustrie sind die Bedingungen noch schlechter. Im Mittel verdienen Vollzeitbeschäftigte hier nur 2 400 Euro brutto im Monat, ein Viertel erhält weniger als 2 000 Euro. Bei den Beschäftigten der Produktion liegen die mittleren Verdienste mit 2 050 Euro noch niedriger und damit etwa ein Drittel unter dem Durchschnitt der Gesamtwirtschaft. In diesem Bereich ist eine geringe Entlohnung also der Normalfal – soweit es keine Tarifverträge einer DGB-Gewerk-

Anteil der Erneuerbaren

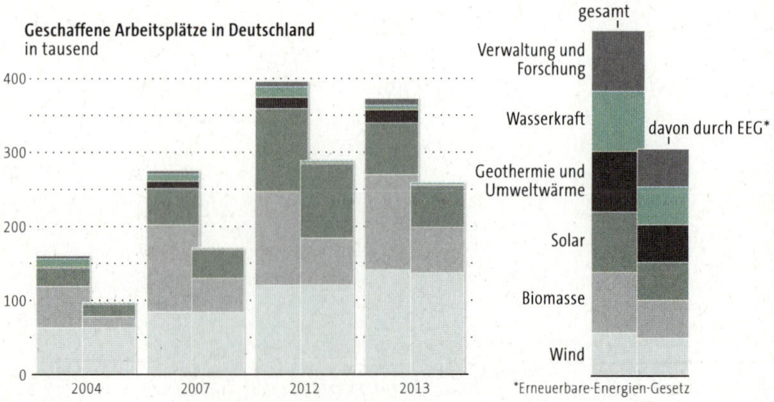

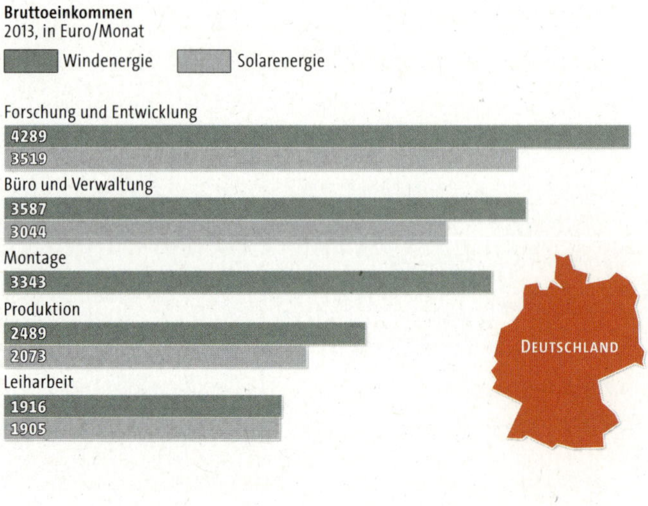

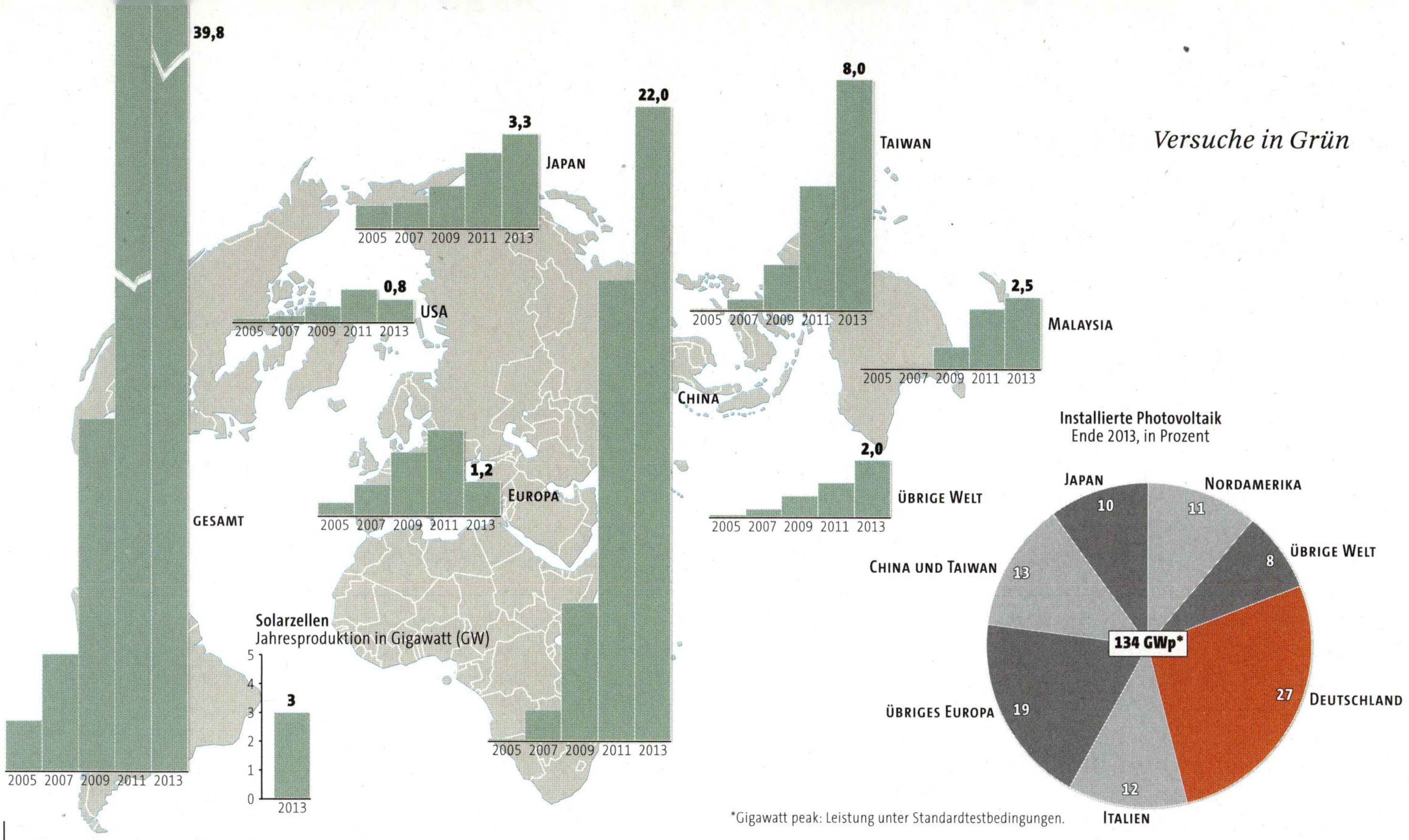

Solarzellen im Aufwind

schaft gibt. Fast jeder zweite Arbeitnehmer leistet regelmäßig Überstunden.

Neben niedrigeren Löhnen und Mehrarbeit müssen die Beschäftigten auch eine hohe Arbeitsplatzunsicherheit ertragen. In der Wind- und Photovoltaikindustrie arbeiten über 20 Prozent Leiharbeiter oder befristet Beschäftigte. In vielen Firmen der grünen Branchen gibt es keine Betriebsräte. Mangelnde Unternehmenskultur bei den Arbeitsbeziehungen, Gründergehabe und gewerkschaftlich noch schwach organisierte Belegschaften erschweren die gesetzlich vorgesehenen Betriebsratswahlen.

Doch 2014 gab es erste positive Gegenbeispiele: In einigen Windenergie-Unternehmen wurden Betriebsräte gewählt – teilweise gegen erheblichen Widerstand der Firmenleitungen. Dank des Engagements der Beschäftigten gelang es in mehreren Firmen auch Tarifverträge abzuschließen. Beispielhaft kann der Tarifvertrag der IG Metall mit dem Windenergieanlagenhersteller REpower (inzwischen Senvion) genannt werden. Flächentarifverträge kamen bislang nicht zustande.

Auch im Bereich der Erneuerbaren gilt: lieber besser als billiger! Die Spezialisierung auf innovative Produkte verspricht Erfolg, wie etwa die Leichtbauweise bei Windanlagen, Plattformstrategien für Offshore, neue Bohrtechniken für Geothermie, Kraftwärmekopplungen für kleinere Einheiten oder hocheffiziente Motoren. Dazu braucht man hoch qualifizierte Mitarbeiter, attraktive Arbeitsplätze mit tariflich gesicherter Bezahlung sowie eine zielgerichtete Forschungsförderung. Beschäftigte gehen dorthin, wo das Image stimmt, wo man gut verdient und gerne arbeitet. Auf »grüne« Energie kann man nur stolz sein, wenn auch die sozialen Bedingungen stimmen. Wenn die EE-Unternehmen für Fortschritt stehen und für die Beschäftigten attraktiv sein wollen, ist »gute Arbeit« ein Muss.

Dietmar Hexel

Bücher &c.

• DGB Bundesvorstand, Energieumstieg: Gut für Klima, Arbeitsplätze und Wohlstand – Wege zu einer sozialökologischen Energiewende, Juli 2013.

Sonne effizienter nutzen

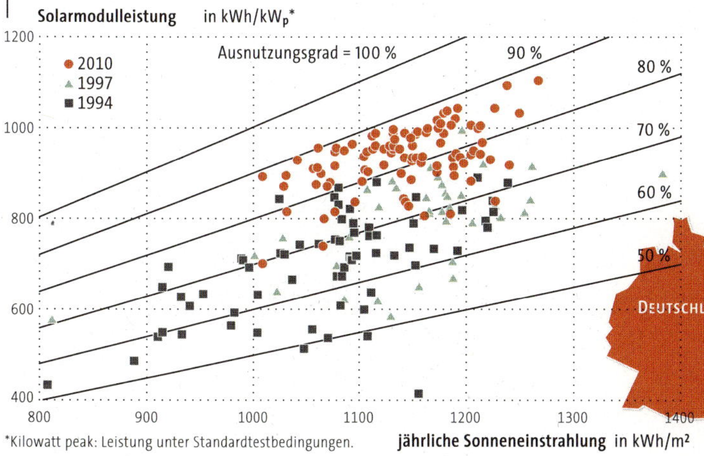

Wachsende Windräder

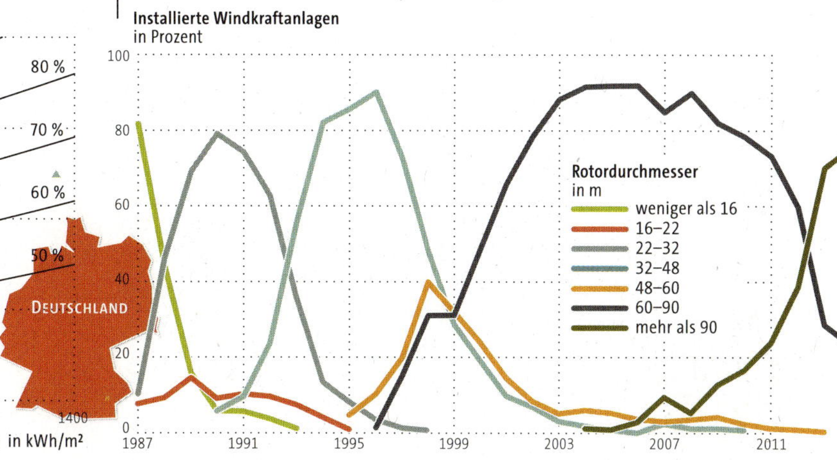

»Peak Everything«, das gefährliche Maximum

Knappe Ressourcen, überlastete Ökosysteme und kein Ende in Sicht

Ökonomisches Wachstum hat zur Voraussetzung, dass Produktionsprozesse beschleunigt werden und Märkte sich ausdehnen. Doch sowohl das Wachstum in der Zeit (Beschleunigung) als auch das Wachstum im Raum (Globalisierung) stoßen schon heute an die Grenzen der biophysikalischen Systeme: Auf der Ressourcenseite zeigen sich die Grenzen der Natur darin, dass früher oder später ein »Peak«, also eine Höchstfördermenge erreicht wird.

Nachdem die Vorkommen von Mineralien und Erzen über Jahrhunderte geplündert wurden, sind die meisten leicht erschließbaren Lagerstätten mittlerweile erschöpft. Damit wird der Abbau von Rohstoffen, auf die unsere Zivilisation angewiesen ist, technisch immer komplexer, energieaufwendiger und teurer. Zudem fallen bei der Gewinnung, Verarbeitung und Verteilung der endlichen Ressourcen, die wir der Erdkruste entnehmen, große Mengen von Schadstoffen an, die sich nie mehr in den industriellen Kreislauf zurück integrieren lassen: zum Beispiel Schwermetalle, radioaktive Materialien, Gesteinsschutt und vor allem Unmengen an Kohlendioxid. Diese Schadstoffe werden in den »Senken« der ökologischen Systeme entsorgt, deren Absorptionsfähigkeit sie jedoch bei weitem überfordern. Das ist der Grund, warum sie uns als Bedrohung entgegentreten: als Loch in der schützenden Ozonhülle, als tote Zonen in den Ozeanen, als saurer Regen und vor allem als katastrophaler Klimawandel.

Die Weltbevölkerung, die vermutlich noch ein paar Jahrzehnte weiter anwachsen wird, benötigt für ihre Ernährung, für Wohnen, Kleidung, Mobilität und Kommunikation immer mehr Stoffe und Energieträger, die grundsätzlich nur erneuerbar sind, wenn auch ihre Reproduktionsfähigkeit berücksichtigt wird. Am offensichtlichsten ist dies bei elementaren Naturressourcen wie Böden, Wäldern und Wasser. In den letzten Jahrzehnten hat jedoch vor allem der Verbrauch an nichterneuerbaren Naturschätzen – fossilen Energieträgern, Metallerzen und nichtmetallischen Mineralien, die sich über hunderte von Millionen Jahren in komplexen geologischen Prozessen gebildet haben – in beängstigendem Tempo zugelegt. Sie stehen deshalb nicht länger als leicht zugängliche Ressource zur Verfügung.

Dass die Reserven beim fossilen Energieträger Erdöl endlich, also irgendwann erschöpft sind, gilt heute als gesicherte wissenschaftliche Erkenntnis. Um die Produktionsrückgänge aufgrund erschöpfter Ölfelder auszugleichen und gleichzeitig die laut Prognosen jährlich um 1,6 Prozent steigende Nachfrage zu decken, müssten nach Berechnungen der Internationalen Energieagentur (IEA) pro Tag neue Kapazitäten in Höhe von 64 Millionen Barrel hinzukommen. Das entspräche dem Sechsfachen der Kapazität Saudi-Arabiens.

Menschliche Landnutzung und natürliche Ökosysteme

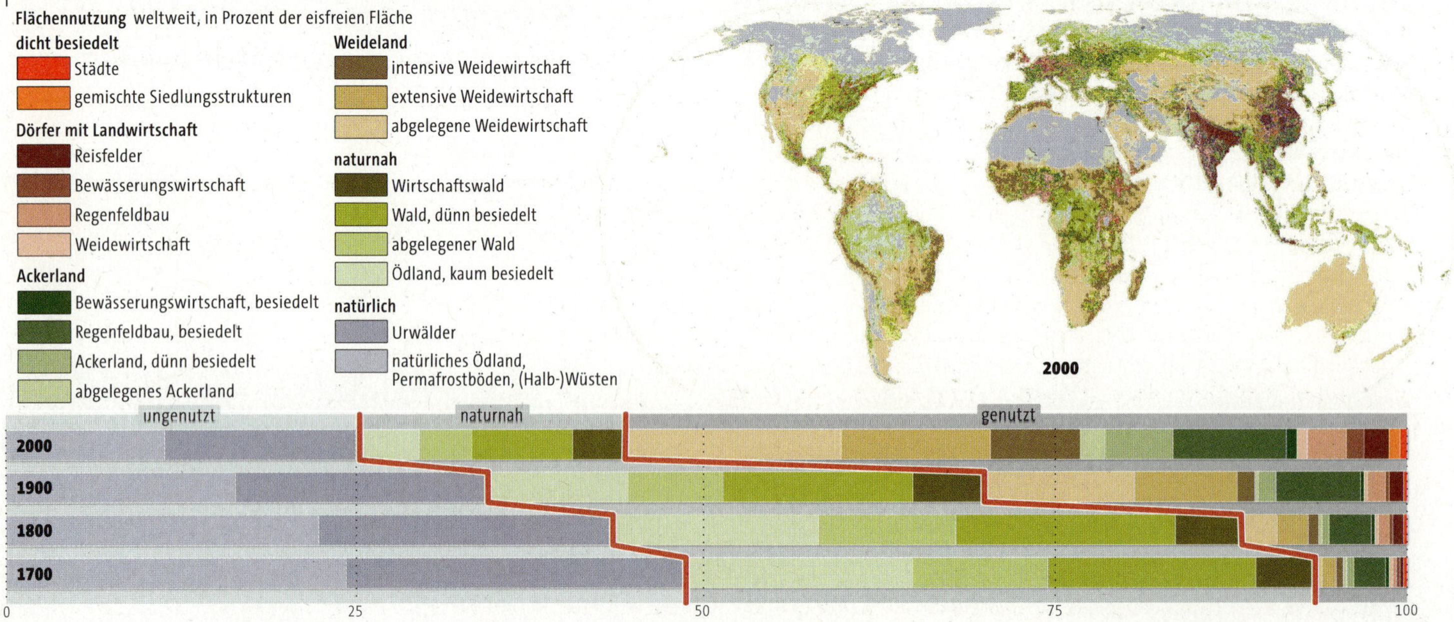

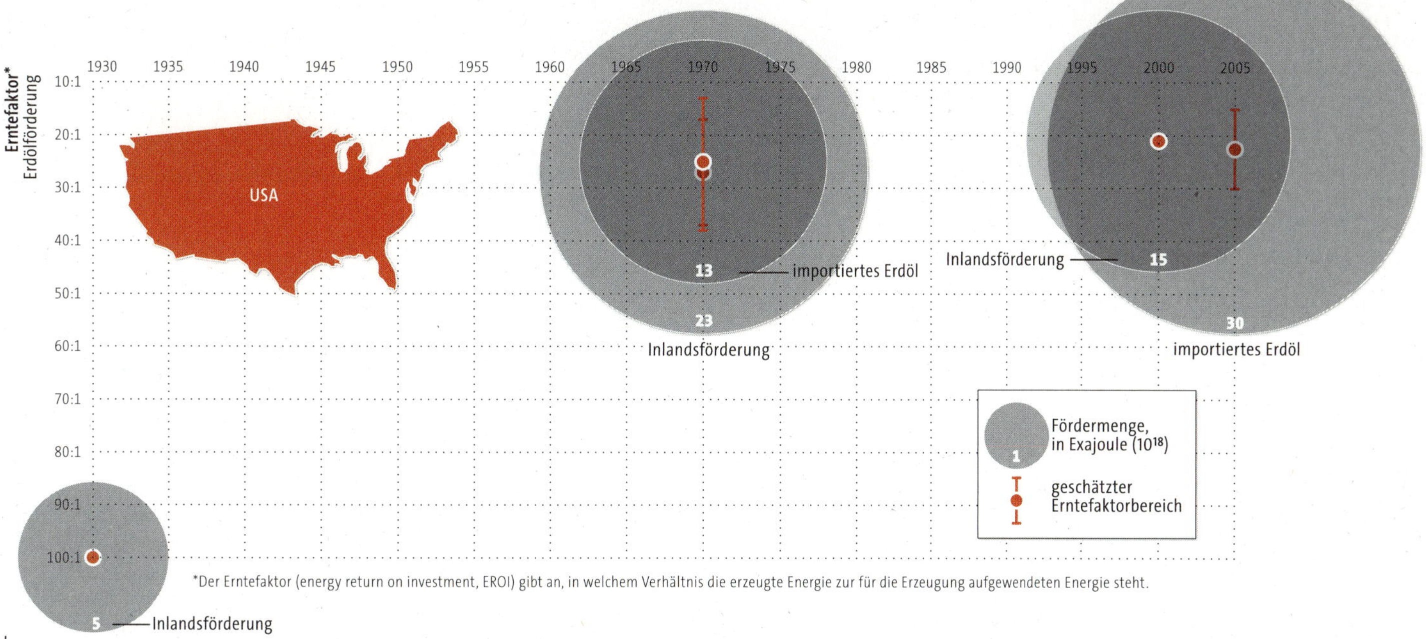

*Der Erntefaktor (energy return on investment, EROI) gibt an, in welchem Verhältnis die erzeugte Energie zur für die Erzeugung aufgewendeten Energie steht.

Der Energieaufwand für die Erdölproduktion steigt

Ein grundsätzliches Problem wird sich jedoch weder über die weitere Erschließung sogenannter unkonventioneller Öl- und Gasvorkommen – etwa von Schiefergas und -öl durch das umstrittene »Fracking«, von Teersanden und von Vorkommen in großen Meerestiefen durch gefährliche Tiefseebohrungen – noch über den umkämpften Zugang zu den Rohstoffvorkommen unter dem schmelzenden Eis der Arktis lösen lassen. Der Eroi-Koeffizient (»energy return on investment«) sinkt. Das bedeutet, dass der Energie-Input im Verhältnis zu dem, was an nutzbarer Energie in den Energieträgern steckt, schlichtweg zu hoch ist, um auf längere Sicht dem Dilemma sinkender Kapitalerträge zu entrinnen.

Um diesen Eroi geht es letzten Endes auch beim »Peak Mineral«, der sich heute schon beim Uranabbau und bei der Förderung von Kupfer, Silber, Gold und Zink bemerkbar macht. Und natürlich auch – und vielleicht noch wichtiger – bei sogenannten Hightechmetallen wie Kobalt, Platin, Titanium und vor allem bei den seltenen Erden, auf die »grüne« Industrien (etwa zur Produktion von Batterien für Hybridfahrzeuge, Solarpaneelen, Energiesparlampen oder Windkraftturbinen) ebenso angewiesen sind wie die Telekommunikationsbranche oder die moderne Rüstungsindustrie. Wie im Fall von Öl und Gas bedeutet Ressourcenerschöpfung auch bei den Metallen, dass die leicht und billig zu erschließenden Fundstätten durch solche ersetzt werden müssen, deren Erschließung technisch schwieriger und damit energieintensiver und umweltbelastender ist. Die Förderung wird also schlicht teurer – und das bei sinkendem Erzgehalt.

Noch dramatischer werden die Szenarien von »Peak Oil« und »Peak Minerals«, wenn man zusätzlich das Problem »Peak Soil« und den möglicherweise daraus folgenden »Peak Food« in den Blick nimmt. Hauptursache für »Peak Soil« ist die verschärfte Konkurrenz um Böden und Wasser zwischen Extraktionsindustrien, Infrastrukturprojekten, Industrieanlagen und Wohnungsbau einerseits und der Landwirtschaft andererseits. Wobei Letztere noch hohe (und weiter steigende) Ölpreise verkraften muss, was die Nahrungsmittelproduktion verteuert. Weitere Krisenfaktoren sind die fortschreitende Erosion fruchtbarer Böden, die Expansion von Wüsten, steigende Temperaturen, die Versalzung von Ackerflächen infolge des steigenden Meeresspiegels und vor allem eine in manchen Regionen bereits dramatische Wasserknappheit. Zusätzlichen Druck auf die globale Ernährungssituation erzeugen das ungebrochene Bevölkerungswachstum und die veränderten Essgewohnheiten sowie der Anbau von Agrospritpflanzen.

Bei rückläufiger Produktion von Grundlebensmitteln und gleichzeitig steigender Nachfrage droht uns also eine globale Nahrungsmittelkrise. Und sollte das Szenario »Peak Everything« eintreten, bei dem nicht nur die Preise für Nahrungsmittel, sondern auch für die energetischen und mineralischen Ressourcen ansteigen, wäre unser gesamtes sozioökonomisches System gefährdet.

Birgit Mahnkopf

Bücher &c.

- Ugo Bardi, *Der geplünderte Planet. Die Zukunft des Menschen im Zeitalter schwindender Ressourcen*, München (oekom) 2013.
- Richard Heinberg, *Peak Everything: Waking Up to the Century of Declines*, Gabriola Island (New Society Publishers) 2007.
- »The Oil Crash«. Dokumentarfilm von Basil Gelpke, Ray McCormack, Schweiz 2006.
- »There Will Be Blood«, Regie: Paul Thomas Anderson, USA 2007.

Die alten Ölfelder sind noch immer die ergiebigsten

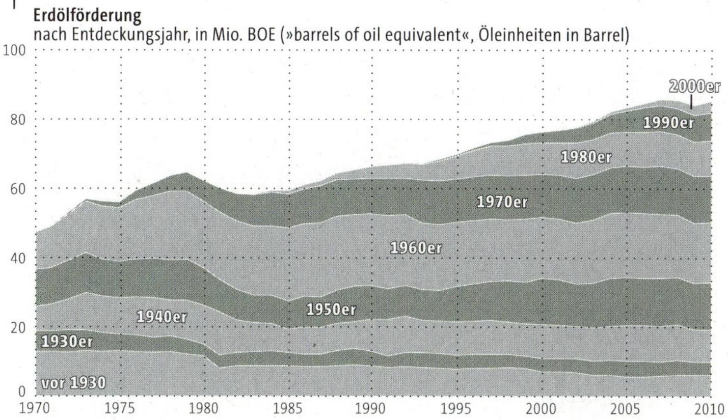

Textilien für die Welt

Der industrielle Anbau von Genbaumwolle verbraucht enorme Mengen Wasser, vergiftet die Böden und ist für die Feldarbeiter lebensgefährlich

Fast jeder Mensch trägt sie direkt auf der Haut – Tag und Nacht. Rund 40 Prozent der Textilien sind heute aus Baumwolle, bei Kleidung liegt der Anteil noch höher. Dass wir uns Teile der Pflanze aus der Familie der Malvengewächse aber manchmal auch einverleiben, zum Beispiel wenn wir fettige Pommes essen oder das Frühstücksbrötchen mit Margarine bestreichen, ist weniger bekannt. Auch in Geldscheinen sind die robusten Fasern verarbeitet, weil ihnen Feuchtigkeit und Dreck wenig anhaben können.

Auf etwa 2,5 Prozent der weltweiten Ackerflächen wächst Baumwolle. Obwohl die Büsche zehn Jahre alt werden können, dominieren heute Saisonpflanzen. Von der Aussaat bis zur Ernte brauchen die sonnenhungrigen Sträucher etwa 200 Tage – und in dieser Zeit darf es keinen Frost geben. Deshalb liegen fast alle Anbaugebiete zwischen dem 37. nördlichen und 30. südlichen Breitengrad. Außerdem benötigt die Pflanze insbesondere in der Frühphase viel Wasser, während Regen kurz vor der Ernte fatale Folgen für die Faserbäusche hat. Deshalb findet der Baumwollanbau heutzutage oft in sehr trockenen Regionen mit künstlicher Bewässerung statt.

Bis zu 1500 Liter Wasser pro Jahr und Quadratmeter werden dabei eingesetzt, weshalb manches schlichte T-Shirt weit mehr als 50 Badewannen voll Wasser als unsichtbaren ökologischen Rucksack mit sich herumschleppt. Das Statistische Bundesamt hat ausgerechnet, dass die hierzulande verkauften Baumwollprodukte mehr Frischwasser verbrauchen, als in deutschen Haushalten fürs Baden, Kochen und Waschen aus den Hähnen fließt. Weltweit gehen 6 Prozent des Süßwassers für den Baumwollanbau drauf.

Das prominenteste Opfer dieser Praxis ist der Aralsee, einst viertgrößtes Binnengewässer der Welt, dessen östlicher Teil im Sommer 2014 erstmals komplett trockenfiel. Vor dem Zweiten Weltkrieg hatte Stalin die Bauern in Kasachstan und Usbekistan gezwungen, ihre Obst- und Weinbauplantagen in riesige Baumwollfelder umzuwandeln. Versorgt wurden die Monokulturen durch ein aus den Zuflüssen des Aralsees gespeistes Bewässerungssystem. Die dramatische Schrumpfung des Sees begann aber erst nach dem Bau des weltweit größten Bewässerungskanals, der Millionen Kubikmeter nach Turkmenistan leitet, die auch dort den Baumwollanbau ermöglichen.

Als das Sowjetreich zusammenbrach, war der Aralsee um zwei Drittel geschrumpft, doch die ökologische Katastrophe in der zentralasiatischen Region nahm kein Ende. Inzwischen ist das Erdreich extrem versalzen, was den Wasserbedarf beim Baumwollanbau noch einmal enorm verstärkt, weil die Kristalle vor der Aussaat aus dem Boden ausgewaschen werden müssen.

Darüber hinaus ist der Baumwollanbau mit einem enormen Pestizid- und Mineraldüngereinsatz verbunden: Über 10 Prozent der weltweit eingesetzten Agrochemikalien kommen hier zum Einsatz. Konventionell arbeitende Betriebe spritzen die Pflanzen bis zu 25-mal im Jahr, weil sich Insekten in den Monokulturen und dem feuchtheißen Klima ansonsten rasant vermehren würden. Vor der Ernte mit Großmaschinen werden die Büsche vielerorts künstlich entlaubt. Nicht selten stehen die Arbeiter im Giftnebel. Verlässliche Zahlen über Todesopfer gibt es nicht, doch Schätzungen gehen davon aus, dass jedes Jahr Zehntausende den Baumwollanbau mit dem Leben bezahlen.

Mitte der 1980er Jahre fanden in den USA die ersten Freilandversuche mit gentechnisch veränderter Baumwolle statt, seit 1996 ist Genbaumwolle dort offiziell zugelassen. Die Manipulationen am Erbgut machen die Pflanzen nicht nur unempfindlicher gegen Hitze und Salz, sondern führen auch dazu, dass sie selbst Abwehrstoffe gegen Wanzen und Baumwollkapselwürmer bilden. Der US-Agrarmulti Monsanto hat das Saatgut genetisch außerdem so verändert, dass die Pflanzen resistent gegen Glyphosat sind. So überstehen die Baumwollsträucher – anders als sogenannte Unkräuter – die Dusche mit dem ebenfalls von Monsanto hergestellten Breitbandherbizid »Roundup«.

Auf mehr als zwei Dritteln der weltweiten Baumwollfelder wachsen inzwischen genmanipulierte Pflanzen, deren Saatgut den Bauern meist im Doppelpack mit Glyphosat verkauft wird. Tatsächlich steigen die Erntemengen nach der Umstellung deutlich an. In Indien, das gentechnisch veränderte Baumwolle 2002 zuließ, schnellten die durchschnittlichen Erträge um zwei Drittel nach oben. Zugleich sank der Chemikalienverbrauch. Über 80 Prozent der Baumwolle, die heute auf dem Weltmarkt gehandelt wird, ist genmanipuliert. Nur Afrika ist in weiten Teilen noch frei von genveränderter Baumwolle, doch auch hier gibt es inzwischen Pilotversuche und erste Zulassungen.

Weniger als ein Prozent der weltweiten Baumwollproduktion ist »bio«, zum Großteil aus Indien. Die Preise dafür liegen etwa ein Drittel über denen für konventionelle Ware. Ein harter Schlag für die Biobauern war ein 2010 von der *Financial Times* aufgedeckter Skandal. Unter dem Label »organic« waren große Mengen Gentechbaumwolle aus Indien verkauft worden.

In 72 Ländern gibt es Baumwollanbau, wobei China, Indien, die USA und Pakistan zusammen fast drei Viertel der Weltproduktion liefern. Nennenswerte Mengen kommen außerdem aus Brasilien, Australien, Usbekistan und der Türkei. Die meisten Anbauländer gibt es in Afrika; für viele

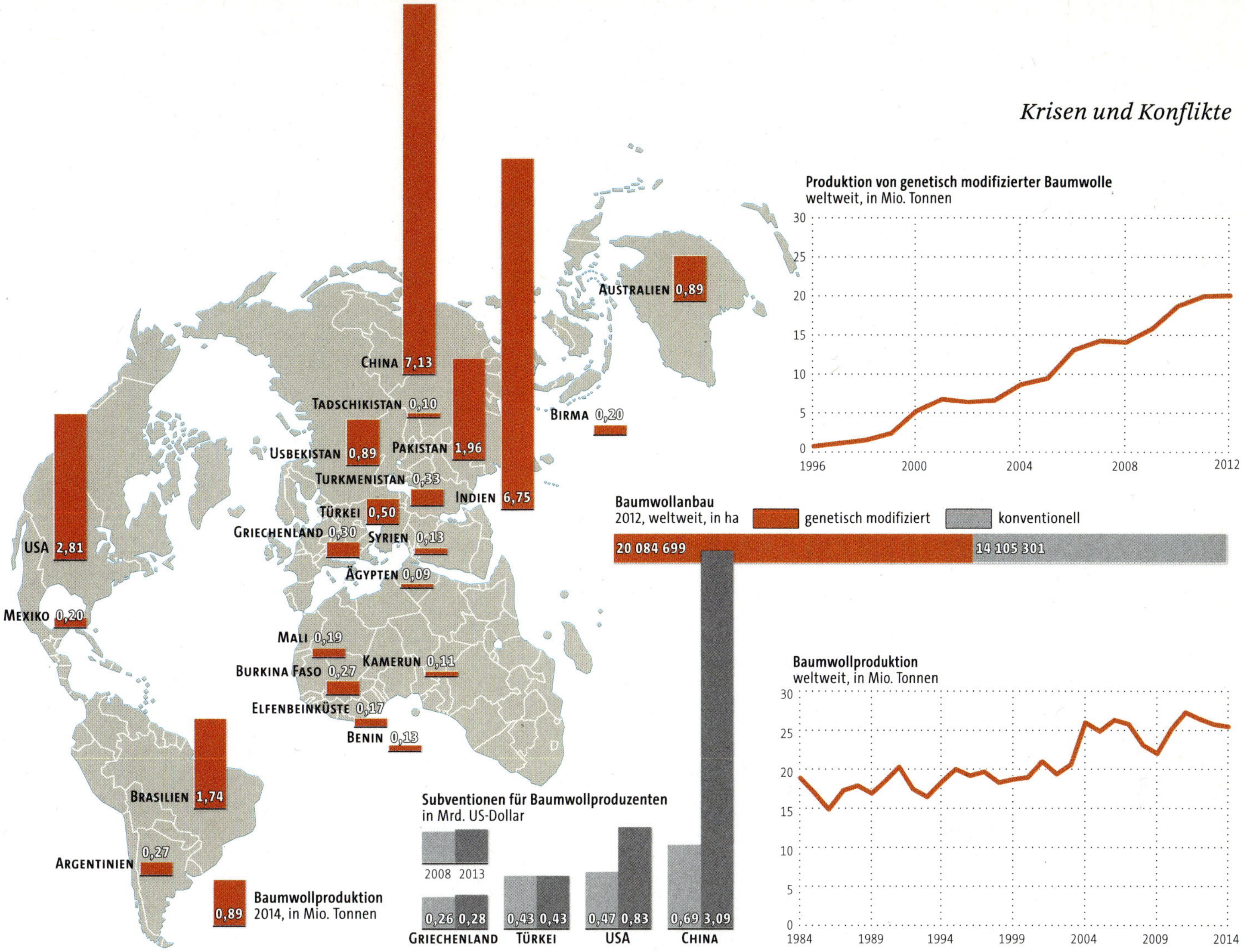

Baumwollanbau auf allen Kontinenten

ihrer Volkswirtschaften ist die Baumwolle ein wesentlicher Wirtschaftsfaktor. In den Regionen südlich der Sahara leben Schätzungen zufolge über 10 Millionen Menschen vom Baumwollanbau. Die Hektarerträge sind von Land zu Land sehr unterschiedlich. Sie liegen zwischen 140 Kilogramm in Somalia und knapp 1500 Kilogramm in Australien. Brasilien, die Türkei und China liegen etwas darunter, in Indien sind es gegenwärtig etwa 500 Kilogramm. Im Durchschnitt hat sich der Hektarertrag seit den 1940er Jahren fast verdreifacht – der Hauptgrund dafür, dass auf dem Globus heute siebenmal so viel Baumwolle produziert wird wie vor hundert Jahren.

Chinas größte Baumwollregion liegt in der Unruheprovinz Xinjiang ganz im Westen des Landes. Hier schuften während der Erntezeit Hunderttausende von Saisonarbeitern oft sieben Tage die Woche bis zu 14 Stunden täglich. In Afrika hingegen bauen vor allem Kleinbauern die Baumwolle an. Während der etwa dreimonatigen Erntezeit gehen sie mehrmals durch die Reihen und sammeln die reifen Kapseln ab. Sie erreichen damit eine bessere Qualität als die großen Pflückmaschinen, die bis zu acht Reihen auf einmal bearbeiten und bei ihrem einzigen Erntegang auch un- und überreife Kapseln einsammeln. Trotzdem hat ein Großteil der afrikanischen Kleinbauernfamilien weniger als 1,50 Dollar pro Tag und Kopf zur Verfügung und lebt damit unter der »extremen Armutsgrenze«. Ähnlich geht es den 7 Millionen indischen Baumwollbauern, von denen sich viele durch den Kauf des gentechnisch veränderten Saatguts und der dazugehörigen Chemikalien verschuldet haben. Viele Tausende haben sich schon das Leben genommen, nicht selten, indem sie Pestizide schluckten.

Ein Grund für ihre verzweifelte Lage sind die Agrarsubventionen in Europa und in den USA, wo etwa 25000 Betriebe, vor allem in Arizona und Texas, mehr als 10 Prozent der weltweiten Baumwolle produzieren. Seit das Welttextilabkommen 2005 in Kraft getreten ist, werfen sie ihre Ernte fast vollständig auf den Weltmarkt, weil es so gut wie keine heimische Verarbeitungsindustrie mehr gibt. Konkurrenzfähig sind sie nur, weil der Staat sie jährlich mit etwa 3 Milliarden Dollar unterstützt.

Viele Regierungen haben sich bei der WTO wegen dieser unfairen Handelspraxis beschwert und im Prinzip recht bekommen, was allerdings folgenlos blieb. Brasilien setzte immerhin in bilateralen Verträgen 2009 und 2014 Kompensationen durch, doch schwächere Länder haben eine solche Möglichkeit nicht. Ihre Verluste durch den insbesondere von den USA nach unten gedrückten Baumwollpreis übersteigen in vielen Fällen die Entwicklungshilfezahlungen aus dem Norden um ein Vielfaches. Internationale Experten gehen davon aus, dass der Baumwollpreis etwa 11 Prozent höher liegen würde, wenn einige Länder aufhören würden, ihre heimische Agroindustrie zu stützen.

Doch nicht nur die westlichen Länder päppeln den heimischen Baumwollanbau auf. Peking legt einen Mindestpreis fest, zu dem die chinesischen Weiterverarbeiter die im Inland angebaute Rohware aufkaufen können. Zugleich werden die Importe durch Quoten beschränkt und Zölle erhoben, um die heimischen Produzenten vor den niedrigen Weltmarktpreisen zu schützen.

Die Baumwollfasern werden nach der Ernte von Hand oder maschinell von den Kernen, Blättern und Kapselteilen getrennt, zu 200-Kilogramm-Ballen gepresst und in die Spinnereien transportiert. Großhandelsunternehmen wie Cargill oder Plexus wickeln die internationalen Geschäfte ab. Die bedeutendste Baumwollbörse ist die New York Cotton Exchange, aber auch Bremen ist ein international wichtiger Handelsplatz. Nachdem die Preise im Frühjahr 2011 auf ein Rekordhoch von 2,20 Dollar für ein Pfund mittlerer Qualität geklettert waren, haben sie zwischen 2012 und 2014 die 1-Dollar-Marke kein einziges Mal übersprungen. Genau wie Getreide ist auch Baumwolle längst zum Spekulationsobjekt geworden: Banken wie Unicredit oder Goldman Sachs bieten Zertifikate an, mit denen sich auf fallende oder steigende Preise wetten lässt.

Nach Inkrafttreten des Welttextilabkommens *(siehe Kasten)* ist China zum unangefochtenen Zentrum der globalen Textilindustrie geworden: Dort werden 43 Prozent der Rohbaumwolle in allen weiteren Schritten verarbeitet, dort ist etwa die Hälfte aller Spinnereien und Webereien der Welt angesiedelt. Nicht nur die Textilwirtschaft in Europa und in den USA konnte der billigen asiatischen Konkurrenz nicht standhalten, auch die afrikanische Bekleidungsherstellung ist durch Importe aus China so gut wie verschwunden.

Viele chinesische Fabriken verfügen inzwischen über hochmoderne Maschinenparks: Die Geschwindigkeit der Garnaufwickler liegt deutlich über der von TGV und ICE. Die Fäden werden anschließend zu Stoffen gewoben, gefärbt und in Nähfabriken gebracht. Weil die Löhne in den chinesischen Industrieregionen in den letzten Jahren deutlich gestiegen sind, wandert die Produktion oft in abgelegenere Landesteile oder in Billiglohnländer wie Vietnam, Kambodscha und vor allem Bangladesch ab.

Niemand weiß, wie viele tausend Textilfabriken es in Bangladesch gibt, schätzungsweise 5 Millionen Menschen in dem südasiatischen Land nähen inzwischen für den Weltmarkt. Zwar wurde Ende 2013 ein gesetzlicher Mindestlohn von 48 Euro pro Monat eingeführt – doch der

Die internationalen Faserabkommen

Ein möglichst freier Welthandel führt zu günstigen Preisen und nützt allen – das ist das Credo der Neoliberalen. Dagegen brandmarken sie Zölle, Importquoten und Subventionen als wirtschaftsfeindlichen Protektionismus. Diese Perspektive haben vor allem die USA und Westeuropa nach dem Zweiten Weltkrieg im Rahmen des Allgemeinen Zoll- und Handelsabkommens (Gatt) durchgesetzt, dessen Kern das Verbot staatlicher Handelsbeschränkungen ist. Allerdings gab es neben der Landwirtschaft stets eine zweite Ausnahme: die Textil- und Bekleidungsproduktion. Jahrzehntelang versuchten die traditionellen Industrienationen, die eigenen Firmen vor der internationalen Konkurrenz zu schützen.

So legte das Multifaserabkommen von 1974 für jedes Land fest, wie viel Textilien es maximal exportieren durfte. Vor allem China wurde auf diese Weise ausgebremst und konnte viel weniger Billigkleidung in Europa und in den USA absetzen, als es hätte liefern können. Zugleich stiegen nun etliche andere Entwicklungsländer in die Produktion ein. Anfang der 1990er Jahre gab es in 160 Staaten Textilfabriken. Länder wie Bangladesch und Kambodscha, die damals auf einem freien Weltmarkt nicht konkurrenzfähig gewesen wären, bauten eine bedeutende Produktion auf.

Als 1995 die Welthandelsorganisation (WTO) gegründet wurde, setzten die Industrieländer mit dem Welttextilabkommen noch einmal eine zehnjährige Schonfrist durch: Erst nach und nach sollte der Welthandel mit Klamotten vollständig liberalisiert werden. Ende 2004 war es dann so weit – und erwartungsgemäß überschwemmten chinesische Produkte sofort den Weltmarkt. Die EU und die USA verhängten daraufhin erneut Quoten gegen das Land, die 2008 ausliefen.

Mit Ausnahme von wenigen Spezialfabriken ist die Textilproduktion inzwischen aus den USA und Europa verschwunden. Das Geschäftsmodell der hier ansässigen Bekleidungsindustrie hat sich grundsätzlich verändert: Schnitte und Marken werden weiterhin hier erstellt, während für die Produktion meist der billigste Anbieter weltweit gesucht wird.

In vielen Ländern ist die Textilwirtschaft nun wieder verschwunden – Schätzungen gehen davon aus, dass mit dem Ende des Welttextilabkommens 2005 rund 300 000 Näherinnen überall auf dem Globus ihre Jobs verloren haben. Nach dem Auslaufen der Quoten für China 2008 traf es noch einmal Hunderttausende zwischen Mexiko, Südafrika und der Mongolei. Der Wettbewerb läuft heute vorwiegend über Preis und Liefergeschwindigkeit – was für die Beschäftigten Lohndumping und extrem lange Arbeitszeiten bedeutet.

Die Ressource Wasser in der Textilproduktion

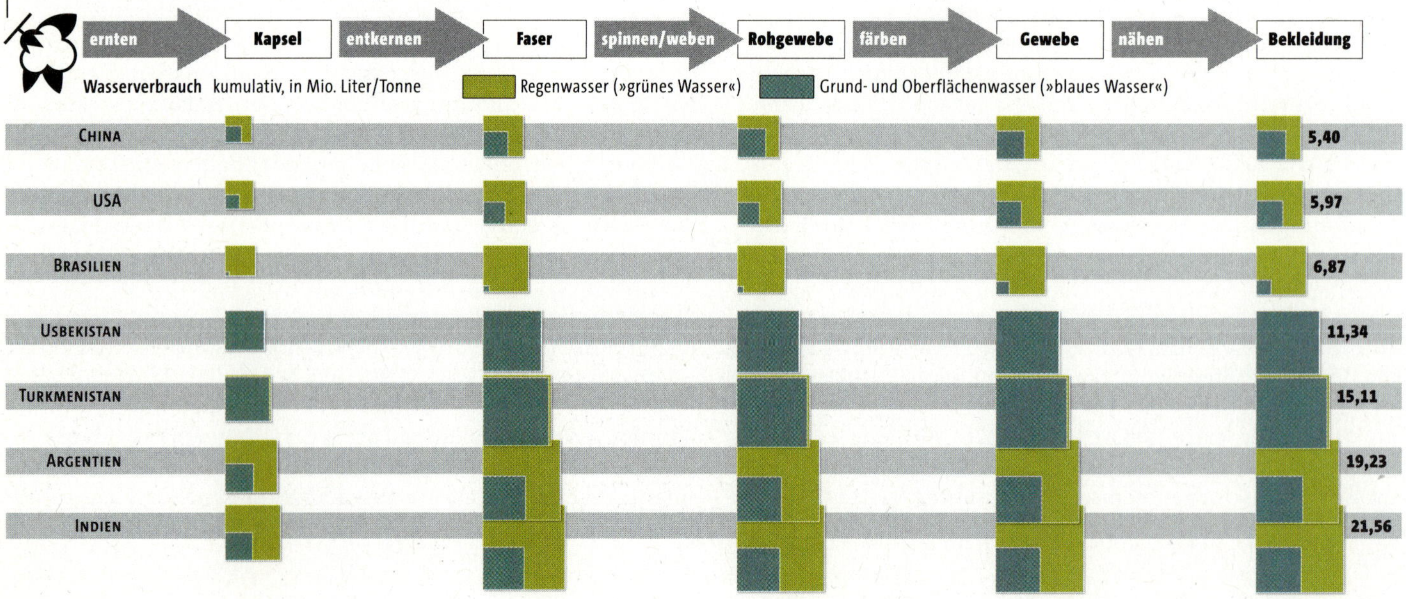

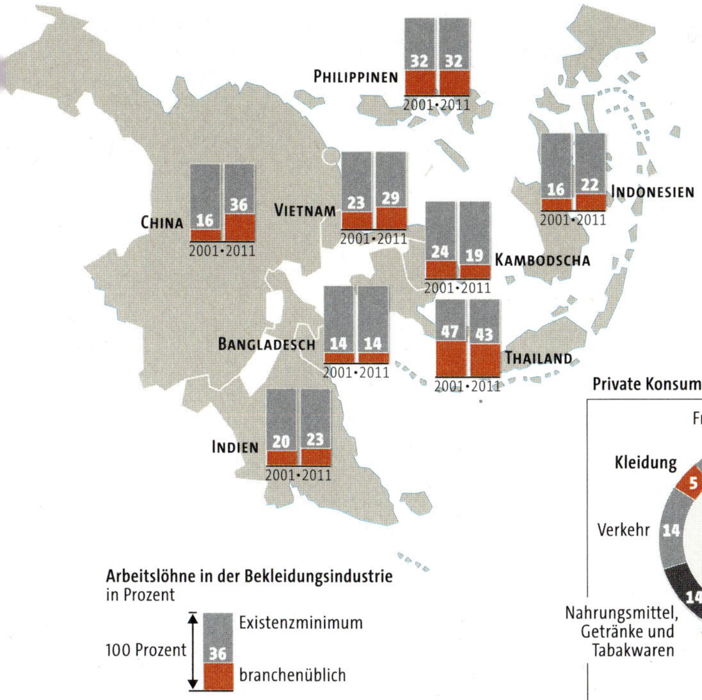

Private Konsumausgaben 2012, in Prozent

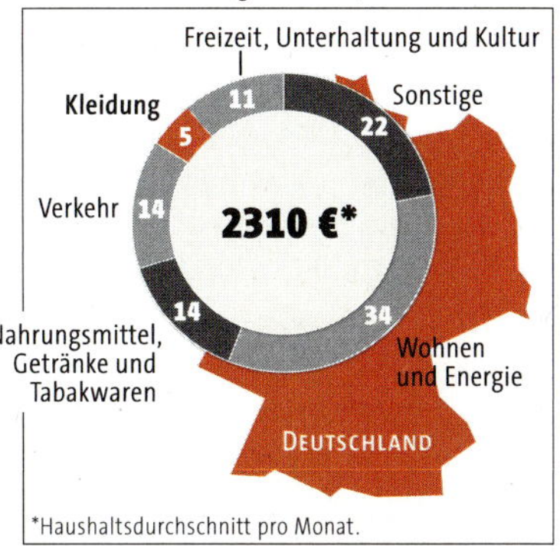

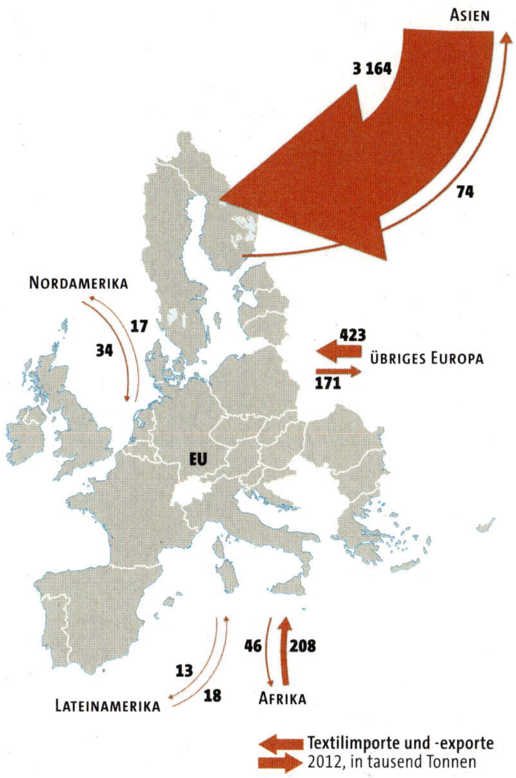

Produzenten und Konsumenten

wird vor allem bei den Subunternehmen vielerorts nicht eingehalten. Gewerkschafter werden verfolgt, manche umgebracht, und nur sehr wenige Beschäftigte trauen sich einer Gewerkschaft beizutreten.

Die Abnehmer in den USA und in Europa diktieren Preise und Lieferbedingungen. H & M stellt alle paar Wochen eine neue Kollektion vor, Walmart oder Aldi ordern ausschließlich einmalige Schnäppchenware. Schon nach wenigen Waschgängen sollen die Klamotten durch Neukauf ersetzt werden. Aber auch Edelmarken wie Hugo Boss oder Calvin Klein lassen in Bangladesch unter unmenschlichen Bedingungen produzieren. Im Schnitt wächst der weltweite Textilabsatz um durchschnittlich 3 Prozent jährlich. Der Kapitalismus nahm seinen Ausgang in der Textilindustrie. Von Anfang an gehörten katastrophale Arbeitsbedingungen auf den Baumwollfeldern, in den Fabriken und bei den Subunternehmern dazu. Daran hat sich bis heute nichts geändert. Nur die Orte der Ausbeutung liegen woanders.

Annette Jensen

Bücher *&c.*

- Sven Beckert, *King Cotton – eine Geschichte des globalen Kapitalismus*, München (C. H. Beck) 2014.
- Pietra Rivoli, *Reisebericht eines T-Shirts. Ein Alltagsprodukt erklärt die Weltwirtschaft*, aus dem Englischen von Christoph Bausum, München (Econ Verlag) 2006.
- »100 Prozent Baumwolle – Made in India«, Regie: Inge Altemeier und Reinhard Hornung, Deutschland 2003.

Vom See zur Wüste

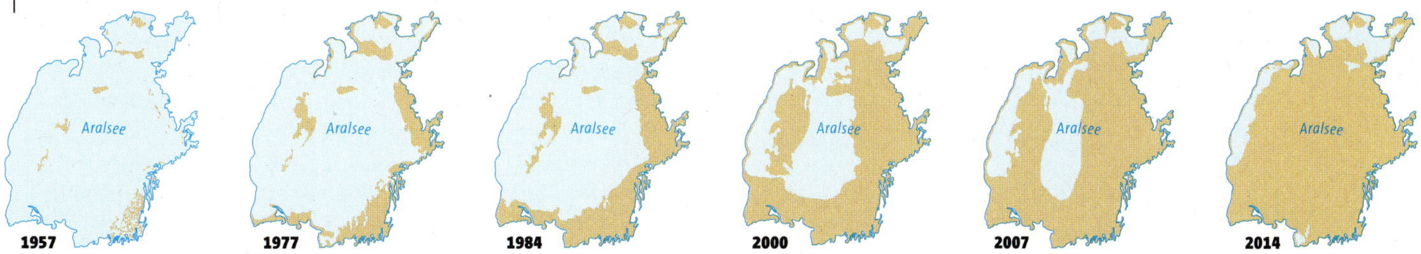

Bewässerung hat den Aralsee verschwinden lassen. Die Anfänge liegen in den 1920er Jahren, als in der jungen Sowjetunion das Wasser der beiden Hauptzuflüsse Amudarja und Syrdarja erstmals für den großflächigen Anbau von Reis und Baumwolle abgezweigt wurde. Diese Wassernutzung wurde in den 1960er Jahren noch intensiviert. Seitdem sinkt der Wasserpegel kontinuierlich. Neuerdings wird das östliche Becken als Aralkum-Wüste bezeichnet – im Sommer 2014 war es zum ersten Mal komplett ausgetrocknet. Als Rettungsmaßnahme wurde der nördliche Restsee in den 1990er Jahren eingedeicht. In diesem Kleinen Aralsee steigt in den letzten Jahren der Wasserpegel wieder leicht an.

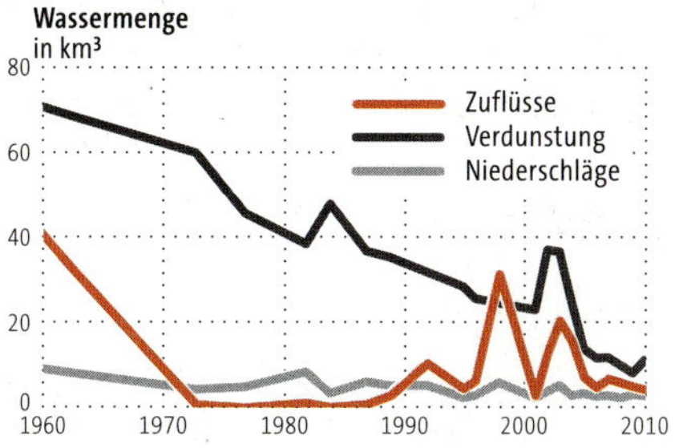

Das Proletariat der Globalisierung

In China verbessern sich die Arbeits- und Lebensbedingungen trotz technologischer Fortschritte nur sehr langsam

Im Zuge des seit Mitte der 1970er Jahre anhaltenden Globalisierungsschubs hat sich die Herstellung von Gütern mehr und mehr internationalisiert. Beispielhaft geschah dies in der Textil- und Bekleidungsindustrie. Heute lassen viele Modemarken ihr gesamtes Sortiment von Zulieferfirmen in Entwicklungs- und Schwellenländern herstellen, wobei sie die Kontrolle über Design und Marketing – und damit den Löwenanteil der Gewinne – behalten. Die Schattenseiten dieses Geschäftsmodells sind oft katastrophale Arbeits- und Lebensbedingungen. Arbeitsrechte und Gesundheitsschutz sind unzureichend, Gewerkschaften meist nicht vorhanden, die Löhne liegen knapp über dem Existenzminimum und die Arbeitszeiten nicht selten bei 70 bis 80 Stunden pro Woche. Westliche Unternehmen nutzen dabei das enorme Wohlstandsgefälle auf der Welt aus. Denn wo ein Monatslohn von umgerechnet 200 bis 300 Euro sozialen Aufstieg bedeutet, lassen sich billige Arbeitskräfte (scheinbar) unbegrenzt ausbeuten.

Als Gewinner der jüngsten Globalisierungswelle in der Textil- und Bekleidungsindustrie gilt China, wo mittlerweile mehr als ein Drittel der in die USA und nach Europa eingeführten Modeartikel produziert wird. Doch die bisherige technologiearme Billigproduktion ist nicht mehr aufrechtzuerhalten. Steigende Preise für Rohstoffe und Böden sowie der Arbeitskräftemangel und die deshalb kaum vermeidbaren Lohnerhöhungen machen den Unternehmen in China zu schaffen.

Die regierende KP setzt daher auf eine technologische Aufwertung der Produktion, indem sie Zukunftsbranchen wie Mikroelektronik oder Umwelttechnologien besonders fördert und Unternehmen hilft, moderne Produktionsmethoden anzuwenden und eigene Designs zu entwickeln. Statt ausführendes Organ am unteren Ende der Lieferkette zu sein, sollen die chinesischen Unternehmen komplexere Aufgaben übernehmen – und damit ein größeres Stück vom Kuchen erhalten.

Die Abkehr von der ressourcenintensiven Billigproduktion könnte erhebliche Verbesserungen für die Beschäftigten mit sich bringen, die sich zumeist aus den 120 bis 200 Millionen Arbeitsmigranten aus ländlichen Regionen rekrutieren. Tatsächlich steigt auch in der Textilindustrie der Bedarf an Fachkräften wie Managern, Modedesignern und Technikern. Lokale Regierungen in den Zentren der Bekleidungsindustrie gründen Berufsschulen für Modedesign und unterstützen Unternehmen bei der Anwerbung ausländischer Fachkräfte oder der Gründung eigener Modelabels.

Allerdings geht es beim Umbau der Produktion in erster Linie um die technologische Höherentwicklung und nicht um die Belange der Beschäftigten. Häufig investieren die Unternehmen lediglich in neue Maschinen. In den voll- oder teilautomatisierten Fabriken sind dann zwar weniger Arbeiterinnen beschäftigt, aber an den Maschinen stehen wieder schlecht bezahlte, angelernte Arbeitsmigrantinnen. Denn wenn die bisherigen Produktionsanlagen durch »höherwertige« Funktionen ergänzt werden, ändert dies an den Arbeitsbedingungen wenig. Die chinesischen Äquivalente zu C&A oder H&M profitieren ebenso wie die westlichen Vorbilder von gering qualifizierter und schlecht entlohnter Arbeit. Insgesamt reagieren die meisten Unternehmen auf den Arbeitskräftemangel, indem sie die Anzahl der Beschäftigten und deren Qualifikationsanforderungen herunterschrauben – statt auf eine stabile Belegschaft umfassend ausgebildeter und besser bezahlter Facharbeiter zu vertrauen.

Interessanterweise sieht es in Hightech-Branchen wie der LED-Beleuchtungsindustrie kaum anders aus. Bei der Fertigung von LED-Wafern und Leuchtmodulen kommen komplexe Maschinen zum Einsatz, während die LED-Module zum Teil noch von Hand in die Lampen eingesetzt werden. Die Qualifikationsanforderungen sind gering und das Einarbeiten dauert meist nicht länger als ein oder zwei Wochen. In der Fertigung werden angelernte Arbeitsmigranten beschäftigt, die mitunter noch weniger verdienen als die Arbeiterinnen in der Textil- und Bekleidungsindustrie. Insofern gibt es auch in der LED-Industrie eine Entkoppelung von technologischer Aufwertung und Wirtschaftswachstum auf der einen und den Arbeitsbedingungen auf der anderen Seite.

Dieses Scheitern einer »sozialen Aufwertung« der Produktion verschärft die sozialen Gegensätze in China und stellt

Lohnentwicklung nach Branchen

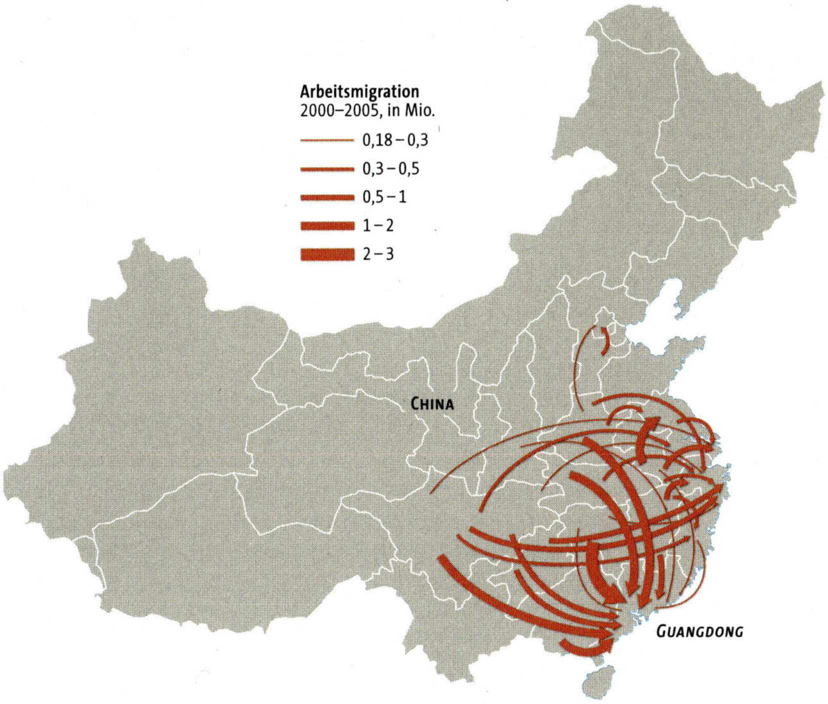

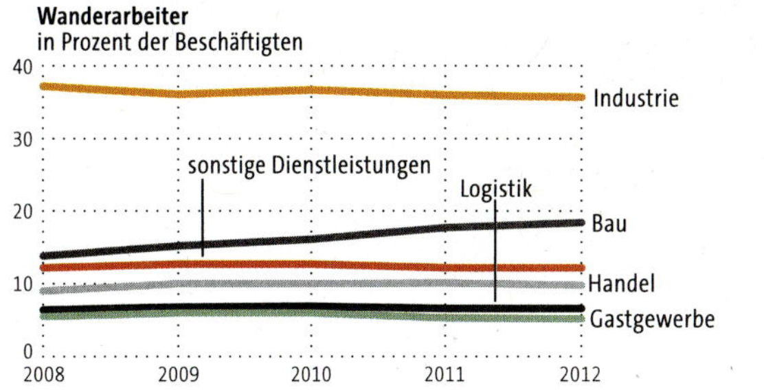

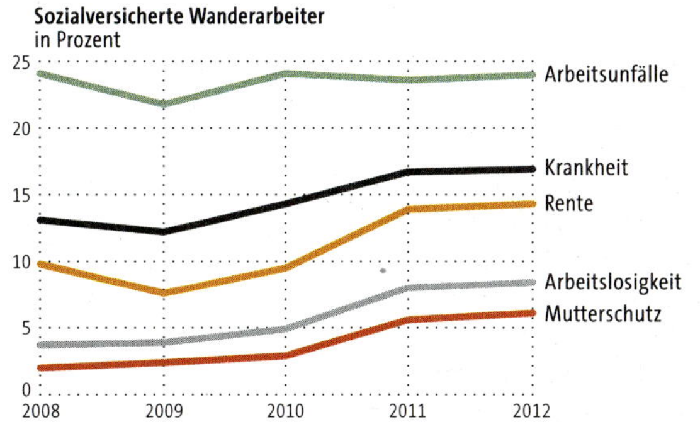

Immer der Arbeit nach

auch ökonomisch eine Bedrohung dar. Zwar konnte die chinesische Textil- und Bekleidungsindustrie ihre Weltmarktanteile in den letzten Jahren weiter ausbauen, und auch der Binnenmarkt birgt ein enormes Potenzial für die expandierenden chinesischen Markenunternehmen. Zugleich krankt die Gesamtwirtschaft aber daran, dass der Anteil der Binnenkonsumnachfrage am BIP seit Jahren rückläufig ist, was gesamtwirtschaftliche Ungleichgewichte hervorruft und die wirtschaftliche Stabilität langfristig untergräbt. In den letzten Jahren ist es vor dem Hintergrund häufiger Streiks und Arbeitskräfteknappheit zu deutlichen Lohnerhöhungen gekommen. Dennoch bleibt der Anteil der Löhne am Volkseinkommen zu niedrig.

Die anhaltende Ungleichheit in den Betrieben bei rasant steigenden Lebenshaltungskosten ist immer wieder Anlass für Massenproteste. Im Mai 2010 erkämpften die Beschäftigten bei Honda in der südchinesischen Stadt Foshan eine Lohnerhöhung von 30 Prozent. Im Frühjahr 2014 kam es zum bislang größten Ausstand mit etwa 40 000 Streikenden in der Schuhfabrik Yue Yuen, die auch westliche Marken beliefert. Die Zeichen, dass die Beschäftigten in China sich nicht länger mit Billiglöhnen abfinden, mehren sich also. Es könnte der Anfang für einen nachholenden sozialen Umbau des Produktionsmodells sein.

Florian Butollo

Bücher *&c.*

- Georg Egger, Daniel Fuchs, Thomas Immervoll, Lydia Steinmassl (Hg.), *Arbeitskämpfe in China. Berichte von der Werkbank der Welt*, Wien (Promedia) 2013.
- Tobias ten Brink, *China's Kapitalismus. Entstehung, Verlauf, Paradoxien*, Frankfurt am Main (Campus) 2013.

Chinas Weg zu einer modernen Produktion

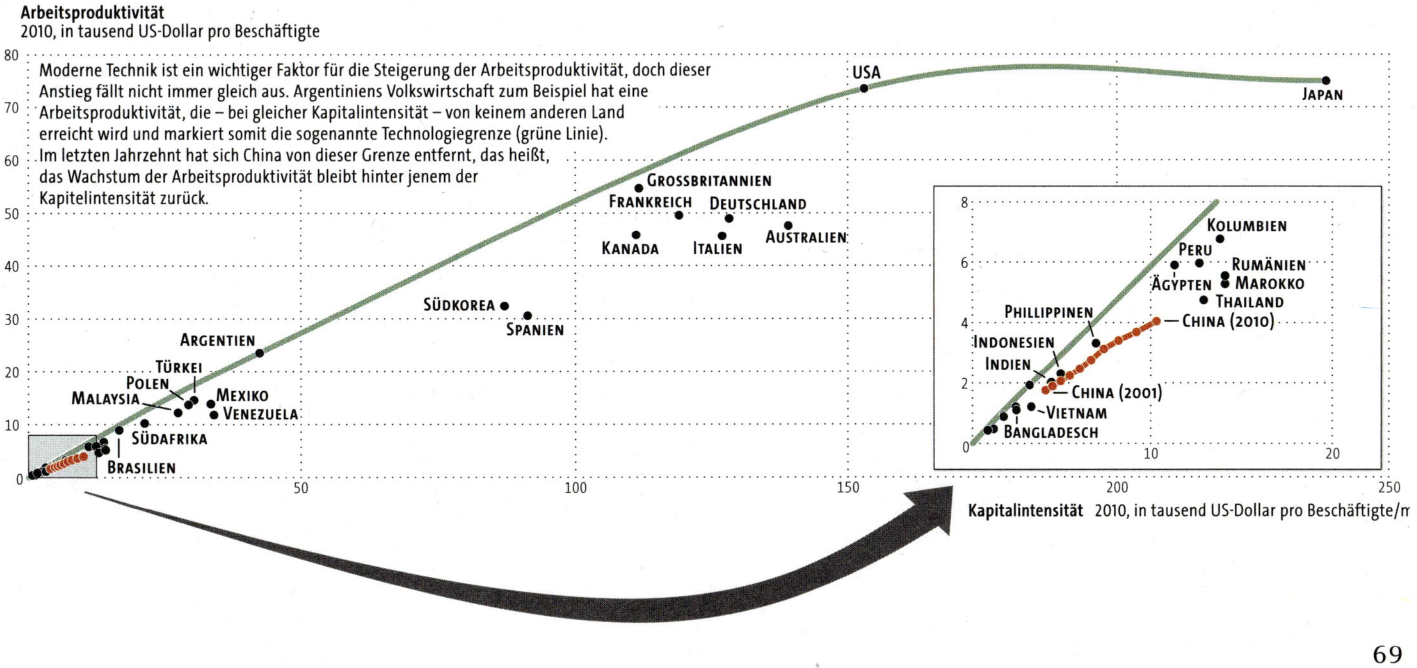

Die neuen Akteure im Kampf um Land

Warum globale Umweltkonflikte zunehmen und wie die traditionelle Subsistenzwirtschaft zerstört wird

Die Bewohnerinnen des Anuak-Dorfes in Gambela, Äthiopien, konnten gegen die Verpachtung ihres Landes an Karuturi Global, eines der weltgrößten Unternehmen für Schnittrosen mit Hauptsitz im indischen Bangalore, nichts ausrichten. Bauern verloren ihre Äcker, der nahe gelegene Wald, einst Quelle für Feuerholz, Früchte und Arznei, wurde gerodet, Widerstand mit Gewalt beantwortet.

Schon zu Kolonialzeiten lieferte der globale Süden günstig produziertes Getreide in den Norden. Der steigende Ressourcenverbrauch seit den 1970er Jahren führte zu noch weiter reichenden Enteignungen von Land. Federführend waren private Investoren und staatlich protegierte nationale Eliten. Die Nahrungsmittel- und Energieexporte hatten verheerende Auswirkungen auf die Lebensbedingungen und Ökosysteme in den betroffenen Regionen. Gleichzeitig rief der strukturell ungleiche Welthandel Widerstand hervor: Sowohl im Süden als auch im Norden kämpften und kämpfen Bewegungen wie die internationale Bewegung von Kleinbauern und Landarbeiterinnen Via Campesina für Umweltgerechtigkeit, Ernährungssouveränität und nachhaltige Anbaumethoden.

Das Beispiel Karuturi Global zeigt aber auch, dass Landgrabbing heute nicht mehr allein ein Problem der Nord-Süd-Beziehungen ist. Auch der globale Süden spielt eine immer wichtiger werdende Rolle im Kampf um Ressourcen. So haben das Bevölkerungswachstum, die gestiegene Nachfrage nach Zellstoff und Agrosprit sowie der zunehmende Fleisch- und Milchkonsum in Asien den globalen Stoffwechsel und die damit zusammenhängenden Produktions- und Handelsbeziehungen stark verändert. Neue Spieler sind die Brics-Staaten (Brasilien, Russland, Indien, China, Südafrika) und andere Schwellenländer wie Südkorea oder Ägypten.

Bereits 2008 gingen 40 Prozent aller Fusionen und Firmenübernahmen in der Agrarindustrie aus Süd-Süd-Beziehungen hervor. Beteiligt waren einerseits Importländer wie Indien und andererseits Exporteure wie das subsaharische Afrika. Zum Vergleich: Afrika hat das Zehnfache an Landmasse von Indien, Indien dafür 200 Millionen mehr Einwohner. Genaue Flächenangaben über die globale Landnahme liegen nicht vor, Schätzungen gehen von bis zu 200 Millionen Hektar erbeuteten Lands seit 2001 aus – das wäre in etwa die Fläche von Mexiko.

Die neuen Investoren aus dem Süden versuchen gern den Eindruck zu erwecken, sie hielten sich an die Prinzipien der G 77, eines losen Zusammenschlusses von Entwicklungs- und Schwellenländern, der sich für egalitären, solidarischen und gleichwertigen Süd-Süd-Handel einsetzt. Allerdings zeichnen die Berichte aus den betroffenen Regionen ein anderes Bild, bei dem sich der Gedanke aufdrängt, dass die Brics-Staaten gegenüber den Ländern in Asien und Afrika nur eine neue und sanftere Form des Kolonialismus praktizieren.

So zeigt die Vertreibung der Anuak-Bauern in Gambela auch, dass durch den Spielerwechsel neue Konflikte, Krisen und Kämpfe entstehen. 2008 pachtete Karuturi Global 300 000 Hektar Land von der äthiopischen Regierung, um ihr Kerngeschäft mit Schnittrosen auf Getreide und Ölpalmen

Agrosprit, Pflanzenfasern und Futtermittel für Investoren

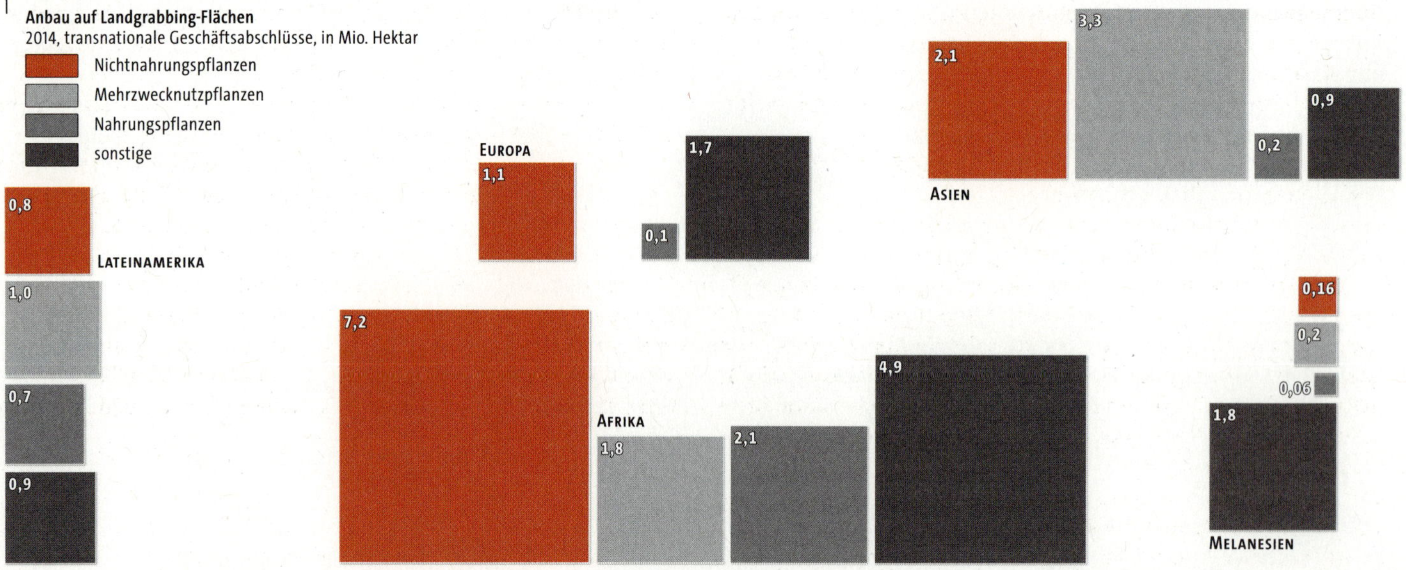

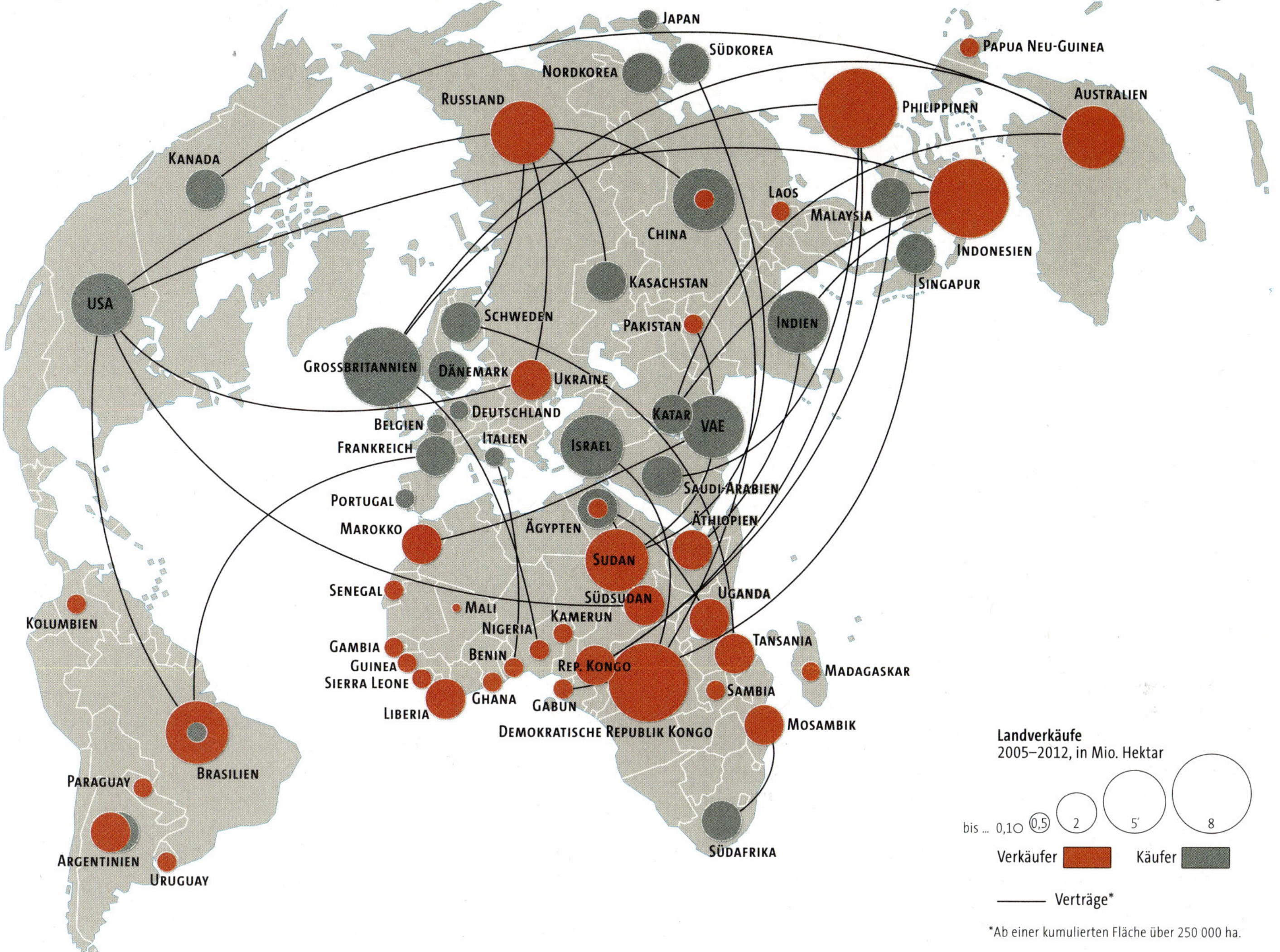

Landgrabbing, vor allem in Afrika

auszudehnen. Die Anuak wurden nur mäßig entschädigt, bekamen aber die Repressionen zu spüren. Umsiedlungen, Vertreibungen und die Zerstörung ihrer Selbstversorgungsstrukturen waren die Folge. Effizient genutzt wird das Ackerland freilich nicht, da aufgrund von Arbeitskämpfen, Überschwemmungen und finanziellen Engpässen weniger als 5 Prozent der gepachteten Fläche bewirtschaftbar sind. Dies hat die äthiopische Regierung zum Umdenken veranlasst: Bei den Neuverhandlungen des Pachtvertrags 2010 hat sie die Fläche auf 100 000 Hektar reduziert.

Seit Jahren schottet auch das aufstrebende Schwellenland Brasilien seinen Binnenmarkt ab – während es gleichzeitig seine wirtschaftlichen Aktivitäten im Ausland ausweitet. Bereits vor dem Amtsantritt von Präsidentin Dilma Rousseff, die den »Beginn einer neuen ökonomischen Ära zwischen Afrika und Brasilien« ausrief, hatten Brasilien, Japan und Mosambik das Vorzeigeprojekt ProSAVANA ins Leben gerufen, das eine nachhaltige landwirtschaftliche Entwicklung im tropischen Savannenland Mosambiks ermöglichen und bis 2020 laufen soll. ProSAVANA ist in den fünf nordmosambikanischen Provinzen Cabo Delgado, Nampula, Niassa, Zambézia und Tete angesiedelt und gehört zum sogenannten Nacala-Entwicklungskorridor, der eine Fläche von über 14 Millionen Hektar umfasst. Brasilianische und japanische Unternehmen liefern Agrartechnologie und importieren Agrarprodukte wie Soja oder Mais. Auch hier gibt es Auseinandersetzungen mit lokalen Bauern, die in dem ausländischen Kapital eine Gefährdung ihrer Lebensgrundlage sehen. Schließlich verdrängen die agrarindustriellen Großbetriebe, die für den Export produzieren, die kleinbäuerliche Subsistenzwirtschaft und zerstören die Ernährungssouveränität der indigenen Bevölkerung.

Verschärfte Konflikte und lauter werdende Rufe nach einer gerechteren Ressourcenverteilung sind nur die logische Konsequenz eines zunehmend verzweigten Welthandels unter ungleichen Bedingungen. Dabei stimmen die Ziele der vielen lokalen Bewegungen für Umweltgerechtigkeit im globalen Süden und der – noch – relativ kleinen Postwachstumsbewegung im Norden oft überein: Sie alle treten für nachhaltige und regionale Landwirtschaft, für einen Ausgleich der Klimaschuld und für Ernährungssouveränität ein – Grund genug, um in Zukunft enger zusammenzuarbeiten.

Beatriz Rodríguez-Labajos, Leah Temper, Lucía Argüelles

Bücher *&c.*

- www.ejatlas.org.
- www.grain.org.
- www.landmatrix.org.

Sand, ein knappes Gut

Die Nachfrage aus der Bau-, Mineral- und Frackingindustrie erschöpft die globalen Vorkommen und führt zu irreparablen Umweltschäden

Was ist der meistgebrauchte Rohstoff der Erde? Die Antwort mag überraschen und ist doch naheliegend: Sand und Kies. Diese Zuschlagstoffe, wie sie in der Baubranche genannt werden, haben in puncto Ressourcenverbrauch inzwischen sogar das Wasser überholt. Die Menschen denken über Sand nicht viel nach, es sei denn, sie planen gerade ihre nächsten Ferien am Meer. Und doch ist dieser Rohstoff so dominant und allgegenwärtig wie kein anderer. Sand wird nicht nur zur Herstellung von Glaswaren, Fensterscheiben und natürlich Beton verwendet, er steckt auch in Zahnpasta und Kreditkarten, in Mobiltelefonen, Computern und anderen Geräten, die unsere hypervernetzten Gesellschaften am Laufen halten.

Sand wird auf unterschiedliche Weise gewonnen, je nach Verwendungszweck und abhängig von den Bedingungen am Fundort. Erstaunlich ähnlich sind allerdings die Probleme, die der Sandabbau in den entwickelten und den unterentwickelten Ländern gleichermaßen verursacht. Abgesehen von den wenigen Einheimischen, die vom Sandabbau unmittelbar profitieren, leistet die örtliche Bevölkerung an vielen Stätten der Sandgewinnung Widerstand. In Ländern ohne funktionierende Presse- und Meinungsfreiheit wird die lokale Opposition jedoch häufig unterdrückt, und die Regierungen lassen sich von mächtigen Eliten – Lokalpolitikern oder internationalen Großkonzernen – einschüchtern und herumkommandieren.

Wie stark die Globalisierung das Leben der Menschen verändert hat, sehen wir nicht nur an der Kleidung, beim Essen und bei der Sprache. Die globale Vereinheitlichung zeigt sich auch in den rasant wachsenden Städten, in denen sich die Wolkenkratzer und Glasfassaden immer mehr ausbreiten, sowie im Ausbau der Infrastruktur, die die Bevölkerung erwartet. So entstehen überall – ohne große Rücksicht auf die geografischen und geologischen Bedingungen – Straßen, Flughäfen, Brücken, Häfen, Parkplätze und Golfplätze.

Seit jeher gilt Sand – schon die Römer haben aus gebranntem Kalk, Wasser, Bruchstein und Sand Beton hergestellt, um damit Fundamente, Wasserleitungen und Hafenmauern zu bauen – als Symbol für unendliche Mengen (»wie Sand am Meer«). Doch nicht alle Sande sind wirtschaftlich nutzbar. Die Körnchen des Wüstensands sind zu rund und zu glatt zum Bauen, und der von Meerwasser überspülte Sand muss erst aufwendig aufbereitet und vollständig entsalzt werden. Da aber der Sand aus Flussbetten und Kiesgruben allmählich zur Neige geht, deckt die boomende Bauwirtschaft ihren Bedarf auch zunehmend mit Meeressand.

Inzwischen ist also ausgerechnet der Sand vielerorts zu einem knappen Gut geworden. Und seine Gewinnung ist häufig umstritten, weil sie soziale und ökologische Probleme verursacht. Ein Beispiel: An den Küsten Marokkos wird viel Dünensand gewonnen, der in erster Linie für staatliche Bau- und Entwicklungsprojekte gebraucht wird. Diese ungezügelte

Ohne Sand keine Straßen, Häuser und Büros

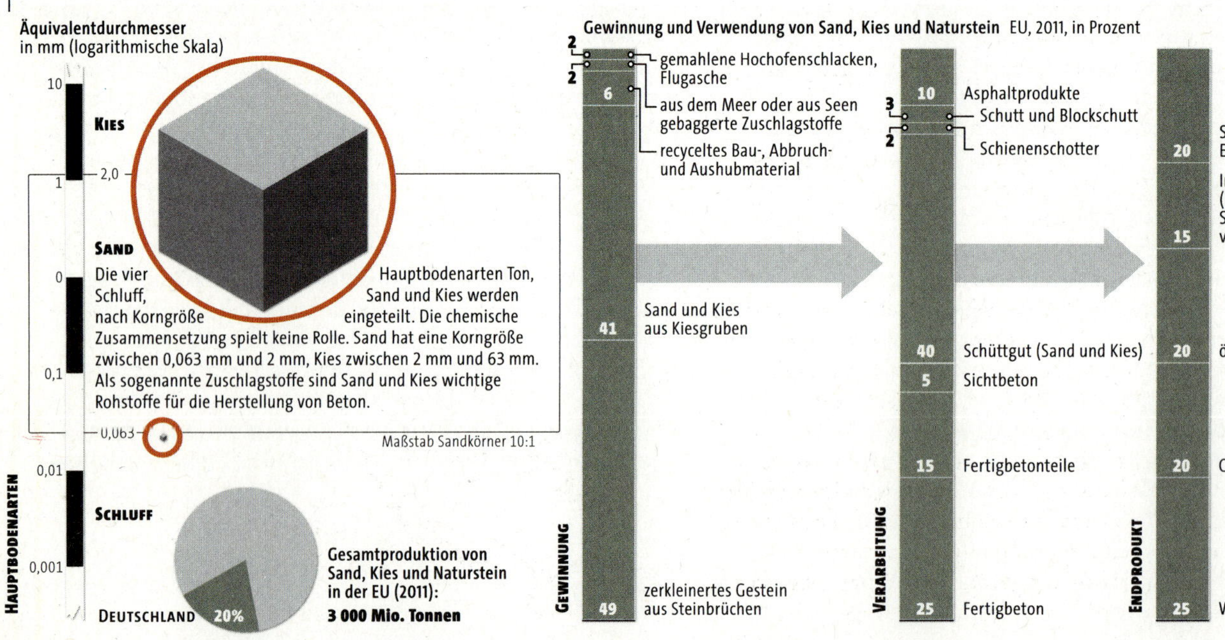

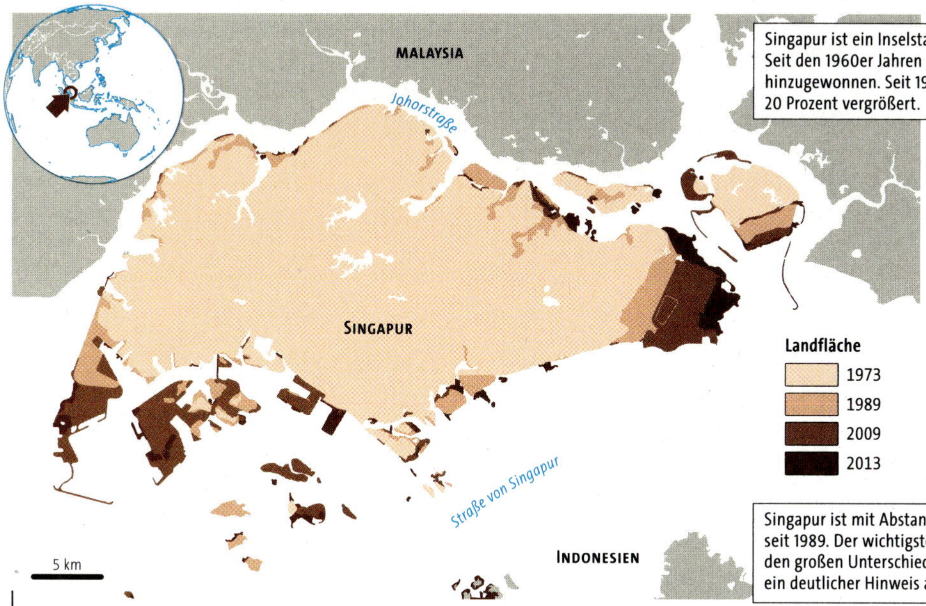

Singapur ist ein Inselstaat mit einer schnell wachsenden Bevölkerung. Der Raum ist knapp. Seit den 1960er Jahren wird darum durch Aufschüttung im angrenzenden Meer Land hinzugewonnen. Seit 1973 wurde die Landfläche mit 130 Quadratkilometern um mehr als 20 Prozent vergrößert.

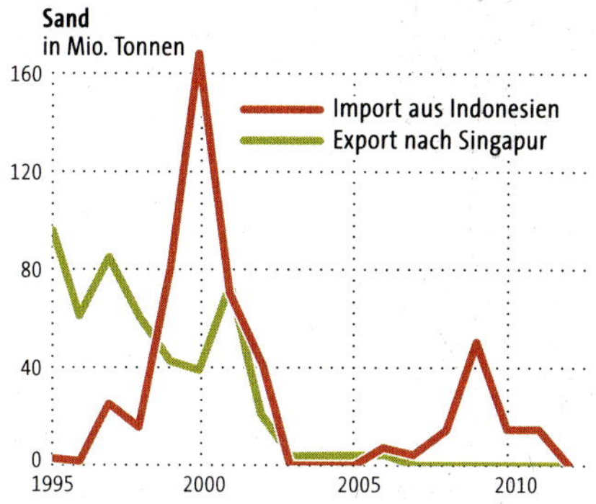

Singapur ist mit Abstand der weltweit größte Importeur von Sand: über 517 Millionen Tonnen seit 1989. Der wichtigste Lieferant ist das benachbarte Indonesien. Die Grafik zeigt den großen Unterschied zwischen den offiziellen Handelsstatistiken der beiden Länder: ein deutlicher Hinweis auf illegalen Sandhandel.

Landgewinnung in Singapur

Sandgewinnung ist jedoch eine ernste Gefahr für die marokkanische Mittelmeerküste, weil sie den Meeresspiegel ansteigen lässt. Manchen Prognosen zufolge wird schon im Jahr 2050 rund die Hälfte aller Sandstrände im Nordosten des Landes überspült sein.

In der Umgebung der zehn Kilometer vom Meer entfernt liegenden Stadt Tetuan werden bis dahin – angesichts des ökonomischen Entwicklungstempos und des vollständigen Verzichts auf den Schutz von Dünen- und Strandflächen – bereits mehr als 95 Prozent der Küstendünen zerstört sein. In der gesamten marokkanischen Küstenregion wird der Dünensand unkontrolliert für den Bau privater Strandvillen genutzt, aber auch kommerziell abgebaut und verkauft. Die durch den Tourismus angetriebene ökonomische Entwicklung beschleunigt diesen Prozess: An den Küsten verzehnfacht sich die Bevölkerung im Sommer allein durch den Zustrom von Urlaubern. An vielen Stellen ist die Dünenlandschaft, die als Speicher und Nachfüllreservoir für die Sandstrände unentbehrlich ist und diese zugleich wie ein Puffer vor Stürmen schützt, bereits unwiederbringlich zerstört.

Trotz massiver Proteste geht nicht nur in Marokko die rücksichtslose Sandgewinnung ungebremst weiter. In anderen Regionen der Welt hat der vom Bauboom angeheizte Sandabbau dazu geführt, dass Flussufer erodieren und Grundwasserspiegel sinken, womit die Wasserversorgung bedroht ist. Hinzu kommt, dass die Biodiversität leidet, dass Ernten ausfallen und die Fischfangquoten zurückgehen. Und wenn in vormals ruhigen Gegenden der Schwerverkehr zunimmt, weil Lkws massenhaft Sand über kleine Straßen transportieren, gehen Brücken, Abzugskanäle, Dorfstraßen und ältere Gebäude kaputt.

In vielen Ländern ist aufgrund der großen Nachfrage eine »Sandmafia« entstanden. Und die illegale Sandgewinnung hat auch schon Spannungen zwischen Nachbarländern ausgelöst. So arrondiert zum Beispiel Singapur seine Küstenzone mithilfe von Sandmengen, die illegal in benachbarten Staaten abgebaut wurden.

Sand dient auch als Ausgangsstoff für die Gewinnung strategischer Mineralien, die für unser modernes Leben unentbehrlich sind. Derivate solcher Mineralstoffe werden zur Herstellung etlicher Produkte sowie in bestimmten technischen Fertigungsprozessen gebraucht. Zum Beispiel gehören Mineralsande für viele Länder zu den strategischen Naturreserven. In manchen Fällen wird der Sand nach der Extraktion der begehrten Mineralstoffe wieder an den Abbauort zurückgebracht – anders als der Bausand, der vollständig aufgebraucht wird. Aber auch bei Mineralsanden hat schon der Abbau langfristige Folgewirkungen. Sie treffen nicht nur die lokale Fauna und Flora, sondern führen auch zu einer Absenkung des Grundwasserspiegels.

Zu den bekanntesten Abbaustätten gehört Stradbroke Island im Nordosten Australiens. Die zweitgrößte Sandinsel

Das 20. Jahrhundert: Bauen mit Stahlbeton

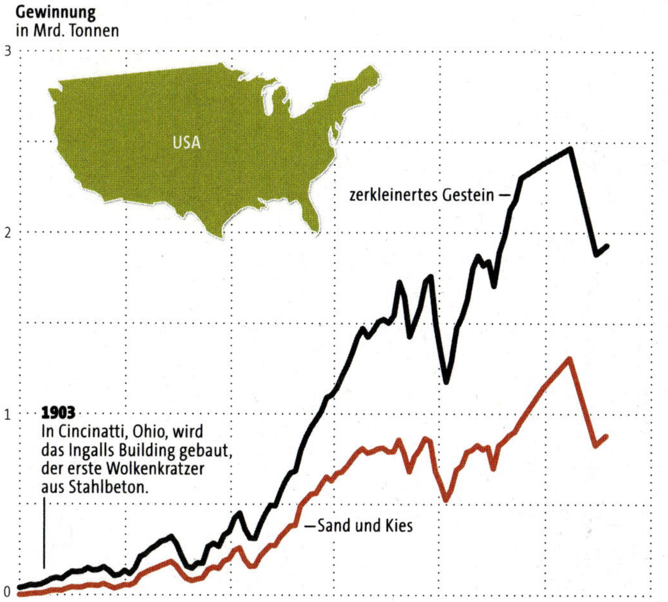

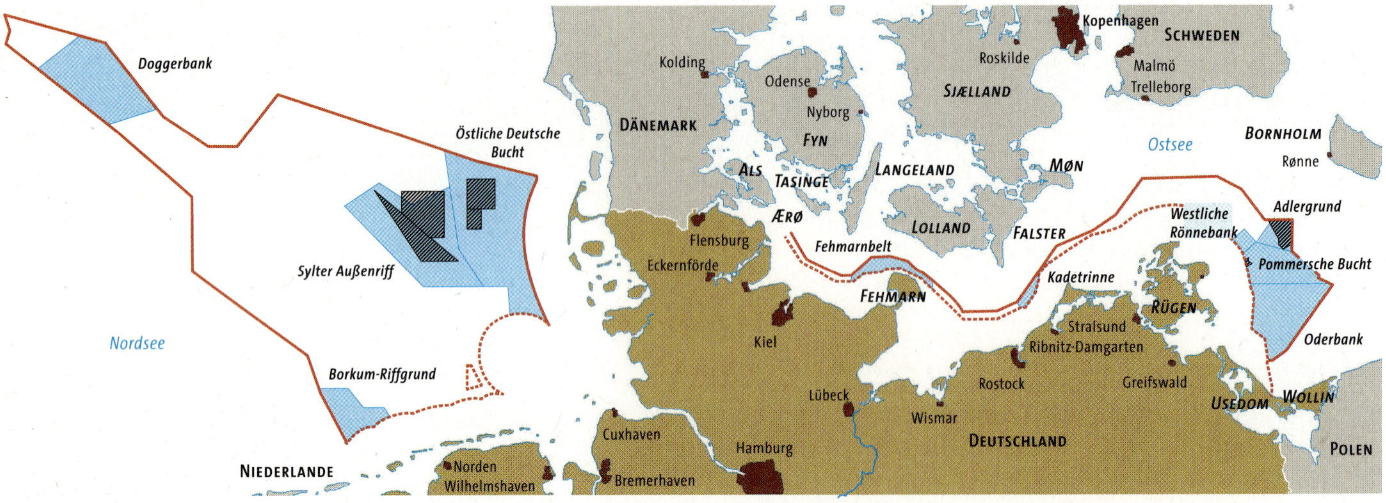

Küstenmeer (12 Seemeilen)
ausschließliche Wirtschaftszone (AWZ, 200 Seemeilen)
für Sand- und Kiesgewinnung genehmigt

FFH-Gebiete*

Borkum-Riffgrund: Sandbänke, Riffe
Doggerbank: Sandbänke
Östliche Deutsche Bucht: Seetaucherarten, Rastvögel
Sylter Außenriff: Schweinswale, Sandbänke, Riffe
Adlergrund: Sandbänke, Riffe
Fehmarnbelt: Schweinswale, Sandbänke, Riffe
Kadetrinne: Riffe
Oderbank: Schweinswale, Sandbänke
Pommersche Bucht: Seetaucherarten, Rastvögel

*europäische Schutzgebiete nach der Fauna-Flora-Habitat-Richtlinie

Die Sandgewinnung in der deutschen Nord- und Ostsee findet überwiegend in geschützten Gebieten statt

der Welt (die größte ist die nahe gelegene Fraser Island, die zum Naturwelterbe gehört) liegt nur 40 Kilometer von Brisbane entfernt und ist ein beliebtes Touristenziel. Stradbroke Island ist großenteils Naturschutzgebiet und besteht zur Hälfte aus Feuchtgebieten, die eigentlich durch die Ramsar-Konvention geschützt sind. Hier liegen aber auch die beiden größten Sandabbaugebiete der Welt, ausgebeutet von Sibelco, einem belgischen Multi für mineralische Rohstoffe, der im Jahr 2000 seine Tätigkeit in Australien und Neuseeland aufgenommen hat.

Aus dem Sand von Stradbroke Island werden vor allem die Mineralien Rutil, Zirkon und Ilmenit (Titaneisen), aber auch Silika (Siliziumdioxid) gewonnen. Die Minen reichen bis in einhundert Meter Tiefe und damit weit unter den Grundwasserspiegel, graben also den angrenzenden Feuchtgebieten buchstäblich das Wasser ab. Die Inselbewohner beklagen, dass die Regierung von Queensland die Umweltschutzbestimmungen nie durchgesetzt hat. Die Proteste der indigenen Bevölkerung haben in der Gegend eine lange Tradition, doch der Druck der Industrie ist stärker.

Des Weiteren ist Sand für das Fracking unerlässlich. Bei dieser umstrittenen Methode der Erdgasförderung wird ein Chemikaliencocktail unter hohem Druck in tiefer liegende Gesteinsschichten gepresst, zusammen mit gigantischen Mengen von Sand und Wasserdampf. Dabei hat der Sand die Funktion, die entstehenden Risse und Fugen auszufüllen, damit die Gesteinsformation nicht zusammenbricht. Durch die Sandkörner entstehen Abzugskanäle, über die das Gas in die Bohrlöcher geleitet wird, durch die es dann abgesaugt werden kann. Nur auf diese Weise lassen sich diese »unkonventionellen« Erdgasvorkommen kommerziell erschließen. Der dafür eingesetzte Sand muss ganz bestimmte Eigenschaften haben (Quarzgehalt, Form der Sandkörner), über die der Sand von Fluss- und Meeresufern allerdings nicht verfügt.

Fracking ist bekanntlich sehr unpopulär: Es kann lokale Erdbeben auslösen, das Grundwasser mit Chemikalien kontaminieren und damit die Lebensgrundlage der ländlichen Bevölkerung gefährden, aber auch soziale Konflikte auslösen. Ähnliche ökologische und soziale Probleme drohen in den Gegenden, wo der Fracking-Sand abgebaut wird. Etwa wenn fruchtbare Bodenschichten abgetragen oder Sandsteinhügel zerstört werden, die als natürlicher Filter für das Grundwasser dienen oder Wasseradern führen.

Wo das ökologische Gleichgewicht zerstört wird, ist die Artenvielfalt gefährdet und langfristig sogar die lokale Nahrungsmittelversorgung. Der beim Fracking freigesetzte Quarzstaub erhöht das Lungenkrebsrisiko. Zudem müssen die Anwohner mit einem Wertverlust ihrer Häuser und Grundstücke rechnen, sie müssen die grelle nächtliche Beleuchtung und die Lärmbelästigung durch Lastwagen und Güterzüge

Rückläufiger Bedarf auf hohem Niveau

Nachfrage nach Sand und Kies
in Mio. Tonnen

ertragen und darauf gefasst sein, dass ihre Häuser durch Explosionen erschüttert werden. Und sobald sie gegen all das protestieren, müssen sie sich sagen lassen, dass die Forderungen der Industrie Vorrang haben, weil damit Jobs geschaffen und die nationale Energieversorgung gesichert würden. Kein Wunder, dass die Fracking-Branche trotz der geschilderten Risiken und Nebenwirkungen kontinuierliche Zuwächse verzeichnet. Interessanterweise gehört der oben erwähnten Sibelco Group auch die Unimin Corporation an, eines der Großunternehmen, die in den USA Fracking-Sand abbauen.

Sand entsteht als Resultat natürlicher Prozesse von einigen Hunderten oder sogar Millionen Jahren Dauer. Folglich ist er kein erneuerbarer Rohstoff, jedenfalls nicht nach menschlichen Zeitdimensionen. Da sowohl für die Bauindustrie als auch für die Mineraliengewinnung und für das Fracking gigantische Sandmengen gebraucht werden, finden die Abbaumaßnahmen rund um die Uhr und ganzjährig statt. So verschwinden Sanddünen oder Sandsteinhügel, die über die Jahrtausende entstanden sind, innerhalb von wenigen Jahrzehnten.

Sand ist ein »hegemonialer« Rohstoff, zu dem es gegenwärtig praktisch keine Alternativen gibt. Auch fehlen die Anreize zur Entwicklung solcher Alternativen, weil ökonomisch nutzbarer Sand nach heutigen Marktpreisen stark unterbewertet ist. Die wichtigsten Kostenfaktoren bei der Sandgewinnung betreffen die Maschinen für den Abbau, den Transport, die Löhne sowie Lizenzgebühren und Pachtzahlungen für das genutzte Gelände (zumindest im Fall legaler Gewinnung). Der Sand selbst kostet dagegen nichts – er ist ein »high volume – low value«-Rohstoff (»große Menge – geringer Wert«). Wenn er knapp wird, holt man ihn sich eben woanders. Das Problem wird lediglich geografisch verschoben. So läuft es überall – ob in den USA, Australien oder Indien – ähnlich ab, wenn die lokalen Behörden von Politikern und Interessenvertretern derart eingeschüchtert werden, dass sie am Ende den unbegrenzten Sandabbau zulassen – alles im Interesse von Wirtschaftswachstum, nationaler Sicherheit, Fortschritt oder Arbeitsbeschaffung, versteht sich.

Dabei tritt oft auch eine Art Umwelt-Rassismus zutage, wenn etwa unterdrückte und enteignete Gruppen oder indigene Gemeinschaften hinnehmen müssen, dass die Sandproduzenten ihre Lebensgrundlage vernichten, ihre Lebensqualität schädigen und ihr Ökosystem zerstören, während sie selbst Gewinne machen und irgendwann wieder verschwinden, um in einer anderen Gegend mehr und neuen Sand abzubauen.

Hier ist allerdings anzumerken, dass nicht alle Sandarten für alle Nutzungsformen geeignet sind. Denn Sand muss häufig strenge Kriterien erfüllen – und dann wird das Verhältnis von Angebot und Nachfrage in der Regel sehr volatil. Insgesamt ist davon auszugehen, dass der Sandbedarf aus den drei Bereichen Bau, Mineralindustrie und Fracking in den nächsten Jahrzehnten stabil bleiben wird. Deshalb werden derzeit auch vielerorts neue Sandquellen offshore, also auf dem Meeresboden erschlossen. Diese Abbaumethode ist extrem teuer, aber technisch möglich, ihre Auswirkungen auf die Umwelt sind dagegen völlig unerforscht.

Nehmen wir das Beispiel Dubai. Hier sind die Vorkommen an Meeressand erschöpft, das Emirat importiert seinen Bausand derzeit aus Australien. Dabei hat der maßlose Abbau von Meeressand das maritime Ökosystem stark geschädigt. Das beeinträchtigt die Lebensgrundlage der Fischer, weil der Sand am Meeresboden zugleich Substrat und Nährboden für die Mikororganismen ist, von denen sich die größeren Fische ernähren.

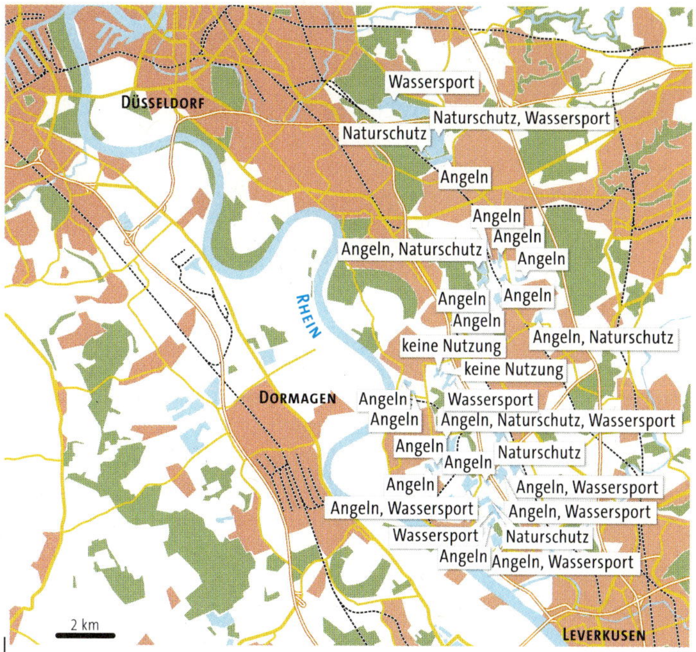

Nach dem Abbau: In den meisten Baggerseen wird geangelt

Für Sand gilt – wie für alle natürlichen Rohstoffe –, dass wir seinen Wert für den Erhalt des gesamten Ökosystems in Betracht ziehen müssen. Denn Sand erfüllt Funktionen, die nicht ohne weiteres zu ersetzen sind, zum Beispiel für die Nahrungsmittelsicherheit in Regionen, wo er als Puffer zwischen den Landmassen und den Ozeanen dient und so agrarische Anbaugebiete vor Sturmfluten schützt – und angesichts des Klimawandels auch vor einem Ansteigen des Meeresspiegels. In vielen Regionen wirkt der Sand als Filter für Wasseradern, die für den Erhalt der Artenvielfalt so unentbehrlich sind wie für die Nahrungsketten in der ozeanischen und terrestrischen Biosphäre.

Immerhin gibt es schon vereinzelt Alternativen zum Sand als Zuschlagstoff bei der Betonherstellung: etwa Schlacken, die bei der Stahlproduktion anfallen, Flugasche, Steinbruchstaub oder aufbereiteter Bauschutt. Zudem laufen Forschungen über Bautechniken, die ganz ohne Beton auskommen. Alternativen gibt es auch für den Sand, der beim Fracking zum Einsatz kommt, wie zum Beispiel Keramikperlen oder Bauxitpulver. Dass diese Stoffe heute noch nicht verwendet werden, liegt allein daran, dass Sand praktisch umsonst zu haben ist.

Kiran Pereira

Bücher &c.

- »Sand – Die neue Umweltzeitbombe. Der Kampf um eine unterschätzte Ressource«, Regie: Denis Delestrac, Frankreich 2013.
- Michael Welland, *Sand: A Journey Through Science and the Imagination*, Oxford (Oxford University Press) 2009.
- »Gasland«, Regie: Josh Fox, USA 2010 (Dokumentarfilm über Fracking).

Erdgasboom mit Nebenwirkungen

Fracking ist extrem teuer und umweltschädlich – und womöglich kaum profitabel

Angesichts der weltweit zunehmenden Nachfrage nach Öl und Gas richten die großen Energiekonzerne den Fokus mehr und mehr auf schwer zugängliche Lagerstätten, beispielsweise in der Arktis. Höhere Preise machen die Erschließung wirtschaftlich, doch auch die Umweltrisiken steigen. So dauerte es nach der Explosion auf der von BP geleasten Ölbohrplattform »Deepwater Horizon« im Golf von Mexiko im April 2010 ganze vier Monate, bis das Leck in 1500 Meter Tiefe verschlossen werden konnte – das ins Meer strömende Öl und die zu seiner Zersetzung verwendeten Chemikalien haben verheerende Schäden im Ökosystem angerichtet.

In den letzten Jahren haben die Energiekonzerne viel Geld in Fördertechnologien investiert, um Vorkommen an Land zu erschließen, die bisher aus technischen oder wirtschaftlichen Gründen noch nicht angetastet wurden. Eine dieser neueren Technologien ist das »Hydraulic Fracturing«, kurz »Fracking«, mit dem Halliburton, das heute marktführende Unternehmen der Gasförderung in den USA, bereits in den 1940er Jahren experimentierte. Dabei wird ein Gemisch aus Wasser, Sand und Chemikalien in eine zuvor niedergebrachte Bohrung gepresst. Moderne Förderanlagen können nicht nur senkrecht in die Tiefe bohren, sondern die Bohrung auch abwinkeln und dann horizontal über viele Kilometer Länge in schwer erschließbare Gesteinsschichten vordringen. Der entstehende Druck bricht das umliegende Gestein auf, so dass das darin gebundene Erdgas gefördert werden kann. Erdgas befindet sich nämlich nicht etwa in unterirdischen Blasen, wie gemeinhin angenommen, sondern ist immer in mehr oder weniger durchlässigem Gestein gebunden. Ist dieses sehr dicht und das Erdgas daraus nur schwer zu fördern, wie zum Beispiel bei Schiefergestein, spricht man auch von »unkonventionellem Erdgas«.

Deutlich zu erkennen sind die negativen wie auch die angeblich positiven Folgen des Fracking in den USA. Hier erlebte die unkonventionelle Erdgasförderung in jüngster Zeit einen solchen Boom, dass der Gaspreis entgegen dem weltweiten Trend im April 2012 einen Zehnjahrestiefststand von 0,8 US-Cent pro Kilowattstunde erreichte. Im April 2014 lag er wieder bei 1,6 US-Cent pro Kilowattstunde, bei weiter steigender Tendenz. Zu den auf den ersten Blick positiven Aspekten dieser Entwicklung gehört, dass klimaschädliche Kohlekraftwerke durch umweltfreundlichere Gaskraftwerke ersetzt wurden. Doch die Kohle wird nun ins Ausland exportiert, die CO_2-Emissionen werden also nur verlagert. Befürworter verweisen außerdem gern auf neue Jobs durch den Fracking-Boom. Kritiker halten dem entgegen, dass die Konzerne aufgrund des niedrigen Gaspreises kaum Gewinne machen und viele Jobs ebenso schnell wieder verschwinden, wie sie entstanden sind.

Eine weitere dramatische Folge der intensiven Schiefergasgewinnung ist die Zerstörung der Landschaft, die sich in vielen Regionen der USA beobachten lässt. Schlimmer noch: Die eingesetzten Chemikalien und das austretende Methan vergiften das Grundwasser. Im Rahmen einer Studie der Duke University wurden Proben aus 141 Trinkwasserbrunnen in der Nähe des Marcellus-Gasfeldes in Pennsylvania untersucht. Im Umkreis von einem Kilometer um eine Frack-Bohrung

Wie Fracking funktioniert

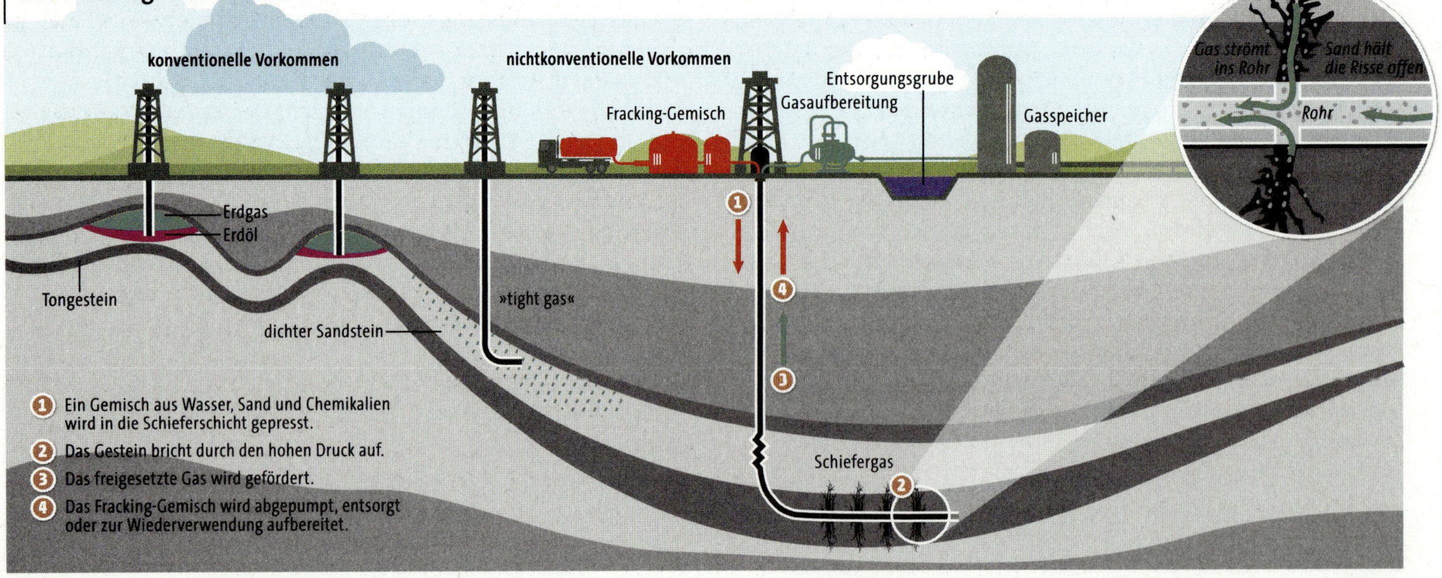

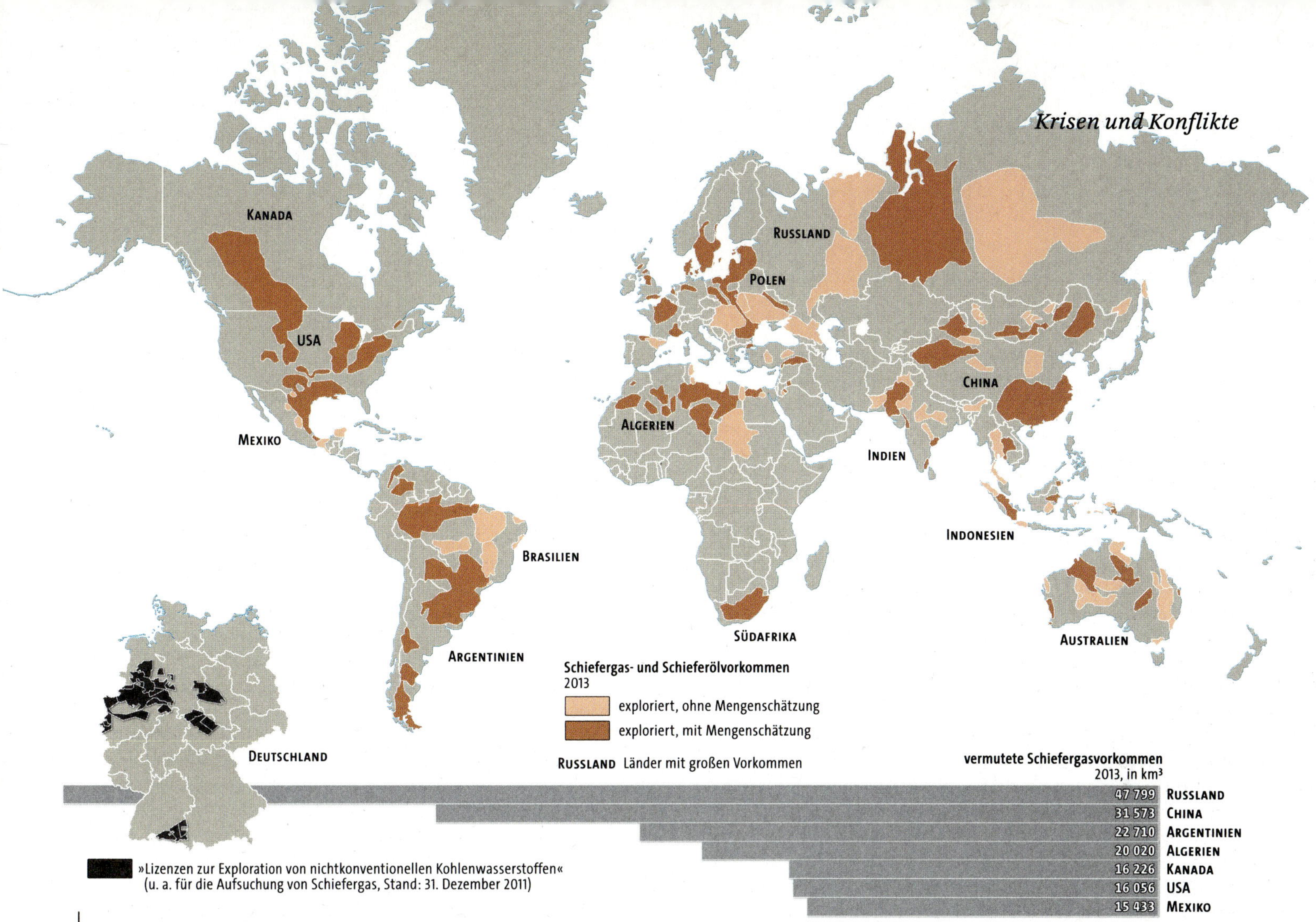

Wo überall Fracking möglich wäre

war die Methanbelastung sechsmal höher als normal, die Ethankonzentration betrug das 23-Fache, und im Wasser von zehn Brunnen wurde sogar Propan nachgewiesen.

Solche Verunreinigungen sind vor allem dort ein Problem, wo ohnehin schon Wassermangel herrscht. Da viele Grundstücksbesitzer in den USA Verschwiegenheitsklauseln unterschrieben haben und den Behörden Personal für flächendeckende Analysen fehlt, findet eine systematische Aufklärung kaum statt.

Auch für die Entsorgung der enormen Abwassermengen gibt es keine nachhaltigen Konzepte. Da es nicht nur mit Chemikalien, sondern auch mit Schwermetallen wie Quecksilber belastet ist, kann es nicht in kommunalen Kläranlagen gereinigt werden. Stattdessen wird es meist in alte Bohrungen verpresst, weshalb sich die unterirdischen Druckverhältnisse verändern und in der Folge vermehrt kleine bis mittelschwere Erdbeben auftreten.

Auch in Deutschland, vor allem in Niedersachsen, haben Erdgaskonzerne bereits ein paar hundert Mal gefrackt, allerdings nicht im Schiefergestein, sondern meist im deutlich durchlässigeren Sandstein. Seit 2009 haben Erdgaskonzerne Aufsuchungslizenzen für Schiefergas in mehreren Bundesländern beantragt und diese auch fast überall erhalten. Immerhin haben, aufgrund der absehbaren Umweltschäden, die Landesregierungen von Nordrhein-Westfalen und Schleswig-Holstein Moratorien erlassen. Eine rechtliche Möglichkeit für Bundesländer, die Fracking-Technologie zu unterbinden, gibt es im Bundesberggesetz nicht. Vorschläge, das Deutsche Bergrecht diesbezüglich zu reformieren, fanden im Deutschen Bundestag bisher keine Mehrheit.

Da alle Analysen und Prognosen für das Fracking in Europa ausgesprochen pessimistisch ausfallen, steht hier das hohe Umweltrisiko einem ohnehin geringen Nutzen gegenüber. Dennoch können die Befürworter des Fracking angesichts der sich verschlechternden Beziehungen zu Europas wichtigstem Erdgaslieferanten Russland mit steigender Unterstützung rechnen. Die vage Hoffnung auf mehr Importunabhängigkeit lässt Umweltbedenken schnell in den Hintergrund treten. Was Europa aber stattdessen braucht, ist eine klare Dekarbonisierungsstrategie. Wer die Abhängigkeit von russischem Erdgas verringern will, muss konsequent auf Energieeffizienz und Erneuerbare setzen, anstatt das Problem durch Fracking allenfalls um eine paar Jahre aufzuschieben.

Henning Mümmler-Grunow

Bücher *&c.*

- Heinrich-Böll-Stiftung, »Ressourcenschwindel Schiefergas«, in: www.boell.de/sites/default/files/2013-10-schiefergas_1.pdf, 2013.
- »Gasland«, Dokumentarfilm (über Fracking), Regie: Josh Fox, USA 2010.
- Umweltbundesamt, »Umweltauswirkungen von Fracking bei der Aufsuchung und Gewinnung von Erdgas insbesondere aus Schiefergaslagerstätten«, in: www.umweltbundesamt.de/sites/default/files/medien/378/publikationen/texte_53_2014_umweltauswirkungen_von_fracking_28.07 2014_0.pdf (630 S.), 2014.
- Bundesanstalt für Geowissenschaften und Rohstoffe, »Abschätzung des Erdgaspotenzials aus dichten Tonsteinen (Schiefergas) in Deutschland«, in: www.bgr.bund.de/DE/Themen/Energie/Downloads/BGR_Schiefergaspotenzial_in_Deutschland_2012.pdf?__blob=publicationFile, 2012.

Garantiert nicht lang haltbar

Die Hersteller konstruieren Mixer, Fernseher, Handys und andere Massengüter gezielt so, dass sie schnell kaputtgehen

Es wird gern und viel eingekauft in den reichen Industrieländern, doch das Gekaufte landet meist schneller auf dem Müll als gedacht. Die beiden Phänomene hängen, obwohl wir sie gewöhnlich getrennt behandeln, eng miteinander zusammen. Auf der einen Seite stellen wir uns auf bestimmte Zyklen ein, in denen Dinge neu angeschafft oder ausgetauscht werden müssen – alle drei Monate ein neues Hemd, alle zwei Jahre ein neues Handy, spätestens alle fünf ein neuer PC, mit jeder nächsten Effizienzklasse ein »A+++«-Kühlschrank und mit jedem weiteren Superlativ das neue HD-Ultra-TV-Gerät, um die gesendete Qualität entsprechend hoch aufgelöst ansehen zu können. Modellwechsel mitzumachen ist zum vertrauten Automatismus, der Werbeslogan »Öfter mal was Neues!« zur selbstverständlichen Alltagspraxis geworden. Deshalb fallen auf der anderen Seite immer mehr ausgemusterte Dinge an, die richtig entsorgt sein wollen.

Bei den etwa 10 000 Gegenständen, die Durchschnittseuropäerinnen derzeit besitzen, ist es kein Wunder, dass das Konsumentendasein in Überforderung ausartet. Wir geben ein Gutteil unseres Verdienstes dafür aus, nehmen Kredite auf und verbringen viel Zeit in der Warenwelt. Warum tun wir das? Wir sind geneigt, individuelle Gründe dafür anzugeben: weil wir das Gekaufte brauchen, weil wir es uns leisten können, weil es Spaß macht, weil wir es uns wert sind, um unsere Lebensqualität zu erhöhen oder Energie zu sparen.

Zu diesen individuellen Motiven kommt allerdings ein komplexes Geflecht manipulativer Eingriffe hinzu, das die Dynamik von Kaufen und Wegwerfen sowohl auf Konsumentinnen- als auch auf Herstellerseite entscheidend beeinflusst: die geplante Obsoleszenz. Das Wort geht auf das lateinische »obsolescere« zurück, das so viel bedeutet wie »sich abnutzen, alt werden«, aber auch »Geltung und Ansehen verlieren«.

Dass die Dinge sich durch Gebrauch auf Dauer abnutzen, scheint erst einmal banal zu sein. Die Herstellerinnen haben mit Obsoleszenz in der Regel nur insofern zu tun, als dass sie sich vor allem um ihr Gegenteil bemühen, also darum, ihren Produkten Nutzen, Wert und Ansehen zu verleihen, und den Rest dem Lauf der Dinge überlassen. Dann wäre Obsoleszenz ein Synonym für natürliche Alterungsprozesse, wie auch die Industrienorm DIN 62 402 2007 nahelegt: »Obsoleszenz ist unausweichlich und kann nicht verhindert werden.«

Von einer Naturgesetzlichkeit auszugehen, führt hier jedoch in die Irre. Hersteller sind weit davon entfernt, das Feld der angeblichen Unausweichlichkeit zufälligen oder gar natürlichen Abläufen zu überlassen – weder beim realen materiellen Verschleiß noch beim gefühlten Wertverlust. Insbesondere die Herstellerinnen von Konsumartikeln haben beeindruckende Strategien entwickelt, um den Zeitpunkt der Obsoleszenz möglichst präzise zu planen und ihre Kundschaft mittels gezielten Verschleißes regelmäßig und in vorab kalkulierten Abständen dazu zu bringen, Altes durch Neues zu ersetzen – egal ob es sich dabei um eine Zahnbürste, ein Bett oder ein Auto handelt.

Sie betreiben das so systematisch, dass Obsoleszenz heute in praktisch jedem Produkt durchgeplant drinsteckt und in erheblichem Maße unseren Alltag und den Umgang mit käuflich erworbenen Gegenständen bestimmt. Die Wirkung der Obsoleszenzstrategien entfaltet sich – durchaus gewollt – meist im Verborgenen beziehungsweise als quasi naturgesetzliche Unausweichlichkeit. Dass bei einem Mixer ein Metallzahnrad in ein Plastikzahnrad greift und das Gerät deshalb schnell kaputtgeht, ist kein gutes Verkaufsargument. Dieser ingenieurtechnisch geplante Verschleiß wird lieber verschwiegen, stattdessen wird auf die Qualitäten und den günstigen Preis des Neugeräts verwiesen.

Wer als mündiger Konsument über solche Strategien informiert ist, wird sein Wissen in die Kaufentscheidung einfließen lassen. Angesichts der vielfältigen Methoden, die dazu führen, dass Produkte oder Waren ausgemustert und

Unser Fuhrpark und unsere Gerätesammlung ...

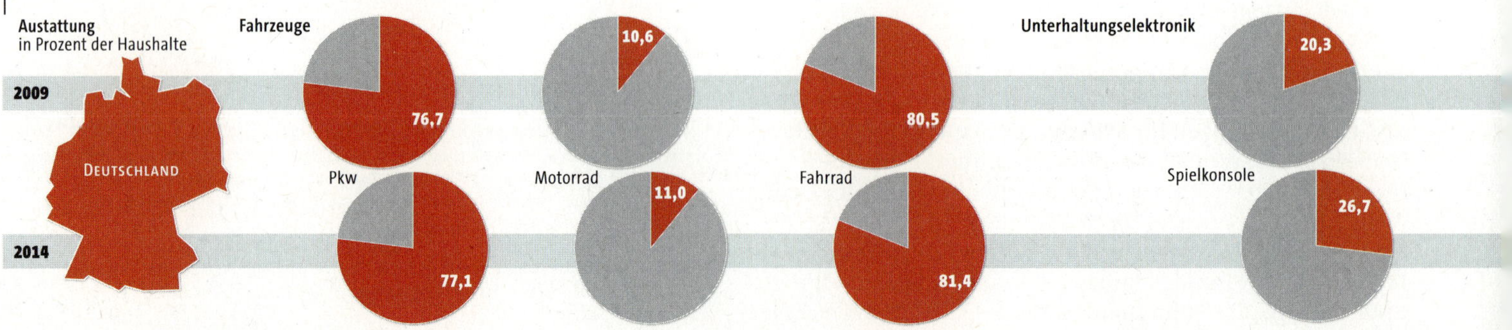

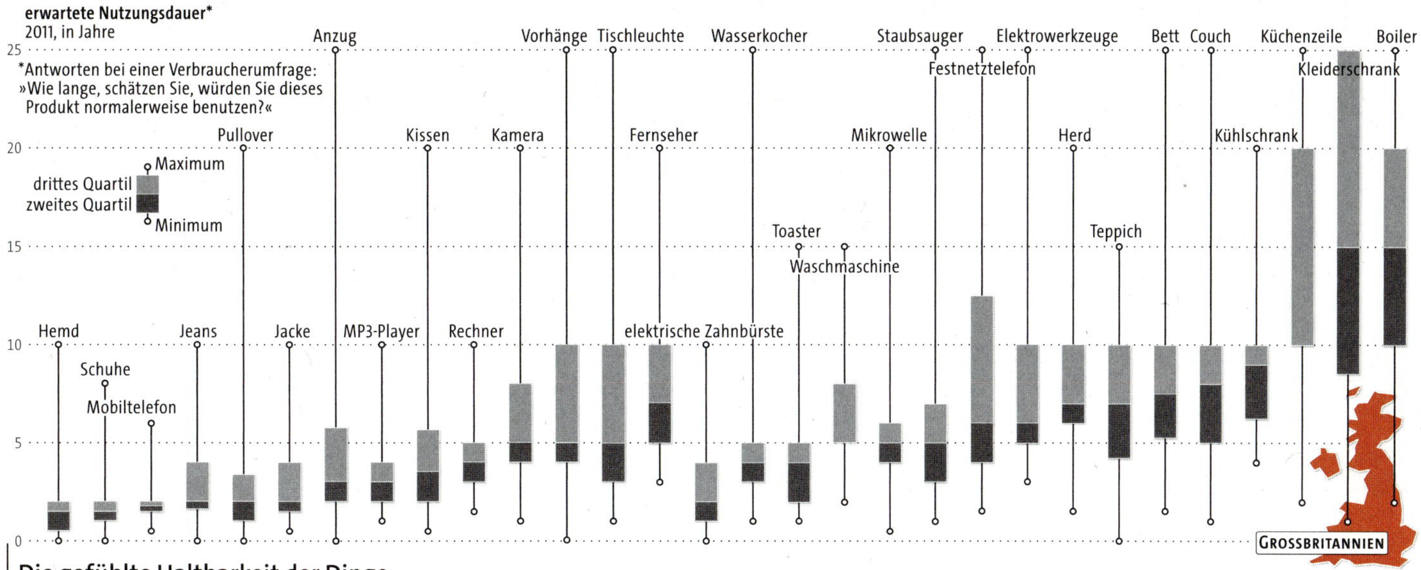

Die gefühlte Haltbarkeit der Dinge

ersetzt werden, ist es jedoch nicht leicht, den Überblick zu behalten, zumal es keine Kennzeichnungspflicht für Maßnahmen gibt, die die Nutzungsdauer senken. Von den drei wichtigsten Strategien, mit denen die Hersteller die Obsoleszenz steuern, setzen zwei am Produkt an – Innovation und Sabotage – und eine beim Konsumenten – das Marketing.

Die geplante Obsoleszenz durch Innovation erscheint zunächst wie ein Widerspruch in sich. Nehmen wir das Beispiel Kraftfahrzeugindustrie: Die Erfindung des Autos ließ mit der Zeit Pferd und Kutsche als Transportmittel obsolet werden, und nach der Einführung des elektrischen Anlassers waren Autos, die noch mit Kurbel gestartet werden mussten, schnell veraltet. Auf solchen Erfahrungen fußt die vertrauensvolle Annahme, dass das Neue irgendwie besser sein wird als das Alte.

In der Praxis ist jedoch oft erstaunlich schwer festzustellen, ob tatsächlich eine Verbesserung vorliegt. Rasieren fünf hintereinander gestaffelte Klingen tatsächlich glatter als zwei? Was waren noch mal die herausragenden Innovationen auf dem TV-Geräte-Markt, die sich hinter den Kürzeln PDP, LCD, LED, OLED, SED, HDTV, HDTV ultra und so weiter verbargen und einen fast halbjährlichen Modellwechsel nahelegten, um auf dem Laufenden zu bleiben? Noch komplizierter wird es auf dem Prozessor-Markt, wie etwa in dem Wikipedia-Artikel zur Intel-Core-i-Serie nachzulesen ist: Man könne nicht sagen, »dass Core-i7-CPUs generell schneller sind als Core i5 oder dass Core-i5-CPUs generell schneller sind als Core i3«. Zudem würden »alle Prozessoren mit der Zeit aktualisiert, so dass neuere Prozessoren mit kleinerem Modellnummernsuffix sogar erheblich schneller sein können als ältere mit dem höheren Modellnummernsuffix«.

Auch bei den Digitalkameras ist die Sache nicht eindeutig. Die Käufer sollen glauben: je mehr Megapixel, desto besser. Aber je mehr Pixel auf immer kleineren Bildsensoren untergebracht werden, desto geringer die Lichtempfindlichkeit pro Pixel. Die Bildqualität kann also mit steigender Pixelzahl auch abnehmen.

Weltweit wird etwa alle drei Minuten ein neues Produkt eingeführt, drei Viertel davon verschwinden nach kurzer Zeit wieder. Den Herstellern all dieser Produkte geht es nicht primär um die Verbesserung oder Weiterentwicklung des Vorhandenen, sondern darum, möglichst hohe Absätze zu generieren. Innovationen zielen weniger auf die optimale Nützlichkeit eines Produkts als auf die Optimierung des Kaufverhaltens, das eine gigantische Maschinerie zu steuern versucht. Was nach dem Kauf kommt, wird zum Störfaktor, delegiert an Callcenter und der Zurechenbarkeit von Verantwortung entzogen.

Für Herstellerinnen und Anbieter gibt es neuerdings zwei extrem effektive Methoden, das Kaufverhalten in ihrem Sinne zu optimieren: Das Modell »Update des Betriebssystems« sorgt bei einem zuvor einwandfrei funktionierenden Gerätepark

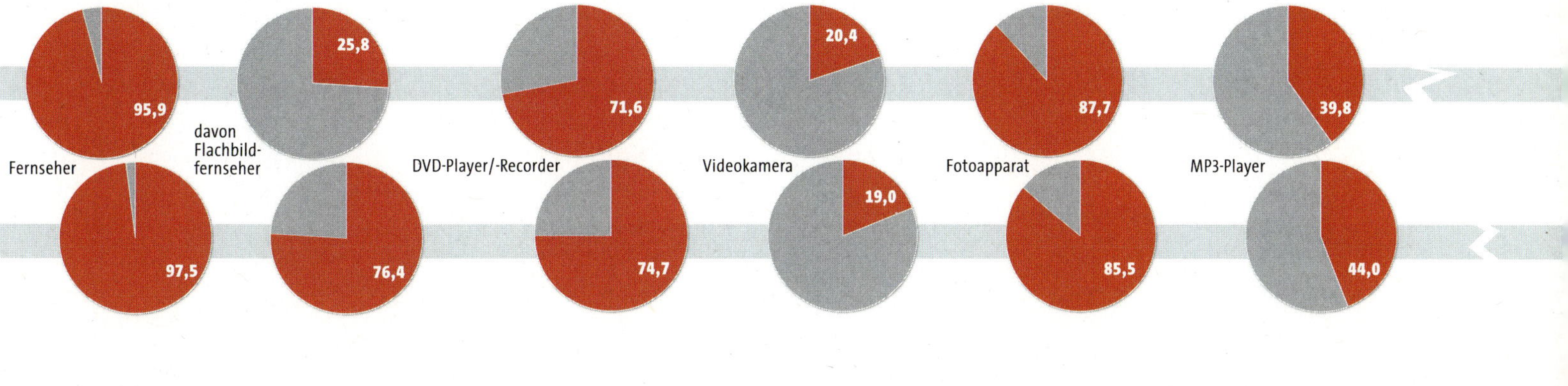

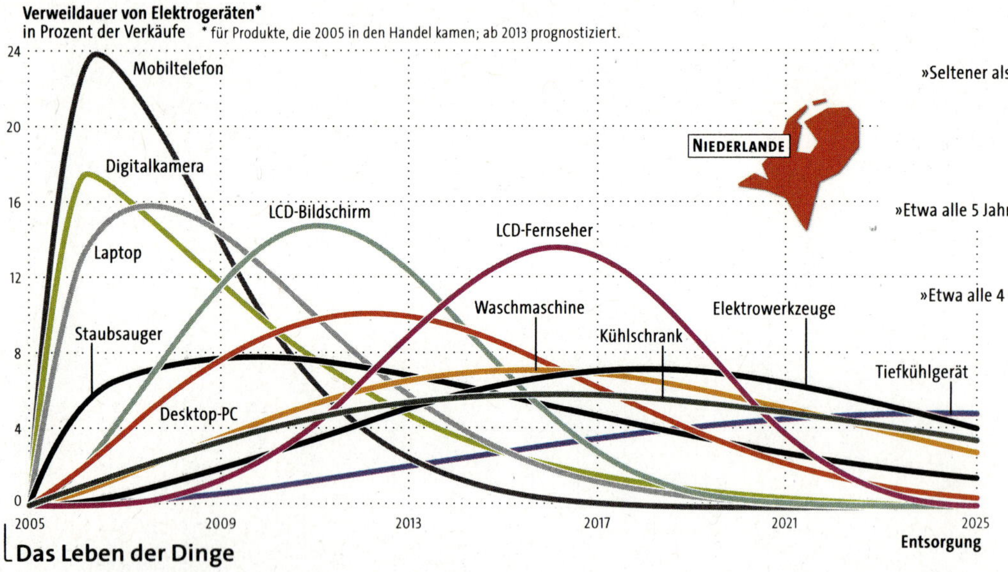

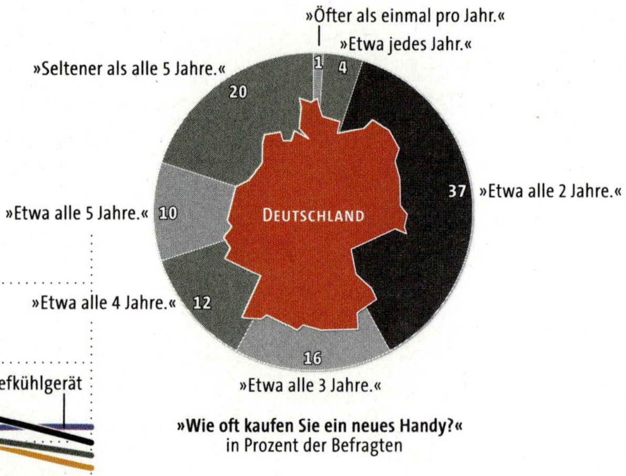

Das Leben der Dinge

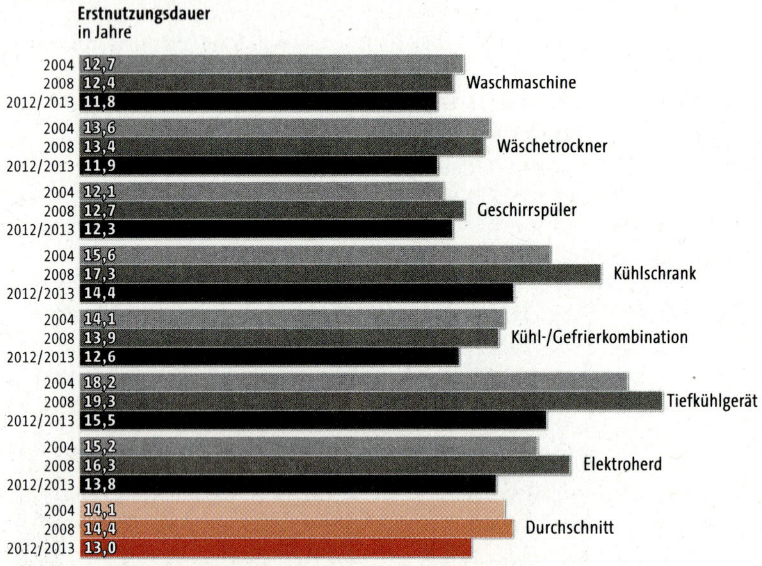

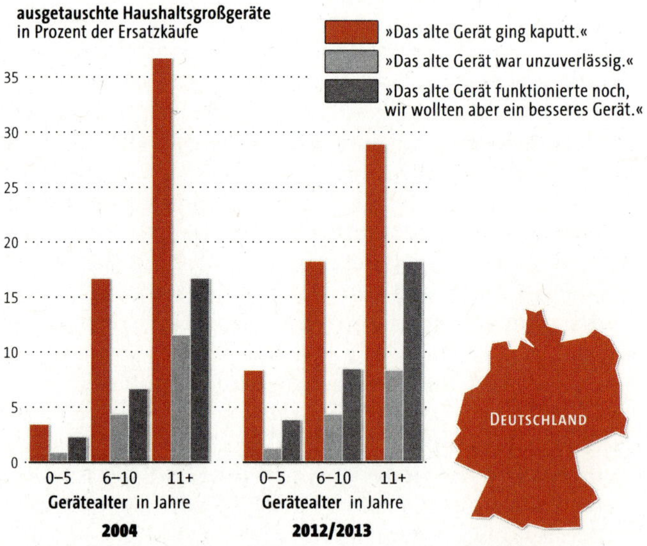

Das frühe Ende der Dinge (und das Krisenjahr 2008)

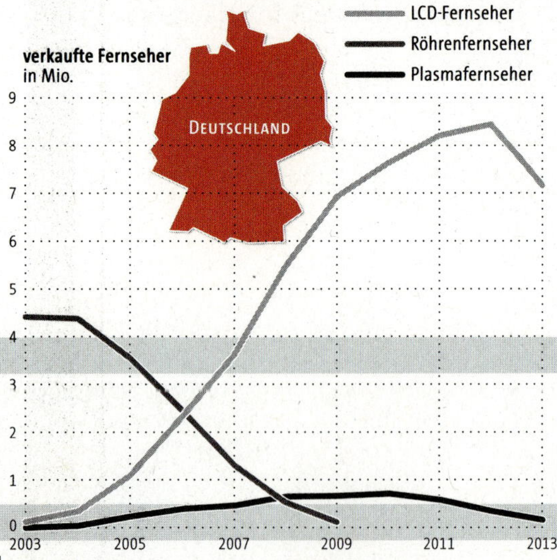

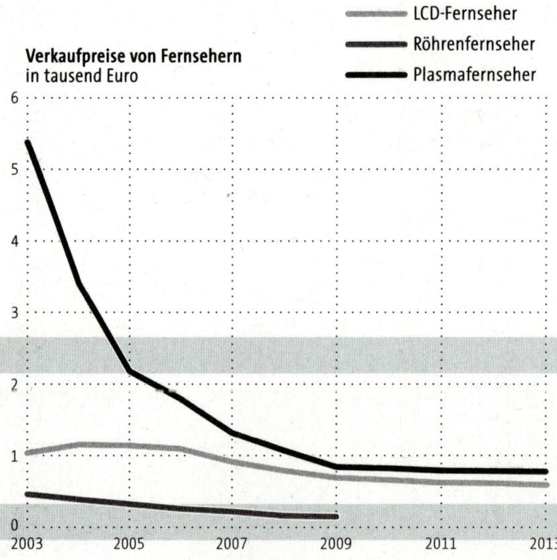

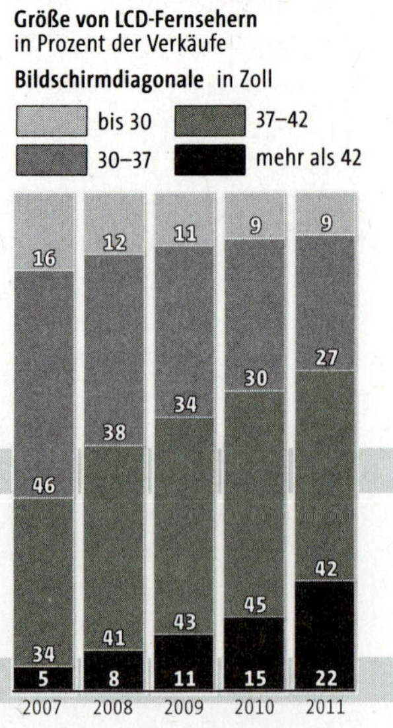

Die Deutschen und ihre Fernseher

dafür, dass Drucker, Scanner und Rechner wegen Inkompatibilität oder mangelnder Kapazität ausgemustert und ersetzt werden müssen. Und das Modell »geschlossener Konzernkosmos« schränkt (siehe Kindle E-Book) die vorhandenen technischen Eigenschaften gezielt ein, damit es ausschließlich in der Amazon-Welt funktioniert und konzerninterne Folgeerträge generiert. Eine Optimierung für Leserinnen sähe wahrlich anders aus.

Schon seit den 1930er Jahren haben Marketingleute vor allem solche Formen der Innovation im Kopf. So forderte beispielsweise der US-amerikanische Werbepionier Earnest Elmo Calkins im Jahr 1932: »Wir dürfen nicht eher ruhen, bis wir alles, was wir herstellen können, auch konsumieren können.« Es geht nicht länger darum, einen Bedarf zu decken, sondern darum, ihn überhaupt erst zu wecken. Wer Güter herstellt, muss von vornherein darüber nachdenken, wie er die passende Konsumentin gleich mit erschaffen kann – und wie er die bereits angeschafften Gegenstände, die Neukäufe tendenziell blockieren, aus dem Weg räumt. Die wichtigste Innovation für die Massenindustrie ist somit die Optimierung des Konsumverhaltens.

Dabei schränkt die Fixierung auf konsumfördernde Innovationen das innovative Potenzial ein, wie man sich an der Verkehrsindustrie leicht verdeutlichen kann. Produktorientierte Innovationen beschäftigen sich mit Katalysatoren, Airbags und elektronischer Einparkhilfe, um auf bestehenden Märkten für Wachstum zu sorgen, während problemorientierte Innovationen auch Räume für andere Mobilitätskonzepte wie Carsharing und öffentlichen Nahverkehr öffnen würden.

Rabiater und unmittelbarer als die Innovation wirkt die Sabotage: Produkte werden mit einer Sollbruchstelle versehen, die dafür sorgt, dass sie nach einer bestimmten Gebrauchsdauer kaputtgehen oder nicht weiterverwendet werden können. So werden in Fernsehgeräten und Videorekordern die hitzeempfindlichen Kondensatoren gerade an den Stellen eingebaut, die sich stark aufheizen. Die Trommeln von Waschmaschinen drehen sich nicht mehr wie früher üblich in Edelstahl-, sondern in verschleißanfälligen Plastikgehäusen. Der Druckknopf der elektrischen Zahnbürste löst sich durch den Kontakt mit Wasser langsam auf. Die Kurbel der energiesparenden Kurbeltaschenlampe ist nicht verschraubt, sondern so schlecht angeklebt, dass sie nach ein paarmal Kurbeln einfach abbricht.

Auch diese Form der geplanten Obsoleszenz ist nicht neu. Im ersten nationalen Werbefachblatt der USA schreibt W. R. Heath 1928: »Ein Artikel, der nicht verschleißt, ist eine Tragödie fürs Geschäft.« Die Effizienz eingebauter Sollbruchstellen wird dadurch erhöht, dass Reparaturen schwierig, wenn nicht gar unmöglich sind, etwa durch einen verschweißten Akku. Ist der nach zwei Jahren kaputt, muss der ansonsten funktionsfähige MP3-Player oder die elektrische Zahnbürste weggeworfen werden, obwohl es sich bei dem Akku nur um eine billige wiederaufladbare Batterie handelt.

Doch auch Ersatzteile werden nicht lange vorgehalten. Für ein vier Jahre altes Rührgerät gibt es keine Ersatzrührstäbe mehr. Der Elektrofachhandel datiert das Ende der Lagerhaltung von Ersatzteilen auf Ende der 1990er Jahre. Ist die Reparatur doch noch möglich, werden die Kosten in die Höhe getrieben: Um den abgebrochenen Verschlusshaken der Waschmaschinentür aus minderwertigem Plastik zu ersetzen, muss die gesamte Tür ausgewechselt werden. Die Reparatur eines Druckers ist teurer als ein neuer Drucker. Weil viele Kunden sich inzwischen daran gewöhnt haben, dass Reparaturen nicht mehr vorgesehen und Ersatzteile nicht erhältlich sind, nehmen sie schon die Fehlermeldung als Signal zum Neukauf wahr.

Eine besonders effiziente Form der Sabotage sind die Obsoleszenzbeschleuniger: Tuben- und Flaschenöffnungen werden vergrößert, um den Verbrauch zu erhöhen. Neue Dienste werden immer nur für die aktuellste Gerätegeneration bereitgestellt wie etwa HBO Go oder Skype für Fernseher, weshalb Experten behaupten, Fernseher hätten zu lange Lebenszyklen, um mit der rasanten technischen Entwicklung Schritt zu halten, und die Automatisierungstechnik veralte sowieso zu schnell für die Industrie.

Die geplante Obsoleszenz bleibt nicht auf Konsumgüter beschränkt. Ihr Spektrum reicht von den bewusst in Kauf genommenen, gesundheitsgefährdenden Mängeln bei Silikonbrüsten über die halbierte Lebensdauer des Eurofighters bis hin zu teuren Abwassersystemen, für die keine Austauschteile zu bekommen sind.

Aber wie konnte sich diese teure, anstrengende und ressourcenvergeudende Art des Produzierens eigentlich durchsetzen? Die Antwort führt zur sogenannten psychologischen Obsoleszenz. Darunter werden die Maßnahmen zusammengefasst, welche die Bereitschaft wecken, ein Produkt auch dann durch ein neues zu ersetzen, wenn es noch funktioniert. Damit befinden wir uns im Bereich Werbung, Marketing und PR, und das Augenmerk liegt nicht auf der Veränderung des Materials durch Innovation oder Sabotage, sondern auf der Beeinflussung der Psyche.

Auf den gesättigten Märkten von Wohlstandsländern hängt der Erfolg eines Produkts weniger von seiner

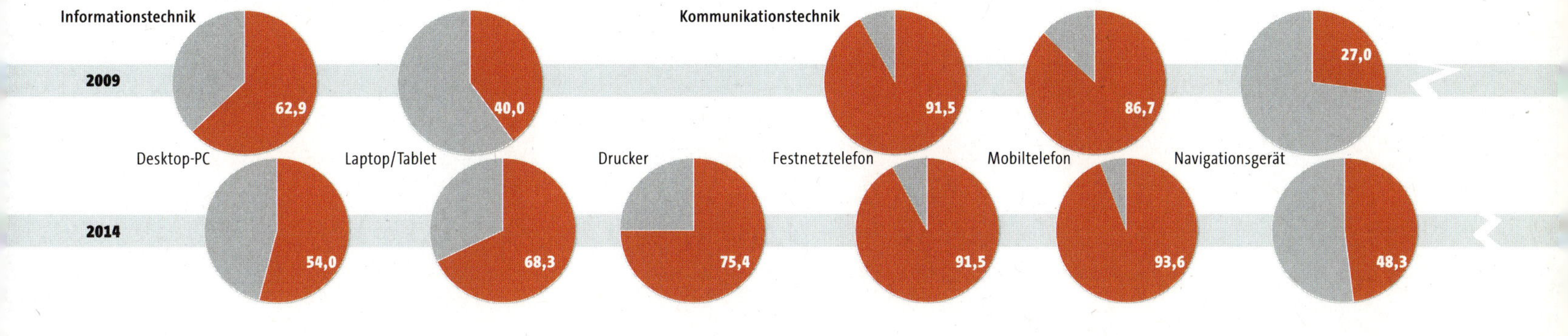

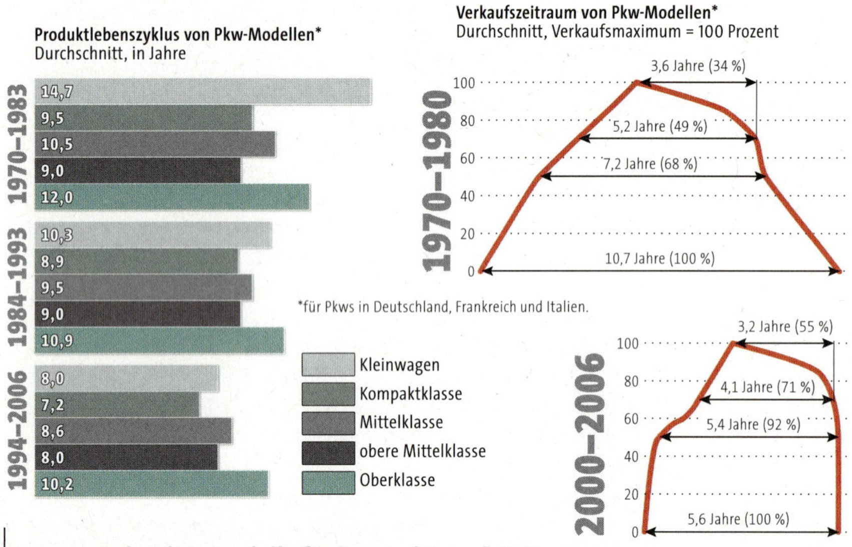

Immer mehr Pkw-Modelle für immer kürzere Zeit

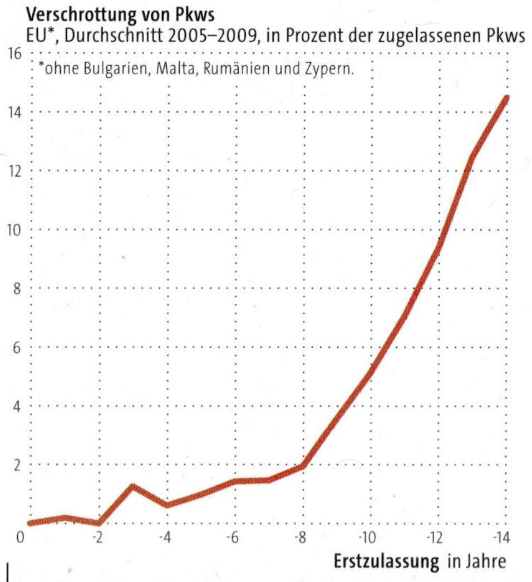

Nach zwei Jahren fängt das Verschrotten an

Beschaffenheit ab als von raffinierten Marketingstrategien. Jahrzehntelang mussten die Spindoktoren der Massenindustrie viel Mühe aufbringen, bis wir endlich eingesehen haben, dass es ziemlich öde ist, immer nur Sachen zu kaufen, die man braucht. Inzwischen haben wir das Lebensgefühl des »Alles immer sofort« verinnerlicht. Kaufen macht Spaß. Wer kein Geld hat, soll ruhig auf Pump kaufen.

Im Unterschied zur Sabotage spielen sich die auf die Psyche zielenden Veralterungsstrategien nicht im Verborgenen ab. Im Gegenteil, sie manipulieren über die Markenpflege und die öffentliche Wahrnehmung den Wunsch von statusbewussten Kunden, ihren Platz in der sozialen Hierarchie durch ihr Konsumverhalten zu definieren. Für dieses Bedürfnis hat der US-amerikanische Sozialökonom Thorstein Veblen schon im frühen 20. Jahrhundert den Begriff *conspicuous consumption* geprägt, was man mit »Geltungskonsum« oder »demonstrativer Verbrauch« übersetzen kann: Die Menschen kaufen Produkte, nicht weil sie sie benötigen oder ersetzen müssen, sondern der Konsum dient in erster Linie dem Bedürfnis, den eigenen sozialen Status zur Schau zu stellen – man kauft etwas, weil man es sich leisten kann oder weil es standesgemäß ist. Was einst ein Privileg der Adligen war, hat sich in Zeiten von steigendem Wohlstand, Industrialisierung und Massenproduktion auf immer breitere Bevölkerungsschichten übertragen. Kein Wunder, dass die heutige Werbung fast ausschließlich den Distinktionsgewinn betont – du bist, was du kaufst.

Der Aufwand, der betrieben wird, um das Lebens- und Selbstwertgefühl von Menschen an die Konsumsphäre zu koppeln, ist enorm. Aber er ist wohl nötig, damit die Menschen so etwas Widersinniges wie die geplante Obsoleszenz überhaupt akzeptieren. Beispiel Abwrackprämie: Sie bettete im Jahr 2009 die Absatzkrise der deutschen Autoindustrie in eine Erzählung zwischen ökologischem Heilsversprechen und belohnenden Staat ein – und schaffte es, die Verbraucher zu einer irrationalen Obsoleszenzbeschleunigung zu verführen.

Bis vor nicht allzu langer Zeit hätten es die meisten Menschen absurd gefunden, Dinge wegzuwerfen, die sie noch benutzen können. In Deutschland war es bis in die 1970er hinein üblich, das, was man besaß, pfleglich und mit einer gewissen Achtung für das Material zu behandeln. Eine ähnliche Sorgfalt aufseiten der Produzenten wurde mehr oder weniger selbstverständlich vorausgesetzt. Kaputte oder ausrangierte Gegenstände wanderten nicht sofort auf den Müll, sondern galten als weiter- und wiederverwertbares Material.

Dass ein nachhaltiger Umgang mit den Gegenständen auf die Dauer nicht mit Wachstum und Massenproduktion vereinbar ist, war den Vordenkern einer Wachstumsgesellschaft früh klar. Was passiert also, wenn, wie es Ende der 1950er Jahre der US-Ökonom Ernest Dale prognostizierte, »Amerikas Fähigkeit, zu produzieren, vermutlich seine Fähigkeit, zu konsumieren, überflügelt« hat? Werbefachmann

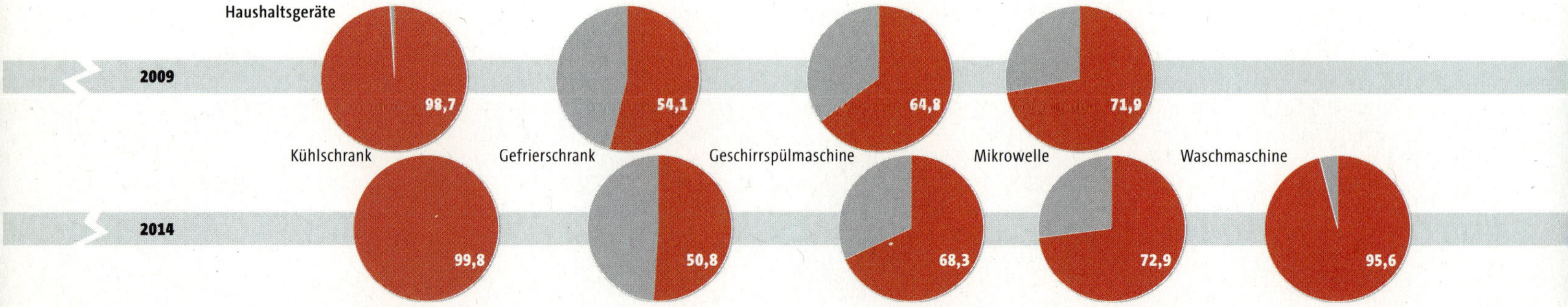

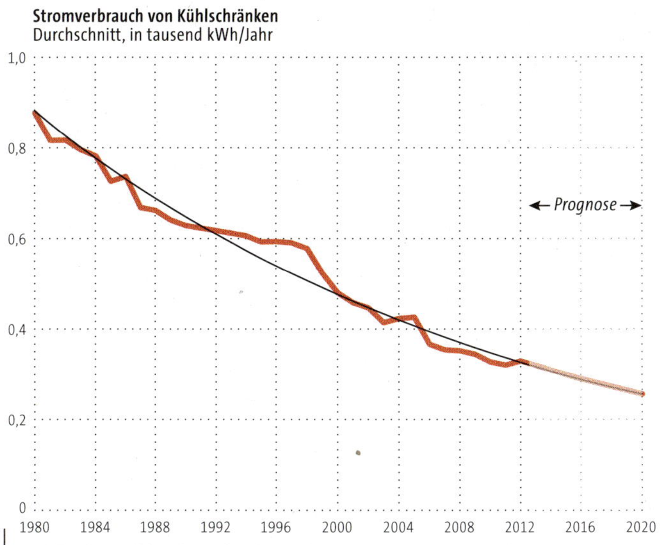

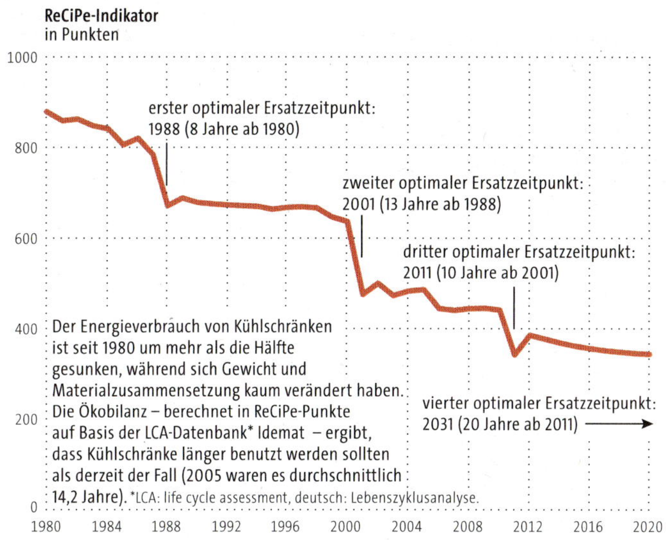

Kühlschränke: die ideale Lebensdauer

Calkins wusste es schon 20 Jahre früher: Wohlstand komme eben nicht dadurch zustande, »dass man Dinge aufträgt, sondern dass man welche kauft«. Um den vernünftigen Widerstand gegen Verschwendung zu brechen, werden die Hebel nun vor allem an einem Punkt angesetzt: der Emotion. Denn wer ungebremst Dinge für die Massen produzieren will, war und ist darauf angewiesen, dass sich die potenziellen Kunden weniger vom Verstand als vom Gefühl leiten lassen.

Interessanterweise setzten die Spindoktoren der Massenproduktion anfangs nicht bei den positiven Gefühlen, sondern bei der Angst an – und zwar der Angst um Arbeitsplätze. In den Köpfen der Menschen sollte sich der Glaube festsetzen, dass Wachstum die einzig wirksame Versicherung gegen Arbeitslosigkeit sei und dass die Wirtschaft nur wachse, wenn alle kräftig kaufen, wegwerfen und neu kaufen. Die gesamte Bandbreite der psychologischen Obsoleszenz – samt Markenimplementierung in den Köpfen von Kleinkindern, Produktsakralisierung nach dem Vorbild von Apple, Überführung langlebiger und nützlicher Produkte in nutzenfreie Manufactum-Sphären und »Ich bin doch nicht blöd«-Holzhämmer – zielt auf das Zauberwort Wirtschaftswachstum und seine angebliche Alternativlosigkeit.

Konsumverzicht, Konsumgleichgültigkeit oder die Frage, was Lebensqualität jenseits von Konsum bedeutet, gelten als abseitig und weltfremd. Die Dauerberieselung mit rund 3000 Werbebotschaften täglich gibt den angstlustgehetzten Konsumentinnen mal Zuckerbrot – wenn am Samstag der Megarabatt lockt – und mal die Peitsche – wenn Smartphone-Verweigerer als sozial isolierte Sonderlinge dastehen.

Wir haben die Verantwortung dafür, in welcher Welt wir leben wollen, an die Konsumsphäre delegiert. Die konkreten Produkte sind austauschbar und nur Mittel zum Zweck der Profitmaximierung, die Unternehmen sind nur noch »kundenerzeugende und kundenzufriedenstellende« Organismen. Der US-Informatiker und Autor Jaron Lanier geht noch weiter: »Du bist nicht der Kunde der Internetkonzerne. Du bist ihr Produkt.« Für dieses Wahnsystem kommt es nicht darauf an, was wir wollen, sondern was wir wollen sollen. Wir selbst sind Rohstoff und lassen uns von dem Versprechen ködern, dass wir unsere Wünsche per Fingertipp erfüllt bekommen.

Jürgen Reuß

Bücher &c.

- Stefan Schridde, Christian Kreiß, Janis Winzer, »Geplante Obsoleszenz: Entstehungsursachen, Konkrete Beispiele, Schadensfolgen, Handlungsprogramm. Gutachten im Auftrag der Bundestagsfraktion Bündnis 90/Die Grünen«, www.gruene-bundestag.de/themen/umwelt/gekauft-gebraucht-kaputt_ID_4387858.html.
- Wolfgang Schivelbusch, *Das verzehrende Leben der Dinge. Versuch über die Konsumtion,* München (Hanser) 2015.
- Pierre Pfiffner, Stefan Eisenhofer, Jacques Froidevaux und Karin Guggeis, *Afrika bewegt sich; Africa on the move; Une Afrique en mouvement: Toys from West Africa* (Bildband über Recycling-Spielzeug aus Afrika), Stuttgart (Arnoldsche Verlagsanstalt) 2004.
- »Müll im Garten Eden«, Regie: Fatih Akin, Deutschland 2012.

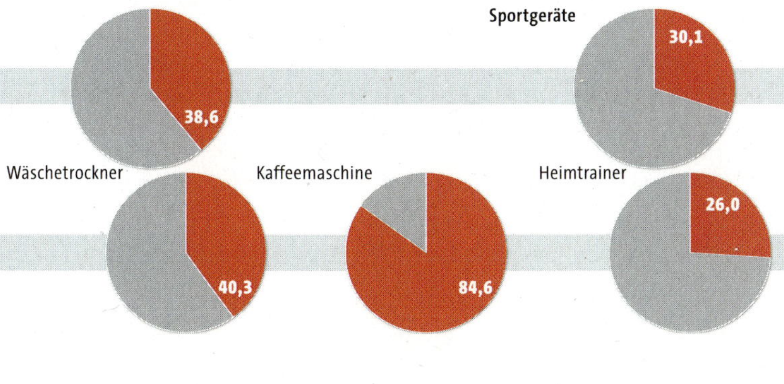

Lebensmittel für die Tonne

In den reichen Industrieländern beginnt die Verschwendung bereits auf dem Acker. Ändern lässt sich das nur, wenn Erzeuger, Händler und Verbraucher zusammenarbeiten

Ein Drittel der Lebensmittel, die weltweit erzeugt werden, verdirbt oder landet auf dem Müll, in den Industrieländern sogar die Hälfte. Lebensmittel sind Massenware, die Discounter unterbieten sich gegenseitig mit Niedrigpreisen. Bis in die 1970er Jahre haben die Menschen in den Industrieländern 40 bis 50 Prozent ihres Einkommens für Essen ausgegeben – heute sind es nur noch zwischen 10 und 20 Prozent. In den Kühlregalen stehen mehr als 100 Joghurtsorten zur Auswahl, und doch landet der eine Becher, für den wir uns schließlich entschieden haben, nur zu oft ungeöffnet oder halbvoll im Mülleimer. Der japanische Umweltforscher Kohei Watanabe hat Mülltonnen in England, Deutschland, Österreich, Japan und Malaysia untersucht und ist zu dem Ergebnis gekommen, dass der Anteil an essbaren Lebensmitteln überall rund 10 Prozent beträgt.

Die berüchtigte Gurkenkrümmungsverordnung von 1988 hat die EU zwar im Jahr 2009 wieder abgeschafft. Aber der Handel, auf dessen Wünsche die Regelung zurückgegangen war, hat die Standards trotzdem beibehalten. Schließlich ist es für Transport und Lagerung praktischer, wenn die Gurken schön gerade und gleich lang sind. Qualität oder Geschmack spielen höchstens eine untergeordnete Rolle.

Was wo erzeugt wird

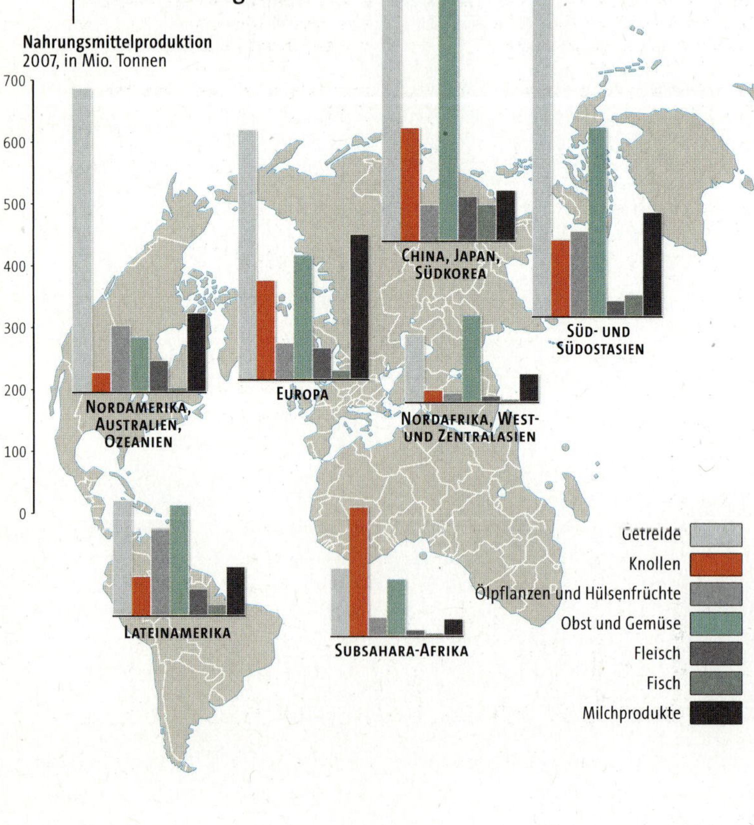

Für rund 40 Prozent des Lebensmittel-Müllbergs in der EU sind die Verbraucher verantwortlich – mehr als die Hälfte wird also schon weggeworfen, bevor die essbaren Waren in den Kühlschränken der Konsumentinnen ankommen. Die Verschwendung fängt bereits auf dem Acker an. Zuverlässige Zahlen darüber, was die Landwirtschaft aussortiert oder gezielt vergammeln lässt, gibt es kaum. Bei Kartoffeln und manchen Gemüsesorten sind es wohl um die 40 Prozent der Ernte. Ändern lässt sich das nur, wenn alle zusammenarbeiten, Erzeuger, Händler und Verbraucher.

Wie das gehen kann, zeigt Großbritannien. Weil die Briten immer noch einen Großteil ihrer Abfälle auf Müllkippen deponieren und diese randvoll sind, wurde im Jahr 2000 das Waste and Resources Action Programme (Wrap) ins Leben gerufen. Nachdem die Labour-Regierung unter Tony Blair mit gesetzlichen Regulierungen gedroht hatte, verpflichteten sich im Jahr 2005 die Lebensmittelhersteller zu einer Müllreduzierung um 5 Prozent in zwei Jahren. Das Ziel wurde erreicht, die konservative Regierung unter David Cameron setzte den Kurs mit der Gastronomiebranche fort.

Um den Kundinnen makellos aussehende Produkte anbieten zu können, wird in den Supermärkten kräftig aussortiert. Wenn nur ein einziger Pfirsich schimmelt, wandert die ganze Packung in die Tonne. Einzelne Früchte auszusortieren ist für den Händler zu teuer. Milchprodukte und Käse werden oft schon zwei bis sechs Tage vor Ablauf des Mindesthaltbarkeitsdatums aus den Regalen genommen, obwohl der Hersteller bis zum aufgedruckten Datum lediglich bestimmte Eigenschaften garantiert, zum Beispiel, dass ein Joghurt cremig bleibt. Die meisten Produkte sind über das Datum hinaus haltbar – und eine schnelle Verderblichkeit droht ohnehin nur bei frischem Fleisch, Fisch und Eiprodukten.

Die niederländische Supermarktkette Jumbo hatte eine geniale Idee: Wer ein Produkt mit einer Ablauffrist von ein oder zwei Tagen entdeckt, darf seinen Fund umsonst mitnehmen. Die Kunden suchen dadurch nicht mehr nach Produkten mit möglichst langem Haltbarkeitsdatum, sondern nach solchen, die sonst aussortiert und vernichtet würden.

Besonders dramatisch ist die Situation beim Brot. Bäckereien werfen durchschnittlich 10 bis 20 Prozent ihrer Tagesproduktion weg und liefern die Reste im besten Fall an eine Tafel oder einen Tierfutterhersteller. Mit den 3 Millionen Tonnen Brot, die in Europa jedes Jahr auf dem Müll landen, könnte ganz Spanien versorgt werden.

Weltweit werden also jährlich rund 1,3 Milliarden Tonnen Nahrungsmittel umsonst produziert. Die Welternährungsorganisation FAO kommt zu dem Schluss, dass es effizienter

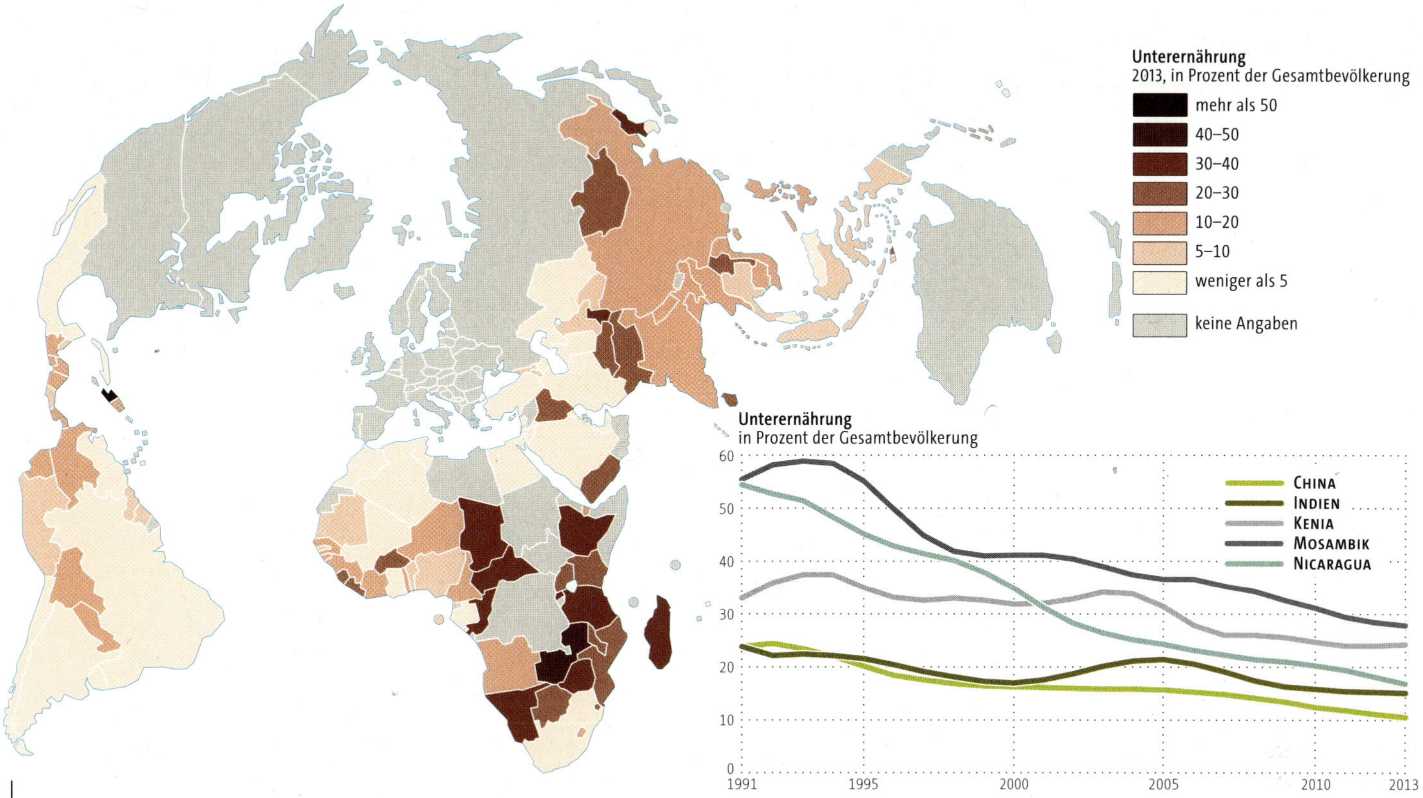

Hunger im globalen Süden

sei, diese »Verluste zu begrenzen, als mehr zu produzieren«. Damit rückt sie von ihrer früheren Position ab, das Hungerproblem könne nur durch Produktionssteigerungen gelöst werden.

Hundert Kilogramm essbarer Waren wirft ein europäischen Verbraucher jedes Jahr weg. Dem »food waste« (Lebensmittelverschwendung) in den Industrieländern steht der »food loss« (Nachernteverlust) in den Entwicklungsländern gegenüber, verursacht durch fehlende Kühl- und Lagerhäuser und schlechte Straßen. In den Entwicklungs- und Schwellenländern verderben bis zu 40 Prozent der Nahrungsmittel, bevor sie überhaupt die Märkte erreichen. In Europa hingegen werden 40 Prozent aller Lebensmittel ungenutzt entsorgt.

Die Verschwendung im Norden verschärft das Hungerproblem im Süden. Auf der einen Seite können Landwirte in Afrika, Asien und Lateinamerika aufgrund der Handelsnormen nicht ihre gesamte Ernte verkaufen. Auf der anderen Seite erhöht die Wegwerfkultur der Industrieländer den Preisdruck auf dem Weltmarkt. Der Konsum steigert die Nachfrage und damit die Preise für Weizen, Mais und Reis, weshalb sich Millionen Menschen in ärmeren Ländern diese Grundnahrungsmittel kaum noch leisten können.

Lebensmittel werden mit einem enormen Aufwand an Energie und Wasser erzeugt. Das Stockholm Water Institute hat errechnet, dass ein Viertel des weltweiten Wasserverbrauchs bei der Produktion von Nahrung vergeudet wird, die am Ende vernichtet wird. Die EU hält eine Halbierung der Verluste für realistisch. Damit könnten ihre Mitgliedsländer übrigens so viele Klimagase einsparen, wie wenn sie jedes zweite Auto stilllegen würden.

Die FAO fordert, die Verluste und die Verschwendung von Nahrungsmitteln in den nächsten 15 Jahren zu halbieren. Die Devise lautet: »reduce, redistribute, recycle« – reduzieren, umverteilen, wiederverwerten. Entwicklungsländer brauchen dafür eine bessere Infrastruktur, Kühlketten und den fairen Marktzugang für Kleinbauern. Und die Industrieländer müssen ihre Agrarsubventionen und Qualitätsnormen abbauen.

Valentin Thurn

Bücher &c.

- Stefan Kreutzberger, Valentin Thurn, *Die Essensvernichter. Warum die Hälfte aller Lebensmittel im Müll landet und wer dafür verantwortlich ist*, Köln (Kiepenheuer & Witsch) 2011.
- Raphael Fellmer, *Glücklich ohne Geld. Wie ich ohne einen Cent besser und ökologischer lebe*, München (Redline) 2013.
- Sarah Zierul, *Billig. Billiger. Banane. Wie unsere Supermärkte die Welt verramschen*, München (oekom) 2015.

Die Unkosten des Abfalls

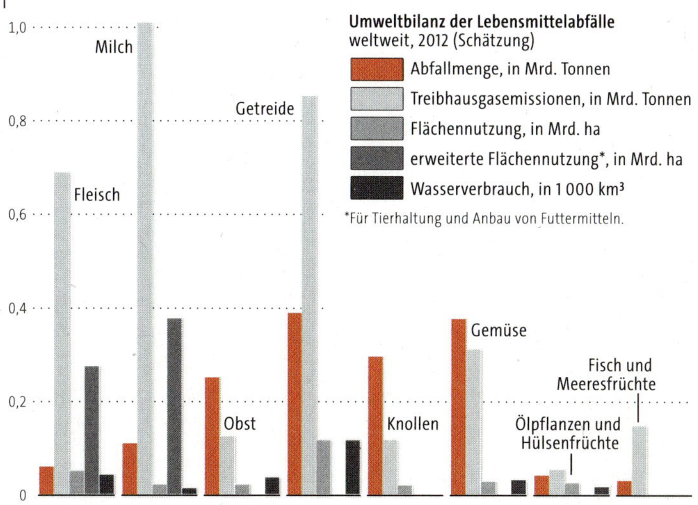

Giftige Geschäfte mit alten Geräten

In Afrika und Asien werden kaputte Computer, Handys und Haushaltsgeräte aus den Industrieländern auf lebensgefährliche Weise entsorgt

Wer über die Müllkippe von Agbogbloshie geht, hört es bei jedem Schritt unter seinen Füßen knacken. Dieser Teil von Accra, der Hauptstadt Ghanas, ist, so weit das Auge reicht, mit Elektroschrott bedeckt. Überall liegen Bruchstücke, die einst Bestandteile des modernen Konsums waren: kaputte Tastaturen, die verrostete Unterseite eines Bügeleisens, scharfkantige Bleiglasscherben aus zerschlagenen Bildröhren. Darunter ist die Erde schwarz verbrannt, beißender Rauch liegt über der geisterhaften Szenerie. In dem Fluss, der hier vorbeiführt, leben keine Fische mehr; die Möwen, die auf den im Wasser schwimmenden vergilbten Computergehäusen hocken, halten vergeblich Ausschau nach Nahrung.

In Agbogbloshie lässt sich beobachten, wo es hinführt, wenn wir weiter systematisch Konsum und Wirtschaftswachstum ankurbeln, zum Beispiel durch die gezielte Verkürzung der Lebensdauer von Produkten, auch bekannt als »geplante Obsoleszenz«.

Konsumgüter veralten immer schneller, sei es, weil ein Chip die Geräte nach einer festgesetzten Zeit blockiert oder weil Verschleißteile einen baldigen Neukauf erfordern – oder weil das Nachfolgemodell mit neuen Features lockt. Ersatzteile werden frühzeitig vom Markt genommen, fest verbaute Batterien lassen sich, einmal ermüdet, nicht mehr austauschen, oder Konsumenten lassen sich von der Werbung einreden, dass ein neueres Modell schöner oder besser wäre, auch wenn das alte noch funktioniert.

Was auch immer der Grund für die Entsorgung ist: Die industrialisierten Länder produzieren pro Jahr zwischen 20 und 50 Millionen Tonnen Elektroschrott, von Haushaltsgeräten über Computer und Handys bis hin zu medizinischen Apparaten, Tendenz steigend. Wenn Wirtschaft und Konsum wachsen, wachsen eben auch die Müllberge. Müllkippen breiten sich wie ein chronischer Ausschlag in der ganzen Welt aus – in Afrika, Asien, Osteuropa und zunehmend auch Südamerika.

Das ehemalige Fischerdorf Agbogbloshie ist heute ein Slum: Kinder und Jugendliche werfen Knäuel aus alten Kabeln ins Feuer, um das Plastik von den Kabeln abzuschmelzen und an das Kupfer zu gelangen, mit dem sich etwas Geld verdienen lässt. Die Flammen werden mit Schaumstücken aus alten Kühlschränken angeheizt, die Fluorchlorkohlenwasserstoff enthalten – dieses klimaschädliche Gas wird durch die Hitze freigesetzt und mischt sich mit anderen Chemikalien zu einem giftigen Cocktail, den die Bewohner des Stadtteils mit jedem Atemzug in sich aufnehmen. Die Lötverbindungen, das Bildschirmglas und die Platinen der Geräte enthalten Blei, das Nieren und Gehirn schädigt. Das Kadmium aus Schaltern und Laptop-Batterien sammelt sich im Körper an, schädigt die Knochen und verursacht Lungenkrebs. Elektronische Geräte enthalten mehrere hundert Chemikalien, denen die Jugendlichen von Agbogbloshie schutzlos ausgesetzt sind. Viele klagen über Atembeschwerden und Fieber, haben Konzentrationsstörungen und sind auffallend klein für ihr Alter.

Interessanterweise tragen die ausrangierten Geräte oft noch Inventaraufkleber, die ihre einstigen Besitzer verraten. Neben Altgeräten des britischen Verteidigungsministeriums und der US-Armee liegen die von Schulen, Stadtverwaltungen, Krankenhäusern und Polizeiwachen aus aller Welt.

Warum sind diese Geräte nicht in Europa oder den USA entsorgt worden? Schließlich ist der Export von Elektroschrott in Entwicklungs- und Schwellenländer verboten. Dafür sorgt ein internationales Abkommen, die Basler Konvention von 1989, die inzwischen 190 Länder unterzeichnet haben. Haiti und die USA – der weltweit größte Produzent von Elektromüll – haben das Abkommen allerdings nie ratifiziert.

Im Januar 2003 hat die Europäische Union, ausgehend von der Basler Konvention, die sogenannte EU-Elektroaltgeräte-Richtlinie (WEEE, Waste Electrical and Electronic Equipment) verabschiedet. Dort steht nicht nur, dass europäischer Schrott in Europa recycelt werden muss und nicht exportiert werden darf, sondern auch, dass die Geräte, um diesen Prozess zu erleichtern, möglichst umweltfreundlich und leicht zerlegbar hergestellt werden sollten.

Wer sich in Europa ein neues Elektrogerät kauft, bezahlt das Recycling gleich mit. Die Verbraucher haben also, wenn sie ihr Gerät entsorgen müssen oder wollen, einen Anspruch darauf, es kostenlos bei einem Wertstoffhof oder Recycler

Nicht gehobene Schätze

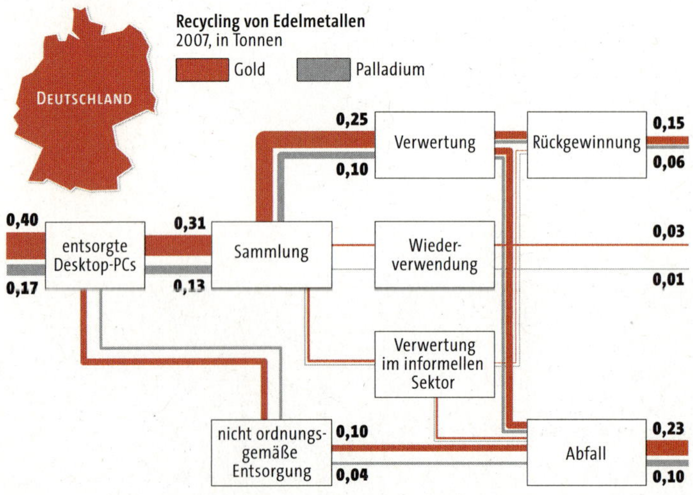

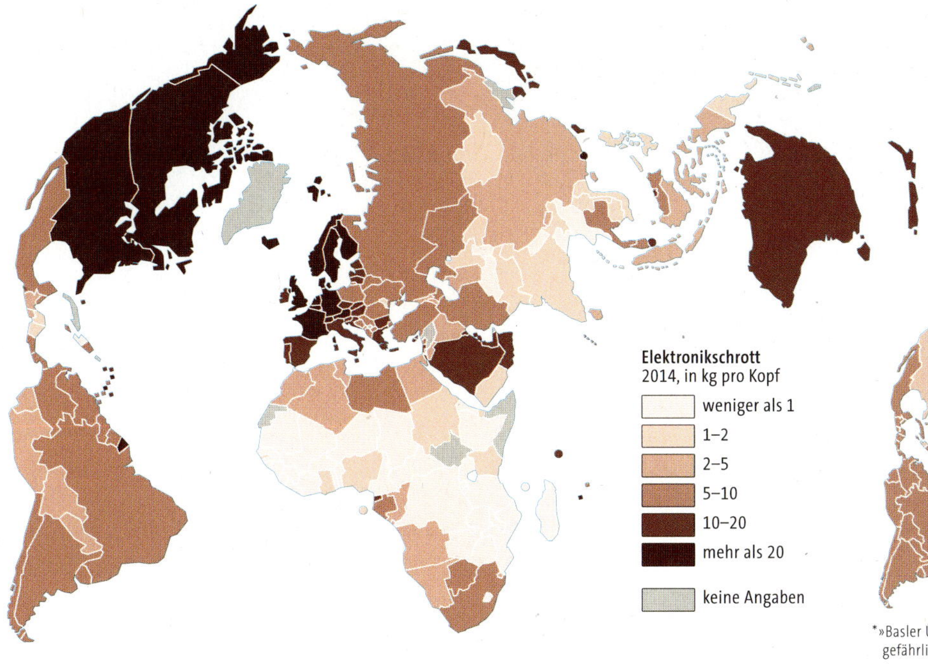

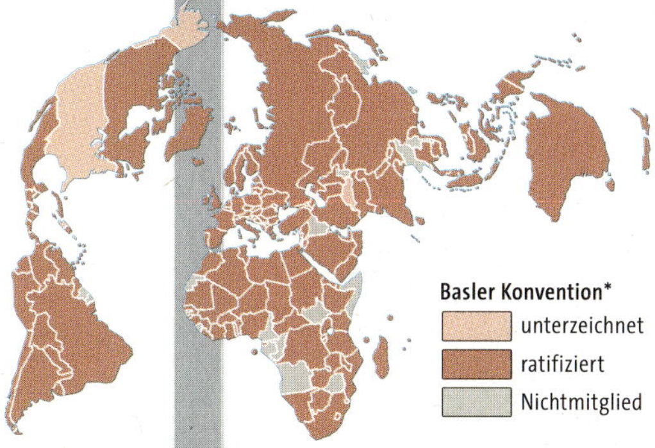

*»Basler Übereinkommen über die Kontrolle der grenzüberschreitenden Verbringung gefährlicher Abfälle und ihrer Entsorgung«, in Kraft getreten am 22. März 1989.

Besonders viel Sondermüll aus dem globalen Norden

abzugeben. Mit der Recyclingabgabe, die europaweit jährlich 4 Milliarden Euro einbringt, wird ein ausgeklügeltes System aus tausenden moderner Anlagen unterhalten, in denen die alten Geräte nicht nur umweltfreundlich und ohne gesundheitliche Risiken zerlegt, sondern auch wertvolle Stoffe wie etwa Kupfer wiedergewonnen werden. Zugeführt bekommen die Recyclinganlagen den Müll über ein ausgedehntes Netz von Wertstoffhöfen und Sammelstellen. Trotzdem klagen viele Betreiber, dass sie bei weitem nicht ausgelastet seien.

Eine von der Europäischen Kommission in Auftrag gegebene Untersuchung kommt zu dem Ergebnis, dass in den EU-Mitgliedstaaten zwei Drittel des Elektroschrotts nicht sachgemäß entsorgt werden. Die Altgeräte nehmen entweder schon in Europa krumme Wege und landen auf wilden Müllkippen oder sie verschwinden in Frachtcontainern in Richtung Dritte Welt.

Wie die krummen Wege in Europa aussehen, zeigt eine Studie der spanischen Verbraucherorganisation OCU, deren Mitarbeiter GPS-Tracker in alten Elektrogeräten versteckten, die sie bei diversen Sammelstellen abgaben. Mithilfe der Ortungssignale wurde dann eine genaue Route für jedes einzelne Gerät erstellt.

Fazit: Nur jedes vierte Gerät kam ordnungsgemäß in einer Recyclinganlage an. Etliche wurden gleich am Abgabetag aus der Sammelstelle gestohlen und ausgeschlachtet. Ein Gerät erreichte eine Recyclingfirma, verließ diese aber bei Schichtwechsel durch die Hintertür, vermutlich im Auto eines Mitarbeiters, und landete nach dem Ausschlachten in einer Mülltonne. Ein Gerät, das bei Ikea abgegeben worden war (in Spanien müssen Händler beim Neukauf den Kunden ihr Altgerät abnehmen), verbrachte zwei Wochen in einem Lieferwagen der Möbelkette, der kreuz und quer durch die

Geringe Rückgewinnung

Li (3)	Lithium	Sn (50)	Zinn
Be (4)	Beryllium	Sb (51)	Antimon
B (5)	Bor	Te (52)	Tellur
Mg (12)	Magnesium	Ba (56)	Barium
Al (13)	Aluminium	La (57)	Lanthan
Sc (21)	Scandium	Ce (58)	Cer
Ti (22)	Titan	Pr (59)	Praseodym
V (23)	Vanadium	Nd (60)	Neodym
Cr (24)	Chrom	Sm (62)	Samarium
Mn (25)	Mangan	Eu (63)	Europium
Fe (26)	Eisen	Gd (64)	Gadolinium
Co (27)	Cobalt	Tb (65)	Terbium
Ni (28)	Nickel	Dy (66)	Dysprosium
Cu (29)	Kupfer	Ho (67)	Holmium
Zn (30)	Zink	Er (68)	Erbium
Ga (31)	Gallium	Tm (69)	Thulium
Ge (32)	Germanium	Yb (70)	Ytterbium
As (33)	Arsen	Lu (71)	Lutetium
Se (34)	Selen	Hf (72)	Hafnium
Sr (38)	Strontium	Ta (73)	Tantal
Y (39)	Yttrium	W (74)	Wolfram
Zr (40)	Zirconium	Re (75)	Rhenium
Nb (41)	Niob	Os (76)	Osmium
Mo (42)	Molybdän	Ir (77)	Iridium
Ru (44)	Ruthenium	Pt (78)	Platin
Rh (45)	Rhodium	Au (79)	Gold
Pd (46)	Palladium	Hg (80)	Quecksilber
Ag (47)	Silber	Tl (81)	Thallium
Cd (48)	Cadmium	Pb (82)	Blei
In (49)	Indium	Bi (83)	Bismut

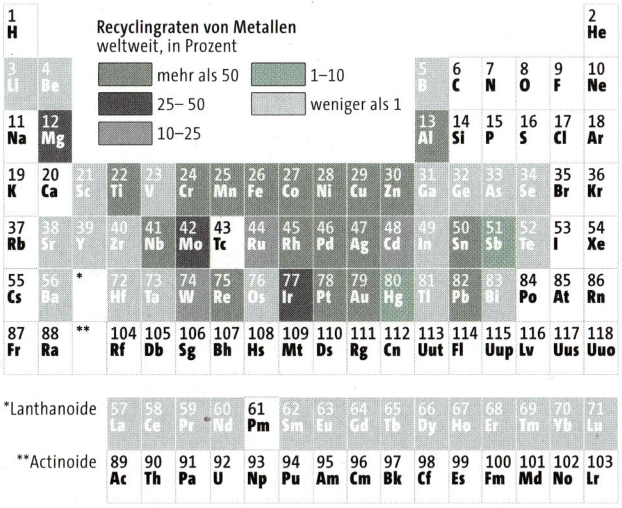

Das Cadmium der Welt für Handys etc.

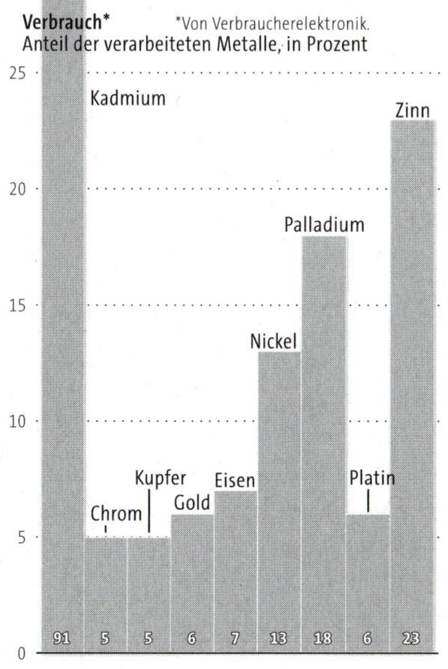

Endverwendung von Gebrauchtelektronik
2011, in Prozent der exportierten Elektronikprodukte (Schätzung)

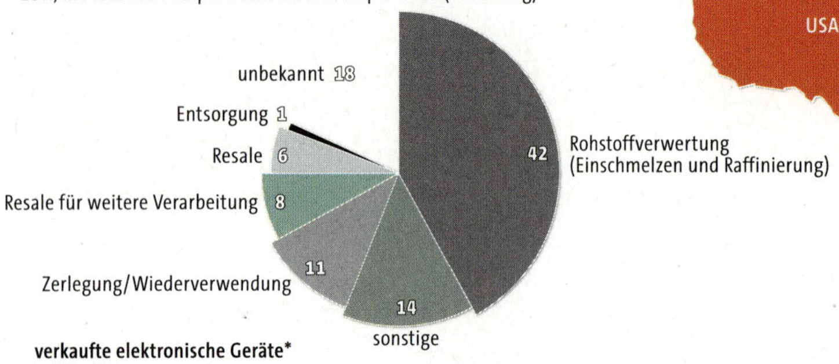

verkaufte elektronische Geräte*
in Mio. Tonnen

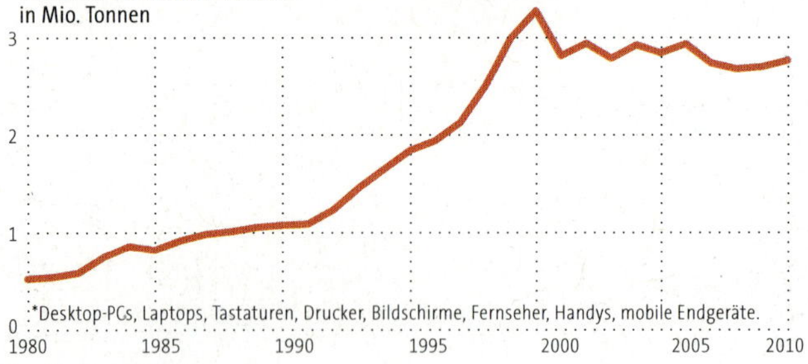

*Desktop-PCs, Laptops, Tastaturen, Drucker, Bildschirme, Fernseher, Handys, mobile Endgeräte.

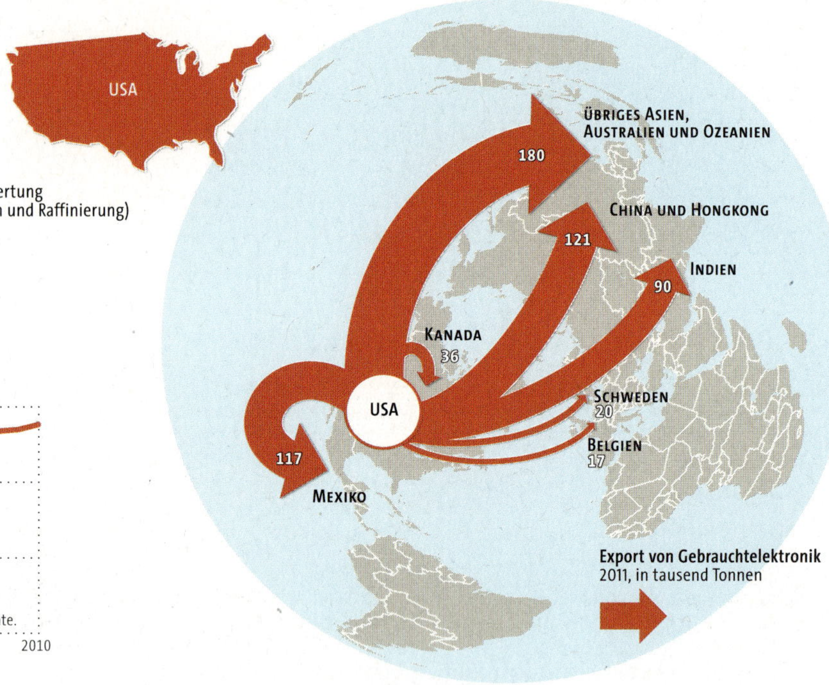

Zurück nach Asien

Stadt fuhr, und landete schließlich bei einem unautorisierten Schrotthändler, der keinerlei Recyclingausrüstung hatte.

Der Betrug summiert sich: In Madrid und Saragossa wurden 2011 wilde Müllkippen mit insgesamt 500 000 illegal entsorgten Kühlschränken entdeckt, die ein ganzes Netzwerk von Sammelstellen, Transporteuren und Recyclingfirmen systematisch abgezweigt hatte. Sie alle hatten unterwegs ihren Teil der Recyclingabgabe eingefordert, die Geräte dann aber einfach ausgeschlachtet und weggekippt. Der Gewinn des illegalen Geschäfts: 10 Millionen Euro.

Ein aufsehenerregender Gerichtsfall aus Frankreich brachte diese dunklen Machenschaften ans Tageslicht. Im März 2011 alarmierte ein anonymer Anrufer die Gendarmerie der 200 Kilometer östlich von Paris gelegenen Kleinstadt Vitry-le-François. Die Beamten entdeckten daraufhin eine riesige Lagerhalle, in der sich alte Computer stapelten. Was zunächst wie Schwarzarbeit aussah, entpuppte sich als Elektroschrottschmuggel mit internationalen Dimensionen.

Die Ermittlungen der französischen Umweltpolizei (OCLAESP) ergaben, dass die Recyclingfirma D3E Recyclage drei Hallen bis zur Decke mit ausrangierten Elektrogeräten vollgestopft hatte. Den Lieferanten – Firmen und öffentliche Einrichtungen aus der ganzen Region – hatte sie Bestätigungen ausgestellt, dass alles sachgemäß recycelt worden sei. Doch in keiner der drei Lagerhallen waren die dafür nötigen Anlagen, sie waren nur Zwischenlager für Ware, die zum Export bestimmt war.

Die Nachforschungen der OCLAESP führten mit Unterstützung von Interpol ins Ausland. Eine belgische Firma namens Mobo hatte Monitore für 50 Cent bis 2 Euro pro Stück aufgekauft, auch von Lieferanten aus Kroatien und Großbritannien.

Ein Besuch der Polizei im Hauptsitz von Mobo in Luxemburg führte zu einem völlig leeren, acht Quadratmeter kleinen Büro, in dem mehr als 50 Firmen registriert waren. Die Aktionäre von Mobo wurden bis ins US-amerikanische Delaware zurückverfolgt, ein berühmt-berüchtigtes Steuerparadies. Von Lagerhäusern in Holland wurden die Geräte schließlich nach Hongkong, Vietnam und in die Vereinigten Arabischen Emirate verschifft.

Die französische Justiz verurteilte die Geschäftsführer von D3E Recyclage und ließ die Firma schließen. Schlagzeilen machte der Fall, weil hier zum ersten Mal ein Richter in Frankreich für ein solches Delikt eine Gefängnisstrafe verhängte, wenn auch auf Bewährung.

Doch die Firma Mobo existiert weiter. Sie ist unter anderem auf Internetseiten wie alibaba.com vertreten, eine Art Ebay für Elektronik, darunter auch Elektroschrott aller Art. Hier findet man per Mausklick Elektroschrott aus der ganzen Welt, auch aus Deutschland und den Vereinigten Staaten. Die Waren, darunter ausrangierte Bildschirme, Platinen und sogar einzelne Computerchips, werden als »untested« beschrieben. Das bedeutet, dass es sich um Material handelt, dessen Funktionsfähigkeit nicht überprüft worden ist – und damit ist der Export illegal. Nur getestete und funktionstüchtige Geräte dürfen nach europäischem Gesetz exportiert werden. Doch auf Seiten wie alibaba.com floriert ein Handel, der ein stabiles Wachstum verzeichnet und kaum einzudämmen ist, da er in den virtuellen und schwer kontrollierbaren Internetwelten stattfindet.

Die Ware selbst ist allerdings alles andere als virtuell, das zeigt eine Hafenkontrolle in Hongkong. Der nach Schanghai und Singapur drittgrößte Hafen der Welt war auch beim Fall D3E Recyclage als Umschlagplatz aufgetaucht. 63 000 Container kommen jeden Tag in Hongkong an. Da ist es nicht leicht, die 100 Container zu identifizieren, in denen Elektroschrott aus Europa und den USA transportiert wird, zumal die örtlichen Zollbehörden in erster Linie nach Drogen und Waffen suchen. Erschwert wird ihre Aufgabe dadurch, dass Hongkong ein Freihafen ist: Das heißt, dass die Kapitäne der Frachtschiffe, die hier einlaufen, volle zwei Wochen Zeit haben, Waren zu deklarieren, die bis dahin aber meist schon längst umgeschlagen und weitertransportiert worden sind.

Die Beamten wissen, dass illegaler Schrott oft ganz hinten in den Containern versteckt ist, hinter Bergen einer vertrauen-

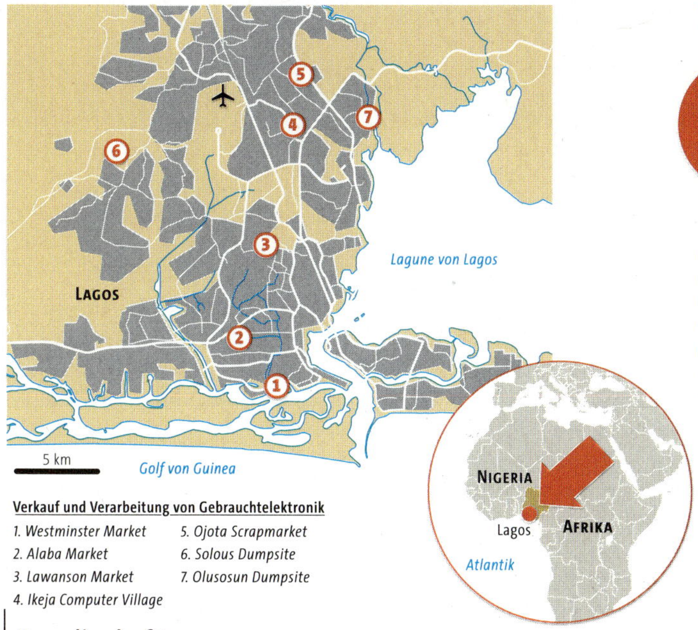

Recyclinghof Lagos

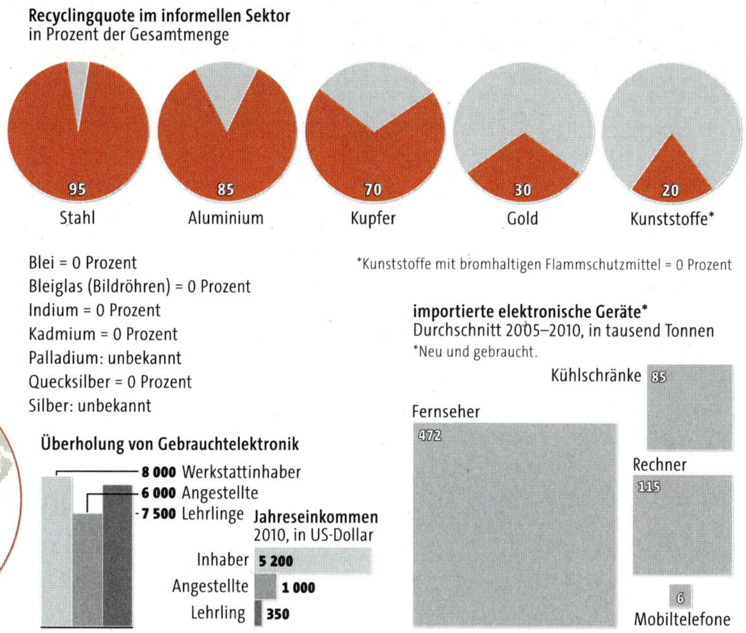

erweckenden Schicht von neuer und funktionstüchtig aussehender Ware. Also scannen sie die Container verdächtiger Lieferanten mit Röntgenstrahlen. Dabei werden die Umrisse achtlos aufeinandergestapelter Monitore sichtbar. Auf diese Weise konnte die Zollbehörde von Hongkong erste, vereinzelte Erfolge verzeichnen, die in Zusammenarbeit mit den US-Behörden auch zu Verurteilungen geführt haben.

Insgesamt hapert es aber noch bei der internationalen Zusammenarbeit. Zwar stehen Umweltschützer aus China und den USA miteinander im Kontakt und benachrichtigen nach Möglichkeit auch die Behörden in Hongkong, sobald ein Schiff mit verdächtiger Ladung einen US-Hafen Richtung Asien verlassen hat. Und die Hongkonger Behörden haben auch schon mehrmals US-Container mit Elektroschrott abgefangen und in die USA zurückgehen lassen. Doch ein paar Wochen später kam dieselbe Ware wieder in Hongkong an, weil die US-Behörden sie nicht festgehalten, sondern einfach an den Absender zurückgeschickt haben – der sie prompt erneut verladen hat. Solange die USA das Basler Abkommen nicht ratifizieren und den Export nicht auf Bundesebene gesetzlich verbieten, ist der Strom des Elektroschrotts aus den USA schwer aufzuhalten.

Von der Sonderwirtschaftszone Hongkong wird der Elektroschrott nach Festland-China geschmuggelt, zum Beispiel ins 250 Kilometer entfernte Guiyu, eine der chinesischen Städte, die sich in den letzten Jahren zu Zentren des inoffiziellen Recyclings entwickelt haben. Hier sind 80 Prozent der Bevölkerung im Recyclinggeschäft tätig, viele von ihnen sind Wanderarbeiter aus ärmeren Provinzen. Millionen Tonnen von Elektroschrott werden hier jährlich verarbeitet, in Höfen unter freiem Himmel, wo sich der Schrott auftürmt. Die Methoden der Wiedergewinnung sind brachial. Während in modernen europäischen Recyclinganlagen Spezialwerkzeuge zum Einsatz kommen, um einen Fernseher oder einen Computerbildschirm in seine Bestandteile zu zerlegen, werden die Geräte in Guiyu mit bloßen Händen zerbrochen. In Europa transportieren Fließbänder die Plastikreste. Infrarot-, Laser- oder Röntgenscanner erkennen die Zusammensetzung verschiedener Plastikarten und sortieren sie automatisch. In Guiyu dagegen halten die Arbeiter die Bruchstücke über die Flamme eines Feuerzeugs und klassifizieren sie je nach dem Geruch, den das verbrannte Plastik abgibt, und sortieren sie dann in unterschiedliche Eimer. Diese Arbeit wird oft von Minderjährigen verrichtet, die tagaus, tagein die giftigen Dämpfe einatmen.

Andere Höfe sind auf die Wiedergewinnung der winzigen Mengen Gold spezialisiert, das in Handys und Computerplatinen enthalten ist. Sie werden in Säurebäder getaucht, um das Edelmetall herauszulösen. Über all diesen Anlagen hängen übelriechende Schwaden. Diese Art des Recyclings ist trotz Einkaufspreis, Frachtkosten und Bestechungsgeldern lukrativ, weil hier in kurzer Zeit ausschließlich leicht verkäufliche Materialien wie Gold, Silber, Kupfer und Plastik wiedergewonnen werden. Für die sachgerechte Entsorgung der Reststoffe und den Schutz der Arbeiter wird kein Cent ausgegeben. Die übrig bleibende Säure wird einfach in den Fluss gekippt, Plastikreste und bleihaltiges Glas sammeln sich im Schilf an.

Die Umweltschäden dieser Methoden sind enorm. Das Grundwasser in der Umgebung von Guiyu ist längst vergiftet, aber den Menschen bleibt nichts anders übrig, als es zum Trinken, Kochen und Waschen zu benutzen. Im Sommer springen die Kinder in den Fluss, um zu baden. Hautkrankheiten sind ein ebenso großes Problem wie Bleivergiftungen, viele Kinder kommen mit Missbildungen auf die Welt. Dabei ist das sachgerechte Recycling der aus Europa stammenden Geräte doch eigentlich schon beim Kauf beglichen worden.

Cosima Dannoritzer

Bücher &c.

- »Giftige Geschäfte – Der Elektromüllskandal«, Regie: Cosima Dannoritzer, Frankreich, Spanien 2014.
- Andrea Lochmahr, Julia Boppert, *Handbuch grüne Logistik*, Berlin/München (Huss) 2014.
- Randy Sarafan, *62 Dinge, die du mit einem kaputten Computer und anderem Elektroschrott machen kannst*, Frankfurt am Main (Eichborn) 2011.

Den Klimawandel stoppen

Es gibt nicht zu wenig, sondern zu viel fossile Ressourcen – sie müssen in der Erde bleiben

In der industriellen Revolution hat die Menschheit gelernt, Kohle, Öl und Gas zu nutzen, und sich damit aus der Abhängigkeit von den traditionellen Energiequellen Sonne, Wind, Wasser und Biomasse befreit. Seitdem haben nicht zuletzt die technologischen Innovationen auf der Basis fossiler Energieträger ein stetiges Anwachsen der Weltbevölkerung und ein Ansteigen des durchschnittlichen globalen Pro-Kopf-Einkommens ermöglicht.

Gleichzeitig treibt die Menschheit seit Beginn der Industrialisierung die Angst vor der Erschöpfung fossiler Energieträger um. Angefangen mit William Stanley Jevons, der bereits in den 1860er Jahren vor den Folgen einer bevorstehenden Kohleknappheit warnte, über den ersten Bericht des Club of Rome 1972 bis hin zu aktuellen Vertretern der Peak-Oil-Hypothese wird die Befürchtung geäußert, dass mit der Erschöpfung fossiler Ressourcen auch der erreichte Wohlstand ein baldiges Ende finden könnte.

Erkenntnisse der letzten 20 Jahre deuten jedoch zunehmend darauf hin, dass nicht die begrenzten Vorkommen fossiler Ressourcen, sondern ihre ungebremste Nutzung die größte Bedrohung für den Wohlstand und die globale Armutsbekämpfung bedeutet. Denn die Verbrennung fossiler Energieträger führt zur Ansammlung von CO_2 in der Erdatmosphäre. Die daraus entstehenden Klimaveränderungen könnten in vielen Ländern schwerwiegende Auswirkungen auf die soziale und wirtschaftliche Stabilität haben.

Bereits heute zeigt sich, dass der Klimawandel Ökosysteme gefährdet und die landwirtschaftliche Produktivität verringert. Ein Ansteigen der globalen Durchschnittstemperatur um 4 Grad Celsius oder mehr birgt zahlreiche Risiken: höhere Meeresspiegel, häufigere Extremwetterereignisse, Dürren, Klimaflüchtlinge, Ausbreitung von Krankheiten und Rückgang der Artenvielfalt.

Das Ausmaß dieser Folgen des Klimawandels ist freilich ungewiss. Wenn die Natur in der zweiten Hälfte des 21. Jahrhunderts ihre Karten aufdeckt, werden sie im besten Fall weniger schlimm sein als befürchtet, vielleicht fallen sie aber auch deutlich stärker aus. Viele Klimafolgen werden wahrscheinlich unumkehrbar sein, beispielsweise das Abschmelzen des Grönlandeisschildes, das über mehrere Jahrhunderte hinweg zu einem Ansteigen des Meeresspiegels von sieben Metern führen könnte. Solche Ungewissheiten sind allerdings kein Argument, um einfach abzuwarten. Vielmehr muss eine kluge Klimapolitik die Risiken von Überraschungen und Extremwetterereignissen gegen die Kosten des Klimaschutzes abwägen.

Um die Gefahren des Klimawandels einzudämmen, fordert die internationale Gemeinschaft, den Anstieg der globalen Durchschnittstemperatur auf maximal 2 Grad Celsius zu begrenzen. Das bedeutet, dass der globale CO_2-Ausstoß bis zum Jahr 2100 auf insgesamt etwa 1 000 Gigatonnen (Gt = Milliarden Tonnen) CO_2 begrenzt werden muss. Zum Vergleich:

Zu viel Kohle für das 2-Grad-Ziel

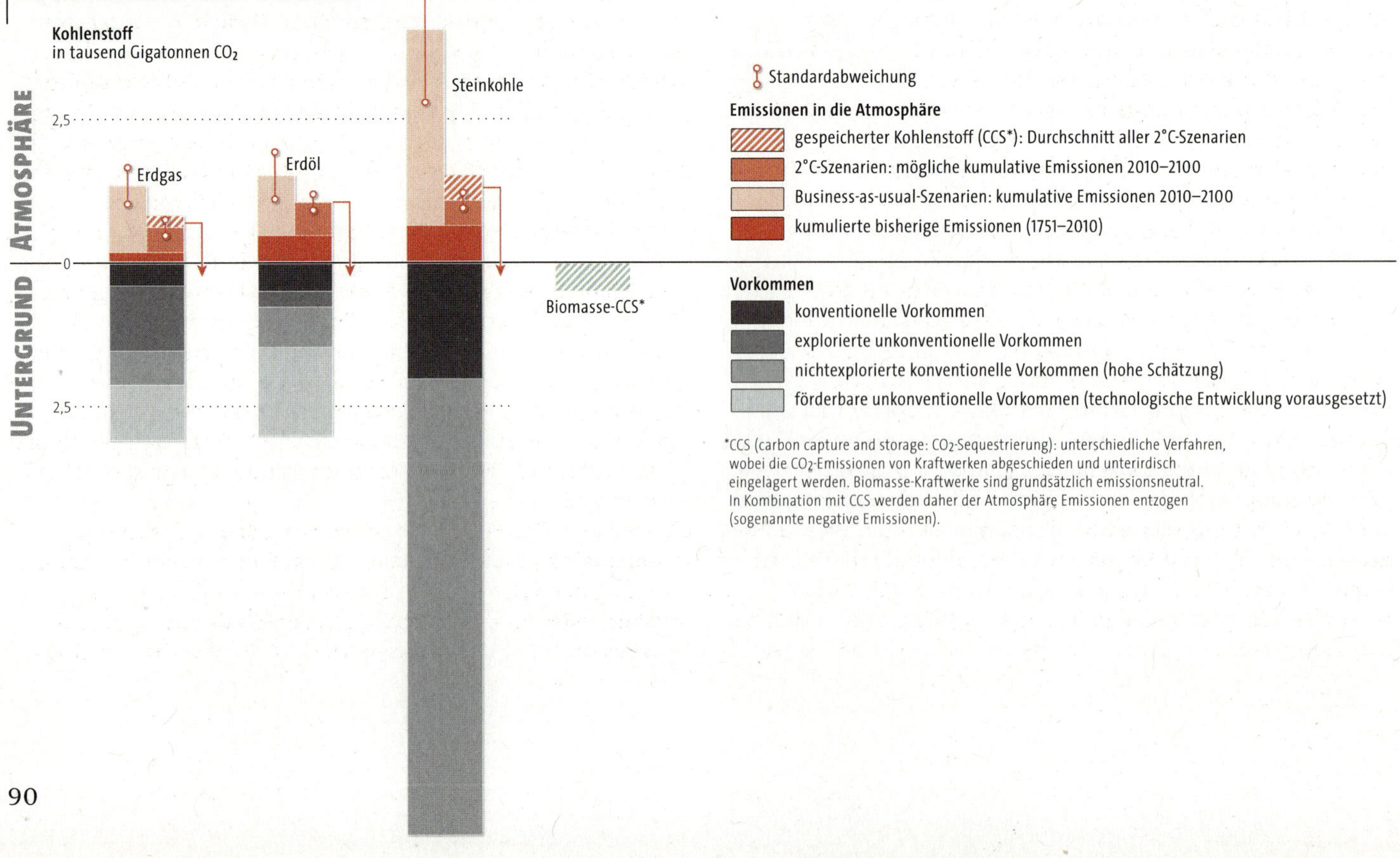

*CCS (carbon capture and storage: CO_2-Sequestrierung): unterschiedliche Verfahren, wobei die CO_2-Emissionen von Kraftwerken abgeschieden und unterirdisch eingelagert werden. Biomasse-Kraftwerke sind grundsätzlich emissionsneutral. In Kombination mit CCS werden daher der Atmosphäre Emissionen entzogen (sogenannte negative Emissionen).

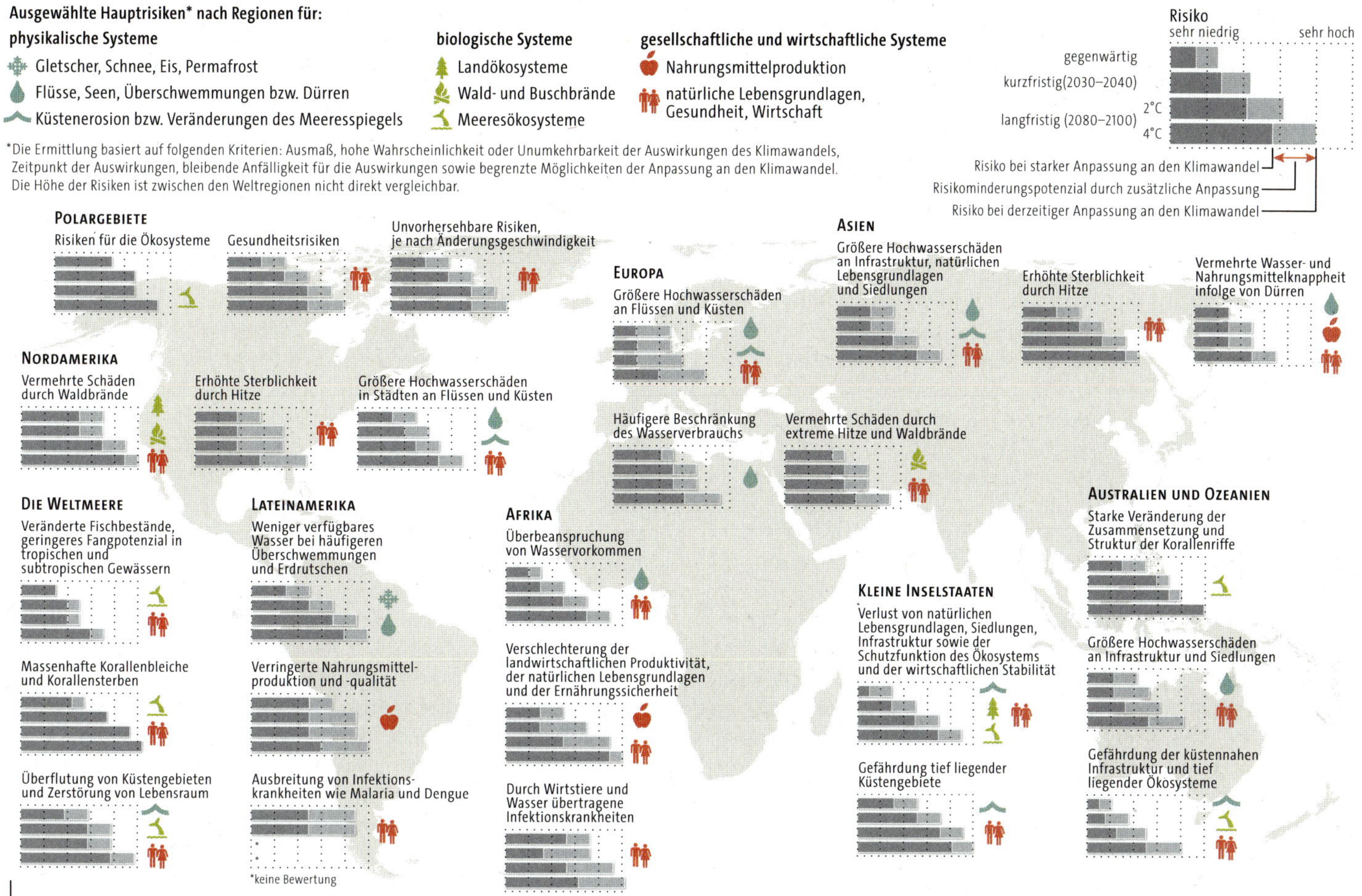

Weltkarte der Klimarisiken

Die weltweiten Emissionen lagen 2011 bei etwa 33 Gt CO_2 und sind im vergangenen Jahrzehnt trotz aller klimapolitischen Anstrengungen stärker gestiegen als in den Jahrzehnten zuvor.

Die rund 1000 Gt CO_2 sind aber nur ein Bruchteil der Menge, die durch Verbrennung der verfügbaren globalen Ressourcen fossiler Energieträger in die Erdatmosphäre gelangen würde – das wären nämlich etwa 16000 Gt CO_2. Besonders Kohle ist weltweit reichlich vorhanden und kann dank technischer Verfahren relativ preisgünstig in verschiedene flüssige und gasförmige Treibstoffe umgewandelt werden. Aus Sicht der Klimapolitik ist also nicht die Knappheit der fossilen Energieträger, sondern im Gegenteil ihr reichliches Vorkommen das zentrale Problem.

Die Grenze für weiteres Wirtschaftswachstum liegt nicht in der Begrenztheit der Vorkommen von Öl, Gas und Kohle, sondern in der Aufnahmefähigkeit der Erdatmosphäre. Um den gefährlichen Klimawandel zu vermeiden, muss sich die Menschheit selbst eine Grenze bei der Nutzung der fossilen Ressourcen setzen. Neuere Szenarien des Weltklimarats gehen von einer möglichen Erwärmung um etwa 4 Grad Celsius im Jahr 2100 aus, wenn der Treibhausgasausstoß nicht reduziert wird. Eine entschlossene Klimapolitik mit einem 2-Grad-Ziel muss dagegen erreichen, dass – verglichen mit einem Szenario ohne Klimapolitik – etwa 40 Prozent Gas und Öl sowie 80 Prozent der ansonsten geförderten Kohle ungenutzt in der Erde verbleiben.

Ein derart ambitionierter Klimaschutz sollte immerhin zu relativ moderaten Kosten machbar sein. Die im Weltklimarat begutachteten Modellrechnungen zeigen, dass ein Erreichen des 2-Grad-Ziels das Wachstum des globalen Bruttoinlandsprodukts um lediglich 0,06 Prozentpunkte jährlich verringern würde (bei einem durchschnittlichen jährlichen Wachstum des weltweiten BIPs von 1,6 bis 3 Prozent). Diese vergleichsweise geringen Kosten ergeben sich aus den Einsparmöglichkeiten durch gesteigerte Energieeffizienz und kostengünstige emissionsarme Technologien wie erneuerbare Energien und Biomasse, die CCS-Technologie (Kohlenstoffabscheidung und -speicherung) und in manchen Weltregionen auch die Nuklearenergie. Einige dieser Technologien sind kommerziell noch nicht erprobt (insbesondere CCS), andere bergen schwer abschätzbare Risiken. So könnte eine intensive Nutzung von Biomasse zur Energiegewinnung in Konkurrenz zur Nahrungsmittelproduktion treten und die Ernährungssicherheit gefährden. Die eingeschränkte Verfügbarkeit dieser Technologien würde die Kosten des Klimaschutzes freilich noch einmal erhöhen. Wenn man diese Mehrkosten gegen die dadurch vermiedenen Gefahren abwägt, erscheinen sie aber immer noch vertretbar.

In jedem Fall setzt die nachhaltige Lösung des Klimaproblems ein globales Klimaschutzabkommen voraus, das die Nutzung der weltweit günstigsten Minderungsoptionen gewährleistet und sicherstellt, dass die Emissionen überall ausreichend reduziert werden. Die UN-Klimaverhandlungen der letzten Jahre lassen aber nicht darauf hoffen, dass ein solches Abkommen in absehbarer Zeit zustande kommt. Der Grund hierfür ist vor allem, dass es für jedes Land von Vorteil ist, sich als Trittbrettfahrer zu verhalten und von den Emissionsreduktionen anderer Länder zu profitieren, ohne eigene Emissionsminderungen auf sich zu nehmen.

Es gibt noch eine Reihe weiterer Hindernisse für den Klimaschutz: Die meisten Schwellen- und Entwicklungsländer wollen (noch) keine verbindlichen CO_2-Obergrenzen akzeptieren, da diese ihnen die Wege aus der Armut verbauen könnten. Insbesondere ärmere Länder verzeichnen in den letzten Jahren einen teils rasanten Emissionsanstieg, getrieben durch hohes Wirtschaftswachstum und eine verstärkte Nutzung von Kohle. Kohle ist aber nicht nur reichlich vorhanden und billig, sondern erzeugt bei der Verbrennung den höchsten CO_2-Ausstoß pro Energieeinheit. Außerdem gibt es Widerstände von den Eigentümern fossiler Rohstoffe, deren Vermögensbestände durch eine schärfere Klimapolitik de facto entwertet werden, sowie von energieintensiven Industrien und von Bevölkerungsgruppen, die von den Kosten des Klimaschutzes überproportional betroffen sind.

Das vielversprechendste Instrument zur Emissionsreduktion ist die Einführung eines globalen Preises für Treibhausgasemissionen. Damit würden negative Klimaeffekte direkt als Kosten in die Entscheidungen von Unternehmen und Individuen einfließen, so dass die günstigsten Minderungsoptionen gesucht werden. Dies kann durch den Emissionshandel, durch Steuern auf Emissionen oder Mischsysteme, wie etwa einen Emissionshandel mit einem Mindest- und Höchstpreis, umgesetzt werden.

Für einen global kostengünstigen Klimaschutz ist dabei wesentlich, dass das Preissignal in allen Weltregionen mittel- und langfristig ähnlich hoch ist – Emissionen würden dann dort vermieden, wo dies am günstigsten ist. Außerdem bestünde kein Anreiz mehr, Fabriken zu verlagern oder Kapital in Weltregionen zu investieren, in denen es keine CO_2-Bepreisung gibt. Zudem müssen Anreize zur Entwicklung und Verbreitung neuer Technologien geschaffen werden, etwa durch die Förderung von Grundlagenforschung; in begrenztem Maße sollte auch die Markteinführung dieser Technologien etwa durch Einspeisetarife gefördert werden.

Häufig heißt es auch, man sollte den Klimawandel durch Konsumverzicht aufhalten. Dieses Argument muss aber nach ärmeren und reichen Bevölkerungsgruppen differenziert betrachtet werden und erscheint angesichts kostengünstigerer alternativer Optionen zur Reduktion von Emissionen als zentrale Klimaschutzmaßnahme unnötig und ungeeignet. Empirische Untersuchungen legen nahe, dass ab einem Jahreseinkommen von etwa 15 000 Euro pro Kopf weiterer Konsum das Wohlbefinden und das persönliche Glück kaum mehr steigert. In vielen Industrieländern haben die materiellen Bedürfnisse also möglicherweise ihren Sättigungsgrad bereits erreicht. Selbst wenn diese empirisch umstrittene Hypothese zutrifft, befinden sich weltweit die meisten Menschen aber noch weit von dieser Wohlstandsschwelle entfernt. Ihnen einen Konsumverzicht mit Blick auf Klimaschutz nahezulegen, ist ethisch nicht zu vertreten.

Wirtschaftliches Wachstum erhöht aber nicht unbedingt den Konsum von Luxusgütern, vielmehr kann es die Versorgung mit Grundgütern verbessern, die gemeinhin als wesentlich für ein »gutes Leben« erachtet werden: soziale Grundsicherung, Gesundheitsversorgung sowie Bildung und Kultur. In vielen Fällen können diese Güter mit vergleichsweise geringem Ressourceneinsatz bereitgestellt werden. Insofern besteht kein notwendiger Zielkonflikt zwischen Emissionsminderungen und verbesserten Lebensbedingungen für die ärmsten Menschen auf unserem Planeten. Grundsätzlich kann auch in reicheren Gesellschaften Wachstum und ein geringerer Ressourcenverbrauch miteinander vereinbar sein.

Entscheidend für ein solches qualitatives Wachstum sind Möglichkeiten, die Güterproduktion und den Ressourcen-

Weltkarte der Klimapolitik

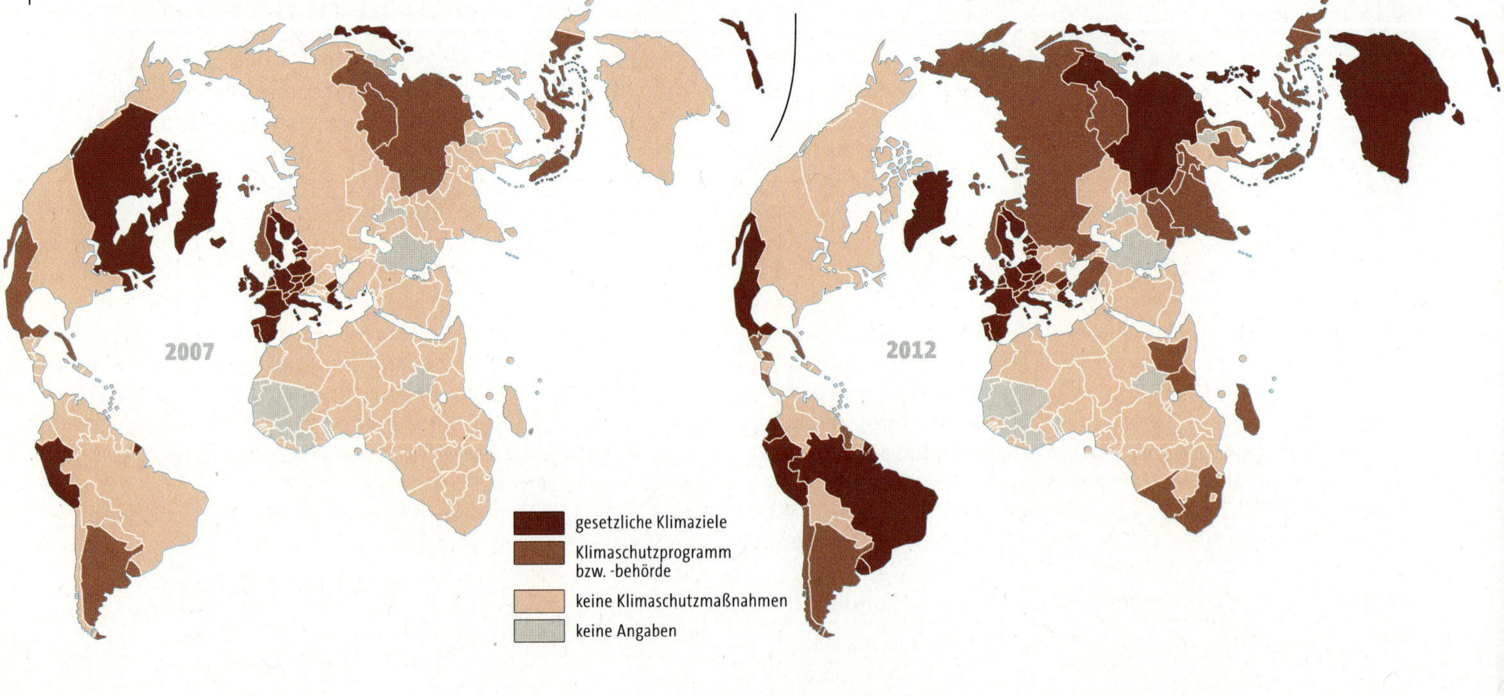

verbrauch zu entkoppeln. Mit Blick auf die Reduktion von CO_2-Emissionen kann dies durch eine höhere Energieeffizienz, durch den Einsatz emissionsneutraler Energietechnologien und durch Umstellung auf weniger ressourcenintensive Konsumprodukte erreicht werden. Allerdings schlagen Emissionsminderungen durch Konsumreduktion letztlich mit mehr als 2 000 US-Dollar pro eingesparter Tonne CO_2 zu Buche, während technische Lösungen wie Effizienzmaßnahmen oder die Verwendung emissionsarmer Brennstoffe nur einen Bruchteil dieses Betrags kosten. Das durch technische Emissionsvermeidung eingesparte Geld könnte dann in Maßnahmen zur Armutsbekämpfung fließen.

Aus der Perspektive des Klimaschutzes kommt es also nicht darauf an, den Konsum an sich zu verringern, sondern vor allem den Konsum emissionsintensiver Produkte und Dienstleistungen. Unabhängig davon sollte die Steigerung des materiellen Konsums kein Ziel der Wirtschaftspolitik sein. Viel wichtiger ist, dass die Wirtschaftspolitik jene Grundvoraussetzungen schafft, die ein gelingendes Leben ermöglichen.

Die Frage nach der Möglichkeit steigenden Wohlstands in einer materiell begrenzten Welt ist letztlich vor allem politischer Natur. Nur mit den richtigen Rahmenbedingungen und einer gezielten vorausschauenden Begrenzung der Nutzung natürlicher Deponien wie der Erdatmosphäre können wirtschaftliche Entwicklungen in Bahnen gelenkt werden, die eine Übernutzung verhindern. Dem Klimaschutz dienliche Rahmenbedingungen könnten vor allem durch eine Bepreisung von Treibhausgasemissionen über die Besteuerung oder den Emissionshandel sowie durch die Förderung neuer Technologien geschaffen werden. Solange diese selbst gesetzten Grenzen beachtet werden, spricht aus der Sicht des Klimaschutzes nichts gegen ein weiteres Wachstum der Wirtschaftsaktivitäten.

Auch wenn ein globales Klimaschutzabkommen noch in weiter Ferne liegt und die Emissionen weiter steigen, gibt es doch ermutigende Signale, beispielsweise die Einführung von Klimapolitiken auf regionaler, nationaler und lokaler Ebene. Von den 20 Ländern, die die Hauptverursacher von Treibhausgasemissionen sind, haben immerhin 17 klimapolitische Maßnahmen angekündigt oder bereits umgesetzt. Mehr als 120 Länder stellen finanzielle Förderung für erneuerbare Energien zur Verfügung. Darüber hinaus gibt es etliche Maßnahmen, die nicht in erster Linie im Hinblick auf den Klimaschutz ergriffen werden, aber trotzdem emissionsmindernd wirken. So hat China vor kurzem umfangreiche Auflagen zur Kohlenutzung in Städten erlassen, um die lokale Luftverschmutzung einzudämmen – und damit gleichzeitig den Ausstoß an Treibhausgasen verringert. Hoffnung macht auch das im Herbst 2014 geschlossene bilaterale Abkommen zwischen China und den USA für ein stärkeres klimapolitisches Engagement sowie die Zusage verschiedener Staaten, über den Green Climate Fund in den kommenden Jahren mehr als 10 Milliarden Dollar für den Klimaschutz in Schwellen- und Entwicklungsländern zur Verfügung zu stellen.

Das alles wird nicht ausreichen, um die immer schneller wachsenden globalen Emissionen zu bremsen und das 2-Grad-Ziel zu erreichen. Es sind aber vielversprechende erste Schritte auf dem Weg zu einer verstärkten globalen Zusammenarbeit. Nur wenn es der internationalen Klimadiplomatie gelingt, diese Bausteine miteinander zu verknüpfen, kann am Ende ein ambitioniertes globales Abkommen stehen, das die Erdatmosphäre als Gemeineigentum anerkennt und ihre Nutzung als CO_2-Deponie tatsächlich vorausschauend begrenzt.

Ottmar Edenhofer, Christian Flachsland, Jérôme Hilaire, Michael Jakob

Bücher &c.

- Videozusammenfassungen der neuesten Berichte des Weltklimarats: https://www.youtube.com/user/IPCCGeneva.
- Jochem Marotzke, Martin Stratmann (Hg.), *Die Zukunft des Klimas. Neue Erkenntnisse, neue Herausforderungen*, München (C. H. Beck) 2015.

Vier Jahrzehnte Emissionswachstum

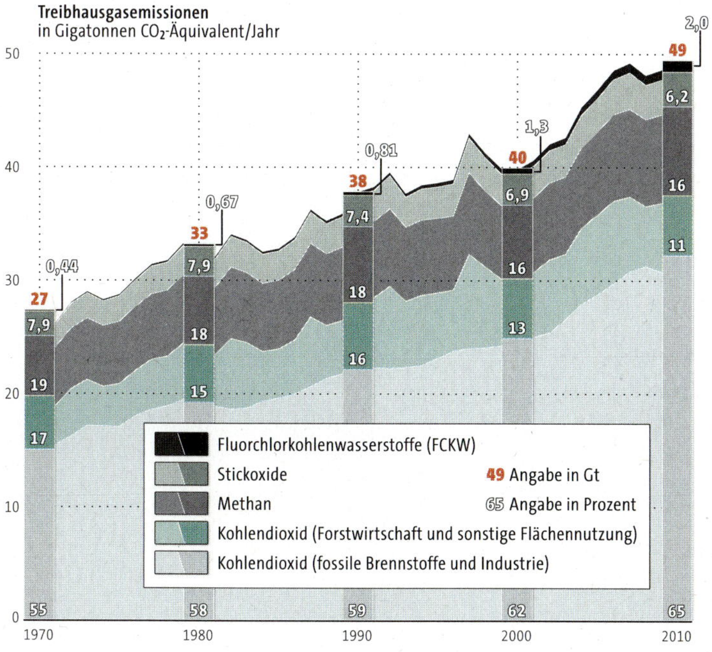

Mehr Forschungsgelder für Erneuerbare

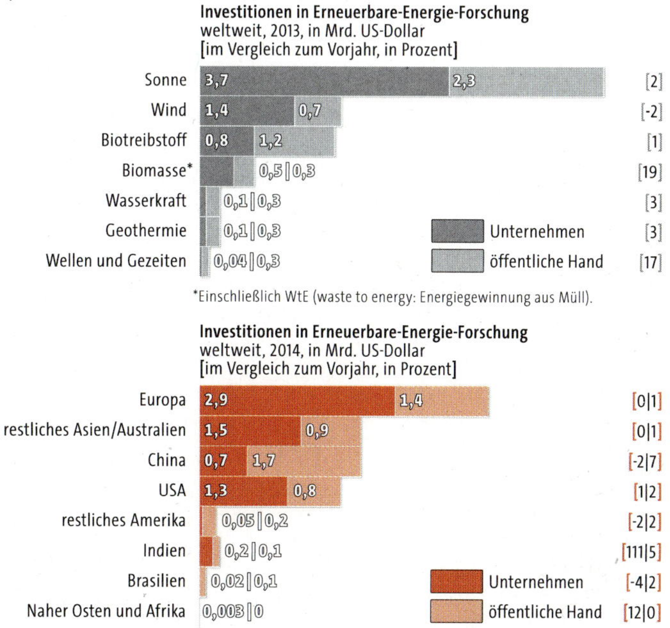

Landgrabbing in Europa

Ackerland wird zunehmend zum Investitionsobjekt für Energie-, Rohstoff- und Finanzkonzerne – auch in Deutschland

Beim Landgrabbing sichern sich Banken, Investmentfonds, Agrar- und Ernährungskonzerne sowie Nationalstaaten im globalen Maßstab die Kontrolle über agrarisch nutzbare Flächen. Dies ist zwar nichts Neues, aber seit einigen Jahren hat sich die Art der Akteure verändert, Umfang und Geschwindigkeit der Landnahme haben rasant zugenommen und damit auch die Konflikte um Land. Ursache dafür ist das Zusammentreffen verschiedener globaler Krisen: Die Nahrungsmittelkrise treibt die Preise in die Höhe und lässt die Nachfrage nach Land und landwirtschaftlichen Produkten nach oben schnellen; durch den Klimawandel veröden fruchtbare Böden, und es kommt vermehrt zu Missernten; aufgrund der Finanzkrise investieren institutionelle Investoren, wie zum Beispiel Pensionskassen, verstärkt in Land; und weil fossile Energieträger zur Neige gehen, wachsen auf den Äckern statt Bohnen und Kartoffeln immer mehr Energiepflanzen. Weltweit werden dadurch Millionen Kleinbauern von ihrem Land vertrieben und Menschenrechte verletzt.

Was gern als unvermeidlicher Strukturwandel dargestellt wird, ist politisch gewollt, wie nicht zuletzt der Agrarhaushalt der EU zeigt. Konkrete Kriterien für der Erhalt oder die Schaffung neuer Arbeitsplätze sind im größten Haushaltsposten der EU nicht vorgesehen, und so fließen jährlich 5,3 Milliarden Euro als Direktzahlungen nach Deutschland und fördern Betriebe nach ihrer Größe: große Betriebe bekommen viel Geld, kleine wenig. Ein Extrembeispiel ist Rumänien. Hier erhalten weniger als 1 Prozent der Betriebe – alle über 500 Hektar – 50 Prozent der Agrarförderung, die Brüssel an das Land zahlt.

Wenige Akteure sichern sich so die Kontrolle über unsere Lebensgrundlage Land. 1087 dokumentierte Fälle von Landgrabbing haben weltweit zu einem Transfer von 40 Millionen Hektar Land geführt, das ist etwa das Vierfache der Ackerfläche Deutschlands. Dadurch entstanden Megafarmen mit einer durchschnittlichen Größe von 37000 Hektar. Das Geschäft mit den fruchtbaren Böden der Entwicklungsländer boomt. Doch auch Deutschland ist betroffen: Seit der Wiedervereinigung hat sich die Zahl der landwirtschaftlichen Betriebe in Deutschland mehr als halbiert – bei gleich bleibender Anbaufläche. Inzwischen existieren nur noch 288000 Betriebe, und allein zwischen 2010 und 2012 mussten 11000 Höfe aufgeben, mit dem Ergebnis, dass immer weniger Betriebe immer mehr Land kontrollieren. Heute halten 4 Prozent der landwirtschaftlichen Betriebe – diejenigen mit mehr als 200 Hektar – 38 Prozent der gesamten Agrarfläche. In Ostdeutschland hatte die ländliche Bevölkerung nach der Wiedervereinigung kaum eine Chance, (wieder) in eine bäuerliche Landwirtschaft einzusteigen. Die mit der Verwaltung der Agrarflächen der ehemaligen DDR beauftragte Bodenverwertungs- und -verwaltungs GmbH (BVVG) erhielt von der Politik kein Mandat zu Schaffung vielfältiger bäuerlichen Strukturen. Die riesigen Flächen der Landwirtschaftlichen Produktionsgenossenschaften (LPG) wurden nur teilweise aufgeteilt, zumeist gingen sie an einzelne Großbauern und Investoren.

Gleichzeitig drängen nun überregionale Investoren auf den ostdeutschen Bodenmarkt. So zum Beispiel die KTG Agrar Aktiengesellschaft, ein auf großflächige Landwirtschaft ausgerichteter Finanzinvestor mit Sitz in Hamburg. Die Firma verfügt inzwischen über insgesamt 40000 Hektar Land, davon 32000 Hektar in Ostdeutschland, baut unter anderem Getreide an und macht bei Weizen, Roggen und Dinkel auch

Landwirtschaft in der Europäischen Union

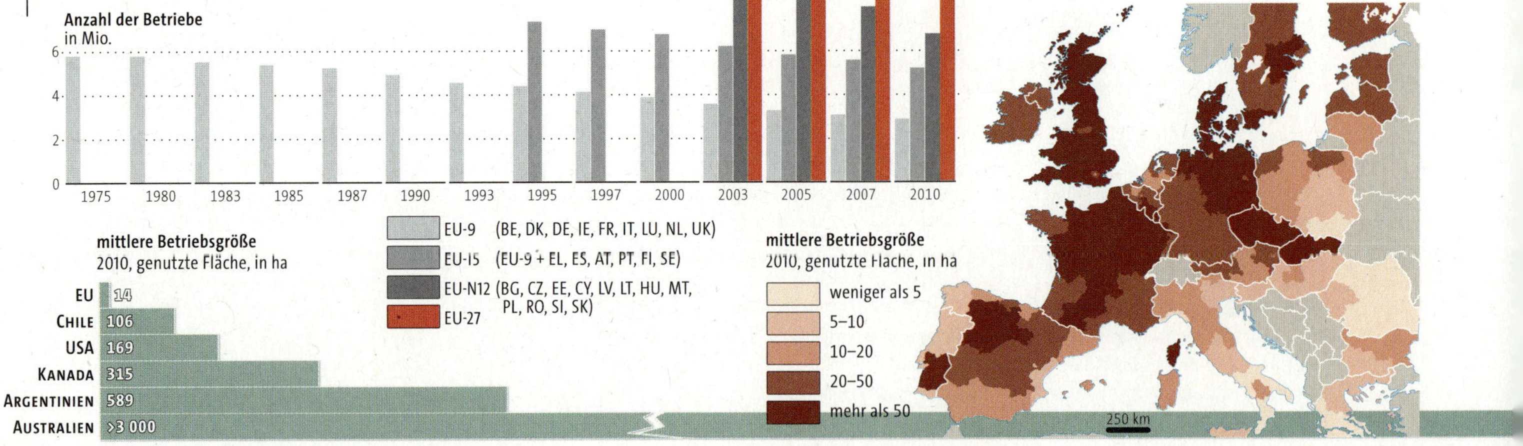

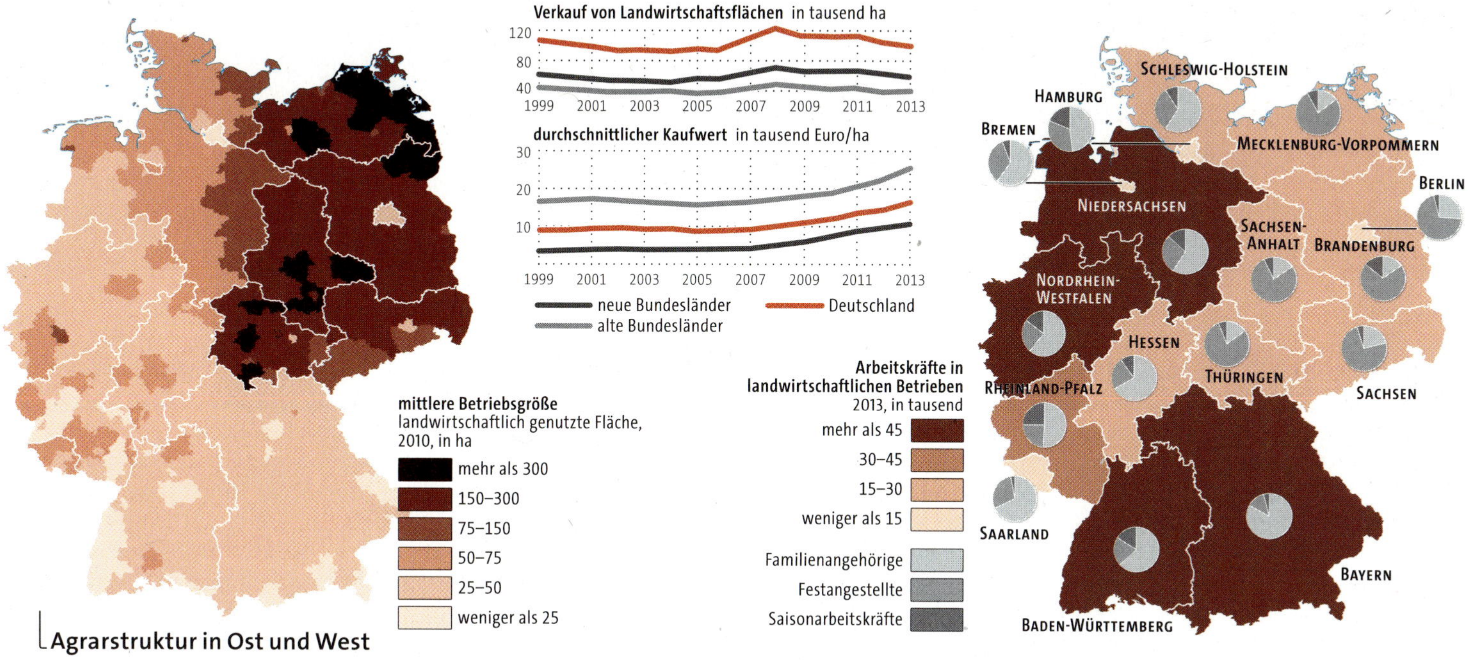

Agrarstruktur in Ost und West

in Bio. Die Vermarktung erfolgt über Eigenmarken wie die Bio-Zentrale. Daneben boomt bei KTG auch das Geschäft mit Agrarenergie. Zwischen 2007 und 2012 konnte der Konzern seine Energieproduktion von 6,5 auf 40 Megawatt steigern. Ein anderes Beispiel ist der internationale Möbelkonzern Steinhoff, der in den letzten Jahren etwa 20 000 Hektar Land in Ostdeutschland gekauft hat – eine Investition, die sich dank der staatlich geförderten Produktion von Biogas lohnt.

Landgrabbing und die Konzentration von Land in den Händen weniger Großunternehmen müssen also zusammengedacht werden. Mit Investoren, Großbauern oder Agrarkonzernen können die lokalen Bauern und Bäuerinnen nicht konkurrieren. Und für junge Menschen, die Interesse an der Landwirtschaft haben und vielleicht in einen bäuerlichen Betrieb einsteigen würden, ist in diesen Geschäftsmodellen erst recht kein Platz. Wenn die Politik nicht gegensteuert, wird sich die Landkonzentration weiter fortsetzen, weitere 40 Prozent der derzeit noch existierenden landwirtschaftlichen Betriebe in Deutschland werden in den nächsten zwei Jahrzehnten schließen und das Feld für die wenigen, immer größer werdenden industriellen Agrarbetriebe räumen müssen.

Dabei gibt es konkrete Vorschläge, diesen Trend zu stoppen oder gar umzukehren. In Deutschland können Verpachtung und Verkauf von Land aus Gründen einer »ungesunden Landverteilung« rechtlich verhindert werden. Dazu müsste dieser Begriff allerdings vom Gesetzgeber klar definiert werden, und zwar mit dem erklärten Ziel, eine große Vielfalt landwirtschaftlicher Betriebe zu erhalten oder sogar neu zu schaffen. Mittelfristig müsste in diesem Sinne eine europäische Direktive Fragen des Zugangs zu Land auf Basis der UN / FAO-Leitlinien zur verantwortungsvollen Verwaltung von Land regeln.

Roman Herre

Bücher &c.

- Fred Pearce, *Land Grabbing. Der globale Kampf um Grund und Boden,* München (Verlag Antje Kunstmann) 2012.
- »Die Story im Ersten. Die Jagd nach Land – Das globale Geschäft mit fruchtbaren Böden«, Regie: Chiara Sambuchi, Deutschland 2012.
- www.fian.de/themen/land-grabbing.

Agrarsubventionen im europäischen Vergleich

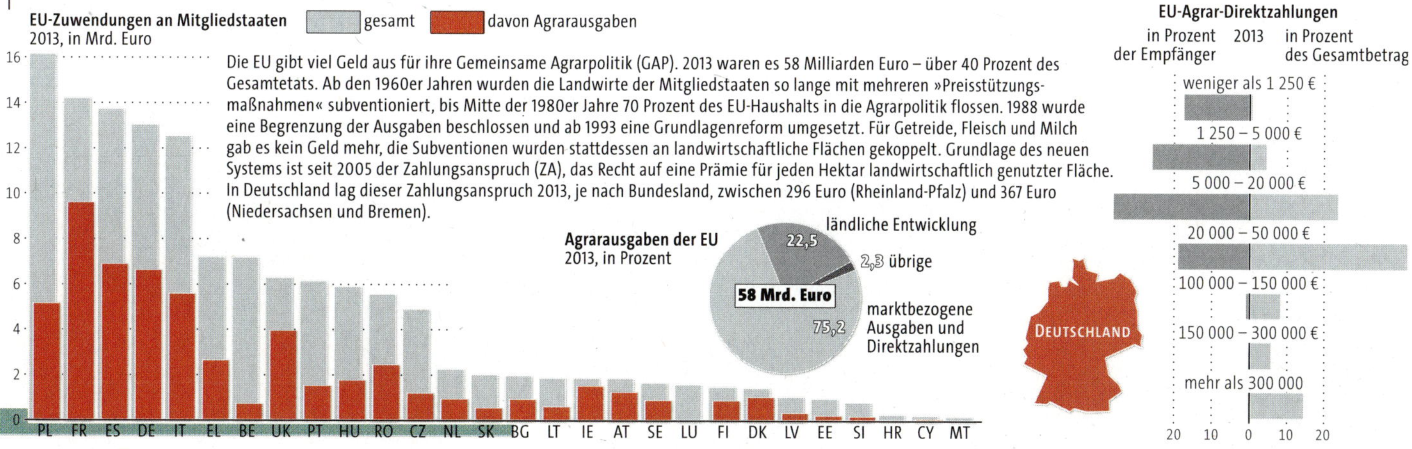

Die neue soziale Frage

In Europa gehen die Menschen aus Wut und Verzweiflung auf die Straße, sie fordern Teilhabe und besetzen öffentliche Plätze

Ein Gespenst geht um in Europa – das Gespenst sozialer Unruhen und Proteste. Seitdem die weltweite Finanz- und Wirtschaftskrise 2008 Europa traf, wurde der Kontinent zum Schauplatz einer Protestwelle: Französische Arbeiter setzten ihre Vorgesetzten fest; in Griechenland riefen die Gewerkschaften des öffentlichen Dienstes mehrfach zum Generalstreik auf; junge Erwachsene in Stockholm, einst die Modellhauptstadt des wohlfahrtsstaatlich eingehegten Kapitalismus, ließen ihrem Unmut in Straßenschlachten mit der Polizei freien Lauf. Nach Angaben der Internationalen Arbeitsorganisation ist seit Beginn der Krise das Risiko für soziale Konflikte in Europa stärker angewachsen als auf jedem anderen Kontinent.

Lange überwunden geglaubte Konflikte brechen wieder auf: In der zweiten Hälfte des 20. Jahrhunderts war es (vom Aufbegehren der 1968er Generation abgesehen) zumeist gelungen, die Konfliktpotenziale einzudämmen. Die Integration weiter Teile der Bevölkerung in die Wachstumsdynamik der Nachkriegszeit gelang mithilfe relativ gesicherter Lohnarbeit und der Gewährleistung demokratischer Rechte. Doch mit der Krise geriet der Wachstumsmotor ins Stottern; allein 2009 brach das BIP pro Kopf der EU um 4,7 Prozent ein.

Zwar waren soziale Konflikte in Europa auch zu Hochzeiten des Wachstums nicht die Ausnahme, sondern die Regel; sie wurden jedoch durch eine korporatistisch geprägte Konfliktmoderation und einen demokratischen Wohlfahrtsstaat eingedämmt und normiert. Widerstreitende Interessen zwischen Kapital und Arbeit wurden gesellschaftlich anerkannt und durch das Arbeitsrecht geregelt. Als aber die Gewerkschaften aus den wichtigen politischen Entscheidungsprozessen mehr und mehr ausgeschlossen wurden und zudem in den Betrieben an Einfluss verloren, begann sich die Art und Weise der Konfliktaustragung zu ändern.

Die Zahl politischer Generalstreiks hatte schon seit den frühen 1980er Jahren deutlich zugenommen, seit der Krise 2008 stieg sie geradezu explosionsartig an. Die neue soziale Frage artikuliert sich in ungewohnten, verschärften und teils unkontrollierbaren Konfliktformen: Ausschreitungen, ziviler Ungehorsam, wilde Streiks, Massendemonstrationen und vor allem das Besetzen von öffentlichen Plätzen und Betrieben haben seit Beginn der Krise deutlich zugenommen. Ereignisse wie die mehrtägigen Riots im August 2011 in England und im Mai 2012 in Schweden zeugen von der Perspektivlosigkeit vorwiegend ärmerer Menschen, viele von ihnen mit Migrationshintergrund.

Die neuen Proteste nehmen je nach Situation der beteiligten Akteure unterschiedliche Formen an, die von besagten Riots über Occupy bis zu Aktionen aufgebrachter Schwaben gegen Stuttgart 21 reichen. So ist es auch kein Zufall, dass sich in Spanien, wo die Jugendarbeitslosigkeit mit über 50 Prozent besonders hoch ist, um 2011 eine neue soziale (Jugend-) Bewegung der Empörten, die Indignados, herausgebildet hat. Allerdings sind durchaus nicht alle Protestbewegungen als fortschrittlich einzuschätzen. Die Erfolge neofaschistischer, ausländerfeindlicher und antisemitischer Gruppierungen in Ungarn, Griechenland und Frankreich oder die Pegida-Demonstrationen in Dresden machen deutlich, dass Krisensituationen immer auch die Gefahr eines Rechtsrucks mit sich bringen.

Einige der neuen Kräfte drängen zurück in den etablierten Politikbetrieb und versuchen, »das System« von innen heraus

Schwierige Zeiten für Gewerkschaften

Gewerkschaftlicher Organisationsgrad
in Prozent der Beschäftigten

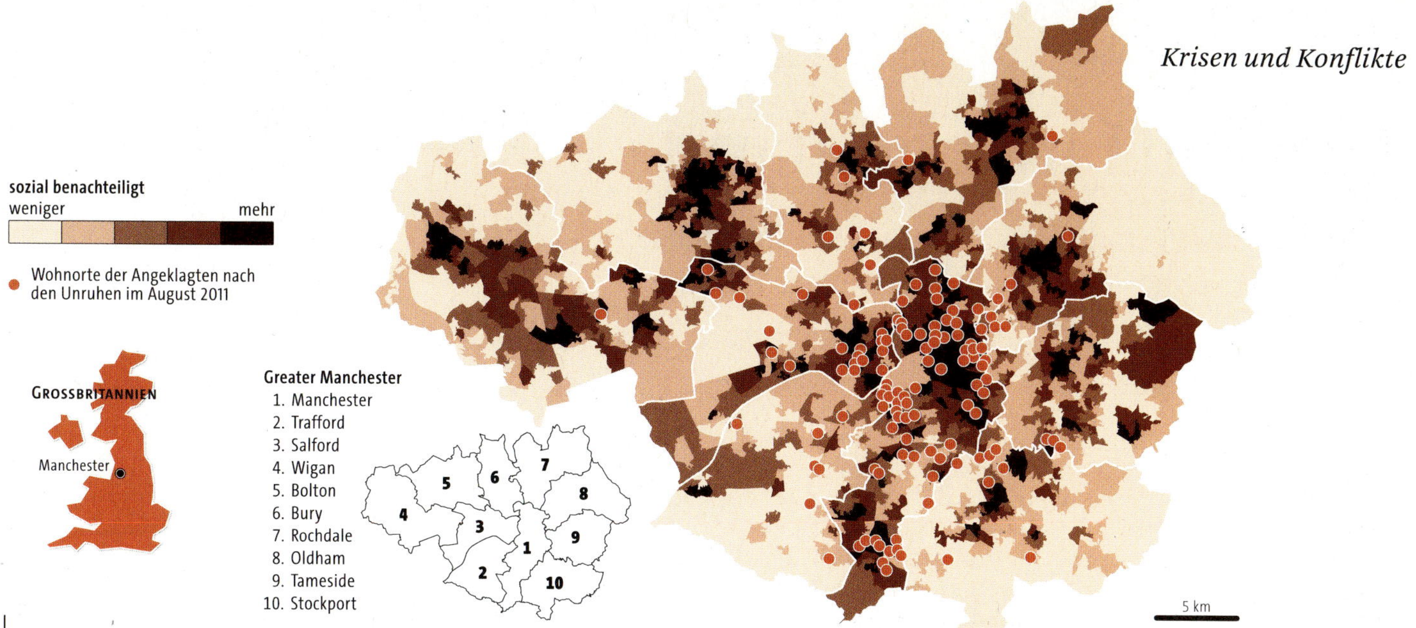

Die Wütenden von Greater Manchester

zu verändern und eine andere Politik durchzusetzen. Aus den spanischen Indignados entstand die Partei Podemos, die bei der Europawahl 2014 mit knapp 8 Prozent viertstärkste Kraft wurde. In Griechenland kam die Linkspartei Syriza mit ihrem Wahlsieg Anfang 2015 an die Regierung. Doch die Rückorientierung auf parlamentarische Auseinandersetzungen bringt offenbar (noch) nicht die angestrebten und angekündigten Erfolge – zu groß ist die Übermacht der neoliberalen Institutionen in der EU und zu dominant der Einfluss Deutschlands mit seiner strikten Sparpolitik.

Diese Politik hat die Krise bis dato nicht überwinden können. Erreicht hat sie nur eines: Ihre gravierendsten Folgen wurden vom Zentrum an die südlichen Ränder des Kontinents verlagert. Das Ergebnis ist die Spaltung Europas – die Konflikte ballen sich in Südeuropa, das härter von der Krise getroffen ist. Während in Griechenland, Spanien, Italien und Portugal in den Jahren 2004–2007 nur 60 öffentlichkeitswirksame Protestaktionen stattfanden, waren es in den Jahren 2008–2011 fast vier Mal so viele, nämlich 223. Innerhalb der EU-27 stieg in diesem Zeitraum der Anteil der Proteste in den südeuropäischen Mitgliedsländern von 17,3 auf über 50 Prozent (nach JenaConDa beziehungsweise Auswertung der Berichterstattung der *New York Times*). In Deutschland blieb es hingegen relativ ruhig, wenn man von den jährlichen Blockupy-Protesten in Frankfurt absieht.

Immer mehr wichtige Entscheidungen entbehren der demokratischen Legitimation, weil sie zunehmend zentralisiert und von nicht gewählten EU-Institutionen getroffen werden. Diese tendenziell autoritäre Politik zeigt sich am deutlichsten in den sehr weitgehenden Kompetenzen der Troika (inzwischen in »Brüsseler Gruppe« umbenannt) in Griechenland oder in der Regierung von Technokraten, die 2012 in Italien installiert wurde. Die Versuche einer Restauration der kapitalistischen Wachstumsordnung geraten mehr und mehr in Konflikt mit den demokratischen Rechten der Bürgerinnen. Damit wird auch der zweite große Integrationsmechanismus – neben der Beteiligung am Warenreichtum über (Lohn-)Arbeit – krisenhaft: Wenn die Legitimierung durch demokratische Mitspracheverfahren entfällt, dürften Proteste in Zukunft eher noch zunehmen.

Steffen Liebig, Stefan Schmalz

Bücher &c.

- Klaus Dörre, Kerstin Jürgens, Ingo Matuschek (Hg.), *Arbeit in Europa. Marktfundamentalismus als Zerreißprobe*, Frankfurt am Main (Campus) 2014.
- Mario Candeias, Eva Völpel, *Plätze sichern! ReOrganisierung der Linken in der Krise. Zur Lernfähigkeit des Mosaiks in den USA, Spanien und Griechenland*, Hamburg (VSA) 2014.

Wo die Räder stillstehen

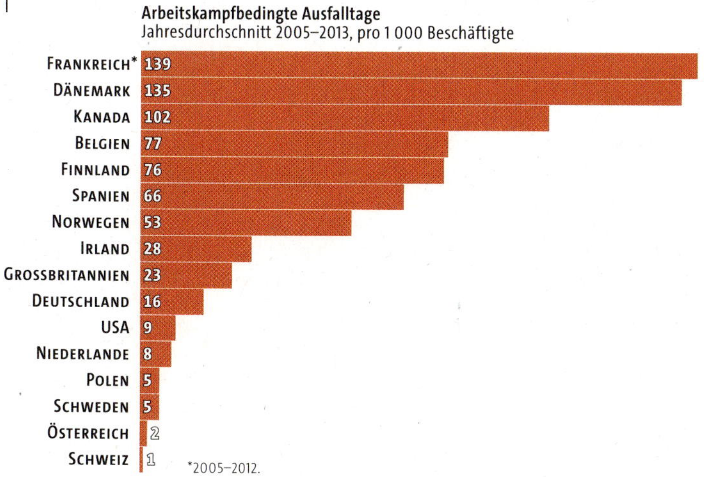

Wachsender Unmut nach der Krise

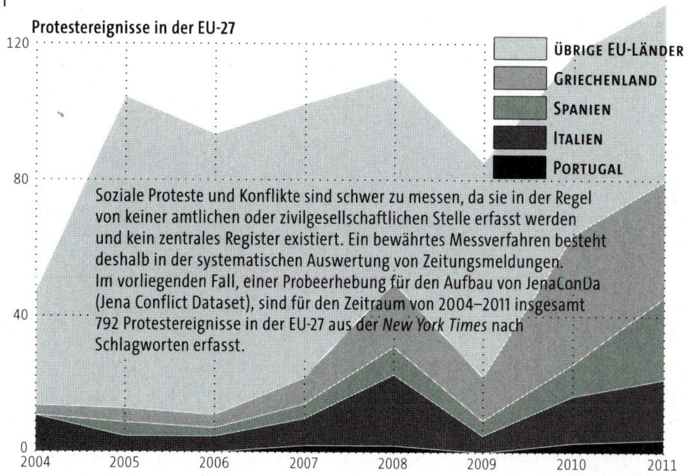

Soziale Proteste und Konflikte sind schwer zu messen, da sie in der Regel von keiner amtlichen oder zivilgesellschaftlichen Stelle erfasst werden und kein zentrales Register existiert. Ein bewährtes Messverfahren besteht deshalb in der systematischen Auswertung von Zeitungsmeldungen. Im vorliegenden Fall, einer Probeerhebung für den Aufbau von JenaConDa (Jena Conflict Dataset), sind für den Zeitraum von 2004–2011 insgesamt 792 Protestereignisse in der EU-27 aus der *New York Times* nach Schlagworten erfasst.

Der Fall Griechenland

Wenn Wachstumsgesellschaften nicht mehr wachsen und die Sparpolitik die Probleme nur verschlimmert

Vor der gegenwärtigen Krise erlebte Griechenland zwischen 1995 und 2008 eine Phase kräftigen Wirtschaftswachstums. Mit jährlichen Wachstumsraten von 3,7 Prozent, boomenden Finanz-, Dienstleistungs- und Immobilienmärkten sowie einer florierenden Tourismus- und Schifffahrtsindustrie gehörte das Land zu den dynamischeren Volkswirtschaften Europas. Es handelte sich allerdings um ein größtenteils finanzgetriebenes Wachstum. Gemäß den damaligen Leitlinien der EZB gab es aufgrund niedriger Zinsen große Zuflüsse an Geld, das die Unternehmen für Investitionen im Importsektor oder in den Billiglohnländern des Balkans nutzten, statt die lokale Produktion zu fördern. Umgekehrt erhielt die Regierung Geld aus Krediten und EU-Transferleistungen, um die Infrastruktur auszubauen und damit ausländische Investitionen anzulocken oder Großprojekte wie die Olympischen Sommerspiele 2004 zu finanzieren, die zur wachsenden öffentlichen Verschuldung beitrugen. Während dieses »griechischen Wirtschaftswunders« blieb das Problem chronisch knapper Staatseinnahmen jedoch bestehen und wurde durch Steuervergünstigungen für Unternehmen sowie ein löchriges Steuererhebungssystem sogar noch verschärft.

Nachdem die US-Finanzkrise im Herbst 2008 ihren Höhepunkt erreicht hatte, wurden bald auch die Eurozone und Griechenland in einen Abwärtsstrudel gerissen – entgegen allen Versicherungen, dass die griechische Wirtschaft stabil sei, da griechische Banken nur wenig faule Wertpapiere hielten. Als dann die neue Regierung 2009 das Haushaltsdefizit von 6 auf 12,7 Prozent des BIPs korrigieren musste, schossen die Refinanzierungszinsen für Staatsanleihen in die Höhe und lagen schließlich 8 Prozentpunkte über den deutschen. Die Herabstufungen der Ratingagenturen machten es Griechenland zunehmend unmöglich, sich an den internationalen Finanzmärkten Geld zu leihen. Eine vom Ministerpräsidenten Giorgos Papandreou angekündigte Volksabstimmung über europäische Finanzhilfen wurde auf Druck der EU und verschiedener griechischer Parteien abgesagt. Anschließend vereinbarten die griechische Regierung und Vertreter der Troika aus EU-Kommission, EZB und IWF zwischen 2010 und 2014 mehrere »Rettungspakete« – der Preis dafür war eine drastische Sparpolitik und eine innere Abwertung.

Es folgte eine Schocktherapie: Löhne, Gehälter und Renten wurden innerhalb von drei Jahren um 20 Prozent und mehr gesenkt, Tarifverträge teilweise aufgelöst, öffentliche Dienstleistungen abgebaut, Stellen gekürzt, der Kündigungsschutz gelockert und frei werdende Stellen nicht wieder besetzt. Außerdem wurden Kommunen zusammengelegt, Universitätsbereiche und weiterführende Schulen geschlossen, Krankenhäuser verkleinert und die Gesundheitsversorgung reduziert, wodurch viele Beschäftigte arbeitslos oder in den vorgezogenen Ruhestand gezwungen wurden. Stadtwerke, Häfen, Schienennetze, Flughäfen und verbliebene öffentliche Unternehmen wurden zur Privatisierung freigegeben. Der Mindestlohn wurde um 22 Prozent gesenkt, für unter 25-Jährige sogar um 32 Prozent. Von 2009 bis 2013 schrumpfte das BIP um mehr als ein Viertel. Der Binnenkonsum nahm dramatisch ab, zehntausende kleine und mittlere Unternehmen gingen pleite. Im Januar 2013 kletterte die Arbeitslosenquote auf 27,1 Prozent und sank bis zum Jahreswechsel

Die große Depression

Bruttoinlandsprodukt (BIP)
in Prozent zum Vorjahr/Vorjahresquartal (Griechenland)

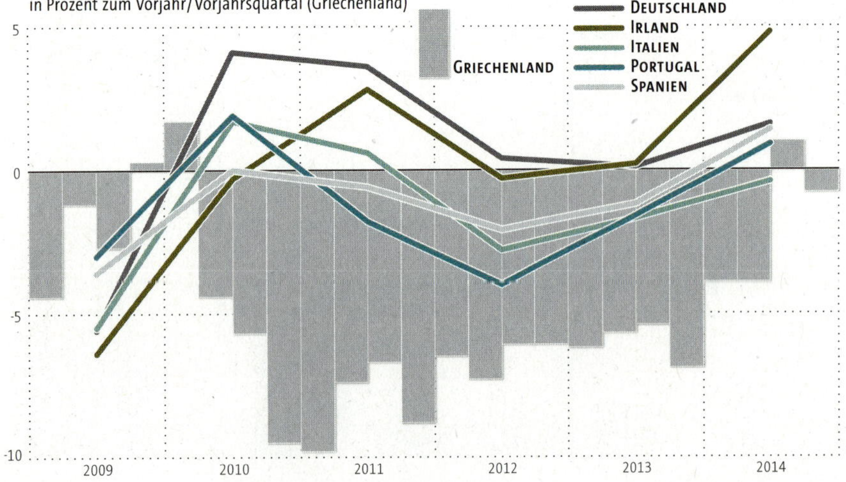

Wachsende Verschuldung trotz Sparpolitik

Staatsschulden
in Prozent des Bruttoinlandprodukts (BIP)
in Mrd. Euro

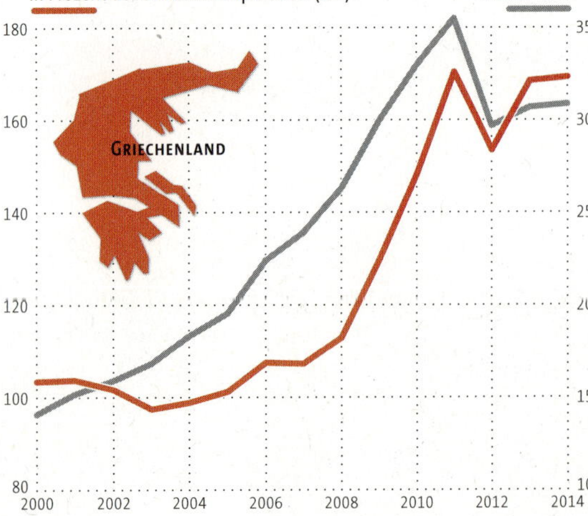

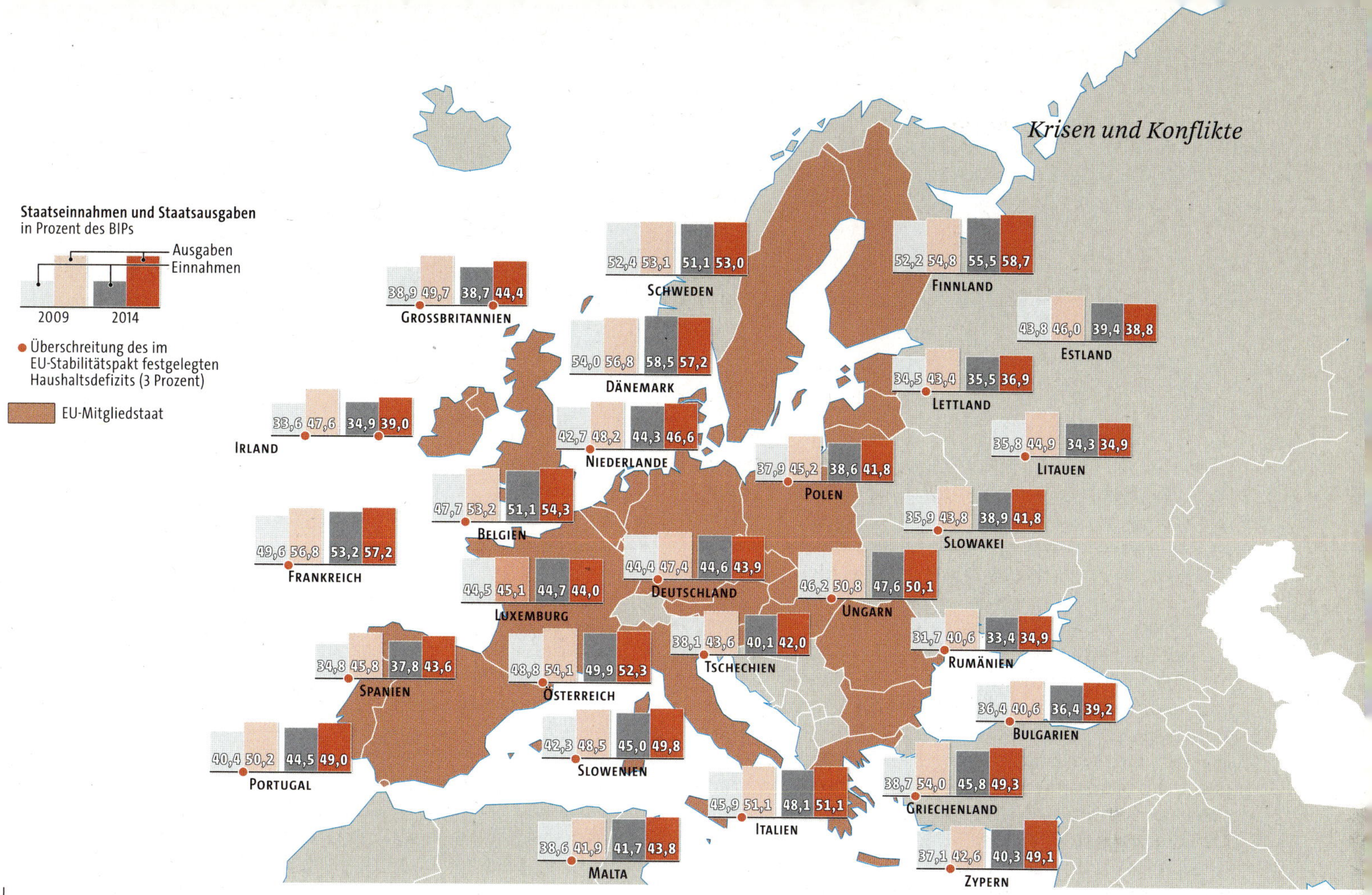

Sparzwang und Haushaltsdisziplin

2014/15 nur um etwas mehr als 1 Prozentpunkt; die Jugendarbeitslosigkeit stieg sogar auf 59,1 Prozent und lag im November 2014 noch immer bei 50,6 Prozent. Die Kosten für Heizöl stiegen um mehr als 35 Prozent, was zur vermehrten Nutzung von Holz als Brennstoff und damit zu schweren Luftverschmutzungen führte. Zwischen 2009 und 2011 stieg die Obdachlosigkeit um 25 Prozent, die Selbstmordrate um traurige 75 Prozent. Trotz Massenprotesten und Generalstreiks wurden weitere Sparmaßnahmen beschlossen.

Die gegenwärtige Krise in Griechenland lässt sich auf drei miteinander verwobene Ursachen zurückführen: erstens die globale Krisenanfälligkeit des finanzgetriebenen Kapitalismus und die US-Finanzkrise 2008; zweitens die europäischen Entscheidungsträger, die Griechenland zu einer restriktiven Sparpolitik zwingen und kaum Möglichkeiten für eine flexiblere Wirtschaftspolitik im Euroraum zulassen; und drittens die hausgemachten Probleme, nämlich zu geringe Staatseinnahmen, die Steuerhinterziehung vieler Selbstständiger und Unternehmer sowie der Maritim- und Finanzwirtschaft und ein verbreiteter Klientelismus, der selektive Vorteilsnahme ermöglichte und erheblichen volkswirtschaftlichen Schaden anrichtete.

Infolge der Krise veränderte sich die Parteienlandschaft in Griechenland massiv. Seit dem Zusammenbruch der Militär-

Südeuropas verlorene Generation

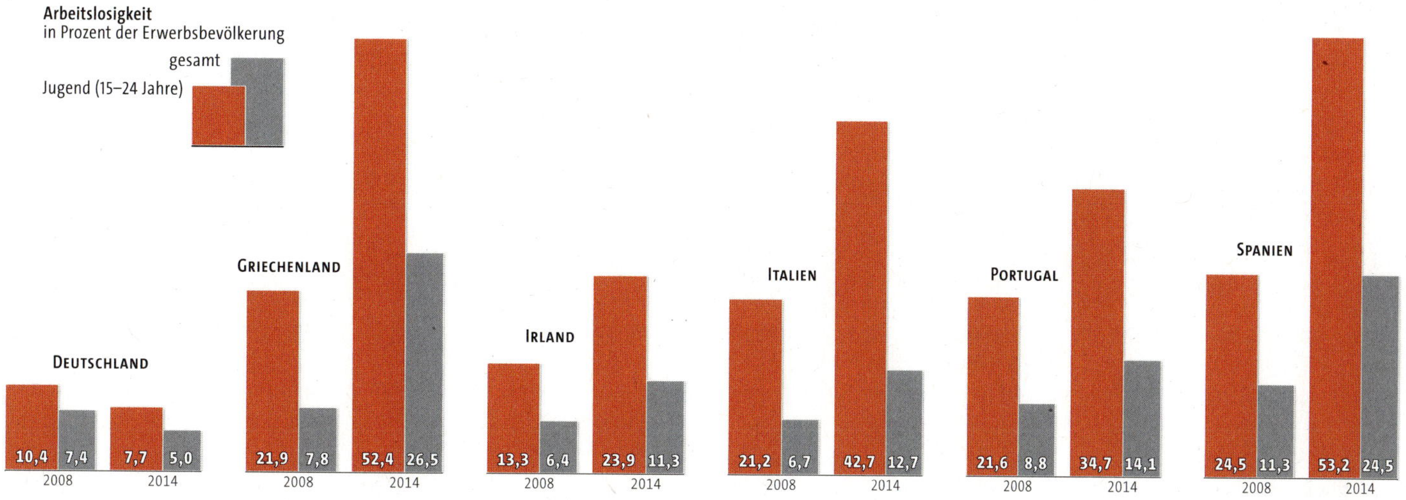

Die Etappen des Niedergangs

2000–2009

Nach dem Beitritt zur Eurozone kann Griechenland seine Staatsschuldenquote nicht so deutlich reduzieren, wie es die Maastricht-Verträge vorsehen. Seit 2005 stieg die Quote an: von 100 auf 112,9 Prozent des BIPs.

Oktober 2009

Die neue Regierung Papandreou korrigiert das geschätzte Haushaltsdefizit für 2009 von 6,7 auf 12,8 Prozent des BIPs. Diese Zahl muss später auf 15,6 Prozent heraufgesetzt werden, womit die Staatsschuldenquote Ende 2009 fast die 130-Prozent-Grenze erreicht. Ab Dezember stufen Ratingagenturen griechische Anleihen radikal zurück, und die Zinsen für griechische Staatsanleihen steigen dramatisch.

Mai 2010

Trotz eines Sparprogramms, das Gehaltskürzungen für Staatsbedienstete und erhöhte Mehrwertsteuern vorsieht, und trotz eines »Rettungsprogramms« der EU in Höhe von 30 Milliarden Euro kann Griechenland die im Mai fällig werdenden Staatsanleihen nicht mehr bedienen. Papandreou muss den Staat für insolvent erklären. Die Troika aus EU, EZB und IWF schnürt ein zweites »Rettungspaket« mit Krediten von 110 Milliarden Euro. Dafür muss der griechische Staat 30 Milliarden Euro einsparen: durch weitere Gehalts- und Pensionskürzungen, Stellenstreichungen im öffentlichen Sektor, neue Steuererhöhungen und eine Anhebung des Renteneintrittsalters.

Juli 2011

Durch die Sparmaßnahmen verschärft sich die Krise weiter. Sinkende Steuereinnahmen vergrößern das Staatsdefizit, auf das die Troika mit einem dritten »Rettungsprogramm« in Höhe von 109 Milliarden Euro reagiert. Die neuen Kredite (mit niedrigerem Zinssatz und längeren Laufzeiten) werden erstmals über den neu geschaffenen Stabilisierungsmechanismus EFSF abgewickelt. Als »Gegenleistung« muss Athen zusätzliche Sparmaßnahmen akzeptieren.

November 2011

Papandreou übersteht ein Vertrauensvotum im Parlament nur, indem er die Bildung eines Technokratenkabinetts unter dem ehemaligen EZB-Vizepräsidenten Papadimos ankündigt. Die neue Regierung wird erstmals von den beiden »Systemparteien« Pasok und ND gemeinsam getragen.

Februar 2012

Das Kreditpaket der Troika wird auf 130 Milliarden Euro aufgestockt, dafür muss die Regierung Papadimos mit einem vierten Sparprogramm »bezahlen«. Es enthält neben harten Einschnitten im Gesundheits- und Sozialwesen (nun auch beim Arbeitslosengeld) weitere Gehalts- und Rentenkürzungen und erstmals auch radikale Lohneinbußen für den privaten Sektor (stark reduzierte Mindestlöhne). Die Gesamtverschuldung steigt weiter an und erreicht die 150-Prozent-Marke, auch aufgrund der sich vertiefenden Rezession. Der endgültige Staatsbankrott ist nur durch einen Schuldenschnitt abzuwenden. Der »freiwillige« Forderungsverzicht der privaten Gläubiger reduziert die griechische Staatsschuld um 107 Milliarden Euro.

Juni 2012

Der ND-Vorsitzende Samaras bildet eine neue Regierung unter Beteiligung der Pasok und der Dimar (die im Juli 2013 die Koalition verlässt). Obwohl Samaras bis 2011 alle Sparprogramme der Troika bekämpft hat, bringt er im November ein fünftes Sparprogramm durchs Parlament, das neue Einsparungen von 13,5 Milliarden Euro vorsieht.

April 2013

Um die Freigabe weiterer Tranchen des »Rettungsprogramms« durch die Troika zu erreichen, muss die Regierung Samaras ein sechstes Sparprogramm verabschieden. Es enthält zusätzlich zu weiteren Stellenstreichungen im öffentlichen Dienst eine neue Grundbesitzsteuer.

April 2014

Die Regierung Samaras verkündet einen Überschuss im Primärhaushalt (ohne Schuldendienst) und feiert die »Rückkehr« auf die Finanzmärkte, nachdem sie fünfjährige Staatsanleihen zu einem Zinssatz von unter 5 Prozent absetzen konnte. Dieser »Erfolg« verführt die Regierung zu der Ankündigung, dass die Krise bald überwunden sei.

Herbst 2014

Nach einer Rekord-Touristensaison (die Einnahmen von ausländischen Touristen stiegen auf 13 Milliarden Euro und damit gegenüber 2013 um 11 Prozent) verbreitet die Regierung irreale Erfolgsgeschichten. Die widersprechen den Erfahrungen der Bevölkerung, irritieren aber auch die Troika und die Märkte, die griechische Staatspapiere ab Oktober wieder mit hohen Zinsaufschlägen handeln.

Dezember 2014/Januar 2015

Die Regierung legt einen Haushalt für 2015 vor, der auf zu optimistischen Zahlen beruht, weshalb die Troika die Zahlung von weiteren Hilfsgeldern stoppt. Daraufhin zieht Samaras die Wahl des Staatspräsidenten um drei Monate vor, doch der ND-Kandidat Dimos schafft auch im 3. Wahlgang am 29. Dezember nicht die nötige Mehrheit im Parlament. Damit kommt es laut Verfassung zu vorgezogenen Neuwahlen.

Bei der Parlamentswahl am 25. Januar erleiden die Koalitionsparteien ND (27,8 Prozent) und Pasok (4,7 Prozent) eine vernichtende Niederlage. Stärkste Partei wird das Linksbündnis Syriza mit 36,3 Prozent der Wählerstimmen, die absolute Parlamentsmehrheit von 150 Sitzen verpasst die Partei nur knapp. Ihr Vorsitzender Alexis Tsipras entscheidet sich für ein Regierungsbündnis mit der rechtspopulistischen Partei »Neue Hellenen« (Anel), deren Vorsitzender Kammenos das Verteidigungsressort bekommt. Einzige Gemeinsamkeit der ungleichen Partner ist die Opposition gegen die Sparpolitik der »Memoranden«.

Februar 2015

Die neue Regierung muss die Erfüllung zentraler Wahlversprechen (Erhöhung des Mindestlohns und der Niedrigrenten) aufschieben, bedient aber weiter ihre Schulden gegenüber IWF und EZB. Am 20. Februar kommt in Brüssel eine Vereinbarung der Euro-Finanzminister zustande, das der Athener Regierung und Finanzminister Varoufakis den Spielraum für soziale Maßnahmen noch weiter beschneidet. Die Vereinbarung sieht zwei weitere Verhandlungsphasen vor: Zunächst die Evaluierung des alten Sparprogramms und der von der Troika geforderten »Reformen«, was Voraussetzung für die Auszahlung weiterer Kredithilfen ist; danach neue Verhandlungen über ein langfristiges Programm über die Ankurbelung der griechischen Wirtschaft und über eine (begrenzte) Schuldenentlastung.

März bis Juni 2015

Im Lauf der Verhandlungen mit EU-Kommission, EZB und IWF verschärft sich die Kassenlage, weil die Steuereinnahmen zurückgehen und die Wirtschaft in die Rezession zurückfällt. Das verstärkt den Druck auf die Regierung Tsipras, die Anfang Juni einen IWF-Kredit nicht bedienen kann. Ende Juni scheitern die Gespräche an Differenzen über die Steuerpolitik und das Rentensystem. Tsipras kündigt ein Referendum über die »unzumutbaren« Forderungen an, die Gläubiger reagieren mit der Beendigung des Stützungsprogramms. Das zwingt die Athener Regierung, die Banken für eine Woche zu schließen und Kapitalkontrollen einzuführen. Viele Beobachter sehen dies als ersten Schritt zu einem Grexit, dem Ausscheiden Griechenlands aus der Eurozone.

diktatur im Jahr 1974 war das politische System davon gekennzeichnet, dass sich mit der sozialdemokratischen Pasok und der rechtskonservativen Nea Dimokratia (ND) zwei Parteien an der Macht abwechselten. Doch mit Beginn der Sparpolitik im Jahr 2010 wandelte sich diese Konstellation. Besonders die Pasok musste große Verluste hinnehmen: Ihr Stimmenanteil fiel von 43,9 Prozent bei den Parlamentswahlen in 2009 auf 4,7 Prozent in 2015. Weitere Parteien, die als kleinere Koalitionspartner von Pasok und ND während der Krise mitregierten, scheiterten an der 3-Prozent-Hürde, beispielsweise die rechtsradikale Laos (2009: 5,6 Prozent; Juni 2012: 1,6 Prozent) oder die linke Dimar (2012: 6,3 Prozent; 2015: 0,5 Prozent). Die neonazistische Partei »Goldene Morgenröte« hingegen konnte ihr marginales Vorkrisenniveau von weniger als 0,3 Prozent (2009) auf zuletzt besorgniserregende 6,3 Prozent (2015) ausbauen – und dies, obwohl ihre führenden Köpfe und die halbe Parlamentsfraktion bei der letzten Wahl wegen des Vorwurfs, einer »kriminellen Vereinigung« anzugehören, in Untersuchungshaft saßen. Den weitaus größten Zugewinn aber konnte die linksgerichtete Partei Syriza verbuchen, deren Stimmenanteil kontinuierlich zunahm: von 4,6 Prozent in 2009 über 16,8 Prozent im Mai 2012 und 26,9 Prozent im Juni 2012 auf 36,4 Prozent in 2015.

Damit war Syriza nach den Parlamentswahlen im Januar 2015 die stärkste Kraft, verfehlte jedoch knapp die absolute Mehrheit. Die Zusammenarbeit mit der rechtspopulistischen Partei der »Unabhängigen Griechen« (Anel), die 4,6 Prozent erreichte, war eine taktische Entscheidung, die es Syriza ermöglichte, möglichst schnell eine Regierung zu bilden. Gemeinsamer Nenner der beiden unterschiedlichen Parteien ist ihre starke Ablehnung der Sparpolitik und der Aufsicht durch die Troika. Syrizas Wahlprogramm sah vor allem ein Stopp der Sparmaßnahmen sowie einen Schuldenschnitt beziehungsweise eine Koppelung der Schuldenrückzahlung an das angestrebte Wirtschaftswachstum vor; des Weiteren Programme, um die sozialen Härten der bisherigen Politik zu mildern (zum Beispiel begrenzten Gratisstrom für verarmte Familien), und Maßnahmen, die eine wirtschaftliche Erholung fördern sollen. In jedem Fall soll dabei der Verbleib Griechenlands in der Eurozone gesichert werden, was man über eine neue »ehrenvolle« und für beide Seiten vorteilhafte Vereinbarung mit den Partnern und internationalen Geldgebern erreichen will.

Die Verhandlungen mit der Eurogruppe unmittelbar nach den Parlamentswahlen führten zu der Vereinbarung vom 20. Februar 2015, wonach innerhalb von vier Monaten eine neue Gesamtregelung ausgehandelt werden soll. Der Hauptinhalt dieser Vereinbarung ist, dass weitere Finanzhilfen aus dem Europäischen Stabilitätsmechanismus (ESM) – die laut der Eurogruppe nur für die Rekapitalisierung und Abwicklung von Banken und nicht für sonstige Haushaltsposten verwandt werden dürfen – nur im Gegenzug für Reformvorhaben der Regierung gewährt werden können. Diese Vorhaben beinhalten eine Verbesserung und Modernisierung des Steuersystems, eine Reform der sozialen Sicherungssysteme und öffentlichen Ausgaben sowie Arbeitsmarktreformen im Einklang mit den Vorgaben der ILO und OECD.

Seit ihrem Regierungsantritt hat Syriza mehrere Maßnahmen angekündigt, darunter die Überprüfung von Privatisierungen und die Zurücknahme einiger Investitionsprogramme mit besonders hohen sozialen oder ökologischen Kosten; außerdem soll die Schließung des öffentlichen Fernsehens rückgängig gemacht und das gekündigte Personal wieder eingestellt werden. Die Reform der Migrationspolitik beinhaltet unter anderen die Schließung von Hafteinrichtungen, eine bessere Koordinierung mit der Türkei und der EU sowie Erleichterungen für Asylbewerberinnen. Zusätzlich sind Gesetzesinitiativen geplant, um Korruption im öffentlichen Sektor und Wirtschaftskriminalität zu bekämpfen. Jene Menschen, die besonders hart von der Krise betroffen sind, sollen durch Miet- und Essenmarken unterstützt werden. Weitergehende Vorschläge, wie etwa die Erhöhung des Mindestlohns oder Hilfen für verschuldete Hausbesitzer, wurden modifiziert oder aufgeschoben, da sie nicht gegenfinanziert werden können, worauf die internationalen Geldgeber bestanden haben.

Rückblickend hat das Spardiktat der Troika nur zu mehr Arbeitslosigkeit, zu einer höheren Staatsverschuldung im Verhältnis zum BIP, zu größerer Unsicherheit und sozialer Verwundbarkeit sowie zu einem massiven Abbau öffentlicher Leistungen geführt, kurz: zu einer Verstetigung von Rezession und Krise. Eine Rückkehr zum alten Wachstumsmodell erscheint unwahrscheinlich. Damit stellt sich die Frage, welche Handlungsspielräume für nationale Regierungen überhaupt noch existieren und wie eine moderne Gesellschaft in der Krise auch ohne hohes Wirtschaftswachstum stabilisiert werden kann. Der Fall Griechenland zeigt jedenfalls eindrücklich, welche katastrophalen Folgen es hat, wenn unter den gegebenen kapitalistischen Bedingungen Wachstum langfristig ausbleibt und zugleich Sparpolitik als die vermeintlich einzige Lösung durchgesetzt wird.

Maria Markantonatou

Bücher *&c.*

- www.nachdenkseiten.de (Beiträge von Niels Kadritzke).
- Stephan Kaufmann, »Die Halbstarken von Athen«. Fünf Jahre Euro-Krise – Irrtümer und Profiteure. Rosa-Luxemburg-Stiftung, *Materialien* Nr. 7, April 2015, http://www.rosalux.de/fileadmin/rls_uploads/pdfs/Materialien/Materialien7_DieHalbstarken.pdf.
- Klaus Busch, Christoph Hermann, Karl Hinrichs, Thorsten Schulten, »Eurokrise, Austeritätspolitik und das Europäische Sozialmodell: Wie die Krisenpolitik in Südeuropa die soziale Dimension der EU bedroht«, in: Friedrich-Ebert-Stiftung, *Politikanalyse*, November 2012, http://library.fes.de/pdf-files/id/ipa/09 444.pdf.

Die Verlierer sind die Lohnabhängigen

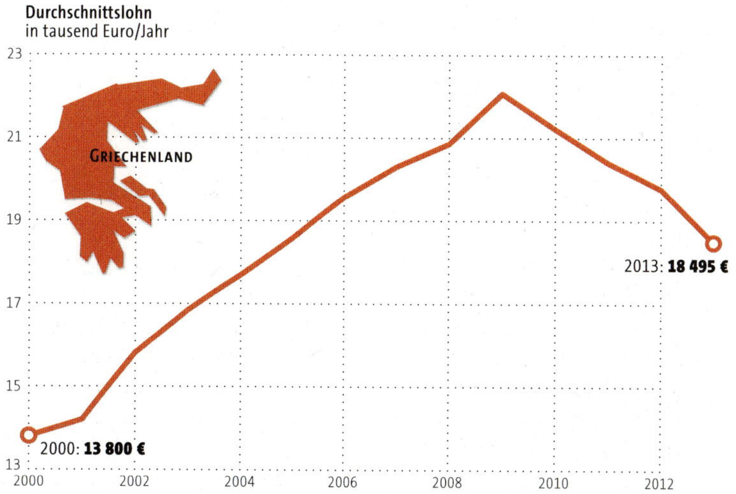

Deutschland – der eingebildete Gesunde

Der Exportweltmeister profitiert nur scheinbar vom Sozialdumping

Entgegen dem krisenhaften Trend in Europa gilt Deutschland als wirtschaftliches Erfolgsmodell – »Nehmt euch an uns ein Beispiel«, scheinen die Bundesregierungen jeglicher Couleur den anderen zuzurufen. Doch bei den Angesprochenen hält sich die Begeisterung oft in Grenzen. Warum?

Deutschland ist die größte Volkswirtschaft Europas, und seine wirtschaftliche Entwicklung ist wichtig für die ganze Währungsunion: Ist sie gut, kommt dies auch anderen Ländern zugute. Gibt es aber Probleme, werden diese leicht auch zu Problemen der Nachbarn. Knapp 40 Prozent seines Außenhandels wickelt Deutschland mit den Ländern der Eurozone ab. Deshalb ist die gemeinsame Währung auch so wichtig für die deutsche Wirtschaft: Wenn diese 40 Prozent von Währungsschwankungen befreit sind, gibt das Planungssicherheit und mindert für die Exportunternehmen das Risiko von Verlusten durch die Abwertung anderer Währungen.

Dass die deutsche Wirtschaft am Export hängt, ist nichts Neues. Deutsche Industrieprodukte wie Autos und Maschinen sind seit langem weltweit wegen ihrer Qualität gefragt. Dies hat viel mit dem dualen deutschen Berufsbildungssystem zu tun, mit dem Selbstbewusstsein qualifizierter Beschäftigter und mit den Mitbestimmungsmöglichkeiten ihrer Interessenvertretungen. Neu ist etwas anderes: Kurz nach Einführung des Euro hat die Politik den deutschen Arbeitsmarkt umgekrempelt. Die im Zuge von Agenda 2010 und »Hartz-Gesetzen« eingeführten »Arbeitsmarktreformen« öffneten die Schleusen für einen Boom von Leiharbeit und Minijobs, Arbeitssuchende wurden gezwungen, Jobs auch zu sehr schlechten Bedingungen anzunehmen. Seit den 1990er Jahren gehen die Mitgliederzahlen von Arbeitgeberverbänden und Gewerkschaften zurück – das dadurch geschwächte Tarifvertragssystem verlor an Einfluss auf die Entwicklung der tatsächlichen Einkommen. Es entstand ein großer Niedriglohnsektor, der die durchschnittlichen Löhne nach unten zog. Gleichzeitig wurden die hohen Einkommen und Gewinne durch Steuerreformen erheblich entlastet.

So geschah etwas Ungewöhnliches in Deutschland, und zwar nur dort: Bis kurz vor Ausbruch der weltweiten Finanzkrise sanken die durchschnittlichen Erwerbseinkommen, obwohl die Wirtschaft wuchs, während sie im restlichen Europa stiegen, wie es in Wachstumsphasen üblich ist. In Frankreich zum Beispiel sind die Reallöhne etwa im selben Tempo gestiegen wie die Arbeitsproduktivität, so dass die Verteilung zwischen Löhnen und Gewinnen gleich blieb. Spiegelbildlich dazu boomten in Deutschland die Gewinne.

Dies hatte zwei für die Europäische Währungsunion verhängnisvolle Folgen. Erstens wurde der Binnenmarkt der größten Volkswirtschaft fast in die Stagnation getrieben, so dass er kaum noch zusätzliche Exporte aus anderen Euroländern aufnahm – während die deutschen Exporte in diese Länder weiter kräftig zulegten. Die daraus erwachsenden wirtschaftlichen Ungleichgewichte sind Sprengstoff für eine Währungsunion, deren Konstrukteure keine Ausgleichsmechanismen, kein gemeinsames Steuersystem, keine gemeinsame Wirtschaftspolitik, keine gegenseitige Unterstützung und auch keine Sozialunion wollen. Zweitens aber gab es für die rapide wachsenden Gewinne auf dem schwächelnden deutschen Binnenmarkt kaum lukrative Anlagemöglichkeiten. Stattdessen flossen ungeheure Summen in den boomenden US-Immobilienmarkt, aber auch in die mit Schulden aufgepumpten Immobilienblasen der Euroländer Irland und Spanien. So gab die Deregulierung des deutschen Arbeitsmarkts nicht nur im In-, sondern auch im Ausland Wachstumsmodellen Auftrieb, die aus ganz unterschiedlichen Gründen nicht zukunftsfähig waren.

Die weltweite Finanzkrise brachte diese fragwürdige Symbiose zum Einsturz. Seitdem nutzen die deutschen Regierungen ihre Macht in Europa, um vor allem den

Die Überschüsse der Deutschen und die Defizite der anderen

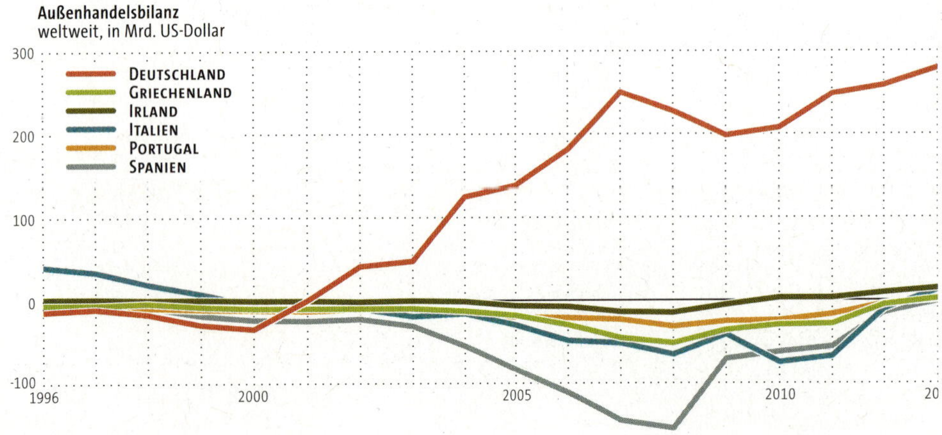

Mehr Leistung, weniger Lohn

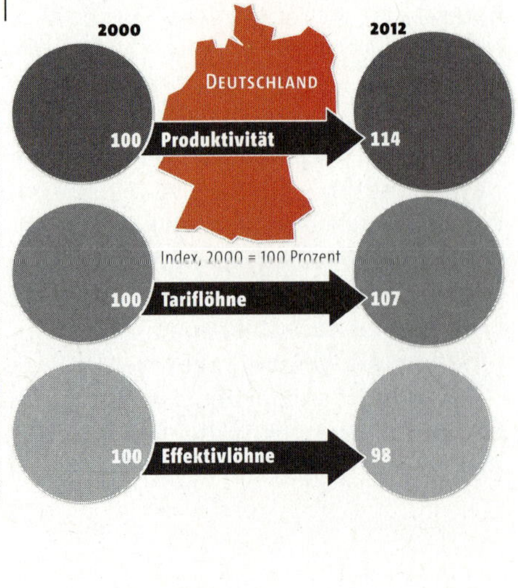

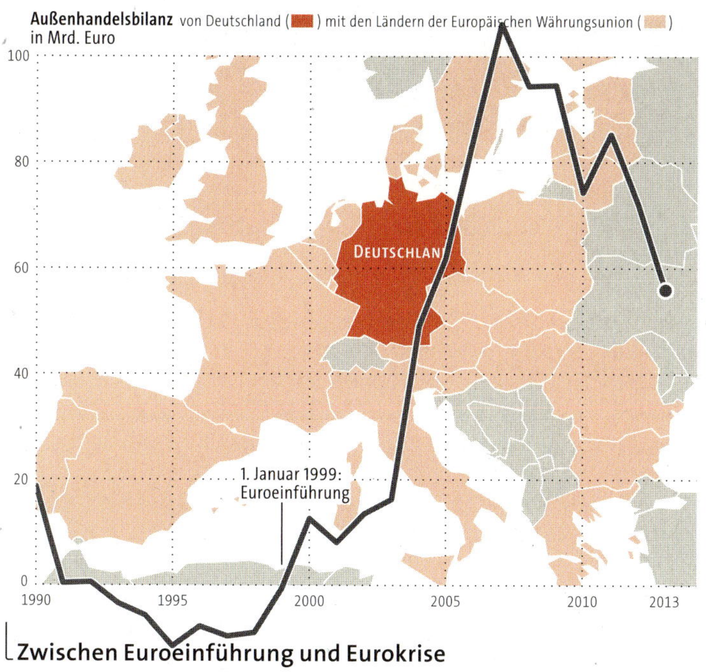

Zwischen Euroeinführung und Eurokrise

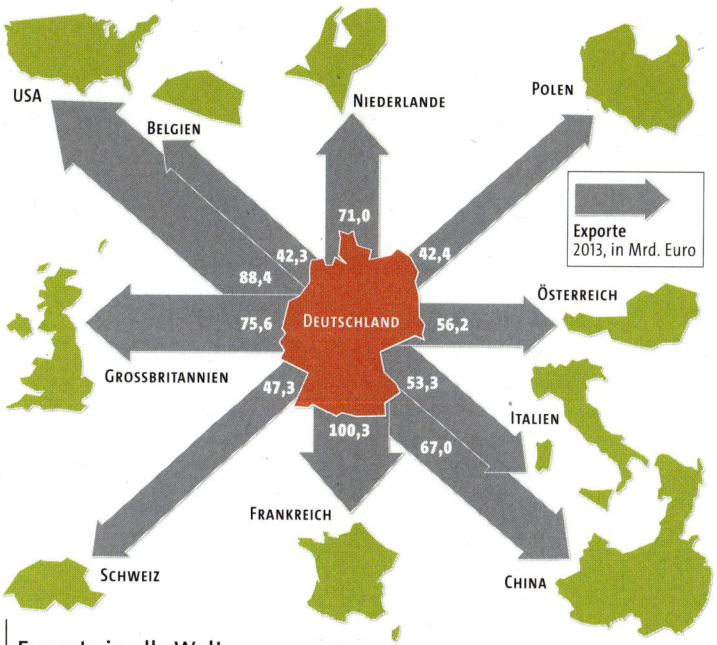

Exporte in alle Welt

südeuropäischen Staaten die eigenen Rezepte aufzuzwingen. Massive Kürzungen der Staatsausgaben, die Deregulierung der Arbeitsmärkte und die Schwächung des öffentlichen Sektors nach deutschem Vorbild werden als Medizin verabreicht, die die Patienten jedoch nur noch kränker macht. Auch wenn die Wirtschaft jetzt teilweise wieder wächst – die Millionen arbeitsloser und in Armut getriebener Menschen bleiben als Flurschäden dieser Politik zurück. Großen Teilen der jungen Generation in den am stärksten von der Krise betroffenen Ländern wird die Zukunft verdüstert. Und mit der Verschleuderung von staatlichem Eigentum sowie der Privatisierung öffentlicher Dienstleistungen vor allem im Bildungs- und Gesundheitsbereich berauben die Regierungen den Staat der Mittel, die für neue gesellschaftliche Entwicklungschancen dringend benötigt werden.

Eine Gesundung der Eurozone erfordert radikale Kurskorrekturen bei allen Hauptbeteiligten. Neue sozial-ökologische Entwicklungsmodelle werden nicht nur in Südeuropa gebraucht, sondern auch in Deutschland. Mit dem gesetzlichen Mindestlohn wurde ein erster Schritt zur notwendigen Neuregulierung des Arbeitsmarkts getan. Jetzt muss die Politik die Wirtschaft dazu anstoßen zum Motor der Energie- und Ressourcenwende zu werden.

Die deutsche Gesellschaft braucht große öffentliche Investitionen vor allem im kommunalen Bereich, und sie braucht einen Boom sozialer Dienstleistungen – von Kindertagesstätten bis zur Altenpflege. Das ist unabdingbar, nicht zuletzt für die Gleichstellung der Geschlechter und die Bewältigung des demografischen Wandels, aber es geht nicht ohne große Steuerreformen, mit denen vor allem Kapitaleinkommen und Vermögen gesellschaftlich nutzbar gemacht werden. Dies käme auch Deutschlands Partnerländern zugute – wie ihnen zuvor durch verfehlte »Reformen« in Deutschland geschadet wurde.

Steffen Lehndorff

Bücher &c.

- Klaus Dörre, Kerstin Jürgens, Ingo Matuschek (Hg.), *Arbeiten in Europa: Marktfundamentalismus als Zerreißprobe*, Frankfurt am Main (Campus) 2014.
- Matthias Knuth, »Rosige Zeiten am Arbeitsmarkt? Strukturreformen und ›Beschäftigungswunder‹«. *WISO Diskurs* Juli 2014.
- Steffen Lehndorff (Hg.), *Spaltende Integration. Der Triumph gescheiterter Ideen in Europa – revisited. Zehn Länderstudien*, Hamburg (VSA) 2014.

Gewinne auf Kosten der Löhne

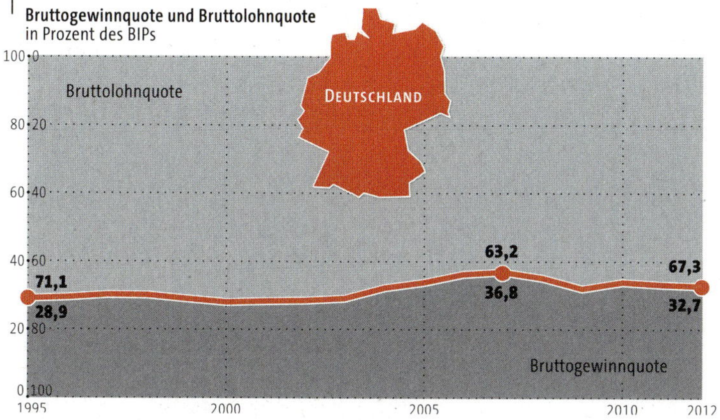

Einkommensentwicklung vor und in der Krise

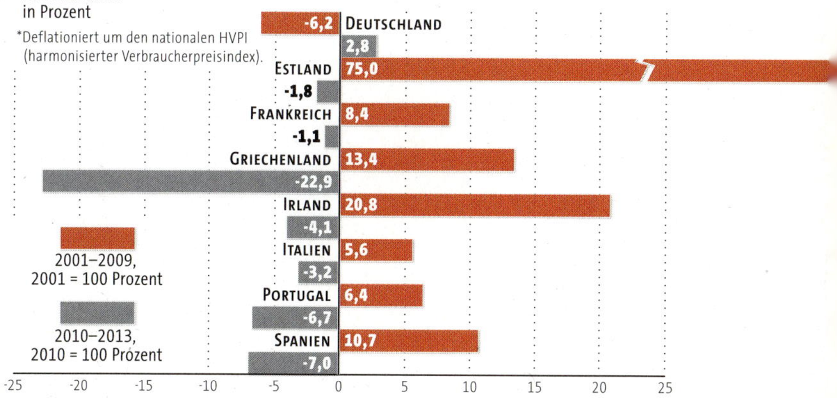

Der schwierige Übergang

Der Kapitalismus ist zerstörisch, und für den Ausstieg gibt es keinerlei Plan

Der Kapitalismus ist zum Untergang verdammt. Er benötigt Wachstum, aber in einer endlichen Welt kann es unendliches Wachstum nicht geben. Viele Kapitalismuskritiker frohlocken, sobald sie diese Prognose hören, doch darf man sich das Ende nicht friedlich vorstellen. Der Kapitalismus wird chaotisch und brutal zusammenbrechen – nach allem, was man bisher weiß.

Der Pessimismus mag zunächst übertrieben wirken. Schließlich fehlt es nicht an Konzepten, wie eine ökologische Kreislaufwirtschaft aussehen könnte, die den Kapitalismus überwinden soll. Einige Stichworte lauten: erneuerbare Energien, Recycling, langlebige Waren, öffentlicher Verkehr, weniger Fleisch essen, biologische Landwirtschaft und regionale Produkte.

Man würde zwar auf Konsum verzichten – aber diese Selbstbeschränkung könnte sogar entspannend sein. Alle Studien zeigen, dass Wohlstand nicht glücklicher macht, sobald eine gewisse Einkommensschwelle überschritten ist, die bei ungefähr 27 500 Dollar pro Kopf und Jahr liegt. Nur zum Vergleich: Die Deutschen verfügen derzeit über 39 000 Dollar pro Kopf und die Österreicher gar über 42 400 Dollar. Da wäre ein bisschen Verzicht zumutbar.

Eine ökologische Kreislaufwirtschaft wäre also möglich, aber leider ist ein Problem noch ungelöst: Es fehlt die Brücke, die vom Kapitalismus in diese neue »Postwachstumsökonomie« führen soll. Über den Prozess der Transformation wird kaum nachgedacht. Der Kapitalismus fährt gegen eine Wand, aber niemand erforscht den Bremsweg.

Viele Kritiker glauben, es sei nur eine moralische Frage des Willens, auf Wachstum zu verzichten und den Kapitalismus abzuschaffen. Oder sie halten es für ein politisches Problem der realen Herrschaftsverhältnisse, dass sich die ökologische Kreislaufwirtschaft noch immer nicht durchsetzt. Tatsächlich sind es aber rein ökonomische Gründe, die einen Übergang in ein neues System so schwierig oder gar unmöglich machen.

Die Vorschläge für eine Postwachstumsgesellschaft basieren letztlich immer auf der Idee, Arbeit und Einkommen zu reduzieren. Doch der Kapitalismus ist keine Badewanne, bei der man einfach die Hälfte des Wassers ablassen kann. Er ist kein stabiles System, das zum Gleichgewicht neigt und verlässliche Einkommen produziert, die man ruhig senken kann. Stattdessen ist der Kapitalismus ein permanenter Prozess. Sobald es kein Wachstum gibt, droht chaotisches Schrumpfen – was die Gesellschaft instinktiv weiß.

Die Finanzkrise ab 2007 war dafür lehrreich: Kaum sank die Produktion, wurden hektisch Konjunkturpakete aufgelegt, wurden Kurzarbeit und Abwrackprämie beschlossen, um die Arbeitsplätze zu retten. Selbst die Umwelt profitiert nicht automatisch, wenn die Wirtschaft taumelt, wie sich in Griechenland zeigt. Weil sich viele Griechen kein Heizöl mehr leisten können, fällen sie die letzten Bäume. In einer Wirtschaftskrise ist die Natur das erste Opfer.

Der Kapitalismus funktioniert anders, als die Werbung oder auch viele seiner Kritiker suggerieren: Es geht gar nicht um die Waren, die wir konsumieren. Die Produkte sind nur Hilfsmittel für einen höheren Zweck. Das Endziel sind die Arbeitsplätze. Wir arbeiten, um zu arbeiten. Denn nur wer Arbeit hat, hat Einkommen, Sicherheit und Anerkennung.

Der US-amerikanische Ökonom John Kenneth Galbraith hat bereits 1958 auf ein seltsames Phänomen hingewiesen: In einer Wirtschaftskrise wird nie bedauert, dass viele Waren nicht entstehen, weil die Fabriken nicht ausgelastet sind. Dass die Gütermenge sinkt, ist egal. Niemand leidet, weil plötzlich weniger Autos hergestellt werden. Stattdessen werden nur die Arbeitsplätze beklagt, die in der Krise wegfallen. Angeblich konsumieren wir uns zu Tode – aber das ist eine falsche Wahr-

Business as usual

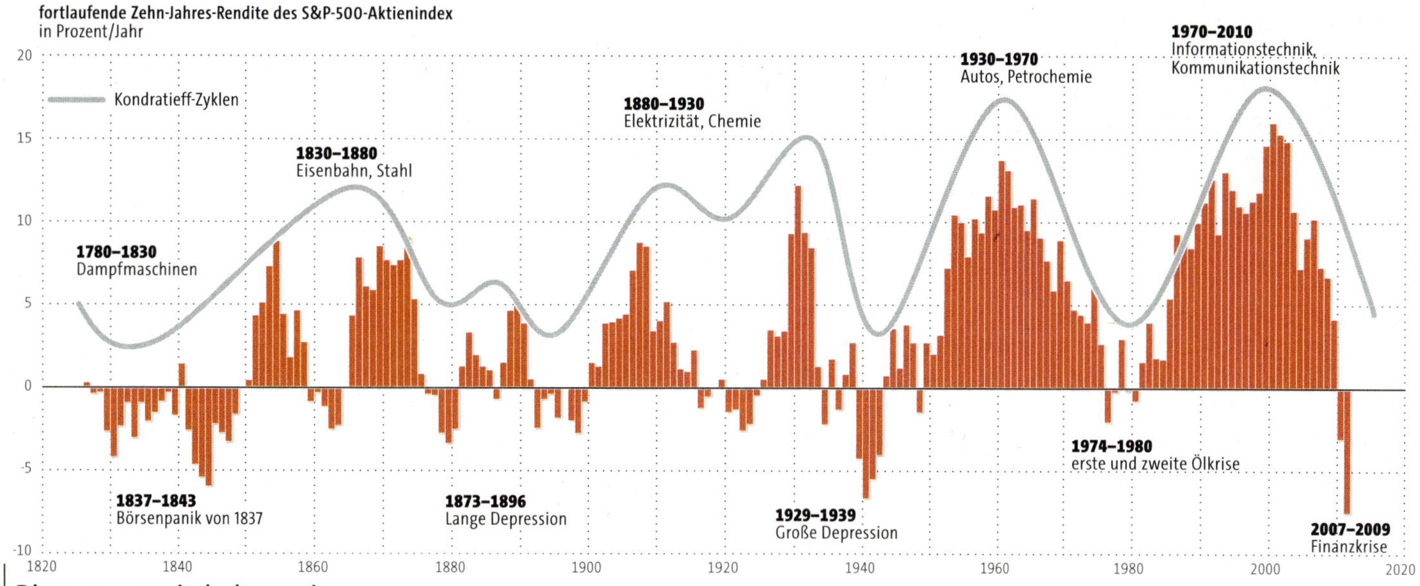

Diagnose: manisch-depressiv

nehmung. Wir produzieren uns zu Tode. Das kollektive Ziel ist Vollbeschäftigung, nicht Vollkonsum.

Theoretisch klingt die Lösung erneut einfach: Wir konsumieren nicht nur die Hälfte – sondern arbeiten auch nur die Hälfte. Dann hätte jeder das nötige Auskommen, um seine Bedürfnisse zu befriedigen. Diese Idee wird gern als Grundeinkommen präsentiert. Wenn jeder garantierte Bezüge hätte, dann würde die Arbeitsneigung bestimmt sinken.

Doch so erstaunlich es wirken mag: Ein Grundeinkommen würde den Kapitalismus nicht etwa bremsen, sondern sogar noch befeuern. Denn die heutigen Hartz-IV-Empfänger hätten mehr Geld – und zudem wären die Angestellten nicht mehr erpressbar und könnten bessere Gehälter aushandeln. Kurz: Die Nachfrage würde steigen und das Wachstum ankurbeln.

Natürlich könnte man zu Zwangsmaßnahmen greifen – und die maximal erlaubte Arbeitszeit vorschreiben oder das Wachstum gleich ganz verbieten, indem die Unternehmen nur noch bestimmte Kontingente fertigen dürften. Doch dies würde wieder jenes chaotische Schrumpfen auslösen, das nicht beherrschbar ist.

Wie dieser Strudel genau funktioniert, hat der Schweizer Ökonom Hans Christoph Binswanger sehr schön beschrieben, der sich sein Leben lang mit Umweltfragen befasst und unter anderem die Ökosteuer erfunden hat. Binswanger trieb die Frage um, ob der Kapitalismus auf das zerstörerische Wachstum verzichten könne. Seine Antwort lautete: Nein. Denn die »Investitionsketten« würden reißen, wie er es technisch ausdrückte. Übersetzt: Firmen investieren nur, wenn sie Gewinne erwarten. Gesamtwirtschaftlich sind die Gewinne aber identisch mit dem Wachstum. Ohne Wachstum müssen die Unternehmen also Verluste fürchten. Sobald aber Profite ausbleiben, investieren die Unternehmen nicht mehr, und ohne Investitionen bricht die Wirtschaft zusammen. Es würde eine unkontrollierbare Abwärtsspirale einsetzen, die an die Weltwirtschaftskrise ab 1929 erinnert: Arbeitsplätze gehen verloren, die Nachfrage sinkt, die Produktion schrumpft, noch mehr Stellen verschwinden.

Wenn man Wachstum verhindert, wäre der Kapitalismus zwar beendet, aber das Ergebnis wäre nicht jene ökologische Kreislaufwirtschaft, die sich Umweltschützer erhoffen. Vielmehr wäre es eine Wirtschaft im freien Fall, die Panik erzeugt. Es erschüttert die Menschen zutiefst, wenn sie ihren Arbeitsplatz und ihr Einkommen verlieren. Alle großen Wirtschaftskrisen waren ungemein gefährlich – für die Demokratie. Auch

Das Diktat der Steigerung

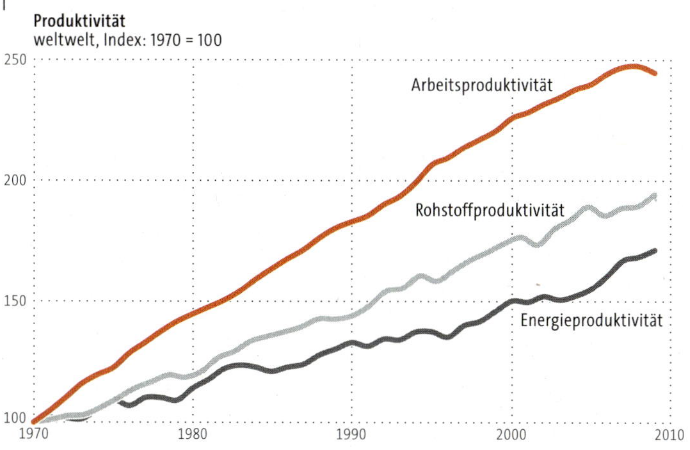

Mehr Verbrauch trotz höherer Effizienz

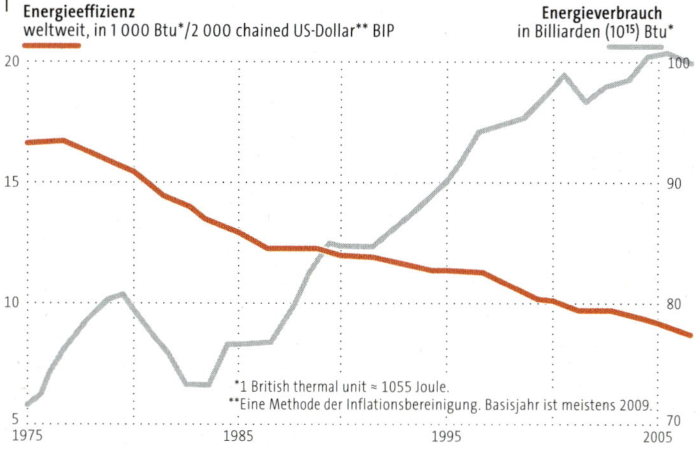

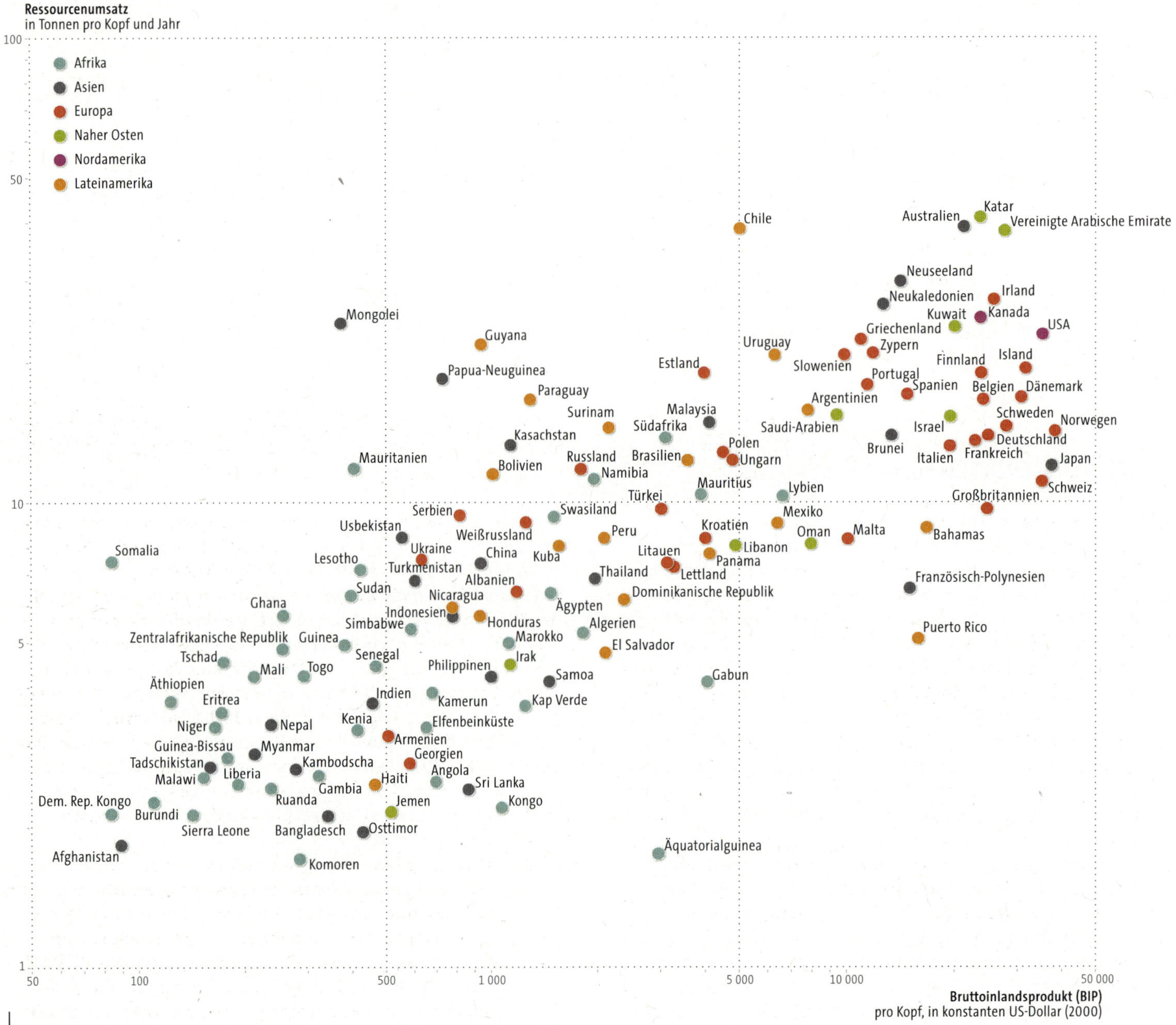

Die Wirtschaftsleistung basiert nicht nur auf dem Umsatz mit Ressourcen

in den Krisenländern der Eurozone ist bereits zu beobachten, dass Regierungen auseinanderfallen und rechtspopulistische Parteien erstarken.

Nicht wenigen Wachstumskritikern ist diese systemische Sicht zutiefst suspekt, die die Wirtschaft von »oben« betrachtet. Sie würden lieber von »unten« beginnen, indem jeder Einzelne seinen Konsum, aber auch seine Arbeitszusammenhänge verändert. Sie stellen sich die Wirtschaft als eine Summe vor, bei der viele kleine Nischen am Ende ein neues Ganzes ergeben. Nach diesem Prinzip funktioniert etwa die »Gemeinwohlökonomie« des österreichischen Attac-Gründers Christian Felber, der an ökologische Betriebe ein Zertifikat vergibt und hofft, dass sich irgendwann alle Unternehmen zertifizieren lassen.

Auf den ersten Blick wirkt diese Idee bestechend, weil viele Unternehmen bereits nachhaltig produzieren. Dazu gehört etwa Heini Staudinger, der im österreichischen Schrems bequeme und formschöne Ökoschuhe herstellt – und zu einer Ikone der Wachstumskritiker geworden ist.

Dennoch kann der Ansatz nicht funktionieren, zunächst einzelne Betriebe zu konvertieren und am Ende die Gesamtwirtschaft zu revolutionieren. Die Wachstumskritiker machen genau den gleichen Fehler wie ihre neoliberalen Gegner: Sie glauben, dass die Wirtschaft nur eine Summe aller Unternehmen sei. Sie verwechseln Betriebs- mit Volkswirtschaft und verstehen nicht, dass der Kapitalismus ein Prozess ist, der Einkommen nur erzeugen kann, wenn es die Aussicht auf Wachstum gibt. Binswanger hat dieses Dilemma richtig beschrieben, und es verschwindet nicht, nur weil man es ignoriert.

Da sich das Wachstum nicht einfach abschaffen lässt, machen seit einiger Zeit Konzepte wie »Green New Deal«

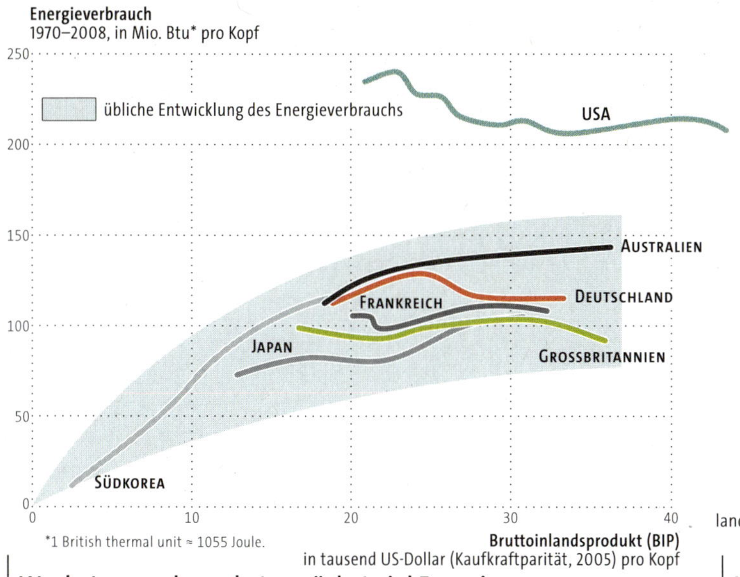

Wachstum verbrauchst zunächst viel Energie

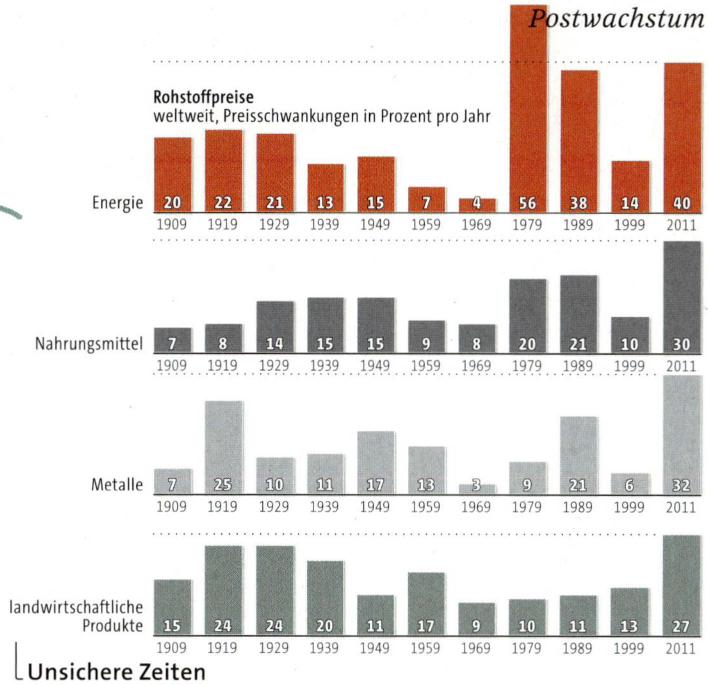

Unsichere Zeiten

oder »nachhaltiges Wachstum« Karriere. Sie leben von der Hoffnung, dass sich Wachstum und Rohstoffverbrauch »entkoppeln« lassen, indem die Effizienz gesteigert wird. Der Energieaufwand pro Wareneinheit soll sinken, damit das Klima nicht leidet und Wachstum trotzdem möglich ist. Es klingt wie die Quadratur des Kreises: Plötzlich sollen Ökonomie und Ökologie keine Gegensätze mehr sein. Das Konzept der »Entkoppelung« ist nicht völlig abwegig, denn seit 1970 hat sich der Energieverbrauch pro Wareneinheit halbiert. Die Umwelt wurde allerdings nicht entlastet, weil prompt der »Rebound-Effect« zuschlug, der auf Deutsch auch »Bumerangeffekt« heißt. Die Kostenersparnis wurde genutzt, um die Warenproduktion auszudehnen, so dass der gesamte Energieverbrauch nicht etwa fiel, sondern sogar zunahm.

Als Ausweg reicht es nicht, einfach auf regenerative Energien umzustellen. Denn weite Bereiche der Wirtschaft lassen sich nicht mit Ökostrom betreiben. Das Elektroauto befindet sich noch immer im Versuchsstadium, und auch Passagierflugzeuge heben nur mit Kerosin ab. Allein der Flugverkehr zerstört aber jede Hoffnung, die Klimaziele zu erreichen, wie eine einfache Rechnung zeigt, die der Postwachstumsökonom Niko Paech aufmacht: Wenn die Erderwärmung begrenzt bleiben soll, darf im Jahr 2050 jeder menschliche Erdbewohner nur noch einen Ausstoß von 2,7 Tonnen CO_2 pro Jahr verursachen. Ein Flug von Frankfurt nach New York schlägt aber bereits mit 4,2 Tonnen zu Buche, und nach Sydney sind es gar 14,5 Tonnen. Zwar unternehmen nicht alle ständig Fernreisen, aber der Trend im Luftverkehr zeigt stark nach oben, und schon jetzt hinterlässt jeder Bundesbürger 11 Tonnen CO_2 im Jahr.

Wenn das Klima geschont werden soll, kann es kein Menschenrecht auf Fliegen geben. Damit aber wird wieder das böse V-Wort unvermeidlich, das das Wachstum bedroht: Verzicht. Dieser dürfte sich nicht allein aufs Fliegen beschränken, denn der Energieverbrauch lässt sich nur reduzieren, indem weniger produziert wird. Alle Konzepte vom »nachhaltigen Wachstum« sind Mogelpackungen, weil es in Wahrheit kein Wachstum mehr gäbe, sondern mehr Nachhaltigkeit. Die richtige Bezeichnung wäre also »wachsende Nachhaltigkeit«. Nur ein Beispiel: Jedes Konzept zum »nachhaltigen Wachstum« setzt darauf, dass sich das Carsharing durchsetzt und der öffentliche Transport zunimmt. Aber wenn sich mehrere Familien ein Auto teilen oder gleich im Bus sitzen, werden weniger Autos gekauft. Die Automobilindustrie, der Deutschen ganzer Stolz, würde schrumpfen.

Zudem reicht es nicht, sich nur auf den Klimawandel zu konzentrieren. Der CO_2-Ausstoß ist nicht das einzige Umweltproblem; genauso bedrohlich sind Flächenverbrauch, Wasserknappheit, Artensterben und giftige Abfälle. Der Mensch hat rund 100 000 verschiedene Chemikalien in die Welt gesetzt, von denen nur in Ansätzen bekannt ist, wie sie miteinander interagieren. Der Verzicht ist alternativlos, wenn man die Ökosysteme retten will.

Es ist ein Dilemma: Ohne Wachstum geht es nicht, komplett grünes Wachstum gibt es nicht, und normales Wachstum führt unausweichlich in die ökologische Katastrophe. Der Kapitalismus erscheint wie ein Fluch. Er hat den Reichtum und den technischen Fortschritt ermöglicht, der es eigentlich erlauben würde, mit wenig Arbeit auszukommen. Aber stattdessen muss unverdrossen weiterproduziert werden, obwohl das in den Untergang führt.

In dieser Zwangslage bleibt nur ein pragmatisches Trotzdem: trotzdem möglichst wenig fliegen, trotzdem Abfall vermeiden, trotzdem auf Wind und Sonne setzen, trotzdem biologische Landwirtschaft betreiben. Aber man sollte sich nicht einbilden, dass dies rundum »grünes« Wachstum sei. Wie man den Kapitalismus transformieren kann, ohne dass er chaotisch zusammenbricht – dies muss erst noch erforscht werden.

Ulrike Herrmann

Bücher &c.

- Hans-Christoph Binswanger, *Die Wachstumsspirale: Geld, Energie und Imagination in der Dynamik des Marktprozesses*, Weimar bei Marburg (Metropolis) 2013.
- Ugo Bardi, *Der geplünderte Planet. Die Zukunft des Menschen im Zeitalter schwindender Ressourcen*, München (oekom) 2013.
- Ernst Ulrich von Weizsäcker, *Faktor Fünf: Die Formel für nachhaltiges Wachstum*, München (Droemer) 2010.
- Elisabeth Kolbert, *Das sechste Sterben. Wie der Mensch Naturgeschichte schreibt*, Berlin (Suhrkamp) 2015.

Wie alles anfing

Die ersten radikalen Wachstumskritiker gab es in Frankreich, von dort sprang der Funke auf südeuropäische Länder über

Im Jahr 1972 machte die Veröffentlichung der »Grenzen des Wachstums« international Furore. Der Bericht des Club of Rome sagte voraus, dass das auf Wachstum basierende Entwicklungsmodell im 21. Jahrhundert an harte Grenzen stoßen werde, und prognostizierte einen Rückgang der Lebensqualität auch in den Industrieländern, falls die Welt nicht umsteuert. Schockiert schrieb der damalige Vizepräsident der Europäischen Kommission an den Kommissionspräsidenten einen Brief, in dem er sich für einen ökologischen Kurswechsel in der Wirtschaftspolitik einsetzte. Mitten im französischen Wahlkampf veröffentlichte der Chef der französischen Kommunistischen Partei ebendiesen Brief und löste damit – ungewollt – eine lebhafte und kontroverse Debatte unter den französischen Intellektuellen aus.

Erste Wachstumsverweigerer versammelten sich unter dem Motto der »Décroissance«, was auf Deutsch so viel wie Wachstumsrücknahme heißt. Nachdem 1979 das Buch »Demain la décroissance!« von Nicholas Georgescu-Roegen, dem Begründer der ökologischen Ökonomie, erschienen war, etablierte sich der Begriff endgültig in der französischen wissenschaftlichen und intellektuellen Debatte. Dabei meint Décroissance nicht nur die notwendige Verringerung des Verbrauchs von Materie und Energie und somit des gesamten Wirtschaftsvolumens in den Industrieländern. Sie verkörpert auch eine Kritik an der Kultur der permanenten Steigerung, die darauf hinausläuft, dass Wachstum zum eigentlichen Ziel von Wirtschaftspolitik und zum Synonym für Entwicklung schlechthin wird.

Im Gegensatz dazu entstand in den 1980ern Jahren das Konzept der nachhaltigen Entwicklung, die Wachstum mit ökologischen Zielen in Einklang zu bringen versuchte und die dezidierte Wachstumskritik in den Hintergrund drängte – bis diese zu Beginn des neuen Jahrtausends wieder laut wurde.

Im Frühjahr 2002 fand in Paris ein Unesco-Kolloquium statt, das Serge Latouche, französischer Ökonom und einer der Vordenker der Décroissance, später als die Geburtsstunde der neuen wachstumskritischen Bewegung bezeichnen sollte. Auf diesem Kolloquium wurde das vorherrschende Entwicklungsmodell radikal infrage gestellt: Die westliche Entwicklungshilfe zerstöre die Strategien der Armutsbewältigung und die selbständigen Wirtschaftsstrukturen im globalen Süden, der sich aus diesem Entwicklungsmodell befreien solle. Es müsse eine Allianz zwischen den globalisierungskritischen Bewegungen im Süden und der Ökobewegung im Norden geben.

Im Sommer 2004 wanderte François Schneider, Ökologe, Recyclingexperte und Mitbegründer der Monatszeitschrift *La Décroissance. Le journal de la joie de vivre* (Zeitschrift der Lebensfreude), mit der Eselin Jujube ein Jahr lang durch Südfrankreich. Er verteilte seine Zeitschrift und zeigte unterwegs eine Ausstellung der Casseurs du Pub, einer französischen Gruppe von Aktivistinnen, die sich schon seit Jahren dem Kampf gegen die Werbeindustrie verschrieben hatte. Auf der letzten Etappe schlossen sich ihm mehrere

Wie viele Menschen erträgt die Erde?

Schätzungen der größtmöglichen Weltbevölkerung
in Mrd. (logarithmische Skala)

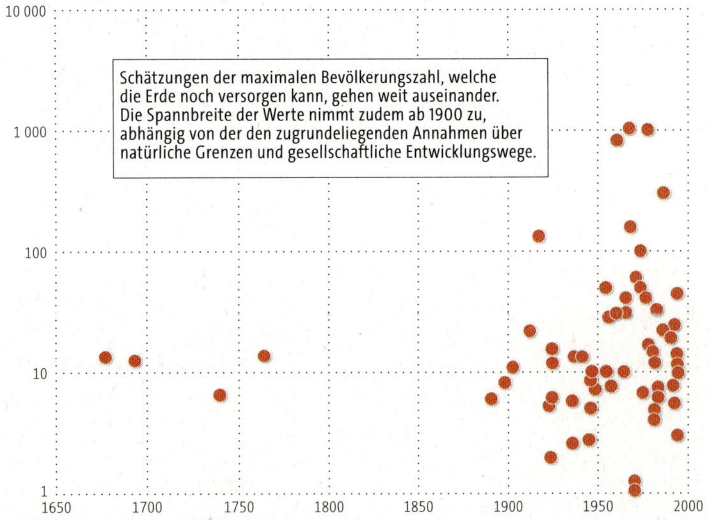

Der Clube of Rome lag ziemlich richtig

Verlauf bis 1972
aktuelle Überprüfung: Verlauf 1972–2000er Jahre

Szenarien aus »Die Grenzen des Wachstums«
stabilisierte Welt
business as usual
Technikoptimismus

Der 1972 veröffentlichte Bericht des Club of Romes entwirft drei Szenarien, wie sich die Welt bis zum Jahr 2100 entwickeln könnte. Das erste ist ein Business-as-usual-Modell und prognostiziert anhaltendes Wirtschaftswachstum bis circa 2020; aufgrund von zunehmenden Umweltbelastungen und Ressourcenengpässen wird für die Mitte des 21. Jahrhunderts jedoch ein Kollaps vorher-gesagt. Das zweite Modell geht von einem gewaltigen technischen Fortschritt aus, der unter anderem eine hohe Recyclingquote, weltweite Geburtenkontrolle und verminderte Umweltverschmutzung ermöglicht – dennoch verschiebt sich der prognostizierte Zusammenbruch dadurch lediglich ans Ende des 21. Jahrhunderts. Das dritte Szenario zeigt schließlich eine stabilisierte Welt: technische und soziale Innovationen werden frühzeitig kombiniert, so dass sich wichtige Faktoren wie der industrielle Output, die Bevölkerungszahl oder die Nahrungsmittelversorgung auf befriedigendem Niveau stabilisieren.

Die drei Szenarien aus den 1970er Jahren wurden vor ein einigen Jahren mit neueren Daten überprüft. Dabei zeigt sich, dass die Entwicklungen der letzten Jahrzehnte zumeist dem Szenario eins oder zwei entsprechen. Falls die Modelle des Club of Romes auch zukünftig recht behalten sollten, verheißt dies nichts Gutes.

hundert Menschen an. Schneider zufolge sollte die Reduzierung des Material-, Energie- und Flächenverbrauchs zunächst vom privilegierten Teil der Weltbevölkerung ausgehen – das heißt: von den Industrieländern. Aber er richtete sich auch gegen den allgegenwärtigen Drang zur Konsum- und Produktionssteigerung.

Nach Latouche steht Décroissance weniger für freudlosen Verzicht und Entsagung als vielmehr für eine Befreiung: Da das Wachstumsdenken unsere Überzeugungen regelrecht kolonisiert hat, müssen wir mit der Dekolonisierung unserer Vorstellungswelt anfangen. Die Idee einer nachhaltigen und freiwilligen Décroissance unterscheidet sich somit von ungeplanten Schrumpfungsszenarien wie Wirtschaftskrisen und zielt darauf ab, moderne Gesellschaften wachstumsunabhängig zu machen. Lebensqualität soll jenseits von Wachstum möglich sein. Dafür wäre eine deutliche Verringerung nicht nur des Ressourcenverbrauchs, sondern auch der Arbeitszeit erforderlich. Durch Initiativen, die – wie beispielsweise das Bürgergeld – Einkommen und Arbeit entkoppeln, ließe sich die Arbeitszeitverkürzung solidarisch gestalten. Die Einführung eines Maximalgehalts würde dazu beitragen, die Wettbewerbsspirale abzudämpfen und Ungleichheit zu vermindern.

Insgesamt bleibt Latouche in der konkreten Ausgestaltung seiner Utopie aber bewusst vage, weil er glaubt, dass der Umgestaltungsprozess nur durch vielfältige und kontextsensible Initiativen von unten hervorgebracht werden kann. Für ihn steht fest, dass der Vorherrschaft des ökonomischen Denkens in allen Lebensbereichen Einhalt geboten werden soll. Statt alles einer angeblich effizienteren, globalen Verteilung von Ressourcen und Dienstleistungen unterzuordnen, soll wieder verstärkt lokal gewirtschaftet werden und die Bürgerinnen und Bürger sollen selbst über die Bedingungen ihres Zusammenlebens und die Produktionsformen entscheiden können. Wenn beispielsweise eine Dorfschule, ein kleiner Bahnhof oder eine Poststelle auf dem Land im Namen von Effizienz, Entwicklung oder Modernisierung geschlossen werden, schwächt dies die längerfristige Überlebensfähigkeit und Selbstbestimmung regionaler Gemeinschaften.

Allerdings kann das Festhalten an einer starken lokalen Autonomie manchmal auch in naiven oder gar ideologischen Lokalismus abdriften und im Extremfall zu antiemanzipatorischen und rassistischen Haltungen führen. Versuche von reaktionären Strömungen, die Ideen der Décroissance für sich zu vereinnahmen, gibt es nicht nur in Frankreich, wo der Ideologe der Neuen Rechten, Alain de Benoist, sein neofaschistisches Programm auch durch Aufgreifen wachstumskritischer Parolen salonfähig machen will: Relokalisierung wird in Heimatschutz, lokale Folklore und Fremdenfeindlichkeit übersetzt.

Auch um sich gegenüber solchen Deutungen abzugrenzen, zeigte die junge Bewegung in Frankreich ein klares politisches Profil: Im Oktober 2005 fand eine erste Nationalversammlung der verschiedenen wachstumskritischen Gruppen mit dem Ziel statt, eine gemeinsame Partei der »dècroissance èquitable« (gerechte Décroissance) bei der Parlamentswahl 2007 auf den Weg zu bringen. Die Unterzeichnerinnen verpflichteten sich zu humanistischen, emanzipatorischen und demokratischen Werten. Dabei positionierten sich die französischen Wachstumskritiker sowohl gegen die rechte als auch gegen die linke politische Agenda, da beide auf unbegrenztes Wachstum setzen. 2006 formierte sich schließlich eine Décroissance-Partei, die nach mehreren Abspaltungen und Neuzusammensetzungen bei der Parlamentswahl 2012 ins Rennen geht. Obwohl es ihr gelang, wichtige Diskussionen anzuregen und Themen zu setzen, kam sie doch nur auf 1 Prozent der Stimmen. Immerhin hatte die Monatszeitung *La Dècroissance* inzwischen eine Auflage von mehr als 30000 Exemplaren.

Schließlich fand 2008 unter dem Titel »Economic De-Growth for Ecological Sustainability and Social Equity« die erste internationale Décroissance-Konferenz in Paris statt, auf der sich mehr als 140 Wissenschaftlerinnen und Aktivisten für einen Paradigmenwechsel im Sinne eines nachhaltigen und gerechten Schrumpfungspfades aussprechen. Seitdem setzt sich im internationalen Diskurs der englische Begriff Degrowth mehr und mehr durch. Was als Debatte unter Intellektuellen angefangen hatte, entwickelte sich zu einem Motto von Aktivisten zunächst in Frankreich, dann in Italien

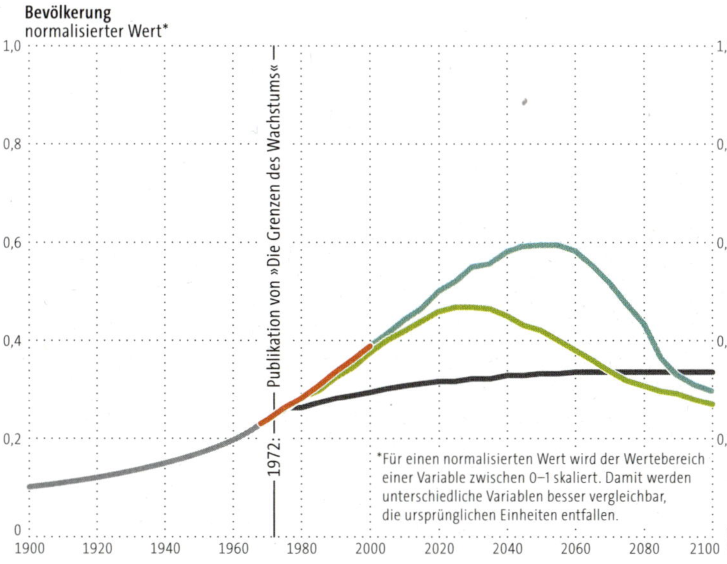

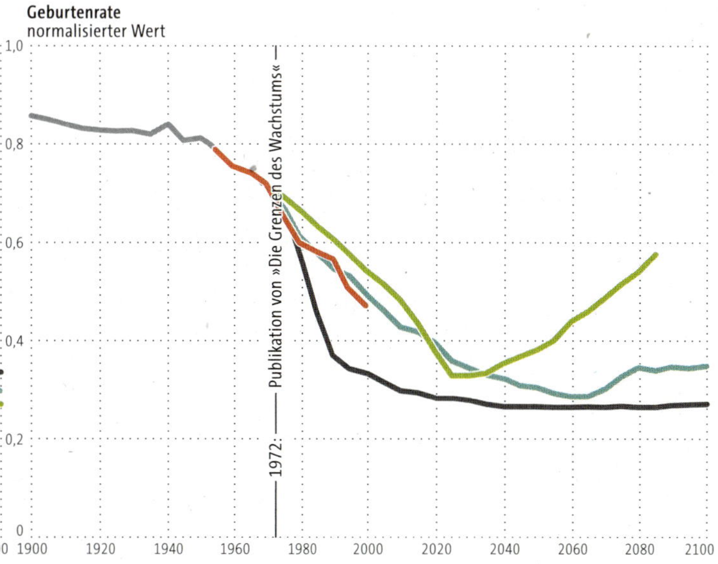

(Decrescita ab 2004) und Spanien (Decrecimiento oder auf Katalanisch Decreixement ab 2006).

Langsam wurde eine vielfältige international auftretende Bewegung erkennbar. Die Degrowth-Konferenzen, die seit 2008 alle zwei Jahre stattfinden, verzeichnen einen stetigen Zuwachs an Teilnehmenden aus Wissenschaft und Zivilgesellschaft: Nach Barcelona kamen 2010 etwa 400 Menschen; in Venedig waren es schon 800 (zeitgleich fand zudem eine Konferenz in Montreal statt). Schließlich trafen sich im September 2014 zur vierten internationalen Degrowth-Konferenz in Leipzig mehr als 3000 Menschen. In vielen Ländern entstanden lokale Gruppen und Netzwerke, die Forschung und Aktion verbinden.

In Spanien ist vor allem die katalanische Decreix-Bewegung sichtbar, aber es gibt auch andere, beispielsweise baskische Gruppen. In Katalonien arbeiten linksliberal und antikapitalistisch orientierte soziale Bewegungen mit Gruppen zusammen, die aus Umweltkonflikten, dem ökologischen Landbau und der solidarischen Ökonomie hervorgegangen sind. Ein Beispiel ist die im Mai 2010 gegründete »integrale Kooperative«, ein breites internet- und commonbasiertes Netzwerk verschiedener Selbstverwaltungs- und Selbstversorgungsprojekte, von Tauschringen und kleiner genossenschaftlicher Werkstätten. Das Netzwerk zählt allein in Katalonien über 5000 Mitglieder und verfolgt das ehrgeizige Ziel, einen wichtigen Beitrag zur Deckung der Grundbedürfnisse für die Menschen in der Region zu leisten.

Degrowth-Aktivistinnen waren auch maßgeblich an den Protesten gegen die Sparpolitik in Barcelona beteiligt, vor allem während der Besetzung der Plaza Catalunya. Zuletzt fand wachstumskritisches Gedankengut Eingang in das »Last Call Manifesto«, das führende Figuren der alternativen Linke im Umfeld der neuen Partei der Empörten, Podemos, im Juli 2014 veröffentlichten. Das Manifest vertritt die These, dass die politische, ökonomische und ökologische Krise weder durch traditionelle links-keynesianische Politik noch durch einen verschärften Neoliberalismus zu lösen ist.

An der Universität Barcelona erforscht die interdisziplinäre Arbeitsgruppe Research & Degrowth gemeinsam mit

Serge Latouche über Décroissance und Entwicklung

Décroissance oder »Wachstumsrücknahme« sind Leitbegriffe einer radikalen Kritik, die die eingefahrene ökonomistische Terminologie bloßlegen und Ansätze für eine Strategie »nach der Entwicklung« skizzieren soll. Dass am inhaltsleeren und daher ständig umdefinierten Fetischbegriff »Entwicklung« trotz des manifesten Scheiterns der damit bezeichneten Orientierung irrational festgehalten wird, offenbart lediglich die Unfähigkeit, mit dem Ökonomismus – und schließlich auch mit dem Wachstum selbst – zu brechen.

Doch seit über vierzig Jahren analysiert und verurteilt eine kleine »Internationale« von Anti- oder Post-Entwicklungs-Theoretikern die Verheerungen, die Entwicklung gerade auch im globalen Süden anrichtet. Oder man nehme den Aufschrei eines guatemaltekischen Bauernführers: »Lasst die Armen in Ruhe und verschont sie mit eurem Entwicklungsgerede!« Ob Vandana Shiva in Indien oder Emmanuel Ndione in Senegal – alle Sprecherinnen der sozialen Bewegungen im Süden äußern sich auf ähnliche Weise. Erst vor kurzem haben die südlichen Länder ihre gesicherte Ernährungsbasis eingebüßt. In Afrika existierte sie noch bis in die 1960er Jahre, bis zum Beginn der sogenannten Entwicklungsoffensive.

Décroissance im Süden setzt aber voraus, dass wir versuchen, einen »Circulus virtuosus« in Gang zu setzen. Er lässt sich mit acht Begriffen beschreiben: neu bewerten, umdenken, umstrukturieren, lokalisieren, umverteilen, reduzieren, wiederverwenden, recyceln. So wird es möglich werden, die wirtschaftliche und kulturelle Abhängigkeit des Südens vom Norden zu beenden und an eine historische Entwicklung anzuknüpfen, die durch Kolonisation, Entwicklung und Globalisierung unterbrochen wurde. Es gilt, eine eigenständige kulturelle Identität herauszubilden, in Vergessenheit geratene landesspezifische Produkte wieder einzuführen und die entsprechenden »antiökonomischen« Werte zu pflegen.

Eine Alternative zur Entwicklung kann jedoch weder im Süden noch im Norden in der Rückkehr zu Vergangenem bestehen, auch nicht in der pauschalen Durchsetzung von »Nichtwachstum«. Für die Ausgegrenzten und Gestrandeten der Entwicklung geht es um eine Art Synthese aus verloren gegangener Tradition und unerreichbarer Modernität. Was das gute Leben ist, wird je nach Kontext sehr verschieden sein. Im Grunde genommen geht es darum, neue Kulturen aufzubauen. Entscheidend ist, dass endlich Schluss ist mit der Zerstörung, die unter dem Etikett Entwicklung oder Globalisierung immer weiter vorangetrieben wird.

Quelle: *Le Monde diplomatique* vom November 2004.

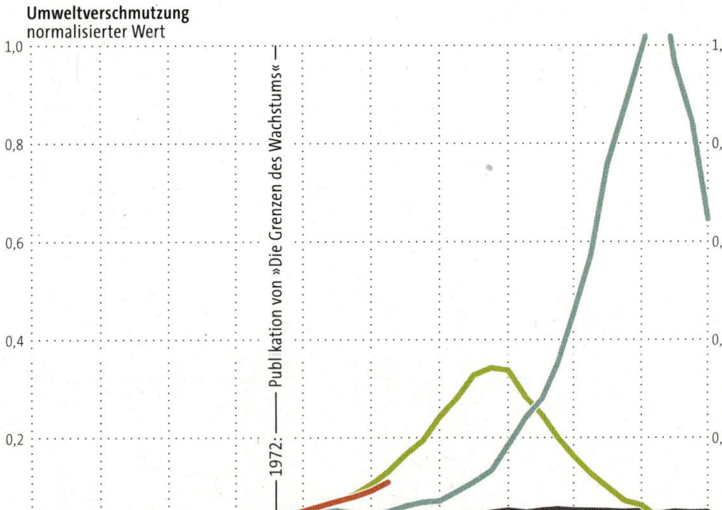

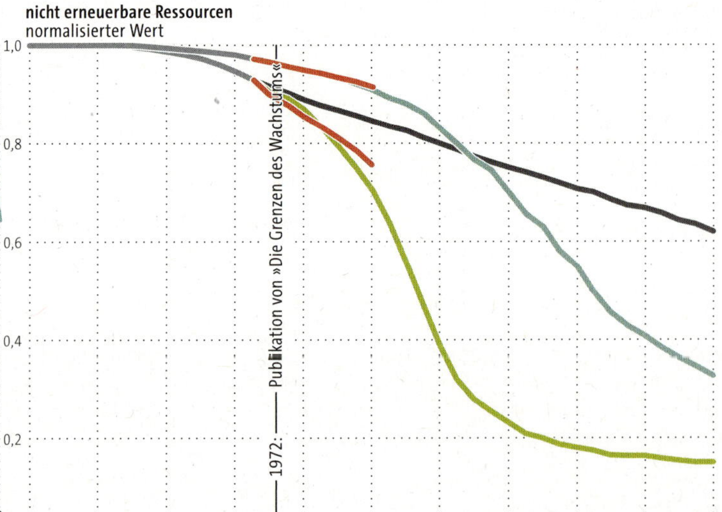

sozialen Bewegungen die Möglichkeiten der Überwindung der Wachstumsgesellschaft. Für sie stellt die wirtschaftliche Schrumpfung der Industrieländer eine notwendige Bedingung dafür dar, dass Länder im globalen Süden noch wachsen können. Am Ende dieser Entwicklung soll ein Gleichgewichtszustand zwischen den Ländern des Südens und den früh industrialisierten Ländern stehen, der allerdings einen im Vergleich zu heute niedrigeren Materie- und Energieverbrauch aufweist. Wichtige Bündnispartner sind nicht so sehr die traditionellen Naturschutzverbände, sondern vielmehr die weltweiten Bewegungen indigener Völker und Kleinbauern, denn Gruppen wie Buen Vivir in Lateinamerika oder Radical Ecological Democracy in Indien rücken die soziale Bedeutung der Umwelt und den Schutz ihrer natürlichen Lebensgrundlagen ins Zentrum.

Und auch in Italien entwickelte sich eine Wachstumskritik. Die »Bewegung für eine fröhliche Schrumpfung« (Movimento per decrescita felice, MDF) versammelt Menschen, die sich für eine Verbesserung der Lebensqualität durch Genügsamkeit und Selbstversorgungsinitiativen einsetzen. Für Maurizio Pallante, Schlüsselfigur der Bewegung, bedeutet Decrescita eine sinnvolle und gut begründete Ablehnung des Unnützen und einen Gewinn an Zeit und Lebensfreude.

Auch aufgrund ihrer vereinfachenden Analyse der Krise und der durch Wachstum verursachten Probleme genießt der MDF eine gewisse Popularität. Darüber hinaus hat er ein vages politisches Programm formuliert, das keine radikalen Strukturveränderungen oder Umverteilungen vorsieht, sondern eher Vorschläge aus verschiedenen politischen Richtungen sammelt, wie die Reduzierung der Steuerlast für kleinere Unternehmen, die Stärkung von Öko- und Emissionssteuern, die Förderung der Telearbeit und eine allgemeine Arbeitszeitreduzierung. Eine vorsichtige Annäherung an die populistische Fünf-Sterne-Partei von Beppe Grillo hat zwar stattgefunden – es kam aber keine Einigung zustande. Insgesamt steht die MDF für das undifferenzierte Lob genügsamer Lebensstile bei gleichzeitiger Ausblendung der gesellschaftlichen Strukturen. Der Kampf gegen soziale Ungleichheit und Ungerechtigkeit spielt keine große Rolle.

Das andere italienische Degrowth-Netzwerk (Rete per la Decrescita) ist 2004 aus einer Gruppe von Aktivistinnen und Intellektuellen hervorgegangen, die zuvor in der solidarischen Ökonomie, der globalisierungskritischen Bewegung und in der ökologischen Wirtschaftswissenschaft mitgewirkt haben. Das Netzwerk verbindet politökonomische Analysen mit sozialem Engagement und setzt sich für eine umfassende gesellschaftliche Transformation ein, die nicht nur ökologische Ziele, sondern auch soziale Konflikte, Verteilungsfragen und eine grundsätzliche Umgestaltung der Ökonomie in den Blick nimmt: Genossenschaftliche und solidarische Formen der Produktion, gemeinschaftliche Herstellung und Nutzung von Gütern und Dienstleistungen (Commons) sowie das Teilen von Zeit, Kompetenzen und Ressourcen bilden die Grundpfeiler des angestrebten Wandels.

Décroissance ist alles andere als eine homogene Bewegung, eher ein Kampfbegriff denn ein klar definiertes politisches Konzept. Während die einen gegen überdimensionierte Infrastrukturprojekte kämpfen oder sich in globalen Umweltkonflikten engagieren, machen sich andere für Transition Towns oder solidarische Ökonomie stark. Bei allen Unterschieden setzt die Degrowth-Bewegung an der Wurzel des fatalen und umfassenden Konsenses an, der Wachstum zum eigentlichen Ziel jeder Wirtschaftspolitik erhebt. Wir dürfen noch einiges erwarten – denn die Zeiten stetig steigender Wachstumsraten sind nicht nur in Europa vorbei, und dass das Überschreiten der ökologischen Grenzen katastrophale Folgen nach sich zieht, sollte sich inzwischen herumgesprochen haben.

Barbara Muraca

Bücher &*c.*

- Werner Rätz und andere, *Ausgewachsen! Ökologische Gerechtigkeit, Soziale Recht, Gutes Leben*, Hamburg (VSA/Attac) 2011.
- Serge Latouche, *Es reicht! Abrechnung mit dem Wachstumswahn*, München (oekom) 2015.
- http://leipzig.degrowth.org/de/ (Archiv der Leipziger Degrowth-Konferenz).
- Giacomo D'Alisa u. a. (Hg.), Degrowth. A Vocabulary for a New Era. New York (Routledge) 2015.

Nahrungsmittel pro Kopf
normalisierter Wert

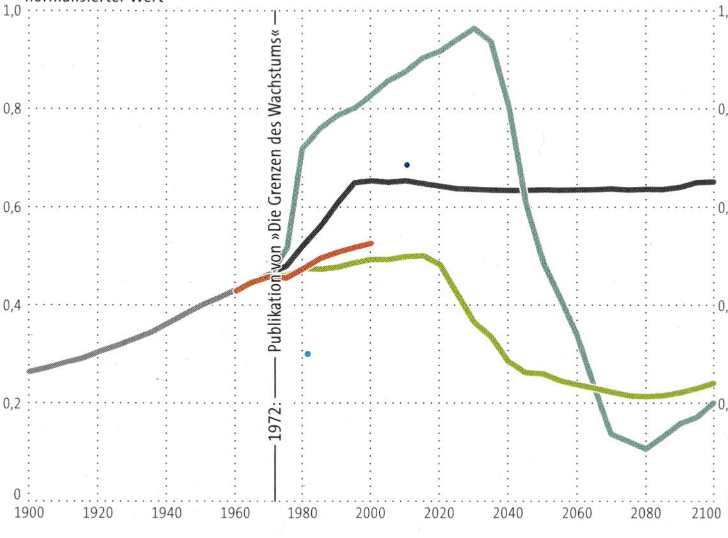

Industrielle Produktion pro Kopf
normalisierter Wert

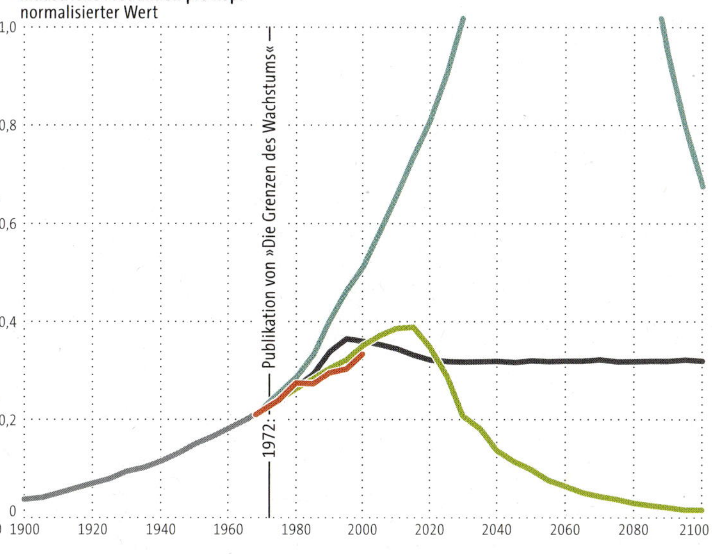

Alternativen zum Bruttoinlandsprodukt

Das Bruttoinlandsprodukt bildet vieles nicht ab, deshalb brauchen wir alternative Indikatoren und Maßstäbe

Im Jahr 2009 setzte Frankreichs Präsident Nicolas Sarkozy die sogenannte Stiglitz-Kommission ein, die Alternativen zum Bruttoinlandsprodukt (BIP) erarbeiten sollte. Seitdem besteht in der Politik weitgehende Einigkeit, dass sich das BIP – die Summe aller produzierten Güter und Dienstleistungen einer Volkswirtschaft – nicht eignet, um Wohlstand, Wohlfahrt oder Lebensqualität in einem Land zu messen. Zu diesem Ergebnis kam auch die Enquêtekommission des Deutschen Bundestags »Wachstum, Wohlstand, Lebensqualität« in ihrem Abschlussbericht vom Sommer 2013.

Der Abbau von natürlichen Ressourcen geht zum Beispiel ebenso wenig in die BIP-Rechnung ein wie Umweltschäden, die durch wirtschaftliche Aktivitäten entstehen und nicht beseitigt werden. Werden solche Schäden dagegen repariert, schlägt sich das im BIP als Steigerung nieder – obwohl mit dem erbrachten ökonomischen Aufwand lediglich der ursprüngliche Zustand wiederhergestellt wird. Hausarbeit und ehrenamtliche Tätigkeiten, also Wertschöpfungen, die nicht über den Markt vermittelt werden, spielen für die Berechnung des BIPs ebenfalls keine Rolle.

Besonders problematisch ist, dass ins BIP die Einkommensverteilung in einem Land nicht eingeht – ein Faktor, der jedoch mit darüber entscheidet, wie viele Menschen überhaupt am Wohlstand teilhaben. Nebenbei: Die »Erfinder« des BIP, gerade auch Simon Kuznets, wollten mit der Volkswirtschaftlichen Gesamtrechnung vor allem eine Datengrundlage zur Steuerung der Gesamtwirtschaft bereitstellen und konzentrierten sich daher auf die Erfassung der über den Markt vermittelten Wertschöpfung. Das BIP war also ursprünglich nicht als Maßstab für gesellschaftlichen Wohlstand und Lebensqualität gedacht, wie Kuznets schon 1934 schrieb – doch die Ökonomen hatten nicht viel dagegen einzuwenden, dass es zunehmend so interpretiert wurde und der Einfluss der Volkswirtschaftlichen Gesamtrechnung entsprechend zunahm. Das BIP-Wachstum stieg zum wesentlichen Indikator für die Bewertung gesellschaftlichen Fortschritts auf.

Diese Dominanz des BIPs gerät mehr und mehr in die Kritik. Inzwischen haben etliche Studien gezeigt, dass das Geldeinkommen nur bis zu einer bestimmten, relativ niedrigen Grenze mit der subjektiven Lebensqualität und dem »gefühlten« Glücksempfinden der Menschen in Zusammenhang steht – jenseits dieser Grenze entkoppeln sich die beiden Bereiche. Wie aber lässt sich der nicht nur materielle Wohlstand, also die gesellschaftliche Wohlfahrt alternativ messen? Prinzipiell bieten sich drei Methoden an, zusätzliche oder andere Aspekte gesellschaftlicher Entwicklung zu erfassen: Indikatorensysteme, zusammengesetzte Indizes oder neue Formen der Gesamtrechnung. Alle drei Wege haben Vor- und Nachteile – eine alle Probleme befriedigende Ideallösung gibt es nicht.

• Indikatorensysteme: Sie ermöglichen es, zusätzliche Informationen durch weitere Indikatoren, die getrennt dargestellt werden, in die Betrachtung aufzunehmen. Die Frage ist dabei immer, wie viele und welche Indikatoren es sein sollen: Wenige sind vielleicht noch zu undifferenziert und zu abstrakt, sehr viele lassen sich kaum in der Öffentlichkeit vermitteln und sind in einer Gesamtschau nur schwer zu interpretieren. Die Enquetekommission des Bundestags hat 2013 ein Mehrheits- und zwei Minderheitsvoten mit sehr unterschiedlichen Indikatorensystemen vorgelegt und damit zusätzlich Verwirrung gestiftet. Wer sich mit den Vorschlägen auseinandersetzt, merkt schnell, dass die Indikatoren nicht zuletzt die politischen Grundeinstellungen der jeweiligen Parteien abbilden: So bevorzugen CDU/CSU, SPD und FDP einen Maßstab der Einkommensverteilung, der die Ungleichheit zwischen Arm und Reich weniger deutlich zum Ausdruck bringt als die Indikatorensysteme der Grünen oder der Linken.

• Zusammengesetzte Indizes: Das bekannteste Beispiel für diese Art der Wohlstandsmessung ist der Human Development Index (HDI). Der HDI, der theoretisch Werte zwischen 0 (sehr schlecht) und 1 (sehr gut) annehmen kann, rechnet Lebenserwartung, Bruttonationaleinkommen (BNE) pro Kopf und Bildungsindikatoren in einem Index zusammen. Ein weiteres Beispiel ist der Happy Planet Index (HPI), der sich aus

Der ökologische Preis des Fortschritts

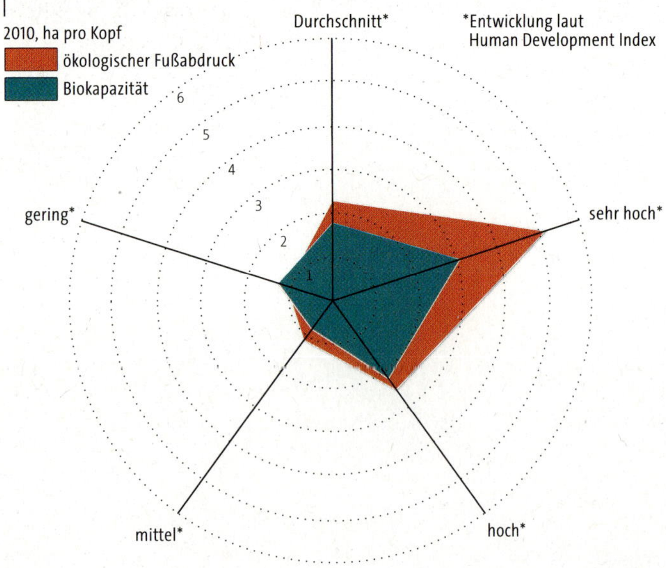

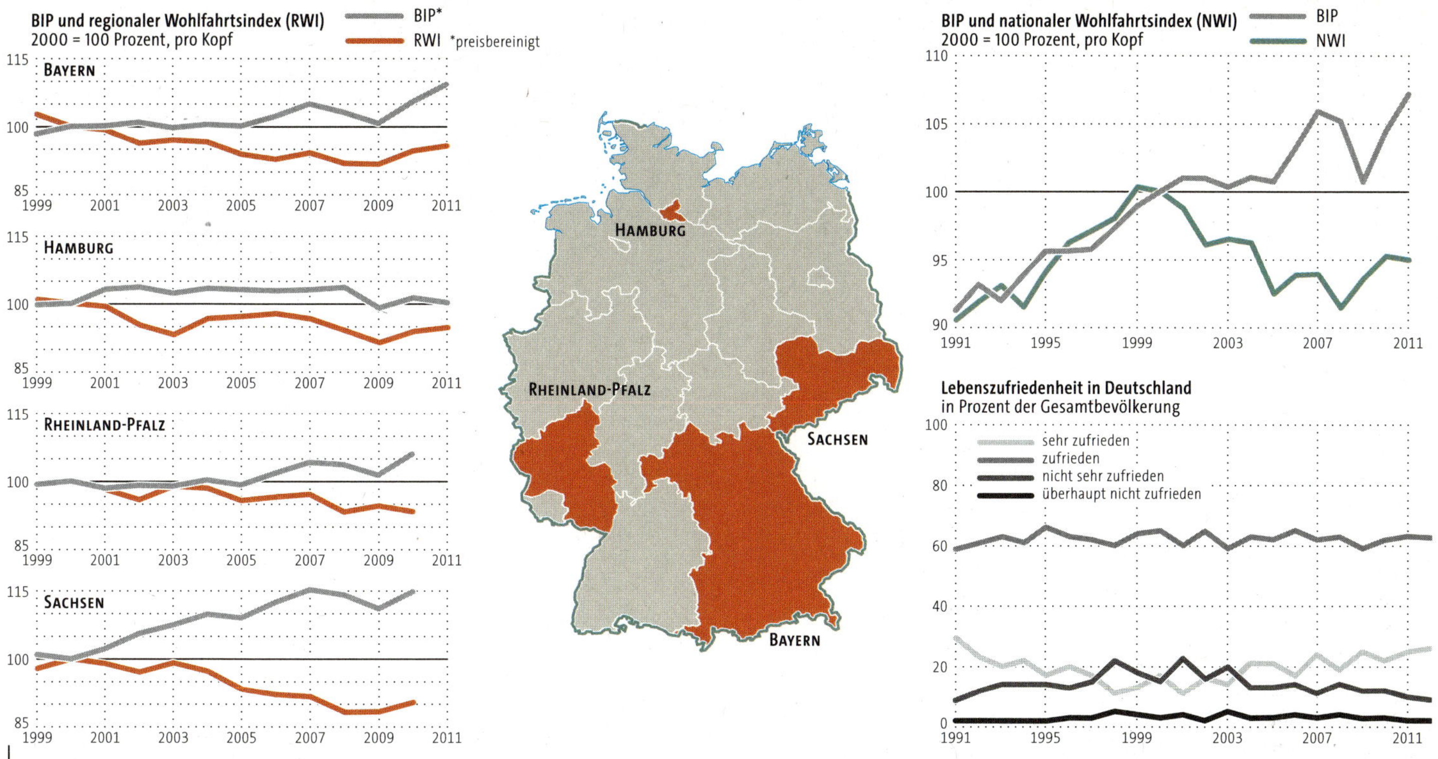

Wachstum ist nicht gleich Wohlfahrt

Daten zur Lebenserwartung, zum subjektiven Wohlbefinden und aus dem ökologischen Fußabdruck zusammensetzt. In beiden Fällen ist – wie bei allen zusammengesetzten Indizes dieser Art – das Rechenverfahren entscheidend: Da die Komponenten, die in den HPI eingehen, in unterschiedlichen Einheiten vorliegen, müssen sie zunächst mathematisch normiert werden, damit sie dann zusammengerechnet werden können. Im Fall des HPI müssen so Lebensjahre, Umfragewerte zur Zufriedenheit und »globale Hektar«, das Maß des ökologischen Fußabdrucks, in einer Recheneinheit verknüpft werden.

• Neue Methoden der Gesamtrechnung: Sie beziehen Komponenten, die zur Erfassung von Wohlfahrt wichtig sind, aus unterschiedlichen Quellen der statistischen Berichterstattung ein und bewerten diese in einer gemeinsamen Einheit.
Für diese Art einer alternativen Bilanz werden insbesondere Daten der volkswirtschaftlichen, umweltökonomischen und sozioökonomischen Gesamtrechnung sowie Ergebnisse zahlreicher weiterer Quellen genutzt. Der bereits genannte ökologische Fußabdruck ist ein solcher Index: Er berücksichtigt den Konsum möglichst aller Güter, von Lebensmitteln bis zu Energieträgern, einschließlich des Ressourcenverbrauchs zur Herstellung der Produkte und zur Entsorgung der Abfälle. Alle Bestandteile werden in einem komplexen Verfahren in Landflächen umgerechnet, die nötig sind, um die Güter zur Verfügung zu stellen. Der Indexwert ergibt sich dann durch die Addition dieser in »globalen Hektar« angegebenen Flächen.

Die Bausteine für eine Gesamtrechnung können auch monetär, also in Geldeinheiten bewertet werden. Das ist beispielsweise beim Nationalen Wohlfahrtsindex (NWI) der Fall, dessen Rechenverfahren dem BIP vergleichsweise nahekommt, der jedoch durch die Berücksichtigung ökonomischer, sozialer und ökologischer Aspekte eine erweiterte Perspektive einnimmt. Ausgangsgröße des NWI sind die Konsumausgaben aller privaten Haushalte in einer Gesellschaft. Hier wird allerdings davon ausgegangen, dass ein insgesamt hoher, aber ungleich verteilter Konsum zu einer geringeren gesamtgesellschaftlichen Wohlfahrt führt, als dies bei einer gleichmäßigeren Verteilung der Fall wäre. Daher werden die Konsumausgaben mit der Einkommensverteilung gewichtet; je ungleicher die Einkommensverteilung ist, desto geringer gehen die Konsumausgaben in das Wohlfahrtsmaß ein. Hinzugefügt werden dann wohlfahrtssteigernde Komponenten wie der Geldwert von Hausarbeit und ehrenamtliche Tätigkeiten. Dagegen werden Kosten in sozialen und ökologischen Bereichen wie etwa Schäden durch Verkehrsunfälle, Luftverschmutzung oder die Emission von Treibhausgasen abgezogen. Für den Verbrauch nicht erneuerbarer Energieträger werden Ersatzkosten berücksichtigt. Ziel ist es,

Die Kurven der Krise

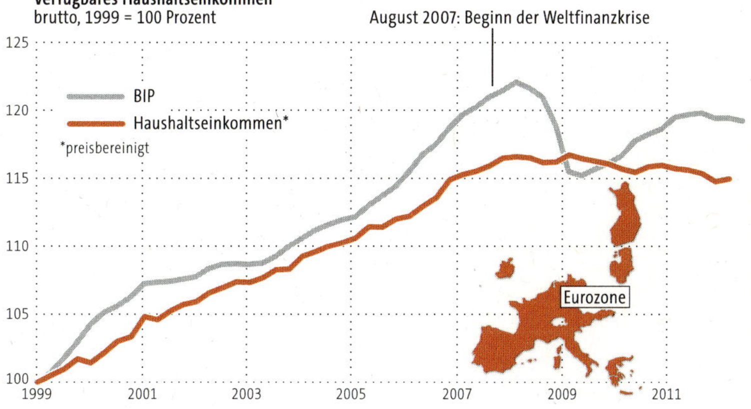

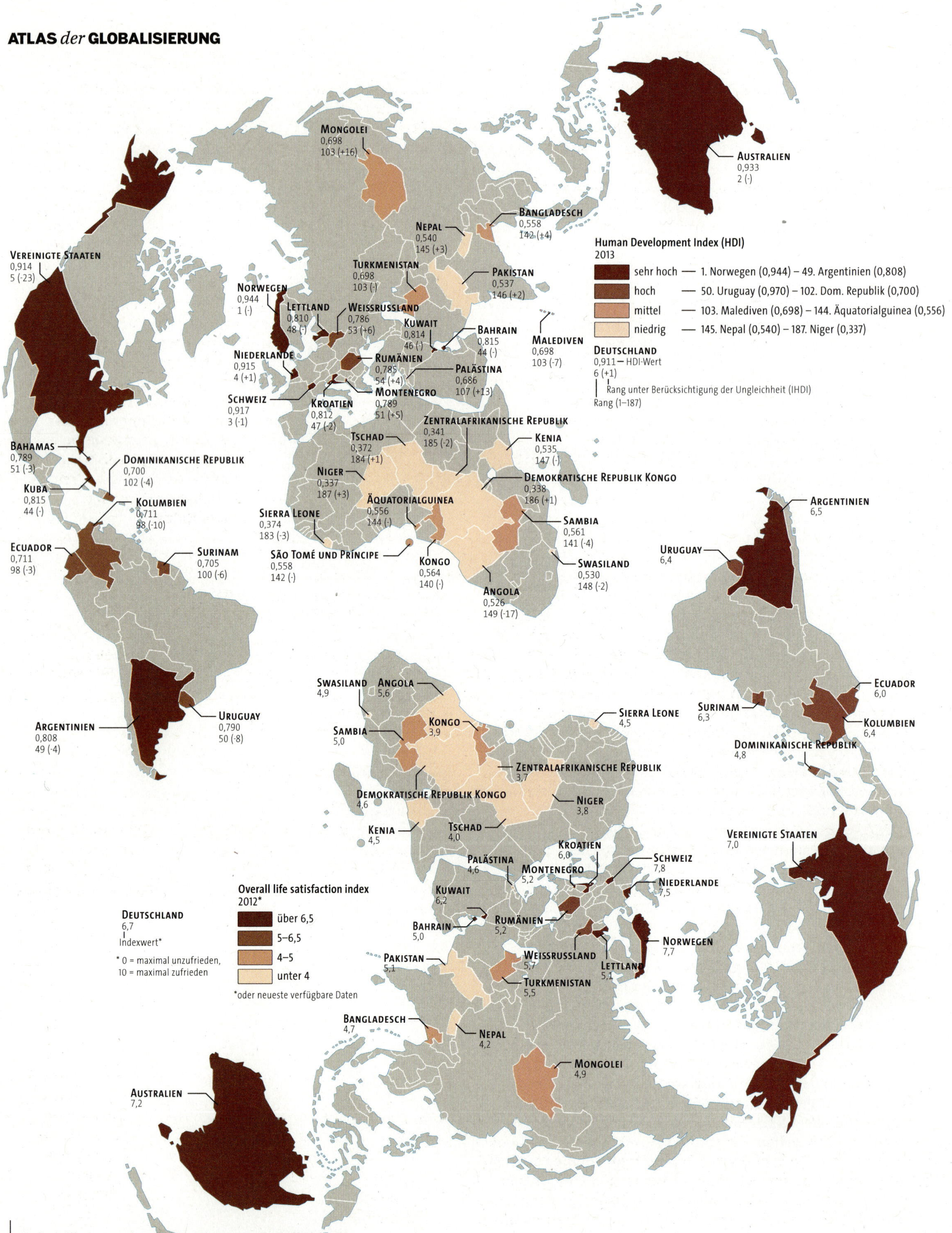

Entwicklung und Zufriedenheit – spiegelbildlich

das BIP auf wirksame Weise durch eine umfassendere Sichtweise gesellschaftlicher Entwicklung zu ergänzen: So tritt der »Preis« eines wachsenden BIPs vor allem in jenen Ländern zutage, in denen das BIP steigt und gleichzeitig der NWI sinkt.

Tatsächlich versuchen alle alternativen Maße, die Fixierung auf das BIP zu beenden. Damit ist allerdings nicht gesagt, dass wirtschaftliches Wachstum – auch gemessen am BIP – in diesen alternativen Ansätzen per se negativ beurteilt oder generell eine Abkehr von volkswirtschaftlichen Kenngrößen verlangt würde. Vielmehr lassen sich unterschiedliche Herangehensweisen an das Wachstum und einen traditionell definierten materiellen Wohlstand erkennen: Sehr viele Alternativmaße beziehen das BIP oder Teile davon (wie Einkommen oder Konsumausgaben) weiterhin als positive Einflussgröße ein. Dies gilt beispielsweise für den HDI, die deutschen Nachhaltigkeitsindikatoren oder den NWI. Materielle Zuwächse bleiben damit ein mehr oder weniger wichtiges Element der Wohlfahrtsbetrachtung. Damit wird die Diskussion um mögliche Obergrenzen des Konsums vermieden, doch können solche Messkonzepte nur sehr bedingt Aussagen über den Erfolg von ökologischen und genügsamen Lebensweisen abbilden.

Je nachdem, was sonst in die Berechnung eingeht, wird der Beitrag des Wirtschaftswachstums allerdings unter Umständen aufgezehrt durch seine negativen Begleiterscheinungen etwa im ökologischen Bereich. Umgekehrt stehen einer stagnierenden Wirtschaftsleistung möglicherweise aufblühende Ökosysteme und florierende Sozialbeziehungen gegenüber, was die Bedeutung des traditionellen Wirtschaftswachstums relativieren kann. In manchen Wohlfahrtsmaßen werden rechnerische Zuwächse zudem umso geringer bewertet, je höher das Ausgangsniveau ist – ein Beispiel hierfür ist die Berechnung des HDI. In einem sehr reichen Land steigert Wachstum das gemessene Wohlfahrtsniveau dann nur noch wenig. So können unter Umständen auch Indizes oder Indikatorensets, durch die Wirtschaftswachstum im Grundsatz positiv beurteilt wird, die zunehmende Unabhängigkeit der Wohlfahrtsentwicklung vom Wirtschaftswachstum aufzeigen.

Einen völlig anderen Weg beschreiten Ansätze, in denen volkswirtschaftliche Größen nicht ergänzt oder korrigiert, sondern durch andere Inhalte ersetzt werden. So lässt sich mit dem ökologischen Fußabdruck zeigen, inwieweit die ökologischen Grenzen erreicht oder bereits überschritten sind, während der Happy Planet Index darüber hinaus auch noch die Lebenszufriedenheit und die Lebenserwartung berücksichtigt. Dieser Index trifft Aussagen über ein nachhaltiges gesellschaftliches Wohlergehen – ohne nach dem Wirtschaftswachstum überhaupt noch zu fragen.

Welches Vorgehen bei dem Versuch, das BIP als dominierendes Maß abzulösen, mehr Erfolg haben wird, ist noch unklar. In jedem Fall aber ist die Macht der »einen Zahl« infrage gestellt: An der Spitze des HPI-Länderrankings 2012 beispielsweise stehen nicht etwa westliche Industrieländer, sondern Costa Rica und Vietnam, während sich Deutschland auf Platz 46 von 151 wiederfindet. Dies ist nicht allein dem größeren ökologischen Fußabdruck pro Kopf in Deutschland geschuldet, auch Lebenserwartung und Lebenszufriedenheit sind vor allem in Costa Rica hoch – allerdings haben ärmere Menschen dort eine geringere Lebenserwartung und sind weniger zufrieden mit ihrem Leben als hier. Auf räumliche Unterschiede und Ähnlichkeiten innerhalb Deutschlands weisen zudem Regionale Wohlfahrtsindizes (RWI) hin. Die auf dem NWI aufbauenden Indizes zeigen verschieden stark ausgeprägte Abweichungen zwischen Wirtschaftswachstum und der Wohlfahrtsentwicklung pro Kopf auf. Der Blick auf andere Indizes reizt so immer wieder dazu, nachzufragen und die Diskussion um ein angemessenes Verständnis von gesellschaftlicher Wohlfahrt weiterzuführen.

Gleichzeitig zeigt die konkrete Umsetzung von alternativen Maßstäben, dass für die statistische Abbildung zahlreicher wohlfahrtsrelevanter Aspekte trotz der »Datenrevolution« der letzten Jahre oft verlässliche Daten fehlen. Die Vielfalt der diskutierten Konzepte macht eine Integration in die amtliche Statistik zudem nicht einfach – ein Schritt, der für die Wirksamkeit im politischen Prozess von erheblicher Bedeutung ist. Wirkliche Unterstützung auf dem Weg zu einer zukunftsfähigen Gesellschaft können aber letztlich nur Systeme der gesellschaftlichen Berichterstattung bieten, die sich an der Zielsetzung einer nachhaltigen Entwicklung in den Grenzen der globalen ökologischen Tragfähigkeit orientieren.

Hans Diefenbacher, Dorothee Rodenhäuser

Bücher &c.

- Kate Pickett und Richard Wilkinson, *Gleichheit ist Glück: Warum gerechte Gesellschaften für alle besser sind*, Berlin (Tolkemitt-Verlag) 2010.
- Hans Diefenbacher und Roland Zieschank, *Woran sich Wohlstand wirklich messen lässt – Alternativen zum Bruttoinlandsprodukt*, München (oekom) 2011.
- Über die Diskussion zur alternativen Wohlfahrtsmessung informiert die Website der beyond-gdp-Initiative der EU: http://ec.europa.eu/environment/beyond_gdp/index_en.html
- Alle Studien zum Nationalen Wohlfahrtsindex finden sich unter: http://fest-heidelberg.de/index.php/arbeitsbereiche-und-querschnittsprojekte/frieden-und-nachhaltige-entwicklung/nwirwi.

Umweltverbrauch und Glück

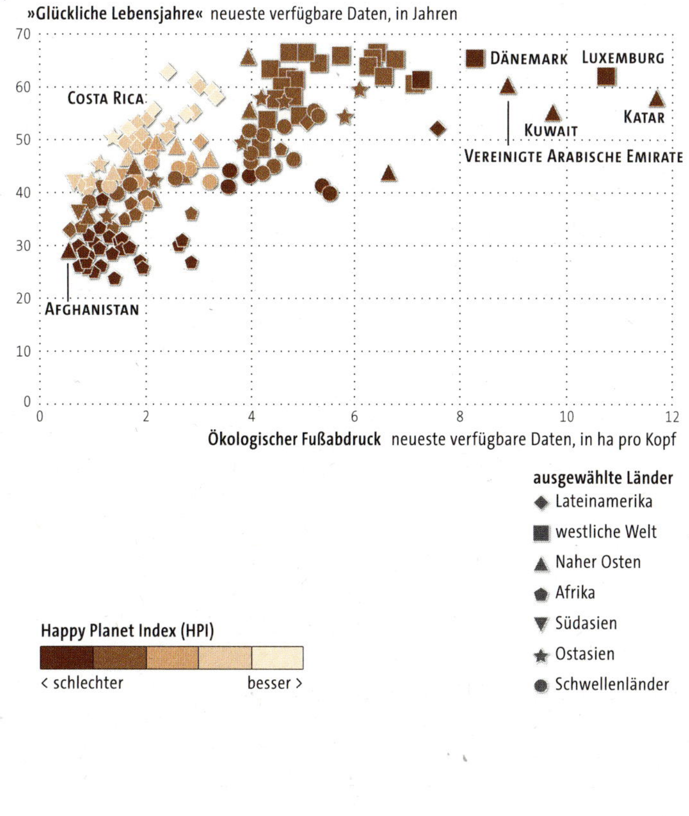

Spielarten der Wachstumskritik

Degrowth, Klimagerechtigkeit, Subsistenz – eine Einführung in die Begriffe und Ansätze der Postwachstumsbewegung

Postwachstum. Degrowth. Décroissance. Das sind die Schlagworte einer wachsenden europäischen Bewegung von Aktivisten und Wissenschaftlerinnen, die das vorherrschende Entwicklungsmodell des kontinuierlichen kapitalistischen Wachstums kritisiert. Gesucht werden Alternativen – welche unterschiedlichen Ansätze werden diskutiert?

Die Kritik am Wirtschaftswachstum ist fast so alt wie das Phänomen selbst. Eine neue Dimension bekam sie durch die Wahrnehmung der Endlichkeit der Ressourcen auf diesem Planeten. Der erste Bericht im Auftrag des Club of Rome von 1972 führte zu einer breiten gesellschaftlichen Diskussion über »Die Grenzen des Wachstums«, die bis heute nicht abgerissen ist. Der wichtigste neue Impuls im 21. Jahrhundert kam von der Décroissance- oder Degrowth-Bewegung, die sich in den vergangenen zehn Jahren von Frankreich über Spanien und Italien in den angelsächsischen Raum ausgebreitet hat. Auch in Deutschland wurde sie aufgegriffen. Die Forderung nach »Décroissance«, was so viel heißt wie Ent-Wachstum oder Wachstumsrücknahme, richtet sich nicht nur gegen die Unendlichkeitsvorstellungen der neoklassischen Wachstumsökonomie. Sie kritisiert auch öko-keynesianische Bestrebungen, die krisengeschüttelten Ökonomien durch einen Green New Deal wieder auf Wachstumskurs zu bringen.

Kritik an grünem Wachstum

Im deutschsprachigen Raum entwickelte sich unter dem Stichwort »Postwachstum« ein vielgestaltiges Feld von Positionen zur sozialökologischen Transformation. Gemeinsam ist ihnen, dass sie alle den Technikoptimismus der 1990er Jahre kritisieren – die Vorstellung, dass durch Ökotechnologien »grüne« Produktion und »grüner« Konsum vom Umweltverbrauch entkoppelt und begrenzt werden könnte. Ökologische Gerechtigkeit, so der Schluss, setze daher ein Ende des Wachstums im globalen Norden voraus.

Die zweite wesentliche Gemeinsamkeit liegt in dem Versuch, konkrete Utopien als Alternativen zum Wachstumsdiktat zu entwerfen und diese mit widerständigen Praktiken zu verbinden. Inspiriert von so unterschiedlichen Quellen wie ökologischer Ökonomie, Kritik an Entwicklungspolitik und Diskussionen zum Guten Leben, beschäftigen sich die unterschiedlichen Ansätze mit der Frage, wie die sozialökologische Transformation in den hochindustrialisierten Ländern aussehen könnte.

Dabei geht es ausdrücklich um die hochindustrialisierten Länder des globalen Nordens, auch wenn soziale Bewegungen aus dem Süden wichtige Bündnispartner sind (Diskussionen zu Buen Vivir und Graswurzel-Umweltbewegung der Armen). Rohstoff-, Ressourcen- und Landschaftsverbrauch sowie Abfallaufkommen und Emissionen der reichen Länder sollen auf ein Niveau gesenkt werden, das langfristig nachhaltig ist und den Ländern des Südens gleichberechtigte Entwicklungsmöglichkeiten lässt.

Einfach und pauschal eine Schrumpfung des BIPs zu verordnen, würde ökonomische Krisen auslösen – einen rasanten Anstieg der Arbeitslosigkeit, Schulden, Armut und einen generellen Rückgang der Lebensqualität. Beim Postwachstum geht es deshalb um mehr: um eine grundsätzliche

Drei Modelle für Kanada

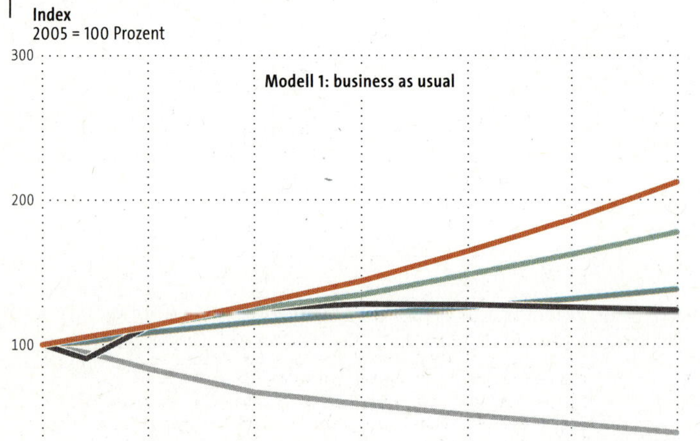

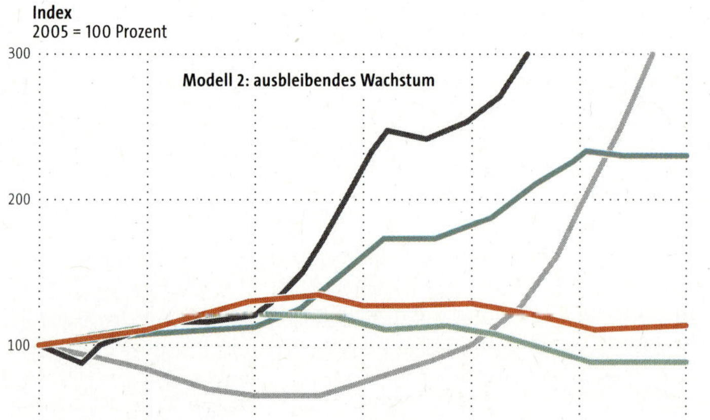

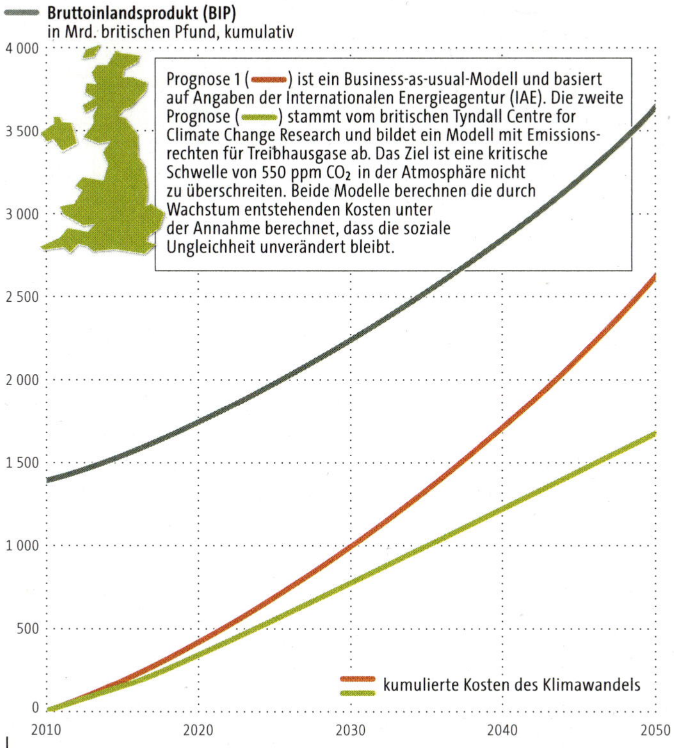

Zwei Prognosen für Großbritannien

Umgestaltung der Gesellschaft. Es geht es um konkrete Veränderungsprozesse in Ökonomie und Gesellschaft, die sich an Bedürfnissen, dem Guten Leben und ökologischer Nachhaltigkeit orientieren und die im Ergebnis zu einer Stabilisierung oder Verringerung des BIPs führen. Dazu gibt es drei Positionen, die sich teilweise überlappen:

• A-growth: Einige Wachstumskritikerinnen argumentieren, dass es vollkommen unbedeutend sei, ob das BIP als Ergebnis der notwendigen sozialökologischen Veränderungen weiter wachse, stagniere oder schrumpfe. Um die kulturelle und politische Ablehnung jeglicher Orientierung am BIP zu betonen, sprechen sie in Anlehnung an A-theismus von A-growth (Latouche).

• Steady State: Andere betonen, dass sich BIP-Wachstum und Ressourcenverbrauch nie ganz entkoppeln ließen, und ziehen daraus den Schluss, dass die Ökonomien des Nordens nicht weiter wachsen dürften, sondern stabilisiert werden müssten, wenn ökologische Ziele eingehalten werden sollen.

• Degrowth: Eine dritte Position geht davon aus, dass im globalen Norden ein zeitlich begrenzter Rückgang der Wirtschaftsproduktion als Übergang zu einem niedrigeren, global gerechten und ökologisch nachhaltigen Zustand notwendig ist.

Da das Wirtschaftswachstum die Schlüsselrolle in kapitalistischen Gesellschaften spielt, geht es in allen Varianten um die Frage, wie die bestehenden ökonomischen und gesellschaftlichen Institutionen davon unabhängig werden können. Besonders einflussreich sind die Arbeiten des französischen Ökonomen und Philosophen Serge Latouche. Er charakterisiert den Wachstumsglauben als eine Religion, von der es sich durch die »Dekolonialisierung der Vorstellungswelt« zu befreien gelte. Im englischsprachigen Raum sind vor allem die Arbeiten von Tim Jackson sehr einflussreich, der erste makroökonomische Überlegungen zu einer Wirtschaftspolitik jenseits des Wachstums angestellt hat und darüber hinaus die Unmöglichkeit grünen Wachstums und ein neues Verständnis von Wohlergehen diskutiert. Einige Leitgedanken finden sich zudem in der ökologischen, globalisierungskritischen und feministischen Diskussion. Hieraus leiten sich Forderungen ab wie »Deglobalisierung« von Produktion und Lebensweise, radikale Arbeitszeitverkürzung sowie eine gerechte Verteilung »produktiver« Arbeit und »reproduktiver« Sorgearbeit, auch zwischen Männern und Frauen, außerdem Grundeinkommen, Maximaleinkommen und gemeingüterbasierte Wirtschaftsdemokratie.

Wachstumskritik in Deutschland – ein umkämpftes Terrain

Im deutschsprachigen Raum wurde Wachstumskritik besonders im Kontext der Weltwirtschaftskrise ab 2007 laut. Neben einem zunehmenden Forschungsinteresse an Universitäten lassen sich dabei fünf Ansätze mit unterschied-

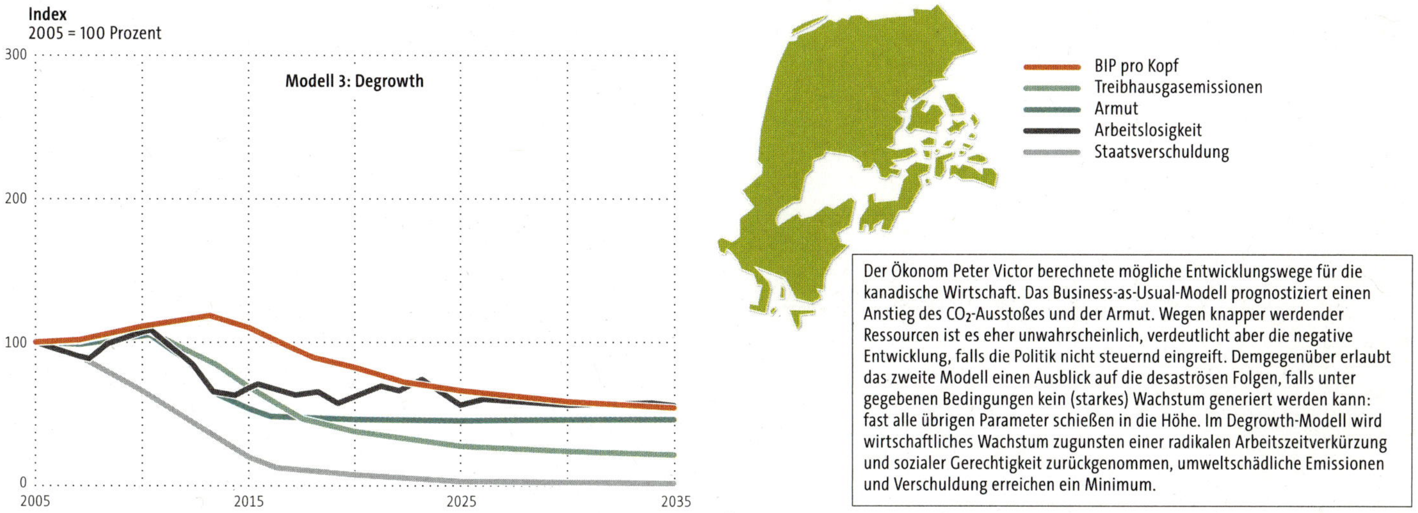

Postwachstum: Denkschulen und ihre Köpfe

	Konservativ	Sozialreformerisch	Suffizienzorientiert	Kapitalismuskritisch	Feministisch
Diagnose	Wachstum kommt an natürliche und soziale Grenzen, weil Bürger und Staat »über ihre Verhältnisse leben«.	Auf BIP-Wachstum fixierte Politik führt in die ökologische Krise	Jegliches Wachstum vernutzt Ressourcen: Entkopplung von Verbrauch und BIP ist unmöglich, Überkonsum im Norden geht zu Lasten des globalen Südens	Kapitalistisches Wachstum verursacht multiple Krisen, »imperiale Lebensweise« (Brand) im Norden geht zu Lasten des globalen Südens (Klimaschuld)	Wachstumsökonomie führt zu Ausbeutung und Verelendung der Subsistenz (Hausarbeit, globaler Süden, Natur) und gefährdet die Reproduktion
Wachstumstreiber	Konsum, Sozialstaatsausgaben, Verschuldung, Gier, Dekadenz	Alle wachstumsabhängigen Wirtschaftsbereiche, Institutionen und Strukturen	Konsum, Fixierung auf Fremdversorgung, Zins	Das kapitalistische System, seine Eigentums- und Herrschaftsverhältnisse, Privatisierungen	Die kapitalistische Akkumulation, die Trennung zwischen Produktion und unbezahlter, entwerteter, zumeist weiblicher Reproduktion
Notwendige Schritte	Wertewandel und Verzicht, Entlastung der Sozialsysteme	Loslösung der bestehenden Institutionen (soziale Sicherungssysteme etc.) vom Wachstum, nachhaltiger Liberalismus	Suffizienz und Konsumverzicht, weniger Fremdversorgung, mehr lokalisierte (Selbst-)Versorgung	Commons, solidarische Ökonomie, Klimagerechtigkeit, mehr demokratische Elemente in Wirtschaft und Staat	Entkommerzialisierung, Verteidigung der Allmende, Aufbau nicht-hierarchischer, lokaler Strukturen
Instrumente	Abbau des Sozialstaates, mehr »Eigenverantwortung«, Spenden statt Umverteilen, Stärkung von Familie und patriarchaler Arbeitsteilung	Ökosteuer, Suffizienzpolitik, solidarische Bürgerversicherung, nachhaltiger Konsum, Entwicklung alternativer Wohlstandsindikatoren	Ausbau von Subsistenz- und Regionalwirtschaft, Umverteilung der Arbeitszeit, Geld- und Bodenreform	Modellprojekte, Wirtschaftsdemokratie und Investitionslenkung, Arbeitszeitverkürzung, Grund- und Maximaleinkommen, staatliche Regulierungen	Wiederaneignung der Allmende, Förderung von kleinbäuerlicher Landwirtschaft, lokaler Ökonomie und nicht-monetärer Subsistenz
Ziel	Unvermeidliche Schrumpfung	A-growth, Befreiung vom Wachstumsdogma	Degrowth (Schrumpfung)	Degrowth (Schrumpfung)	Vereinbar mit Degrowth (Schrumpfung)
Akteure des Wandels	Konsumenten und Politikerinnen	Politiker und Zivilgesellschaft	Prosumentinnen, alternative Wirtschaftsprojekte wie Transition Towns, Gemeinschaftsgärten etc.	Soziale Bewegungen, Klimacamps, Gewerkschaften, Projekte alternativen Wirtschaftens	Soziale Bewegungen gegen Privatisierung und für Commons, kleinbäuerliche Subsistenzbetriebe
Initiatorinnen	Meinhard Miegel, Kurt Biedenkopf, Denkwerk Zukunft	Angelika Zahrnt, Irmi Seidl, Umweltverbände, Teile der EKD	Niko Paech, VÖÖ, Netzwerk Wachstumswende	Attac, Social Innovation, Initiative Ökosozialismus	Bielefelder Schule
Zum Weiterlesen	• Miegel, Exit: *Wohlstand ohne Wachstum,* Berlin (List) 2010 • www.denkwerkzukunft.de	• Irmi Seidl, Angelika Zahrnt, *Postwachstumsgesellschaft,* Marburg (Metropolis) 2010 • Uwe Schneidewind, Angelika Zahrnt, *Damit gutes Leben einfacher wird,* München (oekom) 2013 • www.postwachstum.de	• Niko Paech, *Befreiung vom Überfluss,* München (oekom) 2012 • www.postwachstums oekonomie.org	• Werner Rätz u. a., *Ausgewachsen,* Hamburg (VSA) 2010 • Matthias Schmelzer, Alexis Passadakis, *Postwachstum,* Hamburg (VSA) 2010. • www.postwachstum.net • www.social-innovation.org • www.oekosozialismus.net	• Veronika Bennholdt-Thomsen u. a, *Das Subsistenzhandbuch,* Wien (Promedia) 1999 • Veronika Bennholdt-Thomsen, *Geld oder Leben,* München (oekom) 2010 • Netzwerk Vorsorgendes Wirtschaften, *Wege Vorsorgenden Wirtschaftens,* Marburg (Metropolis) 2012

licher gesellschaftspolitischer Stoßrichtung unterscheiden: 1. konservative, 2. sozialreformerische, 3. suffizienzorientierte, 4. kapitalismuskritische und 5. feministische Ansätze. Auch wenn sie nur teilweise Verbindungen zur Décroissance haben, werden sie hier kurz dargestellt, da sie die aktuellen wachstumskritischen Diskussionen prägen.

Charakteristisch für die Diskussion in Deutschland ist erstens der starke Einfluss einer neoliberalen und konservativen Richtung der Wachstumskritik, die vor allem von dem CDU-Berater und Vordenker der neoliberalen Rentenreform, Meinhard Miegel, propagiert wird. In Büchern, Artikeln, Interviews und im Rahmen des von ihm gegründeten Thinktanks »Denkwerk Zukunft« argumentiert er, »wir alle« hätten über unsere Verhältnisse gelebt und müssten daher den Gürtel enger schnallen. Die Schrumpfung der Wirtschaft wird als unvermeidliches Schicksal moderner Industriegesellschaften gesehen, was Miegel zum einen ökologisch, zum anderen auch mit Wachstumsgrenzen begründet, die durch den demografischen Wandel, übersättigte Märkte und einen überbordenden Sozialstaat entstanden sind. Konservative Wachstumskritik plädiert dafür, den Sozialstaat durch freiwilliges Engagement, eine Kultur der Almosen und vornehmlich weibliche Familienarbeit zu ersetzen. Wachstumskritik wird auf diesem Wege zum Rechtfertigungsinstrument und Hebel von Sozialabbau, Privatisierung, einem Rollback der Geschlechterverhältnisse und Sparzwang.

Ein zweiter, den Umweltverbänden nahestehender Ansatz ist die sozialreformerische und liberale Wachstumskritik, die vor allem die Ökonominnen Angelika Zahrnt und Irmi Seidl stark gemacht haben. Er geht davon aus, dass die politische Fixierung auf das Wirtschaftswachstum ökologisch und moralisch falsch sei. Als wesentliche Triebkräfte für Wirtschaftswachstum werden wachstumsabhängige gesellschaftliche und ökonomische Institutionen sowie politische Parteien ausgemacht. Die Ökonominnen fordern ein Ende dieser Wachstumspolitik, eine Reduzierung des Energie- und Ressourcenverbrauchs entsprechend den Nachhaltigkeitszielen und – das macht den Kern ihres Ansatzes aus – den Umbau bislang noch wachstumsabhängiger und -treibender Bereiche, Institutionen und Strukturen. Ob das Ergebnis weiteres Wirtschaftswachstum oder eine Abnahme von Produktion und Konsum ist, bleibt offen. Wachstumskritik ist hier strukturkonservativ gedacht: Es geht nicht um eine grundlegende Transformation, die umfassend gesellschaftliche Probleme in den Blick nimmt, sondern darum, Institutionen wie Alterssicherungssysteme, Gesundheitsversorgung, Bildung, Arbeit, Steuern, Finanzmärkte und Staatsfinanzen umzubauen – sofern sie vom Wachstum abhängig sind.

Da Wachstumskritik hier als nachhaltiger Liberalismus gedacht wird, sind ökologische Steuern (zum Beispiel auf den umweltschädlichen Ressourcenverbrauch) ein wichtiges Veränderungsinstrument. Aufbauend auf diesem Ansatz haben Angelika Zahrnt und der Präsident des Wuppertal Instituts für Klima, Umwelt, Energie, Uwe Schneidewind, Vorschläge für eine solche »Suffizienzpolitik« gemacht, die weniger verbrauchende Lebensstile erleichtern soll.

Sowohl die konservative Wachstumskritik à la Miegel als auch die sozialreformerischen Ansätze von Seidl / Zahrnt zielen nicht auf einen bewusst herbeigeführten Rückgang der Wirtschaftsaktivität mit dem Ziel des Guten Lebens ab. Während die erste Position Schrumpfung als unvermeidliches Schicksal sieht, weicht die zweite der Frage aus, ob eine Entkopplung möglich ist.

Globale Gerechtigkeit und Subsistenz

Zwei weitere Strömungen sehen dies anders: Sie halten eine grundlegende Abkehr vom Wachstum für unumgänglich und erstrebenswert, wenn ökologische Ziele ernst genommen werden und globale Klimagerechtigkeit kein Luftschloss bleiben soll. Der Oldenburger Ökonom Niko Paech hat ein konkretes Modell einer Postwachstumsökonomie vorgelegt: Ausgehend von dem Postulat, alle sieben Milliarden Menschen der Erde hätten das gleiche Anrecht auf Umweltraum (das heißt beispielsweise 2,7 Tonnen CO_2-Ausstoß pro Person und Jahr), macht Paech zwei Wachstumstreiber aus: auf der individuellen Ebene Konsumentinnen, die

Die globalen Indikatoren zeigen: So kann es nicht weitergehen

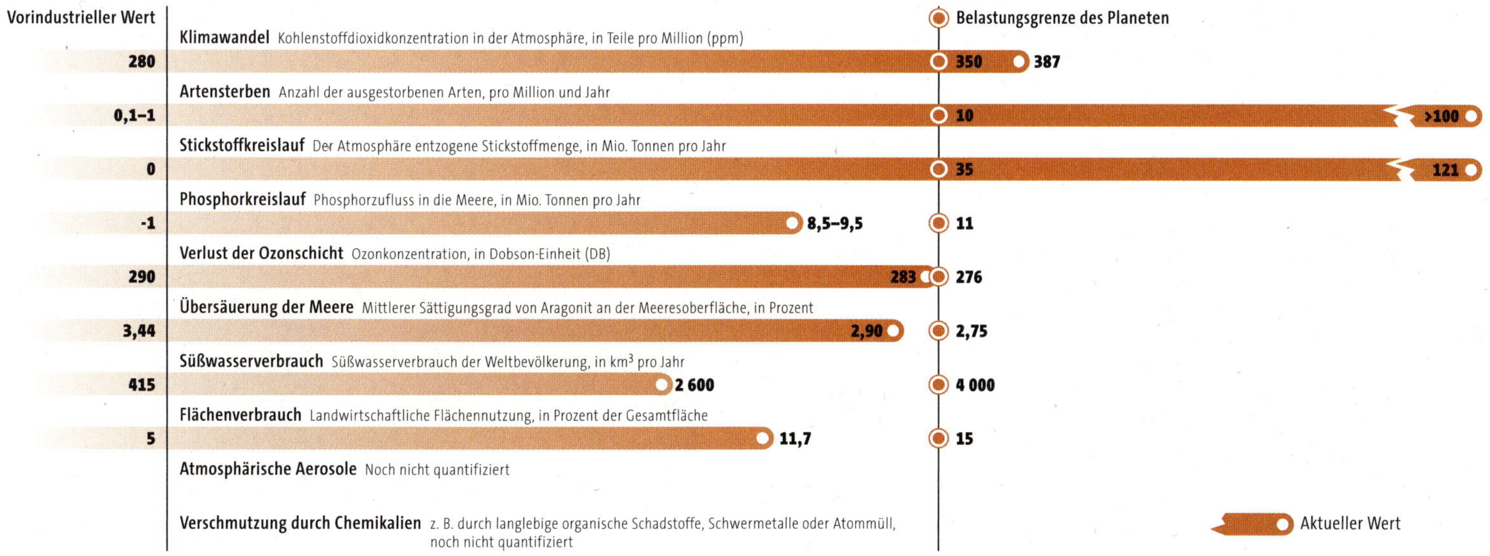

Produktion und Distribution im Raum: small is beautiful

	Produkte	Vertrieb	Dienstleistungen
Paderborn 1 250 km² 300 000 Einwohner	Grundnahrungsmittel für den lokalen Verbrauch Agrarprodukte für den Export Wohnungsbau Erneuerbare Energie: Kleinanlagen Energieeffizienz, Wohnungssanierung	Frische Nahrungsmittel Artikel des täglichen Bedarfs	Schulen Hausarzt Hausinstandhaltung Restaurants Hotels Abfallrecycling
Nordrhein-Westfalen 34 000 km² 17,5 Mio. Einwohner	Baustoffe Verarbeitete Lebensmittel Möbel Werkzeuge Erneuerbare Energie (Wind, Wasser, Sonne)	Lebensmittel Kleidung Autos Haushaltsgeräte Saatgut	Universitäten Krankenhäuser Öffentliches Gesundheitswesen Sicherheit Sparkassen Busse Theater, Kino Wasserversorgung
Deutschland 357 000 km² 81 Mio. Einwohner	Kleidung, Textilien Kleingeräte und Bauteile Elektronische Geräte Stahl Öl, Gas, Kohle Öffentliches Bauwesen Fahrräder	Massengüter, z. B. Getreide Industriemaschinen	Versicherungen Eisenbahn Medien Telekommunikation Banken Stromversorgung
Europa 10,2 Mio. km² 740 Mio. Einwohner	Fahrzeuge Elektronische Systeme Kleinflugzeuge Schiffe	Öl, Gas	Luftfahrt Schifffahrt
Die Welt 149 Mio. km² 7,16 Mrd. Einwohner	Mikrochips Arzneimittel Großflugzeuge		

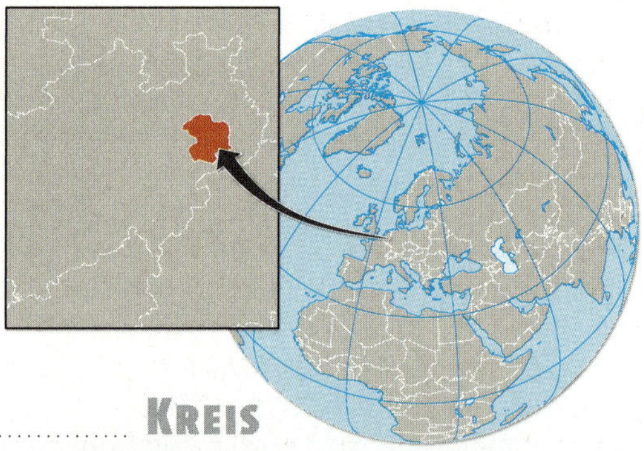

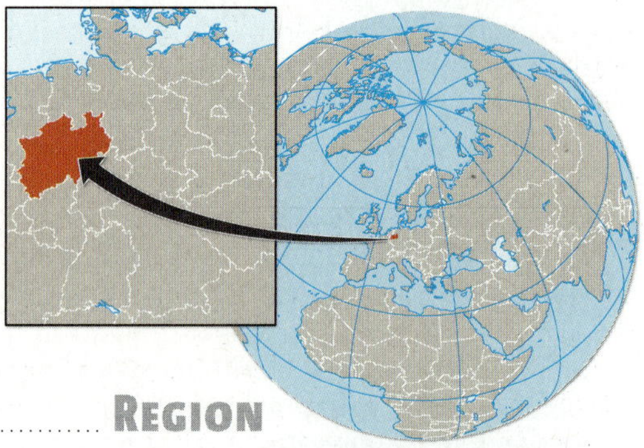

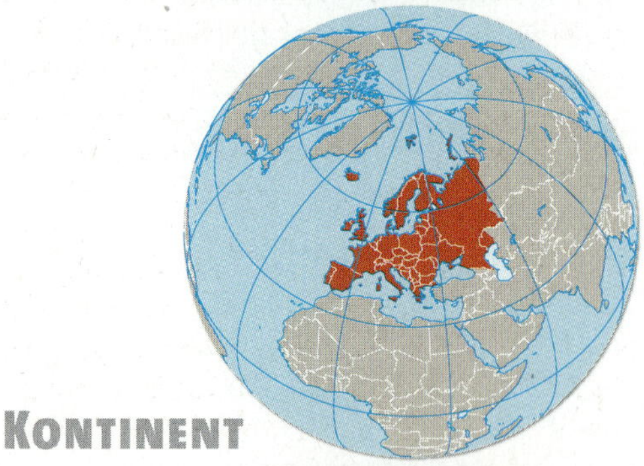

Der Entwurf der New Economic Foundation (NEF) verdeutlicht, in welchem Maße Güter regional produziert werden könnten. Obwohl viele Vertreterinnen einer Postwachstumsökonomie noch stärker regionalisieren möchten, ist der Unterschied zur gegenwärtig vorherrschenden globalisierten Produktionsweise eindrücklich.

überproportional viel Umweltraum in Anspruch nehmen (für Wohnen, Essen, Autofahren, technische Geräte et cetera), auf der ökonomischen Ebene die Fremdversorgung und Arbeitsteilung in globalisierten Märkten, die über lange Wertschöpfungsketten Wachstum erzwingen, oft noch verstärkt durch Zinsen. Darauf aufbauend stützt sich Paechs Postwachstumsökonomie auf zwei Grundpfeiler: eine individuelle Strategie der Suffizienz, kombiniert mit einem radikalen Rückgang der »Fremdversorgung« zugunsten regionaler und lokaler Ökonomien, Selbstversorgung und Eigenproduktion. Die wichtigsten Akteure des Wandels sind dabei »Prosumentinnen«, also Personen, die nicht nur weniger konsumieren, sondern auch gemeinsam zum Beispiel in Reparaturwerkstätten die Lebensdauer vorhandener Produkte verlängern, Formen von Eigenproduktion entwickeln (Urban Gardening) und so Lokalisierung und Entkommerzialisierung praktisch vorantreiben.

Ein vierter Ansatz betont die umfassenden gesellschaftlichen Veränderungen, die eine sozialökologische Transformation beinhaltet. Als Ursachen der multiplen Krisen werden kapitalistischer Wachstumszwang und die zunehmende Vermarktung und Privatisierung von Lebensbereichen gesehen. Daher streben sie ein Zurückdrängen von Marktmechanismen, die Vergesellschaftung zentraler Wirtschaftsbereiche und den Abbau von Machtverhältnissen an. Betont wird in Abgrenzung zu den vorher genannten Positionen, dass die soziale und die ökologische Frage nicht gegeneinander ausgespielt werden dürfen. Wichtige Bausteine einer solidarischen Postwachstumsökonomie sind Gemeingüter und Commoning, die Stärkung von Projekten der solidarischen Ökonomie, eine radikale Arbeitszeitverkürzung sowie Grund- und Maximaleinkommen. Zentrale Akteure sind soziale Bewegungen und Menschen, die sich in Alternativprojekten engagieren. Mit etwas anderer Stoßrichtung setzen Diskussionen um Ökosozialismus auf die Überwindung von Kapitalismus und Industriegesellschaft durch planwirtschaftliche Schrumpfung und die Verstaatlichung der Produktionsmittel.

Der fünfte Ansatz ist die feministische Ökonomie, insbesondere die Subsistenzperspektive. Sie wurde zwar nicht explizit als Beitrag zur Postwachstumsdiskussion konzipiert, ist aber eine wichtige Inspirationsquelle. Die sozialen und ökologischen Krisen erklären ihre Vertreter aus der patriarchalen, kapitalistischen Ausbeutung von (weiblicher) Reproduktionsarbeit, der Natur und den (postkolonialen) Ökonomien des globalen Südens. Vor allem die lange Tradition der Kritik am BIP hat deutlich gemacht, wie umfassend das Wachstumsparadigma nichtmarktförmige Arbeit (zum Beispiel Kindererziehung, Pflege) entwertet. Im Gegensatz dazu zielen feministische Perspektiven darauf ab, diese Tätigkeiten, die zugleich die Basis für die Gesellschaft und das Leben überhaupt darstellen, in den Mittelpunkt zu rücken. Zentrale Prinzipien sind dabei Vorsorge, Kooperation und Orientierung am für das Gute Leben Notwendigen.

Widerstreitende Visionen

International wurde die Postwachstumsbewegung stark durch die Degrowth-Konferenzen 2008 in Paris, 2010 in Barcelona und 2012 in Venedig vorangebracht, auf denen Aktivistinnen und Wissenschaftler an der Entwicklung gemeinsamer

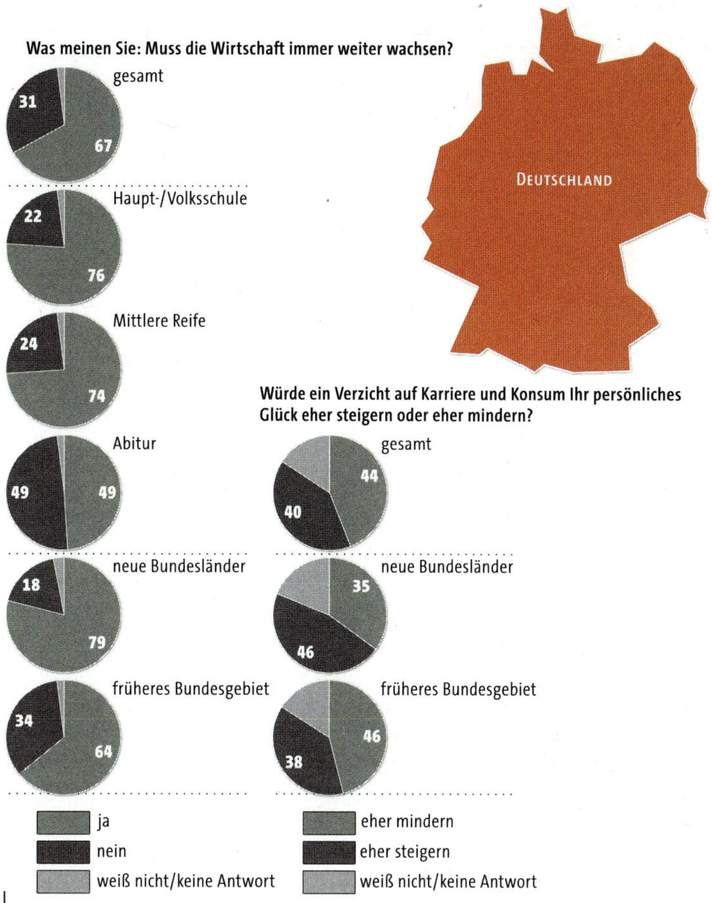

Macht Verzicht glücklich?

Positionen gearbeitet haben. Dass bei der »Vierten Internationalen Degrowth-Konferenz für ökologische Nachhaltigkeit und soziale Gerechtigkeit« im September 2014 in Leipzig über 3000 Menschen kamen, veranschaulicht, dass die Postwachstumsdebatte auch im deutschsprachigen Raum angekommen ist. Dennoch bleibt Wachstumskritik ein umkämpftes Terrain mit sich teils stark widersprechenden Visionen; auch wenn wachstumskritische Perspektiven von vielen Gruppierungen der deutschen Umweltbewegung aufgegriffen wurden, ist kaum zu erkennen, welche gesellschaftlichen Akteure eine so grundsätzliche Veränderung herbeiführen können. Trotzdem bilden die dabei entstehenden Praktiken, zusammen mit etablierten Gruppen wie den Transition-Towns, Projekten der solidarischen Ökonomie und Klimaaktivistinnen eine wichtige Grundlage für die Entstehung einer Postwachstumsbewegung. Es bleibt zu hoffen, dass die Postwachstumsperspektiven stärker als bisher an aktuellen Konflikten wie den Flüchtlingskämpfen, Klimaprotesten, Kämpfen um das Recht auf Stadt oder den Widerstand gegen die neoliberale Transformation der Europäischen Union anknüpfen.

Matthias Schmelzer

Bücher &c.

- Barbara Muraca, *Gut leben. Eine Gesellschaft jenseits des Wachstums*, Berlin (Wagenbach) 2014.
- Frank Adler, Ulrich Schachtschneider, *Green New Deal, Suffizienz oder Ökosozialismus? Konzepte für gesellschaftliche Wege aus der Ökokrise*, München (oekom) 2010.
- Tim Jackson, *Wohlstand ohne Wachstum. Leben und Wirtschaften in einer endlichen Welt*, München (Oekom) 2013.

Im Schatten des Geldwerts

Reproduktion, Geschlechtergerechtigkeit und andere blinde Flecken in der Postwachstumsdebatte

In einer endlichen Welt wird auch die scheinbar unendliche Geschichte des Wachstums irgendwann an ökologische Grenzen stoßen – insofern wird und muss es ein Danach, ein Postwachstum geben. So richtig und wichtig die Kritik am Zuviel und die mit ihr verbundene Forderung nach dem Weniger sein mögen – das reicht nicht. Die ganze Art des Wirtschaftens muss verändert werden: Denn die Inwertsetzung des einen (zum Beispiel der Arbeit im Management, die den Aktionären hohe Renditen bringt) beruht auf der Entwertung des anderen (etwa der unbezahlten für- und vorsorgenden Arbeit, die kein Geld einbringt, sondern Leben ermöglicht). Das Wachstum des einen (zum Beispiel des Exports von Nahrungsmitteln) geht einher mit der aufgenötigten Schrumpfung des anderen (etwa des Zugangs lokaler Bevölkerungen zu ihren Ressourcen).

Das Mehr-wert-Sein braucht den Schatten des Weniger-wert-Seins. Die Eingrenzung der Ökonomie auf profitorientierte Märkte – produktiv ist demnach nur die Arbeit für den Markt, nur die Erwerbsarbeit, die Profit bringt – bedingt die Ausgrenzung dessen, was als nichtökonomisch und bestenfalls reproduktiv gilt. So ist beispielsweise in der Landwirtschaft die Ausbeutung der Natur wertsteigernd, der Schutz der Natur beziehungsweise die Pflege der Landschaft hingegen wertmindernd.

Ausgegrenzt werden zwei Bereiche, ohne die keinerlei Wirtschaften möglich ist: die ökologische Natur und die unbezahlte Arbeit, die in erster Linie Frauen als unbezahlte Sorge- oder Reproduktionsarbeit leisten. Obwohl beide Bereiche für Produktion und Konsumtion unerlässlich sind, wird ihnen kein bezifferbarer Wert beigemessen. Deshalb werden sie maßlos und sorglos ausgenutzt. In dieser strukturellen Trennung liegt der gemeinsame Ursprung für viele soziale Konflikte und ökologische Krisen.

Doch welche sozialökologischen Perspektiven gibt es in der Postwachstumsdebatte? Wo wird der Wachstumszwang nicht nur aufgrund ökologischer Krisen, sondern auch wegen sozialer Konflikte im Bereich der Reproduktionsarbeit kritisiert? Wo geht es somit auch um Geschlechtergerechtigkeit?

Die einschlägigen Postwachstumsansätze *(siehe den Überblick von Matthias Schmelzer auf Seite 116)* haben hier blinde Flecken: Die Trennungsstruktur mit ihrem hierarchischen Geschlechterverhältnis und der Missachtung gegenüber dem Reproduktiven wird kaum thematisiert. Während etwa konservative Postwachstumsansätze die weibliche Arbeit erneut im familiär-privaten Raum verschatten, bleibt bei der Postwachstumsökonomie insgesamt im Dunkeln, wie, von wem und unter welchen sozialökologischen Bedingungen all die neuen selbstversorgenden Tätigkeiten verrichtet werden sollen. In ihrer Analyse sind diese Ansätze

Viel Leistung und kein Geld

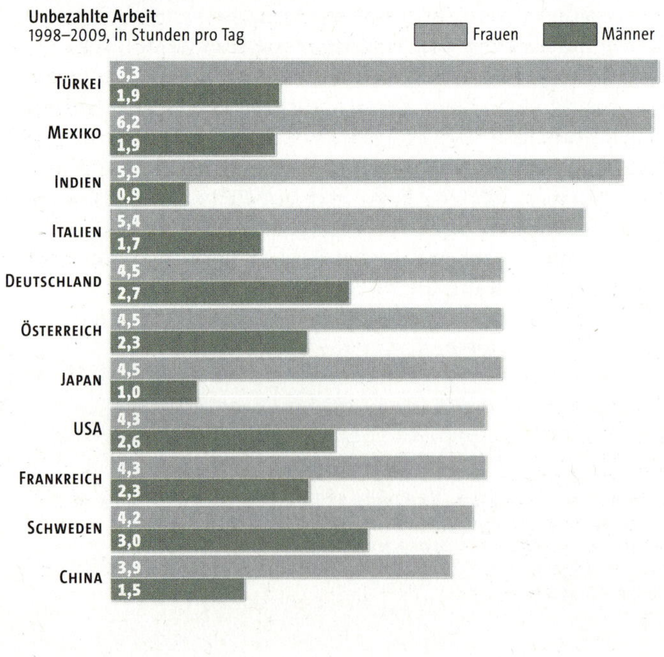

Ungleicher Lohn

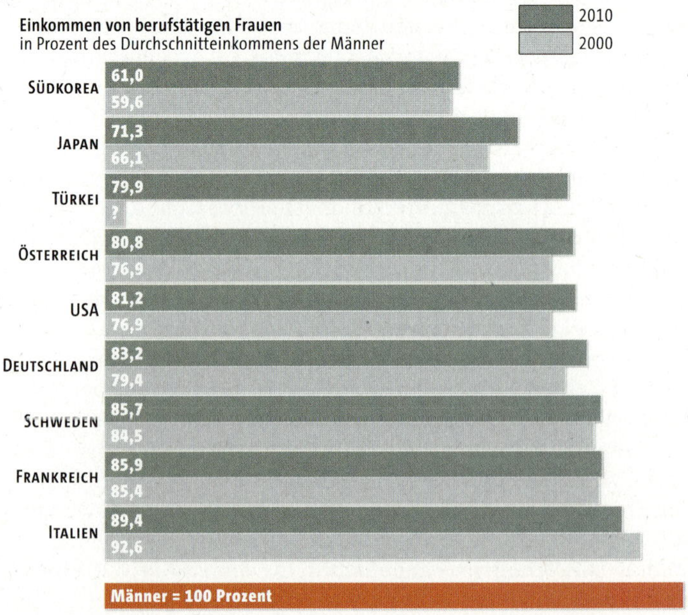

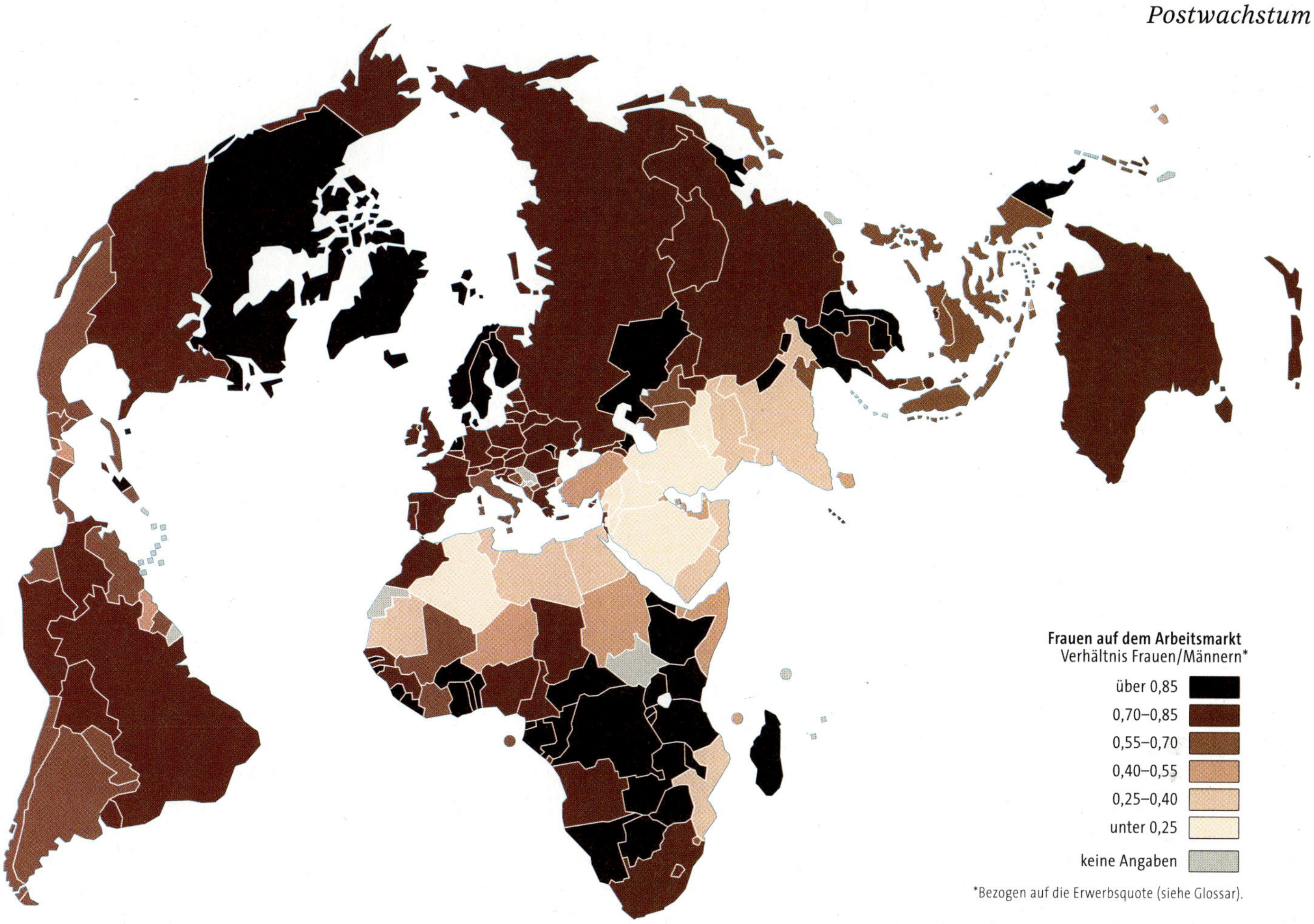

Auf dem offiziellen Arbeitsmarkt überwiegen Männer

der Postwachstumsökonomie weitgehend geschlechtsblind – und damit zum überwiegenden Teil auch herrschaftsblind.

Doch eine nachhaltige Gesellschaft braucht eine andere Ökonomie – ohne Trennungsstruktur, ohne Hierarchien und ohne Schatten. Dafür müssen die gesamte Ökonomie und die gesamte Arbeit, das heißt die Markt- und die Nichtmarktökonomien, die bezahlte und die unbezahlte Arbeit, in den Blick genommen werden. Diese andere Ökonomie muss nicht nur naturverträglich, sondern auch geschlechtergerecht gestaltet werden. Es gilt neue Beziehungen zwischen den bislang getrennten Bereichen aufzubauen: Beziehungen, die auf den Erhalt und die Erneuerung des bestehenden reproduktiven Bereichs zielen, die langfristig eine gute Sorgearbeit sicherstellen und die Regenerationsfähigkeit der Natur erhalten. Um das zu erreichen, sind nicht nur umfassende Umverteilungsprozesse (von Arbeit, Einkommen und Einflussmöglichkeiten) sowie gesellschaftliche Um- und Neubewertungen nötig, sondern auch neue Handlungsprinzipien für die gesamte Ökonomie: Vorsorge statt Eigennutz, Kooperation statt Konkurrenz, Orientierung an dem, was für ein gutes Leben notwendig ist, statt an Profit und Wachstumsraten.

Es bleibt die Frage nach einer Politik, die sich selbst und ihre eigene Wachstumsabhängigkeit kritisch reflektieren kann. Denn das Wachstumsversprechen ist politisch: Wenn alles immer weiter wächst, werden irgendwann alle genug haben. Dieses Versprechen rechtfertigt den Status quo und vermeidet grundlegende Verteilungsfragen. Es impliziert ein Weiter-so in der Zerstörung von Natur und Sozialem – und es lässt Herrschaftsstrukturen unangetastet. Doch muss die Herrschaft des Marktes über die Politik angetastet werden, wenn der Herrschaft des eingegrenzten Wertvollen über das ausgegrenzte Wertlose entgegengewirkt werden soll.

Für Transformationsprozesse ist mehr vonnöten als das Primat der Politik über die Ökonomie. Es bedarf eines Nachdenkens darüber, welche Funktion das Wachstum für die Politik hat und wie eine Politik verfasst und beschaffen sein müsste, die sich vom Wachstumszwang emanzipieren kann. Nur so lässt sich das heute ökonomisch bestimmte Mehr- oder Weniger-wert-Sein bekämpfen, nur so können Märkte derart umgestaltet werden, dass sie den Menschen, der Gesellschaft und der Natur dienen – nicht umgekehrt. Und nur so kann Raum entstehen für vielfältige gesellschaftliche Bewertungsprozesse, die das ermöglichen, worum es jenseits des Wachstums geht: eine nachhaltige, soziale und geschlechtergerechte Gesellschaft.

Adelheid Biesecker, Uta von Winterfeld

Bücher &c.

- Christine Bauhardt, »Wege aus der Krise? Green New Deal – Postwachstumsgesellschaft – Solidarische Ökonomie. Alternativen zur Wachstumsökonomie aus feministischer Perspektive«, In: *Gender*, Heft 2/2013, S. 9–26.
- Adelheid Biesecker, Sabine Hofmeister und von Uta Winterfeld, »Draußen? Zur Dialektik von Enteignung und Aneignung und zu ihren aktuellen Erscheinungsformen«, in: *Das Argument*, Heft 4/2013, S. 522–538.
- Joan C. Tronto, *Caring Democracy. Markets, Equality, and Justice*, New York/London (New York University Press) 2013.

Das falsche Konzept

Auch der globale Süden braucht angesichts der sozialen und ökologischen Probleme Alternativen zum Wachstum

In der herrschenden Denkweise kommt eine Wirtschaft, die nicht auf Wachstum beruht, nicht vor. Wirtschaftswachstum, so hören wir ohne Unterlass, sei der einzige Weg zum Fortschritt. Die Herausforderung unserer Zeit besteht darin, diese Illusion zu überwinden. Denn die Belastungsgrenzen der Natur treten in der vom Zwang zur Kapitalakkumulation angetriebenen Moderne immer offener zu Tage. Gleichzeitig führen die sozialen Ungleichheiten, die der Kapitalismus unweigerlich hervorbringt, zu schweren Verwerfungen, etwa zur zunehmenden Migration aus Ländern des Globalen Südens in die USA und die EU. Wir wissen längst, dass Wirtschaftswachstum kein Garant für Glück ist, nicht einmal in den sogenannten entwickelten Ländern. Vielmehr verschärft Wachstum letztlich fast immer gesellschaftliche Spaltungen, weil der Reichtum einiger weniger auf der Ausbeutung der Mehrheit und der Natur basiert – wenn nicht einfach nur auf Spekulation.

Vor allem im Globalen Norden ist es unverzichtbar, Alternativen zum Wirtschaftswachstum zu entwickeln. Selbst in den als erfolgreich geltenden Ländern nehmen Unzufriedenheit und soziales Leid beständig zu. Ein Fortschreiten auf diesem Weg wäre ökologisch und sozial unverantwortlich. Die globale Dimension dieser Herausforderung liegt auf der Hand, und im Zentrum des Umsteuerns muss der Postextraktivismus im Globalen Süden stehen, also ein Entwicklungspfad jenseits der Ressourcenausbeutung. Denn wenn die Länder des Nordens nicht weiter wachsen, wird ihre Nachfrage nach Rohstoffen sinken, weshalb die Länder des Südens ihr wirtschaftliches Heil nicht länger im Export von Primärgütern suchen sollten.

Deshalb brauchen auch die armen Länder eine verantwortungsvolle Auseinandersetzung mit der Wachstumsfrage. Es gilt, zwischen »gutem« und »schlechtem« Wachstum zu unterscheiden: Ölreiche Länder können durch die Ausbeutung ihrer Ressourcen zwar zu Reichtum kommen, aber nicht unbedingt zu Entwicklung. Die soziale Ungleichheit, die den wohlhabenden Schichten im Norden wie im Süden ihre Privilegien sichert, verhindert Entwicklung.

Verantwortlich für die zunehmenden globalen Ungleichheiten ist die Macht des Kapitals. Laut einem Oxfam-Bericht (2015) entspricht das Vermögen der 85 reichsten Menschen der Welt dem jährlichen Einkommen der ärmeren Hälfte der Weltbevölkerung, also von 3,5 Milliarden Menschen. Das reichste Prozent beansprucht fast die Hälfte des weltweiten Vermögens für sich. Ein globaler Neuanfang muss auf vielfältiger und umfassender sozialer Gleichheit gründen, da nur so ein weltweites ökologisches Gleichgewicht zustande kommen kann.

Dabei gibt es Erfahrungen, an die man anknüpfen kann. Der Vorschlag der Yasuní-ITT-Initiative, die Ölvorkommen im ecuadorianischen Amazonasgebiet unangetastet in der Erde zu lassen und somit den Regenwald zu schonen, sofern die führenden Industrieländer für die Hälfte der entstehenden Einnahmeausfälle aufkommen, war und ist ein hervorragendes Beispiel für eine solche Erfahrung. Die Initiative sollte die reichen Länder dazu bringen, ihre Verantwortung für die gravierenden Umweltprobleme in der Region auch tatsächlich zu übernehmen – im Moment scheint sie allerdings gescheitert, weil genau dies nicht passiert ist und die ecuadorianische Regierung nicht auf der Höhe der revolutionären Initiative war.

Die drängendste Aufgabe besteht jedoch darin, der Kultur des Kapitalismus ein Ende zu setzen. Das geht freilich nicht von heute auf morgen. Der Übergang muss an die vielfältigen alternativen, nichtkapitalistischen Praktiken anschließen, die auf der ganzen Welt bereits existieren. Es geht um eine geduldige Entschlossenheit zu radikalen Veränderungen. Bereits heute gibt es alternative Werte, Erfahrungen und Praktiken wie etwa das Buen Vivir der indigenen Gemeinschaf-

Yasuní: Ölinteressen gegen Regenwald

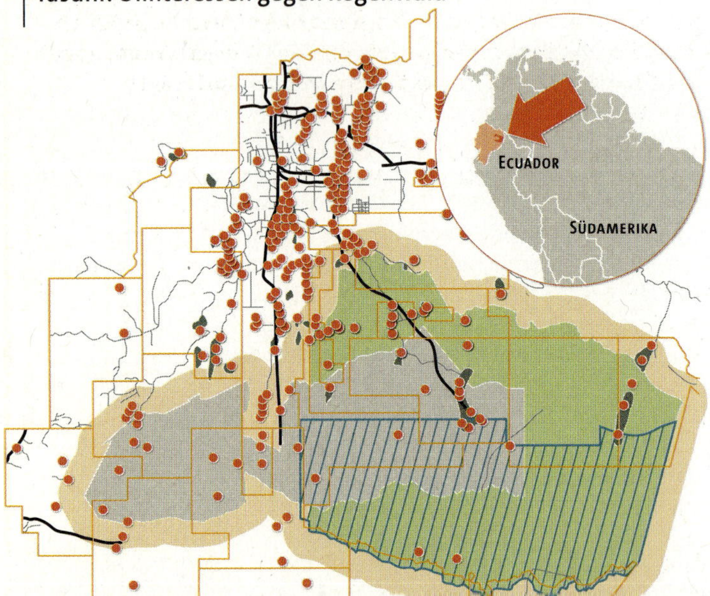

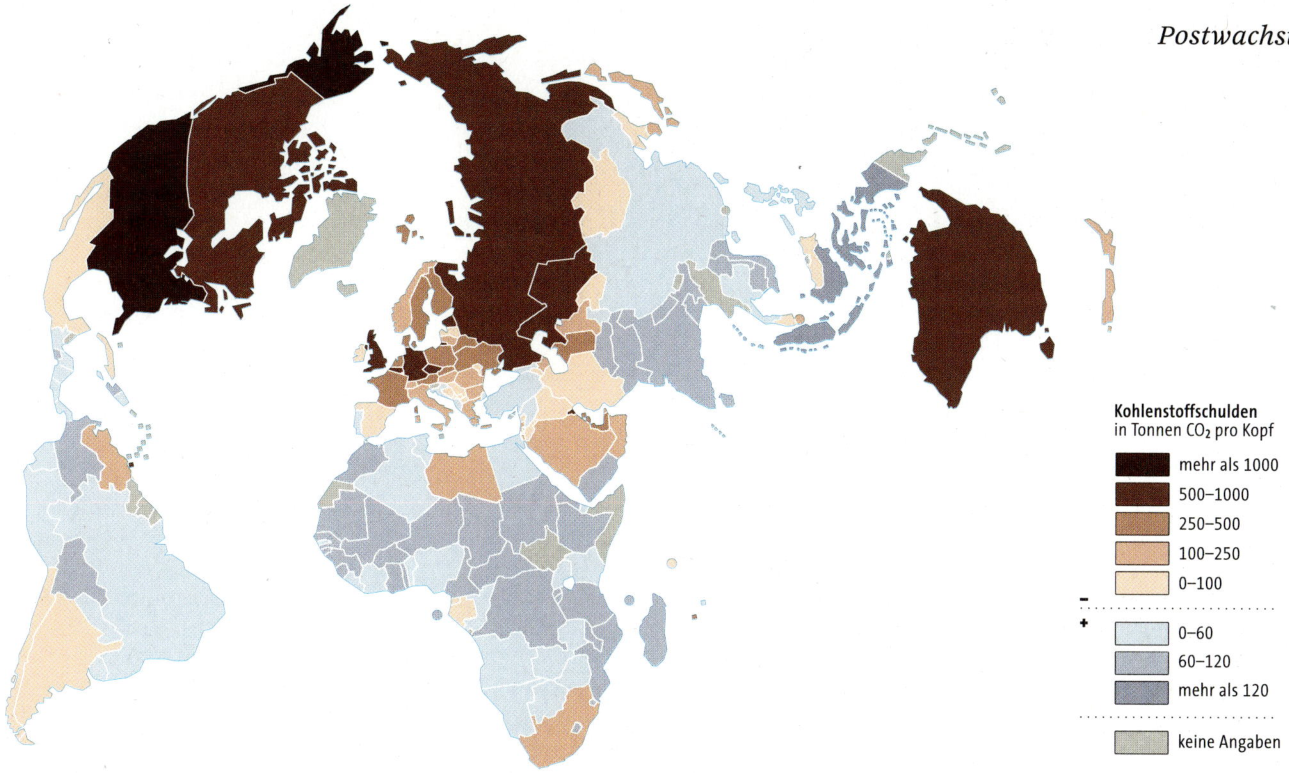

Das überzogene Klimakonto des Nordens

ten der Anden und des Amazonas. Wobei es besser wäre, im Plural von »buenos convivires«, also von guten Weisen des Zusammenlebens, zu sprechen, um nicht den Eindruck zu erwecken, es gäbe nur einen einzigen Weg zum guten Leben.

Es geht um eine Welt, in der Platz ist für andere Welten. Dies aber erfordert auch eine andere Wirtschaft: eine Ökonomie der Solidarität, der Reziprozität und der Nachhaltigkeit. Diese Wirtschaft wird sich den Gesetzen der Erde wie auch den Anforderungen der menschlichen Gesellschaft, die selbst Teil der Natur ist, zu unterwerfen haben.

Die große Transformation braucht eine Vision jenseits der Wachstumsideologie, die seit nunmehr fünfhundert Jahren kapitalistischen Wirtschaftens herrscht. Das Postwachstum, die Wachstumsrücknahme, wird weit über die Verringerung des materialen Ressourcenverbrauchs hinausgehen müssen. Es wird, ganz im Sinne der lateinamerikanischen Debatten über das Gute Leben, um eine Neudefinition des Verhältnisses von Gesellschaft und Natur gehen. Die Wirtschaft sollte dem Wert des Lebens und nicht der Verwertung des Kapitals dienen; weitere wichtige Schritte sind die Dekommerzialisierung der Natur und der Gemeingüter, die Dezentralisierung des Produktionsapparats sowie die Umverteilung von Reichtum und Macht. Anstatt die Trennung von Natur und Mensch aufrechtzuerhalten, gilt es ihre Wieder-Annäherung zu ermöglichen, also jenen gordischen Knoten des Lebens neu zu binden, der einst gewaltsam zerschlagen wurde. Möglich wird dies nur, indem wir, neben den Menschenrechten, auch die Rechte der Natur im globalen Maßstab einfordern.

Alberto Acosta

Bücher &c.

- Alberto Acosta, *Buen Vivir. Vom Recht auf ein gutes Leben,* München (oekom) 2015.
- www.saveyasuni.eu.

Rohstoffe auf allen Kontinenten

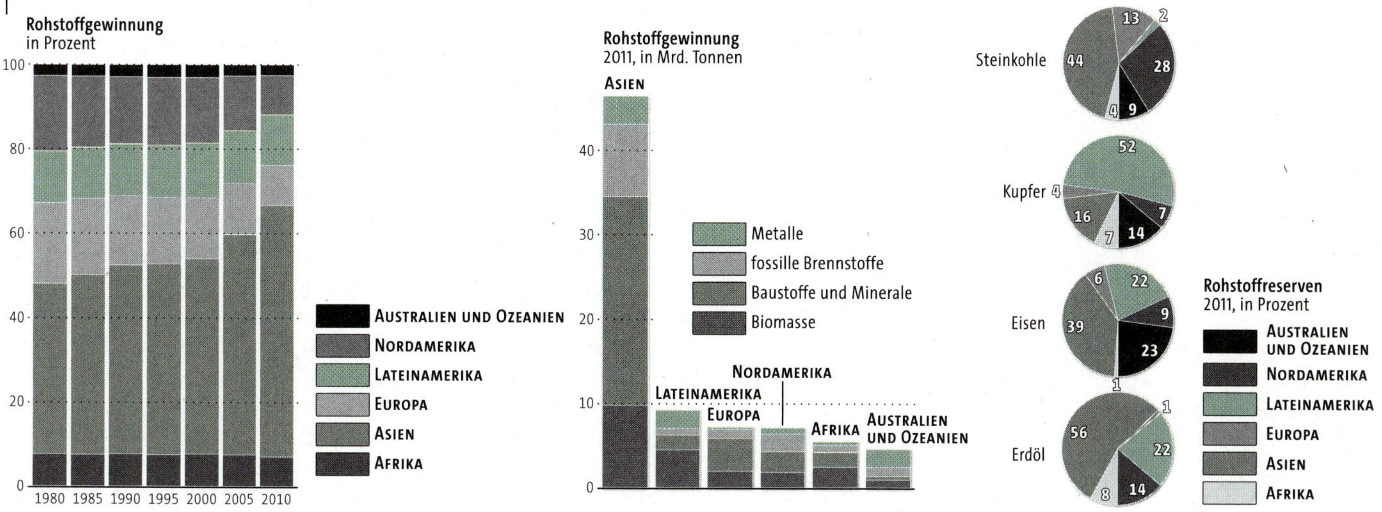

Ein ganz anderes Wirtschaftsmodell für Asien

Für China und Indien sind Bildung und sauberes Wasser viel wichtiger als freie Märkte

Die heutige Politik- und Wirtschaftselite will zwei Dinge nicht wahrhaben: Zum einen, dass Asien ein neues ökonomisches Modell braucht. Das gilt zwar auch für den Rest der Welt, aber in Asien leben immerhin 60 Prozent der Weltbevölkerung, weshalb die Entwicklung auf dem Kontinent massive Auswirkungen auf alle anderen haben wird. Zum anderen, dass das 21. Jahrhundert anders sein wird als alle bisherigen Phasen der Menschheitsgeschichte.

In der Vergangenheit konnten ökonomische Fehlsteuerungen das Wirtschaftswachstum hemmen oder im schlimmsten Fall Hungersnöte und Auswanderungswellen auslösen. Heute hingegen steht es – weil die Weltbevölkerung rasant wächst und die technologische Entwicklung nicht haltmacht – in unserer Macht, dem Planeten Erde irreparable Schäden zuzufügen und somit die Lebensgrundlage von Milliarden von Menschen zu gefährden.

Laut Weltklimarat hat der Klimawandel Auswirkungen auf fast alle Ökosysteme der Erde. Als Folgen prognostizieren die Experten extreme Wetterphänomene wie Dürre, Überschwemmungen und Wirbelstürme, die beispielsweise zum Zusammenbruch der Strom- und Wasserversorgung und der Gesundheitssysteme führen oder die Versorgung mit Nahrungsmitteln gefährden können. Unsere Entscheidungen haben heute also ganz andere Konsequenzen als früher. Aber unsere Einstellung zu Wirtschaftswachstum, individuellen Rechten und Freiheiten sowie die Institutionen, die diese Einstellung in die Realität umsetzen sollen, sind immer noch in der Vergangenheit verwurzelt.

Klimasünder von heute und morgen

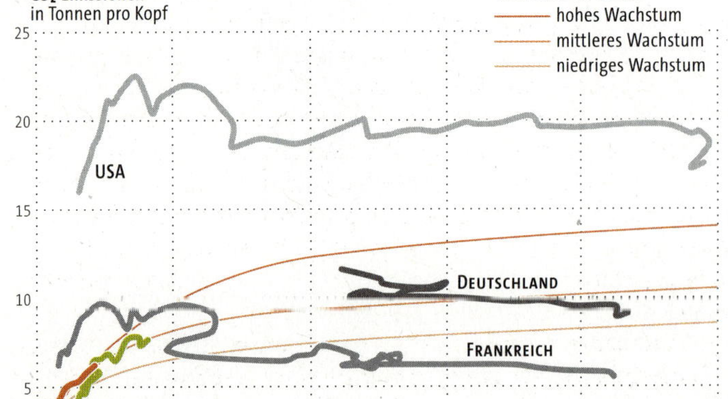

Das westliche Wirtschaftsmodell hat sich zwar weltweit durchgesetzt, ist aber nicht imstande, für seine eigenen Bürger angemessen zu sorgen. In den USA hat die Ungleichheit das höchste Niveau seit hundert Jahren erreicht. Seit dem Ende der Rezession Mitte 2009 entfielen 95 Prozent der Einkommenszuwächse auf das eine Prozent der Topverdiener. Dagegen liegt das Medianeinkommen der Einzelhaushalte (ohne die Rentner) heute 12 Prozent unter dem des Jahres 2000. Mittlerweile rechnen sich 40 Prozent der US-Bürger der Unter- oder der unteren Mittelschicht zu, und 40 Millionen Menschen in den USA sind auf staatliche Lebensmittelgutscheine angewiesen.

In Europa sieht es kaum besser aus. In Spanien und in Griechenland sind über 50 Prozent der jungen Menschen zwischen 15 und 24 Jahren arbeitslos. Die Staatsverschuldung liegt selbst in Frankreich und Großbritannien bei etwa 90 Prozent des Bruttoinlandsprodukts. Und die Bilanz wäre noch schlimmer ohne die von der EZB gestützte Politik des »billigen Geldes« und die fehlgelenkten Investitionen, die nur weitere spekulative Blasen wie die von 2008 / 2009 hervorbringen werden.

Wenn das, was wir derzeit in Europa erleben, in Asien oder in Afrika passieren würde, würde man es schlichtweg als ein Desaster bezeichnen – und als das Ergebnis einer verfehlten Wirtschaftspolitik. Aber weil sich der Westen über die letzten hundert Jahre als intellektuelle Supermacht aufgespielt und die globale Wirtschafts- und Finanzpolitik bestimmt hat, können seine Regierungen dem Rest der Welt immer noch weismachen, Wohlstand lasse sich allein über Liberalisierung, Nachahmung des westlichen Modells und konsumgetriebenes Wachstum erreichen – eine gefährliche Vorstellung, nicht nur wegen drohender Finanzkrisen.

Mit einigen Anstrengungen und der richtigen Politik könnte Europa in den nächsten Jahren durchaus wieder zu wirtschaftlichem Wachstum zurückkehren. Doch der Effekt wäre zeitlich begrenzt und könnte die eigentliche Gefahr nur noch erhöhen: die Gefahr nämlich, dass das westliche Wachstumsmodell, das auf Konsumsteigerungen und der Unterbewertung natürlicher Ressourcen beruht, weiterhin weltweit exportiert und übernommen wird.

Obwohl unter Experten weitgehend Einigkeit herrscht, dass die Belastungsgrenzen unseres Planeten erreicht sind und wir unsere Konsumgewohnheiten ändern müssten, verfolgt die Politik seit Jahrzehnten das Ziel, Staat, Regulierungen und öffentliche Institutionen zu schwächen, um das Wirtschaftswachstum und die Expansion der Privatwirtschaft zu beschleunigen. Die Aufgabe der Wirtschaftspolitik besteht

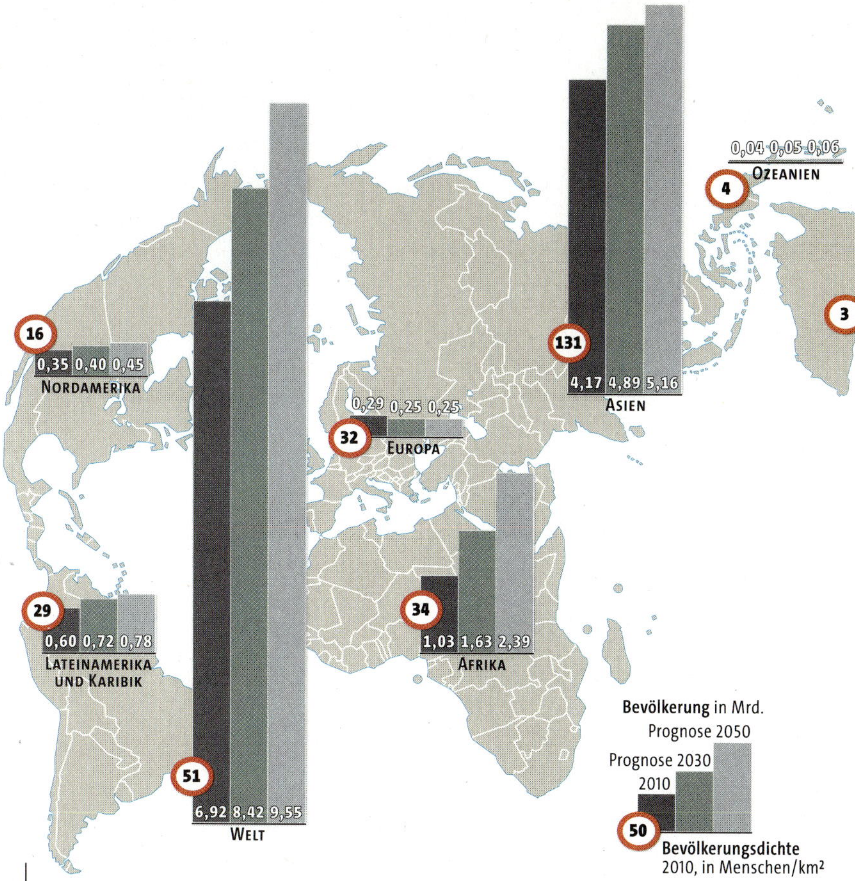

Asien und der Rest der Welt

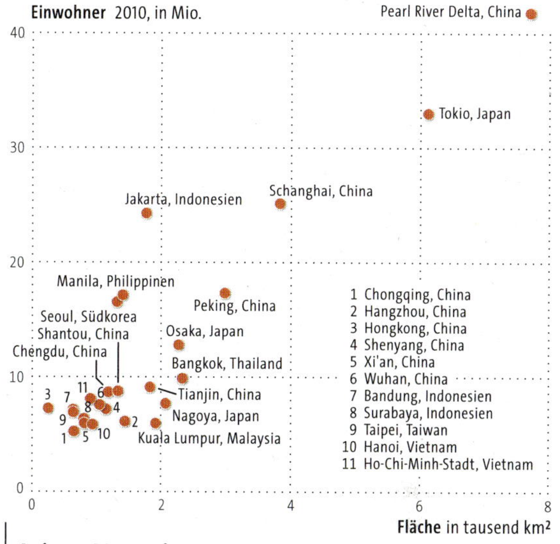

Asiens Megacitys

nur noch darin, sich aus allem herauszuhalten – oder allenfalls möglichst günstige Rahmenbedingungen für private Unternehmen zu schaffen. In diesem Konzept bleibt auch die Ausbeutung der natürlichen Ressourcen fast vollständig dem »freien Markt« überlassen.

Für Unternehmen besteht kein Grund, sich freiwillig auf Vorhaben einzulassen, die langfristig sinnvoll und nachhaltig wären, aber ihre Gewinne schmälern oder sie gegenüber der Konkurrenz schwächen würden. Und sie haben auch keine Veranlassung, den Preis der natürlichen Ressourcen, die sie verbrauchen, angemessen anzusetzen; vielmehr gibt es einen starken Anreiz, das Gegenteil zu tun. Die Unterbewertung der natürlichen Ressourcen ist der Schlüsselfaktor, der den verschwenderischen Konsum einer kleinen Minderheit ermöglicht – und den Mangel, unter dem die große Mehrheit leidet.

Der Welternährungsexperte Raj Patel zeigt in einem berühmt gewordenen Beispiel, dass ein Hamburger eigentlich 200 Dollar kosten müsste, da für seine Herstellung bis zu fünf Quadratmeter Regenwald gerodet und 2 393 Liter Wasser verbraucht werden. Ähnliches ließe sich auch zu Kraftwerksbetreibern sagen, die ihren Kunden die Kosten der Luftverschmutzung nicht berechnen, oder zu Elektronikherstellern, die weder die sozialen Kosten berücksichtigen, die die Produktion in Asien und in Afrika verursacht, noch die Folgekosten, die nach Gebrauch für die Entsorgung des Elektroschrotts anfallen.

Verschärft wird das Problem durch das weiterhin rasante Wachstum der Weltbevölkerung. Wenn die führenden Politiker der asiatischen Länder unbeschränkten Konsum für wünschenswert oder gar notwendig erachten, um die aktuellen Wachstumsraten aufrechtzuerhalten, dann könnten im Jahr 2050 in Asien 5 Milliarden Menschen leben, die so viel konsumieren wie die US-Amerikaner heute. Von den dann weltweit 3 Milliarden Autos wären allein in Indien und in China 2 Milliarden unterwegs, mit einem täglichen Rohölbedarf von 120 Millionen Barrel – etwa viermal so viel, wie die Opec-Länder heute fördern. Auch beim Trinkwasser, von dessen weltweit verfügbaren Reserven derzeit 54 Prozent verbraucht werden, wäre es ein Desaster, wenn die Menschen in Asien sich den Westen zum Vorbild nähmen: In den USA wird heute pro Kopf dreimal so viel Wasser verbraucht wie in China und mehr als hundertmal so viel wie in Angola.

Asien sowie ein Großteil der Schwellen- und Entwicklungsländer bewegen sich derzeit auf einen Abgrund zu. Sie sind in einer ähnlichen Situation wie die USA vor sechzig Jahren, als sie die ökonomischen und politischen Institutionen schufen, die die Welt bis heute prägen. Nun verschiebt sich der wirtschaftliche und politische Einfluss nach Osten, und die Länder Asiens haben das Privileg, aber auch die Verantwortung, die Institutionen aufzubauen, die für die nächsten fünfzig Jahren Bestand haben werden. Ihnen wird gesagt, sie seien die Zukunft der Weltwirtschaft und die Erben der westlichen Wirtschaftstradition. Die asiatischen Eliten sollten sich jedoch hüten, ihrer Bevölkerung den Lebensstil und die Konsumgewohnheiten des Westens aufzudrängen, und stattdessen lieber ein alternatives Entwicklungsmodell schaffen und umsetzen, das von der Begrenztheit der Ressourcen ausgeht. Dabei sind vier häufig vernachlässigte Faktoren zu berücksichtigen.

Erstens die demografische Entwicklung: Hier konzentriert sich die Debatte auf Themen wie sinkende Geburtenraten, Migrationsströme und die Alterung der Gesellschaften. Weit weniger Aufmerksamkeit erfährt die ebenso wichtige Frage des Stadt-Land-Gegensatzes. Die ländliche Bevölkerung in Afrika und Asien ist von lebenswichtigen Infrastrukturen

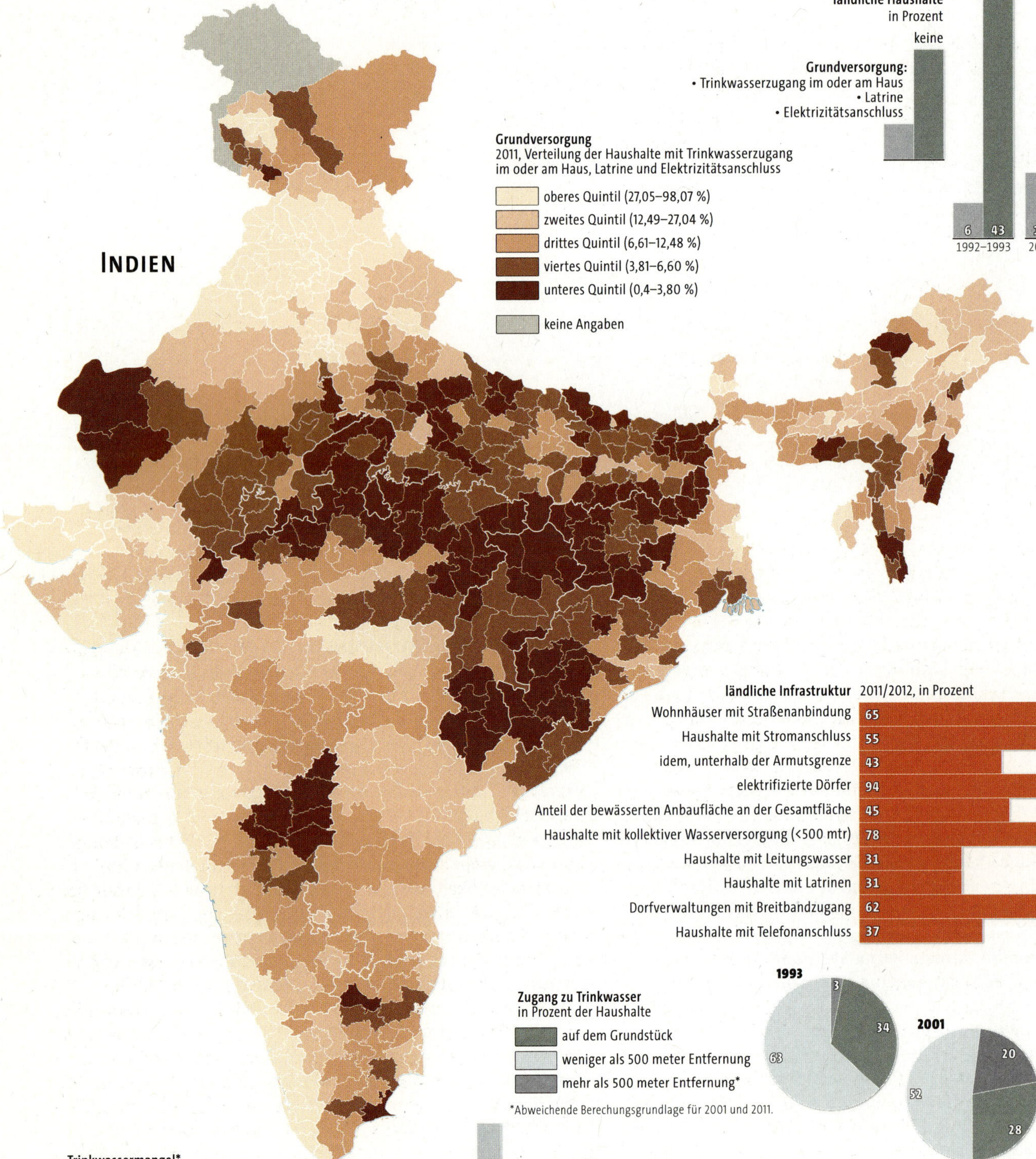

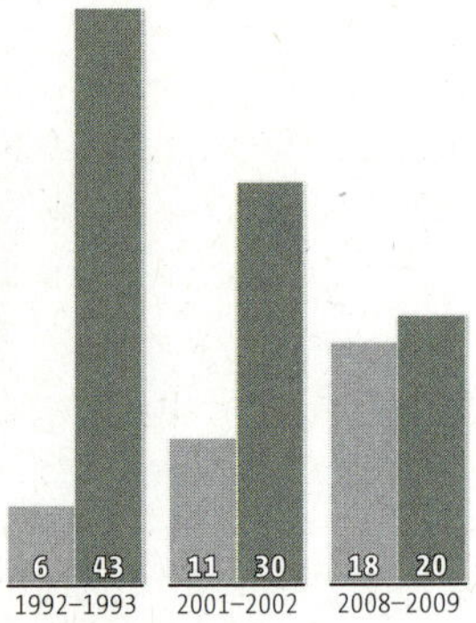

ländliche Infrastruktur 2011/2012, in Prozent

Wohnhäuser mit Straßenanbindung	65
Haushalte mit Stromanschluss	55
idem, unterhalb der Armutsgrenze	43
elektrifizierte Dörfer	94
Anteil der bewässerten Anbaufläche an der Gesamtfläche	45
Haushalte mit kollektiver Wasserversorgung (<500 mtr)	78
Haushalte mit Leitungswasser	31
Haushalte mit Latrinen	31
Dorfverwaltungen mit Breitbandzugang	62
Haushalte mit Telefonanschluss	37

Zugang zu Trinkwasser
in Prozent der Haushalte

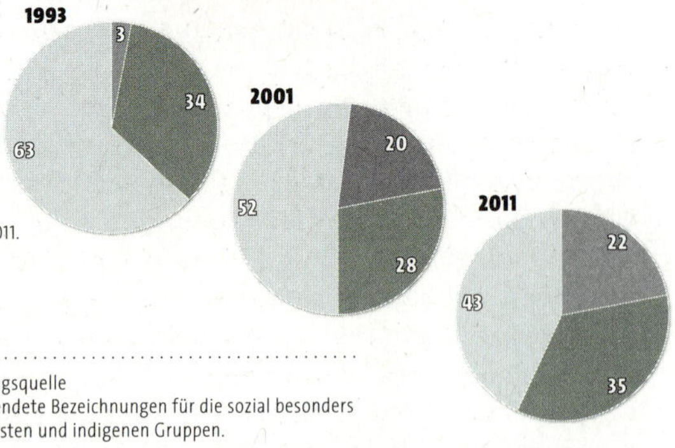

*Abweichende Berechungsgrundlage für 2001 und 2011.

Trinkwassermangel*
2009, in Prozent der Haushalte

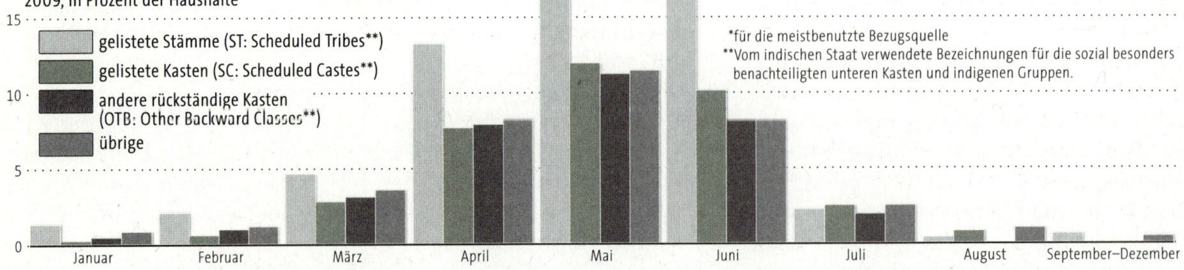

*für die meistbenutzte Bezugsquelle
**Vom indischen Staat verwendete Bezeichnungen für die sozial besonders benachteiligten unteren Kasten und indigenen Gruppen.

Ohne Wasser, Klo und Strom in Indien

abgeschnitten. Sie müsste über bessere Transportmöglichkeiten, Bewässerungsanlagen, Kommunikationsmittel und vernünftige Lagerungsmöglichkeiten verfügen, damit weniger Waren verderben und die Bauern ihre Produkte auf den Märkten in nahe gelegenen Städten verkaufen können. Auch die schlechte Versorgung der ländlichen Regionen mit Trinkwasser, Strom und sanitären Anlagen treibt viele Landbewohner in die städtischen Slums, in denen weltweit heute über eine Milliarde Menschen leben. Investitionen in die dörfliche Wirtschaft würden dieser gewaltigen Migrationswelle entgegenwirken, die dazu führt, dass in den Entwicklungsländern große Teile der ländlichen Gebiete verlassen daliegen, während gleichzeitig die Lebensbedingungen in den Megastädten immer chaotischer und menschenunwürdiger werden.

Zweitens die Bildung: Hier geht es bei den Debatten – und den Investitionen – vornehmlich um technische Fertigkeiten und Universitätsabschlüsse. Genauso wichtig wäre es aber, wichtige Zukunftsfragen wie die Grenzen des Wachstums, die angemessene Inwertsetzung von Gütern und Dienstleistungen sowie die Bedeutung der Rechte des Einzelnen an allen akademischen Institutionen in Lehre und Forschung einzubeziehen. So könnten alternative Ideen größere Verbreitung finden und vielleicht auch das Denken von Politikern beeinflussen, die »Wachstum durch Konsum« immer noch für alternativlos oder unproblematisch halten.

Gegenwärtig wollen uns die Mainstreammedien weismachen, bedenkenswerte Ideen kämen vor allem von der im Westen ausgebildeten »kosmopolitischen« Elite, die sich an den globalen Medien orientiert, zu denen sie auch exklusiven Zugang hat. Sie sind die Befürworter jedweder gängigen Orthodoxie, aber wenn sich der Wind dreht, ist es stets ein Mitglied desselben Klubs, das für das Neue eintritt. Solange die Weltöffentlichkeit von anderen Ideen – zumal solchen, die westliche Politiker anstößig finden wie etwa Konsumbeschränkungen oder die Einschränkung bestimmter persönlicher Freiheiten – nichts erfährt, wird sie in ideologischem Schubladendenken und Ignoranz befangen bleiben.

Drittens der Staat und seine wirtschaftlichen Aufgaben: Der Staat hat das Wohlergehen der Gesamtgesellschaft zu schützen – nicht nur das Leben und den Besitz der einzelnen Bürger. Ein Hauptaugenmerk muss dabei der preislichen Unterbewertung der natürlichen Ressourcen, aber auch lebenswichtiger Güter, wie sauberer Luft und Trinkwasser, gelten. Nur wenn die tatsächlichen Kosten dieser Ressourcen in den Endpreis der Produkte und Dienstleitungen eingehen, können Staaten die weitere Verschmutzung von Böden, Wasser und Luft verhindern. Deshalb muss der Staat hier aktiv und vorausschauend eingreifen, strenge Schutzmechanismen durchsetzen und gegebenenfalls auch die Nutzung und den Verbrauch endlicher Ressourcen begrenzen. Private Unternehmen sollten nur innerhalb solcher staatlich gesetzten Grenzen agieren können, so sehr das den westlichen Weisheiten zuwiderlaufen mag. Schließlich gibt es Gesetze und Vorschriften für vieles, vom Waffenbesitz über das Rauchen in öffentlichen Räumen bis hin zur Einschränkung der Redefreiheit bei rassistischer Hetze oder bei Aufrufen zu religiös motivierter Gewalt. In all diesen Fällen sind der individuellen Freiheit Grenzen gesetzt, die dem Schutz des Gemeinwohls dienen – sie beschränken die Interessen der wenigen und wahren die Interessen der vielen.

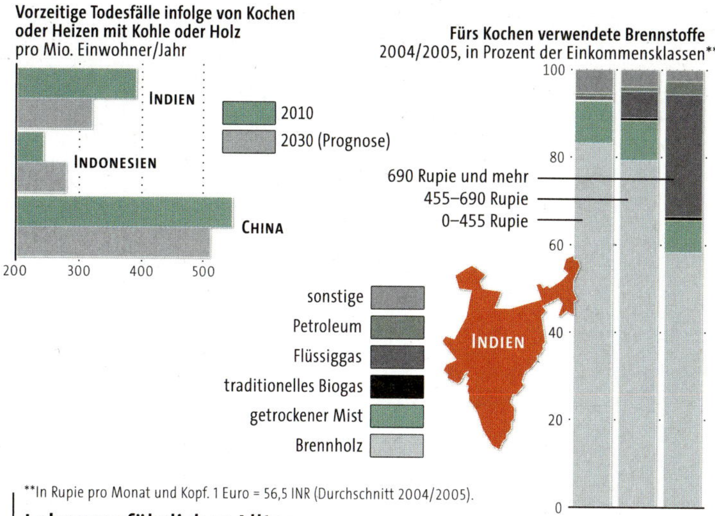

Lebensgefährlicher Alltag

Schließlich die Berücksichtigung der externalisierten Kosten: Nur wenn die »Dienstleistungen der Natur« in Preisberechnungen einfließen, können auf mittlere Sicht schwere Umweltschäden verhindert, aber auch das Wirtschaftswachstum verlangsamt und die Möglichkeiten demonstrativen Konsums beschränkt werden. Um einen Systemwechsel herbeiführen zu können, müssten sich auch die Institutionen der internationalen Zusammenarbeit verändern, die derzeit immer noch von den westlichen Staaten dominiert werden, entweder strukturell – wie in der UNO – oder de facto wie bei der Welthandelsorganisation (WTO).

Laut Joseph Stiglitz, Wirtschaftsnobelpreisträger und einst Chefökonom der Weltbank, profitierten von den WTO-Abkommen, die in den ersten fünf Jahren nach Gründung der WTO (1995) vereinbart wurden, die entwickelten Länder zu 70 Prozent und damit weit mehr als die Entwicklungsländer, in denen 85 Prozent der Weltbevölkerung leben. Mit solchen Methoden grenzt man genau die Großregionen aus, nämlich Asien und Afrika, auf die die Welt am meisten angewiesen sein wird, wenn wir in Richtung einer nachhaltigen Entwicklung umsteuern wollen. Außerdem werden unter diesen Umständen die Führungseliten in Asien, wenn die globalen Einfluss- und Machtstrukturen sich erst zu ihren Gunsten verschoben haben, dem aktuellen Modell wohl folgen und nur ihre eigenen Interessen wahrnehmen, statt im Interesse eines übergeordneten Gemeinwohls Kompromisse zu schließen.

Es spricht einiges für die Annahme, dass der Zeitpunkt für Veränderungen gekommen ist. Vor der weltweiten Finanzkrise waren nicht viele Menschen geneigt, das System infrage zu stellen. Doch seit sich im Modell des westlichen Kapitalismus tiefe Risse zeigen, sind viele – und vielleicht auch führende Köpfe aus Wirtschaft und Politik – offener für alternative Lösungen.

Chandran Nair

Bücher *&c.*

- Pankaj Mishra, *Aus den Ruinen des Empires. Die Revolte gegen den Westen und der Wiederaufstieg Asiens*, Frankfurt am Main (S. Fischer) 2013.
- Chen Guidi, Wu Chuntao, *Zur Lage der chinesischen Bauern. Eine Reportage.* Aus dem Chinesischen von Hans Peter Hoffmann, Frankfurt am Main (Zweitausendeins) 2006.
- »Women at the Weel/Die Taxischwestern von Xian«, Regie: Fang Yu, China/Deutschland 2006.

Säen für die Zukunft

Noch dominiert die industrielle Agrarproduktion, doch viele Städter und Bauern proben schon das Bündnis für eine nachhaltige, solidarische Landwirtschaft

Pegida? Viele zucken zusammen, als sie das Kürzel über der Menge schweben sehen. Wollen die sogenannten Retter des Abendlandes jetzt etwa die Agraropposition kapern, die Mitte Januar 2015 vor dem Bundeskanzleramt für eine bessere Landwirtschaft demonstriert? Doch nein, kleiner Scherz: »Pestizidkritiker gegen die Industrialisierung des Ackerbaus« steht auf diesem »Pegida«-Plakat. Und auch sonst verpacken die Demonstranten ihren Protest gegen Agrarchemie und Gentechnik, Massentierhaltung und Bodenpreiswucher mit viel Humor.

»Ei love Freedom«, hat sich ein Pärchen auf die T-Shirts geschrieben. Imker in weißer Montur wedeln den Smoker wie Priester ihr Weihrauchfass, Damen und Herren im rosa Schweinchenkostüm zupfen sich an den Ringelschwänzchen. An der Spitze fährt ein Konvoi aus 90 brummenden Traktoren: »Power to the Bauer!« Und auch wenn sich die Medien für diesen eindrucksvollen Aufmarsch von 50 000 Bürgern deutlich weniger interessieren als für die Dresdner Pegida-Demos: Die neue Agrarbewegung, die seit 2010 Jahr für Jahr die Berliner Grüne Woche herausfordert, wächst so stetig wie die Feldfrüchte auf dem Acker.

Für Zulauf haben immer wieder Lebensmittelskandale gesorgt: 2011 trieb Dioxin in Eiern neue Mitstreiter auf die Straße, 2015 sind es multiresistente Keime als Folge des Antibiotikamissbrauchs im Stall. Geeint werden so unterschiedliche Gruppen wie die Arbeitsgemeinschaft bäuerliche Landwirtschaft und vegane Studenten, Umwelt- und Verbraucherverbände, Milchbauern und Luxusköche, Gärtner und Entwicklungsorganisationen auch in ihrer Suche nach Alternativen zu jener Agrarproduktion, die für Landwirte weltweit nur ein Programm kennt: Wachse oder weiche. Viele, die in Berlin zusammenkommen, gestalten Modelle, mit denen die Ökosysteme, die Welternährung und die Vielfalt bäuerlicher Betriebe gesichert werden sollen.

Dazu gehören Bioanbau und Fairer Handel schon seit langem. Jüngere Initiativen werden noch grundsätzlicher und wollen die Entfremdung zwischen urbanen und ländlichen Kulturen verringern. Städter sollen mehr über Praxis und Wert der Landwirtschaft erfahren, ja selbst die Ärmel hochkrempeln oder zumindest noch direkter Einfluss darauf nehmen, dass die Bauern weltweit nachhaltig produzieren.

Doch wie wirkungsvoll ist dieses neue, bodenständige Geflecht? Zu seinen jungen Trieben zählt zum Beispiel die »Solidarische Landwirtschaft«. Ursprünglich wurde diese Form der Direktvermarktung von Ökobauern in den USA entwickelt. Jetzt entdecken vor allem jüngere Leute das System neu – und rennen stadtnahen Bauern die Türen ein.

Ein Vorreiter in Deutschland, Mathias von Mirbach, trägt jede Woche stapelweise Kartons und Kisten in die Depots seiner Hamburger Unterstützer. In ihren Kühlschränken deponiert er frische Milch, Joghurt, Butter und Quark, Brot- und Käselaibe, Fleisch und Würste, Karotten, Kartoffeln, Postelein. Das alles stammt von seinem Hof, der keine 40 Kilometer entfernt in Schleswig Holstein liegt. Ehe er wieder fährt, schnappt sich der Landwirt noch die Reste: »Die gehen zurück, in den Schweinetrog.« Genutzt werden die Speisekammern von kleinen Nachbarschaftskooperativen. Ihre Mitglieder können sich aus den gefüllten Kühlschränken bedienen. Pro sogenanntem Ernteanteil bezahlen sie monatlich 178 Euro.

Als innovationsfreudig fiel Mirbach schon auf, als er Bürgern anbot, sich mit einer »Kuhaktie« an seinen Investitionen zu beteiligen. Von den 150 Hektar, die zwei Familien und vier Mitarbeiter bewirtschaften, werden Marktstände, eine Biobäckerei und ein Laden beliefert. Die Hälfte der Produkte geht an die Kooperativen, mit denen er eine Art Symbiose eingegangen ist: Er kann zuverlässig mit den verkauften Ernteanteilen rechnen. Seine Kunden, die er lieber »nicht aktive Landwirte« nennt, verhelfen ihm überdies zu der Freiheit, seinen Mischbetrieb so zu bewirtschaften, wie er es für richtig hält: biologisch-dynamisch. Statt als Rohstoffproduzent mit wenigen Erzeugnissen dem Preisdruck einzelner Großhändler ausgeliefert zu sein, schließt er mit einer selten gewordenen Vielfalt von Tieren und Anbaupflanzen ökologische Kreisläufe. Die Abnehmer bekommen im Gegenzug Brot, das kräftig nach Dinkel und Hirse schmeckt, Würste aus Hausschlachtung und im Sommer 50 Gemüsesorten – und nicht zuletzt das Gefühl, etwas für Wasser, Boden und die Schönheit der Landschaft zu tun.

Global Player auf dem Saatgutmarkt

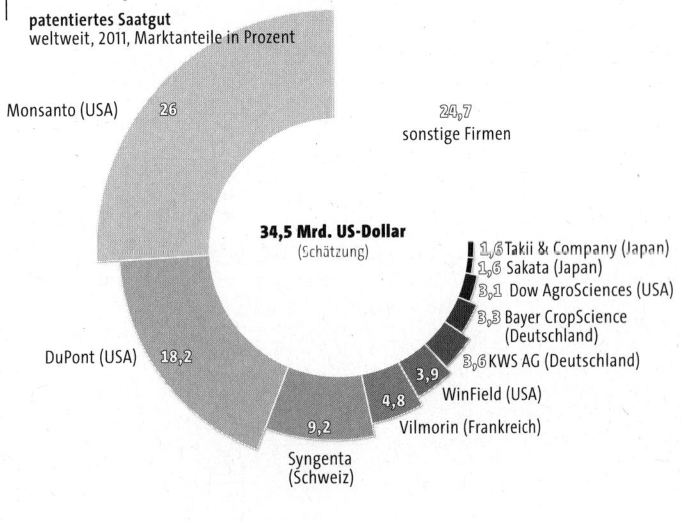

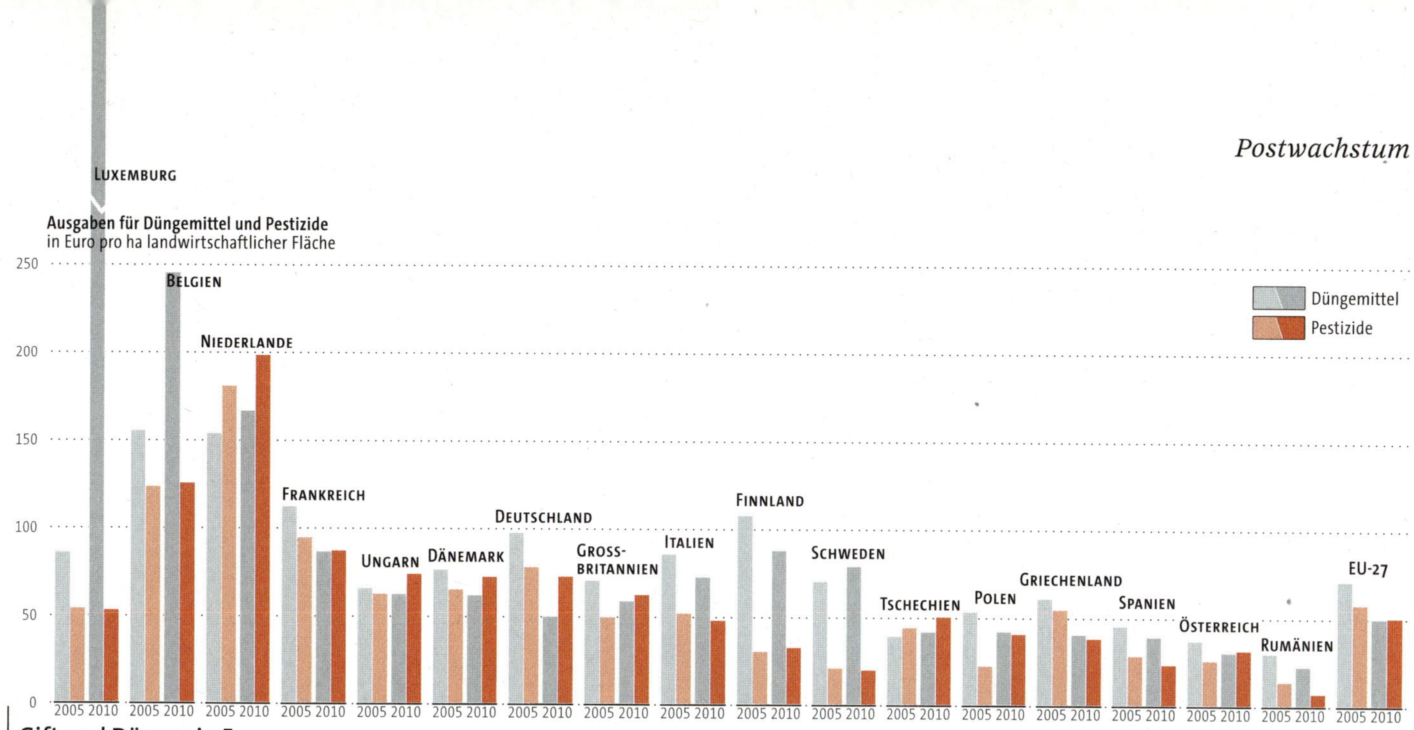

Gift und Dünger in Europa

Einige »Nichtaktive« helfen auch aktiv mit auf »ihrem« Hof.

Das klingt einfacher, als es ist. So ein Modell wird in langen Debatten errungen. Nicht jeder Konsument, jeder Bauer ist bereit, eingefahrene Vorstellungen von Eigentum und Kontrolle über den Haufen zu werfen. Vielleicht auch deshalb hat ein bayerisches Netzwerk die Sache größer und kommerzieller angelegt. Um die Vorteile der regionalen Produktion zu nutzen, vermarkten Öko- und konventionelle Bauern aus den Regionen München und Augsburg unter dem Label »Unser Land« gemeinsam mit Handwerksmolkereien, Käsereien, Metzgereien und »Solidargemeinschaften« ihre Produkte in Fachgeschäften und kleineren Supermärkten. Anders als bei vielen verwässerten Regionalsiegeln folgen sie einem verbindlich hohen ökologischen und sozialen Anspruch. Dann sind die Lebensmittel zwar etwas teurer. Aber immer mehr Konsumenten finden es absurd, dass sie billige Milch aus allen möglichen Landesteilen kaufen können außer dem eigenen, und sind bereit, für Produkte aus der Nähe etwas mehr zu bezahlen. Sie würdigen, dass sie bei einigen Mitgliedsbauern auch mal vorbeischauen oder von ihnen sogar ein Stück Land mieten und selbst bebauen können.

Unmittelbares Erleben ist auch Ziel eines neuen Projekts der Zukunftsstiftung Landwirtschaft. Sie setzt sich hauptsächlich für die Züchtung von Saatgut ein, das den Ansprüchen des Bioanbaus genügt. »2000 Quadratmeter«: Mit diesem Titel verbindet jetzt der umtriebige Leiter ihrer Berliner Vertretung, Benedikt Haerlin, darüber hinaus Aufklärung mit praktischer Feldarbeit.

Ein »Weltacker« repräsentiert die Fläche, die jedem Erdenbürger für seine Ernährung zur Verfügung stünde, wäre der Boden gerecht verteilt. Als Demonstrationsobjekt hat eine bunt zusammengewürfelte Gruppe von Landwirten und Laien die 2000 Quadratmeter am Ufer der Havel im ersten Jahr so bepflanzt, dass die Wirklichkeit des globalen Anbaus abgebildet wurde. Das heißt: Auf mehr als der Hälfte der Fläche, die etwa so groß ist wie ein 50-Meter-Schwimmbecken, wächst Getreide wie Weizen, Mais, Gerste oder Roggen; im Süden wäre es Reis. Auch bei Knollen und Ölpflanzen wie Soja dominieren nur wenige Kulturen. In der Ecke für Obst und Gemüse gedeiht zwar die größte Vielfalt der Arten und Sorten. Doch von der Fläche nehmen sie den geringsten Teil ein.

Wenn sie diese Verteilung unmittelbar vor Augen haben und die Krume in ihren Händen spüren, dann können sich Schüler und andere Besucher vielleicht noch besser vorstellen, dass rund 55 Prozent des Landes von den Monokulturen für Fleischkonsum und Energiepflanzen beansprucht werden und welche Verantwortung ein durchschnittlicher EU-Bürger für die Welternährung trägt. Denn über die ihm fairerweise

Der Bioanbau legt zu

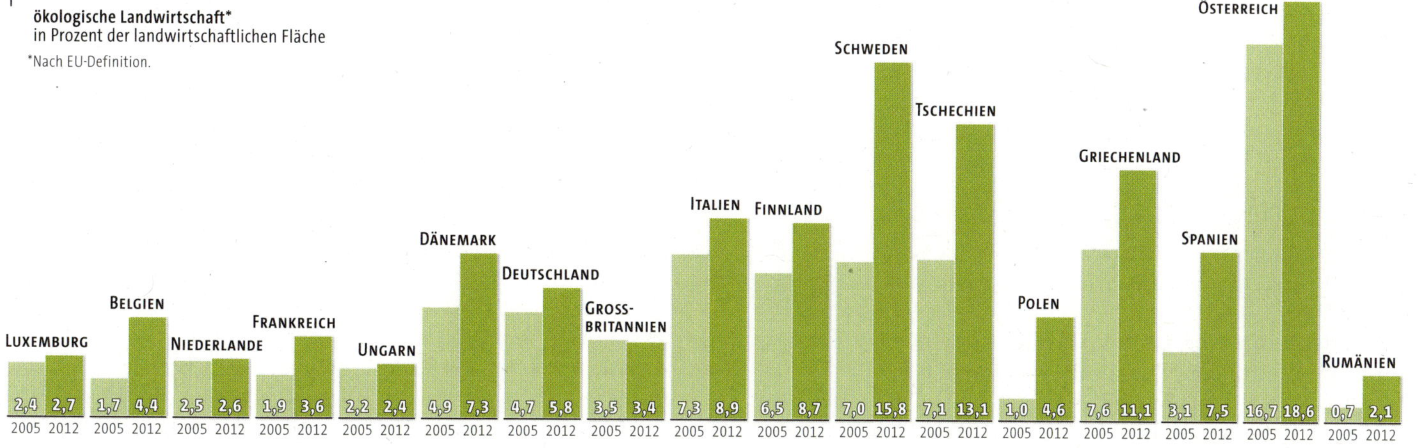

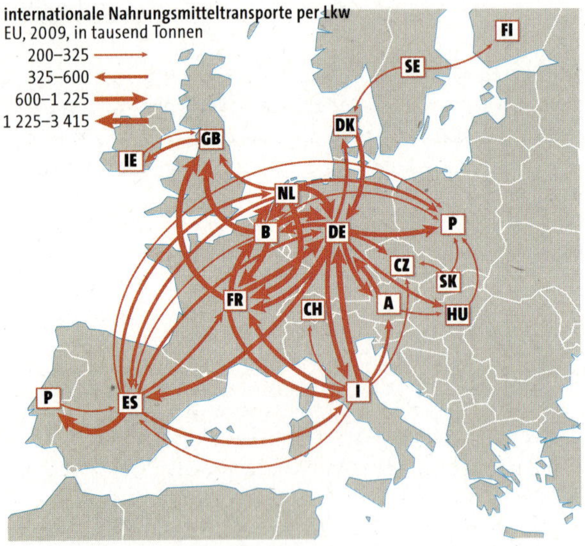

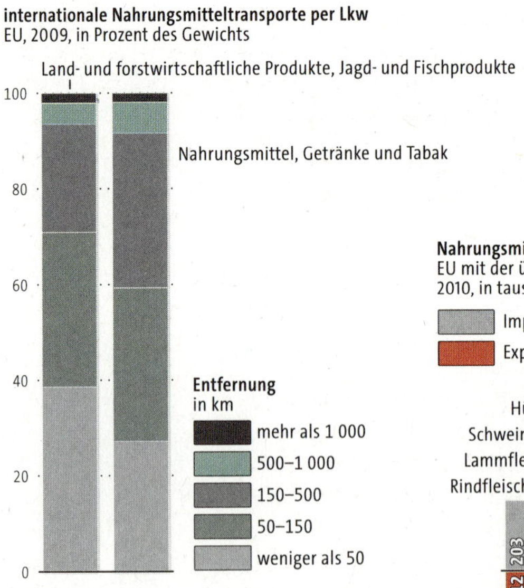

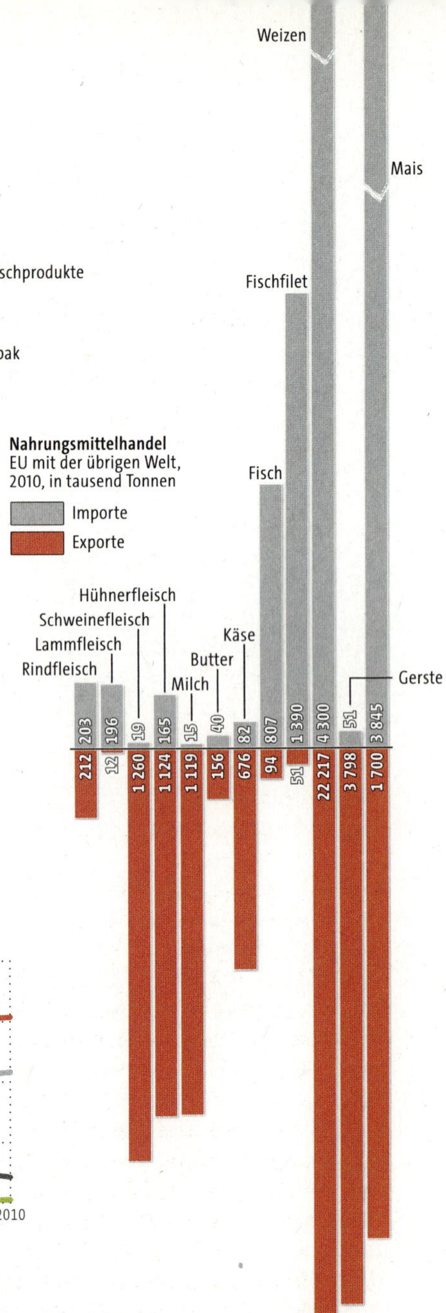

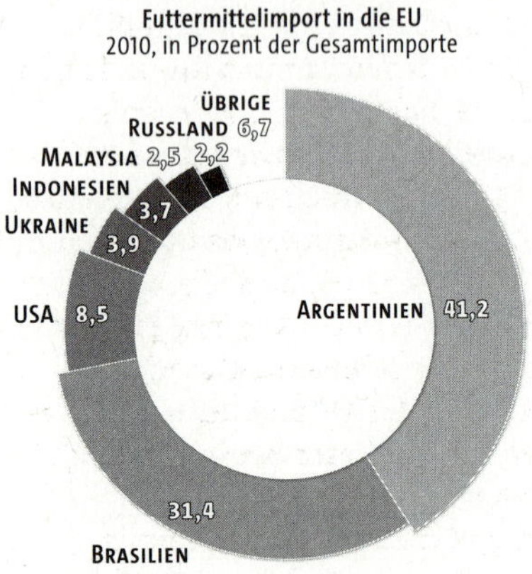

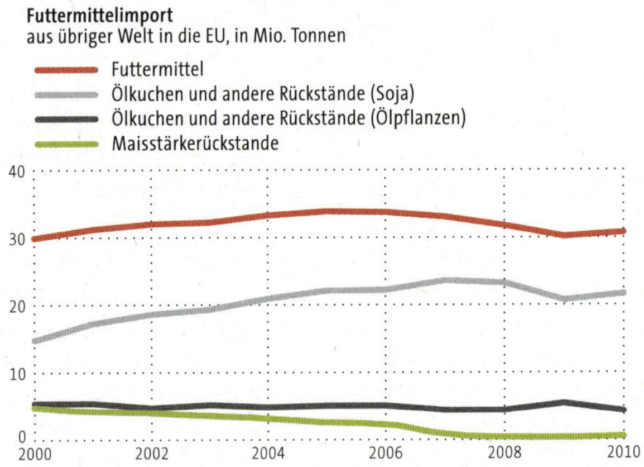

Europäische Agrarproduktion: ein globales Geschäft

zustehenden 2 000 Quadratmeter hinaus nutzt er 700 weitere in anderen Ländern – während ein Chinese von einem halb so großen Feld leben muss.

Im zweiten Jahr wird der Weltacker so bestellt, dass eine Person großzügig davon leben kann. Dann sieht er je nach Geschmack und Kultur in Brandenburg anders aus als bei den befreundeten Initiativen, die es schon in China, Griechenland und Schottland gibt. Um die Fruchtbarkeit kümmern wollen sich aber alle: Es gehe weniger darum, »den Leuten beizubringen, wie man Tomaten und Gurken anbaut«, sagt der griechische Projektpartner Pavlos Georgiadis, »als darum, wie man Boden wachsen lässt«.

Auf die Mischung aus Buddeln und Begreifen setzen auch Stadtgärtner von der Hamburger »Keimzelle« bis zur Kölner »Pflanzstelle«, von den Orti Dipinti in Florenz bis zum People's Garden im kalifornischen Santa Ana. »Lokal hacken, global denken«: Zwischen Beeten und Gemüsekisten gibt es Vorträge über die Vielfalt der Bohnen oder den Landraub in Afrika. Allein das globale Netzwerk Urban Farming verzeichnet fast 63 000 Gemeinschaftsgärten. In westlichen Metropolen führen sie Menschen zusammen, die besser essen und leben und zugleich ihren ökologischen Fußabdruck verkleinern wollen. Für die Bewohner osteuropäischer Vororte, US-amerikanischer Armenviertel oder asiatischer Megacitys bedeuten sie oft eine Existenzgrundlage.

Auf einem Markt in Oyster Bay, dem schicksten Viertel von Tansanias Hauptstadt Dodoma, erzielen arme Stadtrandbewohner ein zusätzliches Einkommen damit, traditionelle Gemüse und Kräuter zu verkaufen. Der Erd-Ginseng mit seinen winzigen, zartrosa Kugelblüten ist gut für Augen und Verdauung. Die Moringawurzel hat hohe Anteile an Vitamin A. Ähnlich nährstoffreich sind Radieschenbaum, großblättriger Malabar-Spinat und Matembele, die Blätter der Süßkartoffel.

Dass diese Gewächse wieder angebaut oder gesammelt werden, ist auch dem Regent Estate Senior Womens Group (Resewo) zu verdanken, den die Rentnerin Freda Chale im Jahr 2007 gegründet hat. »Das Wissen über unsere Pflanzen soll doch nicht ganz vergessen werden«, sagt sie. Seither pflegt sie mit ihren Freundinnen und jungen Leuten einen Stadtgarten, und Resewo-Leute reisen zu Anbaukursen in Dörfer. Gerade auf dem Land wird oft nur Maisbrei mit Bohnen gegessen. Traditionelle Lebensmittel liefern den Familien preiswert Mikronährstoffe und Vitamine dazu.

Unterstützt wird Freda Chale von der Organisation Slow Food, deren Anhänger die Berliner Agrardemo mit organisiert haben. 10 000 Gemüsegärten wollen die Freunde der Langsamkeit allein in afrikanischen Städten und Dörfern fördern. Bei der Gründung der Slow-Food-Bewegung in den 1980er Jahren in Norditalien standen zunächst kulinarische Motive im Vordergrund. Um den Anbau traditioneller Kulturpflanzen für die Cucina wieder zu beleben, finanzierten Restaurantbesitzer schon damals Landwirten den Aufbau einer »Arche der Geschmäcker«.

Heute retten Slow-Food-Gruppen in aller Welt alte Sorten in erster Linie, um genetische Ressourcen dem Artensterben zu entreißen. Und Kleinbauern werden auch deshalb gefördert, weil sie es sind und nicht das große Agrobusiness, die 80 Prozent der Menschen ernähren. Dafür, dass diese lang ignorierte Erkenntnis mittlerweile auf allen Podien weltweit Konsens ist, hat nicht zuletzt der Weltagrarbericht aus dem Jahr 2008 gesorgt. Er wurde zu einer Art Bibel, auf die sich die globale Agrarbewegung beruft. Im Auftrag der Weltbank und einiger UN-Organisationen hatten 400 internationale Wissenschaftler in einem ungewöhnlich breiten, indigenes Wissen einschließenden Beratungsprozess Strategien gegen den Hunger erarbeitet. Am Ende stand das Plädoyer für eine grundlegende Neuausrichtung der Landwirtschaft: »Business as usual is not an option.«

Die Experten forderten eine multifunktionale Landwirtschaft – im Norden wie vor allem in Entwicklungsländern. Weil jede Region anders sei, müsse es ganz unterschiedliche Agrikulturen geben, eingebettet in die ebenso vielfältigen sozialen Strukturen und ökologischen Kreisläufe. Dem Schutz von Wasser, Böden und Artenvielfalt räumte der Bericht früher als andere Priorität ein. Erst recht in Zeiten des Klimawandels sei das eine Versicherung für kleine Erzeuger. Gestützt würden sie am ehesten durch den Aufbau lokaler und regionaler Märkte. Den Gedanken griff zum Beispiel das Programm Fome Zero (Null Hunger) in Brasilien auf. Die Regierung finanziert seit 2003 Schulspeisungen in den Großstädten und beauftragt Kleinbauern, die Produkte dafür zu liefern. So wird ländlichen und städtischen Armen zugleich geholfen. Auch in einigen Städten der alten Industrienationen kümmern sich mittlerweile von der Verwaltung organisierte »Ernährungsräte« um eine engere Verbindung zwischen ländlichen Produzenten und urbanen Konsumenten.

Im reicheren Norden entspringt der globale Regionalismus indes nicht selten individualistischen Motiven. Stärker als der Einsatz für Bauern und Ressourcen ist dann oft die Sorge um den eigenen Bauch. Die neuen Veganer zum Beispiel müssen erst noch beweisen, dass ihre Fleischlosigkeit nicht nur flüchtiger Gesundheitstrip oder kulinarischer Hype ist. So manchen urbanen Garten umweht auch ein Hauch von Biedermeier.

Dass die neue Agraropposition noch zu wenig politisch denke, kritisiert Jürgen Maier vom Forum Umwelt und Entwicklung. Tatsächlich bleiben die alternativen Ansätze bislang weitgehend in Nischen. 77 Kooperationen der Solidarischen Landwirtschaft gibt es bislang in Deutschland, fast hundert weitere Initiativen suchen einen Bauern – das ist ebenso vital wie marginal. Auch nach Jahrzehnten kommt der Bioanbau über 6,4 Prozent der Anbaufläche und 3,7 Prozent Marktanteil nicht hinaus. Dabei ist Deutschland einer der größten Ökomärkte. Die Herausforderung ist längst, sich den Widersprüchen zwischen Massenmarkt und grüner Verwurzelung offensiv zu stellen: Wie industriell darf Bio werden? Wie viel Bio muss der konventionelle Anbau schaffen und wie schnell?

Erfolgreich ist die Agrarbewegung in der Abwehr: Bürgerinitiativen haben mehr als 100 Megaställe verhindert, Gentechnik konnte in Europa nicht Fuß fassen, und das geplante Freihandelsabkommen mit den USA bekommt Gegenwind, weil es droht, europäische Verbraucherstandards zu untergraben. Der Bund für Umwelt und Naturschutz symbolisierte den Streit bei der Berliner Demo mit einem acht Meter hohen, aufblasbaren trojanischen Pferd. Viel weniger Aufmerksamkeit gab es für die »Partnerschaftsabkommen«, welche die Europäische Union den westafrikanischen Staaten mit heftigem Druck aufzwingen will – weil sie die europäischen Mittelschichten nicht treffen. Dabei untergraben diese Verträge in einigen Ländern erheblich die Entwicklungschancen eigener Agrarindustrien und damit der Kleinbauern, die sie beliefern. Von Ghana bis Nigeria leisteten Organisationen der Zivilgesellschaft Widerstand gegen die Ausweitung des Freihandels, weil sich kleine Produzenten nun der Konkurrenz sowohl anderer Entwicklungsländer als auch subventionierter Produkte aus der EU ausgesetzt sehen.

So wichtig die lokalen Initiativen sind, um an Modellen zu zeigen, was geht: Ohne klassische, institutionelle Politik bleiben sie eine Sache für Minderheiten. Immer öfter wird beim Thema Agrarwende der Vergleich mit der Energiewende gezogen. Doch auch Windräder und Solaranlagen konnten ihren Siegeszug erst antreten, als ihnen das Erneuerbare-Energien-Gesetz Marktchancen einräumte. Neue Regeln zu erstreiten, erfordert das Ringen um technische Details, Kompromisse und Mehrheiten – all die Mühen der demokratischen Ebene, die auch in der neuen Agrarbewegung von vielen vernachlässigt, ja belächelt werden.

Einer der wichtigsten Schauplätze für diese Arbeit ist Brüssel. Dort wurde die letzte EU-Agrarreform, die ökologisch verträglichen und regional vernetzten Produktionsformen europaweit Rückenwind verleihen sollte, auch deshalb bis zur Unkenntlichkeit verwässert, weil die nationalen Umwelt- und Naturschutzverbände und die EU-Abgeordneten in den Umweltausschüssen nicht genug Unterstützung bekamen. Die Öffentlichkeit schaut bei den europäischen Entscheidungsprozessen noch immer kaum hin.

Die vielleicht spannendste europaweite Initiative ist daher ARC 2020. In dieser Agricultural and Rural Convention 2020, die aus Deutschland von der Zukunftsstiftung Landwirtschaft mitgetragen wird, beginnen zivilgesellschaftliche Gruppen von Skandinavien bis Sizilien und von Großbritannien bis Rumänien schon jetzt, gemeinsam alternative Kriterien für die europäische Subventionspolitik zu entwickeln. Denn nach der Reform ist vor der Reform. Und solidarische Landwirtschaft braucht im Kleinen wie im Großen vor allem eines: Ausdauer.

Christiane Grefe

Bücher &c.

- *Weltagrarbericht – Synthesebericht*, Hamburg (University Press) 2009.
- Valentin Thurn, Stefan Kreutzberger, *Harte Kost. Wie unser Essen produziert wird – Auf der Suche nach Lösungen für die Ernährung der Welt*, München (Ludwig) 2014.
- Philipp Stierand, *Speiseräume. Die Ernährungswende beginnt in der Stadt*, München (oekom) 2014.
- Harald Welzer, Dana Giesecke, Luise Tremel (Hg.), *FUTURZWEI Zukunftsalmanach 2015/2016. Geschichten vom guten Umgang mit der Welt*, Frankfurt am Main (Fischer) 2014.

Pionier der Bodengewinnung

Ein Wasserwirtschaftler aus Hamburg arbeitet unermüdlich daran, menschliche Exkremente in fruchtbaren Boden zu verwandeln – das klappt tatsächlich

Am Anfang dieser Geschichte war zweierlei: Kot und Urin. Der hagere freundliche Mann hielt dem verblüfften Publikum im Essener Grillo-Theater zwei Marmeladengläser vor Augen, eins in der rechten Hand, eins in der linken. Das eine enthielt kompostierten menschlichen Kot, das andere Urin, und der Mann sagte: »Diese beiden Substanzen sollten sich nicht mischen, sondern getrennt werden.« Um der Kostbarkeit willen. Mindestens ebenso wichtig aber sei es, das Abwasser, das alles fortspült, von den Exkrementen zu trennen.

Der Wasserwirtschaftler Ralf Otterpohl, ein heute 56-jähriger Professor an der TU Hamburg-Harburg, erklärte dem Publikum alsdann, wie aus den Exkrementen mit ein wenig Arbeit, Bioabfällen und Holzkohle jene fruchtbare Schwarzerde wird, mit der die Inkas noch vor 500 Jahren aus den nährstoffarmen Böden unter den Regenwäldern der Amazonasgebiete ertragreiche Äcker machten. Und der Urin, wenn er erst gründlich entgiftet sei, könne dank des darin enthaltenen Phosphats als Dünger und zur Aufforstung dienen. Der weltweite Einsatz der Wassertoilette westlichen Typs sei eine Katastrophe, weil die Fäkalien in den meisten Weltgegenden ungeklärt in die Gewässer geschwemmt würden und lebensgefährliche Durchfallerkrankungen verursachen. Der Vortrag hatte eine ungeahnte Wirkung: Im Publikum saß der Schriftsteller Ingo Schulze. Er ging auf Otterpohl zu, um ihm zu danken. Der Mann mit den zwei Marmeladengläsern habe seinen Blick auf die Welt verändert. Er besuchte Otterpohl in Hamburg und beschloss: »Meinen nächsten Roman schreibe ich über das WC als Irrweg der Geschichte.« Sodann reiste der Schriftsteller der Schwarzerde nach und drehte den Film: »Rettung aus dem Regenwald? Die Wiederentdeckung der Terra Preta«.

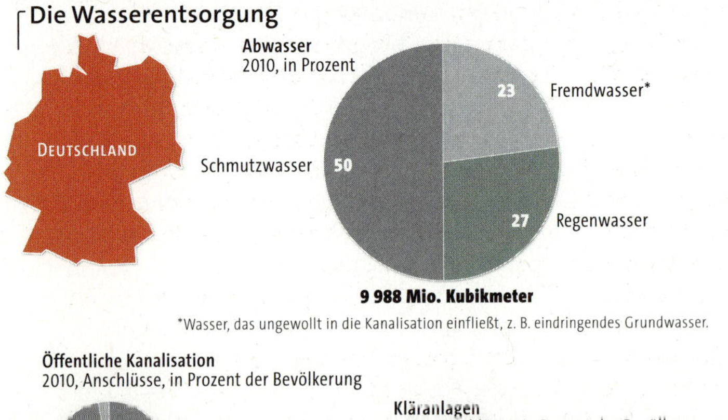

Wer sich für die Postwachstumspioniere interessiert, bekommt es immer wieder mit der Kunst zu tun. Fünf Jahre nach dem Essener Vortrag sitzt Ralf Otterpohl an einem Cafétisch in Hamburg und betont die Notwendigkeit eines schönen Designs für Ökoklos – ohne Schönheit geht es nun mal nicht, wenn man die Scham überwinden will. Das Thema Eco-Sanitation nimmt inzwischen Fahrt Richtung Mainstream auf, der NDR hat im Sommer 2014 einen 45-minütigen Film über die Toilette der Zukunft ausgestrahlt. Das No-Mix-Klo, das Kot und Urin trennt, hält Otterpohl inzwischen nur noch für eine gute Option unter mehreren, geeignet für dünn besiedelte Gebiete, aber sonst zu kompliziert, auch zu teuer. Es gebe längst geeignetere Klos, um die Probleme der Bodenerosion und Gewässerverschmutzung zu lösen.

Eine Million alternativer Toiletten sind weltweit in Betrieb, ein paar Millionen wurden gebaut, einiges ist schiefgegangen. Aber die Dynamik stimmt. Manche Alternativklos trennen die Exkremente voneinander, andere optimieren den Schwarzwasserkreislauf durch neue Hightechsysteme. Gemeinsam ist ihnen, dass sie die Nährstoffe wie Phosphat, Stickstoff und Kalium aus den Fäkalien vollständig zurückgewinnen und nur die Pharmarückstände, ob aus der Pille, aus Schmerzmitteln oder Antidepressiva, mit einigem Aufwand zersetzen. Rückgewinnung statt Entsorgung heißt die Devise.

Beispiel Phosphat: Einer der knappsten und begehrtesten Rohstoffe der Welt, den die Landwirtschaft zum Düngen braucht, wird in der üblichen Siedlungswasserwirtschaft dramatisch vergeudet. Aber die Vorräte sind begrenzt, sie werden in absehbarer Zeit erschöpft sein. Und die Länder, in denen fast 100 Prozent der Phosphatvorkommen liegen – Marokko, China, Algerien, Syrien, Jordanien, USA, Russland – werfen die unangenehme Frage auf, von wem die EU künftig existenziell abhängig sein will. Weil nicht die saubere Rückgewinnung von Phosphat im Vordergrund steht, findet sich im Handelsdünger immer mehr Cadmium oder sogar Uran. Statt das Phosphat aus den Nahrungsmitteln als Dünger wiederzuverwenden, wird es in Flüsse, Seen und Meere gespült, wo es das biologische Gleichgewicht zum Kippen bringt. Landwirtschaftliche Böden, die wegen des Einsatzes von Agrochemikalien erodieren, halten zudem das Phosphat nicht mehr fest. Erst mit der Bildung von Humus können die Nährstoffe im Boden gebunden werden.

In einer vom Klimawandel gezeichneten Welt, deren Böden nicht mehr fruchtbar genug sind, um zehn Milliarden Menschen zu ernähren, ist jeder gewonnene Hektar an

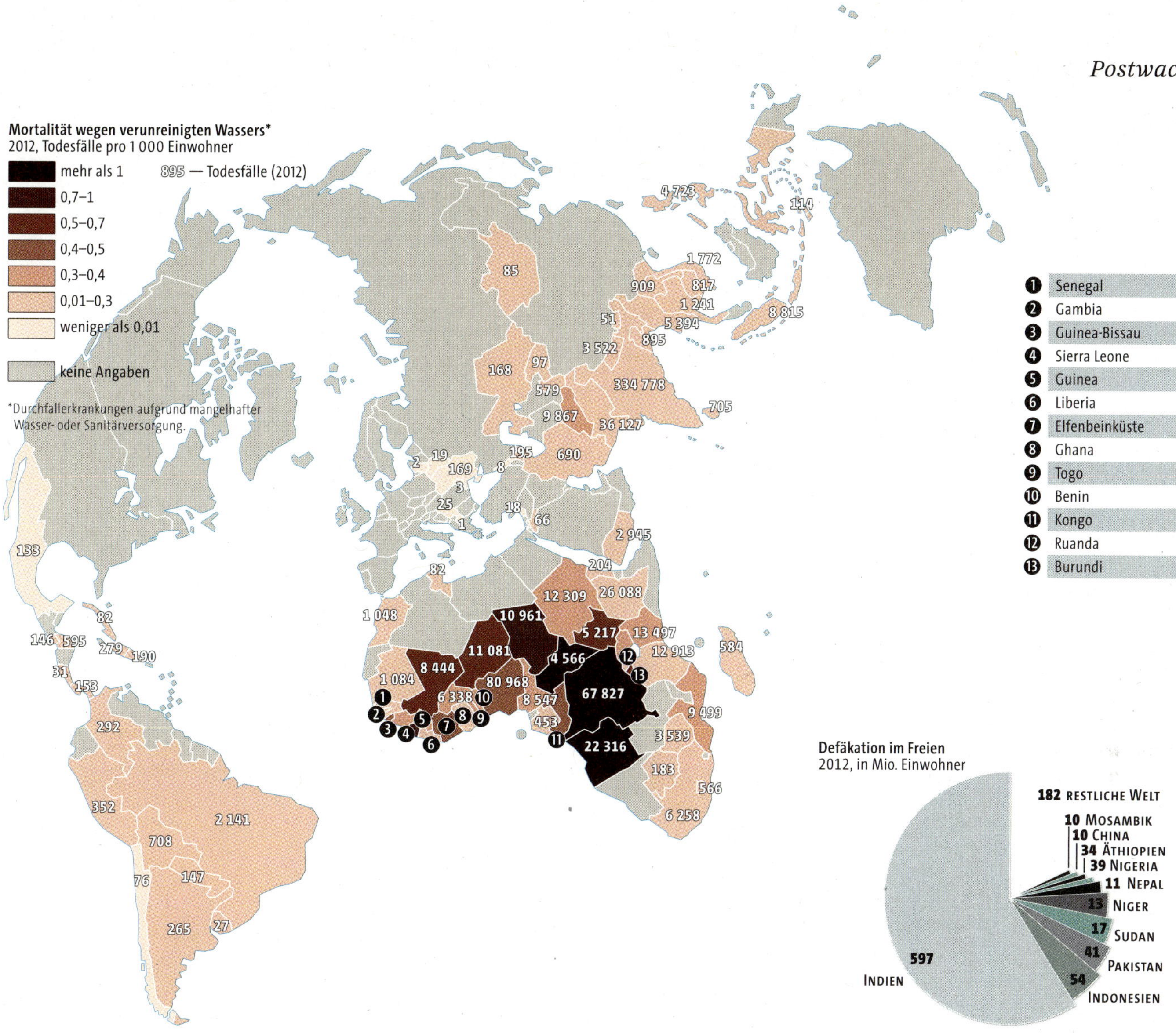

1	Senegal	3 482
2	Gambia	372
3	Guinea-Bissau	778
4	Sierra Leone	5 231
5	Guinea	4 506
6	Liberia	1 028
7	Elfenbeinküste	8 303
8	Ghana	4 763
9	Togo	2 377
10	Benin	3 063
11	Kongo	2 045
12	Ruanda	2 119
13	Burundi	6 325

Todesursache: verschmutztes Wasser

fruchtbarem Boden auch ein Zugewinn an Freiheit. Und die Sanitärtechnik ist ein Mittel, um eine vorsorgende Landwirtschaft gerade dort zu ermöglichen, wo Menschen von ihrem verdorrten Land in die Großstädte flüchten müssen, um ein Auskommen zu finden, wo sie doch zu Hause eines haben könnten.

Global heißt auch in dieser Klo-Geschichte lokal: Otterpohl forscht in Hamburg, im nahen Lübeck hat er sein Ingenieurbüro, in einer Siedlung von 2 000 Menschen in Hamburg-Jenfeld wird eines seiner Sanitärkonzepte umgesetzt, am Hamburger Hauptbahnhof eine Kreislauftoilette mit Düngerproduktion erprobt. Aber seine Lösungen sind universell gedacht. Wie viele Pioniere des Übergangs in eine ressourcenschonende Weltgesellschaft sagt auch Otterpohl, er arbeite an Gemeineigentum im kosmopolitischen Sinne, an Produkten, die überall auf der Welt eingesetzt werden können, nur regional immer ein wenig anders angepasst. Auch seine Erfindungen – ähnlich wie die Cradle-to-Cradle-Kreislaufmodelle oder die Null-Energie-Häuser – tragen Merkmale einer universalisierbaren Moral, die allen Menschen, auch den zukünftigen, ähnliche Freiheitsspielräume lässt: ob es um Boden, Wasserverbrauch, Klärschlammassen oder Phosphatvorkommen geht.

Diese Moral ist bei den meisten der Pioniere in die Substanz ihrer eigenen Wünsche nach Selbstbestimmung eingegangen, nämlich in die Wahl des Berufs und dessen Zuspitzung zur professionellen Kritik. Für viele ist das Unbehagen an einer westlichen Moderne bestimmend, die zerstört, was ihr heilig war: die gleiche Freiheit eines jeden. An dieser Zerstörung waren auch die »toilettes modernes«, wie man seit der Kolonialzeit in Westafrika die westlichen Spültoiletten nennt, beteiligt. Es soll der Moderne gehen wie ihren Klos: Sie wird überarbeitet. Heute setzen vor allem die Jüngeren auf die Selbstreparaturpotenziale der Moderne und probieren neue Spielräume aus.

Den Spielraum zu nutzen und zu erweitern, ist für viele Postwachstumspioniere fast so etwas wie eine kosmopolitische Pflicht. »Wir brauchen eine Weltwirtschaftsordnung, die allen dient«, sagt Otterpohl deshalb, »aber gegenwärtig sind fast alle ausgeschlossen.« Wovon? »Von einem guten Leben in Freiheit.« Er beruft sich auf den indischen Wirtschaftswissenschaftler und Nobelpreisträger Amartya Sen, für den Wohlstand und Freiheit, aber auch Eigentum und Freiheit untrennbar zusammengehören. »Die Weltgesellschaft degradiert Menschen überall zu Konsumenten. Wir müssen dafür sorgen, dass die Konsumenten

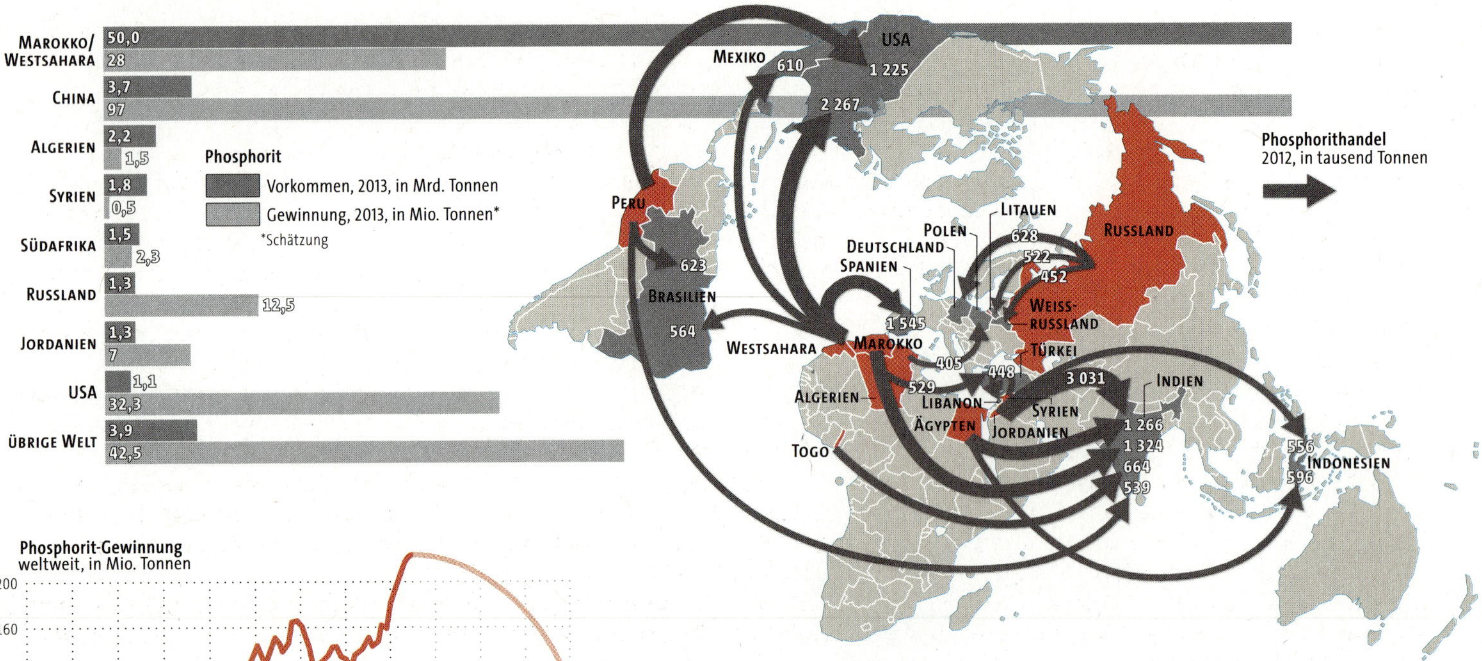

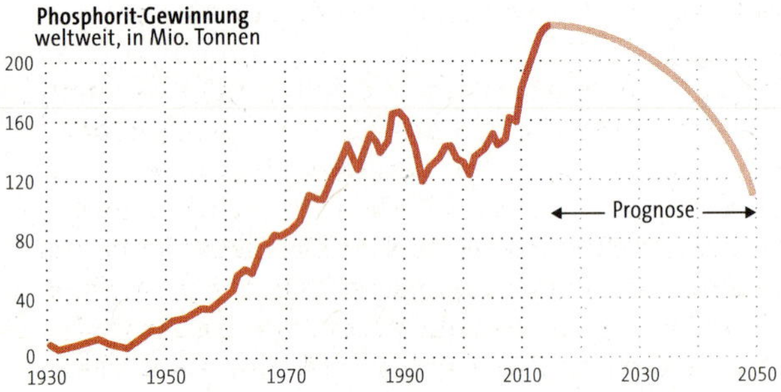

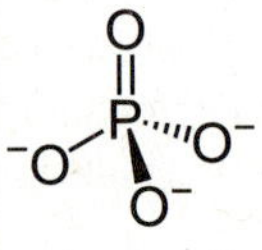
Das Anion PO_4^{3-}

Die moderne Landwirtschaft ist von Phosphat – in Form von Mineraldünger – abhängig. Die zugrunde liegenden Phosphorverbindungen werden meistens aus Phosphorit gewonnen, ein Gestein, dessen Vorräte in den nächsten Jahrzehnten zu Ende gehen werden. Zudem sind die allermeisten Phosphoritvorkommen mit Schwermetallen belastet. Auf der anderen Seite ist Phosphat Abfall. Es wird in den Kläranlagen der Industrieländer aus dem Abwasser gefiltert und verbleibt im Klärschlamm. Die häufige Schwermetallbelastung des Klärschlamms macht das Recycling – wie bei Phosphorit – problematisch. Und die Gewässer sind trotz Abwasserreinigung nicht phosphatfrei. Durch Ausspülung gelangt das in der Landwirtschaft verwendete Phosphat in Seen und Flüsse. Diese Eutrophierung führt im Extremfall zu biologisch toten Gewässern.

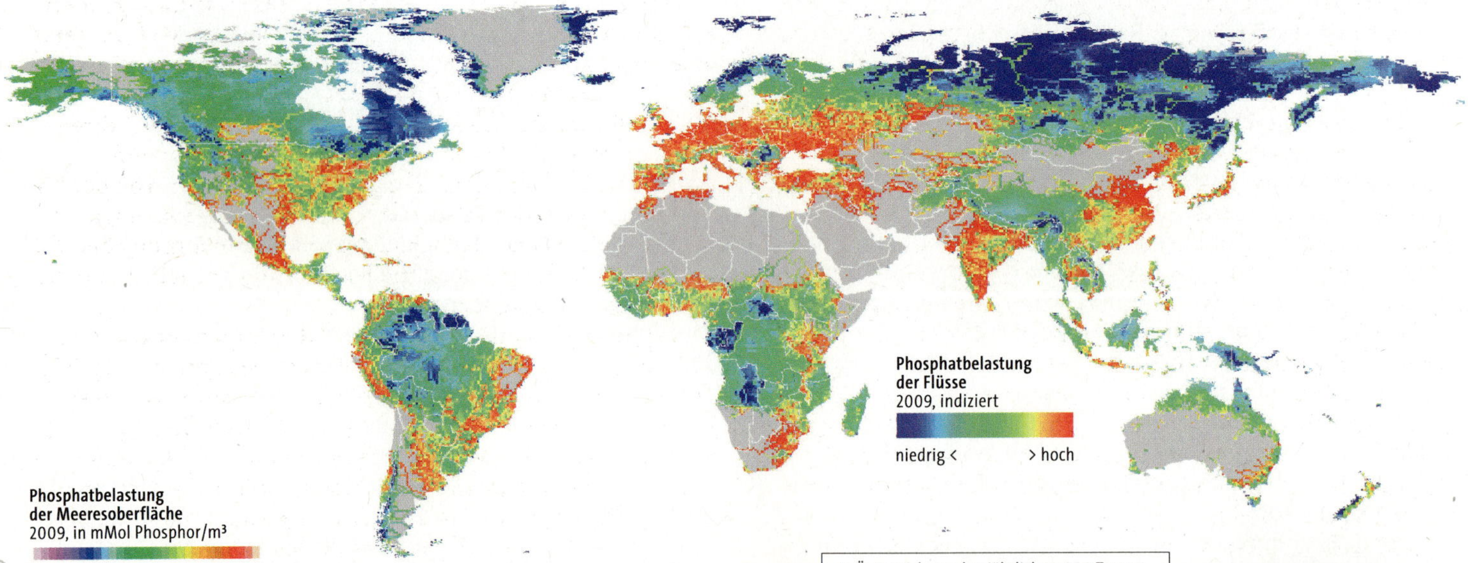

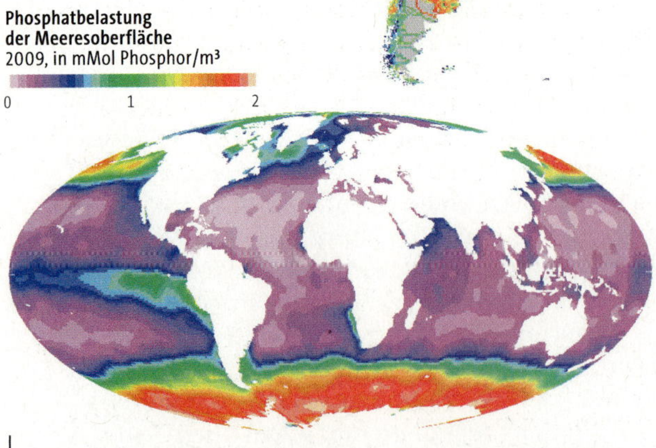

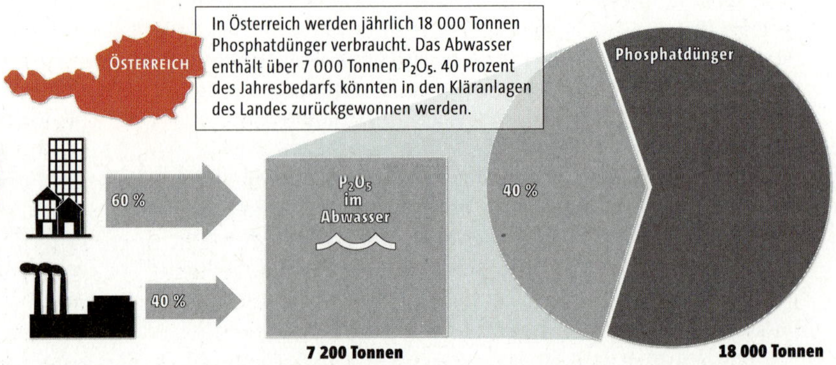

Phosphat – endliche Ressource und belasteter Abfall

wieder zu Produzenten werden können. Nahrung, Kleider, Häuser: Den echten Bedarf könnte fast jeder Mensch auf der Welt selbst herstellen, natürlich an jedem Ort etwas anders.« Prokreativ nennt Otterpohl das. Gemeint ist ein neuartiges Ringen um Unabhängigkeit: Regionale Wertschöpfung statt falscher Abhängigkeit von Monopolisten und Diktaturen, so lautet bei vielen Akteurinnen des Übergangs eine Zauberformel. Und was soll das sein, ein gutes Leben in Freiheit? »Selbstwirksam sein zu können. Und selbst darüber zu entscheiden, wie man wirken will. Zu wenig Menschen haben die Wahl, wie sie ihr Leben gestalten. Die meisten müssen Jahrzehnte an etwas arbeiten, das ihnen nichts sagt.«

Bleibt die Frage, wie ein deutscher Ingenieur dazu kommt, über ein gutes Leben in Freiheit nachzudenken und die dafür notwendigen neuen Klosysteme zu entwickeln? Die Geschichte ist einfach – und verlief so ähnlich wie bei vielen anderen Postwachstumspionieren: Otterpohl wollte Kläranlagen bauen, damit Menschen sauberes Wasser haben. Es waren die späten 1970er Jahre. Wer intellektuell auf sich hielt, bastelte im Ökoneuland an Ideen, die aus den Universitäten kaum kamen. Otterpohls Greenpeace-Gruppe beschäftigte sich mit Landwirtschaft, also Böden. Und dann haben sich Wasser und Boden in Otterpohls Kopf plötzlich verschaltet, er merkte: »Die einen vernichten genau das, was die anderen dringend bräuchten.« Dabei blieb er, durch alle Metamorphosen.

Und wie qualifiziert man sich mit dieser Intuition in technischen Hochschulen, die eher an Computermodellierungen von Kläranlagen interessiert sind als an Alternativen zum Wasserklosett? Man schlägt den Gegner mit dessen Waffen und setzt sich mit den besten Computermodellen an die Spitze der Forschung: So konnte Otterpohl als einer der Ersten zeigen, dass das gewohnte System der Schmutzwasserentsorgung nicht sinnvoll ist – und er wurde zu einem angesehenen Mann. Es war keine Leidensgeschichte, sondern im Gegenteil erfahrene Selbstwirksamkeit. Der Wasserwirtschaftler erfreute sich an dem Neuland, das er erschloss, und hat am Ende nicht nur seine Professur, sondern auch den Narrenspielraum eines spätmodernen Alchemisten gewonnen, den er seither für die Ökoklos nutzt: »Fünf Jahre wurde ich ausgelacht, fünf Jahre lang heftig angegriffen, und jetzt läuft das Thema international zu großer Form auf.« Mit der Unverträglichkeit zwischen digitalem und analogem Leben halten sich die Akteure des Übergangs zur Postwachstumsgesellschaft gar nicht erst auf. Sie sind schließlich technologisch hoch kompetent und zumeist bestens ausgebildet.

Otterpohl ist inzwischen zum Vordenker der »neuen Dörfer« geworden. Die sollen weder in die agrarisch-feudalistische Vormoderne zurückzufallen noch in ein esoterisches New Age entfliehen. Die spätmodernen neuen Dörfer sollen vielmehr das moderne Naturverhältnis hinter sich lassen, das systematischen Raubbau an der Natur betreibt. Gleichzeitig sucht der moderne Mensch in seiner Freizeit nach Entspannung in einer trostreich schönen Natur, lässt sich von ihr überwältigen, um in Beruf und Alltag dann den Wahnsinn des Raubbaus frisch gestärkt fortzusetzen. Otterpohl hingegen hofft auf eine neue Gründerzeit, die von regionaler Wertschöpfung, Unabhängigkeit und Freiheit geprägt sein sollte. Neue Unternehmer-Dörfer können die Natur wieder dauerhaft durch menschliche Arbeit fruchtbar machen; soziale Netzwerke wie das »global ecovillage network« können Millionen von Menschen beim Aufbau moderner, nachhaltiger Ökodörfer helfen.

Seit zehn Jahren hält Otterpohl für internationale Studenten seine Vorlesung über »Rural development in different climates«, seit zehn Jahren denkt er darüber nach, wie attraktive und zugleich produktive Möglichkeiten, auf dem Land zu leben und auch zu arbeiten, entstehen können: durch prokreative Prosumenten eben, weltweit. Er hat zahlreiche Beispiele gesammelt, von Bauern im Süden Malis, von den Maori auf Neuseeland, vom indischen Dorf Hiware Bazar – sie alle sind mit der Rückgewinnung von fruchtbarem Boden und sauberem Wasser befasst. Für hochindustrialisierte Länder wie Deutschland könnte das Modell eines Gartenrings aus Unternehmerdörfern Schule machen, der um die Städte herum entsteht und diese tatsächlich resilient macht, eine echte Alternative zur Pendlersiedlung samt Pendlerpauschale.

Auf Youtube kann man zusehen, wie Otterpohl vor seinem Publikum wieder zweierlei in die Luft hält: eine Sense in der rechten Hand und eine Computertastatur in der Linken. Der Tag bestehe aus beidem, aus dörflicher Landarbeit und Schreibtischtätigkeit. Die Bausteine des Dorf-Gedankens sind naheliegend: hocheffizienter organischer Gartenbau, Aufbau der Humusschicht, um die Produktivität zu verbessern und die Wasserneubildung zu sichern, und Versorgung von jeweils 150 bis 500 Stadtbewohnerinnen mit Nahrung.

Diese neuen Dörfer werden Orte sein, an denen es Privateigentum gibt, aber keinen Gemeinschaftszwang, denn in individualisierten Gesellschaften scheitern zu viele Projekte an einem kommunitären Überschuss. Genossenschaftliche Finanzierungsmodelle sollen den teilnehmenden Unternehmerinnen dabei helfen, innerhalb von zehn Jahren eine schuldenfreie Existenz aufzubauen, die bereits ein erhebliches Stück realer Alterssicherung bedeutet. Von den Auseinandersetzungen mit den Behörden um Bebauungspläne über die Frage der Schulen und Altenversorgung bis zur Mobilität ist in diesen Modellen an alles gedacht – und die ersten Dörfer entstehen.

Früher, zu Beginn der Moderne, hätte man das wohl eine Utopie genannt, oder man hätte es als fernes Fortschrittsziel an den Horizont der Zukunft gepinselt: Die Bewohner dieses unternehmerischen Dorfs wären Freie und Gleiche, die gemeinsam über die Belange des Dorfes entscheiden und auch für die Demokratie neuen Boden gewinnen. Aber von Utopie oder Fortschritt ist in der heutigen Spätmoderne sicherheitshalber gleich gar nicht die Rede. Schöne Orte sollen es werden, aber keine naive Idyllen. Dafür liegt etwas Neues in der Luft: eine Belebung und die freiwillige Anstrengung für eine Idee, die Menschen tragen kann – womit man bereits mitten in einem neuen Roman wäre.

Elisabeth von Thadden

Bücher ***&c.***

- Ralf Otterpohl, Hermann Paulenz, »Barfußhäuschen im Gartenringdorf«, in: *Oya* Heft 18/2013. www.oya-online.de/article/read/872-barfusshaeuschen_im_gartenringdorf.html.
- Ralf Otterpohl, TEDx »New Towns«, www.tedxtuhh.de/new-towns.
- »Rettung aus dem Regenwald? Die Wiederentdeckung der Terra Preta«, Film von Ingo Schulze und Christine Traber, www.zdf.de/ZDFmediathek/beitrag/video/1489276/Die-Wiederent deckung-der-Terra-Preta#/beitrag/video/1489276/Die-Wiederentdeckung-der-Terra-Preta.

Eine andere Stadtpolitik ist möglich

In Transition Towns sorgen Nachbarschaftshilfe, alternative Versorgungskonzepte und Stadtgärten für Nachhaltigkeit und Zusammenhalt

Alles begann im Jahr 2004, als der Umweltaktivist und Wissenschaftler Rob Hopkins am College im irischen Städtchen Kinsale einen Kurs über Permakultur durchführte. Er wollte Wissen über dauerhafte, naturnahe Anbaukreisläufe in der Landwirtschaft vermitteln. Doch dann veränderte die Diskussion über das bevorstehende Ende des Erdölzeitalters – Stichwort Peak Oil – sein Denken und Handeln. Hopkins erkannte den unheilvollen Zusammenhang zwischen Klimawandel, knapper werdenden Ressourcen und Wirtschaftskrisen.

Da konventionelles Wirtschaftswachstum weiterhin als Allheilmittel galt und kein »Plan B« für den Fall anhaltender Ressourcenkrisen existierte, wurden Hopkins und seine Studierenden dort tätig, wo Veränderungen am ehesten möglich schienen: vor Ort, in Stadt und Kommune. Um die Abhängigkeit der globalisierten Wirtschaft von billiger Energie zu brechen, sollte das Wirtschaften wieder lokaler werden. Alle lebenswichtigen Bedürfnisse sollten in Zukunft krisensicher aus der Region heraus befriedigt werden können – was den Übergang (engl.: Transition) in eine postfossile, resiliente Zukunft bedeuten würde.

So wurde das südirische Kinsalemit seinen 4000 Einwohnern zur ersten Transition Town. Der Prozess beruht auf einer erfolgreichen Einbeziehung und neuen Vergemeinschaftung der Bürgerinnen und Bürger in ihre Stadt und auf ehrenamtlichem Engagement. Die Aktivistinnen erstellten einen regionalen »Plan B«, den EnergyDescent-Plan, der mit vielen konkreten Schritten den Weg in ein energiearmes Kinsale des Jahres 2021 weist: Der Verbrauch von Material und Energie wird durch Genügsamkeit und Selbstversorgung sowie durch mehr Teilen und Selbermachen gesenkt. Für den Bereich Wohnen gibt es Workshops zur Wärmedämmung mit lokalen Baumaterialien wie Hanf und Lehm. Die Schulkantinen stellen sich auf Lebensmittel von lokalen Erzeugern um und das Busnetz soll ausgebaut werden.

Als Hopkins in seine Heimatstadt Totnes umzog, war das Konzept der Transition Towns weitgehend ausgearbeitet. Erste Studien zeigten, dass sich die südenglische Stadt im Prinzip selbst ernähren könnte – vorausgesetzt, es würden deutlich mehr Menschen in der Landwirtschaft arbeiten und die Ernährung würde auf lokale Produkte umgestellt. Es entstanden Handbücher und Methoden-Werkzeugkästen für den Wandel, die schnell über Totnes hinaus Anwendung fanden. Bis Mitte 2015 wurden knapp 1200 Transition Towns in 43 Ländern gegründet, die meisten im englischsprachigen Raum, aber auch über 100 in Deutschland, wie im südniedersächsischen Witzenhausen oder in Bonn. Um als Transition Town zu gelten, braucht es lediglich eine Initiative, die für ihre Stadt einen entsprechenden Wandel anstrebt. Alle möchten den Übergang in das Postwachstumszeitalter gestalten und als freudiges Projekt erfahrbar machen – durch Befreiung vom falschen Überfluss und die Entwicklung intensiverer Nachbarschaften. Dazu gehören Transition Streets, in denen Nachbarn einander Tipps zum sparsameren Umgang mit Ressourcen geben, die Neugestaltung von Stadtzentren sowie Rat und Hilfe beim Reparieren von Kleidung, Haushaltsgeräten oder Fahrrädern. Gemeinschaftlich bewirtschaftete Stadtgärten laden zur Mitarbeit ein.

Dabei erhebt die Transition-Bewegung nicht den Anspruch, alles selbst leisten zu wollen. Wenn möglich, werden kommunale Politik, Verwaltung und Unternehmen in die angestrebte »REconomy« einbezogen. Wie die Städte Bristol

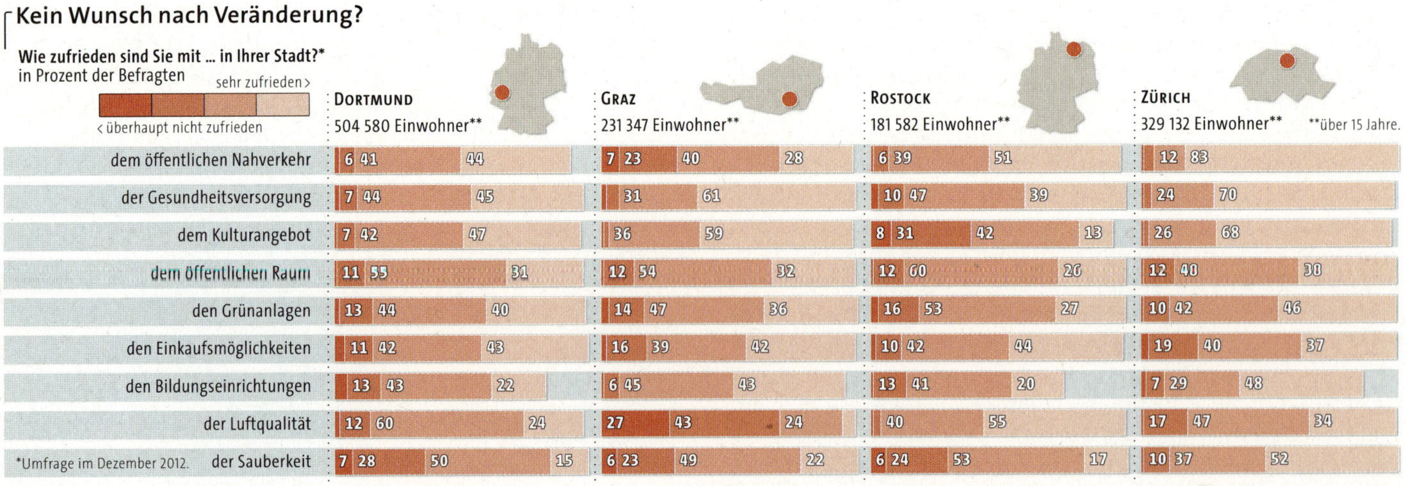

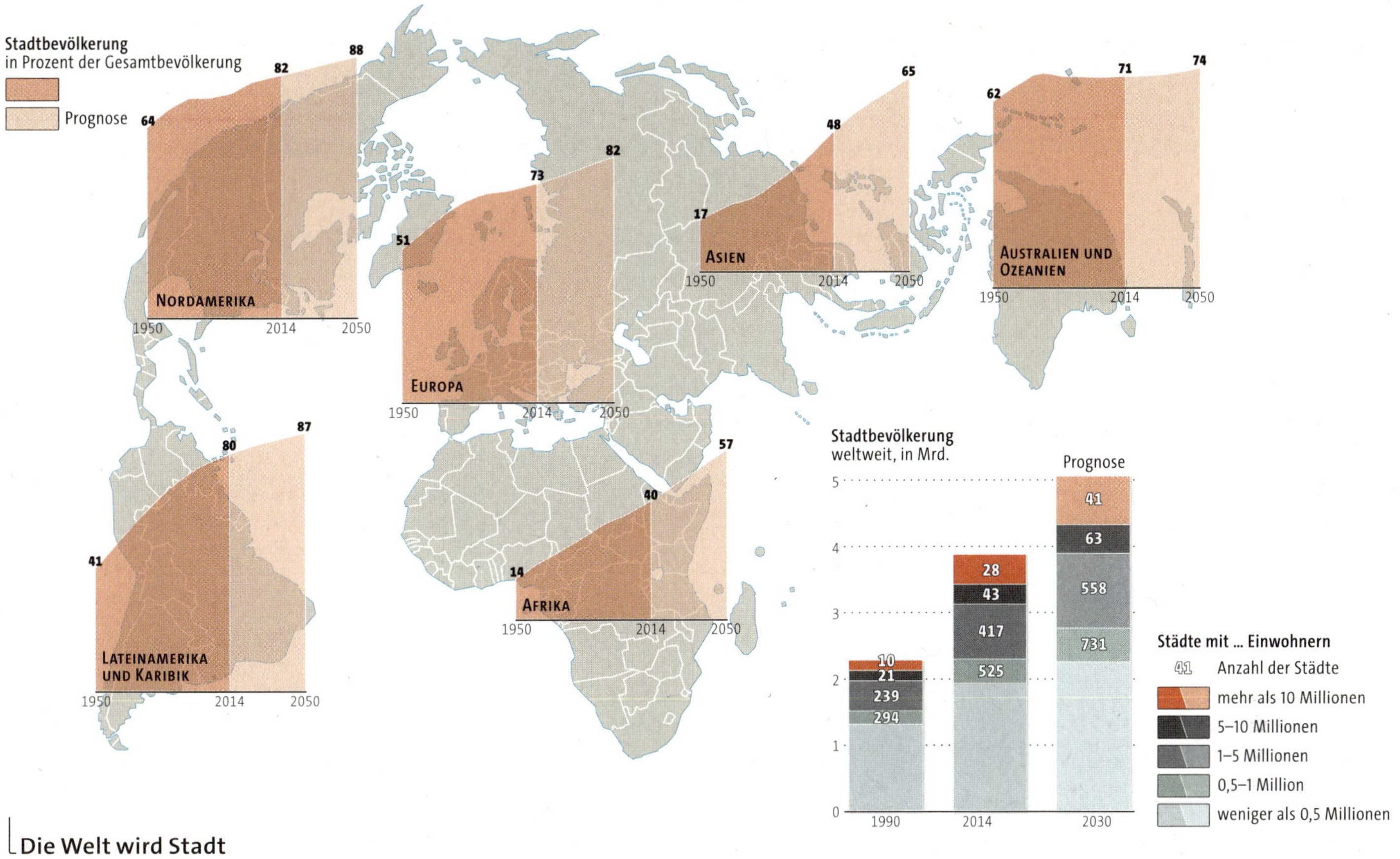

Die Welt wird Stadt

oder Totnes zeigen, können Regionalwährungen das Abwandern von Geld aus der Kommune verhindern. Doch die organisatorischen Herausforderungen sind enorm, erst recht in größeren Städten. Um Erfolge zu erzielen, müssen die Initiativen den Balanceakt zwischen Bürgernähe, Offenheit für Interessierte und politischer Handlungsfähigkeit schaffen.

Dass dies durchaus gelingen kann, zeigt das Beispiel Hannover. Hier taten sich 2010 ein paar wenige Engagierte zusammen und setzten schließlich eine beachtliche Dynamik in Gang. Mit öffentlichkeitswirksamen Aktionen und Vorträgen weckten sie die Aufmerksamkeit der Hannoveraner für Themen wie Suffizienz und Subsistenz. Und in der Zusammenarbeit mit Vertreterinnen aus Stadtpolitik und -verwaltung bauten sie innerhalb von drei Jahren ein starkes Netzwerk auf. Mit etablierten Trägern wie der niedersächsischen Landwirtschaftskammer wurden Gemeinschaftsgärten neu angelegt und Fortbildungsprogramme in urbanem Gärtnern entwickelt. Entwürfe zum Umbau eines alten Industriebaus zur »Transition Town Hall«, samt Selbstversorgung aus angeschlossenen Gewächshäusern, bieten Alternativen zur herkömmlichen Stadtplanung. Und auf dem Gelände einer ehemaligen Schule, mittlerweile eine Flüchtlingsunterkunft, praktizieren Geflüchtete und Anwohnerinnen solidarische Landwirtschaft.

Durch diese Initiativen soll die Idee von Resilienz und Relokalisierung auf verschiedenen Ebenen in der Stadt verankert werden, um schließlich zu einer Gesamtstrategie zu reifen, die von immer mehr Bürgerinnen und auch Entscheidungsträgern in Politik und Verwaltung getragen und verfolgt wird. Zwar sind solche Aktivitäten nur erste Versuche, deren Beitrag zur Krisenfestigkeit Hannovers tatsächlich kaum messbar sein dürfte. Doch die Anhänger der Transition-Bewegung wissen, dass all diese Aktivitäten nur erfolgreich sein können, wenn sie Teil einer weltweiten Bewegung werden. Deshalb schloss sich 2014 das neu gegründete deutsche Transition-Netzwerk dem internationalen Transition Network an – ein wichtiger Schritt.

Thomas Köhler, Jonas Abraham

Bücher &c.

- Rob Hopkins, *Einfach. Jetzt. Machen. Wie wir unsere Zukunft selbst in die Hand nehmen*, München (oekom) 2014.
- Daniel Fuhrhop, *Verbietet das Bauen! Eine Streitschrift*, München (oekom) 2015.
- www.bonn-im-wandel.de/.
- www.transition-initiativen.de.

Weit entfernt von regional

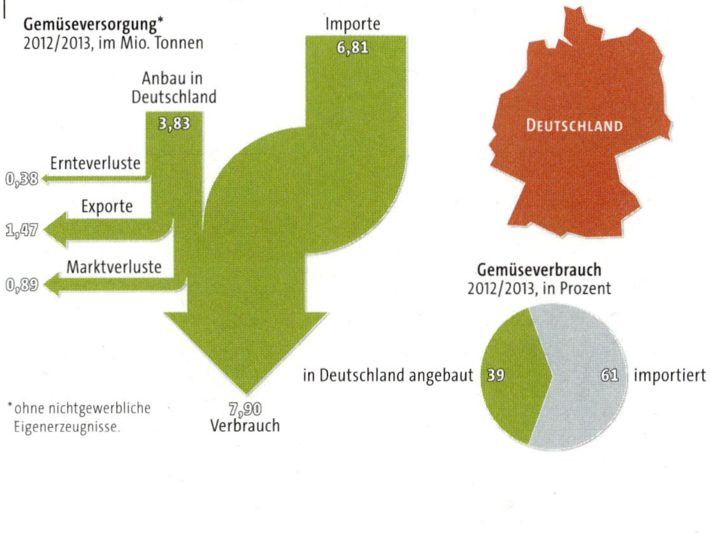

Von schrumpfenden Städten lernen

In Leipzig haben sich alternative Nutzungen von Häusern und Flächen etabliert

Während in den meisten Ländern der Welt Großstädte und Ballungsräume immer weiter wachsen, kommt es seit Ende des vergangenen Jahrhunderts umgekehrt auch dazu, dass Städte schrumpfen. Shrinking Cities werden in Zukunft ein durchaus normaler, für manche Regionen sogar der vorherrschende Typ der Stadtentwicklung sein.

Zum einen geht in Europa, Nordamerika oder Japan die Bevölkerung schon als Folge des demografischen Wandels zurück. Hinzu kommen der wirtschaftliche Strukturwandel, durch den zahlreiche Arbeitsplätze in der städtischen Industrie verschwinden, sowie die selektive Abwanderung ins Umland. Diese Ursachen können sich auch überlagern oder, wie früher im Falle von Leipzig und der ostdeutschen Nachwendetransformation, gegenseitig bedingen.

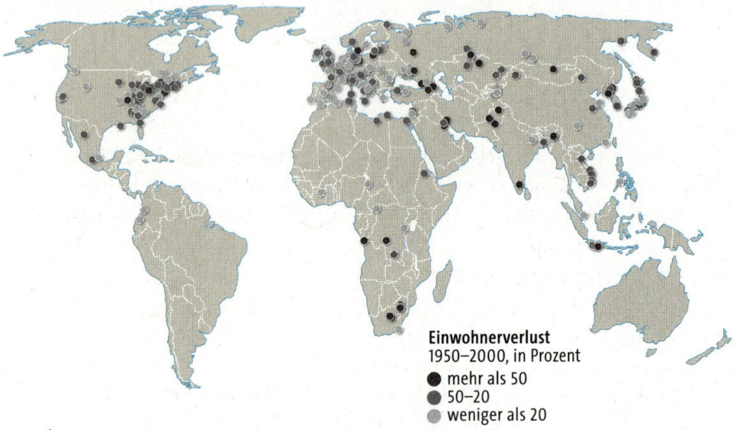

Ein Phänomen des globalen Nordens

Das Schrumpfen von Städten hat weitreichende Folgen, angefangen bei der lokalen Wirtschaft und Infrastruktur über den Arbeits- und Wohnungsmarkt bis hin zu Handel und Versorgung sowie den kommunalen Finanzen. In vielen Fällen droht Verarmung und ein Verlust an Lebensqualität. Verfallende und leer stehende Wohn- und Gewerbebauten sowie verwildernde Industriebrachen stehen symbolisch für die negativen Konsequenzen.

Kein Wunder also, dass schrumpfende Städte bislang fast ausschließlich als Ausnahme von der Normalität des Wachstums und folglich als Problem gelten. Vielleicht sollte man aber aus der Not eine Tugend machen und sich fragen, ob schrumpfende Städte nicht Prozesse einer zukünftigen Gesellschaft jenseits des Wachstums vorwegnehmen und welche Lehren diese Entwicklung für eine Postwachstumsgesellschaft bereithält. Zwar versuchen die meisten betroffenen Städte mit den ewig gleichen kapitalistischen Wachstumsstrategien gegen ihr Schrumpfen anzukämpfen. Doch angesichts der enormen Probleme – notorisch knappe Kassen, erforderliche Zusatzinvestitionen, die mit hoher Wahrscheinlichkeit keine Rendite abwerfen werden – beschreiten einzelne Städte alternative Entwicklungspfade.

In Leipzig etwa standen um die Jahrtausendwende herum mehr als 60 000 Wohnungen leer, die Leerstandsquote betrug rund 20 Prozent. Mit der rückläufigen Nachfrage verloren auch die zum Teil aus der Gründerzeit stammenden Immobilien an Wert – so dass schließlich weniger rentable Lösungen an Attraktivität gewannen, wie zum Beispiel alternative Nutzungen von Wohnungen und Brachflächen.

Die sogenannten Wächterhäuser stehen für eine Gebäudenutzung, die sich nicht an Marktwerten oder Renditen, sondern am Erhalt der Bausubstanz orientiert. Meist sind es Vereine, Initiativen oder Künstlerinnen, die sich als »Hauswächter« gegen Zahlung der Betriebskosten (plus in manchen Fällen einer geringfügigen Miete) für eine bestimmte Zeit verpflichten, die seit langem leer stehenden Gebäude zu nutzen und vor weiterem Verfall zu bewahren. Im Unterschied zu Besetzungen und illegalen Nutzungen beruht das Konzept der Wächterhäuser – im Sommer 2014 gab es in Leipzig 16 solche Häuser mit mehr als 120 Nutzern – auf Verträgen zwischen den Eigentümern und den Nutzern. Die Laufzeit wird im Voraus vereinbart; bei fortgesetzter Schrumpfung kann die alternative Nutzung verstetigt werden.

Ein weiteres Modell, das sich in Leipzig im Zuge anziehender Nachfrage seit 2011 etabliert, sind die sogenannten AusBauHäuser, von denen im Sommer 2014 sieben existierten. Hier erhalten die Mieterinnen viel Wohnfläche zum individuellen Selbstausbau, materielle und handwerkliche Eigenleistungen werden von der günstigen Miete abgezogen. Den Hauseigentümern bietet das AusBauHaus langfristig kalkulierbare Mieteinnahmen und Wertsteigerung bei einem relativ geringen Investitionsaufwand. Eine dritte Nutzungsform sind Kollektiv- oder Gemeinschaftshäuser, bei denen leer stehende Häuser von Gruppen gekauft werden, um kollektives Eigentum zu bilden und die Häuser dem kapitalistischen Wohnungsmarkt auf Dauer zu entziehen und nicht profitorientiert zu nutzen. Derzeit gibt es allein im Leipziger Westen ungefähr 20 solcher Projekte.

Ähnlich funktioniert die Um- beziehungsweise Zwischennutzung von Brachflächen in schrumpfenden Städten. Auch hier schließen die Eigentümerinnen mit den Kommunen beziehungsweise Zwischennutzern entsprechende Verträge, um eine vorübergehend andere als die planerisch ausgewiesene Nutzung zu ermöglichen. So werden Flächen frei für Urban Gardening, Spielplätze, Grünflächen und urbanen Wald. Sie sind auf eine nachbarschaftliche und öffentliche Nutzung ausgelegt, ihre Gestaltung und Erhaltung erfolgt

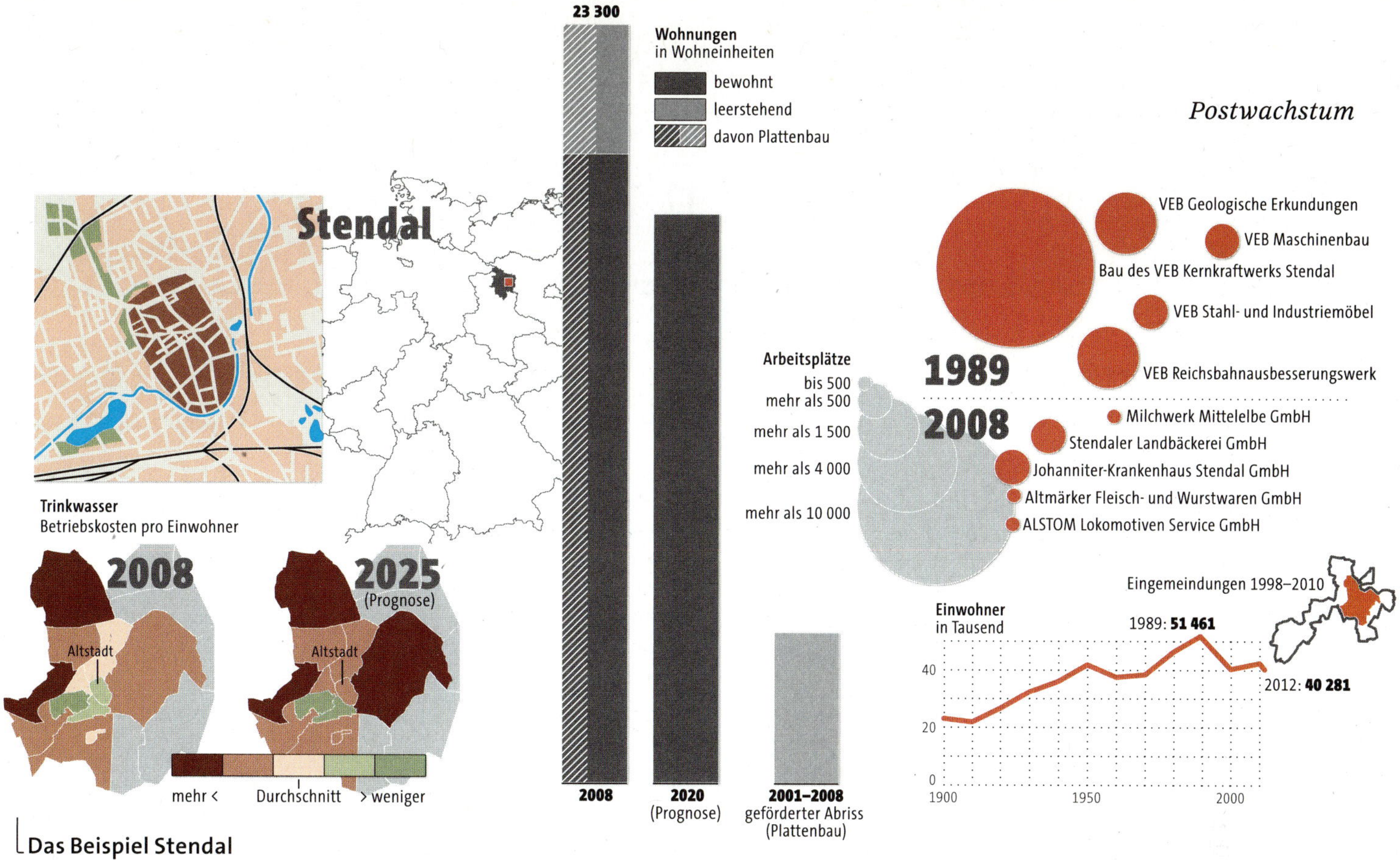

Das Beispiel Stendal

meist partizipativ. Auch hier sind markt- oder renditeorientierte Ziele zweitrangig, im Vordergrund stehen Lebensqualität, Gemeinschaftsbildung und Stadtnatur. In Leipzig wurden bis heute etwa zehn Hektar urbaner Wald an zwei Standorten realisiert, weitere fünf Hektar sind in Vorbereitung. Größere Areale sind jedoch gegenwärtig nicht realistisch, denn die Stadt wächst wieder und die infrage kommenden Flächen werden anderweitig genutzt.

So geraten alternative Konzepte der Stadtentwicklung wieder in Konflikt mit Wachstumsdynamiken. Verständlich, denn die beschriebenen Ansätze sind eben keine bewusste Initiative von schrumpfenden Städten, um den Weg in eine Welt nach dem Wachstum zu beschreiten. Vielmehr wurden diese für eine Zeit lang gezwungen, unter neuen Bedingungen zu experimentieren.

Annegret Haase, Dieter Rink

Bücher *&c.*

- www.haushalten.org (Wächterhäuser in Leipzig).
- Wolfgang Kil, *Luxus der Leere. Vom schwierigen Rückzug aus der Wachstumswelt. Eine Streitschrift,* Wuppertal (Müller + Bussmann) 2004.
- »Nicht mehr, Noch nicht«, Regie: Daniel Kuhle und Holger Lauinger, Deutschland 2004.
- Philipp Oswalt, Tim Rieniets (Hg.), *Atlas of Shrinking Cities,* Ostfildern (Hatje Cantz) 2006.

Am stärksten wachsen die Ballungsräume

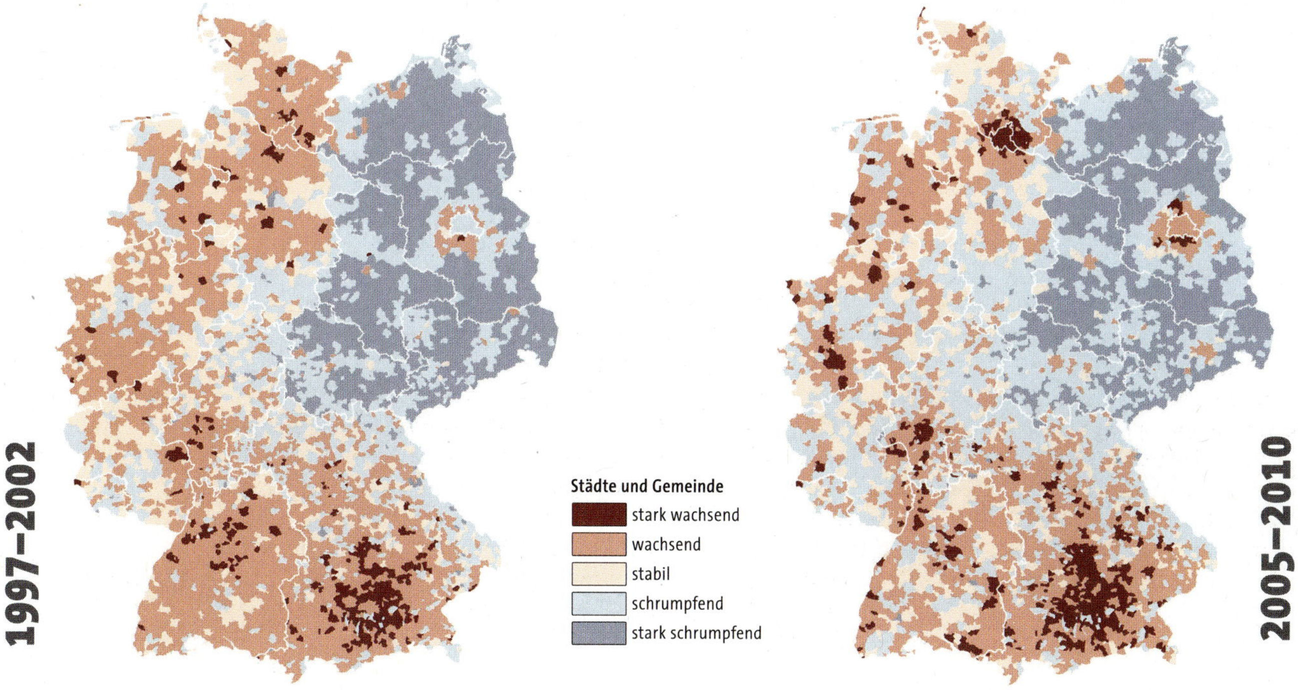

Die bessere Technik für morgen

Mit Wiederverwertung, Open Design und gemeinschaftlichem Eigenbau lassen sich zukunftsfähige Produkte entwickeln

Wie oft haben Sie heute schon technische Geräte und Infrastrukturen genutzt? Wohl unzählige Male. Technik bestimmt unseren Alltag, zum Guten und zum Schlechten. Und jetzt stellen Sie sich vor, sie wäre weg: Eine Welt ohne Laubpuster? Fantastisch. Eine Welt ohne Tintenstrahldrucker mit eingebautem Verschleißdatum? Durchaus denkbar. Eine Welt ohne Waschmaschine? Schwierig. Eine Welt ohne Internet? Lieber nicht. Ohne Kanalisation? Ohne befestigte Straßen? Ohne Strom? Nein, nein, nein.

Vordenkerinnen für eine Postwachstumsgesellschaft haben sich seit Jahrzehnten mit der Frage der notwendigen Technik beschäftigt, viele Grundgedanken stammen aus dem Kampf gegen zerstörerische Großtechnologien wie Atomkraft oder überdimensionierte Staudämme. Doch das bedeutet nicht, dass Wachstumskritiker technikfeindlich sind. Sie arbeiten an einer ganz anderen Technik. Das Konzept der »konvivialen« (»lebensfreundlichen«) Technik, das auf Ivan Illich zurückgeht, berücksichtigt nicht nur – wie die »grüne Technik« – die Ressourcenintensität von Technologien, sondern auch ihre sozialen Auswirkungen. Aktuell lassen sich drei gesellschaftliche Entwicklungen beobachten, in denen mit konvivialer Technik experimentiert wird: das Open Design, die Wieder- und Weiterverwertung sowie der gemeinschaftliche Eigenbau.

Ein Beispiel für den ersten Bereich ist der LifeTrac, ein Traktor, der eher wie ein Steckbaukasten für Kinder aussieht: ein rechteckiger Metallkäfig bildet die Grundkonstruktion, die Fortbewegung erfolgt auf Ketten mit hydraulischem Antrieb, modular können als Werkzeuge Schaufel, Pflug und so weiter eingesetzt werden. Er gehört zum »Global Village Construction Set«, einem Baukastensystem für 50 Maschinen, »die man braucht, um eine kleine Zivilisation aufzubauen«, wie es auf der Homepage des Projekts heißt. Der Bauplan und multimediale Bauanleitungen für diesen Traktor sind Open Source, das heißt öffentlich einsehbar und nachzubauen. Diese Idee der Quelloffenheit ist bei der Programmierung von Software entstanden und wird seit einigen Jahren als Open Design auf den Bereich physischer Güter ausgedehnt. Peer-to-Peer-Produktion nennt sich diese Produktionsweise, die ihre Vertreterinnen als Keimform für eine Neuordnung der bestehenden Wirtschafts- und Gesellschaftsform betrachten. Patente gibt es nicht mehr, das Prinzip heißt Kooperation statt Konkurrenz. Daraus ergeben sich zahlreiche Merkmale des Open-Source-Traktors (die man auch auf andere quelloffene Geräte übertragen kann): Er ist modular aufgebaut, damit Menschen an anderen Orten leichter Zusatzteile entwickeln können. Er ist einfach zu bauen und zu reparieren, denn sonst wird er nicht nachgebaut. Seine Größe kann verändert und damit an lokale Verhältnisse angepasst werden. Das Material soll möglichst lokal erzeugt oder wiederverwertet sein.

Damit rückt zweitens eine Utopie in greifbare Nähe: Künftig könnten Menschen die Gegenstände des täglichen

Lifetrac, ein Traktor zum Selbstbauen

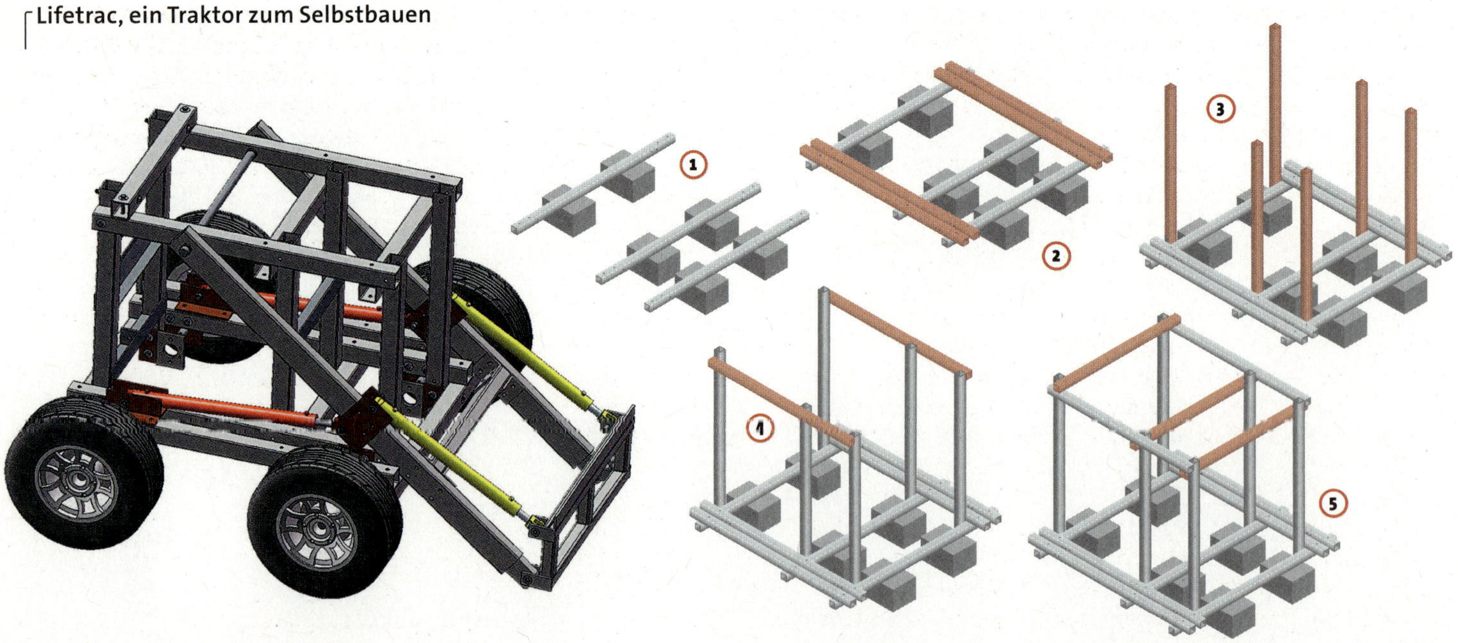

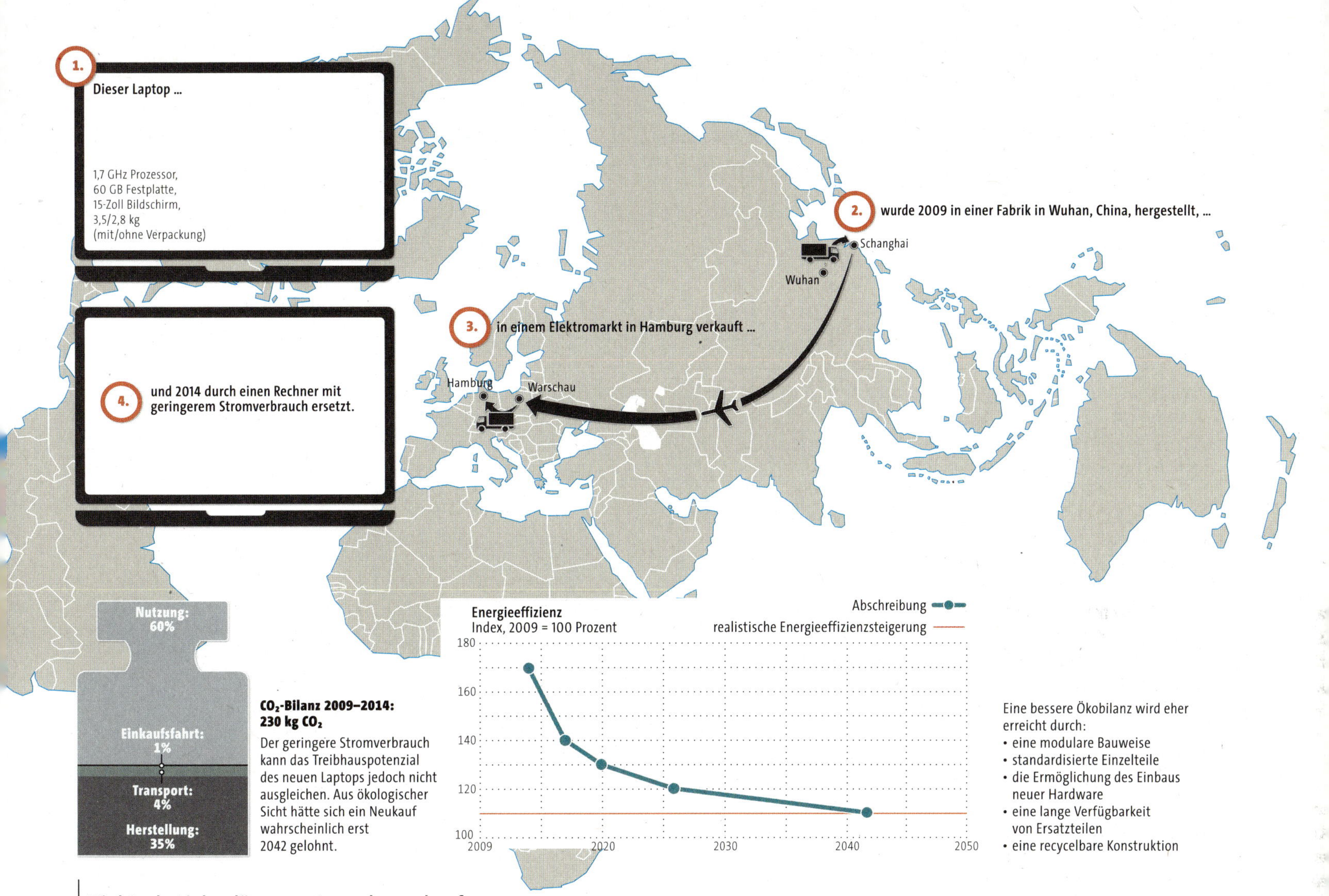

Hightech: Lieber länger nutzen als neu kaufen

Gebrauchs in gemeinsam genutzten und verwalteten offenen Werkstätten vor Ort selbst herstellen und reparieren. Noch werden in solchen Werkstätten meist massenindustriell erzeugte Dinge repariert oder weiterverwendet, es entstehen Ersatzteillager für nicht mehr hergestellte oder defekte Geräte. Während das gegenwärtige Wirtschaftssystem auf dem immer schnelleren Austauschen von Waren beruht – durch geplanten Verschleiß oder modische Neuerungen –, wird die Wieder- und Weiterverwertung von Vorhandenem eine der zentralen Säulen einer Postwachstumsgesellschaft sein. Das ist keine bloße Spielerei, schließlich birgt eine solche Wirtschaftsweise bei Ressourcen und CO_2-Emissionen ein enormes Einsparpotenzial. Es schont auch Ressourcen, wenn Arbeitsplätze weg von der Neuproduktion hin zum Reparieren und Warten verlagert werden.

Drittens bringt der gemeinschaftliche Eigenbau, das Do-it-Together, technische Lösungen hervor, die sich von einem instrumentellen Naturverständnis verabschieden. So geht es beispielsweise in der Permakultur (englisch: permanent agriculture, eine Form der ökologischen Landwirtschaft) nicht länger darum, die Natur auszutricksen und zu überwinden, sondern biologische oder geologische Abläufe mit möglichst wenig Aufwand für den Menschen nutzbar zu machen. Das Do-it-Together führt zu unkonventionellen, aber effektiven Lowtech-Lösungen: die Trocken-Trenn-Toilette kompostiert menschliche Ausscheidungen, mit dem Mikrovergaser aus alten Konservendosen kann man sowohl Kaffee kochen als auch Holzkohle herstellen, aus alten Fahrradteilen lassen sich Lastenfahrräder zusammenmontieren. Ein wichtiges Element der Lowtech-Bewegung ist die Weitergabe von technischem Wissen und die Erfahrung, selbst etwas bewirken zu können. Man bleibt also nicht Technik-Konsument, sondern wird selbst Technik-Entwicklerin und bekommt dadurch einen ganz neuen Blick auf die alltägliche Umgebung. Ein Tetrapack ist dann kein Müll mehr, sondern wertvolles Baumaterial; ein kaputtes Fahrrad und ein paar alte Teile werden zu Rohstoffen für ein neues Rad, die Baupläne dafür stehen Open Source im Netz, und der Bau erfolgt vielleicht in einer kleinen Gruppe in einer offenen Werkstatt.
Andrea Vetter

Bücher *&c.*

- LifeTrac auf: www.Opensourceecology.org, mehr zu Peer-Produktion: http://p2pfoundation.net.
- Über das ecuadorianische Projekt einer Gesellschaft, die auf offenem Wissen beruht (»Buen Saber«): http://floksociety.org.
- Ivan Illich, *Selbstbegrenzung*, Reinbek bei Hamburg (Rowohlt) 1973.
- Offene Werkstätten: www.offene-werkstaetten.org und www.rusz.at.

Gutes Leben in Bolivien

Die indigene Lebensweise des »vivir bien« hat in mehreren Andenländern Verfassungsrang

Mit Evo Morales hat Bolivien seit 2005 zum ersten Mal in seiner Geschichte einen indigenen Präsidenten. Der ehemalige Gewerkschaftsführer der Kokabauern brachte das Konzept des »vivir bien«, des »Guten Lebens«, das aus der Kultur der indigenen Andenvölker stammt, in sein politisches Programm ein. Vivir bien – auf Quechua »sumak kawsay«– steht für ein Leben in Gemeinschaft und im Einklang mit der Natur. Gemeinsinn und Gleichheit, Teilen und Teilhabe sowie die Schonung natürlicher Ressourcen spielen darin eine zentrale Rolle. Wie in Ecuador hat das Gute Leben in Bolivien mittlerweile Verfassungsrang.

Doch vivir bien ist nicht einfach ein politisches Programm – es ist der Entwurf eines alternativen Wohlstandsmodells und zugleich in zahlreichen traditionellen Praktiken der Gesellschaft verankert. Zwangsläufig steht dieses Modell häufig im Widerspruch zu ökonomischen Interessen, beispielsweise der Ausbeutung von Bodenschätzen. Und auch in Bolivien sind die Spannungen, die sich aus Morales' eigener Wirtschaftspolitik und der Vorstellung vom Guten Leben ergeben, gewaltig. »Escribir con las dos manos«, schreiben mit beiden Händen, sagen die Bolivianer dazu.

Vor allem in den ländlichen Gegenden Boliviens besteht die indigene Lebensweise bis heute fort. Kleinbauern betreiben eine diversifizierte Landwirtschaft, die keine Monokulturen kennt, sondern durch Vielfalt und Fruchtwechsel die natürliche Regeneration der Böden gewährleistet. Chemie und Agrartechnologie werden nur sparsam eingesetzt. Die Dorfverwaltung basiert traditionell auf einem Rotationsprinzip: Verschiedene Familien kümmern sich abwechselnd und jeweils für ein Jahr um Bereiche wie Sport, Schule oder Wasserversorgung. Verantwortung und Gestaltungsmacht verbleiben so in den Händen der Gemeinschaft.

Aber auch in den Städten wird die gemeinschaftliche Selbstverwaltung praktiziert. Das Rotationsprinzip gilt auch hier; beim Ausrichten gemeinsamer Feste wechseln sich die reichen Familien als Veranstalter ab, und die ärmeren Bewohner werden von den Feiern nicht ausgeschlossen. Des Weiteren gibt es wirtschaftliche Mechanismen, die völlig anders funktionieren als das im globalen Norden etablierte Finanzsystem.

So gibt es beispielsweise den »anticredito« (Antikredit), ein selbstorganisiertes zinsloses Darlehen: Wohnraum wird langfristig gegen eine festgelegte Summe vergeben. Am Ende der Laufzeit zahlt der »Vermieter« entweder den gesamten Betrag zurück oder der Wohnraum geht in den Besitz des zahlenden Mieters über. Ungefähr 6 Prozent des städtischen Wohnraums in Bolivien wurden 2011 auf diese Weise genutzt. Und es wären sicher noch mehr, wenn der anticredito nicht durch das Hypothekensystem der offiziellen Banken ständig unter Druck geriete. Fast zwei Drittel der bolivianischen Bevölkerung wohnen in ihren eigenen vier Wänden – und schätzungsweise sieben von zehn Häusern sind mit Hypotheken belastet.

Trotz aller ökonomischen Widerstände hat jene Vorstellung vom Guten Leben an Sichtbarkeit gewonnen. Mehr als doppelt so viele Menschen wie vor zehn Jahren engagieren sich heute für den Erhalt indigener Traditionen. In Jugendzentren, über Kulturzentren und Radiosender in mehreren Städten fördert etwa das Netzwerk »la diversidad« den Erhalt und die Umsetzung indigenen Wissens, auch durch den Vertrieb handwerklicher Produkte. Die junge Generation lernt so traditionelle Produktions- und Lebensformen und diskutiert deren Übertragbarkeit auf das heutige Leben in der Stadt. Auch an den Universitäten wird vivir bien zunehmend als alternatives Entwicklungsmodell thematisiert.

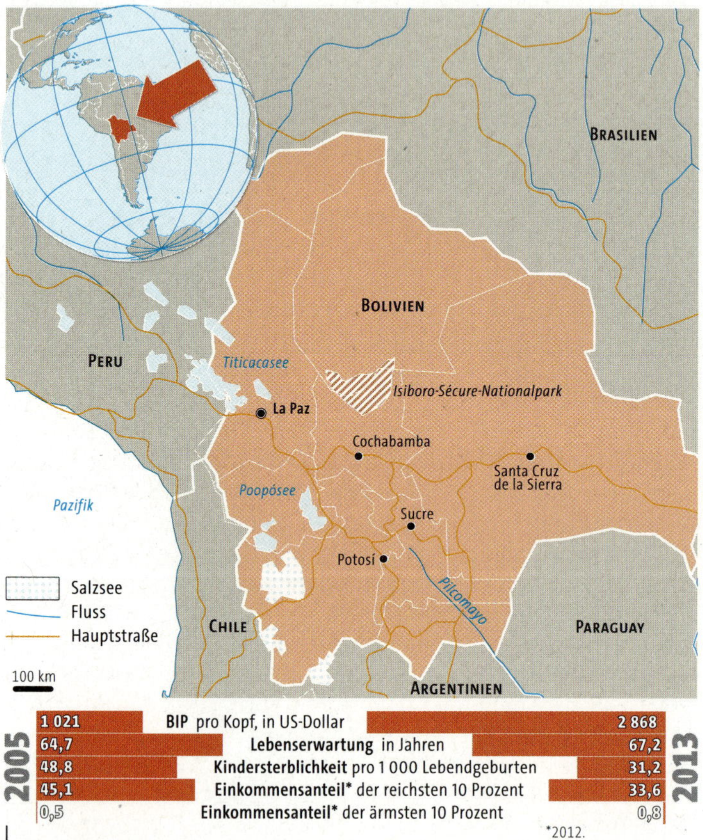

Die Erfolge der Ära Morales

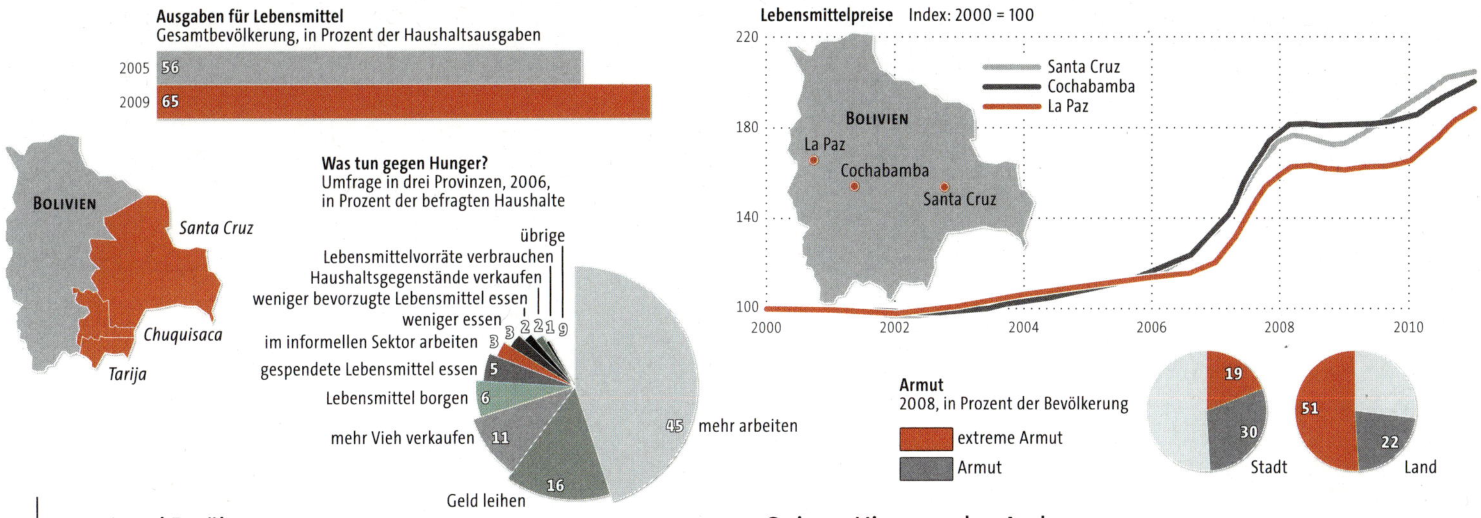

Armut und Ernährung

Die indigenen Forderungen, die sich gegen Naturzerstörungen richten, münden nicht selten in Konflikte mit der Regierung. Die Verschmutzung des Flusses Pilcomayo in der bolivianischen Provinz Tarija, Lebensgrundlage für 6 000 Fischerfamilien, führte im Juli 2014 beispielsweise zu Blockaden der wichtigen Hauptverkehrsstraßen nach Argentinien. Und wegen des Baus einer Schnellstraße durch den als indigenes Territorium anerkannten Nationalpark Isiboro Sécure (TIPNIS) kommt es seit 2011 immer wieder zu gewalttätigen Auseinandersetzungen. Tausende marschierten mehrfach über 600 Kilometer aus dem Tiefland in das 4 500 Meter hoch gelegene La Paz, um gegen den Bau zu demonstrieren; bislang wurde der Baubeginn mehrfach verschoben.

Die Regierung bringt das Schlagwort vivir bien oft ins Spiel, um eigene Interessen zu verfolgen. Die Wiederentdeckung und Aufwertung der Quinoa, einer besonders eiweißhaltigen Hirseart der Anden, hat zu einem Exportboom geführt. 2013 rief die Welternährungsorganisation FAO das internationale Quinoa-Jahr aus. In Bolivien wurde der Quinoa-Anbau in Monokulturen subventioniert, um die weltweit steigende Nachfrage zu bedienen. Für die heimische Bevölkerung hingegen wird das eigene Produkt seither immer knapper und teurer, sodass die Straßenverkäufer in La Paz vielleicht bald wieder Brot und Tee anstatt Quinoa mit Milch und Äpfeln zum Frühstück anbieten.

Bolivien ist, um gesellschaftlichen Wohlstand zu erlangen und seine kolonialen Abhängigkeiten zu überwinden, sowohl auf internationale Konkurrenzfähigkeit als auch auf die Stärkung seines kulturellen Erbes angewiesen. Ob es dem Land langfristig gelingen wird, »mit beiden Händen zu schreiben«, oder ob eine von ihnen die Oberhand gewinnt, bleibt ungewiss.

Johanna Sittel

Quinoa, Hirse aus den Anden

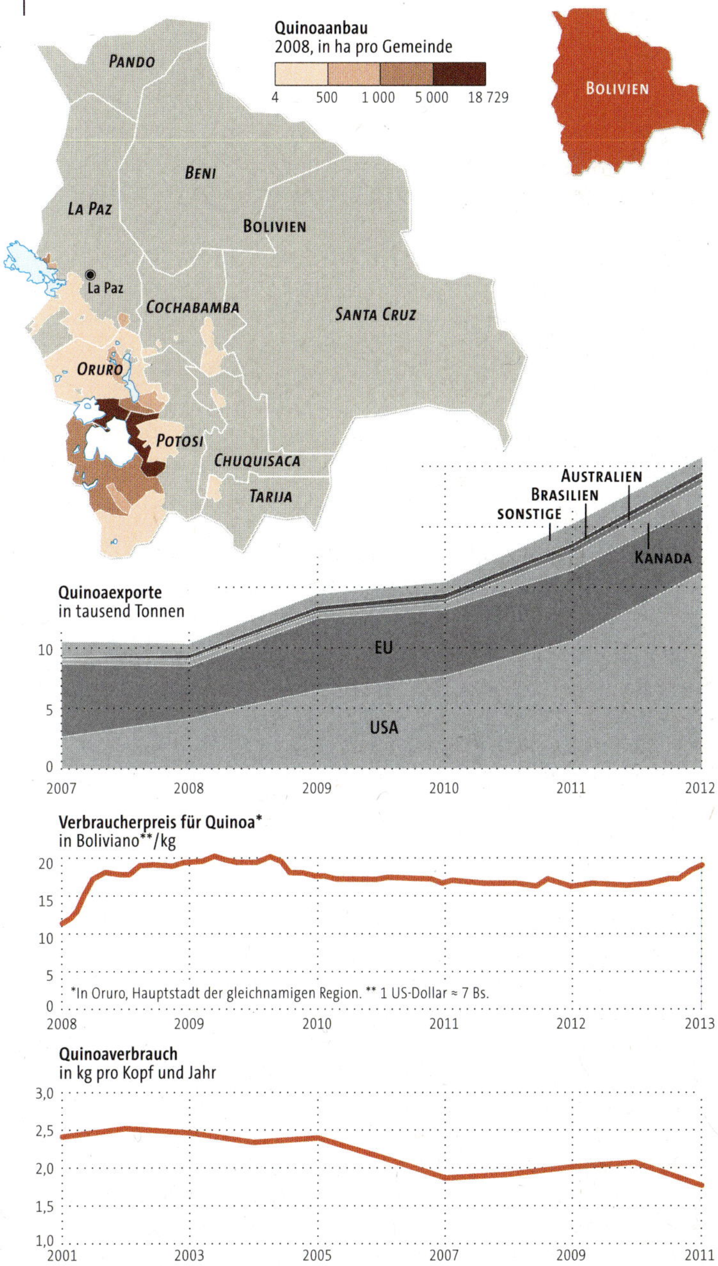

Bücher &c.

- Permanente Arbeitsgruppe der Rosa-Luxemburg-Stiftung zu Alternativen der Entwicklung: http://rosalux.org.ec/de.
- Álvaro García Linera, *Vom Rand ins Zentrum: Die Neugestaltung von Staat und Gesellschaft in Bolivien*, Zürich (Rotpunkt) 2012.
- Robert Lessmann, *Das neue Bolivien. Evo Morales und seine demokratische Revolution*, Zürich (Rotpunkt) 2010.

Teilen, die andere Ökonomie

Sharing könnte eine Alternative zum Eigentum sein – tatsächlich verschafft es dem Kapitalismus neue Märkte

Kapitalisten rufen derzeit seltsame Slogans: Zugang statt Eigentum, teilen statt kaufen. Die Share Economy ist im Herzen der modernen Wirtschaft angekommen. Auf sie setzen im kalifornischen Silicon Valley inzwischen mehr Risiko-Investoren als auf die viel gerühmten sozialen Medien. So floss bis 2014 mit 8 Milliarden Dollar mehr Risikokapital in Firmen, die etwas zum Teilen vermitteln, als in Facebook, Twitter & Co – die erhielten nur 3 Milliarden Dollar, beherrschten aber die Schlagzeilen und waren auch die meistdiskutierten Börsengänge der vergangenen Jahre.

Wenn das Teilen von Gütern die Investoren mehr beschäftigt als das Herstellen und Verkaufen, dann ist das erst einmal eine gute Sache, für die Umwelt wie auch für die Gesellschaft. Denn teilen heißt nicht nur weniger Umweltverbrauch, sondern auch mehr Kommunikation, ja mehr Vertrauen der Menschen untereinander, weil dabei nicht nur Freunde oder Nachbarn, sondern meist völlig Fremde miteinander in Kontakt treten. Rachel Botsman, die Ikone der Share Economy, die mit ihrem 2010 erschienenen Buch »What's mine is yours« den Begriff »gemeinschaftlicher Konsum« prägte, erklärt dazu: »Die neue Kultur des Teilens braucht eine neue Währung, und die heißt Vertrauen.«

Warum die Aufregung bei den Kapitalisten? Schließlich bedeutet teilen beim Flohmarktriesen E-Bay oder dem Zimmervermittler AirBnB doch nur eine Runderneuerung des Dienstleistungssektors – beides sind Marktplätze im Internet, auf denen sich Anbieter und Kunden unkompliziert treffen.

Aber das Sharing geht weit darüber hinaus: Es macht neue Ressourcen für die Menschen und für die Wirtschaft zugänglich. Als »Aktivierung von totem Kapital« und »Umwandlung von Freizeit in wertvolle Resourcen« bezeichnet der US-Ökonom Daniel Rothschild dieses Vermitteln und Teilen von Ungenutztem.

Es handelt sich um »totes Kapital« im Sinne des peruanischen Wirtschaftswissenschaftlers Hernando de Soto, eigentlich ein Begriff aus der Entwicklungspolitik: Weil die Armen und der Mittelstand in vielen Ländern keine juristisch nutzbaren Titel auf ihren informellen Besitz haben, würden Handel und Entwicklung unnötigerweise gehemmt. De Soto schätzte das tote Kapital in den Entwicklungsländern vor 30 Jahren auf weltweit etwa 10 Billionen Dollar. Die Share Economy könnte nun auch in den Industrieländern einen solchen Schatz heben, so der Traum der milliardenschweren Venture-Capital-Geber. Dabei geht es für Investoren und Firmengründer nicht um das schlichte Teilen zwischen Privatleuten oder Bekannten, das heißt um den Warentausch oder das Verleihen von »peer to peer« (P2P). Sie wollen die Gewinne aus den zu neuem Leben erweckten Gegenständen, Wohnungen oder freien Stunden abschöpfen. Bei »peer to peer« im kapitalistischen Sinn ist immer ein Vermittler im Spiel, der aus dem kleinen »to« sein Geld schöpfen will.

Ob die Share Economy sich so entwickelt, wie die Investoren es gern hätten, ist keineswegs ausgemacht. Denn ihr Potenzial geht über die Wachstumsförderung und die Erschließung neuer profitabler Sektoren hinaus – und könnte gar eine veränderte Wirtschaftsweise herbeiführen. Die würde den Wachstumszwang und die Großkonzerne mit globalen Absatzmärkten überwinden und das kommerzielle Leben demokratisieren – von der Massenproduktion zur »Peer Production Economy«, der Wirtschaft unter mehr oder weniger Gleichen. Möglich macht das die internetgestützte Technik, die die Transaktionskosten senkt und hinderliche Beschränkungen und Gesetze umgeht.

Allerdings haben die großen Firmen, die derzeit im Bereich der Share Economy entstehen, meist sehr wenig mit dem Teilen, gegenseitiger Hilfe und Vertrauen zu tun. Sie gewähren lediglich vorübergehenden Zugang zu Dingen und dienstleistenden Menschen, ohne nennenswerte soziale Verbindungen. Der Taxivermittler Uber, die Wohnplattform AirBnB, der Personalvermittler Elance-oDesk, sie alle greifen bestehende Branchen an, bringen sich als direkte Vermittler zwischen Anbietern und Kunden ins Spiel und nehmen dafür Gebühren. Wenn sie eine gewisse Vormachtstellung erreicht haben, werden sie ihre Gewinne maximieren und so alle anderen Teilnehmer dieses Marktes ärmer machen – seien es Taxifahrer, Hoteliers oder die bisherigen Vermittler wie Reisebüros.

Sie schalten auch die Gewerkschaftsmacht aus, denn die einzelnen digitalen Arbeiter mit direktem Kontakt zu jeweils

Das kommerzielle Sharing boomt

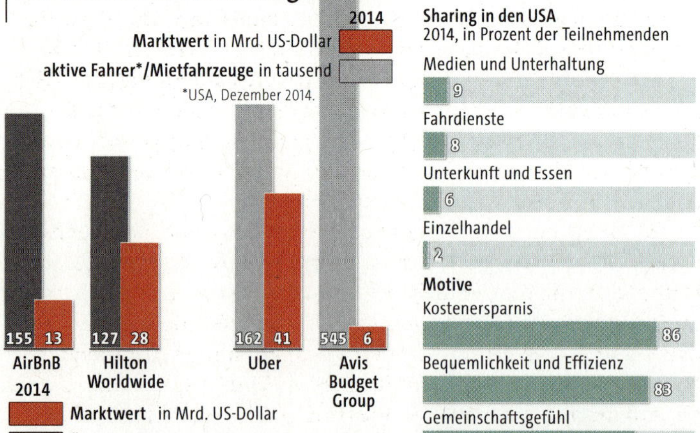

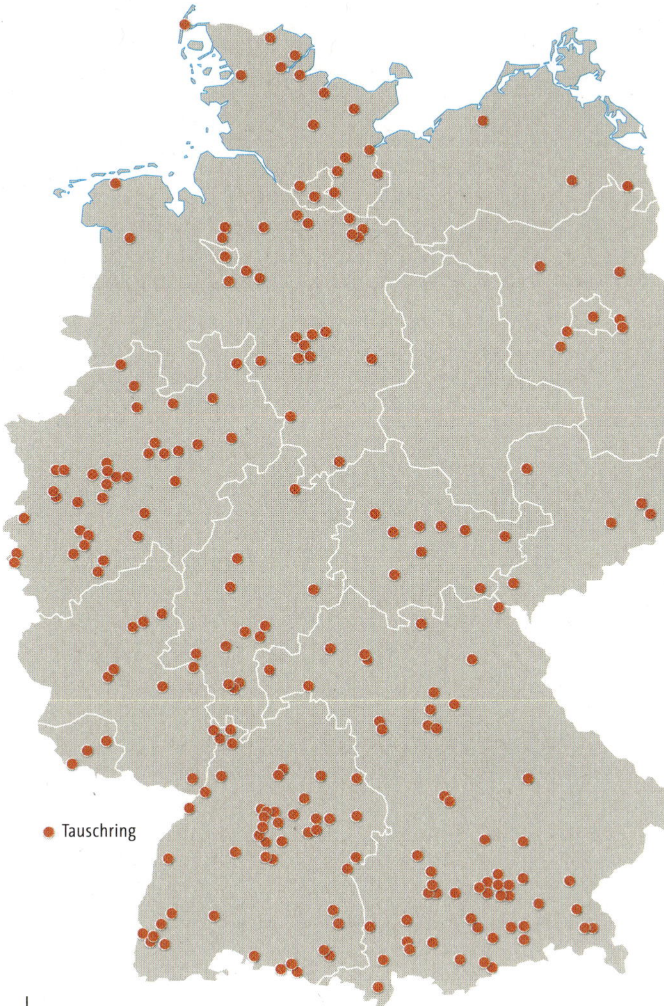

Tauschringe in Deutschland

Aachen
Aalen
Ahlerstedt
Ahnsen
Aichtal
Alterstedt
Ammersbek
Anhausen
Arnsberg
Aschaffenburg
Augsburg
Backnang
Bad Aibling
Bad Kreuznach
Bad Krozingen
Bad Lobenstein
Bad Oldesloe
Bad Tölz
Bad Wimpfen
Bad Windsheim
Bad Wurzach
Bayreuth
Bedheim
Benediktbeuern
Bergkirchen-Günding
Berlin
Bevern
Biberach
Bielefeld
Böblingen
Bochum
Bonn
Braunschweig
Bremen
Brietlingen
Buchholz
Büdingen
Buggingen
Burgdorf
Buxtehude
Coburg
Colmberg
Crailsheim
Darmstadt
Denzlingen
Dieburg
Ditzingen
Donnersdorf
Dormagen
Dornum
Dresden
Duderstadt
Duisburg
Düsseldorf
Eberswalde
Eching
Eckernförde
Edingen-Neckarhausen
Eichstätt
Emsdetten
Erding
Erfurt
Erkelenz
Erkner
Erlangen
Essen
Fahrenwalde
Flensburg
Florstadt
Forchheim
Frankfurt am Main
Frechen
Freiberg
Freiburg
Frickingen
Fulda
Fürstenfeldbruck
Fürth
Geesthacht
Gelnhausen
Gera
Gerhardshofen
Germering
Giessen
Glinde
Göppingen
Gotha
Grafing
Groß-Zimmern
Hamburg
Hamm
Hammelburg
Hannover
Hartheim
Hattingen
Hatzenbühl
Hausham
Heidelberg
Heidenau
Heilbronn
Heinsberg
Herbrechtingen
Herne
Hesel
Hof
Holzkirchen
Husum
Jena
Kappel
Karlsdorf
Karlsfeld
Karlsruhe
Karrlstadt
Kassel
Kaufbeuren
Keitum
Kempten
Kiel
Kirchheim bei München
Koblenz
Köln
Königsbrunn
Konstanz
Kraiburg am Inn
Krefeld
Kusterdingen
Laatzen
Landsberg
Langenhagen
Leipzig
Lenggries
Leonberg
Leverkusen
Lippstadt
Lübberstedt
Lübeck
Ludweiler
Lüneburg
Magstadt
Mainz
Mannheim
Marburg
Marktheidenfeld
Marktoberdorf
Meinzerhagen
Memmingen
Michendorf
Miesbach
Mindelheim
Minden
Montabaur
München
Münster
Münstertal
Murnau
Nagold
Nandlstadt
Neubrandenburg
Neumünster
Neuruppin
Neustadt
Neuwied
Nidderau
Nürnberg
Ochtendung
Oderberg
Offenburg
Öhringen
Osterholz-Scharmbeck
Ottobrunn
Otzberg
Owingen
Paderborn
Penzberg
Pfaffenhofen
Plauen
Plön
Potsdam
Puchheim
Rastatt
Ratzeburg
Ravensburg
Regensburg
Renningen
Reppenstedt
Rheine
Rostock
Sassenberg
Schenefeld
Schleswig
Schnaittach
Schondorf
Schöneiche
Schongau
Schorndorf
Schwäbisch Gmünd
Schweinfurt
Schwerte
Sennfeld
Sindelfingen
Singen
Soest
Sohrschied
Sonthofen
St. Wendel
Starnberg
Staufen
Stuttgart
Süderbrarup
Suhl
Surberg
Syke
Thedinghausen
Traben-Trarbach
Traunstein
Troisdorf
Trostberg
Tübingen
Überlingen
Ulm
Unna
Unterhaching
Untermeitingen
Vaterstetten
Verden
Villingen
Waiblingen
Waldkirch
Walpershofen
Wangen
Weil im Schönbuch
Weimar
Weinheim
Weissenburg
Wennigsen
Werl
Wertingen
Wiehl
Wiesbaden
Willich
Witten
Wolfratshausen
Wolfratshausen
Wuppertal

Geben und nehmen ohne Geld

einem Kunden haben es sehr schwer, sich zu organisieren. Bei den P2P-Personalvermittlern etwa muss die Arbeitskraft (Übersetzer, Putzkräfte) meist anonym die Konkurrenten unterbieten, um Aufträge zu ergattern.

Der Internet-Intellektuelle Evgeny Morozov fürchtet mit den neuen technischen Möglichkeiten eine »Diktatur des Marktes«, weil die Firmen sich schnell an das Kundenverhalten im Internet anpassen. Share Economy ist für ihn eine weitere Welle – »Neoliberalismus auf Steroiden«. Er kritisiert, dass immer mehr Daten von Menschen einer Firma gehören. Dabei müssten diese Daten doch frei sein – »wie Luft, die gehört auch keinem«.

Die Augen der Share-Enthusiasten aus Kalifornien sind schon auf weitere Branchen gerichtet. Der Investor und Berater Jeremiah Owyang nennt 12 Branchen, die reif seien für die neuartigen Sharing-Firmen. Neben Autovermittlung, Crowdfunding oder Versandhandel wären das beispielsweise gegenseitiges Lernen, der Gesundheitsbereich (»doctors on demand«), Design oder neuartige Telefon- und Datennetze. P2P soll weitere Teile der Volkswirtschaft erschließen und letztlich auf jedem dieser Sektoren einen hoch rentablen Konzern hervorbringen, der mit seiner Technik, seiner App und seinem Computernetz die direkten, fruchtbaren Beziehungen zwischen den bis dato ahnungslosen Konsumenten erst ermöglicht.

Kritiker stören sich weniger daran, dass die Vermittler Geld verdienen wollen. Das Problem ist vielmehr der in vielen Geschäftsmodellen angelegte Drang zur Monopolisierung der jeweiligen Branche und zum Datenklau bei den Kunden. Gerade das passt vielen Kunden nicht. Sie wollen die Kontrolle über ihre Daten behalten, verfügen über das entsprechende Know-how und sind Anhänger des gleichberechtigten und eigenständigen Teilens, also ohne Datenmonopolisierung und ohne dass das Copyright bei einer Firma liegt.

So entsteht ausgerechnet im Telefonbereich eine Technik, die Daten- und Sprachaustausch ohne einen Mobilfunkanbieter ermöglicht. Das von dem Australier Paul Gardner-Stephen angeschobene Projekt Serval hat Software und kleine, WLAN-artige Funkstationen entwickelt. Finden sich genug Handybesitzer und Betreiber von Serval-Stationen, dann suchen die Daten nur über dieses feinmaschige Netz ihren Weg. Ähnlich das Projekt freifunk.net in Deutschland.

Willkommener Nebeneffekt: Wenn alles richtig gemacht wird, kann der Staat auch nicht mehr beim zentralen Anbieter Daten über die Nutzer abgreifen. Und das Netz funktioniert auch nach Naturkatastrophen und Stromausfällen. Die Idee dazu kam Gardner-Stephen beim Erdbeben in Haiti: Viele Haitianer hatten noch funktionsfähige Handys, konnten sie aber nicht nutzen, weil die Mobilfunkmasten außer Betrieb waren.

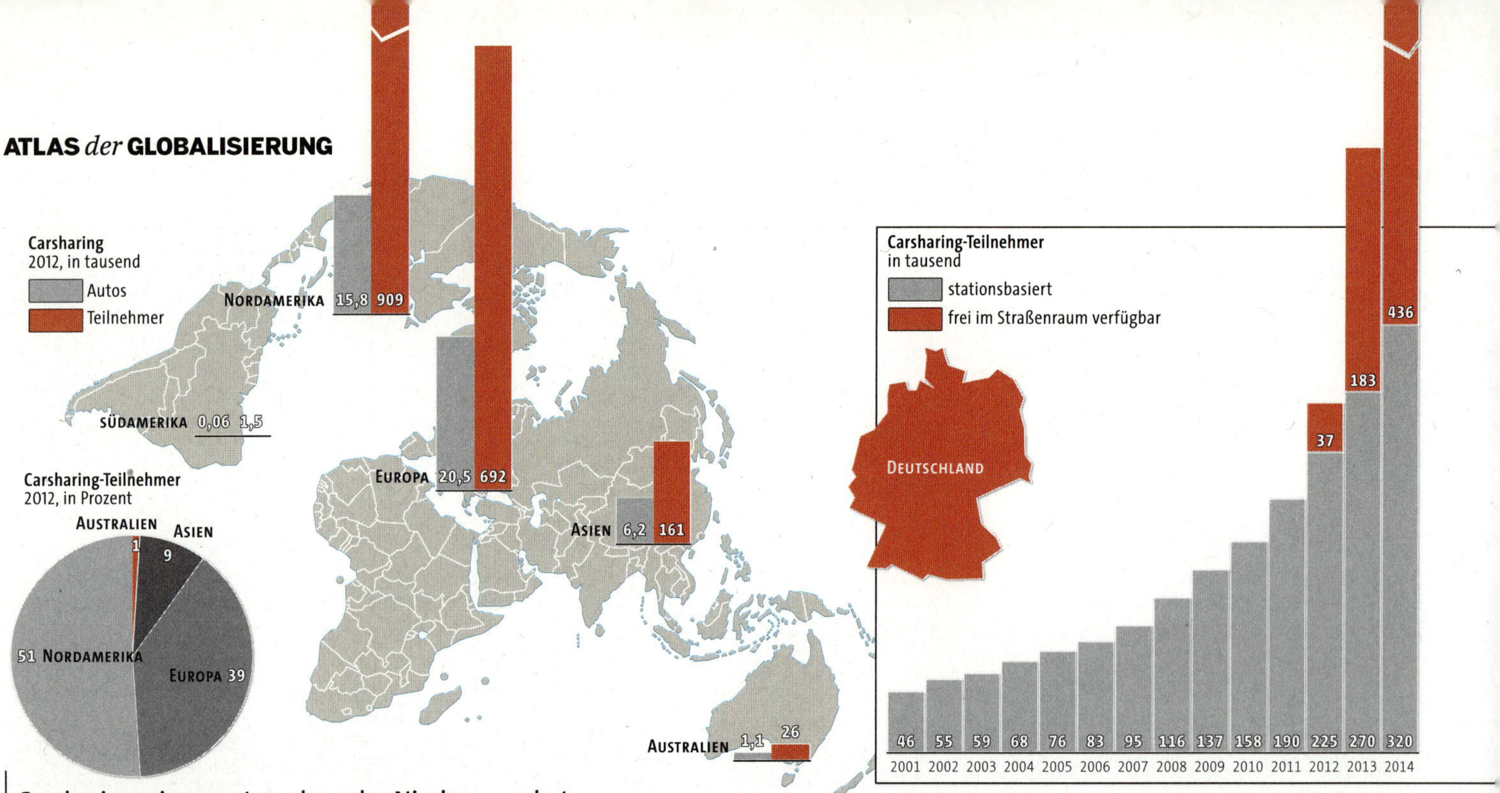

Carsharing: ein rasant wachsendes Nischenangebot

Das nachhaltige und gemeinwirtschaftliche Sharing hat nicht nur Zukunft, sondern auch eine große Vergangenheit. Die gemeinsame Nutzung und Verwaltung von Wirtschaftsgütern und Ressourcen ist tausende von Jahren alt. Sesshafte Bergvölker wie die Schweizer haben seit jeher Verfahren gefunden, wie sie die begrenzten Ressourcen Weidefläche, Wasser und Wälder nutzen statt abnutzen. Niemand wäre auf einer Schweizer Alp auf die Idee gekommen, jedes Jahr ein paar Kühe mehr auf die immer gleichen Hänge zu stellen – wegen des »Wirtschaftswachstums«. Das würde ja nicht lange gut gehen, dann wäre die Grasnarbe geschädigt. Und selbst wenn ein Bauer wollte, könnte er sich nicht gegen die anderen Sömmerungsrechtler durchsetzen.

Elinor Ostrom, die bislang einzige Frau unter den Wirtschaftsnobelpreisträgern, hat die Voraussetzungen dafür erforscht, dass ein solches Teilen von Gemeinschaftsgütern nicht in Ausbeuten und Zerstören umschlägt. Ihr Fazit: Die Ressource muss dauerhaft gemeinsam genutzt werden, überschaubar sein und einen vorhersehbaren Ertrag bringen; die Nutzer müssen ein gemeinsames Verständnis über die Funktion der Ressource haben und den Zusagen trauen, die sie einander machen; es braucht einfache, schnell wirksame Mechanismen zur Konfliktlösung und Sanktionen bei Verstößen gegen die Regeln, die die Nutzer selbst festlegen; es gibt klare Grenzen gegenüber Nichtberechtigten; und die Obrigkeiten erkennen die Selbstverwaltung an.

Als das Geld knapper war als heute, war Teilen für viele eine Selbstverständlichkeit. Auf den deutschen Dörfern der 1950er und 1960er Jahre waren Fahrgemeinschaften für den Weg zur Arbeit, den Transport der Kinder oder den Kirchgang die Regel. Es gab gemeinschaftliche Waschküchen oder Gefrieranlagen und viele andere geteilte Gerätschaften, selbst der mannshohe Hobel zum Schneiden von Sauerkraut wurde von Haus zu Haus gereicht.

Auch gemeindeeigene Flächen wurden gemeinschaftlich genutzt: Nach den Wirtschaftskrisen im ausgehenden 19. Jahrhundert und der Hungerkatastrophe 1918 pflanzten Obst- und Gartenbauvereine Millionen von Hochstämmen mit Äpfeln, Birnen und anderem Obst – für die Vitaminversorgung, aber auch, um den Nachschub an Most und Obstler für spätere Generationen zu sichern.

In jüngster Zeit ist ein gemeinwirtschaftliches Neubauprojekt in Zürich auf dem Weg zu Klima- und Ressourcenneutralität recht weit gekommen. Etwa 230 Bewohner und 25 Gewerbebetriebe zogen 2014 in die Genossenschaft Kalkbreite ein, ein 6000 Quadratmeter großes Straßenbahndepot.

Auf der Jagd nach Daten

Verkaufswert von persönlichen Daten*
2013, in US-Dollar

*Informationsmakler verkaufen Datenprofile meist im Paket.

			Sind Sie verlobt?	☐ ja	0,100	Sind Sie in letzter Zeit umgezogen?	☐ ja	0,085
			Haben Sie in letzter Zeit geheiratet?	☐ ja	0,010	Besitzen Sie ein Haus oder eine Eigentumswohnung?	☐ ja	0,085
			Wurde Ihre Ehe in letzter Zeit geschieden?	☐ ja	0,010	Wie groß ist Ihr Haus oder Ihre Wohnung?		0,050
			Haben Sie Kinder?	☐ ja	0,005	Wie hoch ist Ihre Hypothek?		0,050
Ihre Postleitzahl		0,005	Sind Sie schwanger?	☐ ja	0,080	Wie viele Badezimmer gibt es in Ihrem Haus?		0,050
Ihr Alter		0,005	Sind Sie zum ersten Mal schwanger?	☐ ja	0,015	Wie viele Schlafzimmer gibt es in Ihrem Haus?		0,050
Ihr Geschlecht		0,005	Wie lange sind Sie schwanger (bis Woche 24)?		0,020			
Ihre ethnische Zugehörigkeit		0,005	Wie lange sind Sie schwanger (ab Woche 24)?		0,020	Besitzen Sie ein Flugzeug?	☐ ja	0,085
Ihre Ausbildung		0,0055	Sind Ihre Kinder bereits ausgezogen?	☐ ja	0,010	Besitzen Sie ein Boot?	☐ ja	0,076
Sind Sie Millionär?	☐ ja	0,116	Leiden Sie an Allergien?	☐ ja	0,260	Planen Sie, ein Auto zu kaufen?	☐ ja	0,0018
Sind Sie Rechtsanwalt?	☐ ja	0,080	Leiden Sie an Asthma?	☐ ja	0,260	Planen Sie, ein anderes Fahrzeug zu kaufen?	☐ ja	0,0011
Sind Sie Steuerberater?	☐ ja	0,100	Leiden Sie an Rheuma?	☐ ja	0,260	Planen Sie, ein neues Handy zu kaufen?	☐ ja	0,0125
Sind Sie Unternehmer?	☐ ja	0,072	Haben Sie Rückenschmerzen?	☐ ja	0,260	Planen Sie, Geld anzulegen?	☐ ja	0,0010
Sind Sie im Gesundheitswesen tätig?	☐ ja	0,072	Sind Sie übergewichtig?	☐ ja	0,260	Planen Sie, eine Ausbildung zu machen?	☐ ja	0,0013
Sind Sie im gemeinnützigen Sektor tätig?	☐ ja	0,072	Sind Sie depressiv?	☐ ja	0,260	Planen Sie eine Urlaubsreise?	☐ ja	0,0011

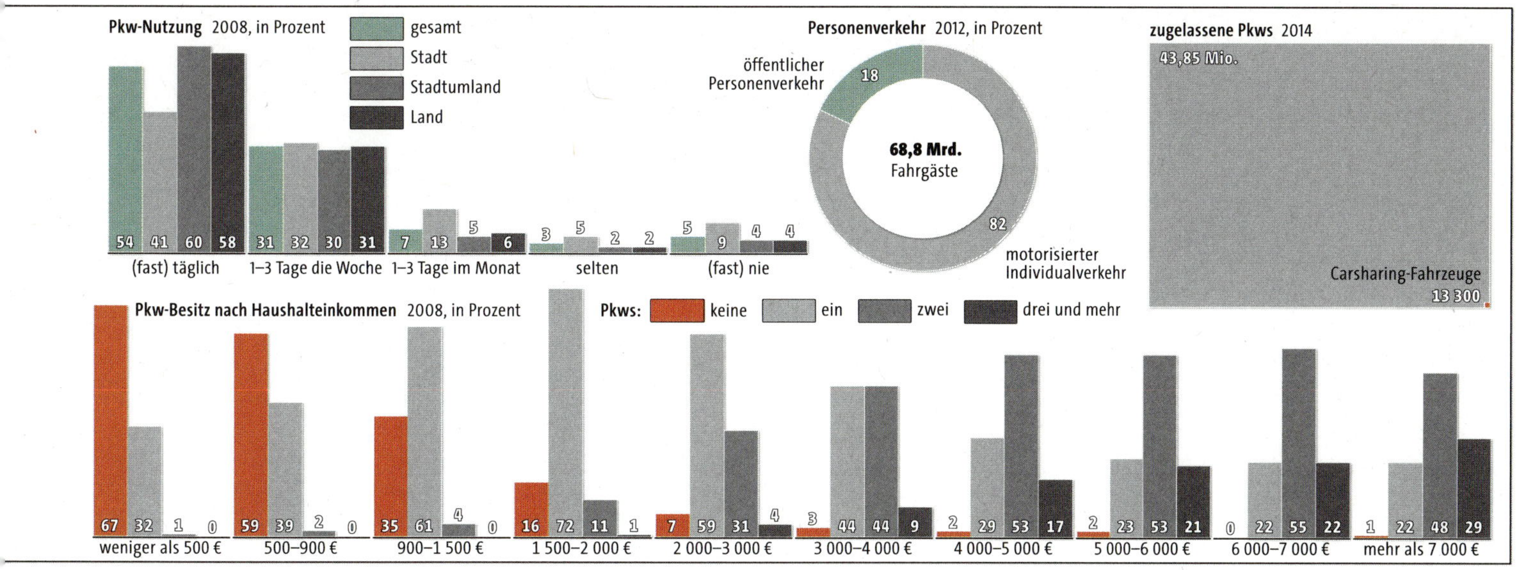

Die Trams stehen immer noch da und sind jetzt überbaut. Von der Zwei-Zimmer-Wohnung bis zum Wohn-Cluster mit knapp 60 Menschen und professioneller Gemeinschaftsküche reicht die Bandbreite. Gemeinschaftsanlagen für Waschen, Heizen, Kühlen oder Büros, Gäste und Bücherei sparen so viel Raum, dass pro Kopf statt der in Zürich üblichen 45 nur 33 Quadratmeter Wohnraum nötig sind – 50er-Jahre-Niveau. Pläne für solche Neuen Nachbarschaften gibt es auch in Basel, Luzern und Bern, und in Zürich ist das zweite, größere Projekt anvisiert, das Zollhaus.

In Deutschland gibt es solche Beispiele noch kaum, zumindest nicht so weit fortgeschritten und mit einer landesweiten Vision. Allerdings springen inzwischen kommerzielle Immobilienentwickler auf den Trend auf. So will die Berliner CG-Gruppe mehrere leerstehende Bürohochhäuser zu »vertical villages«, also senkrechten Dörfern umbauen.

Hunderte Mietwohnungen, auf Wunsch möbliert und samt Bettwäsche (»plug and play«-Apartments), dazu Gewerbe, Restaurant, Gemeinschaftsküchen und -büros mit dickem Internetanschluss werden künftig etwa auf Berlin-Kreuzberg vom dortigen 89 Meter hohen Postbank-Gebäude blicken. Die Miete liegt zwei bis drei Euro pro Quadratmeter über den marktüblichen Preisen und von gemeinsamem Besitz wie in der Schweiz ist nicht die Rede. Doch immerhin sind die Wohnungen wegen der Gemeinschaftsräume deutlich kleiner als bei sonstigen Objekten für Business-Frauen, Manager-Zweitwohnungen und Start-up-Gründer.

Der Deutsche an sich teilt noch nicht übermäßig gern, zumindest laut einer repräsentativen Umfrage der Nürnberger Konsumforscher GfK vom Herbst 2014: Nur die Hälfte der Leute mit einem Nettohaushaltseinkommen von weniger als 1 000 Euro findet »leihen statt kaufen eine grundsätzlich gute Idee«. Bei Einkommen von 3 000 Euro und mehr finden es immerhin schon 65 Prozent gut. Insgesamt handelt es sich laut GfK bei der Share Economy noch um ein intellektuelles Großstadtphänomen. Und eine Studie der Markenagentur MetaDesign nennt als Motivation der teilwilligen Konsumenten: 55 Prozent Kostenersparnis, 40 Prozent Stärkung sozialer Kontakte, 22 Prozent Nachhaltigkeitsaspekte.

Doch Sharing bietet vor allem auch eine Möglichkeit, das Konsumieren vom Besitzen zu lösen. Dadurch kommt es am Ende zu einem zusätzlichen oder »additiven« Konsum, was sich an Sharing-Communitys wie Pretalouer.de, der Verleihbörse von Edelklamotten und Schmuck, zeigt.

Außerhalb Deutschlands, in Regionen mit anhaltend hoher Arbeitslosigkeit, hilft die Share Economy dabei, sich unabhängiger vom üblichen Wirtschaftsgeschehen zu machen und sich weitere Standbeine aufzubauen. Die US-Politologin Juliet Schor nennt das den Wechsel von Anstellung zu Lebensunterhalt. Wer sein Auto verleiht oder ein freies Zimmer vermietet, macht sich unabhängiger von der einen festen Arbeitsstelle. Genauso, wer im Gemeinschaftsgarten mitarbeitet oder in sogenannten Zeitbanken Arbeitszeit vorleistet für Zeiten, in denen er sie von anderen zurückbekommt (Pflegedienste, aber auch Haus streichen und anderes, was dann tauschbar ist). Laut Schor ist das auch gut für die Gesellschaft als Ganzes, weil so Wissen und Hilfsdienste geteilt werden, weil Selbermachen und damit Selbstbestimmung sich in immer neuen Bereichen ausbreiten können.

Dieses Selbermachen war einst ineffektiv, das Tauschen über die nähere Umgebung hinaus schwierig. Das ist in Zeiten des Internets anders. Und die kleinteilige »peer production« verbreitet sich in Krisenzeiten, weil es nun mal nicht mehr genug Vollzeitarbeitsplätze gibt. Das alles braucht sehr wenig Kapital, ein zentraler Punkt für das Wirtschaften im Nullwachstum. Ein guter Teil der Produktion dient nicht dem Verkauf, sondern der unmittelbaren Nutzung. Das gemeinsame Ziel solcher Projekte ist die freiwillige Kooperation zwischen Gleichberechtigten.

Reiner Metzger

Bücher *&c.*

- Wolfgang Ullrich, *Alles nur Konsum. Kritik der warenästhetischen Erziehung*, Berlin (Wagenbach) 2013.
- Elinor Ostrom, Silke Helfrich, *Was mehr wird, wenn wir teilen: Vom gesellschaftlichen Wert der Gemeingüter*, München (oekom) 2011.
- Christine Koller, Markus Seidel, *Geld war gestern: Wie Bitcoin, Regionalgeld, Zeitbanken und Sharing Economy unser Leben verändern werden*, München (FBV) 2014.

Commons und die Kliniken der Solidarität

Nachdem in Griechenland das Gesundheitssystem zusammengebrochen ist, leisten Freiwillige, Gewerkschaften und Genossen medizinische Hilfe

In globalisierungskritischen Debatten stehen die Schlagworte Commons und Solidarische Ökonomie für die Absage an ein sozial und ökologisch zerstörerisches Wirtschaften, für die Verteidigung oder Rückeroberung von Gemeingütern und für die organisierte Selbsthilfe. Wenngleich die Kämpfe um die kollektive Nutzung von Gemeingütern und das solidarische Wirtschaften deutlich älter sind als die kapitalistische Produktionsweise, sind sie erst mit dieser zu sozialen Bewegungen und ab Mitte der 1990er Jahre auch zu einer globalen Bewegung geworden. Denn mit der Globalisierung wächst die Kluft zwischen Arm und Reich, zwischen dem Überfluss der einen und den unbefriedigten Grundbedürfnissen der anderen immer weiter an.

Commons stehen für Ressourcen und Leistungen, die für alle Menschen lebensnotwendig sind, wie beispielsweise die Wasser- und Gesundheitsversorgung. Sie sollten demokratisch produziert, genutzt und verwaltet werden, und zwar so, dass sie dauerhaft erhalten bleiben. Die heutige Commonsbewegung ist global und vielfältig. Sie vereint Beschützer des Regenwalds, Gegnerinnen von Patenten auf die Natur sowie Produzentinnen von Wissen, Kultur und Software, die ihre Produkte frei teilen wollen. Den Beteiligten geht es nicht um den Erfolg im Konkurrenzkampf, sondern um das gemeinschaftliche Produzieren, um Ökologie und konkrete Gebrauchswerte. Sie halten weder hohe Renditen noch das Ansteigen abstrakter Indikatoren wie des BIPs für die Lösung ihrer Probleme. Wahr ist allerdings auch, dass Tauschringe, Share Economy, Genossenschaften oder Fabrikbesetzungen nicht per se dem Aufbau einer besseren Zukunft dienen. In Zeiten radikaler Sparpolitik sind sie vielfach nicht mehr und nicht weniger als Ad-hoc-Reaktionen auf die Krise von Politik und Wirtschaft, die nicht romantisiert werden sollten.

Insbesondere in Griechenland sind seit der Finanz- und Wirtschaftskrise zusehends regionale Solidarnetzwerke entstanden. Dazu gehören über 40 solidarische Gesundheitspraxen wie die »Klinik der Solidarität« in Thessaloniki oder das soziale Gesundheitszentrum im Athener Stadtteil Elliniko, in dem allein im Jahr 2013 über 17 500 ärztliche Konsultationen ermöglicht wurden. Schätzungsweise drei der elf Millionen Griechinnen und Griechen waren zuletzt ohne Krankenversicherung.

Nachdem das öffentliche Gesundheitssystem zusammengebrochen und das private für die meisten unbezahlbar geworden ist, haben sich allein in Elliniko 200 Fachkräfte und Freiwillige zusammengetan, die anonym und unentgeltlich helfen – niemand, der Hilfe braucht, wird abgewiesen. Die verabreichten Medikamente sind oft gespendet oder aus Spendengeldern finanziert. Die Gesundheitszentren und solidarischen Apotheken sind vielfach mit anderen Projekten der sozialen Arbeit, wie Sprachunterricht für Flüchtlinge, und der Solidarischen Ökonomie verbunden. So sorgen Agrar- und Konsumgenossenschaften für die Versorgung der Patientinnen und Freiwilligen mit regional produzierten Lebensmitteln oder mit Kräutern für die alternative Medizin.

Insbesondere die Lehrergewerkschaft hat viel für die Vernetzung mit den Betroffenen geleistet. Sie hat Alleinerziehende, arme Eltern, Lehrerinnen und Erzieher mit den solidarischen Gesundheitseinrichtungen in Kontakt gebracht, zur Zusammenarbeit ermutigt und dafür bei den Gewerkschaften geworben. Auch von Gesundheitsarbeitern im Ausland kommt Hilfe: Sie informieren über die Probleme und Initiativen vor Ort, sammeln Geld- und Sachspenden. Im Ausland lebende griechische Ärztinnen und Krankenpfleger bieten während ihres Urlaubs unentgeltliche Mitarbeit an.

Die in Griechenland aus der Not geborene solidarische Gesundheitsversorgung macht die sozialen und ökologischen Potenziale von Commons deutlich. Denn die hierarchiefreie Kooperation, die transparenten kollektiven Entscheidungen,

Ärzte in der Krise

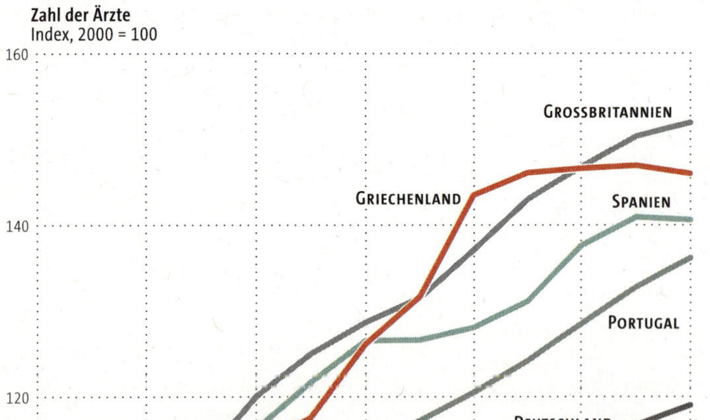

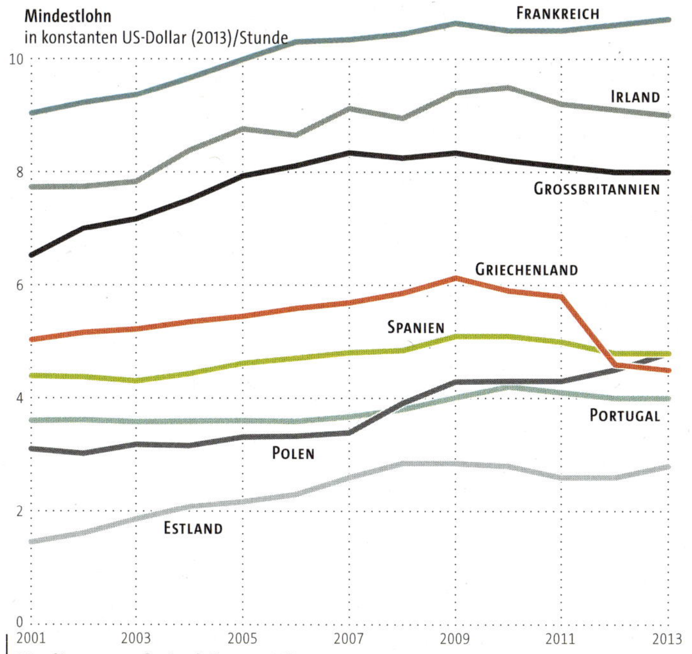

Verlierer auf niedrigem Niveau

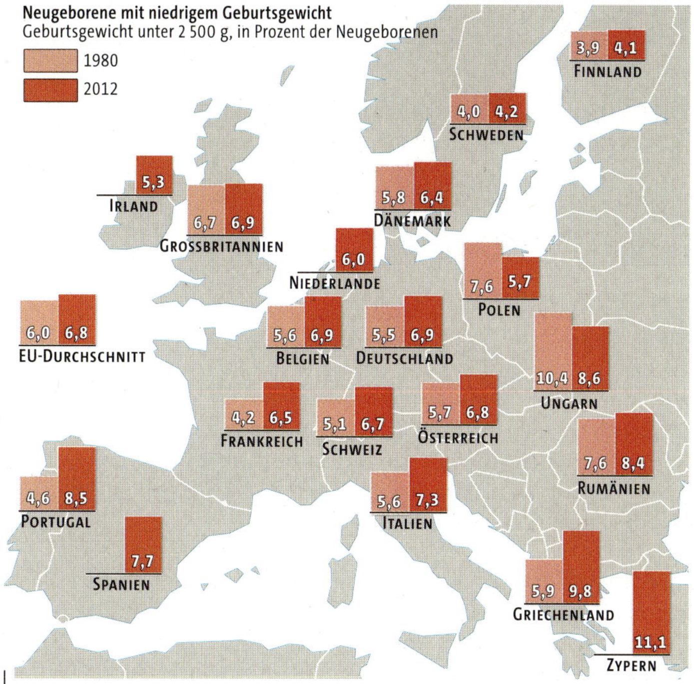

Zu früh geboren

die gemeinsame Nutzung von Wissen, Räumen und Instrumenten sowie ein gleichberechtigtes Arzt-Patient-Verhältnis erlauben ein ressourcensparendes Wirtschaften bei extrem knappen Mitteln.

Die entscheidende Frage ist allerdings, ob sich diese solidarischen Experimente übertragen und verallgemeinern lassen: Kann das, was sich in einer Situation der Krise und aufgezwungener Schrumpfung entwickelt, zu einem leitenden Prinzip für die Gesellschaft werden? Wohl nur, wenn es den solidarischen Gesundheitsarbeitern gelingt, auch in anderen Wirtschaftsbereichen autarke Strukturen zu schaffen und einen Kreislauf der Ressourcen zu organisieren. Eine solche Transformation verlangt insbesondere einen massiven Schuldenerlass für einen reformierten griechischen Staat, die Entmilitarisierung und die Abkehr von dem in Griechenland neuerdings erstarkten Extraktivismus, beispielsweise bei der Ausbeutung der Goldminen auf der Halbinsel Chalkidiki. Eine zurzeit noch vage Hoffnung.

Judith Dellheim

Bücher *&c.*

- Andreas Exner, Brigitte Kratzwald, *Solidarische Ökonomie & Commons*, Wien (Mandelbaum Verlag) 2012.
- Silke Helfrich und Heinrich-Böll-Stiftung (Hg.), *Commons. Für eine neue Politik jenseits von Markt und Staat*, Bielefeld (transcript Verlag) 2012, http://www.boell.de/sites/default/files/2012-04-buch-2012-04-buch-commons.pdf.
- Susanne Elsen (Hrsg.), *Ökosoziale Transformation. Solidarische Ökonomie und die Gestaltung des Gemeinwesens. Perspektiven und Ansätze von unten*, Neu-Ulm (AG SPAK Bücher) 2011.

Die Kosten der Gesundheit

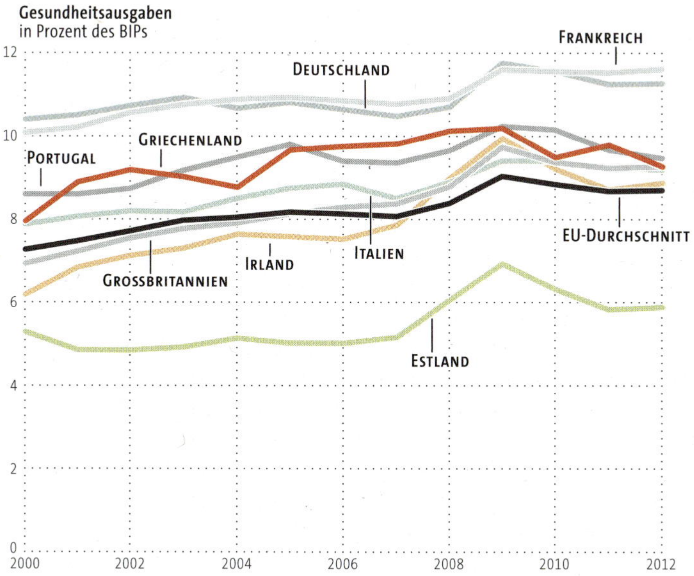

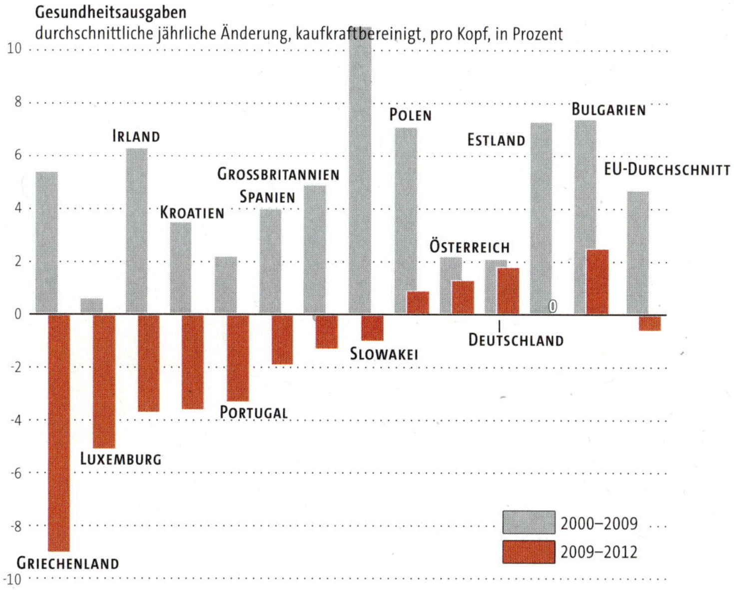

In Zeiten des Ernstfalls

Warum wir Ölkonzernen und anderen Klimakillern den Geldhahn zudrehen müssen

Ein Mann will sich gerade mit einem Kaffee an seinen Schreibtisch im 66. Stock setzen, als ein Kollege hereingestürzt kommt. Er hat gesehen, wie ein Flugzeug nebenan in den Nordturm des World Trade Centers gerast ist. Die beiden rennen zum Fahrstuhl. Sie schaffen es bis hinunter in den 44. Stock. Als sie dort den Fahrstuhl wechseln wollen, steht ein Mann mit Megafon vor ihnen, der sie auffordert, in ihre Büros zurückzugehen.

Sie entschließen sich, das nicht zu tun, sondern zusammen mit einigen anderen die Treppen hinunterzurennen. Im 20. Stock hören sie erneut die Durchsage, dass alle an ihren Arbeitsplatz zurückkehren sollen. Als sie den 9. Stock erreicht haben, kracht ein zweites Flugzeug in den Südturm, und der Fahrstuhlschacht füllt sich schlagartig mit Kerosin. 400 Menschen, die in den Fahrstühlen festsaßen, starben einen schrecklichen Tod. Unser Mann hingegen schaffte es über das Treppenhaus ins Freie.

Die Anweisungen, die in beiden Türmen gegeben wurden, gingen auf einen früheren Krisenfall zurück, doch der war mit dem Geschehen vom 11. September 2001 in keiner Weise vergleichbar. Zum Glück folgten viele Leute ihrem Instinkt, die Türme auf dem schnellsten Weg zu verlassen. Das erklärt die erstaunliche Tatsache, dass viele Angestellte, deren Büros unterhalb des Flugzeugeinschlags lagen, es noch vor dem Einsturz des Gebäudes ins Freie schafften, und zwar trotz der verhängnisvollen Anweisungen der Trade-Center-Verwaltung. Wie man sieht, können Entscheidungsträger und Bürokraten mit einer großen geistigen Trägheit geschlagen sein, wenn es zu erkennen gilt, dass die Welt sich ändert und die alten Regeln überholt sind.

In Ausnahmesituationen ist es manchmal fatal, Verhaltensregeln zu befolgen, die normalerweise richtig und vernünftig sind, das zeigt das Beispiel 9/11. Schwieriger ist es, wenn sich die Lage langsam und schrittweise zuspitzt und man das nur erkennt, indem man eine Fülle wissenschaftlicher Daten richtig einordnet.

Stellen wir uns die heutige Welt als einen Büroturm vor und die auf fossilen Energien basierende Ökonomie als ein Flugzeug, das in diesen Turm hineinkracht – ein zerstörerischer Vorgang, der sich gegenwärtig allerdings meist nur in Superzeitlupe abspielt, außer wenn von Menschen mitverursachte Katastrophen auf einen Schlag viele Todesopfer fordern, wie etwa der Hurrikan »Sandy«, der im Oktober 2012 auf den Philippinen wütete, oder die verheerenden Buschfeuer, durch die im Februar 2009 im australischen Bundesstaat Victoria 173 Menschen starben. Das Problem ist nur: Wie kann man jemanden, der die Augen vor den Flammen verschließt, davon überzeugen, dass sein Haus brennt? Wie kann man Menschen klarmachen, dass ein Verhalten, das bis vor kurzem als besonnen galt, plötzlich gefährlich wird? Und dass eine Beunruhigung, die lange Zeit übertrieben war, heute durchaus angemessen ist?

Am 23. April 2013 beschloss der Aufsichtsrat der Stadtverwaltung von San Francisco einstimmig, den Vorstand des städtischen Pensionsfonds aufzufordern, sämtliche Aktien von Unternehmen der fossilen Energiebranche zu verkaufen. Sie waren nach dem damaligen Börsenkurs rund 616 Millionen Dollar wert und machten 3,3 Prozent der Aktiva des Pensionsfonds aus. Das Votum ging auf den wachsenden Einfluss der Bewegung »Desinvestitionen gegen den Klimawandel«

Die großen Klimasünder der Welt

CO_2- und Methan-Emissionen
in Mrd. Tonnen CO_2-Äquivalent/Jahr

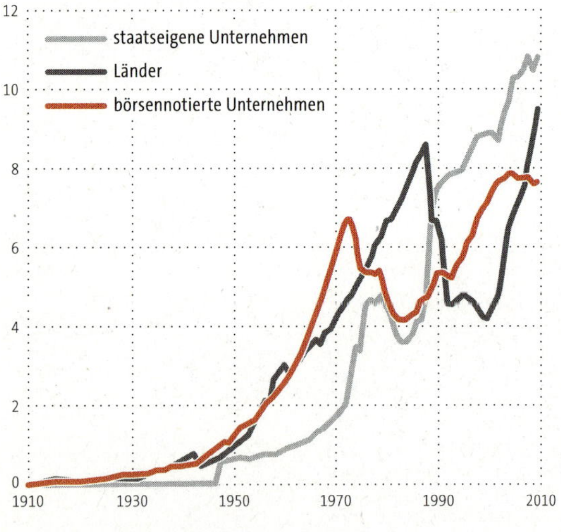

CO_2- und Methan-Emissionen
weltweit, in Prozent der kumulierten Emissionen 1750–2010

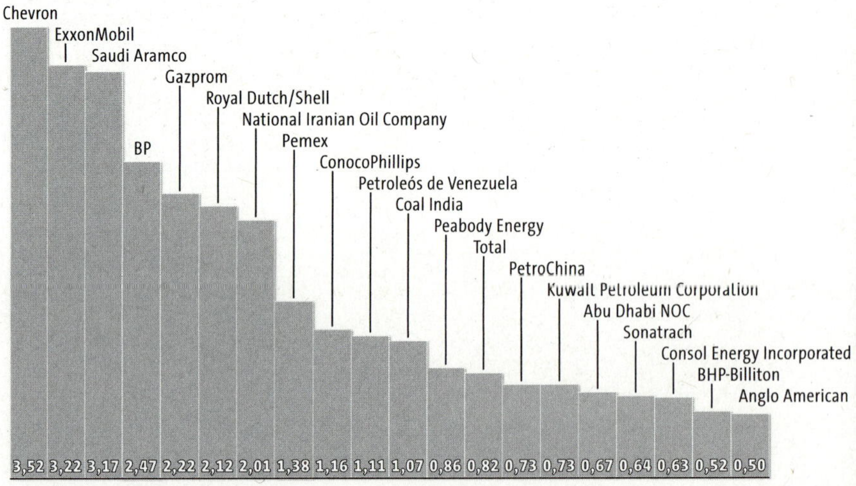

zurück. Mit ihrer Forderung, bestimmte Aktienbeteiligungen abzustoßen, sind eine ganze Reihe direkter wie indirekter Ziele verbunden. Die Bewegung begnügt sich nicht damit, die Öffentlichkeit über akute Umweltgefahren aufzuklären, sondern nimmt ganz konkret die Energiebranche ins Visier.

Die meisten Experten gehen inzwischen davon aus, dass sich das Katastrophenpotenzial des Klimawandels nur aufhalten lässt, wenn 80 Prozent der bekannten fossilen Energievorkommen (Kohle, Öl und Erdgas) nicht gefördert werden, sondern im Boden bleiben. Die internationalen Multis und Staaten wie Russland und Kanada haben zwar nicht die Absicht, diese Reserven ungenutzt zu lassen. Doch dank der weltweiten Klimabewegung verschieben sich die Kräfteverhältnisse allmählich.

Laut Climate Mitigation Services, einem globalen Expertennetzwerk mit Sitz in Colorado, stammen zwei Drittel der globalen CO_2-Emissionen, die das Klima und die Umwelt seit 1751 verändern, von nur 90 Verursachern. Der US-Konzern Chevron allein ist für 3,52 Prozent der weltweiten Gesamtbelastung verantwortlich, ExxonMobil für 3,22 und BP für 2,24 Prozent, und auf China entfallen 8,56 Prozent. Eine im Londoner *Guardian* veröffentlichte Infografik listet die 90 derzeit größten CO_2-Produzenten auf. Die Deinvestmentbewegung hat eine eigene Liste der 200 größten Produzenten fossiler Energien veröffentlicht.

Besonders schockierend ist der Befund, dass 63 Prozent der von Menschen verursachten CO_2-Emissionen in den letzten 25 Jahren verursacht wurden. Das heißt im Umkehrschluss, dass, als die ersten Warnungen vor der Erderwärmung publik wurden, erst ein Drittel der inzwischen angehäuften Kohlendioxidbelastung in die Erdatmosphäre gelangt war. Den größten Schaden hat also die Generation angerichtet, die um 1960 herum geboren wurde.

Der Großteil der fossilen Energieträger wurde und wird immer noch in den reichen Industrieländern verbrannt. Eine Mehrheit der Bevölkerung im Norden wie im Süden – sogar im Ölimperium USA – gibt an, etwas verändern zu wollen. Blockiert wird jeder Kurswechsel allerdings von den Energiekonzernen und den von ihnen abhängigen Regierungen. Einen Beweis dafür lieferte auch die Kopenhagener

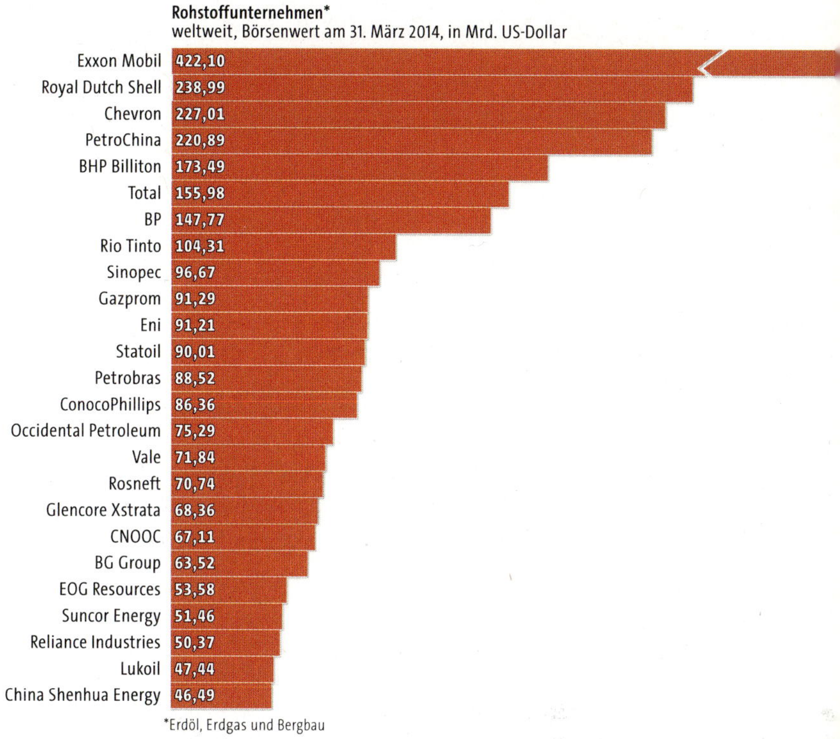

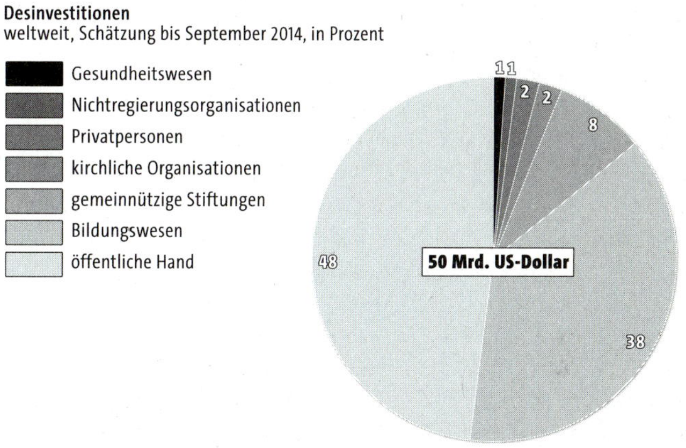

Ein kleiner Rückzug aus großen Unternehmen

Who is who der Energiegiganten

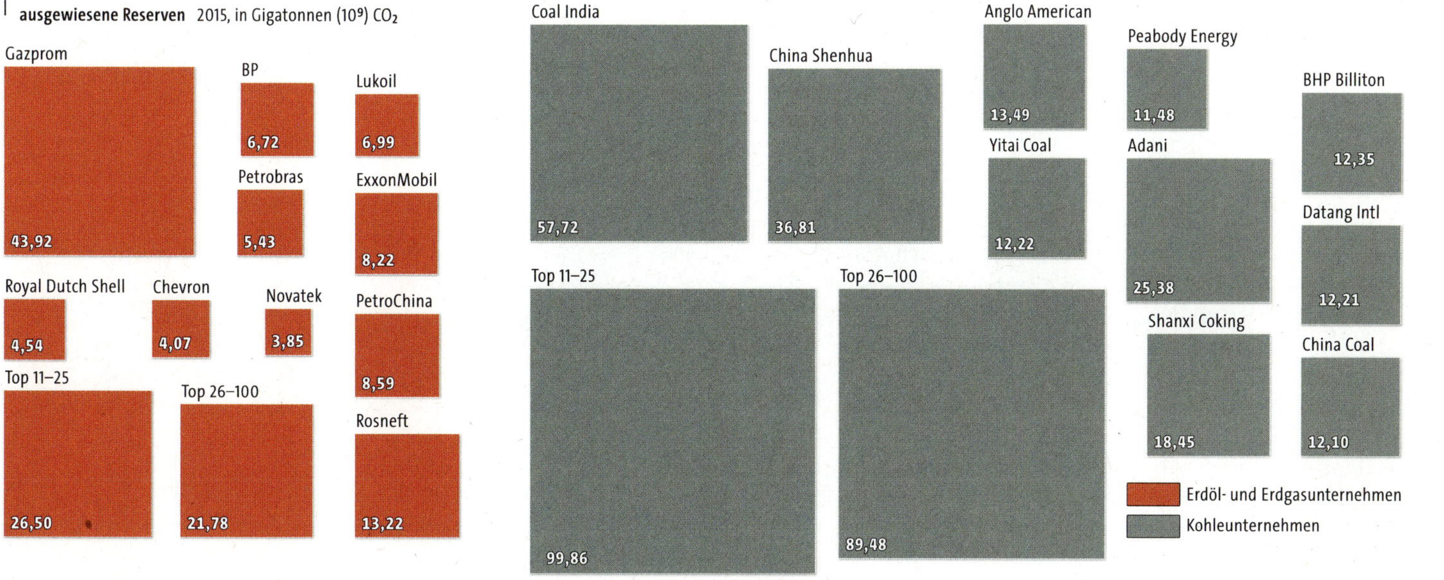

Energiesystem

Energieversorgung						Energiebedarf		
Förderung	Primärenergie	Umwandlung	Sekundärenergie	Distribution	Endenergie	Verbrauch	Nutzenergie	Nutzen
Erdgasquelle	Erdgas	-	Erdgas	Erdgasnetz	Erdgas	Herd	Wärme	Essenszubereitung
Kohlengrube	Steinkohle	Kraftwerk	Elektrizität	Stromnetz	Elektrizität	Rechner	Elektrizität	Informationsverarbeitung
Sonne	Sonnenstrahlung	Solarzelle	Elektrizität	Stromnetz	Elektrizität	Lampe	Licht	Beleuchtung
Uranbergwerk	Uranium	Kraftwerk	Elektrizität	Stromnetz	Elektrizität	Klimaanlage	Kälte/Wärme	Behaglichkeit
Erdölquelle	Erdöl	Raffinerie	Kerosin, Benzin	Pipeline	Kerosin, Benzin	Flugzeug, Kfz	Bewegungsenergie	Mobilität
Land- und Forstwirtschaft	Biomasse	Ethanolanlage	Ethanol	Lkw/Pkw	Ethanol	Lkw/Pkw	Bewegungsenergie	Mobilität

← Upstream | Downstream* →

*Aktivitäten in der Erdöl- und Erdgasindustrie werden in upstream (Prospektion und Förderung) und downstream (nachgelagerte Produktionsbereiche) unterschieden.

Energie: Quellen, Umwandlung und Nutzen

Klimakonferenz vom Dezember 2009, wo einflussreiche Teilnehmer dringend nötige weltweite Klimaabkommen sabotiert haben.

Es ist nicht leicht, Universitäten, Stadtverwaltungen, Pensionskassen und andere dazu zu bringen, ihre Investitionen in Öl, Gas und Kohle aus diesen Bereichen abzuziehen. Das sei zu kompliziert oder zu riskant, heißt es oft. Mit einer ähnlichen Beharrlichkeit wurde einst behauptet, die Sklaverei lasse sich nicht abschaffen, weil das der profitablen Plantagenwirtschaft in den Südstaaten ein Ende setzen oder die Eigentumsrechte der Plantagenbesitzer verletzen würde. Allerlei Vorbehalte gab es auch bei der Einführung des Frauenwahlrechts oder der Gurtpflicht und dem Verbot von FCKW, die nachweislich die Ozonschicht zerstören.

Wir halten an vielen Dingen fest, statt sie über Bord zu werfen, weil wir bequem sind und den Aufwand scheuen. Aber das ist die falsche Einstellung, wenn man auf einem sinkenden Schiff sitzt. Nach der Kollision mit einem Eisberg bietet ein Rettungsboot mehr Sicherheit, und dorthin schaffen es nur diejenigen, die sich – körperlich und geistig – auf die neue Situation einstellen.

Viele Finanzexperten halten Investitionen in die Produktion von Öl und Gas bereits für extrem unsicher und schwankungsanfällig. Denn wenn wir den Klimawandel in den Griff bekommen und die Erderwärmung auf maximal 2 Grad begrenzen wollen, müssten viele fossilen Reserven ungefördert bleiben, und das würde den Börsenwert von BP und Co deutlich senken.

Im Rathaus von San Francisco hatte sich der Vorstand des Pensionsfonds in gewundenen Argumenten darüber ausgelassen, wie waghalsig und verrückt es sei, die Aktien der Energiekonzerne abzustoßen. Widerspruch kam nur von ein paar Dutzend Aktivisten der Deinvestitionsbewegung und vom Stadtdezernenten John Avalos, der sich seit langem dem Kampf gegen den Klimawandel verschrieben hat. Die meisten Teilnehmer der Sitzung taten so, als sei Nichtstun und vorsichtiges Lavieren vernünftiger als entschlossenes Handeln. Sie forderten, um im Bild des World Trade Center zu bleiben, dazu auf, die vom Einsturz bedrohten Türme nicht zu verlassen.

Dabei ist die Liste der Institutionen, die ihre fossilen Aktienpakete verkaufen wollen, schon ziemlich lang. Auf ihr stehen unter anderem die US-amerikanische United Church of Christ (Vereinigte Kirche Christi), die Stiftungen der San Francisco State University und des Sierra Clubs (der größten und ältesten Naturschutzorganisation der USA) sowie 17 weitere gemeinnützige Stiftungen, darunter die einflussreiche Wallace Foundation. Deren Personalvertretung begründet das wie folgt: »Wer von uns wäre heute noch stolz darauf, vor dreißig Jahren seine Investitionen aus Südafrika nicht abgezogen zu haben? Im Rückblick scheint der Fall moralisch eindeutig. Wie würde es wohl aussehen, wenn wir in zwanzig Jahren die heutige Entscheidung verteidigen müssten, unsere Millionen routinemäßig in fossile Energien gesteckt zu haben? Und das just in dem Moment, in dem uns die Wissenschaftler klarmachen, dass wir keine Zeit zu verlieren haben?«

Tatsächlich sehen Klimaaktivisten in den Antiapartheidkampagnen der 1980er Jahre ein Vorbild für ihre eigene Deinvestitionsbewegung. Allerdings fiel es vielen Unternehmen damals nicht allzu schwer, ihre Investitionen, Subventionen und anderen wirtschaftlichen Kooperationen aus Südafrika abzuziehen, weil sich die finanziellen Einbußen in Grenzen hielten.

In San Francisco hat der Vorstand des Pensionsfonds schließlich nur beschlossen, als Aktionär bei der Hauptversammlung die Unternehmensführung der Energiekonzerne aufzufordern, umweltschädliche Praktiken zu beenden. Das wird aber nichts bringen. An Konzerne wie ExxonMobil oder Chevron zu appellieren, ihre Investitionen in fossile Energieträger zurückzufahren, ist so, als würde man McDonald's zum Verzicht auf Hackfleisch oder Ford zum Ausstieg aus der Autoproduktion auffordern. Die Konzerne werden sich nicht von allein andere Geschäftsfelder suchen. Die Initiative muss vielmehr von den Bürgern ausgehen: Sie sind es, die ihr Investitionsverhalten ändern müssen.

Klimaschützer sprechen von einer globalen Notlage. Die Manager der Pensionskassen hingegen verhalten sich so, als wüssten sie nicht, wovon die Rede ist. Sie leugnen die Erkenntnisse der Klimaforscher zwar nicht, aber sie wollen sich nicht klarmachen, was sie für die Zukunft bedeuten, die Zukunft auch ihrer Versicherten und deren Kinder und Enkelkinder. Sie berufen sich auf ihre treuhänderische Pflicht, sich in erster Linie um die Bonität ihres Fondsvermögens zu kümmern. Die Vorstellung, um irgendwelcher anderer Prinzipien willen ein paar Prozent ihres Portfolios zu verkaufen, halten sie für abwegig.

Aber es geht nicht um abstrakte Prinzipien. Die Pensionäre, die ihre Rente aus dieser Kasse beziehen, leben auf diesem Planeten. Wie dieses Leben in zehn, zwanzig oder fünfzig Jahren aussieht, hängt davon ab, was wir heute tun. Was bedeutet im Falle einer globalen Notlage die treuhänderische Pflicht? Darf man auf einem Planeten, der auf eine derart dramatische Krise zusteuert, überhaupt Investitionen tätigen, ohne deren Folgen zu bedenken? Müsste zur treuhänderischen Pflicht nicht gehören, die langfristigen Konsequenzen der eigenen Investitionen zu berücksichtigen? Wie sieht die Zukunft der Menschen aus, die in diese Pensionsfonds einzahlen und im Jahr 2050 mit sechzig in Rente gehen wollen?

Nur eine stabile Welt kann stabile Aktienkurse gewährleisten. Was nützt dem Rentner in San Francisco eine anständige Pension, wenn Tropenkrankheiten nach Norden vordringen, extreme Hitzewellen zunehmen und an der kalifornischen Küste Häuser und Grundstücke unter Wasser stehen? Wenn es nicht gelingt, den Klimawandel aufzuhalten, drohen Ernteausfälle und in der Folge steigende Lebensmittelpreise, Wasserknappheit und sterbende Ozeane. Millionen Menschen werden zu Klimaflüchtlingen – der Internationalen Organisation für Migration zufolge werden im Jahr 2050 weltweit etwa 200 Millionen vor den Folgen des Klimawandels auf der Flucht sein. Anfang August 2014 hat erstmals Neuseeland einer Familie Klima-Asyl gewährt.

Zwei Drittel heiße Luft

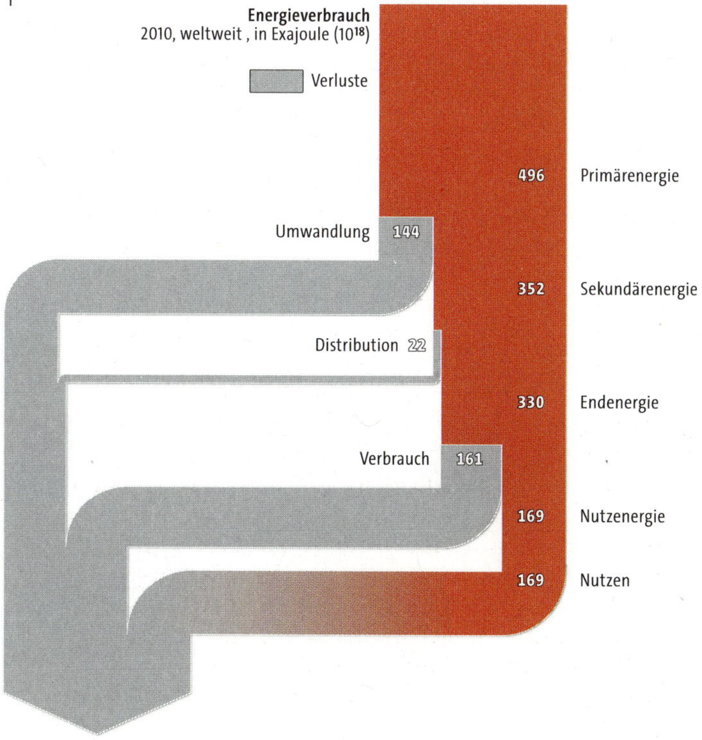

Der Weltklimarat befürchtet, dass die globale Getreideproduktion aufgrund von Dürreperioden und der Verschiebung der Regenzonen alle zehn Jahre um bis zu 2 Prozent schrumpfen wird, während gleichzeitig die Nachfrage nach Nahrungsmitteln deutlich steigt.

In Europa verursachen Überschwemmungen derzeit bereits Schäden, die jährlich fast 5 Milliarden Euro kosten, bis 2050 könnten es laut Weltklimarat bis zu 23,5 Milliarden Euro werden. Für Asien, Afrika und Nord- und Südamerika gibt es ähnlich düstere Schätzungen. An Untersuchungen über die Auswirkungen des Klimawandels herrscht also kein Mangel. Das gilt für die Weltmeere und die Fischbestände, die Polkappen, die Artenvielfalt und die Welternährung, für Überschwemmungen, Wald- und Buschbrände, Hurrikane und Taifune.

Die Erdbeben- und Tsunami-Katastrophe – in Japan nach der betroffenen Region Tohoku benannt – ist im Westen mit dem Namen des Atomkraftwerks Fukushima verbunden. Die japanischen Vorschriften für erdbebensichere Gebäude haben sich auch am 11. März 2011 bewährt. Das Beben der Stärke 9,0 forderte selbst nur wenige Todesopfer. Und auch das Tsunami-Alarmsystem hat im Prinzip funktioniert: Für die Evakuierung war in den meisten Fällen genug Zeit. Und doch haben sich viele Menschen nicht schnell genug in Sicherheit gebracht, vielleicht weil sie sich durch die Küstendeiche und Fluttore geschützt fühlten oder weil sie sich auf eine Höhe flüchteten, die sie für sicher hielten. Doch dann stiegen die Wellen stellenweise deutlich höher, und so forderte die große Überflutung etwa 20 000 Menschenleben, die meisten von ihnen waren ertrunken.

Im Katastrophengebiet erzählen die Menschen bis heute viele traurige Geschichten. In einer Grundschule waren sich die Lehrer nicht einig, was zu tun sei. Einer brachte seine Schüler in Sicherheit, die anderen Pädagogen und Kinder blieben im Gebäude und ertranken. Energisches Handeln im Katastrophenfall wird manchmal als Überreaktion angesehen, doch die eigentliche Gefahr liegt in der Verharmlosung und im Nichthandeln.

Bei den Terroranschlägen vom 11. September 2001 hätte es mehr Überlebende gegeben, wenn man den Südturm des World Trade Centers sofort evakuiert hätte. Den Tsunami von 2011 an der japanischen Nordostküste hätten mehr Menschen überlebt, wenn sie die Hügel noch weiter hinaufgerannt wären. Der Klimawandel zwingt uns ebenso, neue Hügel zu erklimmen. Das wird weder einfach noch billig sein. Aber der Ausstieg aus falschen Investitionen ist heute gefahrlos möglich und kann, wie manche Experten meinen, sogar finanziell von Vorteil sein. Auf jeden Fall ist es die einzig vernünftige und moralisch vertretbare Entscheidung: im Namen der Generation, die in fünfzig Jahren noch am Leben sein wird.

Rebecca Solnit

Bücher *&c.*

- Nicholas Stern, *Der Global Deal: Wie wir dem Klimawandel begegnen und ein neues Zeitalter von Wachstum und Wohlstand schaffen*, München (Beck) 2009.
- Herrmann Scheer, *Solare Weltwirtschaft. Strategie für die ökologische Moderne*, München (Kunstmann) 1999.
- Pavan Sukhdev, *Corporation 2020 – Warum wir Wirtschaft neu denken müssen*, München (oekom) 2013.
- Kampagnenwebsite: http://gofossilfree.org/.

Ökonomie ohne Abfall

Wiederverwenden und weiternutzen sind die Grundprinzipien der Kreislaufwirtschaft – nach dem Vorbild der Natur

Die Natur bringt aus demselben Material immer Neues hervor. Seit Milliarden Jahren bauen Flora und Fauna im dauerhaften Wandel stabile Strukturen. Müll gibt es nicht. Was das eine Wesen ausscheidet, ist Nahrung für andere – ein vielfach vernetzter Kreislauf. Zwar sterben laufend Arten aus, doch tendenziell wächst die Vielfalt. Bei alldem bleiben Grundstoffe wie Wasser unverändert rein.

Die menschliche Ökonomie hingegen ist weitgehend linear strukturiert. Immer größere Mengen an Rohstoffen werden ausgegraben, kurzfristig genutzt und anschließend »entsorgt« – wobei häufig ein giftiges Stoffgemisch entsteht, das weder für Menschen noch andere Lebewesen brauchbar ist, sondern oft krank macht oder sogar tötet. Ganze Ökosysteme werden abgebaggert, planiert, vergiftet, oder sie verschwinden lautlos, weil die natürlichen Kreisläufe und Vernetzungen zu stark durchlöchert wurden. Die Menschheit hat Wasser als wichtigsten Grundstoff allen Lebens hochgradig und dauerhaft verschmutzt.

Gegen die Folgen dieser Wirtschaftsweise verordnete die Politik zunächst höhere Schornsteine und Wasserfilter. Viele Probleme wurden auch in ferne Weltgegenden verlagert. Inzwischen rückt jedoch der gesamte Lebenszyklus von Produkten in den Blick – die Idee einer »Kreislaufwirtschaft« hat Ministerien, Hörsäle und sogar das Weltwirtschaftsforum erreicht.

Dabei steht vor allem die Sorge um den Rohstoffnachschub im Fokus. Die Ursache der Materialschlachten hinterfragen weder Politik noch Wirtschaft: Wer im Kapitalismus außerhalb von Nischen überleben will, muss die Verkaufsmengen permanent steigern. Zu einer echten Kreislaufwirtschaft würden hingegen Produkte gehören, die modular aufgebaut, leicht auseinanderzunehmen und zu reparieren sind und aus Materialien bestehen, die sich gut recyceln lassen.

Die akademische Debatte über Kreislaufwirtschaft nahm ihren Ausgang Anfang der 1990er Jahre im englischsprachigen Raum. In derselben Zeit entstand in Deutschland die erste Verpackungsverordnung. Vorausgegangen waren zwei Jahrzehnte ungehemmter Müllproduktion. Mit »Ex und hopp« hatte die Getränkewirtschaft in den 1960er Jahren erfolgreich für Einwegflaschen geworben, in den Selbstbedienungsläden buhlten Joghurt-, Saft- und Seifensorten mit immer aufwändigeren Verpackungen um die Gunst der Kunden. Ein drohendes Ressourcenproblem sah damals kaum jemand, die Aufmerksamkeit richtete sich auf überquellende Deponien.

Mit dem im Frühjahr 1990 vorgelegten Entwurf einer Verpackungsverordnung wollte Bundesumweltminister Klaus Töpfer Ladenbetreiber und Hersteller dazu zwingen, Dosen, Becher, Folien und Kartons zurückzunehmen. Sie würden dann Druck auf die Lieferanten ausüben, so sein Kalkül. Darüber hinaus wollte Töpfer Mehrwegquoten vorschreiben. Der Ansatz war umweltpolitisch neu: Erstmals sollte Abfall von vornherein vermieden werden.

Doch mehrere Anhörungen mit »beteiligten Kreisen« verwässerten das Konzept. Die Produzenten etablierten mit dem dualen System eine private Müllentsorgung auf Kosten der Verbraucher, die beim Kauf jedes Produkts ein paar Pfennige für den aufgedruckten grünen Punkt zahlen

Die Plastikzeit

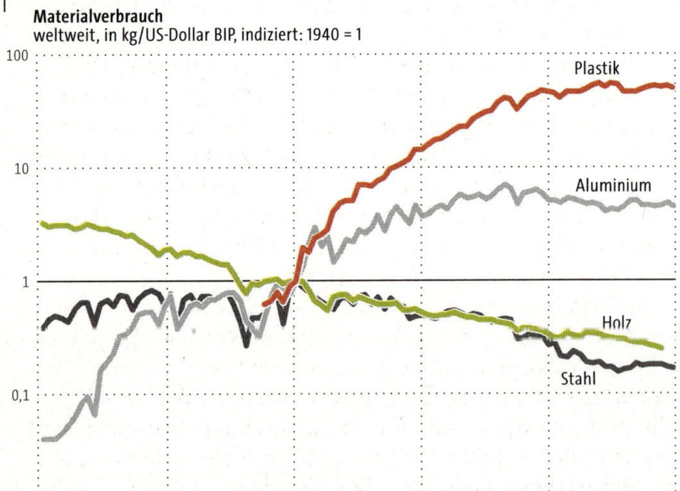

Sinkende Ausbeute

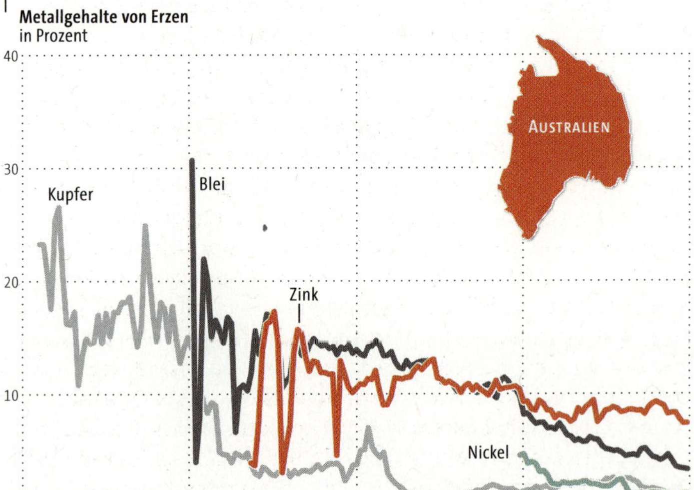

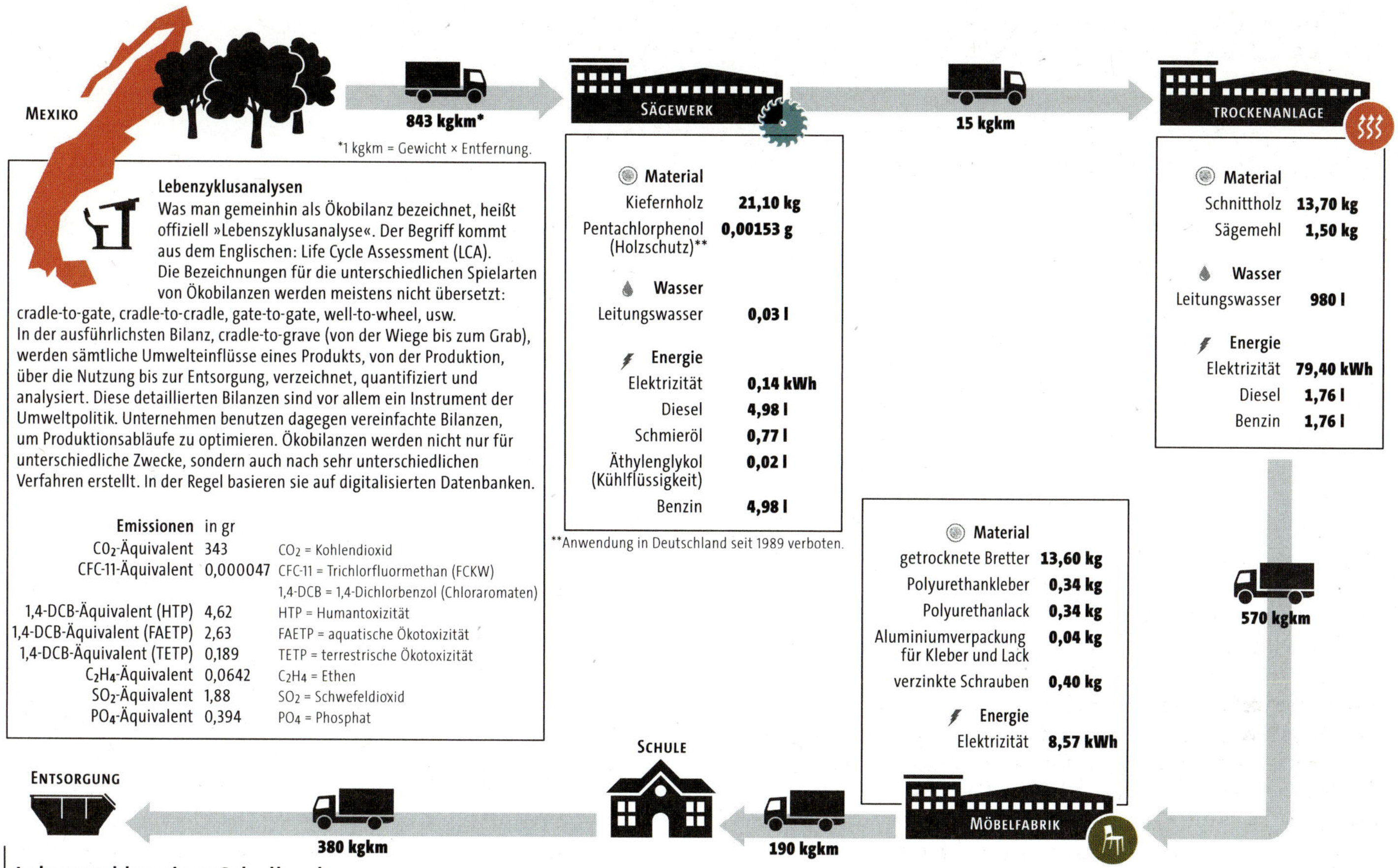

Lebenszyklus einer Schulbank

mussten. Für das Recycling von Kunststoffen entstand eine neue Branche. Sie stellte klobige Parkbänke und Zaunpfähle her, entwickelte ein teures und keineswegs umweltfreundliches Verfahren, Plastik in Öl zurückzuverwandeln, und drängte darauf, grünen Punktmüll als Brennstoff in Zementfabriken einzusetzen oder gleich in die Müllverbrennungsanlage zu schicken. In der Anfangszeit wurden auch erhebliche Mengen in den globalen Süden exportiert – illegal oder als »Wertstoffe« deklariert.

Inzwischen gibt es zwar wesentlich bessere Sortier- und Aufbereitungsverfahren, und aus dem Plastikmüll werden Kanister, Kabelisolierungen oder Wasserrohre hergestellt. Weil es den Verpackungsherstellern aber gelungen ist, zu verhindern, dass ihre Produkte nach dem Gebrauch zu ihnen zurückkehren, mussten sie nichts ändern. Der Verpackungsverbrauch ist weiter deutlich gestiegen – bei Kunststoffhüllen seit dem Jahr 2000 um weit über 50 Prozent.

Weniger als 4 Prozent des in Deutschland verarbeiteten Plastiks besteht aus Recyclingmaterial – der große Rest ist Frischware. Die Kunststoffindustrie optimiert ihr Material mit Pigmenten, Weichmachern und anderen Additiven auf das jeweilige Produkt hin: Allein für den Massenkunststoff Polypropylen gibt es über 900 Zusatzstoffe. Da die Hersteller ihre Rezepturen geheim halten, würden sich in den Rezyklaten alle möglichen Stoffe anreichern – und die Qualität mindern. Deshalb bestehen die Granulate, die als Sekundärkunststoffe verkauft werden, zum Großteil aus sauberen und sortenreinen Industrieabfällen. 56 Prozent des Kunststoffmülls in Deutschland werden verbrannt.

Nach der Verpackungsverordnung folgten im Rahmen eines Kreislaufwirtschaftsgesetzes weitere Vorschriften für Batterien und Elektrogeräte. Auch hier kreiselt aber nur sehr wenig. So wurden laut Bundesumweltministerium 2010 in Deutschland Geräte mit einem Gesamtgewicht von 1,7 Millionen Tonnen verkauft – und immerhin mehr als 770 000 Tonnen wieder eingesammelt. Davon wiederverwendet wurde jedoch gerade einmal 1 Prozent, obwohl ein Großteil der Geräte noch voll funktionsfähig gewesen wäre.

Das Recycling von Mengenmetallen gilt weltweit inzwischen als Routine. Die Unep (das Umweltprogramm der Vereinten Nationen) geht davon aus, dass über die Hälfte des Kupfers, Eisens, Zinns, Titans und einiger weiterer Metalle recycelt wird. Doch bei über 30 Metallen gehen mehr als 99 Prozent nach dem ersten Gebrauch verloren. Wo kleine Mengen in komplexen Produkten verbaut werden, findet so gut wie keine Rückgewinnung statt. Selbst in hochmodernen Anlagen verschwinden etwa 75 Prozent des in Handys enthaltenen Goldes und anderer wertvoller Rohstoffe unwiederbringlich. Weltweit können nur wenige Anlagen seltene Metalle aus den Geräten herauslösen.

Vor den Problemen, die der wachsende Ressourcenverbrauch verursacht, haben Politik und Wirtschaft lange Zeit die Augen verschlossen. Bergbau galt im späten 20. Jahrhundert als wenig lukrativ, Rohstoffe waren billig und folglich keine sehr relevante Größe in den Bilanzen. Das änderte sich zu Beginn des 21. Jahrhunderts. Die Preise für viele Metalle und Mineralien schossen nach oben. Erschreckender als die Kosten war für Manager in Europa und den USA allerdings die

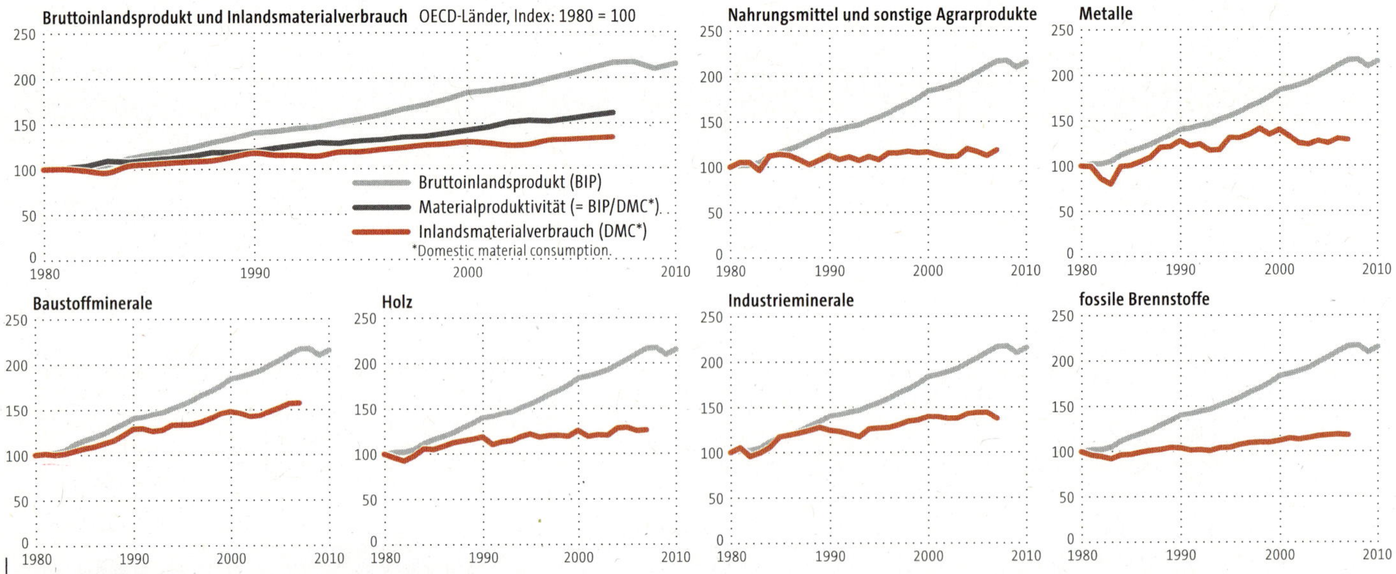

Wirtschaftsleistung und Materialverbrauch

Aussicht, womöglich nicht ausreichend Nachschub für ihre Produktion zu bekommen, weil China begann, begehrte Rohstoffe zu horten. Fast 95 Prozent der heute geförderten seltenen Erden, die für die Herstellung von Plasmafernsehern, Lasergeräten, Smartphones und Energiesparlampen unabdingbar sind, kommen aus China – und das Land will seine Neodym-, Thulium-, Lutetium- und Promethiumvorräte am liebsten selbst verarbeiten.

Seit es immer aufwändiger wird, an die nötigen Rohstoffe heranzukommen, gibt es vermehrt Versuche, das Thema Kreislaufwirtschaft theoretisch und praktisch voranzutreiben. Die Ellen-MacArthur-Stiftung hat sie 2013 beim Weltwirtschaftsforum in China als »Billionen-Dollar-Chance« für die Weltökonomie deklariert. Die Produktionskosten für Handys könnten um 50 Prozent gesenkt werden, ärmere Haushalte durch Leasing gute Waschmaschinen nutzen, und außerdem würden in der Recyclingbranche viele neue Jobs entstehen. Kurzum: Kreislaufwirtschaft sei die Innovationsschleife für den Kapitalismus. Der japanische Konzern Ricoh entwickelte

Eine andere Bilanz der Erneuerbaren

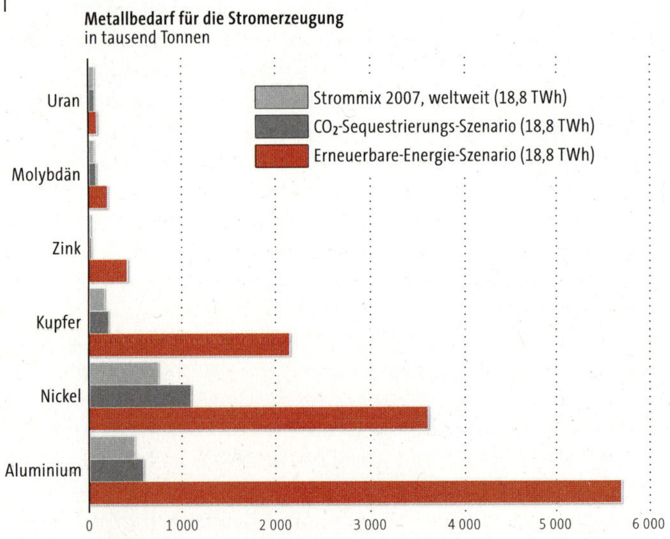

in diesem Sinne bereits Mitte der 1990er Jahre eine grüne Produktlinie von Druckern und Kopierern, deren Teile gut wiederverwendbar oder zumindest recycelbar sind. Inzwischen ist es erklärtes Unternehmensziel, den Einsatz neuer Materialien bis 2050 um fast 90 Prozent zu senken.

Der Chemiker Michael Braungart geht einen Schritt weiter: Er schlägt ein Produktions- und Leasingkonzept vor, das er »Cradle to cradle« nennt – von der Wiege zur Wiege. Die Hersteller verkaufen den Kunden lediglich den Nutzen, beispielsweise 10 000 Stunden Fernsehen, 100 000 Kilometer Autofahren oder drei Jahre lang einen Teppichboden im Büro. Weil sie wissen, dass sie ihre Produkte zurückbekommen, verwenden sie nur reine, hochwertige Materialien und achten auf die einfache Demontierbarkeit der Komponenten. Braungart möchte keinerlei giftige oder gesundheitsgefährdende Stoffe zulassen, weil sich die Schadstoffe auf Dauer akkumulieren. Das kapitalistische Wachstumsparadigma stellt er keineswegs infrage – im Gegenteil: Konsumsteigerung hält er für wünschenswert. Die Natur sei verschwenderisch, folglich könne es der Mensch auch sein, so sein Credo. Sein Epea-Institut arbeitet ebenso mit Greenpeace zusammen wie mit dem Dualen System, BASF, Ford, Nike und Trigema.

In vielen Fällen gibt es eine Produktlinie, in der zum Teil eigenes Recyclingmaterial eingesetzt wird. Bei näherer Betrachtung entpuppt sich das aber manchmal als reiner Werbegag: So bot der US-Teppichhersteller Shaw seinen europäischen Kunden an, den Bodenbelag zurückzunehmen und zu recyceln, wenn die Kunden ihn zum nächsten Überseehafen brächten. Der Rücklauf war minimal, der Recyclinganteil in den neuen Teppichen verschwindend gering.

Umgekehrt gibt es inzwischen Produkte wie Schreibtischstühle, die vollständig aus hochwertigen, einfach demontierbaren und gut wiederverwertbaren Komponenten und Materialien bestehen. Der Haken: Die logistische Verantwortung, sie wieder in den Produktionskreislauf einzuspeisen, liegt bei den Kunden. Das klappt ebenso wenig wie das Einsammeln alter Handys oder die Kompostierung sogenannter Bioplastiktüten. Günstiger ist die Ausgangslage bei Autos oder wertvollen Maschinen. Wurden beim dänischen Wind-

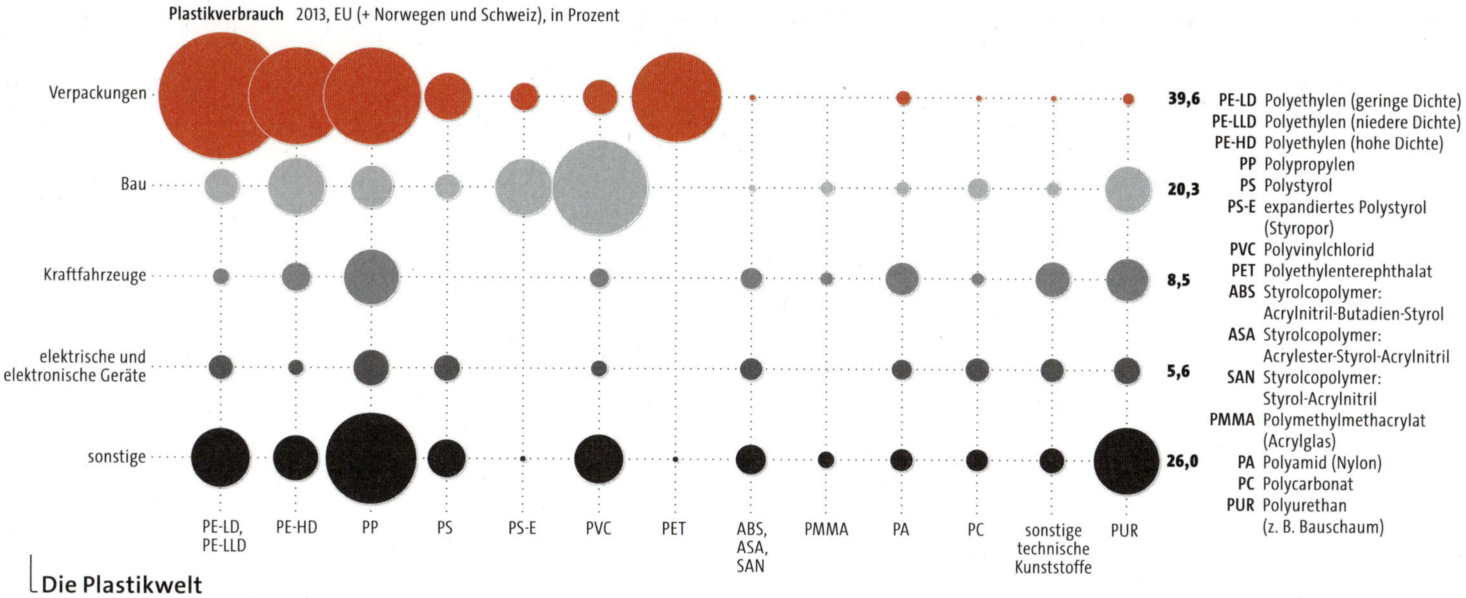

Die Plastikwelt

radhersteller Vestas kaputte Generatoren bis vor kurzem zu Schrott erklärt und von einem Recyclingbetrieb ausgeschlachtet, so gewinnt das Unternehmen jetzt möglichst viele Komponenten zurück und baut sie wieder ein. Das spart Geld und Rohstoffe – bei angeblich gleichbleibender Qualität.

Das alles sind aber allenfalls kurze Kurvenstücke oder einzelne Schlaufen einer Kreislaufwirtschaft. Von vielfältiger Vernetztheit und null Müll wie in der Natur kann keine Rede sein. Die Firmen versuchen lediglich, ihre Ressourcenprobleme individuell anzugehen und durch Selbstoptimierung und Werbung Konkurrenzvorteile zu gewinnen.

Einen ganz anderen Ansatz von Kreislaufwirtschaft stellen regionale Netzwerke von Firmen aus unterschiedlichen Branchen dar, die bestimmte Stoffe, aber auch Wärme oder Energie untereinander austauschen. Das bekannteste Beispiel ist die Industriesymbiose Kalundborg in Dänemark. Mehrere nahe beieinander liegende Betriebe wie eine Gipsplattenfabrik, ein Kraftwerk, eine Raffinerie und ein Bioenzymhersteller belieferten sich zunächst mit dem, was für den einen Emission oder Abfall, für den anderen kostbarer Input war. Die Zusammenarbeit war entstanden, weil einzelne Unternehmensleiter sich kannten, miteinander quatschten und spielerisch Ideen entwickelten. Der Austausch brachte ökologische und ökonomische Vorteile für alle Beteiligten, und mit der Zeit wurde die Vernetzung immer enger und vielfältiger. Heute nutzt eine Fischzucht das durchs Kraftwerk erwärmte Meerwasser, überschüssige Biomasse landet in den Schweinetrögen nahe gelegener Bauernhöfe. Kooperation und Vertrauen, nicht Konkurrenz hat die Industriesymbiose vorangebracht. Was es in Kalundborg dagegen nicht gab, war ein Plan. Vielmehr wurden die vorhandenen Möglichkeiten entdeckt und genutzt. Somit weist das System viele Elemente einer natürlichen Kreislaufwirtschaft auf – was freilich noch nichts über die Material- und Müllbilanz des Gesamtsystems aussagt.

Eine andere Form von kaskadenartiger Kreislaufwirtschaft hat der Belgier Gunter Pauli entwickelt, der einst die Bio-Seifenfirma Ecover geleitet hat. Bei einem Besuch in Indonesien wurde ihm klar, dass sein »grünes« Unternehmen zum Verschwinden des Regenwalds beiträgt, indem es Palmöl von dort bezieht. Pauli kündigte und sucht seither nach Beispielen für eine umweltfreundliche Wirtschaft, die auch Armen ein Auskommen ermöglicht. So beteiligte er sich an einem neuen Konzept für eine pleitegegangene Orangenplantage in Südafrika. Statt große Maschinen anzuschaffen und 80 Prozent der Belegschaft zu entlassen, wie Unternehmensberater empfohlen hatten, entwickelte er mit den Beschäftigten Ideen, was sie mit den vorhandenen Ressourcen noch erwirtschaften könnten, außer den Orangensaft zu verkaufen. Die Schalen – bisher Abfall – werden nun von einer Wäscherei genutzt, eine Schweinezucht ist entstanden und ein Biogaskraftwerk. Insgesamt acht aufeinander aufbauende Produkte und Dienstleistungen bietet der Betrieb inzwischen an, die Zahl der Arbeitsplätze hat sich verdoppelt. Paulis internationale Zeri-Stiftung hat inzwischen 100 Beispielprojekte und -produkte entwickelt, die zur Nachahmung einladen. Neben land- und forstwirtschaftlichen Kaskaden zählen dazu auch kostengünstige und ressourcenschonende Techniken wie der Einbau von Kleinwindrädern in vorhandene Strommasten oder Solaranlagen aus Material von der Müllkippe.

Regional angepasste, kleinteilige Projekte, die auf Grundversorgung der Beteiligten und nicht auf möglichst hohe Gewinne abzielen, stehen bisher jedoch nicht im Fokus der Debatte über Kreislaufwirtschaft. Dominant sind Stimmen wie die Ellen-MacArthur-Stiftung, die Vorreitern immense Profite durch die Eroberung neuer Märkte in Aussicht stellt. Bleibt die Frage, ob solche allein auf Konkurrenz und Gewinnstreben ausgerichteten Strukturen auf dem begrenzten Planeten noch lange Bestand haben können.

Annette Jensen

Bücher &c.

- Natalie Knapp, *Der Quantensprung des Denkens. Was wir von der modernen Physik lernen können*, Reinbek bei Hamburg (Rowohlt) 2011.
- Stefano Mancuso und Alessandra Viola, *Die Intelligenz der Pflanzen*, München (Verlag Antje Kunstmann) 2015.
- Gunter Pauli, *The Blue Economy: 10 Years – 100 Innovations – 100 Million Jobs*, Berlin (Konvergenta) 2012.

Lob der Gleichheit

Warum die Postwachstumsgesellschaft umverteilen muss

Gleichheit ist Glück« heißt eine Studie der britischen Epidemiologen Kate Pickett und Richard Wilkinson, die im Jahr 2009 Furore machte. Die beiden konnten auf breiter statistischer Grundlage einen eindeutigen Zusammenhang nachweisen: In relativ egalitären Gesellschaften lebt es sich kollektiv besser als in solchen mit großen Einkommensunterschieden. Ganz gleich, ob es um Gesundheit oder Kriminalität geht, um Aufstiegschancen oder Selbstmordraten: Stets bestimmt das Ausmaß an ökonomischer Ungleichheit entscheidend darüber, wie es um die Qualität des gesellschaftlichen Zusammenlebens bestellt ist. Mit mehr Gleichheit, so das Fazit der Studie, fahren Gesellschaften in aller Regel besser. Gleichheit ist ein Gemeingut und erhöht die soziale Wohlfahrt.

Sie stellten zudem – und nicht als Erste – fest, dass soziale Ungleichheit ökonomisches Wachstum antreibt. Lebenszufriedenheit ist eine relative Größe: Das Streben nach einem besseren Leben ist geprägt von der Position, die man in einem sozialen Gefüge einnimmt. Der Vergleich mit anderen weckt Bedürfnisse und wirkt als Motor sozialer Konkurrenz – und zwar nicht nur im Sinne einer Statuskonkurrenz um Luxusgüter, sondern auch als Wettkampf um basale Teilhabe. Je größer die Ungleichheit in einer Gesellschaft, umso stärker zum Beispiel der materielle und soziale Druck zu längeren Arbeitszeiten. Selbst in den reichen Ländern der OECD-Welt ist diesbezüglich ein eindeutiger Zusammenhang festzustellen: In Gesellschaften mit höherer Ungleichheit arbeiten die Menschen jährlich bis zu 500 Stunden länger als in jenen mit der ausgeglichensten Einkommensverteilung.

Ungleichheit ist ein Stachel – für mehr Leistung, mehr Wachstum und mehr Wohlstand, wie liberale Ökonomen nun anerkennend anmerken würden. Vor allem aber stachelt Ungleichheit, vermittelt über das von ihr angetriebene Wachstum, die Produktion immer neuer Ungleichheiten an – ein Effekt, den liberale Ökonomen nicht ganz so gern an die große Glocke hängen. Ungleichheit reproduziert sich, sie steigert sich an sich selbst. Und das gilt nicht nur innerhalb einzelner Gesellschaften, sondern erst recht im Weltmaßstab.

Pünktlich zum Weltwirtschaftsforum 2015 in Davos präsentierte die internationale Hilfsorganisation Oxfam beeindruckende Daten zur weltweiten sozialen Ungleichheit: Sollte sich der aktuelle Trend zur Verschärfung des Wohlstandsgefälles fortsetzen, werde das reichste Prozent der Weltbevölkerung im Jahr 2016 so viel Vermögen besitzen wie die restlichen 99 Prozent zusammen. Der 2011 geprägte Slogan von Occupy Wall Street »Wir sind die 99 Prozent« erhält damit im Weltmaßstab statistische Weihen.

Auf den ersten Blick noch bemerkenswerter erscheint der Oxfam-Befund, dass die 85 vermögendsten Personen der Welt über so viel Besitz verfügen wie die ärmere Hälfte der Weltbevölkerung zusammen: Ihnen gehört so viel wie den insgesamt 3,5 Milliarden weniger begüterten Menschen auf diesem Globus. So absurd dieses Missverhältnis ist, so irreführend wäre doch der Schluss, dass das Problem der globalen Ungleichheit allein an den extrem wenigen Superreichen festzumachen wäre – und die Lösung in den Händen der politischen Entscheidungsträger liege, die diese paar Dutzend Multimilliardäre nur kräftig zu besteuern bräuchten.

Sicher, im Sinne der Bekämpfung von Ungleichheit wäre eine effektive Steuerpolitik gegenüber den Megareichen, insbesondere eine – möglichst globale – hohe Erbschaftsteuer, ein wichtiger erster Schritt. Doch das Problem ungleich verteilter Lebenschancen liegt viel tiefer in den Strukturen der modernen Weltgesellschaft verankert. Schon lange haben sich massive Ungleichgewichte zwischen den »entwickelten« kapitalistischen Ökonomien im globalen Norden und den »unterentwickelten« Gesellschaften im globalen Süden verfestigt.

Dieses Ungleichgewicht hat mit der Zeit zugenommen. Die »Unterentwicklung« der einen Seite ist über Kapital-, Ressourcen- und Warenströme mit der »Entwicklung« der anderen Seite verknüpft. Wer der zwanghaften globalen Wachstumskonkurrenz ein Ende bereiten will, wird dementsprechend für beide Seiten ganz unterschiedliche soziale und ökonomische Zukunftsmodelle entwerfen müssen.

In einer anderen eindrucksvollen Studie haben sich die US-Soziologen Roberto Korzeniewicz und Timothy Moran darangemacht, die historischen Grundlagen globaler sozialer Ungleichheiten aufzudecken. Die kolonialen Übergriffe der europäischen Mächte seit dem ausgehenden 15. Jahrhundert sowie die massiven Migrationsströme von Europa in die (ehemaligen) Kolonien im 19. Jahrhundert legten die Basis für eine globale Ungleichheitsstruktur, die uns heute als gleichsam »natürlich« erscheint.

Die gewaltsame Aneignung materieller Ressourcen in Übersee war eine wesentliche Grundlage für den wirtschaftlichen Aufstieg der europäischen Industrienationen. Die Auswanderung insbesondere der ärmeren Teile der europäischen Bevölkerung verschärfte die globalen Ungleichgewichte. Sie sorgte in den Zuwanderungsländern für eine weitere Spreizung der Ungleichheit, in Europa hingegen für eine Vereinheitlichung der Arbeiterklasse, die wiederum eine Grundlage für den späteren Klassenkompromiss zwischen Arbeit und Kapital war.

Die erfolgreiche Entwicklung von Demokratie und Wohlfahrtsstaat in Europa hat demnach eine nicht erzählte Vor- und Parallelgeschichte: Die prosperierenden, demokratisch verfassten Wachstumskapitalismen im globalen Norden hinterließen auf ihrem Weg zur Weltherrschaft verheerende Spuren sozialer Ungleichheit, politischer Autokratie und ökologischer Ausbeutung – und zwar in den Ländern des globalen Südens, die damit systematisch und dauerhaft in ihren Entwicklungschancen behindert wurden. Deren »Unterentwicklung« wird seither zu allem Überfluss gern der Mentalität fauler, unfähiger oder korrupter »Drittweltler« zugeschrieben.

Im Ergebnis hat sich ein sehr stabiles Ungleichheitsgleichgewicht zwischen einer Welt des Wohlstands und einer Welt der Armut eingestellt. Zwei Welten, innerhalb derer sich wiederum ganz eigene, gleichfalls stabile Strukturen der Ungleichheit ausgebildet haben – im reichen Norden ist sie im Vergleich geringer, im armen Süden hingegen extrem. Auch wenn der Aufstieg einiger asiatischer Ökonomien die Zusammenhänge etwas verkomplizieren mag: Beide Konstellationen haben sich in Abhängigkeit voneinander entwickelt und stehen auch heute noch in einem unmittelbaren Zusammenhang. Sichtbar wird dieser in den Wanderungsbewegungen, die derzeit allzu häufig ihr tödliches Ende vor den Küsten Südeuropas oder Südostasiens finden.

Welthistorisch gesehen könnte man sagen, dass zu Beginn des 21. Jahrhunderts das globale Migrationspendel zurückschlägt – angetrieben durch die enormen Einkommensunterschiede zwischen den beiden sozialen Welten. Korzeniewicz und Moran berechnen aus den Einkommensverteilungsdaten von 85 Ländern aus dem Jahr 2007 eine Weltungleichheitsskala, die eindrucksvoller kaum sein könnte: Sie zeigt, dass praktisch alle Einkommensgruppen in den europäischen Ländern zu den reichsten 20 Prozent der Welt gehören – selbst das einkommensschwächste Zehntel etwa der norwegischen Bevölkerung zählt global noch zu den wohlhabendsten 10 Prozent. Umgekehrt gehören große Teile des südlichen Afrikas – und zum Beispiel 80 Prozent der äthiopischen Bevölkerung – zu dem weltweit ärmsten Zehntel.

Diese sozialen Unterschiede sind unmittelbare Migrationsanreize. Ein durchschnittlicher Bewohner Afrikas, Lateinamerikas oder Südostasiens kann im wahrsten Sinne niemals im Leben – weder durch individuelle Bildungsanstrengungen noch über gesamtwirtschaftliches Wachstum vermittelt – im eigenen Land eine ähnlich gute Einkommenssituation erreichen wie durch die Abwanderung in eine der weltweit reicheren Gesellschaften. Selbst ein Guatemalteke, der zu Hause zum bestverdienenden Zehntel gehört, kann durch Einwanderung in die USA – wo sein heimisches Einkommen auf Höhe des dortigen ärmsten Zehntels liegt – seine materiellen Lebensbedingungen schlagartig verbessern. Dasselbe gilt für eine bolivianische Mittelschichtsangehörige, die nach Argentinien migriert – oder gar nach Spanien, wo noch die ärmsten 10 Prozent über deutlich mehr Einkommen verfügen als die reichsten 10 Prozent der Menschen in Bolivien. Und im Südchinesischen Meer, wo Menschen aus Bangladesch und Myanmar in Fischerbooten ihre Suche nach einem besseren Leben in Thailand oder Malaysia beginnen, spielen sich ähnliche Dramen ab wie auf dem Mittelmeer.

Für das weltweite Migrationsgeschehen spielen freilich auch Faktoren eine Rolle, die wenig mit dem globalen Wohlstandsgefälle zu tun haben – Kriege, Terrorismus, Naturkatastrophen, staatliche Repression. Auch scheuen die meisten Menschen in den Ländern, die arm sind und in denen die Ungleichheit größer ist, der Aussicht auf ein besseres Leben anderswo zum Trotz, den existenziellen Bruch und die Ungewissheit, die jede Auswanderung mit sich bringt. Nur die wenigsten verlassen ihre Heimat, auch wenn hiesige Medien und Politiker gern das Gegenteil suggerieren. Doch die extreme weltweite Ungleichheit wirkt im globalen Süden als ein tagtäglicher struktureller Anreiz, sich – im Zweifel auch ohne Migration – der Wohlstandswelt des Nordens anzunähern und sich dem Produktivitäts-, Konsum- und Ressourcenverbrauchsverhalten der reichen Gesellschaften nach Möglichkeit anzunähern.

Dass wirtschaftliches Wachstum auch im Norden zu großer und seit einigen Jahren steigender sozialer Ungleichheit geführt hat, fällt in den Augen der ärmsten 80 Prozent der Weltbevölkerung nicht ins Gewicht: Es lebt sich eben besser, wenn man auch nur einen Zipfel jenes Wohlstands zu fassen bekommt, der insbesondere nach dem Zweiten Weltkrieg für breite Mehrheiten im Norden auch auf Kosten einer ebenso breiten Mehrheit im Süden erwirtschaftet worden ist.

Was folgt aus alledem? Vor allen Dingen die Notwendigkeit zunächst einer politischen Programmatik, sodann einer institutionellen Praxis der Umverteilung: innergesellschaftlich, aber insbesondere auch auf transnationaler, weltgesellschaftlicher Ebene. Soziale Ungleichheit ist ein Wachstumstreiber – und sie kann selbst durch jahrzehntelanges Wirtschaftswachstum nicht wirkungsvoll bekämpft werden, wovon alle »entwickelten« industriellen Kapitalismen des globalen Nordens zeugen. Eine möglichst konsequente Politik der Umverteilung von »oben« nach »unten« in diesen Ländern – durch eine wirklich progressive Besteuerung, höhere Mindestlöhne und Grundsicherungen sowie eine Kehrtwende im Erbrecht – könnte dazu führen, dass den extrem konsumistischen und ressourcenfressenden Lebensstilen der finanzielle Boden entzogen würde. Und sie könnte zumindest längerfristig durch soziale Anschauung lehren, dass Gesellschaften der Gleichheit, ganz im Sinne der Befunde von Pickett und Wilkinson, auch Gesellschaften mit einer höheren Lebensqualität für alle sind.

Zugleich gilt es, die extremen globalen Ungleichheiten abzubauen – durch eine Kombination von Wachstumsverzicht der reichsten Gesellschaften und einer egalitären Wachstumsstrategie für die ärmsten. Hier würden innergesellschaftliche Umverteilungspolitiken im Norden wie im Süden insofern ineinandergreifen, als ein Teil der »Umverteilungserlöse« in den reichen Ländern zumindest mittelbar in die ärmeren transferiert werden müsste. Nicht im Sinne einer erweiterten »Entwicklungshilfe« für die vermeintlich »vormodernen« Nachzügler auf dem Weg des europäischen Wachstumskapitalismus des 20. Jahrhunderts. Sondern gleichsam als Teil einer historischen Ausgleichsleistung – und als das materielle Fundament einer Infrastruktur gerechter Welthandelsbeziehungen und globaler sozialer Rechte, die das Ende eben jenes Wachstumsregimes und den Beginn des Zeitalters einer gerechteren und globalen Postwachstumsgesellschaft im 21. Jahrhundert einläuten könnten.

Klaus Dörre, Stephan Lessenich, Hartmut Rosa

Subsistenz ist die Lösung

Plädoyer für eine Ökonomie, in der für alle genug da ist

Kennen Sie das Märchen von der Zukunft? Nein? Also, es war einmal im Jahre 2999. Die Jahrtausendwende steht kurz bevor und die ganze Menschheit bereitet sich auf die Feierlichkeiten vor. Und in der Tat gibt es viel zu feiern.

Die Leute sind froh darüber, nun seit so langer Zeit in Frieden zu leben. Seit hunderten von Jahren hat es keine Kriege und Hungersnöte mehr gegeben. Auf den Millenniumspartys werden die Menschen ihr Versprechen erneuern, zum Glück eines jeden Einzelnen beitragen zu wollen. Es ist ein Versprechen für die Zukunft, in dem Bewusstsein, dass die Gegenwart einmal die Vergangenheit der eigenen Nachkommen gewesen sein wird. Und laut der andinen Philosophie ist eine gute Vergangenheit wichtig, um gut leben zu können. Die südamerikanischen Völker der Anden waren es gewesen, die vor tausend Jahren das Gute Leben zum Ziel für das dritte Jahrtausend erklärt hatten. Sie verließen den wachstumsgesteuerten Weg hin zum vorgeblich besseren Leben zugunsten des wirklichen, guten Lebens.

Am Vorabend der dritten Jahrtausendwende leben die Menschen auf der ganzen Welt in Dörfern und kleinen Städten, umgeben von Gärten voller Blumen, Gemüse und Obst, umsäumt von Wald, Feldern und Wiesen, die kein Privateigentum sind, sondern der Allgemeinheit gehören. Man schätzt das Wasser als etwas äußerst Kostbares. Brunnen, Bäche, Flüsse und Seen werden mit einer so großen Zuneigung behandelt, wie sie sonst alten Menschen entgegengebracht wird. Obwohl Versteppung und Hochwasser seit Jahrhunderten nicht mehr vorkommen, erinnert man sich ihrer in Ritualen des Gedenkens. Die Megastädte von einst existieren nicht mehr, die Gebäude wurden abgerissen oder in dörflichen Strukturen neu erbaut. Die Menschheit folgt einem grundlegenden moralischen Prinzip: Wir leben von dem, was uns die Umgebung, in der wir leben, bietet.

Es herrscht die Überzeugung, dass jede Region wie auch jede Person in Hülle und Fülle zu geben in der Lage ist. Das Konzept der Knappheit ist völlig unbekannt. In diesem goldenen Zeitalter ist es die reine Freude, anderen etwas von sich selbst zu geben und zu übertragen – sei es materieller oder immaterieller Natur. Man weiß weder, was Handel ist, noch kennt man Geld. Gesellschaften mit einer Wirtschaft des Gebens und Teilens finden sich rund um den Globus.

Karl Polanyis berühmte These von der »Großen Transformation« besagt, dass die Idee eines sich selbst regulierenden Marktes die Wirtschaft aus der Gesellschaft herauslöse. Diese »Entbettung« ist für ihn eine fundamentalistische Utopie, in der die Substanz der Gesellschaft bröckelt und sich die menschlichen Werte zersetzen. Darin sah Polanyi auch die Haupterklärung für die Barbarei der beiden Weltkriege. Heute hat sich der Zerfall noch weiter verstärkt. Die Ökonomie selbst ist zum Krieg geworden. Wenn wir Frieden wollen, müssen wir diese Entwicklung umkehren. Aber wie?

Polanyis Metapher der Entbettung ist heute treffender, wenn man sie in entgegengesetzte Richtung anwendet: Die Wirtschaft und ihre Prinzipien des permanenten Wachstums, der Kalkulation und Rechenhaftigkeit verschmelzen mit der Gesellschaft, sie sind in diese eingebettet. Die ökonomischen Wachstumsprinzipien haben die Köpfe und die Herzen der Menschen erobert. Postwachstum bedeutet also letztendlich, die Köpfe und Herzen der Menschen zu entkolonisieren, die ökonomistische Kultur zu besiegen, welche die Entscheidungen im täglichen Leben eines jeden Einzelnen lenkt.

Das Konzept der Subsistenz steht der Globalisierung seit ihrer Entstehung gegenüber, also seitdem die Idee des Wirtschaftswachstums durch die Entwicklungspolitik weltweit durchgesetzt wurde. Nach dem Zweiten Weltkrieg wurde das Bretton Woods-System geschaffen, das sich, getragen durch die Weltbank und den Internationalen Währungsfonds, dem Wiederaufbau und der »Entwicklung« verschrieben hatte.

Das Bretton-Woods-Abkommen wurde im Juli 1944 von Vertretern aus 44 Staaten, den künftigen Siegermächten, unterzeichnet. Sie hatten sich das Ziel gesetzt, zum Aufbau einer Ära des Friedens beizutragen. Im Jahr 1944 wurde auch Polanyis Buch »The Great Transformation« veröffentlicht. Es ist eine tragische Ironie der Geschichte, dass Bretton Woods ebenjenes Motiv wiederbelebte, das Polanyi gerade als den Ursprung der beiden Weltkriege identifiziert hatte: die Herrschaft der ökonomischen Marktgesetze über die Gesellschaft.

Der Kampf gegen die Subsistenzwirtschaft wurde zum erklärten Ziel der Entwicklungspolitik. Ihre Absicht war – und ist –, die Subsistenzkultur aus dem kulturellen Erbe zu tilgen. Sie widersprach damit den menschlichen Prinzipien, sich und seine Mitmenschen mit dem zu versorgen, was man braucht, um gut zu leben. Tonangebend in der Entwicklungspolitik waren dagegen Profitmaximierung und Konsumkultur – mit ihrer Gier, immer mehr zu wollen, um angeblich besser zu leben, ohne dabei den Mitmenschen und ohne die natürlichen Gegebenheiten der Erde zu berücksichtigen. Das brachte schon 1975 der damalige Präsident der Weltbank McNamara unmissverständlich zum Ausdruck: »Die Bauern müssen von der Subsistenzwirtschaft zur kommerziellen Landwirtschaft gebracht werden.«

Mit der neuen Ära der Entwicklungspolitik wurde die Ökonomie des Lebensunterhalts – nun leicht verächtlich als »Subsistenz« bezeichnet – zu einem Synonym für Unterentwicklung. Diese Unterentwicklung zu überwinden und die ganze Welt in die Ökonomie der Entwicklung, also des Wachstums, zu führen – damit erlebte das Kolonialisierungsprojekt nach dem Zweiten Weltkrieg seine Fortsetzung. Der Rassismus erhielt ein neues Gesicht: unterentwickelt zu sein ist minderwertig, nur wer entwickelt ist, gehört zu den Überlegenen.

Der Schaden, der durch den Aufstieg dieses kolonialisierenden Regimes entstanden ist, hat bis heute seine Spuren auf beiden Seiten der Globalisierung hinterlassen. Vielleicht sogar noch größere auf der Seite der sogenannten entwickelten Länder, weil die Menschen dort sich stolz mit den ökonomischen Mechanismen von Wachstum und Konsum identifizieren und weil sie die Gehirnwäsche, der sie zum Opfer gefallen sind, schwerer durchschauen als diejenigen, die gern als unterentwickelt bezeichnet werden.

Die Gleichsetzung von Subsistenz mit »Unterentwicklung« unterstellt, Subsistenzwirtschaft bedeute Armut, Knappheit, das Fehlen von Märkten und Arbeitsteilung, ein schlechtes Leben, kurz: Mangel. Aber das ist nicht wahr. Um zu verstehen, warum die Verteidiger der Wachstumsökonomie Subsistenz ablehnen, muss man sich einfach die ursprüngliche Bedeutung des Wortes anschauen. Es bezeichnet »das, was aus sich selbst, aus eigener Kraft heraus existiert«, und entspricht dem Wachstum in der Natur, dem Gesetz des Entstehens und Vergehens.

Subsistenz folgt dem mütterlichen Prinzip des Nährens und Sorgens und bezieht sich auf den natürlichen Rhythmus des Lebens. So gesehen ist das menschliche Sein ein Teil des organischen Prozesses der Welt und damit Teil des Lebendigen, Teil dessen, was die Erde ausmacht. Vor diesem Hintergrund scheint die Bekehrung von einer Wachstumsgesellschaft zum Postwachstum plötzlich ganz offensichtlich und denkbar einfach: Wir werden uns an der Subsistenz orientieren, unsere Entscheidungen an dem messen, was zum Leben notwendig ist, um gut, glücklich und zufrieden zu leben, ohne das Streben, immer mehr haben zu wollen. Wir werden nie wieder »I can't get no satisfaction« singen.

Die Perspektive der Subsistenz ist eine Politik von unten, seitens der Mehrheit, seitens der Zivilgesellschaft. Sie ist nicht von den Entscheidungen einer zentralen Macht abhängig, sondern »kann die Welt verändern, ohne die Macht zu übernehmen«, wie der irisch-mexikanische Politikwissenschaftler John Holloway sagen würde. Uns an der Subsistenz anstatt am Profit zu orientieren ist der entscheidende Schritt für den notwendigen kulturellen Wandel.

Es gibt natürlich etliche Leute, die der Subsistenz jedes politische Potenzial absprechen und auf ihr kleines Wirkungsfeld verweisen. Und wie oft habe ich gehört: »Da geht es doch nur um Essen, nicht um die Ökonomie.« Aber Subsistenz ist Politik, allerdings nicht im Sinne von Machtpolitik. Sie ist Politik im Sinne eines Wandels von Einstellungen und Denkmustern, die sich von der Kultur des »Homo oeconomicus« entfernen. Sie ist eine ganzheitliche Politik, weil sie Körper und Geist umfasst. Man lernt in ihr durch der eigenen Hände Arbeit. Subsistenz ist eine konkrete, erlebte Erfahrung, die Unabhängigkeit bedeutet anstatt Abhängigkeit von Geld und Waren. Sie ist »learning by doing«: Es geht! Wirklich!

Tatsächlich umfasst das Wirkungsfeld der Subsistenz nur ein Dorf, ein paar Nachbarn, ein Viertel, eine Stadt. Aber genau darum geht es: dass weitere Gemeinschaften mit einem neuen Denken entstehen. Sie werden sich ähneln, weil sie eine ähnliche Richtung einschlagen. Aber sie werden ihrem je spezifischen Kontext entsprechend auch verschieden sein. So wie die Pflanzen verschieden sein müssen, um die Artenvielfalt aufrechtzuerhalten.

Die Ideologie des Wachstums schafft Homogenität, Einheitskultur – und einen Hang zum Größenwahn. Schauen wir uns zum Beispiel an, was mit der biologischen Landwirtschaft passiert ist: »Wir wollen aus der Nische raus«, sagten die Bauern, »wir wollen wachsen und unsere Bioprodukte in den großen Supermärkten verkaufen.« Und am Ende gerieten sie in einen Abwärtsstrudel, produzierten ihr Gemüse tonnenweise in Monokulturen, hielten ihre Hühner und Schweine in Massentierhaltung – alles nur, weil sie sich dem Regime der Niedrigpreise unterordnen mussten. Im Gegensatz dazu hat der reduzierte Radius, lokal wie regional, den Effekt, dass man sich kennt, den Umgang mit Menschen wertschätzt und auf das Verhältnis zwischen Menschen und Tieren und Pflanzen und Landschaften achtet. Und nicht zuletzt können viele nah beieinander liegende Nischen auch alle Bedürfnisse abdecken.

Der Einwand schließlich, es drehe sich »nur« ums Essen, nicht um die Wirtschaft, macht mich sprachlos. Nur? Ist Nahrung nicht die Grundlage der Wirtschaft? Wir wissen alle, dass auf der Welt mehr als eine Milliarde Menschen, vor allem Mütter mit kleinen Kindern, Hunger leiden, unterernährt sind und frühzeitig sterben. Es handelt sich um ein Sechstel der Menschheit, deutlich mehr als die Einwohner Europas.

Die globalisierte Wachstumsökonomie mit ihren Prinzipien des Preiskalküls und ihrer rein zahlenmäßigen ökonomischen Vernunft hat sich mehr und mehr demaskiert. Denn Geld kann man nicht essen. Die Millenniumsziele, auf die sich im Jahr 2000 insgesamt 189 Staaten der Vereinten Nationen einigten, sprachen sich zuerst und vor allem für die Reduzierung der extremen Armut und des Hungers aus: Bis 2015 sollte der Anteil der Menschen, die Hunger leiden und deren Einkommen bei weniger als einem Dollar pro Tag liegt, im Vergleich zum Jahr 1990 halbiert werden. Ich frage mich, was nach Ansicht der Mitglieder der Versammlung der Vereinten Nationen mit der anderen Hälfte passieren soll? Das wären mehr als die Bevölkerung des gesamten nordamerikanischen Kontinents. Wie auch immer: Die famosen Millenniumsziele sind längst gescheitert. Die Anzahl derjenigen, die auf der ganzen Welt Hunger leiden, hat nicht abgenommen, sondern nimmt Tag für Tag zu und wird weiter steigen.

Ich frage daher: Was erscheint nun weltfremder – mein Märchen vom Anfang oder die Millenniumsziele der UNO?

Veronika Bennholdt-Thomsen

Autorinnen und Autoren

- **Jonas Abraham** ist Diplomsozialwirt und als wissenschaftlicher Mitarbeiter am Pestel Institut in Hannover mit Fragen zu Resilienz, Postwachstum und Transformationsforschung befasst.
- **Alberto Acosta** ist Ökonom und Forscher am Flacso-Institut in Ecuador, ehemaliger Bergbau- und Energieminister, ehemaliger Präsident der verfassunggebenden Versammlung sowie früherer Präsidentschaftskandidat von Ecuador.
- **Elmar Altvater** ist Professor emeritus für Politikwissenschaft an der FU Berlin und Mitglied im wissenschaftlichen Beirat von Attac.
- **Lucía Argüelles** ist wissenschaftliche Mitarbeiterin im Forschungsprojekt »EJOLT. Mapping Environmental Justice« an der Autonomen Universität Barcelona.
- **Brigitte Aulenbacher** forscht und lehrt am Institut für Soziologie an der Johannes Kepler Universität Linz zum Wandel von Arbeit, Care und sozialen Ungleichheiten.
- **Veronika Bennholdt-Thomsen** ist Ethnologin und Soziologin, sie lehrt an der Universität für Bodenkultur in Wien.
- **Adelheid Biesecker** ist Ökonomin und war bis 2004 Professorin an der Universität Bremen. Sie engagiert sich im Netzwerk Vorsorgendes Wirtschaften.
- **Ulrich Brand** lehrt Internationale Politik an der Universität Wien und arbeitet u. a. zu internationaler Umwelt- und Ressourcenpolitik. Er ist aktiv im wissenschaftlichen Beirat von Attac Deutschland und im Institut Solidarische Moderne.
- **Florian Butollo** ist wissenschaftlicher Mitarbeiter im Bereich Arbeits-, Industrie- und Wirtschaftssoziologie an der Friedrich-Schiller-Universität Jena.
- **Cosima Dannoritzer** dreht Dokumentarfilme über Umwelt, u. a. »Kaufen für die Müllhalde« (2011) und »Giftige Geschäfte – Der Elektromüllskandal« (2014).
- **Judith Dellheim** ist Ökonomin und Referentin der Rosa-Luxemburg-Stiftung für Solidarische Ökonomie.
- **Christoph Deutschmann** ist Soziologe an der Universität Tübingen, seine Schwerpunkte liegen in der Wirtschaftssoziologie und der Soziologie des Geldes.
- **Hans Diefenbacher** lehrt Volkswirtschaftslehre am Alfred-Weber-Institut der Universität Heidelberg und ist stellvertretender Leiter der Forschungsstätte der Evangelischen Studiengemeinschaft Heidelberg (FEST).
- **Kristina Dietz** ist Politikwissenschaftlerin und arbeitet am Lateinamerika-Institut der FU Berlin.
- **Klaus Dörre** ist Kodirektor des Kollegs Postwachstumsgesellschaften und lehrt Soziologie an der Friedrich-Schiller-Universität Jena.
- **Ottmar Edenhofer** ist Direktor am Mercator Research Institute for Global Commons and Climate Change (MCC), Chefökonom am Potsdam-Institut für Klimafolgenforschung (PIK), Professor für Economics of Climate Change an der TU Berlin und Kovorsitzender der Arbeitsgruppe III des Weltklimarates IPCC.
- **Christian Flachsland** leitet die Arbeitsgruppe »Governance« am Mercator Research Institute for Global Commons and Climate Change (MCC).
- **Christiane Grefe** ist Reporterin im Berliner Büro der Wochenzeitung *Die Zeit*, mit den Schwerpunkten Ökologie, Soziales und Gesundheit.
- **Mathias Greffrath** ist Soziologe und Journalist.
- **Annegret Haase** ist Kulturwissenschaftlerin und arbeitet am Helmholtz-Zentrum für Umweltforschung (UFZ) in Leipzig, im Department Stadt- und Umweltsoziologie.
- **Roman Herre** ist Diplomgeograf und arbeitet für die internationale Menschenrechtsorganisation Fian zum Thema Agrarpolitik im globalen Süden.
- **Ulrike Herrmann** ist Wirtschaftskorrespondentin der *taz* und Autorin, u. a. von »Der Sieg des Kapitals. Wie der Reichtum in die Welt kam: Die Geschichte von Wachstum, Geld und Krisen«, München (Piper) 2015.
- **Dietmar Hexel** war Mitglied im DGB-Bundesvorstand und Sachverständiger der Enquetekommission des Bundestags »Wachstum, Wohlstand, Lebensqualität«.
- **Jérôme Hilaire** ist PostDoc am Potsdam-Institut für Klimafolgenforschung .
- **Michael Hofmann** ist Kultursoziologe und wissenschaftlicher Geschäftsführer des Kollegs Postwachstumsgesellschaften an der Friedrich-Schiller-Universität Jena.
- **Michael Jakob** ist Research Fellow am Mercator Research Institute for Global Commons and Climate Change (MCC) und koordiniert dort die Task Force »Public Economics for the Global Commons«.
- **Annette Jensen** ist freie Journalistin und Autorin, u. a. von »Bruttosozialglück. Von Menschen, die anders wirtschaften und besser leben« Freiburg (Herder) 2011.
- **Thomas Köhler** ist Sozialwissenschaftler, Soziologe und Mitarbeiter am Pestel Institut in Hannover. 2010 hat er die dortige Transition-Town-Initiative mitbegründet.
- **Manfred Kriener** ist Umweltjournalist in Berlin.
- **Steffen Lehndorff** ist Volkswirt und Arbeitsmarktforscher am Institut Arbeit und Qualifikation, Universität Duisburg-Essen.
- **Stephan Lessenich** ist Kodirektor des Kollegs Postwachstumsgesellschaften und lehrt Soziologie an der Ludwig-Maximilians-Universität München.
- **Steffen Liebig** ist Soziologe und arbeitet am Kolleg Postwachstumsgesellschaften an der Friedrich-Schiller-Universität Jena.
- **Birgit Mahnkopf** lehrt Europäische Gesellschaftspolitik an der Hochschule für Wirtschaft und Recht in Berlin und ist aktiv im wissenschaftlichen Beirat von Attac und dem Institut für Solidarische Moderne.
- **Maria Markantonatou** unterrichtet politische Soziologie an der Universität der Ägäis, Lesbos, Griechenland.
- **Reiner Metzger** ist Journalist bei der *taz.am wochenende* mit den Schwerpunkten Nachhaltigkeit, Innovationen und Gemeinwirtschaft.
- **Shi Ming** ist freier Journalist aus China. Er lebt in Berlin.
- **Henning Mümmler-Grunow** ist Politikwissenschaftler und Mitarbeiter im Energiewendeministerium des Landes Schleswig-Holstein (Melur).
- **Barbara Muraca** ist Philosophin und lehrt Umweltphilosophie an der Oregon State University. 2014 erschien ihr Buch: »Gut Leben. Eine Gesellschaft jenseits des Wachstums«, Berlin (Wagenbach).
- **Chandran Nair** ist Gründer und Direktor des Global Institute for Tomorrow (Gift) in Hongkong sowie Autor von »Der Große Verbrauch. Warum das Überleben des Planeten von den Wirtschaftsmächten Asiens abhängt«, München (Riemann) 2011.
- **Kiran Pereira** forscht in den Bereichen Umwelt, Entwicklung und Nachhaltigkeit.
- **Lucia Reisch** ist Verhaltensökonomin, Nachhaltigkeitsexpertin und Professorin an der Copenhagen Business School.
- **Jürgen Reuss** ist Journalist, Übersetzer und Autor, u. a. von »Kaufen für die Müllhalde. Das Prinzip der Geplanten Obsoleszenz« (zusammen mit Cosima Dannoritzer), Freiburg (orange-press) 2013.
- **Norbert Reuter** ist Ökonom und arbeitet im Bereich Wirtschaftspolitik bei Ver.di. Er war Mitglied der Enquetekommission »Wachstum, Wohlstand, Lebensqualität« des Deutschen Bundestags.
- **Dieter Rink** ist Kulturwissenschaftler und Stadtsoziologe, er arbeitet am Helmholtz-Zentrum fur Umweltforschung (UFZ) in Leipzig, im Department Stadt- und Umweltsoziologie.
- **Dorothee Rodenhäuser** ist wissenschaftliche Mitarbeiterin an der Forschungsstätte der Evangelischen Studiengemeinschaft Heidelberg (FEST).
- **Beatriz Rodríguez-Labajos** ist wissenschaftliche Mitarbeiterin im Forschungsprojekt »EJOLT. Mapping Environmental Justice« an der Autonomen Universität Barcelona.

- **Hartmut Rosa** ist Kodirektor des Kollegs Postwachstumsgesellschaften, Direktor des Max-Weber-Kollegs in Erfurt und lehrt Soziologie an der Friedrich-Schiller-Universität Jena.
- **Tilman Santarius** ist Sozial- und Wirtschaftswissenschaftler, arbeitet als freier wissenschaftlicher Autor und promoviert an der Universität und Gesamthochschule Kassel, www.santarius.de.
- **Ulrich Schachtschneider** ist Energieberater und freier Sozialwissenschaftler. Er arbeitet zu Nachhaltigkeitskonzepten und sozialer Energiepolitik, www.ulrich-schachtschneider.de.
- **Stefan Schmalz** ist akademischer Rat am Institut für Soziologie an der Friedrich-Schiller-Universität Jena und vertritt derzeit die dortige Professur für Arbeits-, Industrie- und Wirtschaftssoziologie.
- **Matthias Schmelzer** ist Wirtschaftshistoriker, Aktivist und Mitarbeiter am Paul Bairoch Institute of Economic History an der Universität Genf.
- **Juliet B. Schor** ist Professorin für Soziologie am Boston College und Vorstandsmitglied des Center for a New American Dream.
- **Hilal Sezgin** ist Journalistin und Autorin, u. a. von »Artgerecht ist nur die Freiheit. Eine Ethik für Tiere« sowie »Hilal Sezgins Tierleben. Von Schweinen und anderen Zeitgenossen (mit Illustrationen von Rotraut Susanne Berner)«, beide München (C. H. Beck) 2014.
- **Johanna Sittel** ist Soziologin und arbeitet am Kolleg Postwachstumsgesellschaften an der Friedrich-Schiller-Universität Jena.
- **Rebecca Solnit** ist Kulturhistorikerin, Umweltaktivistin und Autorin, u. a. von »Aus der nahen Ferne«, Hamburg (Hoffmann und Campe) 2014.
- **Leah Temper** ist wissenschaftliche Mitarbeiterin im Forschungsprojekt »EJOLT. Mapping Environmental Justice« an der Autonomen Universität Barcelona.
- **Elisabeth von Thadden** ist Redakteurin der Wochenzeitung *Die Zeit* in Hamburg.
- **Valentin Thurn** ist Filmemacher (unter anderem von »Taste the Waste«), Publizist und Gründer der International Federation of Environmental Journalists (IFEJ).
- **Andrea Vetter** ist Kulturanthropologin und Degrowth-Aktivistin, sie promoviert über konviviale Technik..
- **Uta von Winterfeld** ist Politikwissenschaftlerin und engagiert sich im Netzwerk Vorsorgendes Wirtschaften.

Links rund um Postwachstum

Bewegung und Stiftungen

- Konzeptwerk Neue Ökonomie • *www.konzeptwerk-neue-oekonomie.org*
- Commons Blog • *commonsblog.wordpress.com*
- Deinvestitionskampagne, »kein Geld für Kohle, Öl und Gas investieren« • *gofossilfree.org/de*
- Stiftung Futurzwei • *www.futurzwei.org*
- Netzwerk Wachstumswende • *wachstumswende.de*
- Transition Network • *www.transitionnetwork.org*
- Globale Bewegung der Kleinbauern • *viacampesina.org/en*
- Partizipatives Transition Theater • *www.transitiontheater.net*
- Projektsammlung und Utopival-Festival • *www.livingutopia.org*
- Mietshäuser Syndikat, »Kaufen um zu mieten« • *www.syndikat.org/de*
- Netzwerk Solidarische Landwirtschaft • *www.solidarische-landwirtschaft.org/de/startseite*
- Forum Solidarische Ökonomie, »reclaim your economy« • *solidarische-oekonomie.de*
- Portal zum Sozialökologischer Umbau, RLS • *www.rosalux.de/kapitalismusalternativen/thema/sozialoekologischer-umbau/2372287.html*
- Transition Network im deutschsprachigen Raum • *www.transition-initiativen.de*
- Archiv der Degrowth-Konferenz in Leipzig 2014 • *www.degrowth.de*
- anstiftung & ertomis: *anstiftung.de*
- Global eco-villagenetwork • *gen.ecovillage.org*
- Bildungsverein FairBindung eV. • *www.fairbindung.org*
- Institut Solidarische Moderne • *www.solidarische-moderne.de*
- Commons-Institut e.V. • *commons-institut.org*
- Dossier zu Postwachstum bei Misereor • *www.misereor.de/fileadmin/redaktion/Weltsichten-Dossier__Postwachstum_Misereor_.pdf*
- European communities for a sustainable future, Ecolise • *www.ecolise.eu*
- Ouishare, »building a collaborative society« • *ouishare.net/en*
- Peak Oil – Das Ende des Ölzeitalters • *www.peak-oil.com*

Wissenschaft und Fachzeitschriften

- Forschung zu Postwachstum • *www.degrowth.org*
- DFG-Kolleg Postwachstumsgesellschaften, Uni Jena • *www.kolleg-postwachstum.de*
- Wuppertal Institut für Klima, Umwelt und Energie • *wupperinst.org/de/home*
- Interaktiver Atlas der globalen Umweltkonflikte • *ejatlas.org*
- Postwachstumsökonomie/Niko Paech • *www.postwachstumsoekonomie.de*
- Vereinigung für Ökologische Ökonomie • *www.voeoe.de*
- Vereinigung für ökologische Wirtschaftsforschung • *www.voew.de*
- Institut für Ökologische Wirtschaftsforschung (IÖW) • *www.ioew.de*
- Nachhaltige Wissenschaft • *nachhaltigewissenschaft.blog.de*
- Initiative Psychologie im Umweltschutz • *www.ipu-ev.de*
- New Economics Foundation (nef) • *www.neweconomics.org*
- The Great Transition Initiative • *www.greattransition.org*
- Zeitschrift *Environmental Values* • *www.erica.demon.co.uk/EV.html*
- Zeitschrift *Ecological Economics* • *www.journals.elsevier.com/ecological-economics*
- WSI-Mitteilungen zu »Grenzen des Wachstums – Grenzen des Kapitalismus?« • *www.boeckler.de/wsi-mitteilungen_51357.htm*
- Zeitschrift *Journal of Cleaner Production* • *www.journals.elsevier.com/journal-of-cleaner-production*
- Netzwerk Nachhaltige Ökonomie • *nachhaltige-oekonomie.de*
- Ökologisches Wirtschaften Fachzeitschrift • *www.oekologisches-wirtschaften.de/index.php/oew*

↓ **Fortsetzung auf Seite 167**

Glossar

• **Akkumulation (des Kapitals)** • Der von Karl Marx beschriebene Prozess, wie aus Kapital mehr Kapital wird, das sich in den Händen von immer weniger Kapitalisten konzentriert. Indem der Unternehmer Kapital investiert und Arbeiter für sich arbeiten lässt, erzielt er einen Mehrwert, den er zum Teil dem ursprünglichen Kapital hinzufügt und für zusätzliche Investitionen nutzt. Rosa Luxemburg baute das Konzept zu einer ökonomischen Erklärung des Imperialismus aus.

• **Arbeitsproduktivität** • Das Verhältnis von produzierter Menge und dafür aufgewendeter Arbeit. Meist wird gemessen, wie viel Stück einer Ware pro Arbeitsstunde hergestellt werden oder wie viel Stück pro Mitarbeiter und Jahr. Höhere Stückzahl bedeutet höhere Arbeitsproduktivität.

• **Arbeitsteilung** • Ein von Adam Smith entwickeltes Konzept, wonach eine Spezialisierung der Arbeiter auf Teiltätigkeiten zu mehr Output und Wohlstand führt. Die Idee wurde auch auf den Welthandel angewandt – Länder sollen sich auf Rohstoffe oder Industriegüter konzentrieren, die sie am günstigsten herstellen können – ebenso wie auf die Familie, für die lange eine natürliche Arbeitsteilung zwischen Mann und Frau postuliert wurde.

• **Arbeitszeit(-verkürzung)** • Steigt die ▸ **Arbeitsproduktivität** aufgrund von Rationalisierung, während Wirtschaft und Einkommen nur noch mäßig wachsen, sind weniger Arbeitsstunden nötig, um die Nachfrage zu bedienen. Kürzere Arbeitszeiten, etwa die 35-Stunden-Woche, sollen die vorhandene Erwerbsarbeit auf mehr Arbeitnehmer verteilen.

• **Biokapazität** • Die Kapazität eines Ökosystems, die vom Menschen benötigten biologischen Materialien wie etwa Nahrung bereitzustellen und Abfall- sowie Schadstoffe aufzunehmen. Heute übersteigt in den Industrieländern die Nutzung der Ökosysteme deren langfristige ▸ **Reproduzierbarkeit** bei weitem.

• **BIP** • Das Bruttoinlandsprodukt misst die Wirtschaftsleistung eines Landes, indem der monetäre Wert aller in einem Jahr produzierten Güter und Dienstleistungen addiert wird (wobei Vorleistungen wie die dabei verbrauchten Rohstoffe abgezogen werden). Die Beseitigung von Umwelt- oder Gesundheitsschäden schlägt dabei positiv zu Buche, während eine intakte Umwelt und Gesundheit nicht berücksichtigt werden. Die prozentuale Steigerung des BIPs gegenüber dem Vorjahreswert ist das Wirtschaftswachstum.

• **Bretton Woods** • Das globale Währungssystem der Nachkriegszeit bis Anfang der 1970er Jahre mit relativ festen Wechselkursen und dem Dollar als Ankerwährung, benannt nach dem Ort im US-Staat New Hampshire, in dem 1944 die Gründungssitzung stattfand. Die zentralen Institutionen Internationaler Währungsfonds (IWF) und Weltbank existieren bis heute fort.

• **Buen Vivir** • »Gut leben« ist ein auf dem Wertesystem der indigenen Bevölkerung der Andenländer basierendes und seit einigen Jahren als Staatsziel in den Verfassungen Ecuadors und Boliviens verankertes Prinzip, die materielle und soziale Zufriedenheit aller Gemeinschaftsmitglieder sicherzustellen, aber nicht auf Kosten anderer oder der natürlichen Lebensgrundlagen.

• **Commons** • Oft auch im Deutschen benutzter englischer Begriff für ▸ **Gemeingüter** oder Allmende, der vom Gemeindeland (common land) herrührt.

• **Emissionshandel** • Ein marktwirtschaftliches Instrument zur Minderung der Treibhausgasemissionen. Unternehmen können bestimmte Mengen von Verschmutzungsrechten (Zertifikaten) erwerben. Stoßen sie mehr Schadstoffe aus, müssen sie Zertifikate hinzukaufen; nicht benötigte Zertifikate können sie verkaufen. Der Anreiz, deswegen möglichst wenig Treibhausgas zu produzieren, ist im EU-Emissionshandel für CO_2 jedoch wegen des Überangebots und des daraus folgenden Preisverfalls der Zertifikate kaum gegeben.

• **Entkopplung** • Steigt Ressourcenverbrauch oder Schadstoffausstoß nicht parallel zum Wirtschaftswachstum, sondern langsamer, spricht man von relativer Entkopplung. Sinken Verbrauch oder Emissionen trotz wachsender Wirtschaftsleistung auch in absoluten Zahlen, handelt es sich um eine absolute Entkopplung (bisher nicht erreicht). Nur dann wäre Wirtschaftswachstum auf Dauer denkbar.

• **Ernährungssouveränität** • Ein von der internationalen Kleinbauern- und Landarbeiterbewegung Via Campesina aufgestelltes Postulat, wonach die Bevölkerung eines jeden Landes das Recht auf eine selbstbestimmte Landwirtschafts- und Ernährungspolitik sowie auf gesunde und nachhaltig erzeugte Lebensmittel hat.

• **Erwerbsquote** • Der Anteil der Erwerbspersonen – das sind Personen, die eine Lohnarbeit entweder haben oder suchen – an der Gesamtbevölkerung im erwerbsfähigen Alter (15 bis derzeit 65 Jahre). Nicht zu verwechseln mit der Erwerbstätigenquote, die nur den Anteil derer erfasst, die tatsächlich einer Lohnarbeit nachgehen.

• **Extraktivismus** • Ursprünglich die nachhaltige Bewirtschaftung nicht kultivierter Naturräume, etwa die Gewinnung von Kautschuk im Regenwald. Neo-Extraktivismus bezeichnet demgegenüber eine einseitig auf Rohstoffabbau basierende Wirtschaftsform, wie sie zum Beispiel die Regierung Boliviens verfolgt. Unter dem Stichwort Post-Extraktivismus wird die Debatte über Alternativen hierzu geführt.

• **Gemeingüter** • Frei zugängliche Ressourcen, von Wasser bis Wissen, die gemeinschaftlich nach an Nachhaltigkeit und Fairness orientierten Regeln genutzt werden sollen, um Übernutzung zu verhindern. Eine Grundform ist die Allmende, das von allen Gemeindemitgliedern gemeinsam genutzte und bewirtschaftete Weideland. Es handelt sich um eine Eigentums- und Wirtschaftsform jenseits der Kategorien Privat- versus Staatsbesitz.

• **Institutionelle Investoren** • Unternehmen, die auf den Kapitalmärkten in sehr großem Umfang und mit entsprechend viel Einfluss Geld anlegen, insbesondere Banken, Versicherungen und Investmentfonds. Hinzu kommen Firmen, die ihre Pensionskassen oder Devisenbestände auf dem Kapitalmarkt managen.

• **Internationale Dollar** • Eine von der Weltbank entwickelte Maßeinheit, um Preise weltweit vergleichbar zu machen, unabhängig von schwankenden Wechselkursen und Kaufkraftunterschieden. Die Warenmenge, die man in den USA für 100 Dollar erhält, wird in einem beliebigen anderen Land mit 100 internationalen Dollar bepreist.

• **Klimaschuld** • Eine Abwandlung des Begriffs »ökologische Schuld«. Die Bevölkerung in den Industrieländern verschuldet sich demnach beim globalen Süden, indem sie einen überproportionalen Anteil an globalen Umweltgütern verbraucht beziehungsweise das Klima stärker schädigt.

• **Kohlenstoffsenken (auch CO_2-Senken)** • Reservoirs, die zeitweise oder dauerhaft Kohlenstoff aufnehmen und damit dem Treibhauseffekt entgegenwirken. Die wichtigsten Senken sind Wälder und Ozeane. Wird das Holz allerdings später verbrannt, wird auch das CO_2 wieder freigesetzt. Und erwärmt sich das Meer durch den Treibhauseffekt, kann es seinerseits weniger CO_2 binden.

• **Konvivialität** • Geselligkeit, harmonisches Zusammensein, von dem Theologen und Universalgelehrten Ivan Illich aber als Gegenbegriff zur kapitalistischen Produktivität geprägt. Ethische Werte treten hierbei an die Stelle von technischen, und die Gesellschaft erlegt sich und ihren Techniken rationale Wachstumsbegrenzungen auf.

• **Kreislaufwirtschaft (Cradle to Cradle, wörtlich: von der Wiege zur Wiege)** • Die Rückführung der für ein Produkt verwendeten Rohstoffe am Ende von dessen Lebenszeit in den Produktionsprozess. Ein solchermaßen geschlossener Produktionskreislauf steht dem herkömmlichen Recycling gegenüber, bei dem aus einer Ware am Ende oft ein geringerwertiges, nicht mehr recycelbares Produkt wird (etwa Verkehrspoller aus Wasserflaschen, ganz zu schweigen vom thermischen Recycling, wie die Müllverbrennung auch genannt wird).

• **Nachhaltigkeit** • Ursprünglich aus der Forstwirtschaft stammendes Konzept, wonach nur so viele Bäume aus einem Wald entnommen werden dürfen, wie nachwachsen. Allgemein das Prinzip, Ressourcen so zu nutzen, dass das jeweilige System stabil beziehungsweise regenerationsfähig bleibt. Von der Brundtland-Kommission der Vereinten Nationen 1987 wurde es unter dem

Stichwort »nachhaltige Entwicklung« auch auf die internationale Umwelt- und Entwicklungspolitik ausgedehnt.

- **Ökologischer Fussabdruck** • Die Fläche Land, die nötig ist, um einen bestimmten Lebensstil zu ermöglichen, also um die benötigten Rohstoffe zu liefern und Abfälle aufzunehmen. Im Schnitt hinterlässt jeder Einwohner Deutschlands einen 4,6 Hektar großen Abdruck (▸ **nachhaltig** wären 1,8 Hektar).
- **Peer-to-Peer (P2P)** • So etwas wie Produktion unter Gleichen. Dank der neuen Möglichkeiten der ▸ **Arbeitsteilung** durch das Internet können beliebig viele Menschen an einem gemeinsamen Projekt, wie zum Beispiel Wikipedia oder Linux, arbeiten – oft, aber nicht zwingend auf gemeinnütziger, nicht gewinnorientierter Basis.
- **Postkolonialismus** • Eine unter anderem von Edward Said inspirierte Denkrichtung, wonach der Kolonialismus mit der Unabhängigkeit der früheren Kolonien in den 1960er Jahren längst nicht zu Ende ist. Koloniale und imperialistische Herrschafts- und Ausbeutungsverhältnisse setzten sich demnach auch nach dem offiziellen Ende des Kolonialismus fort.
- **ProsumentInnen** • Ein von Alvin Toffler aus den Worten professionell und KonsumentIn gebildeter Begriff für VerbraucherInnen, die sich für die Verbesserung der von ihnen verwendeten Produkte und Dienstleistungen engagieren oder sie gleich selbst herstellen. Ein Beispiel ist user-generated content, also von den NutzerInnen selbst erstellte Angebote im Internet.
- **Regionalisierung** • Schaffung regionaler Wirtschaftsstrukturen, die eher parallel als gegensätzlich zur Globalisierung verläuft, nach dem Motto »Global denken – lokal handeln«. Eine Region ist dabei weniger als geografischer Raum denn als eine Art Netzwerk zu verstehen.
- **Reproduktion** • Im marxschen Sinne die Erhaltung der Arbeitskraft der einzelnen Arbeiter ebenso wie die Erhaltung der Arbeiterklasse abseits des Produktionsprozess. Die feministische Ökonomiekritik betont demgegenüber, dass Reproduktionsarbeit, etwa Kindererziehung, die Grundlage der Produktion bildet, aber symbolisch und materiell abgewertet wird und ungleich zwischen den Geschlechtern verteilt ist. Im erweiterten Sinne ist auch die Reproduzierbarkeit der Natur gemeint.
- **Resilienz** • Wörtlich Belastbarkeit, Spannkraft. So wie elastische Materialien nach Verbiegung wieder in die Ausgangsform zurückkehren, können auch Menschen oder Systeme eine Widerstandsfähigkeit gegen Belastungen aufweisen. Bei Ökosystemen bedeutet dies, dass diese auch bei Störungen von außen stabil bleiben – etwa in ihrem Artengefüge – und nicht in einen neuen Systemzustand übergehen.
- **Subsistenz** • Philosophisches Konzept über das Bestehen aus sich selbst heraus, aber auch ganz profan das, was zum Überleben nötig ist. Im Sinne von Subsistenzwirtschaft ist eine in erster Linie an Selbstversorgung und nicht an der Erzielung von Überschüssen und Profiten orientierte Produktion gemeint.
- **Suffizienz** • Eine Lebens- und Wirtschaftsweise, die auf Selbstbeschränkung und Maßhalten setzt. Sie will der übermäßigen Beanspruchung natürlicher Ressourcen durch Verhaltensänderung statt durch technischen Fortschritt entgegenwirken.
- **Umweltgerechtigkeit, globale** • Ergänzend zur sozialen Gerechtigkeit werden unter diesem Stichwort die weltweiten Ungleichgewichte bei Ressourcennutzung und daraus entstehenden Umweltbelastungen diskutiert. Ein Beispiel für mangelnde Umweltgerechtigkeit sind Treibhausgase, die vor allem im Norden ausgestoßen werden, während der Süden am stärksten unter dem Treibhauseffekt leidet.
- **Wirtschaftswachstum** • siehe BIP.

Links rund um Postwachstum (Fortsetzung von Seite 165)

- Norbert Elias Center (NEC) for Transformation Design and Research • *www.norbertეliascenter.de*
- The Next System Project • *thenextsystem.org*
- Schumacher Institute • *www.schumacherinstitute.org.uk*
- Forschungsstelle Nachhaltigkeit und Klimapolitik Uni Rostock • *www.sustainability-justice-climate.eu/de/start.html*

Blogs und Zeitungen (Deutsch)

- Postwachstumsblog • *blog.postwachstum.de*
- Zeitung *Oya* • *www.oya-online.de*
- Oekom Verlag, inkl. der Zeitschrift *politische ökologie* • *www.oekom.de*
- Post Growth Institute • *postgrowth.org*
- Blog gegen die Bauwut • *www.verbietet-das-bauen.de*
- Blog der Böll-Stiftung »Immer mehr!?« • *wachstum.boellblog.org*
- *factory* – Magazin für nachhaltiges Wirtschaften: *www.factory-magazin.de*
- Open Source Ecology • *opensourceecology.de*
- Postwachstum in Bewegung/Attac Deutschland • *postwachstum.net*
- Lykke Lykke, Blog zum Thema Postwachstum • *lykkelykke.de*
- Experiment Selbstversorgung • *experimentselbstversorgung.net*
- Nachhaltige Wissenschaft • *nachhaltigewissenschaft.blog.de*

Blogs und Zeitungen (Englisch)

- Blog der Degrowth-Konferenz in Leipzig: *www.degrowth.de/en/blog*
- Steady State Manchester • *steadystatemanchester.net*
- This changes everything blog/Naomi Klein • *thischangeseverything.org/blog*
- Center for the Advancement of Steady State Economy • *steadystate.org*
- Post Carbon Institute's blog • *www.postcarbon.org/blog*
- Resilience Blog • *www.resilience.org*
- Get resilient in an unstable world • *www.getresilient.com/blog*
- Andre Reichel Sustainable Research • *www.andrereichel.de*

Solidarische Landwirtschaft in Asien und Afrika (Englisch)

- The Learning Farm (Indonesien) • *www.thelearningfarm.com*
- Navdanya (Indien) • *www.navdanya.org*
- Women's Collective (Tamil Nadu, Indien) • *womenscollective.net*
- Alliance for Sustainable & Holistic Agriculture (ASHA) (Indien) • *www.kisanswaraj.in*
- Vikalp Sangam (Alternatives Confluence) (Indien) • *www.vikalpsangam.org*
- Kalpavriksh Enviromental Action Group (Indien) • *www.kalpavriksh.org*
- Global Ecovillage Network Africa • *gen-africa.org*
- Centre International de Développement Agro-Pastoral (CIDAP) (Togo, Afrika) • *cidaptogo.org*
- Bangladesh Agricultural Farm Labour Federation (BAFLF) • *baflf.blogspot.de*

Quellennachweis

Seite 14/15

- **Drei Länder, fünf Wohlfahrtsindikatoren**
  World Income Inequality Database (WIID2c), 2008, www.wider.unu.edu/research/Database/en_GB/database/; Eurostat, 2014; J. Bolt und J. L. van Zanden, »The First Update of the Maddison Project. Re-Estimating Growth Before 1820«, Maddison Project Working Paper 4, 2013; OECD, 2014; BBVA, »Educational Attainment in the OECD, 1960–2010«, Working Papers Number 12/20, 2012; OECD Health Statistics, 2013.
- **Sozialleistungen in Deutschland**
  Bundesministerium für Arbeit und Soziales, Sozialbudget, 2011.
- **Der gefühlte Sozialstaat**
  European Value Survey 2008.

Abschied von der Proletarität: Vgl. Josef Mooser, »Abschied von der ›Proletarität‹. Sozialstruktur und Lage der Arbeiterschaft in der Bundesrepublik in historischer Perspektive«, in: Werner Conze, M. Rainer Lepsius (Hg.), *Sozialgeschichte der Bundesrepublik Deutschland,* Stuttgart (Klett-Cotta) 1983, S. 143–186.
Wachstumsstaat: Vgl. Robert Castel, *Die Metamorphosen der sozialen Frage. Eine Chronik der Lohnarbeit,* Konstanz (UVK) 2000, S. 325 ff.

Seite 16–19

- **Deutschlands Wirtschaft: Entwicklung und Einbrüche**
  The Maddison-Project, www.ggdc.net/maddison/maddison-project/home.htm, 2013 version.
- **Bevölkerung und Energie: Ein Nord-Süd-Vergleich**
  Arnulf Grübler, »Energy transitions«, The Encyclopedia of Earth, www.eoearth.org/view/article/51cbedb97896bb431f693730/, Juni 2008, aktualisiert: April 2013.
- **Das Ölzeitalter in Preisen**
  BP Statistical Review of World Energy, Juni 2014, bp.com/statisticalreview.
- **CO_2-Ausstoß und Wirtschaftskrisen**
  Glen P. Peters u. a., »Rapid growth in CO_2 emissions after the 2008–2009 global financial crisis«, *Nature Climate Change* 2/2012.
- **Energie und ihre Quellen**
  www.theoildrum.com/node/8936
- **Der Weg zur fossilen Dominanz**
  Arnulf Grübler, »Energy transitions«, The Encyclopedia of Earth, www.eoearth.org/view/article/51cbedb97896bb431f693730/, Juni 2008, aktualisiert: April 2013.

David Ricardo, *Über die Grundsätze der politischen Ökonomie und der Besteuerung,* Marburg (Metropolis) 2006.

Seite 20/21

- **Der große Boom**
  Thomas Philippon, The Evolution of the US Financial Industry from 1860 to 2007: Theory and Evidence, November 2008.
- **Immer mehr Profit mit weniger Investitionen**
  AMECO-Datenbank.
- **Wetten auf künftige Preise**
  Commodity Futures Trading Commission (CFTC), Annual Reports, 1980, 1992, 1998, 2004.
- **Die Finanzialisierung der Unternehmen**
  Stephan Schulmeister, »Mühsal der Wahr-Nehmung«, in: *Bildungschancen und Verteilungsgerechtigkeit. Grundlagen für eine sachgerechte Bildungs- und Finanzpolitik,* Marburg (Metropolis) 2014.
- **Zwei Jahrzehnte Finanzmarktkapitalismus**
  Charles Roxburgh u. a., Mapping Global Capitals Markets 2011, McKinsey Global Institute, August 2011.

Seite 22–29

- **Fleisch für die Reichen**
  faostat, http://faostat3.fao.org.
- **Aus deutschen Landen**
  Statistisches Bundesamt, Viehhaltung der Betriebe, Agrarstrukturerhebung 2013, Fachserie 3 Reihe 2.1.3, Mai 2014.
- **Huhn und Schwein in Asien**
  Timothy P. Robinson u. a., Mapping the Global Distribution of Livestock, *PLOS ONE,* Bd. 9/5, Mai 2014; Daten: Gridded Livestock of the World v2.0, http://livestock.geo-wiki.org/home-2/.
- **Tierhaltung: viel Input, wenig Output**
  David Pimentel, »Livestock Production and Energy Use«, *Encyclopedia of Energy,* New York (Elsevier Science) 2004.
- **In den Schwellenländern steigt der Verbrauch von Milch und Eiern**
  faostat, http://faostat3.fao.org.

Brighter Green, »Cattle, Soyanization, and Climate Change. Brazil's Agricultural Revolution«, 2011.
Brighter Green, »Beyond The Pail. The Emergence of Industrialized Dairy Systems in Asia«, 2014.
Brighter Green, »Veg or Non-veg? India at the Crossroads«, 2012.
»Eindrücke eines deutschen Junglandwirts aus chinesischen Schweineställen«, www.tierwirt-china.com/php/, 2013.
Steven Pinker, *Gewalt. Eine neue Geschichte der Menschheit,* Frankfurt a. M. (S. Fischer) 2011.

Seite 28/29

- **Wachsende Ungleichheit in den USA**
  Emmanuel Saez, Gabriel Zucman, Wealth Inequality in the United States Since 1913: Evidence From Capitalized Income Tax Data, NBER Working Paper 20 625, National Bureau of Economic Research, Oktober 2014.
- **Reiche und Superreiche weltweit**
  James Davies, Rodrigo Iluberas, Anthony Shorrocks, Global Wealth Databook 2014, Credit Suisse Research Institute, Oktober 2014; WealthInsight, World City Millionaire Rankings, May 2013.
- **Gewinner und Verlierer der großen Krisen**
  Emmanuel Saez, Gabriel Zucman, Wealth Inequality in the United States Since 1913: Evidence From Capitalized Income Tax Data, NBER Working Paper 20 625, National Bureau of Economic Research, Oktober 2014.

www.motherjones.com/politics/2013/09/charts-income-inequality-middle-class-census.
www.census.gov/prod/2013pubs/p60–245.pdf.
Betty Friedan, *Der Weiblichkeitswahn oder Die Mystifizierung der Frau,* Reinbek bei Hamburg (Rowohlt) 1966.

Seite 30/31

- **Kunst, Konjunktur und Krise**
  Clare McAndrew, The Global Art Market with a focus on the US and China, Tefaf Art Market Report 2014, Helvoirt (The European Fine Art Foundation) 2014.
- **Wo die Kunstsammler wohnen**
  Clare McAndrew, The Global Art Market with a focus on the US and China, Tefaf Art Market Report 2014, Helvoirt (The European Fine Art Foundation) 2014.
- **Villenbesitzer und Uferbesetzer**
  Le Monde diplomatique, Berlin.

Seite 32–35

- **Lebensstandard und Stadt-Land-Gefälle**
  Instituto Brasileiro de Geografia e estatística (IBGE), BRICS: Joint Statistical Publication 2014, Rio de Janeiro (IBGE) 2014; China-ASEAN Environmental Cooperation Center/World Wild Fund for Nature (WWF), Ecological Footprint and Sustainable Consumption
- **Feinstaub: Verteilung, Ursachen und Folgen**
  Aaron van Donkelaar u. a., »Global Estimates of Ambient Fine Particulate Matter Concentrations from Satellite-based Aerosol Optical Depth: Development and Application«, *Environmental Health Perspectives,* März 2010; Dabo Guan u. a., »The socioeconomic drivers of China's primary PM2.5 emissions«, *Environmental Research Letters* 9, Februar 2014; Stephen Hammer u. a., »Cities and Green Growth: A Conceptual Framework«, OECD Regional Development Working Papers 2011/08; OECD, Environmental Outlook to 2050: The Consequences of Inaction, 2012.
- **Individuelle Mobilität in China**
  Instituto Brasileiro de Geografia e estatística (IBGE), BRICS: Joint Statistical Publication 2014, Rio de Janeiro (IBGE) 2014; Carsten Isensee, »China: The second home market of the Volkswagen Group«, Volkswagen Group China, November 2014.
- **Ein extrem ungleicher Fußabdruck**
  China-ASEAN Environmental Cooperation Center/World Wild Fund for Nature (WWF), Ecological Footprint and Sustainable Consumption in China, 2014.
- **Motorisierung im Vergleich**
  Credit Suisse Research Institute, Emerging Consumer Survey 2015, Januar 2015.

Seite 36/37

- **Der globale Kupferboom**
  International Copper Study Group (ICSG), The World Copper Fact Book 2013.
- **Die wichtigsten Produzenten**
  International Copper Study Group (ICSG), The World Copper Fact Book 2013; Werner Zittel, Feasible Futures for the Common Good. Energy Transition Paths in a Period of Increasing Resource Scarcities. Progress Report 1: Assessment of Fossil Fuels Availability and of Key Metals Availability, Klima- und Energiefonds, Februari 2012.
- **Exportnation Chile**
  International Copper Study Group (ICSG), The World Copper Fact Book 2013.
- **Die Exporte und ihre Abnehmer**
  Comtrade Database, http://comtrade.un.org; http://atlas.media.mit.edu.
- **Extraktionsökonomie und Widerstand**
  http://ejatlas.org

Eine ›lateinamerikanischen Dekade‹ der Weltwirtschaft: Michael Reid, »So near and yet so far. A special report on Latin America«, *The Economist,* 11. November 2010, http://pure.au.dk/portal/files/45334799/The_Economist_Special_Report.pdf.
Deutlich über globalen Durchschnitt: CEPAL, Balance Económico Actualizado de América Latina y el Caribe 2012, Santiago de Chile (Comisión económica para América Latina y el Caribe, Naciones Unidas) 2013.
80 und 90 Prozent der Gesamtexporte in der Andenregion: CEPAL, Anuario estadístico de América Latina y el Caribe, Santiago de Chile (CEPAL) 2011, Naciones Unidas.www.eclac.org/publicaciones/xml/8/45608/LCG2513b.pdf.
Daten zu Armut und Ungleichheit: CEPAL, Panorama social de América Latina, Santiago de Chile (Naciones Unidas) 2012, S. 23 f., 57.

Seite 38–41

- **Rechtlose Haushaltsarbeiterinnen ...**
  International Labour Office, Domestic workers across the world: Global and regional statistics and the extent of legal protection, Geneva (ILO), 2013.
- **... und von wo sie kommen**
  Barbara Ehrenreich, Arlie Russell Hochschild (Hg), *Global Women. Nannies, Maids and Sex Workers in the New Economy,* New York (Holt) 2002.
- **Harte Arbeit, karger Lohn**
  International Labour Office (ILO), Domestic workers across the world: Global and regional statistics and the extent of legal protection, Geneva (ILO), 2013.
- **Wo Frauen wie viel verdienen**
  United Nations Development Programme (UNDP), Sustaining Human Progress, Reducing Vulnerabilities and Building Resilience (Human Development Report 2014), New York (UNDP) 2014.
- **Prestige und Einkommen**
  Bundesagentur für Arbeit, Der Arbeitsmarkt in Deutschland – Frauen und Männer am Arbeitsmarkt im Jahr 2013, Nürnberg, 2014; Bundesleitung des dbb beamtenbund und tarifunion, Bürgerbefragung öffentlicher Dienst, 2013; Statistisches Bundesamt, 2014, https://www.destatis.de/DE/ZahlenFakten/Indikatoren/QualitaetArbeit/Dimension3/3_5_UnfreiwilligTeilzeitbeschaeftigte.html; www.lohnspiegel.de.
- **In vielen Hörsälen sind die Frauen schon in der Mehrzahl**
  Statistisches Bundesamt, Nichtmonetäre hochschulstatistische Kennzahlen 1980–2012, Fachserie 11 Reihe 4.3.1, Februar 2014.
- **So oder so: Pflege ist Aufgabe der Frauen**
  Statistisches Bundesamt, Pflegestatistik 2011. Pflege im Rahmen der Pflegeversicherung: Deutschlandergebnisse, Januar 2013.

Seite 42/43

- **Wofür wessen Zeit draufgeht**
  Statistisches Bundesamt, Alltag in deutschland: Analysen zur Zeitverwendung, Forum der Bundesstatistik, Bd. 43/2004.
- **Beschleunigung im Internet**
  McKinsey Global Institute, Global Flows in a Digital Age: How Trade, Finance, People, and Data Connect the World Economy, April 2014.
- **Immer schneller, immer weiter**
  www.spiekermann-wegener.com.

Seite 44–47

- **Vom Feuerball zum erschöpften Planeten**
  K. M. Cohen u. a., »The ICS International Chronostratigraphic Chart«, *Episodes,* September 2013 (aktualisiert Januar 2015), www.stratigraphy.org/ICSchart/ChronostratChart2014-10.pdf.
- **Kohlendioxid in der Erdatmosphäre**
  J. R. Petit u. a., Climate and atmospheric history of the past 420 000 years from the Vostok ice core, Antarctica, *Nature,* 399/1999; Scripps CO_2 Monitoring Program, http://scrippsCO2.ucsd.edu/data/atmospheric_CO2.html.
- **seit 1950**
  Will Steffen u. a., *Global Change and the Earth System: A Planet Under Pressure,* Berlin/Heidelberg/New York (Springer-Verlag) 2004; Will Steffen, »The trajectory of the Anthropocene: The Great Acceleration«, *The Anthropocene Review,* Januar 2015.

Seite 48–51

- **Heute ist entweder der Umweltverbrauch zu hoch oder der Wohlstand zu niedrig**
  UNEP, Towards a Green Economy: Pathways to Sustainable Development and Poverty Eradication, 2011; World Wide Fund for Nature (WWF), Living Planet Report 2014: Species and spaces, people and places, 2014; United Nations Development Programme (UNDP), Human Development Reports: Human Development Index trends 1980–2013, http://hdr.undp.org/en/content/table-2-human-development-index-trends-1980–2013.
- **Wer die Sonne nutzt**
  Gaëtan Masson u. a., Global Market Outlook for Photovoltaics 2014–2018, Brüssel (European Photovoltaic Industry Association) 2013.
- **Noch sind Sonne und Wind nur die Spitzen**
  Bruno Burger, Electricity production from solar and wind in Germany in 2014, Freiburg (Fraunhofer-Institut für Solare Energiesysteme) Juli 2014.
- **Nutzen und Schaden der Wirtschaft**
  European Environment Agency (EEA), Environmental pressures from European consumption and production: A study in integrated environmental and economic analysis, Luxemburg (Publications Office of the European Union) 2013.
- **Ungleiche Steuern auf Arbeit und Umweltverbrauch**
  Sony Kapoor u. a., Finanzierung des Green New Deal: Aufbau eines grünen Finanzsystems, Luxemburg (Green European Foundation) 2012.
- **Wachstum durch Umweltsteuern**
  Green Fiscal Commission, Competitiveness and environmental tax reform. Briefing Paper 2010, zitiert nach: Green European Foundation, Fianzierung des Green New Deal: Aufbau eines grünen Finanzsystems, Green New Deal Serie Nr. 6, Brüssel, 2011.

  BUND/EED (Hg.), Zukunftsfähiges Deutschland in einer globalisierten Welt. Ein Anstoß zur gesellschaftlichen Debatte. Frankfurt a. M. 2008.

Seite 52/53

- **Überall mehr Handys als Klos**
  World Bank, Risk and Opportunity, Managing Risk for Development. World Development Report 2014, Washington (The World Bank) 2013.
- **Klimagase, Wahrenverkehr und ökologischer Rucksack**
  Steven J. Davis, Ken Caldeira, »Consumption-based accounting of CO_2 emissions«, *PNAS* 107, Januar 2010; C. Le Quéré u. a., »Global Carbon Budget 2013«, *Earth Syst. Sci. Data,* 6/2014; Jos G. J. Olivier u. a., Trends in global CO_2 emissions 2012 Report, The Hague/Bilthoven (PBL Netherlands Environmental Assessment Agency) 2012.

Seite 54/55

- **Das Vertrauen der Geldgeber wächst**
  Angus McCrone u. a., Global Trends in Renewable Energy Investment 2015, Frankfurt a. M. (Frankfurt School-UNEP Collaborating Centre for Climate & Sustainable Energy Finance) 2015.
- **Das Potenzial der Sonne**
  Massachusetts Institute of Technology Energy Initiative, The Future of Solar Energy, 2015.
- **Der Handel mit den CO_2-Zertifikaten funktioniert nicht**
  KfW/ZEW, CO_2 Barometer 2014 – Carbon Edition: New Phase, Old Problems, Frankfurt a. M. (KfW Bankengruppe) September 2014.

  Forschungsbericht »Beschäftigung durch Erneuerbare Energien in Deutschland«, BMWi, Mai 2014.
  Bernd Hirschl u. a., Kommunale Wertschöpfung durch Erneuerbare Energien, Institut für ökologische Wirtschaftsforschung (IÖW) in Kooperation mit dem Zentrum für Erneuerbare Energien und im Auftrag der Agentur für Erneuerbare Energien (AEE), Berlin 2010.
  www.agora-Energiewende.de

Seite 56/57

- **Kraftstoffverbrauch**
  Europäische Umweltagentur (EUA), www.eea.europa.eu; US Department of Transportation (DOT)/Research and Innovative Technology Administration (RITA), 2014, www.rita.dot.gov.
- **Wärmebedarf**
  Johannes Venjakob und Thomas Hanke, »Neue Phase im Wettstreit zwischen Energieeffizienz und Wohnraumbedarf«, *Energie & Management,* 15. Mai 2006.
- **Der Preis des Lichts**
  Roger Fouquet und Peter J.G. Pearson, »Seven Centuries of Energy Services: The Price and Use of Light in the United Kingdom (1300–2000)«, *The Energy Journal,* Heft 1 2006.
- **Wachstum macht Effizienzgewinne zunichte**
  UNEP, Towards a Green Economy: Pathways to Sustainable Development and Poverty Eradication, 2011, www.unep.org/greeneconomy.

  Tilman Santarius, »Der Rebound-Effekt. Über die unerwünschten Folgen der erwünschten Energieeffizienz«, *Impulse 5,* (Wuppertal Institut) März 2012.
  Energieeffizienz zwischen 1970 und 1991: Stig-Oluf Holm, Göran Englund, »Increased ecoefficiency and gross rebound effect: Evidence from USA and six European countries 1960–2002«, *Ecological Economics,* Heft 3 2009, S. 879–887.
  Psychologischer Rebound-Effekt, Japanische Autofahrer: Hiroyuki Ohta, Satoshi Fujii, Does Purchasing an »Eco-car« Promote Increase in Car-Driving Distance?, Unveröffentlichtes Manuskript des Tokyo Institute of Technology, Tokio 2011.

Seite 58/59

- **Der tertiäre Sektor auf dem Vormarsch**
  Statistisches Bundesamt, Volkswirtschaftliche Gesamtrechnung.
- **Die Entwicklung der Wachstumsraten**
  AMECO-Datenbank, BIP zu Marktpreisen von 2005, Stand: 2014, Berechnungen durch Norbert Reuter.
- **Service als Wirtschaftsfaktor**
  Weltbank, World Development Indicators, 2014.
- **Energieverbrauch nach Branchen**
  Statistisches Bundesamt, Umweltnutzung und Wirtschaft. Bericht zu den Umweltökonomischen Gesamtrechnungen, Wiesbaden 2013.

  Projektion Dienstleistungen: Tobias Maier u. a., Engpässe im mittleren Qualifikationsbereich trotz erhöhter Zuwanderung. Aktuelle Ergebnisse der BIBB-IAB-Qualifikations- und Berufsfeldprojektionen bis zum Jahr 2030 unter Berücksichtigung von Lohnentwicklungen und beruflicher Flexibilität, BIBB-Report, Nr. 23, 2014.

Seite 60/61

- **Anteil der Erneuerbaren**
  IG Metall, Nachhaltig – aber auch sozial? Arbeitsbedingungen und Einkommen in den Erneuerbaren Energien, November 2014; Marlene O'Sullivan u. a., Bruttobeschäftigung durch erneuerbare Energien in Deutschland im Jahr 2013: eine erste Abschätzung, Bundesministerium für Wirtschaft und Energie, Mai 2014.
- **Solarzellen im Aufwind**
  Arnulf Jäger-Waldau, PV Status Report 2014, Luxemburg (Publications Office of the European Union) November 2014; Fraunhofer-Institut für Solare Energiesysteme (ISE), Photovoltaics Report, Oktober 2014.

- **Sonne effizienter nutzen**
  Fraunhofer-Institut für Solare Energiesysteme (ISE), Photovoltaics Report, Oktober 2014.
- **Wachsende Windräder**
  C. Ender, »Windenergienutzung in Deutschland – Stand 31. 12. 2014«, *Dewi Magazin*, Nr. 46, Februar 2015.

Sebastian Döll, Die Windenergiebranche im Lande Bremen, Bremen (Arbeitnehmerkammer Bremen) Juni 2012.
Bundesagentur für Arbeit, Beschäftigungsstatistik, Sozialversicherungspflichtige Bruttoarbeitsentgelte (Entgeltstatistik), Nürnberg, Stichtag 31. Dezember 2012.
DGB Bundesvorstand, »Energieumstieg: Gut für Klima, Arbeitsplätze und Wohlstand – Wege zu einer sozialökologischen Energiewende«, Juli 2013.
Marlene O'Sullivan u. a., Bruttobeschäftigung durch erneuerbare Energien in Deutschland im Jahr 2013: eine erste Abschätzung, Bundesministerium für Wirtschaft und Energie, Mai 2014.
IG Metall, »Arbeitnehmer – Verlierer der Energiewende? Auswertung der IG Metall-Entgelterhebung Erneuerbare Energien«, Juni 2013.
IG Metall, »Nachhaltig – aber auch sozial? Arbeitsbedingungen und Einkommen in den Erneuerbaren Energien«, November 2014.

Seite 62/63
- **Menschliche Landnutzung und natürliche Ökosysteme**
  Erle C. Ellis u. a., »Anthropogenic transformation of the biomes, 1700 to 2000«, *Global Ecology and Biogeography 19*, 2010.
- **Der Energieaufwand für die Erdölproduktion steigt**
  Charles A. S. Hall und John W. Day, Jr., »Revisiting the Limits to Growth After Peak Oil«, *American Scientist*, Bd. 97, 2009.
- **Die alten Ölfelder sind noch immer die ergiebigsten**
  William Colton, The Outlook for Energy: A View to 2040, ExxonMobil, 2012.

Seite 64–67
- **Baumwollanbau auf allen Kontinenten**
  US Department of Agriculture/Foreign Agricultural Service, Cotton: World Markets and Trade, Januar 2015; Graham Brookes und Peter Barfoot, GM crops: global socio-economic and environmental impacts 1996–2012, Dorchester (PG Economics Ltd) Mai 2014; International Centre for Trade and Sustainable Development (ICTSD), Cotton: Trends in Global Production, Trade and Policy, Genf 2013.
- **Die Ressource Wasser in der Textilproduktion**
  A. K. Chapagain u. a., »The water footprint of cotton consumption: An assessment of the impact of worldwide consumption of cotton products on the water resources in the cotton producing countries«, *Ecological Economics*, Bd. 60, 2006.
- **Produzenten und Konsumenten**
  eurostat, http://epp.eurostat.ec.europa.eu/newxtweb/; Statistisches Bundesamt, Statistisches Jahrbuch 2014; Center for American Progress/Workers Rights Consortium, Global Wage Trends for Apparel Workers 2001–2011, Juli 2013; Gladys Lopez-Acevedo und Raymond Robertson (Hg), *Sewing Success? Employment, Wages and Poverty following the End of the Multi-fibre Arrangement*, Washington DC (The World Bank) 2012.
- **Vom See zur Wüste**
  Behzod Gaybullaev u. a., »Changes in water volume of the Aral Sea after 1960«, *Applied Water Science*, 2 2012; NASA Earth Observatory, http://earthobservatory.nasa.gov; GRID-Ahrendal, www.grida.no.

Pestizid Aktions Netzwerk www.pan-germany.org
Südwind-Institut, Afrikas weißes Gold. Ein moderner Dreieckshandel. Afrikanische Produktion – chinesische Verarbeitung – europäischer Konsum, 2013, www.suedwind-institut.de.

Seite 68/69
- **Lohnentwicklung nach Branchen**
  Jack Yuan, China's productivity imperative, Ernst & Young China, 2012.
- **Immer der Arbeit nach**
  Kam Wing Chan, »China, Internal Migration«, in: Immanuel Ness and Peter Bellwood (Hg.) *The Encyclopedia of Global Migration*, Oxford (Blackwell Publishing) 2013; Wang Guangtao (Hg.), *The State of China's Cities 2014/2015*, Peking (China City Press) 2014.
- **Chinas Weg zu einer modernen Produktion**
  Jack Yuan, China's productivity imperative, Ernst & Young China, 2012.

Seite 70/71
- **Biosprit, Pflanzenfasern und Futtermittel für Investoren**
  http://landmatrix.org.
- **Landgrabbing, vor allem in Afrika**
  Maria Cristina Rulli u. a., »Global land and water grabbing«, *PNAS*, Januar 2013.

Seite 72–75
- **Ohne Sand keine Straßen, Häuser und Büros**
  European Aggregrates Association (UEPG), Annual Review 2012–2013; Bundesanstalt für Geowissenschaften und Rohstoffe, Steine- und Erden-Rohstoffe in der Bundesrepublik Deutschland, Geologisches Jahrbuch, Sonderheft 10, 2012.
- **Landgewinnung in Singapur**
  UNEP/GRID-Geneva, www.grid.unep.ch; UN Comtrade, 2014.
- **Das 20. Jahrhundert: Bauen mit Stahlbeton**
  U.S. Geological Survey, Data Series 140.
- **Rückläufiger Bedarf auf hohem Niveau**
  Fritz Schwarzkopp und Jochen Drescher, Die Nachfrage nach Primär- und Sekundärrohstoffen der Steine-und-Erden-Industrie bis 2030 in Deutschland, Deutsches Institut für Wirtschaftsforschung (DIW) 2013.
- **Die Sandgewinnung in der deutschen Nord- und Ostsee findet überwiegend in geschützten Gebiete statt**
  Bundesamt für Naturschutz (BfN).
- **Nutzung nach dem Abbau: In den meisten Baggerseen wird geangelt**
  Bund für Umwelt und Naturschutz Deutschland (BUND), »Baggerseen, Ersatzlebensraum oder Wunden in den Flusstälern?«, *BUNDBerichte* 17, 2000.

Seite 76/77
- **Wie Fracking funktioniert**
  US Energy Information Administration (EIA), www.eia.gov; Bundesanstalt für Geowissenschaften und Rohstoffe (BGR), Abschätzung des Erdgaspotenzials aus dichten Tongesteinen (Schiefergas) in Deutschland, Mai 2012.
- **Wo überall Fracking möglich wäre**
  US Energy Information Administration (EIA), Technically Recoverable Shale Oil and Shale Gas Resources: An Assessment of 137 Shale Formations in 41 Countries Outside the United States, Juni 2013; Bundesanstalt für Geowissenschaften und Rohstoffe (BGR), Abschätzung des Erdgaspotenzials aus dichten Tongesteinen (Schiefergas) in Deutschland, Mai 2012.

Robert Jackson u. a., »Increased stray gas abundance in a subset of drinking water wells near Marcellus shale gas extraction«, www.pnas.org/content/110/28/11 250.full (2013).

Seite 78–83
- **Unser Fuhrpark und unsere Gerätesammlung ...**
  Statistisches Bundesamt, Wirtschaftsrechnungen: Ausstattung privater Haushalte mit ausgewählten Gebrauchsgütern, Fachserie 15 Reihe 2, Februar 2015.
- **Die gefühlte Haltbarkeit der Dinge**
  Department for Environment, Food and Rural Affairs (DEFRA), Public understanding of product lifetimes and durability, London, Juli 2011.
- **Das Leben der Dinge/Das frühe Ende der Dinge (und das Krisenjahr 2008)/Die Deutschen und ihre Fernseher**
  Gesellschaft für Unterhaltungs- und Kommunikationselektronik (GfU), Der Markt für Consumer Electronics Deutschland 2013; J. Huisman u. a., The Dutch WEEE Flows, Bonn (UN University) März 2012; Siddharth Prakash u. a., Einfluss der Nutzungsdauer von Produkten auf ihre Umweltwirkung: Schaffung einer Informationsgrundlage und Entwicklung von Strategien gegen »Obsoleszenz«, Dessau-Roßlau (Umweltbundesamt) Februar 2015; Stiftung Warentest, 2013.
- **Immer mehr Pkw-Modelle für immer kürzere Zeit**
  Giuseppe Volpato und Andrea Stocchetti, Managing product life-cycle in the auto industry: evaluating carmakers effectiveness, MPRA Paper Nr. 29 381, Juni 2008.
- **Nach zwei Jahren fängt das Verschrotten an**
  Georg Mehlhart u. a., European second-hand car market analysis, öko-Institut e.V./Transport & Mobility Leuven, Februar 2011.
- **Kühlschränke: die ideale Lebensdauer**
  Conny Bakker u. a., »Products that go round: exploring product life extension through design«, *Journal of Cleaner Production*, April 2014.

Earnest Elmo Calkins, »What Consumer Engineering Really is«, in: Roy Sheldon, Egmont Arens, *Consumer Engineering: A New Technique for Prosperity*, New York (Arno Press) 1976.
W. R. Heath, »Advertising That Holds the ›Mauve Decade› Up to Ridicule«, in: *Printers' Ink*, 10. Mai 1928.
Vance Packard, *Die große Verschwendung*, Düsseldorf (Econ) 1961.
Theodore Levitt, »Marketing Myopia«, in: *Harvard Business Review*, Juli/August 1960, nachgedruckt in: *Harvard Business Review*, Mai 2004.

Seite 84/85
- **Was wo erzeugt wird**
  Jenny Gustavsson u. a., *Global food losses and food waste – Extent, causes and prevention*, Rome (FAO) 2011.
- **Hunger im globalen Süden**
  Statistikabteilung der Vereinten Nationen (UNSD), Indikatoren für die Millenniums-Entwicklungsziele, http://mdgs.un.org/unsd/mdg/Data.aspx.
- **Die Unkosten des Abfalls**
  Welternährungsorganisation (FAO), Foot wastage footprint: Full-cost accounting, 2014.

www.wrap.org.uk/node/14 507.
Jan Lundqvist, Charlotte de Fraiture und David Molden, »Saving Water: From Field to Fork – Curbing Losses and Wastage in the Food Chain«, *Siwi Policy Brief*, Stockholm 2008.

Seite 86–89
- **Nicht gehobene Schätze**
  Perrine Chancerel, Substance flow analysis of the recycling of small waste electrical and electronic equipment: An assessment of the recovery of gold and palladium, Berlin (Technische Universität Berlin) 2010.

- **Besonders viel Sondermüll aus dem globalen Norden**
  Kees Baldé u. a., The global e-waste monitor 2014, Bonn (United Nations University) 2015; Basel Convention, http://archive.basel.int/ratif/convention.htm.
- **Geringe Rückgewinnung/Das Cadmium der Welt für Handys etc.**
  Thomas E. Graedel u. a., Metal Stocks in Society: Scientific Synthesis, Paris (UNEP) 2010; Thomas E. Graedel u. a., Recycling Rates of Metals: A Status Report, Paris (UNEP) Mai 2011.
- **Zurück nach Asien**
  Laura Bloodgood u. a., Used Electronic Products: An Examination of U.S. Exports, Washington DC (U.S. International Trade Commission) Februar 2013; U.S. Environmental Protection Agency, Electronics Waste Management in the United States Through 2009, Mai 2009.
- **Recyclinghof Lagos**
  Olakitan Ogungbuyi u. a., e-Waste Country Assessment Nigeria, Basel Convention, Mai 2012; Andreas Manhart u. a., Informal e-waste management in Lagos, Nigeria – socio-economic impacts and feasibility of international recycling co-operations, Freiburg (Öko-Institut e.V.) Juni 2011.

OCU, »La gestión de residuos ha empeorado«, 29. Oktober 2013, www.ocu.org/organizacion/prensa/notas-de-prensa/2013/empeora-gestion-residuos.
Knut Sander, Stephanie Schilling, »Optimierung der Steuerung und Kontrolle grenzüberschreitender Stoffströme bei Elektroaltgeräten/Elektroschrott, Studie im Auftrag des Bundesumweltamts«, Dessau-Rosslau, 2010.

Seite 90–93
- **Zu viel Kohle für das 2-Grad-Ziel**
  Eigene Recherche der Autoren.
- **Weltkarte der Klimarisiken**
  Intergovernmental Panel on Climate Change, Climate Change 2014, Synthesis Report, 2015.
- **Weltkarte der Klimapolitik**
  Navroz K. Dubash u. a., »Developments in national climate change mitigation legislation and strategy«, *Climate Policy*, Heft 6/2013.
- **Vier Jahrzehnte Emissionswachstum**
  Intergovernmental Panel on Climate Change (IPCC), Climate Change 2014, Fifth Assessment Report of the Intergovernmental Panel on Climate Change, 2014.
- **Indiens Unternehmer setzen auf Erneuerbare**
  Angus McCrone u. a., Global Trends in Renewable Energy Investment 2015, Frankfurt a. M. (Frankfurt School-UNEP Collaborating Centre for Climate & Sustainable Energy Finance) 2015.

N. K. Dubash, M. Hagemann, N. Höhne und P. Upadhyaya, »Developments in national climate change mitigation legislation and strategy« in: *Climate Policy* 2013, S. 649–664.
O.Edenhofer u. a. (Hg.), *Climate Change, Justice and Sustainability*, Berlin (Springer) 2012.
O. Edenhofer, C. Flachsland, M. Jakob und K. Lessmann, »The Atmosphere as a Global Commons – Challenges for International Cooperation and Governance«, in: W. Semmler und L. Bernard (Hg.), *The Handbook on the Macroeconomics of Climate Change*, Oxford (Oxford University Press) 2014.
O. Edenhofer u. a. (Hg.), *Climate Change 2014: Mitigation of Climate Change. Contribution of Working Group III to the Fifth Assessment Report of the Intergovernmental Panel on Climate Change*, Cambridge, UK / New York (Cambridge University Press) 2014.
C. B. Field u. a.(Hg.), *Climate Change 2014: Impacts, Adaptation, and Vulnerability. Part A: Global and Sectoral Aspects. Contribution of Working Group II to the Fifth Assessment Report of the Intergovernmental Panel on Climate Change*, Cambridge, UK/New York (Cambridge University Press) 2014, Seite 1–32.
M. Jakob und O. Edenhofer, »Green Growth, Degrowth, and the Commons«, *Oxford Review of Economic Policy*, Heft 3/2014, Seite 447–468.

Seite 94/95
- **Landwirtschaft in der Europäischen Union**
  Europäische Kommission, Rural Development in the European Union: Statistical and Economic Information Report, Dezember 2013.
- **Agrarstruktur in Ost und West**
  Statistisches Bundesamt, Statistisches Jahrbuch 2014; Statistische Ämter des Bundes und der Länder, Agrarstrukturen in Deutschland: Einheit in Vielfalt. Regionale Ergebnisse der Landwirtschaftszählung 2010, Stuttgart (Statistisches Landesamt Baden-Württemberg) 2011; Statistisches Bundesamt, Kaufwerte für landwirtschaftliche Grundstücke 2013, Fachserie 3 Reihe 2.4, August 2014.
- **Agrarsubventionen im europäischen Vergleich**
  Europäische Kommission, EU budget 2013: Financial Report also covering Multiannual Financial Framework 2007–13, Luxemburg (Publications Office of the European Union) 2014; Europäische Kommission, Report on the distribution of direct aids to agricultural producers (financial year 2013), Oktober 2014; Bundesministerium für Ernährung und Landwirtschaft (BMEL), Regionale Werte der Zahlungsansprüche im Rahmen der Betriebsprämienregelung im Jahr 2013, www.bmel.de/SharedDocs/Downloads/Landwirtschaft/Foerderung/Direktzahlungen/.

1 087 dokumentierte Fälle:www.landmatrix.org/get-the-idea/dynamics-overview/.
Landwirtschaftliche Betriebe in Deutschland: Statistisches Bundesamt, Land- und Forstwirtschaft, Fischerei; Statistisches Bundesamt. Landwirtschaftszählung, 2010; Bodennutzungshaupterhebung 2011, 2012.
Direktzahlungen nach Deutschland: http://ec.europa.eu/agriculture/cap-funding/beneficiaries/direct-aid/pdf/annex1–2011_en.pdf.
KTG Agrar AG: www.ktg-agrar.de.
UN Leitlinie: www.fao.org/nr/tenure/voluntary-guidelines/en/.

Seite 96/97
- **Schwierige Zeiten für Gewerkschaften**
  ICTWSS-Datenbank, www.uva-aias.net/208.
- **Die Wütenden von Greater Manchester**
  BBC, www.bbc.com/news/uk-14812819.
- **Wo die Räder stillstehen**
  WSI, Hans-Böckler-Stiftung, März 2015.
- **Wachsender Unmut nach der Krise**
  Jena Conflict Dataset. Vgl. Stefan Schmalz, Nico Weinmann, »Zwei Krisen, zwei Kampfzyklen. Gewerkschaftsproteste in Westeuropa im Vergleich«, in: Stefan Schmalz, Klaus Dörre (Hg.), *Comeback der Gewerkschaften? Machtressourcen, innovative Praktiken, internationale Perspektiven*, Frankfurt a. M./New York (Campus) 2013.

ILO: ILO, World of Work Report 2013, S. 16.
BIP: BIP pro Einwohner im Verhältnis zum Vorjahr: http://ec.europa.eu/eurostat/tgm/refreshTableAction.do;jsessionid=u4oJtev2YYfQBGdelPoH-Hd4ikKtaNOM6xqeFliQD8wQ1uBxn-Lf!109 820 079?tab=table&pcode=tsdec100&language=de.
Generalstreiks: Kerstin Hamann, Alison Johnston, John Kelly, »Generalstreiks in Westeuropa 1980–2011«, Alexander Gallas, Jörg Nowak, Florian Wilde (Hg.), *Politische Streiks im Europa der Krise*, Hamburg (VSA) 2012, S. 107–113.
JenaConDa: Jena Conflict Dataset, eigener Datensatz, vgl. bspw. Stefan Schmalz, Nico Weinmann, »Gewerkschaftliche Kampfzyklen in Westeuropa: Die Jahre 1968 bis 1973 und seit 2008/09 im Vergleich«, in: Supplement der Zeitschrift *Sozialismus*, 7–8/2013, Hamburg.

Seite 98–101
- **Die große Depression**
  Eurostat 2015; Hellenic Statistical Authority, 2015, www.statistics.gr.
- **Wachsende Verschuldung trotz Sparpolitik**
  Internationaler Währungsfonds (IWF), World Economic Outlook Database, April 2014.
- **Sparzwang und Haushaltsdefizit**
  Eurostat 2014.
- **Südeuropas verlorene Generation**
  Eurostat 2015.
- **Die Verlierer sind die Lohnabhängigen**
  OECD, http://stats.oecd.org.

BIP-Rückgang: World Bank, World Development Indicators, Washington DC, 2013.
(Jugend-)Arbeitslosigkeit: Eurostat 2013: Unemployment Statistics. Statistics Explained, updated 24. Januar 2013. epp.eurostat.ec.europa.eu/statistics_explained/index.php/Unemployment
Unsichere Beschäftigung: Hellenic Republic, Ministry of Labour, »Social Security and Welfare«, www.ypakp.gr/index.php?ID=CvAqaeXKv5cESWFZ (zuletzt abgerufen: 25. Januar 2013).
Obdachlosigkeit: »On the way home?« FEANTSA Monitoring Report on Homelessness and Homeless Policies in Europe, European Federation of National Organizations Working with the Homeless, Brüssel 2012.
Suizide: Alexander Kentikelenis u. a, »Health effects of financial crisis: omens of a Greek tragedy«, *The Lancet*, Oktober 2011.
Eurogroup Statement on Greece, 20. Februar 2015: www.consilium.europa.eu/en/press/press-releases/2015/02150220-eurogroup-statement-greece/ (zuletzt abgerufen: 4. März 2015).
Ministry of Interior, Electoral Results, 2015, http://ekloges.ypes.gr/current/v/public/index.html?lang=en (zuletzt abgerufen: 4. März 2015).

Seite 102/103
- **Die Überschüsse der Deutschen und die Defizite der anderen**
  OECD, Economic Outlook Nr. 95, 2014.
- **Mehr Leistung, weniger Lohn**
  VGR, WSI-Tarifarchiv, Berechnung durch Steffen Lehndorff.
- **Zwischen Euroeinführung und Eurokrise**
  Deutsche Bundesbank, 2014.
- **Exporte in alle Welt**
  Statistisches Bundesamt, Außenhandel, Rangfolge der Handelspartner im Ausland, 2013.
- **Gewinne auf Kosten der Löhne**
  Statistisches Bundesamt 2012, zit. nach und Berechnungen durch Claus Schäfer, *WSI-Mitteilungen*, 8, 2012.
- **Einkommensentwicklung vor und in der Krise**
  AMECO-Datenbank, Berechnungen durch das WSI.

Seite 104–107
- **Business as usual**
  Bundesagentur für Arbeit; Bundesbank; Statistisches Bundesamt.
- **Diagnose: manisch-depressiv**
  Allianz Global Investors, The sixth Kondrafieff – long waves of prosperity, Januar 2010.
- **Das Diktat der Steigerung**
  Marina Fischer-Kowalski u. a., Decoupling Natural Resource Use and Environmental Impacts from Economic Growth, Paris (UNEP) 2011.

- **Mehr Verbrauch trotz höherer Effizienz**
  Ernst Ulrich von Weizsäcker u. a., Decoupling 2: Technologies, Opportunities and Policy Options, Paris (UNEP) 2014.
- **Die Wirtschaftsleistung basiert nicht nur auf dem Umsatz mit Ressourcen**
  Marina Fischer-Kowalski u. a., Decoupling Natural Resource Use and Environmental Impacts from Economic Growth, Paris (UNEP) 2011.
- **Wachstum verbrauchst zunächst viel Energie**
  McKinsey Global Institute, Resource Revolution: Meeting the World's Energy, Materials, Food and Water Needs, November 2011.
- **Unsichere Zeiten**
  McKinsey Global Institute, Resource Revolution: Meeting the World's Energy, Materials, Food and Water Needs, November 2011.

John Kenneth Galbraith, *The Affluent Society,* Boston (Houghton Mifflin) 1998.
William Stanley Jevons, *The Coal Question,* 1865 (ebook 2015).

Seite 108–111
- **Wie viele Menschen erträgt die Erde?**
  Joel E. Cohen, »Population Growth and Earth's Human Carrying Capacity«, *Science,* New Series, Nr. 5222, Juli 1995.
- **Der Clube of Rome lag ziemlich richtig**
  Graham M. Turner, »A comparison of The Limits to Growth with 30 years of reality«, *Global Environmental Change,* 18 2008.

Partei der Décroissance in Frankreich: http://bellaciao.org/fr/article.php3?id_article=16629.
Erste Décroissance-Konferenz in Paris: http://events.it-sudparis.eu/degrowthconference/en/appel/Degrowth%20Conference%20-%20Proceedings.pdf.
Integrale Kooperative in Katalonien: http://cooperativa.cat/en/whats-cic/background/

Seite 112–115
- **Der ökologische Preis des Fortschritts**
  new economics foundation (nef), The Happy Planet Index: 2012 Report.
- **Wachstum ist nicht gleich Wohlfahrt**
  www.fest-heidelberg.de/index.php/arbeitsbereiche-und-querschnittsprojekte/frieden-und-nachhaltige-entwicklung/nwirwi; Bundestagsfraktion Bündnis 90/Die Grünen, »Das grüne Indikatorenmodell: Der Wohlstandskompass«, Änderungsantrag für den Abschlussbericht Projektgruppe 2/Enquetekommission Wachstum, Wohlstand, Lebensqualität, 28. Januar 2013.
- **Die Kurven der Krise**
  A. B. Atkinson, »Ensuring social inclusion in changing labour and capital markets«, *European Economy Economic Papers* 481, April 2013.
- **Entwicklung und Zufriedenheit – spiegelbildlich**
  United Nations Development Programme (UNDP), Sustaining Human Progress: Reducing Vulnerabilities and Building Resilience, Human Development Report 2014.
- **Umweltverbrauch und Glück**
  new economics foundation (nef), The Happy Planet Index: 2012 Report.

NWI: Die Einkommensverteilung ist damit die einzige Komponente des NWI, die selbst nicht als monetärer Wert, sondern als Gewichtungsfaktor einbezogen wird.
HPI in Costa Rica: In Costa Rica ist die Lebenserwartung mit 79,3 Jahre nur wenig niedriger als in Deutschland (80,4 Jahre), in Vietnam liegt sie bei immerhin 75,2 Jahren. Eine um Ungleichheiten bereinigte Berechnung weist allerdings darauf hin, dass ärmere Menschen in den Ländern eine geringere Lebenserwartung haben und weniger zufrieden mit ihrem Leben sind. Dies gilt auch für Deutschland, wo die Reduktion der mittleren Lebenserwartung jedoch geringer ausfällt als in Costa Rica. Die Spitzenplatzierungen ändern sich durch die Gewichtung nicht, Deutschland steigt im Ländervergleich um drei Plätze auf Rang 43 auf (nef 2012: The Happy Planet Index: 2012 Report, www.h appyplanetindex.org/assets/happy-planet-index-report.pdf).
Datenrevolution: Vgl. dazu einen Eine vom UN-Bericht wie insbesondere in Entwicklungsländern Datenlücken geschlossen und die Ungleichheit des Zugangs ausgeglichen werden könne, um die prinzipiell leichtere Verfügbarkeit von Daten im Zeitalter der Digitalisierung für eine nachhaltige Entwicklung nutzbar zu machen (Data Revolution Group 2014: A World That Counts, www.undatarevolution.org/wp-content/uploads/2014/12/A-World-That-Counts2.pdf).

Seite 116–121
- **Drei Modelle für Kanada**
  P. A. Victor, »Growth, degrowth and climate change: A scenario analysis«, *Ecological Economics,* 84, 2012.
- **Zwei Prognosen für Großbritannien**
  New Economics Foundation (NEF), The Great Transition, 2010.
- **Postwachstum: Denkschulen und ihre Köpfe**
  Matthias Schmelzer
- **Die globalen Indikatoren zeigen: So kann es nicht weitergehen**
  Johan Rockström u. a., »A safe operating space for humanity«, *Nature,* Bd. 461, 2009; Johan Rockström u. a., Supplementary Information, www.stockholmresilience.org/.
- **Produktion und Distribution im Raum: small is beautiful**
  New Economics Foundation (NEF), The Great Transition, 2010.
- **Macht Verzicht glücklich?**
  TNS Forschung, 2014 (n = 900), zit. nach *Spiegel,* 14/2014.

Seite 122/123
- **Viel Leistung und kein Geld**
  OECD, OECD Factbook, 2013.
- **Ungleicher Lohn**
  OECD, OECD Factbook, 2013.
- **Frauen auf dem Arbeitsmarkt**
  United Nation Development Programme (UNDP), Human Development Reports: Labour force participation rate, http://hdr.undp.org/en/content/labour-force-participation-rate-female-male-ratio.

Seite 124/125
- **Yasuní: Ölinteressen gegen Regenwald**
  www.geoyasuni.org.
- **Das überzogene Klimakonto des Nordens**
  http://ejatlas.org/featured/climate-debt.
- **Das überzogene Klimakonto des Nordens**
  www.materialflows.net.

Oxfam-Studie: Oxfam, »Besser gleich. Schließt die Lücke zwischen arm und reich«, 2015, www.oxfam.de/sites/www.oxfam.de/files/ox_bessergleich_broschuere_rz_web.pdf.

Seite 126–129
- **Klimasünder von heute und morgen**
  Libo Wu, »China's emissions: glimpsing the peak«, in: *Global Change,* Dezember 2014.
- **Asien und der Rest der Welt/Asiens Megacitys**
  Vereinte Nationen, Abteilung für wirtschaftliche und soziale Angelegenheiten/Bevölkerung, World Population Prospects: The 2012 Revision, New York (United Nations) 2013; Weltbank, East Asia's Changing Urban Landscape: Measuring a Decade of Spatial Growth, Washington DC (World Bank) 2015.
- **Ohne Wasser, Klo und Strom in Indien**
  IDFC rural development network, India Rural Development Report 2012/13, Neu-Delhi (Orient Blackswan) 2013.
- **Lebensgefährlicher Alltag**
  IDFC rural development network, India Rural Development Report 2012/13, Neu-Delhi (Orient Blackswan) 2013; OECD, Environmental Outlook to 2050: The Consequences of Inaction, Paris (OECD Publishing) 2012.

Raj Patel, *The Value of Nothing,* New York (Picador) 2009, deutsche Ausgabe: *Was kostet die Welt,* München (Riemann) 2010.
www.globalchange.umich.edu/globalchange2/current/lectures/freshwater_supply/freshwater.html.

Seite 130–133
- **Global Player auf dem Saatgutmarkt**
  etc group, Putting the Cartel before the Horse ... and Farm, Seeds, Soil, Peasants, etc., September 2013, www.etcgroup.org.
- **Gift und Dünger in Europa**
  Eurostat, Food: from farm to fork statistics, Luxemburg (Publications Office of the European Union) 2011.
- **Der Bioanbau legt zu**
  Eurostat.
- **Europäische Agrarproduktion: ein globales Geschäft**
  Eurostat, Food: from farm to fork statistics, Luxemburg (Publications Office of the European Union) 2011.

Seite 134–137
- **Die Wasserentsorgung**
  Statistisches Bundesamt, Öffentliche Wasserversorgung und öffentliche Abwasserentsorgung 2010, Fachserie 19 Reihe 2.1.2, August 2013; Statistisches Bundesamt, Öffentliche Wasserversorgung und öffentliche Abwasserentsorgung 2010, Fachserie 19 Reihe 2.1.3, Oktober 2013.
- **Todesursache: verschmutztes Wasser**
  World Health Organization (WHO), Progress on sanitation and drinking-water – 2014 update; World Health Organization (WHO), Investing in Water and Sanitation: Increasing Access, Reducing Inequalities, GLAAS 2014 Report.
- **Phosphat – endliche Ressource und belasteter Abfall**
  Ronald J. LeBlanc, Peter Matthews, Roland P. Richard (Hg), Global Atlas of Excreta, Wastewater Sludge, and Biosolids Management: Moving Forward the Sustainable and Welcome Uses of a Global Resource, Nairobi (United Nations Human Settlements Programme) 2008; Independent Chemical Information Service (ICIS), Global Fertilizer Trade Map, Januari 2014; National Oceanographic Data Center, World Ocean Atlas, 2009, https://www.nodc.noaa.gov/OC5/WOA09/pr_woa09.html; U.S. Geological Survey (USGS), Mineral Commodity Summaries, Februari 2014; C. J. Vörösmarty u. a., »Global threats to human water security and river biodiversity«, *Nature* 467, 2010; Werner Zittel, Save our Surface, Teilbericht 1: Ressourcen, Österreichischer Klima- und Energiefonds, 2010.

Seite 138/139
- **Kein Wunsch nach Veränderung?**
  Europäische Kommision, Quality of life in cities: Perception survey in 79 European cities, Luxemburg (Publications Office of the European Union) 2013.

• **Die Welt wird Stadt**
United Nations, Department of Economic and Social Affairs, Population Division, World Urbanization Prospects: The 2014 Revision, New York 2014.
• **Weit entfernt von Regional**
Bundesministerium für Ernährung und Landwirtschaft (BMEL), Der Gartenbau in Deutschland: Daten und Fakten, Bonn (BMEL) März 2014.

Regionale Versorgung in Totnes: *Transition in Action: Totnes and District 2030. An Energy Descent Action Plan*, Cambridge (Green Books) 2010.

Seite 140/141
• **Ein Phänomen des Globalen Nordens**
Philipp Oswalt, Tim Rieniets (Hg.), *Atlas der schrumpfenden Städte*, Ostfildern (Hatje Cantz) 2006.
• **Das Beispiel Stendal**
Internationale Bauausstellung, Weniger ist Zukunft – Stadtumbau Sachsen-Anhalt 2010, www.iba-stadtumbau.de/index.php?iba-stadtumbau-in-sachsen-anhalt-2010.
• **Am stärksten wachsen die Ballungsräume**
Bundesinstitut für Bau-, Stadt- und Raumforschung (BBSR), www.bbsr.bund.de/BBSR/DE/Stadtentwicklung/StadtentwicklungDeutschland/Tendenzen/Projekte/WachsendSchrumpfend/wachsend_schrumpfend.html?nn=442182.

Seite 142/143
• **Lifetrac, ein Traktor zum Selbstbauen**
http://opensourceecology.org.
• **Hightech: Lieber länger nutzen als neu kaufen**
Prakash Siddharth u. a., »Zeitlich optimierter Ersatz eines Notebooks unter ökologischen Gesichtspunkten«, Umweltbundesamt, 2012, www.oeko.de/oekodoc/15832012–439-de.pdf.

Seite 144/145
• **Die Erfolge der Ära Morales**
Weltbank.
• **Was tun gegen Hunger?**
Carmen Barragán u. a., Diagnóstico de la Seguridad Alimentaria y Nutricional en el Chaco Boliviano, FAO, Oktober 2006; Victor Oviedo Treiber, Rural Poverty, Vulnerability and Food Insecurity: The Case of Bolivia, Potsdam (Potsdam University Press) 2014; Welternährungsorganisation (FAO), Food Security Monitoring: Bolivia, January 2010.
• **Quinoa, Hirse aus den Anden**
Welternährungsorganisation (FAO), Food Outlook, Juni 2013; Tanya Kerssen, Food Sovereignty and the Quinoa Boom in Bolivia, Conference paper for »Food Sovereignty: A Critical Dialogue«, September 2013.

Dieser Artikel basiert auf qualitativen Interviews, die im Frühjahr und Sommer 2014 mit Alejandra Lopez und Mario Rodriguez geführt wurden. Alejandra Lopez studiert Politikwissenschaften und Recht und engagiert sich im Jugendzentrum Inti Watana und der Plattform terre de hommes Deutschland in Bolivien. Aktuell ist sie Mitkoordinatorin im südamerikanischen Netzwerk des NNJ (niños, niñas y jóvenes – Kinder und Jugendliche) des vivir bien. Mario Rodriguez ist Teil der Arbeitsgruppe um das Red de la Diversidad (Netzwerk der Vielfalt), das je ein Kulturzentrum in vier Städten Boliviens betreibt.

Seite 146–149
• **Das kommerzielle Sharing boomt**
Bloomberg; Reuters; *Washington Post;* PriceWaterhouseCoopers, The sharing economy: how will it disrupt your business?, August 2014.
• **Geben und nehmen ohne Geld**
www.tauschring.de; www.tauschringadressen.de.
• **Carsharing: ein rasant wachsendes Nischenangebot**
Bundesverband CarSharing (bcs), www.carsharing.de; Alexander Jung u. a., Carsharing Services in Emerging Economies, Bonn (Deutsche Gesellschaft für internationale Zusammenarbeit) September 2014; Roland Berger, Sharing the Future – Perspectives on the Chinese car sharing market, Juni 2014; Statistisches Bundesamt, Statistisches Jahrbuch 2014; Statistisches Bundesamt und Wissenschaftszentrum Berlin für Sozialforschung, Datenreport 2013: Ein Sozialbericht für die Bundesrepublik Deutschland, Bonn (Bundeszentrale für politische Bildung) 2013.
• **Auf der Jagd nach Daten**
»Financial worth of data comes in at under a penny a piece«, *Financial Times*, 12. Juni 2013.

GfK-Studie: *Manager Magazin Online* vom 29. Dezember 2014.
peerconomy.org, Keimform.de,
www.onthecommons.org, P2P Foundation
Studie der Markenagentur MetaDesign: *Handelsblatt* vom 21. Januar 2014.

Seite 150/151
• **Ärzte in der Krise**
OECD, Health at a Glance: Europe 2014, Paris (OECD Publishing) 2014.
• **Verlierer auf niedrigem Niveau**
William L. Megginson, »Privatization Trends and Major Deals in 2013 and 2014«, The Privatization Report 2013 2014, www.privatizationbarometer.net.
• **Zu früh geboren**
OECD, Health at a Glance: Europe 2014, Paris (OECD Publishing) 2014.
• **Die Kosten der Gesundheit**
OECD, Health at a Glance: Europe 2014, Paris (OECD Publishing) 2014.

Zahlen zu den Solidarischen Kliniken: Mario Candeias, Eva Völpel, *Plätze sichern! ReOrganisierung der Linken in der Krise*, Hamburg (VSA) 2014, S. 180
Drei Millionen ohne Krankenversicherung: www.aerzteblatt.de/, News Ausland 10. Dezember 2013.

Seite 152–155
• **Die großen Klimasünder der Welt**
Richard Heede, »Tracing anthropogenic carbon dioxide and methane emissions to fossil fuel and cement producers, 1854–2010«, *Climatic Change*, 122, 2014.
• **Ein kleiner Rückzug aus großen Unternehmen**
Arabella Advisors, Measuring the Global Fossil Fuel Divestment Movement, September 2014, www.arabellaadvisors.com; *Financial Times*, FT Global 500, März 2014.
• **Who is who der Energiegiganten**
Fossil Free Indexes, The Carbon Underground, Februar 2015, http://fossilfreeindexes.com.
• **Energie: Quellen, Umwandlung und Nutzen**
Arnulf Grubler u. a., »Energy Primer«, in: *Global Energy Assessment – Toward a Sustainable Future*, New York (Cambridge University Press) 2012.
• **Zwei Drittel heiße Luft**
Arnulf Grubler u. a., »Energy Primer«, in: *Global Energy Assessment – Toward a Sustainable Future*, New York (Cambridge University Press) 2012.

Richard Heede, »Tracing anthropogenic carbon dioxide and methane emissions to fossil fuel and cement producers, 1854–2010«, *Climatic Change* 122, 2014.
Brenden Jongman u. a., »Increasing stress on disaster-risk finance due to large floods«, *Nature Climate Change*, Heft 4 2014.

Seite 156–159
• **Die Plastikzeit**
Iddo K. Wernick u. a., »Materialization and dematerialization: measures and trends«, in: Jesse H. Ausubel and H. Dale Langford (Hg.), *Technological Trajectories and the Human Environment*, Washington DC (National Academies Press) 1997.
• **Sinkende Ausbeute**
Gavin M. Mudd, The Sustainability of Mining in Australia: Key Production Trends and Their Environmental Implications for the Future, Research Report No RR5, Department of Civil Engineering, Monash University and Mineral Policy Institute, April 2009.
• **Lebenszyklus einer Schulbank**
Sonia Valdivia, Guido Sonnemann (Hg.), Towards a Life Cycle Sustainability Assessment: Making Informed Choices on Products, Paris (UNEP/SETAC) 2011.
• **Wirtschaftsleistung und Materialverbrauch**
OECD, Measuring Material Flows and Resource Productivity. Synthesis Report, Paris (OECD Publishing) 2008, Daten aktualisiert bis 2010.
• **Eine andere Bilanz der Erneuerbaren**
Ester van der Voet u. a., Environmental Risks and Challenges of Anthropogenic Metals Flows and Cycles, Paris (UNEP) April 2013.
• **Die Plastikwelt**
PlasticsEurope, European Association of Plastics Recycling & Recovery Organisations, Plastics – the Facts 2014 2015. An analysis of European plastics production, demand and waste data, www.plasticseurope.org.

Seite 160/161
Ricardo P. Korzeniewicz, Timothy P. Moran, *Unveiling Inequality. A World-Historical Perspective*, New York (Russel Sage Foundation) 2009.
Oxfam International, »Wealth: Having It All and Wanting More«, Oxfam Issue Briefing, January 2015.
Kate Pickett, Richard Wilkinson, *The Spirit Level: Why More Equal Societies Almost Always Do Better*, London (Allen Lane) 2009; auf Deutsch: *Gleichheit ist Glück. Warum gerechte Gesellschaften für alle besser sind*, Berlin (Tolkemitt bei Zweitausendeins) 2009.

Seite 162/163
Eröffnungsrede zur dritten Internationalen Degrowth-Tagung in Venedig 2012, überarbeitet, gekürzt und übersetzt.
Creative Commons Lizenz CC-BY-ND 4.0: https://creativecommons.org/licenses/by-nd/4.0/legalcode.

Kolleg | Postwachstums-
gesellschaften

KOLLEG POSTWACHSTUMSGESELLSCHAFTEN: INTERNATIONAL VERNETZT

Am Institut für Soziologie der Universität Jena wurde unter Förderung der Deutschen Forschungsgemeinschaft (DFG) 2011 ein wissenschaftliches Kolleg zur Erforschung von zukünftigen Postwachstumsgesellschaften – das sind Gesellschaften, die nicht mehr auf ökonomisches Wachstum angewiesen sind – eingerichtet. Gemeinsam mit GastwissenschaftlerInnen aus dem In- und Ausland analysieren und kritisieren die Jenaer ForscherInnen drei Wachstumstreiber des modernen Kapitalismus. Zum Ersten ist das die ökonomische Landnahme, das heißt die Ausdehnung kapitalistischer Verwertungslogik auf immer weitere gesellschaftliche Räume und Beziehungen. Zum Zweiten die soziale Beschleunigung, sprich die Logik des „Immer mehr" und „Immer schneller", zum Dritten die Aktivierungslogik, also die politische Zielsetzung, (nur noch) aktive, mobile und flexible Subjekte wohlfahrtsstaatlich zu fördern.

Mit der Analyse und Kritik der gegenwärtigen Wachstumstreiber und ihrer Krisenhaftigkeit werden am Kolleg aber auch die Konturen von Postwachstumsgesellschaften skizziert, womit wirtschaftsdemokratische Strukturen, resonante Lebensstile und Fragen (globaler) sozialer Umverteilung in den Blick geraten.

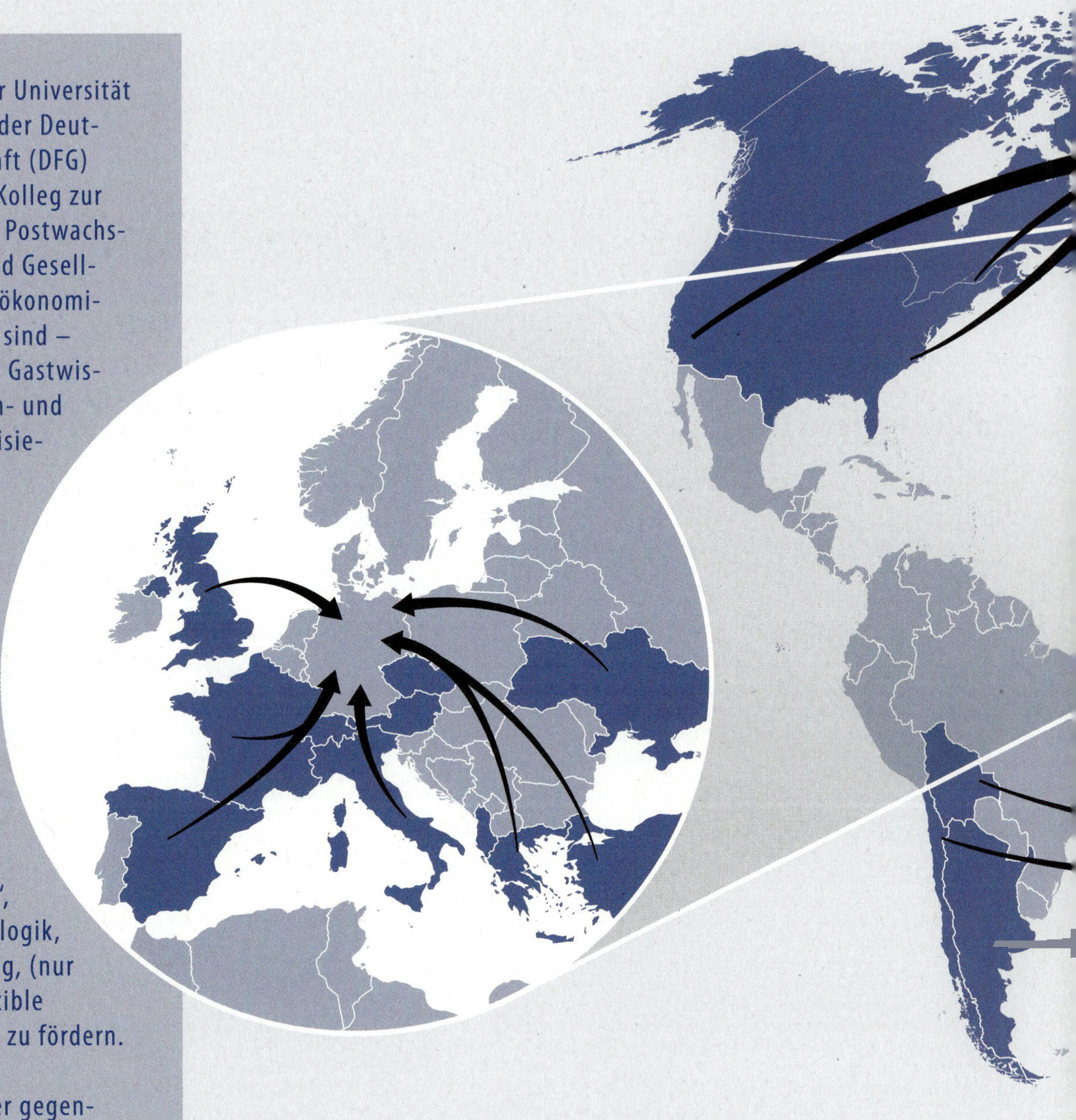

Friedrich-Schiller-Universität Jena

seit 1558

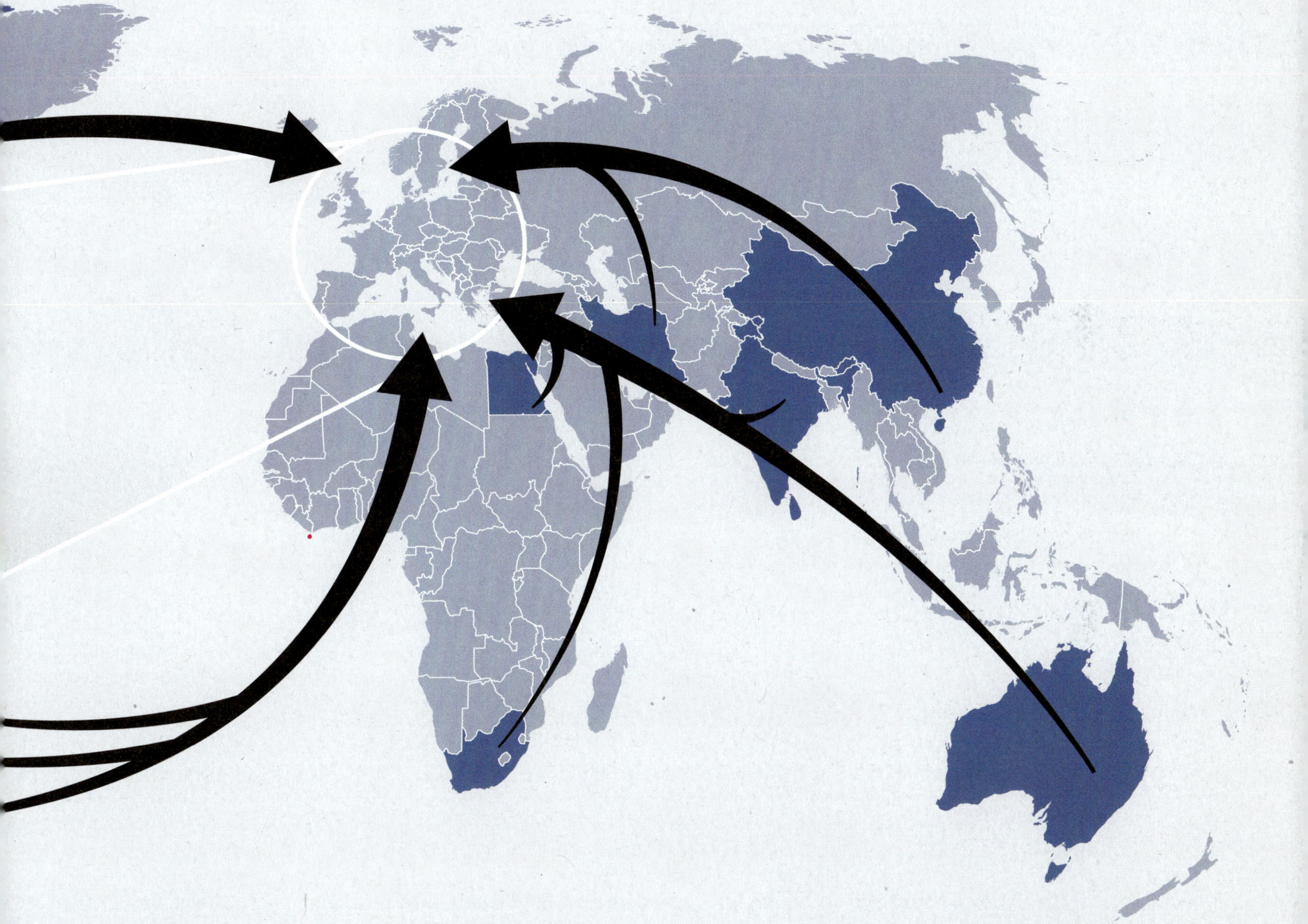

Working Paper 02/2013

der DFG-KollegforscherInnengruppe Postwachstumgesellschaft

Birgit Mahnkopf

Peak Everything – Peak Capitalism?

Folgen der sozial-ökologischen Krise für die Dynamik des historischen Kapitalismus

Working Paper 06/2013

der DFG-KollegforscherInnengruppe Postwachstumgesellschaft

Barbara Muraca

Wirtschaft im Dienst des (guten) Lebens: Von Georgescu-Roegens Bioökonomik zur Décroissance

Working Paper 05/2013

der DFG-KollegforscherInnengruppe Postwachstumgesellschaft

Maria Markantonatou

From The Limits of Growth to „Degrowth“: Discourses of Critque of Growth in the Crises of 1970s and 2008

Working Paper 01/2015

der DFG-KollegforscherInnengruppe Postwachstumgesellschaft

Dennis Eversberg

Erste Ergebnisse der Teilnehmendenbefragung zur Degrowth-Konferenz 2014

Ein Überblick über Zusammensetzung, Engagement und Alltagspraktiken der Befragten

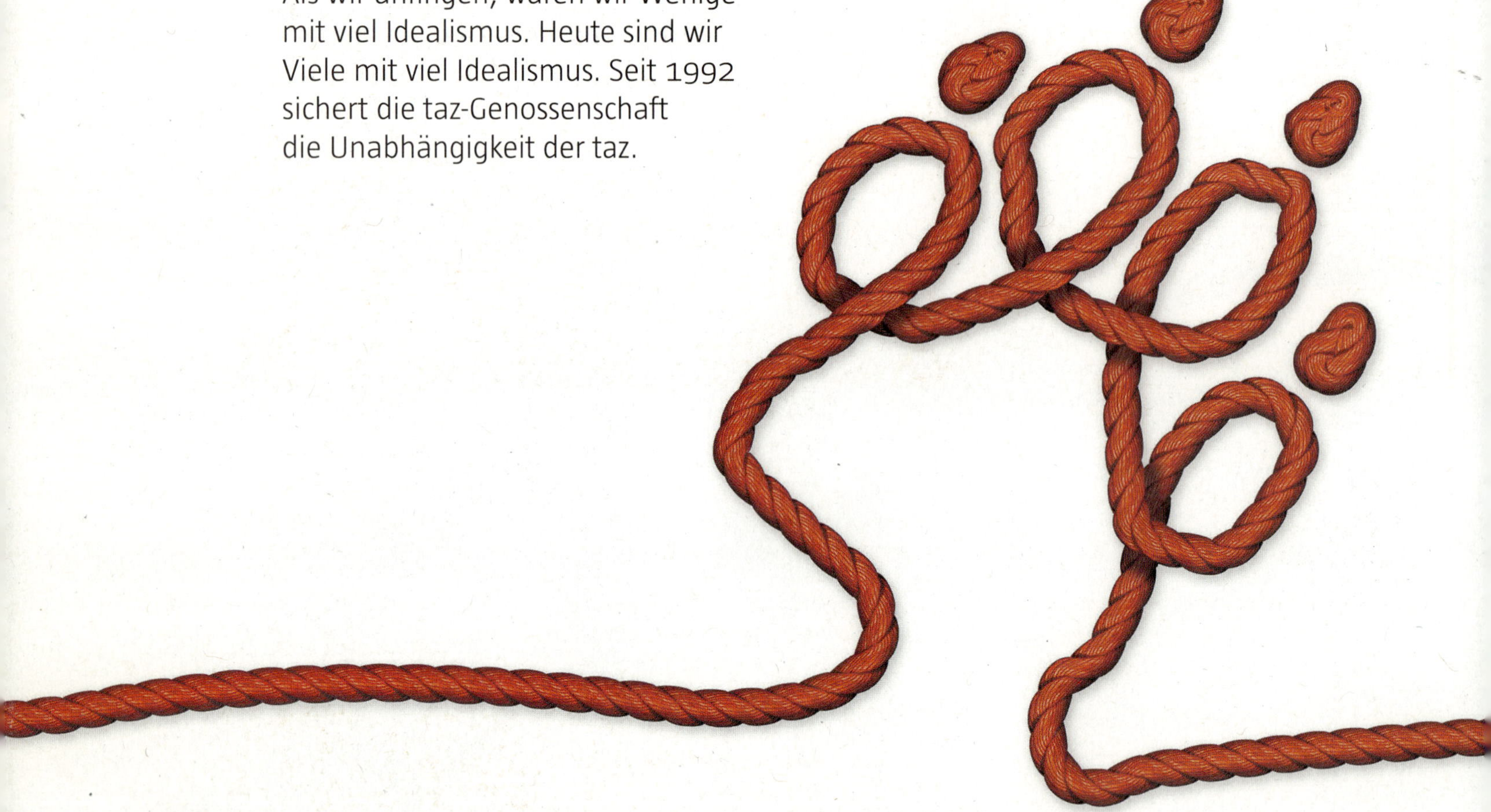